WISSENSCHAFTLICHE KOMMENTARE
ZU GRIECHISCHEN
UND LATEINISCHEN SCHRIFTSTELLERN

GREGOR MAURACH

HORAZ

Werk und Leben

Universitätsverlag
C. WINTER
Heidelberg

Die Deutsche Bibliothek – CIP-Einheitsaufnahme

Maurach, Gregor:
Horaz: Werk und Leben / Gregor Maurach. – Heidelberg: Winter, 2001
(Wissenschaftliche Kommentare zu griechischen und lateinischen Schriftstellern)
ISBN 3-8253-1255-5

Gedruckt mit Unterstützung
der Deutschen Forschungsgemeinschaft

UMSCHLAGBILD
Bei der Umschlaggestaltung wurde ein Kontorniat-Phantasiebildnis des (H)oratius
aus dem 4. Jahrhundert n. Chr. gewählt, das natürlich nicht authentisch ist,
vgl. P. F. Mittag, alte Köpfe in neuen Händen, Bonn 1999, 115 ff.
Ein authentisches Bild des Horaz gibt es nicht.

ISBN 3-8253-1255-0

Dieses Werk einschließlich aller seiner Teile ist urheberrechtlich geschützt. Jede Verwertung
außerhalb der engen Grenzen des Urheberrechtsgesetzes ist ohne Zustimmung des
Verlages unzulässig und strafbar. Das gilt insbesondere für Vervielfältigungen, Übersetzungen, Mikroverfilmungen und die Einspeicherung und Verarbeitung in elektronischen
Systemen.
© 2001 Universitätsverlag C. Winter Heidelberg GmbH
Imprimé en Allemagne · Printed in Germany
Druck: Betz-Druck, Darmstadt
Gedruckt auf umweltfreundlichem, chlorfrei gebleichtem
und alterungsbeständigem Papier

Dedicatio ad Claudiam

*Haerens in herba guttula fulgida
cuius sit, astrum, scire velis, meum?
nec graminis dicam neque aurae,
sed radii, sine quo iaceret.*

VORWORT

Wem das Lesen des Horaz ebenso vergnügliche wie ernstere, erfüllende wie belehrende, zuweilen (wenn er zudem ein Philologe ist) auch Augenblicke wissenschaftlicher Finderfreude geschenkt hat, den mag wohl auch das Verlangen ankommen, ihm seine Dankbarkeit dadurch zu erweisen, dass er ihm etwas von der Freude zurückgibt, und dies so, dass er je auf seine Weise das Vergnügliche und Belehrende, das Reizvolle und das Schöne sagt und erklärt, den alten Text nach seinem Vermögen auch vor Entstellungen schützt, nicht zuletzt vor solchen interpretatorischer Art, die zumeist daher kommen, dass man ihm nicht ehrfürchtig dienen mag, sondern ihn selbstsüchtig vernutzt um rascher Einfälle oder fader Ideologien willen. Dieses Buch hingegen will das Wort des Dichters möglichst rein erklingen lassen. Dass es sich mit ihm aber überall "so auch wirklich verhalte, wie es gesagt ist, das zu behaupten, steht einem vernünftigen Mann nicht an"; doch dass er sich ernst und freudig zugleich um Klärung bemüht hat, das, so hofft er, wird erkennbar sein.

Möge dieses Buch dort, wo es zu klären vermag, die Heiterkeit des Horaz und seinen Gedankenreichtum verstehen und genießen, möge es dort, wo es irrt, zu eigenständigem Urteil führen helfen, möge aber stets die Freude über das Verdrießliche überwiegen.

Es ist mir eine angenehme Pflicht, Frau Dr. Anne Mueller von der Haegen für vielfältige Hilfe im Technischen, meinen lieben Münsteraner Kollegen A. Weische und B.-R. Voss für mancherlei Rat herzlich zu danken.

Münster, Juni 2001.

INHALTSVERZEICHNIS

Vorwort

Kapitel I: Kindheit und frühe Jugend 1

Kapitel II: Kriegsdienst, Kampf und Niederlage..9

Kapitel III: Die Zeit der Epoden-Dichtung...15
    Bemerkungen zur Geschichte und zu Vergil 15
    Epode 16 und Epode 7...18
    Die übrigen Epoden 28
        Epode 1 29
        Epode 2 31
        Epode 3 33
        Epode 4 35
        Epode 5 36
        Epode 6 38
        Epode 9 und c. 1, 37...40
        Epode 10 – 12 44
        Epode 13...44
        Epode 14...47
        Epode 15...48
        Epode 16 und 17 49
    Die Epoden insgesamt 50

Kapitel IV: Das erste Satirenbuch 55
    Biographische Vorbemerkung 55
    Die einzelnen Gedichte 57
        Die erste Satire 57

Die Satiren 1, 2 und 1, 3	65
Eine Rückschau	70
Die vierte Satire	71
Die fünfte Satire	73
Die sechste Satire	77
Die siebte bis neunte Satire	81
Die zehnte Satire	89
Das erste Satirenbuch insgesamt	91
Biographischer Zwischenbericht	94

Kapitel V: Das zweite Satirenbuch 97
Biographische Notiz 97
Die einzelnen Gedichte 100
  Die erste Satire 100
  Die zweite Satire 104
  Die dritte Satire 106
  Die vierte und fünfte Satire 108
  Die sechste Satire 111
  Die siebte Satire 115
  Die achte Satire 117
Rückblick und Vorausschau 118

Kapitel VI: Die Oden I bis III...125
Einführung 125
Carmen 3, 13 126
Biographische Zwischenbemerkung..133
Die frühe Odendichtung...135
  Carmen 2, 18 135
  Carmen 3, 24 138
  Carmen 1, 15 140
  Carmen 1, 28 142
Eine kurze Zwischenbilanz 143
Drei Meisterwerke des Frühstils 145
  Carmen 1, 4 (*Solvitur acris hiems*) 145
  Carmen 1, 13 (*Cum tu, Lydia, Telephi*) 147
  Carmen 1, 37 (*Nunc est bibendum*) 149
Ein Rückblick: Carmen 1, 14 152

Kapitel VII: Zwei programmatische Gedichte.
Musenhain und Selbstbescheidung 157
Historische Vorbemerkung 157

  Biographische Notiz : C. 2, 13 und 2, 17 158
  Carmen 1, 1 (*Maecenas, atavis*) 160
  Carmen 1, 38 (Methodenprobleme) 165

Kapitel VIII: Lieder von der Liebe 171
  Vorbemerkung zur Methode 171
  Lieder von der Liebe 173
   Carmen 1, 8 (*Lydia, dic per omnis*) 173
   Carmen 3, 9 (*Donec gratus eram tibi*) 176
   Carmen 1, 17 (*Velox amoenum*) 177
  Die weiteren Liebesgedichte 180
   Carmen 1, 5 180
   Carmen 1, 9 181
   Carmen 1, 16 181
   Carmen 1, 19 183
   Carmen 1, 23 184
   Carmen 1, 30 (*O Venus regina*) 184
  Eine Abschweifung zur Buchkomposition 187
  Horaz über die Liebe 190

Kapitel IX: Freundschaftsgedichte 193
  Carmen 2, 6 (*Septimi, Gadis*) 193
  Carmen 2, 7 (*O saepe mecum*) 196
  Die Maecenas-Gedichte 198
   Carmen 2, 12 (*Nolis longa ferae*) 200
   Carmen 2, 17 (*Cur me querelis*) 202
   Carmen 3, 8 (*Martiis caelebs*) 203
   Carmen 3, 29 (*Tyrrhena regum*) 206
    Vers 1-28 207
    Vers 29-56 209
    Vers 57-64 211
  Schlussbemerkung zu "role reversal" und "self-image" 216

Kapitel X: Politisches Mahnen: Die "Römer-Oden" 219
  Historische Vorbemerkung 219
  Die "Römer-Oden" 220
   Die erste Römer-Ode 224
   Die zweite Römer-Ode..229
   Die dritte Römer-Ode 232
   Die vierte Römer-Ode 237
   Die fünfte Römer-Ode 249

	Die sechste Römer-Ode	252
	Der Zyklus der Römer-Oden insgesamt	254

Kapitel XI:	Philosophisches Mahnen: Die Weisheitsoden	259
	Carmen 2, 10 (*Rectius vives, Licini*)	260
	Carmen 2, 16 (*Otium divos*)	264

Kapitel XII:	Die Götter-Lieder	273
	Vorbemerkung	273
	Carmen 1, 10 (*Mercuri, facunde nepos*)	274
	Die drei Bacchus-Gedichte	278
	Carmen 1, 18 (*Nullam, Vare, sacra*)	278
	Carmen 2, 19 (*Bacchum in remotis*)	280
	Carmen 3, 25 (*Quo me, Bacche, rapis*)	284
	Carmen 3, 21 (*O nata mecum*)	287
	Die drei ersten Oden-Bücher insgesamt	290

Kapitel XIII:	Die Episteln	297
	Biographische Vorbemerkung	297
	Die einzelnen Episteln	299
	Epistel 1	299
	Epistel 2	307
	Epistel 3	311
	Epistel 4	314
	Epistel 5	318
	Epistel 6	321
	Epistel 7	324
	Biographische Notiz	324
	Epistel 8	330
	Epistel 9	333
	Epistel 10	336
	Epistel 11	340
	Epistel 12 und Carmen 1, 29	342
	Carmen 1, 29	342
	Epistel 12	343
	Epistel 13	346
	Epistel 14	349
	Epistel 15	353
	Epistel 16	355
	Vers 1-16	355
	Vers 17-79	356

    Epistel 17 und 18 360
        Epistel 17 361
        Epistel 18 363
    Zur Gruppe epi. 1, 16 – 1, 18..369
    Epistel 19 370
    Epistel 20..377
    Das Epistelbuch insgesamt 378

Kapitel XIV: *Carmen saeculare* und Carmen 4, 6 391
    Biographische Vorbemerkung 391
    Das *Carmen saeculare* 392
    Carmen 4, 6 399

Kapitel XV: Das vierte Oden-Buch 405
    Historische und biographische Notizen 405
    Carmen 4, 1..407
    Carmen 4, 2..410
    Carmen 4, 3..415
    Carmina 4, 4 und 4, 5 417
    Carmen 4, 7..418
    Carmen 4, 8..423
    Carmen 4, 9..426
    Die Gedichte 10-13 430
    Carmen 4, 10 430
    Carmen 4, 11 431
    Carmen 4, 12 433
    Carmen 4, 13 434
    Eine Übersicht 435
    Carmen 4, 15 436
    Übersicht über Buch IV...439

Kapitel XVI: Florus-, Pisonen- und Augustus-Brief 447
    Biographische Notiz..447
    Der Florus-Brief..448
    Ars Poetica 454
        Vers 1-41 454
        Vers 42-72 457
        Vers 73-118 460
        Vers 119-130 462
        Vers 131-152 463
        Vers 153-219 464

      Vers 220-250: Das Satyrspiel 465
      Vers 251-308 466
      Ein Rückblick. Der Abschnitt 251-308 468
      Vers 309-390 469
      Zwischenbilanz 472
      Vers 391-476 473
   Überschau. Zur Geschichte der Erforschung 475
   Der Augustus-Brief 481

Kapitel XVII: Epilog 488

Literaturverzeichnis 501

Index: Horaz-Stellen 505

Kapitel I: Kindheit und frühe Jugend[1]

Hatte der Reisende in alten Zeiten Benevent hinter sich gelassen, dann führte ihn die altehrwürdige Via Appia nach Osten auf einer vielfach gewundenen, an Hängen nicht allzu hoher Berge entlang gelegten Straße der See zu. Er zog an Aquilonia vorüber, das heute Lacedonia heisst, stieg dann recht steil hinab zum Flusse Aufidus, den er mittels einer Steinbrücke überwand, um dann wieder langsam hügelan zu wandern, bis er eine Ebene erklommen hatte, die heutzutage den Namen Piano di Cammera trägt und die damals beherrscht und geschützt war von der alten Römerfestung Venusia. Dort kreuzten sich fast rechtwinklig zwei Fernstraßen, die es zu überwachen galt; vor allem aber war es den Römern, die zu Beginn des 3. Jhd. v. Chr. endlich die Samniter niedergerungen und so die Grenze ihres Machtbereichs weit nach Süden gegen die Apuler und Lukaner hin vorgeschoben hatten, darum gegangen, diesen südlichsten Punkt ihres neu gewonnenen Herrschaftsbereiches kraftvoll zu sichern[2].

So siedelten sie in Venusia, heute Venosa, mehrere Tausende römischer Bürger an, vorwiegend natürlich waffenfähige Männer. Es versteht sich von selbst, dass hier eine Mischbevölkerung entstand, die um 200 v. Chr. noch einmal Zuzug römischer Kolonisten erhielt, eine Verstärkung, welche der Stadt Sicherheit und Wohlstand brachte. Diese keineswegs rein römische Einwohnerschaft stellte sich dann im Bundesgenossenkriege auf die Seite derer, die sich gegen Rom erhoben, und es bedurfte der schweren Belagerung des J. 88 v. Chr. durch den römischen Feldherrn Caecilius Metellus Pius, um die Stadt wieder in die Botmäßigkeit zurückzuzwingen. Dreitausend Gefangene machte Metellus damals, d.h. er nahm einer großen Zahl von venusinischen Männern die Freiheit und die Bürgerrechte. Einer von denen, die davon betroffen wurden, war aller Wahrscheinlichkeit nach der Vater des Horaz, der auf diese Weise in den Stand des

---

[1] Eine nützliche Zusammenstellung der Selbstzeugnisse bei W. Nötzel, Quintus Horatius Flaccus, Berlin 1962; man beachte aber die Reserven gegenüber Nötzels methodischer Naivität bei E. Doblhofer, Horaz in der Forschung nach 1957, Darmstadt 1992 [künftig Doblhofer, Horaz], 24.
[2] Hierzu H. Bengtson, Grundriss der Römischen Geschichte, München, ²1970 [künftig Bengtson, Römische Geschichte], 64.

"Gefangenen" (*captivus*) absank[3]. Doch es sollte noch schlimmer kommen: Als Sulla nach seinem Sieg über Cinna im J. 83/2 Veteranen zu versorgen hatte, nahm er den im Bundesgenossenkrieg straffällig gewordenen Gemeinden Land fort und gab es seinen altgewordenen niederen Chargen zu eigen, so auch Land der Stadt Venusia[4].

Von ihnen, so meinte Horaz, stammte er nicht ab[5], vielmehr sei sein Vater, einst Sklave, Einheimischer gewesen, "ungewiss ob Lukaner oder Apuler" (sat. 2, 1, 34: *Lucanus an Apulus anceps*). An dieser Stelle berichtet er auch, dass die römische Kolonie ausgeschickt worden sei, "auf dass kein Feind durch das freigekämpfte Land gegen die Römer zöge, gleich ob das Apulervolk oder Lukanien" (so variiert er den Ausdruck) "einen Krieg entfesseln wollten, diese wilden". Sogleich fügt er hinzu, dass er selber diese Wildheit und Angriffslust nicht in sich trage. Dies schrieb der Sohn später, mit etwa 35 Jahren, als er die Satiren seiner zweiten Sammlung dichtete und sie als keineswegs aggressiv verteidigte. Bis dorthin aber führte ihn sein Leben über seltsam verschlungene Wege.

Der Vater, er wird mit seinem Sohne darüber ausführlich gesprochen haben, war also nicht (oder zumindest nicht rein) römischen Blutes, sondern Einheimischer, und er war arm und besaß nur ein "armseliges Gehöftlein" (*macro pauper agello*, sat. 1, 6, 71). Was man sich unter "arm" vorstellen müsste, ist schwer zu sagen; jedenfalls gehörte er ganz gewiss nicht zu den Prominenten der Stadt. Er hatte geheiratet[6], doch von seiner Mutter sprach Horaz nie, wohl aber einmal (c. 3, 4, 10) von seiner Amme, die nach der besseren Überlieferung an der genannten Stelle Pullia hieß; er erzählt auch von ihrem Häuschen am Berge Voltur (etwa 10 km westlich von Venosa, 1326 m hoch); war seine Mutter im Kindbett gestorben und hatte der Vater seinen Sohn bei der Amme aufwachsen lassen? Dort durfte der Kleine draußen umhertollen, und einst war er dort – so fabuliert der schon reife Dichter über dreißig Jahre danach – müde vom Spiel vor dem Hause eingeschlafen, und Tauben hatten ihn mit jungem Laub bedeckt – eine

---

[3] Zu dieser Ansicht kommt auch G. Williams in: Homage to Horace. A Bimillennary Celebration, ed. J. Harrison, Oxford 1995 [künftig Homage to Horace], 308; er meinte ferner, aus den Textzeugnissen darauf schließen zu können, dass Horazens Vater Sabeller war (301 und 311).

[4] Die Geschichte der Stadt Venusia gab Th. Mommsen CIL 9, 44ff.; ferner 445 und 604. Weiteres bei D. Kienast, Augustus. Prinzeps und Monarch, Darmstadt, ³1999 [künftig Kienast], 483, Anm. 122.

[5] Zum Geburtsdatum s. F. Klingner, Quinti Horati Flacci Opera, Leipzig, ³1959 [künftig Klingner], 4* [Die mit einem Sternchen versehenen Seitenangaben bezeichnen die Seiten der Horaz-Vita, welche Klingner dem Text voransetzte] und G. Radke, Gymnasium 71, 1964, 82. Der Geburtstag scheint auf den 8. Dez. 65 (epo.13, 6) zu fallen. Zum Horoskop Hor. c.2, 17, 17ff.; vgl. J. Bollók, ACD 19, 1993, 11ff.

[6] Ob noch als Sklave oder bereits als Freigelassener, ist nicht mehr erkennbar; im ersten Falle war es ein *contubernium*, im zweiten ein *conubium* (S. Treggiari, Roman Marriage. Justi Coniuges from the Time of Cicero to the Time of Ulpian, Oxford 1993 [künftig Treggiari, Roman Marriage], 53, bzw. 43ff., 54ff.).

der vielen "Berufungsgeschichten", gewiss[7], aber es fällt auch ein wenig Licht in die früheste Kindheitsgeschichte des Horaz. Schulfähig geworden, wird er dann, wie es üblich war, mit anderen Kindern zusammen einem Lehrer in der Stadt übergeben worden sein; es war dies ein Flavius (sat.1, 6, 72). Er hatte also dorthin zu gehen,

> *magni*
> *quo pueri magnis e centurionibus orti*
> *laevo suspensi loculos tabulamque lacerto*
> *ibant octonos referentes idibus aeris,*

("wohin die großartigen Knaben, großartigen Hauptleuten entstammt, hingingen, am linken Arme mit Rechensteinsäckchen und Schreibtafel behangen, monatlich acht Mark entrichtend" (ebd., 72/4).

Eingebildet und hochnäsig, werden diese Bürschlein, die der Satiriker späterhin so ironisiert[8], dem für dortige Verhältnisse viel zu Begabten das Leben nicht leicht gemacht haben, und so fasste der Vater einen ebenso großen wie gewagten Entschluss: *puerum est ausus Romam portare docendum* ("er wagte, den Knaben nach Rom zu bringen, um ihn dort ausbilden zu lassen"; sat.1, 6, 76), und dies bei dem besten Lehrer und zusammen mit den Sprösslingen auch der edelsten Geschlechter. Man fragt sich, wie das wohl möglich war? Wer war der großzügige Mann, der seinen Sklaven sich erst freikaufen und dann gar fort und nach Rom begeben ließ, wo Freigelassene sonst doch keineswegs tun und lassen konnten, was sie wollten?[9] Man wüsste gern auch mehr über diesen dem vergilischen so ähnlichen Vater und diesen Lebensabschnitt des Horaz, mehr auch über die Ursachen seiner Namensform; aber alles Vermuten hat kein Licht in das Dunkel der Überlieferung gebracht.

Der Sohn des Freigelassenen ging also zu einem der besten, wenn nicht dem besten Lehrer Roms, zu L. Orbilius Pupillus (aus Benevent, wie Sueton, De Grammaticis 9 zu berichten weiß). Er war streng, ihm rutschte schon einmal die Hand oder der Stock aus, gleich ob bei Hoch oder Nieder. Doch seinen Beruf nahm er ernst, er publizierte über grammatische Fragen und hatte sich einen guten Ruf erworben. Benevent setzte ihm ein marmornes Denkmal, ihm, dem einstigen Soldaten, der sich nach dem Dienst selber weitergebildet hatte und ein gesuchter Lehrmeister geworden war. Man liest auch gern von seinem lauteren

---

[7] H. P. Syndikus, Die Lyrik des Horaz, 2 Bde., Darmstadt ³2001 [künftig Syndikus], Bd. 2, 53 unten verweist auf U. Knoches schöne Formulierung, Horaz habe die "poetische Wirklichkeit 'Heimat' darzustellen" beabsichtigt, in der sich Reales mit Symbolischem vereinigt, hatte Horaz später doch sehr deutlich gespürt, dass er ein Ausersehener war.

[8] Diese Söhne hielten ihre Väter natürlich für "groß" (so wie diese sich gewiss selber einschätzten) und gerierten sich daher dementsprechend; sie waren nicht nur "geboren", sie "entstammten" ihnen sogar (zu *orti* vgl. z.B. c.1, 12, 50), hinzu kommt der auffällige "Accusativus Graecus" – die Ironie ist nicht gerade bösartig, aber deutlich genug.

[9] G. Fabre, Libertus, Paris 1981, 340ff.; G. Williams in: Homage to Horace 303 vermutet, dass derjenige, der die Hand über die Horatii hielt, der Trebatius Testa der Satire 2, 1 war.

Mut, den er bewies, als er das unterdrückte Werk eines Kollegen veröffentlichte – auf eigene Kosten, versteht sich. Horaz erinnert sich seiner in epi. 2, 1, 69ff. als eines den uralten Livius vorsprechenden und einbläuenden Paukers; aber in epi. 2, 2, 41 sagt er, es sei ihm "vergönnt" gewesen, in Rom ausgebildet zu werden. Das mag man als ein dankbares Wort auslegen[10].

Zu Füßen dieses Mannes also saß der Knabe zusammen mit Söhnen aus hoch- und höchstgestellten Familien (sat.1, 6, 77f.). Das mag zuweilen nicht einfach gewesen sein für den Freigelassenensohn, doch es schulte seinen Takt und es legte womöglich auch den Grund für einige seiner lange währenden Freundschaften; womöglich nur, denn die uns bekannten stammten sämtlich aus seiner Athener Zeit und den Tagen nach Philippi. Lieber noch wüsste man, wie es dem Vater, diesem wunderbaren Vater, möglich war, den Sohn in Rom aufwachsen, gut unterrichten, gut kleiden und begleiten zu lassen (sat. 1, 6, 78f.). Wir hören in Suetons Horaz-Vita gleich zu Beginn, der Vater sei *exactionum coactor* gewesen, und ein Vers des Sohnes (sat.1, 6, 86) bestätigt es – was war das für ein Beruf? Wer etwas zu verkaufen hatte, z.B. seine Öl- oder Weinernte, ging nicht immer selber dorthin, wo derlei Geschäfte getätigt wurden, weder damals noch heute; er ließ sich vertreten. Ein solcher Vertreter hatte dann auch den Erlös beim Aufkäufer zu kassieren oder musste dem Verkäufer den Betrag zunächst aus eigener Tasche zahlen und ihn dann später beim Käufer "eintreiben": Das ist der *coactor*[11]. Eine solche Tätigkeit setzt viel Geschick, Takt, Hartnäckigkeit und Zuverlässigkeit voraus. Von außen nach Rom hereingekommen, muss der Vater starke Fürsprecher gehabt haben, um in Rom diesen Beruf ergreifen, bzw. fortführen zu können. Trotz dieser Belastung konnte er sich die Zeit nehmen, den Sohn selber zu den Lehrern zu begleiten, um ihn vor Nachstellungen männlicher- und weiblicherseits zu bewahren (sat.1, 6, 81/4); zudem muss die Unruhe und Gefährlichkeit auf den Straßen in jenen Jahren beträchtlich gewesen sein. Mehr noch, er ging mit ihm des öfteren durch diese Stadt voller Unruhe, Laster und Lächerlichkeiten, wies auf derlei hin, sprach sein Urteil und warnte; das berichtet der Sohn voller Dankbarkeit in sat.1, 4, 103/6. Nicht, um zu spotten, tat der Vater dies, sondern um sein Kind zu wappnen für den Tag, da er selber nicht mehr sein würde; erwachsen geworden, werde er dann allein auf der unruhigen See "schwimmen auch ohne den Kork" (ebd. 120). Warum ihm Verfehltes und Lasterhaftes falsch erschien, das wusste er theoretisch nicht zu begründen; er

---

[10] B. Stenuit, Horace et l'école, Latomus 37, 1978, 47ff. Zur römischen Schulausbildung H. J. Marrou, Geschichte der Erziehung im klassischen Altertum (1948), dtv [7]1976, 494ff.

[11] Vgl. Ed. Fraenkel, Horaz [Übersetzung von Ed. Fraenkel, Horace, Oxford 1957, (künftig Horace) durch G. und E. Beyer, Darmstadt 1963 (künftig Fraenkel, Horaz)], 5 mit Anm. 3 nach Th. Mommsen, Ges. Schriften 3, Berlin 1907, 225; weiteres bei R. O. A. M. Lyne, Horace. Behind the Public Poetry, New Haven/London 1995 [künftig Lyne], 5, Anm. 13, der wie T. P. Wiseman, New Men in the Roman Senate 139 B. C.-A. D.14, Oxford 1971, 42 mit einem erheblichen Vermögen des Vaters rechnet. – Zu dem Bild, das Horaz von seinem Vater entwirft, A. Önnerfors, Vaterportraits in der römischen Poesie, Stockholm 1974, 133ff.

urteilte nach althergebrachten Richtlinien, die Theorie würde dem Sohn dann die Philosophie an die Hand geben (ebd. 115f.).

Es sollte so kommen, wie dieser "beste Vater" (sat. 1, 4, 105) vorhergesagt hatte: Als der Sohn, von hartem Geschick aus der Bahn geworfen, sich in noch jungen Jahren allein zu orientieren hatte, da war ihm die Gestalt des Vaters ein hilfreiches Beispiel und Vorbild, ja sie bestimmte, so scheint die sat. 1,4 nahe zu legen, gar die Art seines Dichtens in gewissem Maße. Denn wenn der Sohn in der Grundsatzsatire 1, 4 (v. 103ff.) wahrheitsgemäß erzählt, dann gewöhnte der Vater den Sohn an ein freimütiges Benennen von Fehlerhaftem nicht ohne Humor[12]. Genau dies tat der Sohn in seinem Satirenwerk (*ridentem dicere verum*, "lachend die Wahrheit aussprechen", das wollte er: sat. 1, 1, 24). Und noch etwas hatte der Vater richtig gesagt: Er selber konnte nur bewerten, die Begründung aber konnte allein die philosophische Schulung liefern, und dies war einer der Gründe, warum der Alte seinen Sohn dann nach Athen sandte.

Venusia und Rom – das waren an die fünfzehn Jahre des Beschützt- und Geleitetwerdens. Nun sollten, auch das machte dieser Vater möglich, gleichsam Wanderjahre folgen, die den Blick ausweiten, die Erfahrung verbreitern und den künftigen Weg vorbereiten sollten. In neuer Umgebung, auf sich allein gestellt, die Flügel spannen: Das sollte Athen bewirken. Beim *grammaticus* hatte Horaz gelernt, die Muttersprache genau und bewusst zu benutzen; er hatte die alten Dichter gehört und gelernt[13], d.h. sein begabtes Ohr hatte die altertümliche Wucht frühester lateinischer Dichtung aufgenommen; er hatte beim Rhetor seine erste Redetechnik erworben, d.h. die Erstanfänge des Ordnens und Schmückens; er wird Allgemeines über Musik und Sternkunde vernommen und Griechisch gelernt haben[14]. Nun waren diese ersten Lehrjahre zu Ende, und der junge Mann, jetzt um die siebzehn Jahre alt, schied – das geschah gewöhnlich am Fest der Liberalia, am 17. März – aus dem Knabenstande aus, legte unter Opfern die Mannestoga an, wurde in die Liste der wehrfähigen Bürger eingetragen und war dadurch nun rechtsfähig und entscheidungsfrei[15]. Von jetzt an trug er die Verantwortung für sich allein. Wohl dem, der dann das Bild und Vorbild eines Vaters wie jenes *pater optimus* in sich trägt.

Athen um das Jahr 48 v.Chr. – das war nicht allein die Stadt der großen alten Philosophen; zwar lebten Reste der Schule Platos noch, Antiochos von Askalon hatte bis 68 v. C. gelehrt, Potamon lehrte noch "unter den Bäumen des Akademos" (epi. 2, 2, 45), andere in der Nähe der Agora an der Statue des Ptolemaios Philadelphos; auch konnte man Stoiker hören und Epikureer, und ihre Vorträge

---

[12] In sat. 1, 4, 114 ist die Litotes *non bella fama* voller Sarkasmus; möglicherweise gibt Horaz hier ein Beispiel für die Redeweise des Vaters.
[13] Zum Auswendiglernen im römischen Unterricht C. O. Brink, Horace on Poetry, Epistles II. The Letters to Augustus and Florus, Cambridge 1982 [künftig Brink II], 120.
[14] Zum Griechischen in Rom E. Campanili in: Il bilinguismo degli antichi, Univ. di Genova, Fac. Lett. 1991.
[15] Hierzu J. Marquardt, Das Privatleben der Römer, bearbeitet von A. Mau, ²1886; Nachdruck Darmstadt 1990 [künftig Marquardt, Privatleben der Römer], 123ff.

weckten den Willen, bewusst auf eine begründete Art in natürlicher Weise zu leben, und unterfingen die Regeln mit einem je verschiedenen System. In Rom hatte der Vater auf Beispiele gewiesen, hatte ein Lehrer den Homer auf moralische Exempla hin interpretiert[16]; jetzt hörte der junge Mann weit ausgreifende Begründungen und Lehrsysteme, die alle darauf hinausliefen, dass der bewusste Mensch sich vom gewöhnlichen zu unterscheiden, dass er sich abzukehren habe von den Verhaltensweisen der Vielen. Das waren und sind Botschaften, die ein junger Mensch nur allzu gern aufgreift[17].

Botschaften – wer sandte sie aus? Welches war das philosophische Klima, das in Athen herrschte, als Horaz und seine Freunde sich dort aufhielten? Aus den großen Wegfindern und den originalen Systembauern waren die "Schulen" geworden. Aus dem Wagnis, zu den tiefsten Wurzeln alles Natürlichen, draußen wie in der Seele, energisch vorzudringen und zu den allgemeinsten Ideen aufzufliegen, war jetzt Sicherung, Ausfaltung und Abgrenzung gegenüber den anderen Schulen geworden, dann weiterhin auch gegenseitige Beeinflussung und mancherlei Schulgezänk. Überall vollzog sich ein Rückzug aus Metaphysik und Naturwissenschaft, im Gegenzug Konzentration aufs Ethische, ja aufs Moralische (als Auswertung der ethischen Grundsätze zu speziellen moralischen Regeln[18]). Erkenntnistheoretische Untermauerung geschah zuweilen, aber um die zeitgenössische Mathematik, um die damals aufkeimenden Spezialforschungen auf dem Gebiet der Naturwissenschaften kümmerte man sich kaum oder gar nicht. Dafür kam etwas womöglich noch Wichtigeres in den Vordergrund: Schulhäupter traten als Beispiele und gar als Vorbilder auf, um die Lebbarkeit ihrer Lehren unter Beweis zu stellen. Schulgründer wie Epikur wurden geradezu geheiligt, man diskutierte in der Stoa das Ideal des Weisen und fand in Sokrates ein leuchtendes Vorbild (die Römer später in Cato Uticensis). Dies alles bedingte, dass Philosophie damals vornehmlich das Fragen nach der verbindlichen Lebensform und das Antreiben dazu wurde, sie zu ergreifen, wie große Vorbilder es getan. Es leuchtet ein, dass diese Art des Philosophierens dem jungen Horaz entgegenkam, einem jungen Mann, der unter dem starken Eindruck von der Rechtschaffenheit des Vaters und seinen Belehrungen stand. Diese liefen auf die althergebrachte Moral hinaus, eine Sittlichkeit, die "von den

---

[16] Hierzu O. Luschnat, Theologia Viatorum 9, 1964, 147 zu epi.1, 2, 8ff.
[17] H. Boeder, Topologie der Metaphysik, Freiburg 1980, 179 über diese "Abkehr" und "Zukehr".
[18] Vgl. Hor. sat. 1, 4, 122 (*auctorem*) und epi. 2, 2, 44 (*vellem*: Weckung des Willens). Bei welchen Philosophen Horaz gehört hat, ist kaum mehr erschließbar. Vielleicht beim Stoiker Antipatros aus Tyros (F. Überweg-H. Flashar, Grundriss der Geschichte der Philosophie Bd.4, 2; Basel 1994, 706 und 708 unten), vielleicht auch beim Akademiker Aristos (ebd. 967), wahrscheinlich vor allem bei den Epikureern (ebd.4, 1; 372f.). Brutus ging, als er 44 v. Chr. in Athen weilte, zum Akademiker Theomnestos und zum Peripatetiker Kratippos (ebd. 4, 2; 968f.). Zur Philosophie Athens in diesen Jahren auch Chr. Habicht, Athen in hellenistischer Zeit, München 1994, 246f. und ders., Athen, 353.

Alten überkommen" war (sat. 1, 4, 117). Nun hatte Horaz die Chance, die einzelnen Belehrungen systematisch zusammenzufassen.

Doch Athen bedeutete noch mehr: Es bedeutete ein freies Leben. Und doch war von bedenkenlosem Ausleben keine Rede: Horaz verkehrte unter nicht wenigen sozial Höhergestellten. Er hatte wie schon auf der Schule so jetzt in Athen Takt und Maß zu wahren. Gewiss, man genoss "die Scherze, das Lieben, die Parties, das Spiel" (*iocos, venerem, convivia, ludum* heißt es in epi. 2, 2, 56), aber der Freigelassenensohn musste auch lernen, sich den adligen Kameraden durch charakterliche und geistige Qualität gleichzustellen, um ihre Freundschaft zu gewinnen. Zu diesen Spielen gehörte auch das Dichten. Horaz erzählt (sat. 1, 10, 31f.), er habe in Athen griechisch gedichtet (der Ausdruck *natus mare citra* erlaubt den Schluss, dass er von Athen spricht); später lächelte er darüber, für uns aber bedeutet dieser Vers, dass er damals Interesse an der Dichtung gefunden hatte. Da liegt die Vermutung nahe, dass er in Athen die großen alten und jüngeren griechischen Dichter studiert und so den Grund für seinen reichen Fundus an Literaturkenntnis gelegt hat, dessen er später bei seinem eigenen Dichten bedurfte. Schon aus epo. 9, 5f. wollte man Pindarisches heraushören[19], die Oden verdanken Pindar ganz offenkundig überaus viel[20]: Er wird Pindar zu Athen begegnet sein. Man spürt hier etwas dem Horaz ganz Eigenes: Die Bewunderung für das Große und Kraftvolle. Dass er dies in der ganz alten Dichtung fand, ist an sich nicht auffallend; was auffällt, ist vielmehr, dass er diese sich später zum Vorbild nahm und nicht die hellenistische Manier (ihr folgte er im Technischen, nicht bei der Wahl der Gattungen); bedenken mag man aber auch, dass er ganz republikanisch, und das will auch sagen: voller Bewunderung für "die Alten" (sat. 1, 4, 117) erzogen worden war.

---

[19] D. Mankin, Horace, Epodes, ed. by D. Mankin, Cambridge 1985 [künftig Mankin], 162: "what may be Horace's model"; so auch schon in: Qu. Horatius Flaccus, Oden und Epoden, erklärt von A. Kiessling, 7. Auflage besorgt von R. Heinze, 8. Auflage mit einem Nachwort und bibliographischen Nachträgen von E. Burck, Berlin 1957 [künftig Heinze], 522.

[20] R. G. M. Nisbet-M. Hubbard, A Commentary on Horace, Odes Book I, Oxford 1970 [künftig Nisbet-Hubbard], XIII und 2; ferner Fraenkel, Horaz 326f.

Kapitel II: Kriegsdienst, Kampf und Niederlage

Mitten in diese Athener Jugendidylle fuhr dann der Blitzstrahl: Am 15. März 44 v. Chr. kurz vor Mittag starb Caesar unter den Händen der Mörder. Das Gefühl, eine unerträgliche Knechtschaft noch lange erdulden, alles Altwerte aufgeben zu müssen, hatte zu dieser wohlbedachten, ganz und gar moralisch-politisch begründeten Katastrophentat aus Gruppenfanatismus geführt. Die Nachricht muss Athen wenige Tage später erreicht haben. Der Ruf nach Freiheit klingt laut und süß in jungen Ohren. Mit dem "Republikaner" Horaz zusammen lebten noch andere gegen Caesar eingestellte junge Römer: Neben Ciceros Sohn auch L. Calpurnius Bibulus, Neffe des Brutus und Sohn von Caesars Todfeind[1]. Dann erschienen Brutus und Cassius selbst in Athen im Oktober 44, nachdem im Mai bereits C. Trebonius dorthin gekommen[2] war. Brutus ward mit einer Statue geehrt, die man auch noch neben das Standbild der Tyrannenmörder Harmodios und Aristogeiton setzte. Nach außen hin vermied er selber alles, was irgend nach Kriegsvorbereitung aussehen mochte, ging z.B. in philosophische Vorträge, wie Plutarch in seiner Biographie zu berichten weiß (24, 1); insgeheim aber warb er – eine Auseinandersetzung mit Antonius war ja unvermeidlich – Soldaten und Offiziere an. Erfahrene Führer gab es dort wenige, und so wandte er sich an die jungen Römer, und die waren naturgemäß leicht entflammbar. So kam es, dass Ciceros Sohn Legat, Horaz, der Sohn eines Freigelassenen, Militär-

---

[1] Realencyclopädie der classischen Altertumswissenschaft, Stuttgart 1893ff. [künftig RE] 3, 136, 7 (Nr. 27); er wurde dann Antonianer, starb aber als Statthalter Syriens, also mit Octavian übereingekommen (R. Syme, Augustan Aristocracy, Oxford 1986, 200ff.; vgl. sein The Roman Revolution, Oxford 1939; ²1952; paperback 1960 [künftig Syme, Roman Revolution], 198). Vielleicht gehörte auch der Pompeius der Ode 2, 7 dazu (vgl. Fraenkel, Horaz 12, Anm. 1, s. aber Nisbet-Hubbard 2, 106), jedenfalls ein Messalla (Cic. Att. 12, 32, 3), wohl M. Valerius Messalla Corvinus, "a noble youth of talent and discretion" (Syme, Roman Revolution a. O.). Wer von diesen noch in Athen war, als Brutus kam, ist unbekannt.

[2] C. Trebonius gehörte zu den Verschwörern, obschon er noch vom Dictator Caesar die Provinz Asia erhalten hatte (Syme, Roman Revolution 102 unten). Er berichtet von seiner Durchreise durch Athen an Cicero und darüber, dass dessen Sohn dort eifrig studiere und im Rufe größter Bescheidenheit stehe (fam. 12, 16, 1). Über sein weiteres Schicksal Syme a.O. 172. Zu diesen Vorgängen auch Kienast 29.

tribun wurden³. Urplötzlich stand also der etwa Einundzwanzigjährige nach der Zeit des "Scherzens, Liebens, Feierns, Spielens" mitten im Ernst der Kriegsnähe, immerhin im gesellschaftlichen Range eines Ritters⁴. Was des blutjungen Offiziers Aufgaben bis zur Doppelschlacht bei Philippi im Herbst 42 waren, das kann man allenfalls vermuten; wahrscheinlich war er mit Aufstellung, Ordnung und Versorgung von Truppenteilen befasst, er mag mit Brutus auch auf Dienstreisen gegangen sein, war auf jeden Fall bei Sardes dabei, als die Heere des Brutus und Cassius sich dort vereinigten. Damals mochte er auch das Nest Lebedos, ein Küstendorf nördlich von Ephesus, gesehen haben, das er in epi. 1, 11, 6 erwähnt⁵. Von Sardes aus nahm das Gesamtheer den Weg nach Norden, dann wurde es ernst.

Nachdem die Heere des moralisch hoch geachteten, aber wenig kriegserfahrenen Brutus und des als Truppenführer bewährten Cassius in Thrakien angelangt waren, bezogen sie bei Philippi, rund 10 km landeinwärts vom heutigen Kavála, nordwestlich gegenüber der Insel Thasos, ein im Süden, wo Cassius stand, durch Sumpfland, im Norden, wo Brutus den Befehl führte, durch Berge geschütztes Doppel-Lager. Sie verfügten über etwa 80.000 Kämpfer, waren im Unterschied zu dem heranziehenden M. Antonius gut versorgt und hatten darum keine Eile. Sie warteten auf den Feind. Der allerdings hatte Eile, seine Proviantierungslage erlaubte kein Verweilen.⁶ Er ergriff die Initiative, ließ heimlich einen Damm durch die Sümpfe auf des Cassius Lager zu errichten – zehn Tage lang baute er: die Aufklärung des Cassius war verheerend – und griff an (am 23. 10. 42). Er gewann die Oberhand, und Cassius, nicht wissend, dass Brutus die linke Flanke der Antonianer überwunden hatte, stürzte sich verzweifelnd in sein Schwert. Drei Wochen später war auch Brutus geschlagen, auch er schied freiwillig aus dem Leben: Das war das Ende der römischen Republik. Schön spricht R. Syme, Roman Revolution 206, über diesen Augenblick, in dem Antonius seinen Feldherrnmantel über die Leiche seines früheren Freundes deckte.

Das geschlagene Heer zerstob, und mit ihm floh auch Horaz *relicta non bene parmula* (c. 2, 7, 10: "...und ließ seine Wehr zurück nicht in Ehren"). Dass hier mit *parmula* (kleiner Rundschild) eine Schildform, die längst außer Gebrauch gekommen war, erwähnt, und eine Situation benannt wird, die viele griechische Krieger-Sänger mit Selbstironie in Verse gebracht hatten, das nimmt dem Ge-

---

³ Schon Caesar Dictator nannte denjenigen, der in seiner Abwesenheit, eine oder mehrere Legionen befehligte, Legat, z.B. den in Anm. 2 genannten C. Trebonius (BG 7, 11, 3); ein Militärtribun war gemeinhin in caesarischer Zeit dem Legaten untergeordnet, in Notzeiten mochte auch ein Militärtribun eine Legion führen, wie Horaz es tat (sat. 1, 6, 48). Zu all' diesem vgl. H. Meusel, C. Julii Caesaris Commentarii de Bello Gallico, Bd. 1, Dublin-Zürich ²¹1968, 51, Anm. zu § 16 und ebd., § 18.
⁴ D. Armstrong, TAPhA 116, 1986, 255/288; Ed. Fraenkel, Horaz 12. Man hat die Vermutung geäußert, Horaz sei schon vor seinem Kriegsdienst Ritter gewesen (Lyne, Horace 3, Anm. 7), aber dies bleibt eine Vermutung, nichts weiter.
⁵ Hierzu Fraenkel, Horaz 12 Mitte.
⁶ Eine ausführliche Beschreibung von Lage und Schlacht bei H. Bengtson, Marcus Antonius, München 1977, 135ff.; zur Versorgungslage 141.

ständnis eiliger Flucht die Schärfe. Aber diese Bemerkung genügt hier nicht. In diesem Gedicht, etwa zwölf Jahre nach der Schlacht, erinnert sich der Mittdreißiger jener Tage, und da zittert noch der Schmerz nach, wenn er in dem genannten Gedicht die zweite Schlacht von Philippi als den Tag bezeichnet, "da Mannhaftigkeit gebrochen ward und die vordem so mutig Drohenden schmachvoll an die Erde mit dem Kinne rührten"[7]. Ob Antonius wirklich eine Proskynese verlangte, darf bezweifelt werden; wahrscheinlich meinte Horaz die Erdberührung mit dem Kinne sinnbildlich. Aber Flucht und Gefangenschaft mochten manchen, der voll Zuversicht und Stolz angetreten war, wie eine Proskynese vorgekommen sein, und "gebrochen die Mannhaftigkeit", das war die Wahrheit. Doch Horaz entkam dem Blutbad, aber *decisis humilem pinnis* (epi. 2, 2, 50:"gedemütigt mit gestutzten Flügeln"). Wie ihm die Flucht gelang, ist ganz unerfindlich[8].

Zu Rom keine Festons und Ehrenpforten. Vielmehr hatten die siegreichen Triumvirn sich auf Enteignungen in achtzehn italischen Gemeinden geeinigt, um ihre Veteranen zu versorgen. Eine davon war Venusia (Appian, Bell. Civ. 4, 3). So mag das väterliche Gut verloren gegangen sein: *inopem paterni et Laris et fundi* nennt Horaz sich in epi. 2, 2, 50f. im Rückblick auf jene Zeit, "nicht mehr Herr des väterlichen Hauses und Gutes". Was tun? Es war ihm anscheinend soviel geblieben, dass er sich nach der allgemeinen Amnestie (anlässlich der friedenstiftenden Übereinkunft mit Sextus Pompeius) in das Kollegium der *scribae quaestorii* einkaufen, also den Posten eines der 36 Staatsarchivare einnehmen konnte, welche die Akten der Senatsverhandlungen und der Finanzverwaltung des Reichs betreuten[9]. Heute heißt ein solcher Beamter "Referent für das Parlamentarische Archiv". Das bedeutete auch damals kein geringes Amt, keine geringe gesellschaftliche Stellung (sein Inhaber war den Rittern gleichgestellt) und ein auskömmliches Gehalt (RE 2 A, 852, 20ff.; 853, 54ff.). Zu dieser Korporation der *scribae* gehörten seit alters auch die Schriftsteller, und deren Sitzung besuchte Horaz noch lange, auch noch nach seinen literarischen Erfolgen (sat. 2, 6, 36). Man wird sagen dürfen, dass dieses Kollegium und dieses Amt den noch sehr jungen, geschlagenen Republikaner schützte und vor den Augen der Rachegierigen verbarg. Denn der Bürgerkrieg ging ja weiter,

---

[7] C. 2, 7, 12; dass Horaz von einem Drohen spricht, mag daran erinnern, dass es im Lager des Brutus vornehme Männer gab, die den zögernden Feldherrn zum Angreifen beschwatzten (Appian, Bell. Civ. 125, 524); man erinnert sich an die Lage des Pompeius vor Pharsalos (Verf., Gymnasium 81, 1974, 59). Zur Berührung des Bodens mit dem Kinn vgl. Heinzes Kommentar; Syndikus Bd.1, 378, Anm. 27, aber auch Caes. BC 3, 98, 2.

[8] Es mag sein, dass Horaz mit seiner Legion auf dem linken Flügel, also nahe dem Meere stand und so leichter die Küste bei Neapolis erreichen konnte; aber dann wäre er dem Heer des Cassius zugeteilt gewesen – die Details sind nicht mehr erschließbar und alle Vermutungen (F. Della Corte, Opusc. 3, Genua 1972, 153) ohne Grundlage.

[9] Vgl. die Sueton-Vita des Horaz (Klingner 1*, 8). Zur Sache Th. Mommsen, Römisches Staatsrecht 1 (Leipzig 1871), ³Leipzig 1887 (jetzt Basel 1952/3) 346ff.; A. H. M. Jones, Studies in Roman Government and Law, Oxford 1968, 154ff. (unberechtigte Zweifel bei C. Ampolo, Parola del passato 39, 1984, 193ff.).

Octavian belagerte Perugia, wo die Gattin Mark Antons, Fulvia, sowie der Bruder des Philippi-Siegers, L.Antonius (Konsul des J. 41), sich gegen den Caesar-Erben verschanzt hatten, als dieser sich wie ein Gewaltherrscher zu gerieren begann. Die Stadt wurde belagert und genommen, Antonius und Fulvia blieben verschont, die Stadt aber brannte und eine sehr große Zahl der Bewohner wurde niedergemacht. Octavian war nun "Herr in Italien, einem Lande, das hungerte, durcheinandergeschüttelt und verzweifelt war" (R. Syme, Roman Revolution 212). Vor den Auswirkungen solcher bedrohlicher Unruhe blieb Horaz nun geschützt. Sie war und blieb groß.

Denn es kam M. Antonius im J. 40 aus dem Osten, Brindisi verweigerte sich ihm, er belagerte die Hafenstadt, obschon sie zu Octavians Machtbereich gehörte – kein Ende der Bürgerkämpfe war in Sicht. Von all' dem blieb Horaz äußerlich verschont in seiner Festung. Sein Amtsgebäude glich einer solchen fürwahr. Der heutige Rom-Besucher steige einmal vom Carcer Mamertinus zum Kapitol hinauf bis zu der mächtigen Galerie des Tabulariums, die sich ihm linkerhand eröffnet. Wenn er in ihr schlendert, einen Blick auf die wuchtige Treppe wirft, die hinauf in den Senatoren-Palast führt, dann geht er, wo Horaz ging, und schaut, was dieser Hunderte von Malen geschaut[10].

Werfen wir doch noch einen raschen Blick zurück zur Kindheit und Jugend des Horaz. Athen hatte wohl eine zwiefache Wirkung auf ihn ausgeübt. Zum einen hatten die Lehrer in dieser Stadt wahr gemacht, was er dem Vater nicht sehr viel später (sat.1, 4, 115ff.) als Prophezeiung in den Mund legen sollte, nämlich dass die Theoretiker dem Sohne das begründen würden, was er, der Vater, ihm an praktischen Einzelbeispielen vor Augen geführt hatte. Athen war also in gewisser Weise eine festigende Wiederbegegnung mit dem Vater. Zum anderen bedeuteten diese Wanderjahre auch eine natürliche, wenn auch immer liebende Entfernung von ihm: Dinge der Bildung, der Kunst und Literatur, ein Leben heiteren Genusses unter Gleichaltrigen und Gleichgesinnten mit Wein, Weib und Dichten – das hatte dem kernigen alten Venusiner doch wohl recht fern gelegen. Er musste gewusst haben, dass dies alles auf den Sohn zukam, und er muss es bejaht haben; sonst hätte er ihn nicht nach Athen ziehen lassen. War Horaz nun so weit, dass er "gefestigten Körpers und Geistes ohne Kork schwimmen" konnte (sat.1, 4, 119f.)? Wahrscheinlich, denn das Zusammenleben mit den sozial oft viel höher gestellten Freunden verlangte viel Takt und Selbstbeherrschung. Athen bedeutete aber noch ein Drittes: Die Begegnung mit der griechischen Literatur in viel größerem Umfange als das in Rom möglich gewesen oder verlangt war, und zwar mit der alten wie der neueren.

Was bedeutete dann der Krieg für den jungen Mann? Mit etwa 21 Jahren wurde er zum Parteigänger und gar zum Vertrauten eines Parteiführers, eines Mannes übrigens, der, obzwar fanatisch, dennoch höchstes Bildungs- und Mo-

---

[10] Zum Tabularium, das im J. 78 v.Chr. errichtet wurde, F. Kolb, Rom. Die Geschichte der Stadt in der Antike, München 1995 [künftig Kolb, Rom], 253.

ralniveau besaß. Horaz erlebte da einen Mann, der es unter schwersten inneren Kämpfen über sich gebracht hatte, den eigenen Wohltäter aus doktrinären Gründen zu töten: Ein belehrendes Erlebnis, belehrend und der Lebenswirklichkeit näher führend auch das Erleben grausamen Requirierens und der Entsetzlichkeiten einer Schlacht. Und mit etwa 23 Jahren befehligte er eine Legion, unerfahren zwar, aber offenbar hohen Vertrauens würdig und in der Lage, seinen Mann zu stehen. Kurzum, er schwamm sehr geschickt "ohne Kork".

Hatte Philippi ihn dann, wie man zuweilen sagen hört, "aus der Bahn geworfen"? Welche Bahn wäre das wohl gewesen? Er wusste und jeder wusste, dass er ebenso wenig Militärtribun bleiben konnte wie die notgedrungen zu Offizieren promovierten Bürgerlichen nach dem Siebenjährigen Kriege. Die Flucht in den Archivardienst war schmerzhaft, aber genau das, was geschehen musste: Der Übergang in ein Leben, das seiner eigentlichen Begabung nicht nur nicht abträglich, sondern förderlich war. Und noch etwas: Seine Freundschaften blieben vielfach bestehen, immer sollte er unter Großen leben, er der Freigelassenensohn, "auf den alle einhackten" (sat. 1, 6, 46; "alle" meint natürlich nur die Neider), seine inzwischen herausgebildete Art und sein vertrauenswürdiger Takt würden ihm die liebevolle Achtung auch der Größten sichern: Die Jubel- und Notzeiten in und nach Athen waren nicht umsonst gewesen.

KAPITEL III: DIE ZEIT DER EPODEN-DICHTUNG

Bemerkungen zur Geschichte und zu Vergil

Rom im Jahre 40 v. Chr. – von geregelter Arbeit des Senats als Verwalter und Beschützer des riesigen Machtbereichs Octavians konnte seit langem keine Rede mehr sein. Bereits Mitte 43 klagte Cicero, der Senat, sonst sein Musikinstrument, gebe keinen Ton mehr (fam. 11, 14, 1). Also hatte auch das Archiv keine regelmäßige Arbeit mehr zu verrichten. In der Stadt herrschte in den Kreisen des Adels Trauer und Zorn über die politischen Morde aufgrund der Proskriptionen (43/42 v. Chr.). Der Blutzoll hier, bei Philippi und nach Perugia war furchtbar gewesen. In der Handel und Handwerk treibenden Bevölkerung herrschte die Not ebenso wie unter den noch Ärmeren, denn Sextus Pompeius unterband, außerhalb des Bündnisses zwischen Antonius und Octavian stehend, von Sizilien aus immer wieder die Kornzufuhr mit dem Ziel, ihn aufwertende Verhandlungen zu erzwingen. Dies ermöglichte man ihm im Frieden von Misenum (39 v. Chr.), um den Preis, dass ausgerechnet er nun die Versorgung Italiens zu übernehmen hatte (Kienast 49f.). Gewiss, es herrschte Frieden zwischen Octavian und Antonius, der sogar Octavians Schwester heiratete und zum Priester des Vergotteten Julius geweiht wurde (wodurch Caesar Dictator nunmehr endgültig zum Gott erklärt und Octavian zum Imperator Caesar Divi Filius gemacht war); aber "dass der Frieden von Misenum nicht von Dauer sein werde, musste jedem nüchternen Beobachter klar sein" (Kienast 51). Immerhin, für die nächste Zukunft nach der großen Hochzeit Ende 40 war für Ruhe gesorgt; man durfte wieder hoffen, und Asinius Pollio durfte sich glücklich schätzen, der Konsul des nächsten Jahres sein zu dürfen, hatte er doch erfolgreich vermittelt.
Ein noch junger Dichter aus Norditalien, Sohn eines Freigelassenen auch er, P. Vergilius Maro, erhob zur Feier dieser Ereignisse seine Stimme. Er war in Neapel im Kreise des griechischen Philosophen und Dichters Philodem selber zum Dichter geworden. Philodem aus Gadara hatte in seiner Jugend erotische Verslein gedichtet, war dann zur Philosophie gekommen und hatte eine Schrift über Ethik, wie die Papyrusreste zeigen, Männern gewidmet, deren Namen in nur geringen Resten anklingen, Resten, aus denen man die Namen des Horaz

und des Vergil erschließen zu können glaubte. Die zweite Vermutung scheint bestätigt, die erste nicht: Horaz hat bei Philodem nicht gelernt[1]. Er war ein angesehener Herr: "Unsere Freunde, Siro und Philodem, prächtige Menschen und überaus gebildet", so nannte Cicero ihn und seinen Freund Siro in fin. 2, 119. Philodem war ein kundiger Kritiker der Dichtung (Kl. Pauly 4, 760, 33ff.), und die Annahme, er habe einigen Einfluss auf Vergil gehabt, scheint nicht unberechtigt. Vergil war wie Horaz Opfer der Landenteignungen geworden; der Vater verlor so im J. 41 sein Gütchen bei Cremona; doch Pollio und andere schützten ihn und den Sohn, der vielleicht bereits damals auf sich aufmerksam gemacht hatte, und wenn, dann gewiss als Dichter.

Voller Dankbarkeit nahm Vergil die Friedensstiftung Ende 40[2] zum Anlass, den zu erwartenden Sohn des Octavian und der Scribonia, oder vielleicht auch des Antonius und der Octavia als künftigen Herrn eines friedevollen, nach alter Väter Sitte beherrschten Reiches in frohlockenden Hexametern zu begrüßen (ecl. 4, 4ff.)[3]. Die von Sibyllen und pythagoreischen Lehren vorausgesagte Zeitenwende zurück zum Goldenen Zeitalter sei nun gekommen, und dies unter Pollios Konsulat (v. 4/17). Zum Zeichen dessen werde die Erde nun selber dem Kinde Efeu (die Pflanze des Dionysos) und dazu – so heißt es ägyptisierend – Lotus mit Akanthus schenken, und zudem

> *ipsae lacte domum referent distenta capellae*
> *ubera, nec magnos metuent armenta leones (21f.),*

d.h. "von selbst werden die Ziegen die Euter, milchgeschwellt, heimbringen, und die Herden werden die großen Löwen nicht mehr fürchten". Keine Schlangen wird es mehr geben, kein Gift. Zum Knaben geworden, wird der künftige Herrscher die Taten der Vorväter lesen und so lernen, was Römerart ist (26/30), auch wenn noch Spuren früherer Verfehlungen bleiben (Schiff-Fahrt und Ackerbau,

---

[1] Diese Vermutung und ihre späteren Modifikationen sind ganz und gar unsicher, vgl. Hommel, Horaz 43, Anm. 37; insbes. jetzt A. Tsakiropoulou–Summers, Mnemosyne 4, 51; 1998, bes. 29. Zu Philodems Philosophica s. Th. Szlezák, GGA 247,1995, 191ff.

[2] Der gewöhnliche Zeitansatz der ersten Ekloge (40 v. Chr.), den z.B. K. Büchner in RE A, P. Vergilius Maro, Sp.1254, 49ff. vertritt, scheint gegenüber den neueren Spätdatierungen (Clausen 32, Anm. 15) besser vertretbar (s. unten).

[3] Viele Gelehrte dachten bei dem Kinde, das Vergil in seinem Gedicht pries, an den Sohn Octavians, der im Winter 40/39 Scribonia, eine Schwester des L. Scribonius Libo, der sich Antonius angeschlossen hatte (Syme, Roman Revolution 232 oben), heiratete, so W. Clausen im Kommentar zu Vergils Eklogen 122 oben, O. Skutsch, HSCP 73,1968,167 und in jüngster Zeit E. Lefèvre (Philologus 144, 200, 64 mit Anm. 22); die Ansicht derer, die an Mark Antons zu erwartenden Sohn dachten (63 mit Anm. 6), weist er mit der Bemerkung zurück, Vergil habe "keinen Anlass" gehabt, an Antonius zu denken. Wenn man sich an ecl. 1, 42ff. erinnert, liegt es gewiss näher, an Octavian zu denken, aber ob Vergil "keinen Anlass" gehabt habe, einen möglichen Sohn des Marcus Antonius mit einem verheißenden Lied zu begrüßen, das können wir heute nicht mehr wissen. Doch Lefèvre hat ganz Recht, wenn er sagt, die Frage, wer der Knabe gewesen, sei zweitrangig: An erster Stelle stehe der indirekte Preis des Friedensbringers.

seit je als Eingriffe in die Naturordnung verurteilt⁴). Es wird noch Nachwehen geben, noch einmal Heroenzüge (31/6), dann aber kommt das reine Paradies, ist erst einmal der Knabe zum Manne gereift (36/47): "Komm' und nimm diesen Glanz und Jubel von Erde und All entgegen!" (48/52). Ihn zu besingen, möge dann dem Dichter vergönnt sein (53/9), das Neugeborene aber möge lächelnd jetzo die Mutter erkennen, und einst sei ihm Vergottung gewiss.

Ein jubelndes, ein lautes Gedicht. Es begrüßt eine neue, schöne Zeit, selber von neuer Schönheit. Denn bei allem Jubel und Jauchzen sind Worte und Sätze einfach, nichts mehr von der alten Lastigkeit römischer Hexametriker von Ennius bis hin noch zu Catull mit ihrer Lust am gewichtigen Partizip und an füllingen Attributhäufungen. Wie einfach war jenes "Von selbst werden die Ziegen die Euter, milchgeschwellt, heimbringen, und die Herden werden die großen Löwen nicht mehr fürchten" doch gesagt: die "großen Löwen", was kann man sich da nicht alles vorstellen: gewaltige, gewaltsame, furchteinflössende Löwen, usf. Das kleine Wort "groß", es enthält vieles, was man sich hinzuphantasieren mag, es ist eines jener nun aufkommenden "prägnanten" Wörter. Bei allem lauten Jubel also eine neue Schlichtheit des Ausdrucks. Vergil hatte sie sich mühsam erarbeiten müssen⁵, hatte sich entfernen müssen von den beherrschenden Dichtern der Jahre vor ihm, von den Verschroben- und Verzwicktheiten eines Gallus und Catull (in seiner hexametrischen Dichtung). Aber zurück zum Gehalt von Vergils Gedicht. Ein Herakles soll der Knabe dereinst werden; das wird nicht direkt verheißen, sondern zwei gastliche, intime Bildandeutungen⁶ führen auf Herakles hin: Die Tafel des Zeus und das Gemach der Hebe: Ein neuer, weil ganz schlichter und im Gedanklichen kraftvoller "römischer Hellenismus", ein neuer Stil⁷ in diesem neuartigen Gedicht, das einfach scheint und dennoch befrachtet und belastet war mit der Angst und der Hoffnung des J. 40 v.Chr.

Auf einen solchen neuen Stil strebte auch Horaz hin. Doch Vergils Hoffnungen teilte er nicht, in seinen Jubel stimmte er nicht ein. Auch er war voll hochgestimmter Erwartungen gewesen, als er sich Brutus anschloss. Doch dann drückte die Last der Truppenanwerbung und -versorgung, das Herauspressen von Geld und Hilfsmitteln aus der Bevölkerung des Ostens, das Zusehenmüssen bei zahlreichen Grausamkeiten auch des Brutus den Höhenflug des Enthusias-

---

[4] Hes. Op. 106/201; zur Schiff-Fahrt als Sünde Hor. c. 1, 3, 21ff., wozu Syndikus 1, 63.
[5] Man wird nicht mit Sicherheit behaupten können, dass catal. 8, welches unter Vergils Namen überliefert ist, wirklich von Vergils Hand stammt; aber dass es, bei aller Schwere des Gehalts (Verlust der Heimat und des Besitzes, Bitte um Gewährung einer neuen Heimstatt) ganz schlicht ist, könnte auf seine Autorschaft deuten, zumindest auf einen Dichter, welcher der neuen Stilrichtung anhing (vgl. Verf., AClass. 12, 1969, 24/46, bes. 45).
[6] Zu diesem Ausdruck Lateinische Dichtersprache 20. – Vergil zitiert hier Homer (Od. 11, 602ff.) und Pindar zugleich (Nem. 10, 13ff.).
[7] Zur Verschmelzung von archaischem und kallimacheischem Stil in Rom vgl. Fraenkel, Horaz 81 oben; Wilkinson, Horace 116/122; W. Schetter, Philologus 115, 1971, 249.

mierten gar bald zum Erdenalltag hinab; Philippi und die noch immer allenthalben spürbare politische Spannung trotz dem Abkommen von Misenum, das alles ließ ihn anders denken. Und schon im Frühjahr 39 blockierte Sextus Pompeius erneut die Zufuhren, im J. 38 kam es zu einem Kampf um Sardinien (Syme, Roman Revolution 230), Agrippa übte mit der Flotte Angriffsmanöver, auch die Verhandlungen mit Antonius zielten auf einen Krieg gegen Sextus Pompeius im J. 36 (Kienast 52): Ein erneuter, großer Krieg schien unvermeidlich. Wahrscheinlich aus dieser Situation und Stimmung heraus verfasste Horaz seine Antwort auf Vergils messianischen Jubel, die Epode 16 (so datiert auch K. Büchner, Studien 8, 83f.). Wer aber dieses ausspricht, der hat in einem wahren Wespennest gelehrter Kontroversen gestochert. – Doch zuvor wieder ein Blick auf den Gehalt, einige Textteile und ihre Erklärung.

Epode 16 und Epode 7

"Bereits die zweite Generation zerreibt sich in Bürgerzwisten, und Rom stürzt durch seine eigene Kraft" (v.1f.). Kein Feind von außen habe Rom je etwas anhaben können, "wir, eine gottlos verfluchte Generation, werden es zerstören" (v. 9). Wilde Tiere werden, so fährt der Dichter fort, hier hausen, irgend ein Barbar wird leichtes Spiel haben, wird siegen und das Grab des Urvaters Romulus schänden (13f.). "Wollt Ihr wissen", so spricht der Dichter nun nach Art eines Volksredners, " Ihr, oder wenigstens der bessere Teil von Euch, was da hilft?" Er antwortet, indem er daran erinnert, was einst die Phokäer taten (Herodot 1, 165): Sie verließen die Heimat in der Not. "Wollt Ihr? Oder habt Ihr Besseres vorzuschlagen?", und als niemand antwortet (dies muss man sich in v. 23 hinzudenken: Eine dramatisch-harte Gedankenfügung), ruft der Redner: "Die Zeichen fallen günstig aus: Was zögern wir noch, das Schiff zu besteigen?"

Zuvor aber sei eine Selbstverfluchung ausgesprochen: Heimkehren dürfe man erst, wenn Felsen vom Meeresboden emporschwimmen[8], wenn der Po Norditaliens auf einmal im Süden fließt, das Appenningebirge sich ins Meer stürzt:

---

[8] Horaz dachte wohl an eine bei Lycophron (Alex. 615ff.) überlieferte Wundergeschichte aus Italiens Urzeit, s. Marucci, Maia 45, 1993, 147ff.

> *in mare seu celsus procurrerit Appenninus*
> *novaque monstra iunxerit libidine*
> *mirus amor, iuvet ut tigris subsidere cervis,*
> *adulteretur et columba miluo,*
> *credula nec ravos timeant armenta leones*
> *ametque salsa levis hircus aequora.*

D.h. (v. 29/34), "bevor nicht der Apennin (von sich aus), sich ins Meer stürzt, unerhörte Brunst Tiere sich naturwidrig gatten lässt, sodass Tigerweibchen sich den Hirschen (zur Begattung) ducken, die Taube mit dem Milan Ehebruch betreibt[9], die Herden vertrauensvoll nicht mehr die gelben Löwen[10] fürchten, der Bock, glattfellig geworden, sich in der Salzflut wohl fühlt" – also schlicht: "niemals". So verflucht, soll die Bürgerschaft die Heimat verlassen, insgesamt oder doch der Teil, der "besser", also klüger ist als die unbelehrbare Herde. Nur wer schlaff und schicksalsergeben alles über sich ergehen lässt (*mollis et exspes*, 37), möge in den zum Untergang verdammten Betten bleiben, d. h.: weiter schlafen; wer aber Mut hat, der segle (35/40), segle zu den "Inseln der Seligen", wo jenseits des Weltmeeres alles von selbst dem Menschen zuwächst, "wo ungeheißen die Ziegen zum Melken kommen und die Schafherde, dem Menschen Freund, ihre geschwollenen Euter heimträgt, kein Bär des Abends den Schafstall umgrunzt, der Boden in der Tiefe nicht von Vipern schwillt[11]":

> *illic iniussae veniunt ad mulctra capellae*
> *refertque tenta grex amicus ubera*
> *nec vespertinus circumgemit ursus ovile*
> *nec intumescit alta viperis humus.*

Hier schadet dem Vieh keine Pest, keine Dürre, hier reißt kein Sturzregen Boden fort, guter Same verdirbt nicht in hitzegedörrter Krume (61f. und 53/6); keines der mythischen Schiffe (Argo, Karthager, Odysseus) wird dort Verderben bringend landen (57/60), – ein solches Paradies hat Juppiter den Frommen jenseits dieser Welt bestimmt, auf dass ihnen eine Ausflucht sei aus der unheilvollen Abfolge der metallenen Zeitalter (63/6).

---

[9] *Miluus* ist bis heute der Name des Rot-, bzw. Schwarzmilans; doch Tauben greift eher der Wanderfalke, aber auf völlige ornithologische Genauigkeit hatte der Dichter nicht zu achten. Seltsam, dass auch Lukrez 3,750ff. Hund und Hirsch, Falk und Taube (also Verfolger und Beute) in einem Bilde der Unmöglichkeit (einem "Adynaton") die Rollen tauschen lässt. Nur solcher Rollentausch ist mit Horazens "Ehebruch" gemeint, wobei der harte Ausdruck, von der Taube, dem Sinnbild der Treue, gesagt, besonders auffallen sollte.

[10] *Ravus* nennt Horaz in v. 33 die Löwen; gewiss, zuweilen kann man dieses Farbadjektiv als Bezeichnung der Augenfärbung finden, und in der Tat ist das große, runde, leuchtend gelbe Auge des Löwen eindrucksvoll; aber hier zwingt nichts dazu. *Ravus* wird hier die graugelbliche Fellfärbung dieser Katzen meinen.

[11] Der schwierige Ausdruck meint wohl die heranwachsenden Schlangen in den Nestern unter der Erdoberfläche.

Das letzte Wort des lateinischen Textes ist *fuga*, "Ausflucht", die Gestimmtheit der Rede läuft auf ein "Nur fort von hier!" hinaus. Eine solche Rede hält kein römischer Senator, allenfalls käme ein Amtsinhaber bei einer Volksversammlung in Frage[12], aber nein: Viel näher liegt es, an die griechische literarische Tradition zu denken: Tyrtaios hatte so zu seinen Spartanern, Solon so zu seinen Athenern gesprochen: "Unsere Stadt vernichtet nicht Zeus, wir selber zerstören diese große Polis durch unseren Unverstand" (Solo, Eleg. 3, "Eunomia", v. 1-5). Der Mann, der da spricht, eröffnet dem römischen Volk, bzw. seinem besseren Teil, dass auf der Stadt ein Fluch laste; es ist dies, so sagt epod. 7, der uralte Fluch der Romulus-Tat, des Brudermordes. Er rät zur Auswanderung und fordert einen Eid in der Form der Selbstverfluchung: Nur dann, wenn Unerhörtes, Unmögliches einträte, sollte eine Rückkehr möglich sein; auch dies ist in einer griechischen literarischen Form, der Form der "Adynata" gesagt. Und so lässt Horaz sein Werk in einer griechisch-römischen Zwischenwelt spielen; sein Rat, dass man auswandern solle, ist ja auch nicht realistisch: wohin sollte man wohl emigrieren? Nein: Das Gedicht ist kein realistischer und realisierbarer Ratschlag; es will wirken, indem es der verzweifelten Stimmung Ausdruck verleiht, einer Stimmung, die beherrscht ist vom Ekel an der Politik in der Heimat.

Als er dieser Stimmung Ausdruck zu verleihen gedachte, als er sie in ein Kunstwerk zu gießen begann, da wählte er eine metrische Form, die Archilochos gefunden, zumindest gern verwendet hatte: Die Verbindung von daktylischem Hexameter mit Versteilen anderer Gattungen, die "Epodenform"[13]. Damit stellte sich Horaz in die uralte Tradition des "Jambus", der aggressiven, tadelnden, anprangernden, vielfach ganz vom Autor aus sprechenden literarischen Gattung, die Archilochos groß gemacht hatte. Er nahm sich den kraftvollen archaischen Dichter zum Vorbild und nicht den freundlicheren Jambus des Hellenisten Kallimachos.[14] Wenn Horaz seine Verse, die er im Ganzen schlicht hielt, hier und da dann doch mit einer sehr preziösen, verzwickten Formulierung zierte, dann erweist er doch auch der kallimacheischen Dichtart seine Reverenz. Als er z.B. sagen will (13f.), der Feind werde des Romulus' Grab schänden, da drückt er sich so aus: Er werde die Gebeine des Quirinus[15] zerstreuen, "welche des

---

[12] So Mankin 244. Zur Volksversammlung (*contio*) E. Meyer, Römischer Staat und Staatsgedanke, 191. Zur Fluchtstimmung bereits Cic. Phil. 13, 49 (vom 20. 3. 43), so Fraenkel, Horaz 59, Anm.1.

[13] Br. Snell, Griechische Metrik, 31ff. Der Ausdruck "Epode" meint das zweite, dem Hexameter angefügte Versstück und ist erst lange nach Horaz aufgekommen. Wenn Horazens Gedichte dieser Art "Jamben" genannt wurden, so ist zu diesem griechischen Namen zu sagen, dass seine eigentliche Bedeutung etymologisch ungeklärt ist. Aber auch "Jambus" meint, genau betrachtet, nur die zweite Zeile in den horazischen Zwei-Zeilen-Gebilden.

[14] Hierüber spricht F. Klingner in seinen Studien zur griechischen und römischen Literatur, Zürich 1964 [künftig: Klingner, Studien], S. 433.

[15] Diese Gleichsetzung des Romulus mit dem alten Sabiner-Heros oder -Gott ist sehr gesucht, vgl. ANRW II 17, 1; 276ff.; sie ist wohl erst in Ciceros Zeit (de re publ. 2, 20) sicher nachzuweisen (G. Radke, Götter Altitaliens 270; man lese aber auch Büchners

Windes und der Sonne entbehren", womit gesagt sein sollte, dass sie unter der Erde im Dunkel ruhen und dort auch bleiben sollen. Noch verzwickter ist v.15f.: *forte quid expediat communiter aut melior pars / malis carere quaeritis laboribus?* Der Sinn ist zwar deutlich ("Vielleicht fragt Ihr – oder doch die Besseren –, was dazu verhelfen könnte, diesem Unheil zu entkommen?"), aber die Syntax ist bis heute umstritten.

Die Strukturierung des Textes insgesamt dagegen ist bis auf die harte Fügung in v. 23 meisterlich klar: Das Ganze ist abgerundet durch das Motiv der "Frömmigkeit" (*impius* in v. 9 – *piae/piis* in v. 63 und 66). Es gibt Einleitungsstücke vor den einzelnen Gedichtteilen, die dann ausgefächert werden (1ff.; 15f. und 41f.), und überall herrscht Luzidität der Motiv-Abfolge. Horaz bewegt sich hier auf derselben Stufe organisatorischer Bedachtheit wie Vergil zur gleichen Zeit. Es entsteht auf diese Weise – sehr im Unterschied gar noch zu Catulls Epik und zu Gallus' Elegie – die römische Klassik.

Das mag ein wichtiger Aspekt sein; hier aber muss nach anderem gefragt werden, nämlich nach jenem "Wespennest" gelehrter Kontroverse, das eingangs angesprochen worden war: nach der relativen Datierung. Die seit langem vorherrschende Meinung ist, dass Vergils Worte (ecl. 4, 21f.)

ipsae lacte domum referent distenta capellae
ubera nec magnos metuent armenta leones

etwas zu tun haben mit den beiden horazischen Versen epod. 16, 49f. und 33:

illic iniussae veniunt ad mulctra capellae
refertque tenta grex amicus ubera, bzw.
credula nec ravos timeant armenta leones.

Die Frage ist nun, wie diese Versgruppen zueinander stehen, d.h. ob die Verse Vergils früher sind als die des Horaz oder umgekehrt. Hier kann nur geduldiges Vergleichen zu einem verlässlichen Ergebnis führen, und diese Geduld muss eine Biographie des Horaz auch aufbringen, geht es doch um wichtige Phasen in seinem Leben.– Dass die ausgeschriebenen Verse etwas miteinander zu tun haben, scheint deutlich: Die Wörter *referre, distenta ubera,* bzw. *tenta und ubera* finden sich, abgesehen von dem Motiv der Freiwilligkeit und Furchtfreiheit im Paradiese bei beiden Dichtern. Nur, wer ist der frühere? Vergils Worte sind ganz schlicht; *lacte* wäre, an und für sich, ebenso unnötig wie *domum,* aber dass hier das Selbstverständliche gesagt ist, gibt den Versen eine Einfachheit, die dem bukolischen Gegenstande angemessen ist. Die horazischen Verse fächern das Motiv auf und breiten es aus: Nicht nur Ziegen kommen freiwillig heim, sondern eine "Herde" (nach lateinischem Sprachgebrauch wohl aus Schafen); dazu erhält diese Herde noch das Attribut der Menschenfreund-

---

Kommentar zur Cicero-Stelle, wo diese Gleichsetzung doch wieder in frühere Zeit verlegt wird).

lichkeit. Sehr ungewöhnlich ist das Simplex *tentus* für das gewöhnliche *distentus*. Das heißt nicht weniger als dies: Horaz scheint Vergil übertrumpfen zu wollen[16]. Wer überbietet, ist aber der Spätere. Ein solches Ergebnis zeitigt nun aber nicht unerhebliche Folgen: Epode 16 wäre dann doch wohl als Antwort sehr bald nach Vergils Jubel aus dem Jahre 40 oder 39 v. Chr. (eine gebührende Zeitspanne für die Abfassung eingerechnet) erschienen, also etwa im J. 39 oder 38 v. Chr.[17] Dazu passt, dass nichts in epod.16 darauf deutet, dass Horaz bereits Maecenianer gewesen (so auch F. Della Corte, La difficile giovinezza di Orazio, Opuscula 3, Genua 1970, 155). Nein, Horaz, der soviel Böses und Schlimmes im Bürgerkrieg gesehen hatte, war skeptisch, aggressiv und geradezu pessimistisch, als die Zeichen erneut auf Sturm standen, auf Krieg gegen Sextus Pompeius. Er kannte Vergils großen Hymnus, bewunderte seine Kunst, aber nicht seinen Optimismus, und er antwortete mit Epode 16.

Wie lautet diese Antwort? Vergil hatte von einem begnadeten Knaben gesungen, der geboren werden würde dann, wenn nur noch wenige "Spuren unserer Missetat" (der Bürgerkriege) übrig sein würden, dem als Kleinkinde die Natur von sich aus ihre Gaben darbringen, dem sie, wenn er heranwüchse, ohne Menschenmühe reichlich schenken werde – ja, es würden zwar noch einmal die alten Kriege aufbrechen, aber nur, um dann endgültig zu schwinden, wenn er zum Manne reifen werde. Horaz besinnt sich ebenfalls auf die Gottlosigkeit der Bürgerkämpfe, dann aber belässt er sein Volk nicht mehr in seiner ererbten

---

[16] So hatte schon Bruno Snell im J. 1938 das Verhältnis von Hor. epod.16, 31 zu Verg. ecl. 8, 28 beurteilt (die Arbeit wurde, leicht verbessert, in Snells Gesammelten Schriften, Göttingen 1966, 192/8, wieder abgedruckt): Horaz habe Vergil überbieten wollen, was zu dem geläufigen Zeitansatz der Eklogen (42/39 v. Chr.) ebenso stimmen würde wie zu dem hier angenommenen Abfassungsanlass der Epode (39/38 v. Chr.). Nun ist die Datierung von ecl. 8 in neuerer Zeit wieder unsicher geworden: Bisher hatte man angenommen, der dort erwähnte Sieg über die illyrischen Parthiner sei der des Pollio (39 v. Chr.); später wurde diese Siegeserwähnung auf den Illyrienkrieg Octavians (A. H. M. Jones, Augustus, New York / London 1970, 33: "to keep his troops busy and in good training") bezogen, wodurch sie ins Jahr 35 fiele (zum Einzelnen vgl. Clausens Einleitung zu seiner Kommentierung von ecl. 4, S. 233/5). Doch die Annahme, Octavian und nicht Pollio hätte Anlass gehabt, die Heimreise aus dem Krieg in einem nördlich verlaufenden Bogen (wie die Ekloge ihn beschreibt) zu gestalten, ist doch nur eine Annahme, die auf dem Schweigen der Zeugnisse beruht. Übrigens ist W. Clausens "Appendix" zu seinem Kommentar zur Ekloge 4 (S. 147/50), in der er nachzuweisen sucht, dass Vergil den Horaz nachgeahmt habe, verfehlt: Die von ihm zitierte Lukrez-Stelle, die Horaz angeblich zum Muster gedient habe (1, 257/9) weist nur die Junktur *uberibus distentis* auf, und die ist als terminologisch eine Selbstverständlichkeit, die einen Schluss wie den von Clausen nie zulässt. Doch man sollte sich auch verdeutlichen, dass man in der Frage der Priorität von epo.16 und ecl. 4 nicht von der Datierung des Eklogen-Buches insgesamt abhängig ist, denn es scheint möglich, dass Horaz einzelne Eklogen noch vor der Edition des Buches kennen lernen konnte. – Es darf allerdings nicht verschwiegen werden, dass andere zu dem genau umgekehrten Ergebnis kamen, so z.B. K. Büchner, Studien 8, 86 f., indes wird nicht jeder seiner oft doch recht stark dem persönlichen Eindruck folgenden Argumentation zustimmen wollen.

[17] So datiert jetzt auch A. De Vivo, Filol. ant. e mod. 5/6, 1994, 39ff.

geschichtlichen Welt; er will es ins Paradies führen, wo die Menschen zurücktauchen in einen animalischen, untätigen Urzustand, sie werden nur nehmen, was die Natur gibt, ohne Zutun und fernab in einem Lande jenseits des Ozeans, wo noch nie Menschen irgend Verseuchung hingetragen hätten. Vergils Knabe bleibt in der römischen Welt, einer gereinigten römischen Welt, die mählich die früheren Untaten wird vergessen können. Horazens Rom-Volk, der bessere, mutigere Teil davon, soll zum Goldenen, tatenlosen, geschichts- und mühelosen Zustand zurückkehren. Das geht nicht so weit wie jenes

    O dass wir unsere Ururahnen wären,
    Ein Klümpchen Schleim in einem warmen Moor,

aber nahe kommt es solchem Zurücktauchen ins Vormenschliche, denn ins Vor-Römische und Vor-Geschichtliche und damit Vor-Sündliche will der Redner dieses Gedichtes führen. Und dies mit einer schier unglaublichen Kunstfertigkeit des Sprechens. Die können wir hier nicht im Einzelnen verfolgen; doch man beachte allein die Steigerung des Schreckenerregenden in v. 3/8: wie da von der engeren Umgebung, den Marsern und Etruskern vorangeschritten wird zu dem weiter abliegenden Capua, das im 2. Punischen Kriege sich gegen Rom erhob, ja an seine Stelle treten wollte, und aus dem Spartacus erstand; bis hin zu den Nordvölkern, den Allobrogern und "blauen"[18] Germanen, und am Ende dann die größte Bedrohung: Hannibal (mit diesem Schreckwort endet die Partie). Oder der chiastische Wechsel von Schlimmem und Angenehmem in 31/4: *iuvet – adulteretur, timeant – amet*; wie sinngefüllt sind die Verse 57-60, in denen das, was v. 61 beim Namen nennt (*secrevit*) nahe gelegt, aber auch angereichert wird durch die Nuance des Unheiligen (*impudica*, 58); wie bedacht ist nicht auch 53/5: Der Regen ist "reichlich" (das ist, im sommertrockenen Süden, eigentlich gut), aber der "wasserträchtige" Eurus verwandelt die fördernde Gabe zur Katastrophe; und noch einmal: Die Samen sind gut, sind "fett", aber die Scholle, in der sie eigentlich umhegt ruhen sollen, wird gedörrt und die Sonne verbrennt sie; und der ganze Komplex wird durch die Erinnerung an beide Mächte, an Regen und Hitze (die der Göttervater dort maßvoll walten lässt) sachlich geschickt und technisch perfekt durch eine partizipiale Fermate (Lateinische Dichtersprache 204) abgeschlossen.

    Stellen wir eine letzte Frage: Warum war denn das "römische Blut" verflucht und "gottlos" (v. 9)? Es scheint, als sollte man hier der epod. 7 gedenken. Epoden 7 und 16 könnten sehr wohl als ein Paar gelesen werden:

    Quo quo, scelesti, ruitis? aut cur dexteris
    aptantur enses conditi?

---

[18] Nach R. J. Edgworth, Glotta 67, 1989, 229ff. spielt dies auf Bemalung an.

"Wohin, wohin, Ihr Ruchlosen, rast Ihr? Und warum packt die Rechte das Schwert, das eben noch[19] in der Scheide stak?" (v. 1f.). Dann folgt in drei Schritten die Anklage: Römerblut ist schon genug geflossen, in Schlachten, die der äußere Feind sich wünscht, auf dass Rom sich selbst ohne deren Zutun vernichte (3/12). Ist blinde Wut die Ursache oder höhere Gewalt? "Antwortet!", ruft der Dichter, der sich auch hier als Volksredner gibt. Die aber schweigen, werden bleich, stehen gelähmt (von bösem Gewissen, 13/16). Das also ist es: Blinde Wut aus dem Ur-Fluch des Brudermords des Romulus (17/20). Gewalt zeugt Gewalt; das beklagt die griechische Tragödie, das erkennt Horaz auch hier am Werke[20].

Auch dieses Gedicht, das ebenfalls in einem archilochischen Maße geschrieben ist (Snell, Griechische Metrik 32), erhebt aggressiv Anklage, es klagt alle diejenigen an, die da wieder aufrüsten. Aber auch dieses Werk begibt sich nicht in die Niederungen genau festlegbarer Tagesbezüge, es bleibt ein schwebendes Kunstgebilde. Es ist zunächst vollendet gerundet: *scelesti* in v.1 wird am Ende in v.18 erklärt; es ist klar gegliedert: liest man in v.12 *numquam*, ergibt sich eine der üblichen Fermaten: in sich geschlossene Apposition (Lateinische Dichtersprache 204 4 d). Kunstvoll auch die Temporalprägnanzen und die prägnante Parataxe: Die Disjunktion *an – an* in v.13 verdeckt ein "aufgrund von", ebenso das *-que* in 18. Reizvoll auch der Wechsel von Intellektualsatz und Bild in diesem Gedicht, das dennoch einfacher wirkt als epo.16 – ist es früher?

Auch hier ist Horaz noch kein Parteigänger, parteilos klagt er alle Beteiligten gleichermaßen an (richtig Mankin 143). Man scheut sich ein wenig, so simpel zu schließen: Epo. 7 ist einfacher als epo.16 und es enthält das Fundament für epo.16, (für das "verfluchte Blut") – also ist epo. 7 früher als epo. 16[21]. Man wird jedenfalls denen gern Glauben schenken, welche diese beiden politischen Gedichte früh ansetzen als in einer Phase entstanden, da Horaz voller Verbitterung die Zeichen der Selbstzerfleischung, die er bei Philippi erlebt hatte, liest und weiteres Unheil daraufhin seherisch voraussagt[22]. Er sollte noch für eine Weile Recht behalten.

Nehmen wir jetzt nach mancherlei geduldigen Abzweigungen in die Klein-Philologie wieder den Hauptweg und fragen, wie es wohl zur Freundschaft mit

---

[19] Dass man zu einem Adjektiv, das nackt im Text steht, eine zeitliche Bestimmung hinzudenken muss, solche Temporalprägnanz ist für Horaz geläufig, s. Lateinische Dichtersprache 108 unten und epo.7, 7; 13, 13, usw.

[20] Vergleichsstellen bei Mulder zu Stat. Theb. 2, 113; A. La Penna, Orazio e l'ideologia del principato, Turin 1963 [künftig: La Penna, Orazio], 37, A.1; vgl. V. Cremona, La poesia civile di Orazio, Milano, ²1986 [künftig: Cremona, Poesia civile], S. 59, Anm. 9.

[21] A. Setaioli, ein wahrhaft nicht leichtgewichtiger Kenner der Epoden, schließt so (ANRW II 31, 3, 1711). Dass epo.16 sehr früh liege, hatte auch Ed. Fraenkel, Horaz 63 vermutet, und Ingallina, I "giambi", opera prima di Orazio, Latom. 39, 1980, 358 untermauert das.

[22] Epo. 16, 66 *vate me*. Zu diesem Wort einstweilen J. K. Newman, Augustus and the New Poetry, Kap.4 (vgl. Cremona, Poesia civile 66, Anm. 40) und nicht zuletzt H. Hommel, Horaz 101 mit Lit.

Vergil und zur *amicitia*[23] mit Maecenas kommen konnte. Vergil war spätestens 40 v.Chr. aus Neapel, aus dem Kreise Philodems und Siros, nach Rom übergesiedelt. Er hatte, das bezeugt seine Ekloge 1, schon früh Octavian kennen und verehren gelernt: Er muss allsogleich die Kraft und Größe dieses jungen Mannes erspürt haben. Er war aber auch, wir wissen nicht die Gründe, M. Antonius zugetan und ebenso Asinius Pollio, der ihn anscheinend während der vielen Unruhen in Oberitalien geschützt hatte[24] und später bei Maecenas einführte. Wie Vergil dann Horaz kennen lernte, wissen wir nicht; genug, dass Horaz den etwas Älteren bewunderte und zitierte (wie oben dargelegt). Kurzum, Vergil sprach von Horaz zu Maecen, d.h. Horaz musste als Dichter bereits aufgefallen sein. Wie, lässt sich nur vermuten: Ließ er Gedichte unter den Freunden kursieren? Gab es Orte wie kürzlich den Moskauer Arbat, wo man Gedichte wie epo. 7 aufhängte? Was dann folgte, muss man bei Horaz selber nachlesen (sat. 1, 6, 45/64): "Jetzt komme ich auf mich zu sprechen, den Freigelassenensohn, auf dem alle herumhacken als dem Freigelassenensohn (Horaz wiederholt das leidige Wort so, als wollte er das ständige Herumhacken nachahmen) und weil ich jetzt Dein Gesellschafter bin, Maecenas, und weil einst mir als Tribunen eine ganze Legion gehorchte. Die beiden Vorwürfe sind ungleich: Den Rang mag man für bloße Anmaßung ansehen, nicht aber, dass Du mir Freund bist, besonders deswegen nicht, weil Du zurückhaltend nur Würdige akzeptierst, fern dem falschen Ehrgeiz, große Klientelen zu haben. Glücklich brauche ich mich dabei nicht deswegen zu nennen, weil ich nur durch glückliche Zufälle Dein Freund ward; es hat ja kein bloßer Glücksumstand Dich mir zugeführt; nein, der beste Vergil und danach Varius[25] berichteten, wer ich sei. Als ich Dir dann gegenübertrat, stockend nur Weniges sprechend – Scheu verschlug mir die Sprache und hinderte den Redefluss – , da konnte ich freilich nicht von vornehmer Geburt oder davon berichten, dass ich auf teurem Pferd durch die Lande sprenge, wohl aber davon, wer ich war. Du entgegnetest, wie es Deine Art ist, kurz. Ich ging, und Du riefst mich dann nach neun Monaten und hießest mich, mich zu Deinen Freunden zu zählen. Es ist für mich etwas Großes, dass ich Dir gefiel, der Du Ehrenwertes von Schund zu unterscheiden weißt, und dies nicht aufgrund großartiger Abkunft, sondern gemäß der Lebensführung und weil ich einen reinen Sinn habe".

---

[23] Zum römischen Begriff der *amicitia* mancherlei in: Wege der Forschung 34, Römische Wertbegriffe, Darmstadt 1967, IX und 323ff.; F. A. Steinmetz, Die Freundschaftslehre des Panaitios nach einer Analyse von Ciceros Laelius de amicitia, Wiesbaden 1967.

[24] K. Büchner, RE VIII A, P. Vergilius Maro, Sp. 1050, 43ff. nennt die Zeugnisse.

[25] Varius Rufus schrieb, soweit wir noch ausmachen können, auf hohem Niveau Elegien, Epik und Tragödien, bes. einen "Thyest" im J. 29 v. Chr., der bewundert wurde. Er stand dem Epikureismus nicht fern. Nach Vergils Tod war er es, der mit Plotius Tucca die unvollendete "Aeneis" herausgegeben haben soll.

Kein geringer Stolz spricht sich hier aus[26], der Stolz eines Mannes, der das, was er ist, allein aus sich ist: "Was er war" (sat.1, 6, 55), das genügte. Nach neun Monaten trat er also in den Maecenas-Kreis ein; die lange Zeitspanne war keine Schrulle des Maecen und hat nichts mit irgend einer Schwangerschafts-Metaphorik zu tun (da hätte ein Römer von zehn Monaten gesprochen), wie man gemeint hat; vielmehr weilte Maecenas längere Zeit in Octavians Auftrag bei Antonius (Gardthausen 1, 1; 252). Was mag diese Wahl für den noch jungen Mann bedeutet haben? Gewiss war er nun sehr viel besser gesichert als bisher, auch materiell; aber das war nicht das "Große". Groß war vielmehr, dass er hier allein um dessentwillen gewählt wurde, was er als Dichter und als Charakter war. Ob seiner Art, dem "reinen Herzen", und ob seiner geistigen Leistung widerfuhr ihm diese Ehrung, und Horaz blieb seinem Gönner ein Leben lang treu und dankbar[27].

Seine geistige Leistung – worin bestand sie? Gewiss auch in der Arbeit an sich selbst (sat. 1, 4, 133ff.), in seinem Takt, den er sich sicherlich nicht ohne Mühe erworben; vornehmlich aber in seiner Dichtung, seinem Stil und seiner Kraft der Aneignung. Sein Stil, das war der des Vergil, wenn man so einfach reden darf: Eine gegenüber Catull noch gedrungenere Sprache, gereinigt von den noch bei Catull sichtbaren Resten des alten Lateins, der Fülligkeiten und naturgemäß der inzwischen außer Mode gekommenen Wörter. Die alte Kraft geballten Ausdrucks spürt man auch bei Horaz, aber sie paart sich mit der neuen Einfachheit: Die Kraft zeigt sich z.B. in der dramatischen Inszenierung von epo. 7 und 16, die Geballtheit des Ausdrucks unter anderem in dem lapidaren Vers *impia perdemus devoti sanguinis aetas* (epo.16, 9), wo die Aussparung des *eam* (d.h. *Romam*) die Ballung kennzeichnet; die Kraftfülle zeigt sich auch sonst überall, auch wenn hier und da eine gewisse Verzwicktheit ans Neoterische erinnern mag (epo.16, 15f.).

Die Kraft der Aneignung – man verstehe das so: In der gesamten Antike hieß Dichten zunächst sich einzuordnen in eine der vorgegebenen Gattungen, d.h. Befolgung der Gattungsregeln. Das gab Sicherheit und ersparte dem Schreibenden und Hörenden die Peinlichkeiten des Originalitätsgezappels neuerer Zeiten. Horaz wählte sich die alten Meister des Jambus, Archilochos und Hipponax, zu Vorbildern. Gewiss nicht deswegen, weil noch kein anderer Römer sich diese Dichter des 7. und 6. Jhd. v. Chr. zu Mustern genommen hatte, sondern deswe-

---

[26] E. Doblhofer (WJA 19, 1993, 131ff.) macht darauf aufmerksam, dass Horaz im Unterschied zu anderen Dichtern seine drei Namen kundtut (wenn auch nirgends alle zusammen auf einmal) und wertet dies als Zeichen seiner Selbstbehauptung, was zutreffen mag, doch wie gesagt: Horaz nennt sich selber nie mit allen drei Namen zugleich, vielleicht, um Anmaßung zu vermeiden.

[27] J. W. Hewitt, CJ 36, 1940/1, 464/72 nennt die Zeugnisse. Im 4. Odenbuch erwähnt Horaz Maecenas nur ein einziges Mal und nicht an prominenter Stelle, nachdem der einst so erfolgreiche Vermittler nach 29 v. Chr. politisch keine Rolle mehr spielte (K. J. Reckford, TAPhA 90, 1959, 196ff.; R. Syme, Roman Revolution 34). Hatte Maecenas selber dem Freunde abgeraten?

gen, weil dieser alte Jambus im Unterschied zu dem des Kallimachos sowohl anspringend wie zart, ebenso aggressiv wie zuweilen auch klagend klang, immer ganz persönlich war und darum das rechte Gefäß für die vielfach einander widerstrebenden Empfindungen, die Horaz in diese Form gießen wollte. Wir können diese Empfindungen keineswegs naiv immer für die seinen halten, aber der Zorn über die "beschnittenen Flügel" (epi. 2, 2, 50) mischte sich fraglos auch im historischen Horaz mit der Empörung über erneute Kriegsrüstungen, mischte sich auch mit der Freude über die gelungene Sicherung nach der Flucht und der hohen Freude darüber, dass er zu seiner eigentlichen Begabung fand, und zuletzt mit dem Jubel, von Maecenas und seinen Freunden angenommen zu sein. Aber dies zu sagen, war nun schon ein weiter Vorgriff auf die Jambendichtung insgesamt, die nun sehr bald besprochen werden soll; doch zuvor ein kurzer Blick auf die Geschichte Roms zu dieser Zeit.

Im Frühjahr 38 wurde Horaz, so hörten wir, von Vergil und Varius dem mächtigen Maecenas vorgestellt, im Winter 38/7 von diesem in seinen Kreis aufgenommen. Im Frühjahr 37 kam Antonius nach Italien zu Verhandlungen mit Octavian über dessen Feldzugspläne gegen Sextus Pompeius. Brindisi, wo er landete, gewährte ihm nicht den Einzug in die Stadt, und so begab er sich nach Tarent, von wo er Octavian aufforderte, zu ihm zu kommen (Kienast 52 z.B.). Octavian schickte zunächst Maecenas dorthin, und dieser ließ sich von einigen *amici* begleiten. Diese begannen die Reise zunächst allein, später stieß Maecenas zu ihnen: Man ließ sich Zeit, Octavian brauchte nicht unbedingt um Hilfe zu flehen, Antonius hatte die Hilfe des Octavian gegen die Parther nötiger als Octavian die des Antonius gegen Pompeius. Er, d.h. sein vorzüglicher Admiral Vipsanius Agrippa, schlug dann auch den Feind 36 v. Chr. bei Naulochos. Von 35 bis 33 führte Octavian erfolgreiche Feldzüge in Illyrien durch, im J. 33 lief das Abkommen mit Antonius aus. Octavian vertrieb 32 die antonianisch gesinnten Konsuln, Antonius schied sich von seiner in Rom weilenden Gattin (Octavians Schwester!), Octavian erbrach das in Rom deponierte Testament des Antonius und exponierte diesen aufs Schamloseste als einen, der das Römische Reich von Alexandria aus zu regieren gedachte – der Krieg war unvermeidlich. Im September 31 schlug Agrippa die Antonianer bei Actium aufs Haupt; im Frühjahr 30 tötete sich Antonius, am 12. August desselben Jahres nahm Kleopatra sich das Leben.

In dieser Zeit voller Spannungen, voller Stimmungsgegensätze vor und nach Naulochos und Actium arbeitete also Horaz, selber jetzt in sicherem Schutz; er las zuweilen Gedichtetes im kleinen Kreise vor (sat. 1, 4, 73), arbeitete kritische Bemerkungen ein (epi. 1, 4, 1 z.B.), war umgeben von Achtung und Liebe (sat. 1, 6, 69f.; Wili 35). Er arbeitete an Epoden und an Satiren zugleich; diese Breite ist erstaunlich, aber dergleichen hält in Spannung. Der Weg dieses Arbeitens war nun aber nicht glatt: Nach den zwei kraftvollen politischen Epoden folgten seltsam schwächliche, zuweilen etwas konventionelle Stücke, bis dann die Stimme sich erneut erhob und der Dichter in neugewonnener Sicherheit zunächst über die engere, dann auch über die weitere Umgebung bis hin zum

Actium-Sieg hinauszugreifen und so von Großem zu sprechen wagte. Sehen wir also zu.

Die übrigen Epoden

Horaz selber nannte diese seine Gedichte "Jamben", z.B. epo.14, 7, vor allen anderen Stellen aber dort, wo er sein eigenes Dichten bewertet (epi. 1, 19, 21/5):

> *libera per vacuum posui vestigia princeps,*
> *non aliena meo pressi pede. qui sibi fidet,*
> *dux reget examen. Parios ego primus iambos*
> *ostendi Latio, numeros animosque secutus*
> *Archilochi, non res et agentia verba Lycamben.*

"Frei bin ich über unbesessenes Land als erster geschritten, betrat nicht fremden Besitz: Wer sich selber vertraut, der regiert als Weisel den Schwarm. Den parischen Jambus zeigte ich Latium zuerst, folgte dabei zwar dem Maß und der Stimmung des Archilochos, nicht seinen Themen und Fluchworten gegen Lycambes, die ihn in den Tod trieben" (so nach Heinze z. St.).

In diesem poetischen Brief verweist Horaz voller Selbstbewusstsein darauf, dass er den Römern für Rom ganz neue, aber von den griechischen Klassikern übernommene Versgattungen und damit Dichtweisen "gezeigt" habe. Stolz erhebt er sich dabei über das bloße Nachtreten; er habe sich demgegenüber sehr wohl zugetraut, in die alten Formen neue Gehalte zu gießen. So habe er des Archilochos Metrum und Haltung nachgeahmt, dabei aber nicht einfach übersetzt und etwa vom Lykambes gedichtet, der einst dem Dichter seine Tochter versprochen, sie dann jedoch verweigert und deswegen vom verschmähten Dichter derart böse Schimpflieder zu hören bekommen hatte, dass er sich erhängte[28]. Also kein ödes Nachtreten, keine direkten, von Einzelperson gegen Einzelperson gerichteten Angriffe, wohl aber eine gleiche "Stimmung" oder "Haltung". Hören wir nun dem Jamben-Dichter zu!

---

[28] Die Verweigerung ist bei Archilochos im frg. 29 Diehl belegt, Lykambes' Selbsttötung im frg. 37; vgl. H. Gundert in: Das Neue Bild der Antike 1, 1942, 137; M. L. West, Studies in Greek Elegy and Iambus, Berlin/New York 1974, 25/8.

Epode 1

"Du wirst auf (niedrigen) Schnellbooten zwischen riesigen Geschütztürmen von Kreuzern sein, Du mein Freund", so stellt sich Horaz (wir erlauben uns eine leichte Modernisierung) die Gefährdung seines Maecenas vor. Er schrieb dies während der Zeit der Flottenrüstung gegen Antonius, also wohl im Herbst, bzw. Winter 32 oder im Frühjahr 31. Maecen sei bereit, jegliche Gefahr mit Octavian zu teilen, "und wir", so fährt der Dichter fort, "wir, die wir ganz von Dir abhängen? Sollen wir, so wie Du es willst, uns daheim der Muße überlassen oder diese Deine Strapazen, die wir tragen würden in der Haltung, in welcher sie zu tragen sich für unschwache Männer geziemt, dann auch tragen?" – ein verzwickter Satz, fürwahr, ganz wie der aus epo. 16, 15 es gewesen. "Jawohl", so entschließt sich das Ich des Gedichtes in v. 10, "wir werden sie ertragen und Dich begleiten, wohin auch immer "(v. 1/14).

Aber was kann das Ich, das "unkriegerisch und wenig kraftvoll" ist (so spricht dieser Horaz in v.16, der doch einst Legionskommandant gewesen!), was könnte es helfen?[29] Immerhin, es werde wenigstens selber weniger Angst um den Freund haben, die ja wächst, wenn man nicht selbst dabei ist, "wie der Altvogel, wenn er auf den federlosen Kleinen kauert, zwar das Herangleiten der Schlange fürchtet, es aber noch mehr (fürchten würde), wenn er sie verließe"[30], auch wenn er nicht mehr an Hilfe bringen könnte, wenn er dabei wäre" (19/22): Erneut ein ganz vertrackter Satz; meisterlich aber war es, statt *serpentes adlabentes* das Herangleiten zum Hauptsubstantiv zu machen, denn kaum etwas flößt im Tierreich so viel Angst ein wie eben dieses ruhig-zielsichere, unausweichliche Herangleiten eines Schlangenleibes im Geäst. Aber man stelle sich Horaz als Vogelmutter, Maecenas als Küken[31] vor! Seltsam, diese Selbstverkleinerung dessen, der doch einmal Tausende befehligt hatte. Aber auch wieder sehr zart, dieser Ausdruck der Angst um den Freund, der hier viel mehr ist als nur ein Patron (Fraenkel, Horaz 84, Mitte).

Gern werde er, so fährt das Gedicht fort, gern in diesen und alle Kriege ziehen, aber nicht aus Gründen materieller Entlohnung (23/34), sondern allein, um

---

[29] Man konstruiere den Satz so: *roges, quid iuvem tuum <laborem> meo labore, qui sim imbellis*, usw. Diese Form der Aussparung wiederholt die in v. 4, wo *tuo* ergänzt werden muss: ein Fall von "Zweimal das Gute" bei antiken Dichtern, s. Verf., Glotta 53, 1975, 244.– Übrigens ging Maecen dann doch nicht in den Krieg, sondern wurde zum Statthalter in Rom bestellt; Horaz schrieb also seine Epode kurz vor dieser Bestellung.

[30] Wörtlich: "Mehr noch sich um die (von ihm) verlassenen ängstigen würde"; vgl. E. Fraenkel, Horaz 83, Anm. 2; Mankin 57. Der Kasuswechsel erscheint hart, wenn *timet* erst mit dem Akkusativ (*adlapsus*), dann mit dem Dativ (*relictis*) konstruiert wird, doch führt der Dichter Konzinnität durch die Wiederaufnahme des Dativs in *pullis* herbei.

[31] G. Warmuth, Autobiographische Tierbilder bei Horaz [künftig: Warmuth], S. 13 spricht von einem "Dokument innigster Bindung" und findet das Tertium Comparationis zwischen Horaz und der Vogelmutter in der Zuneigung (16 f.).

Maecen eine Freude zu machen (*gratiae*, 24), ist er doch bereits reich beschenkt worden, reich genug; ein Mehr müsste er ja – so endet das anfangs zagende Gedicht nunmehr mit einem Scherz – vergraben "wie der Chremes aus der Komödie" (wir wissen nicht mehr, aus welcher) oder "verschleudern wie ein verschwenderischer Taugenichts" – also Gabelung als Schlusszeichen. Am Ende somit ein Hauch von Jambus, ein erster, noch schwacher Pfeil, abgeschossen gegen Besitz- und Vergeudungsgier, Laster also, die Horaz noch oft angreifen wird. Und noch etwas: Hier bereits setzt sich der Dichter ab von den "Anderen": Er will nicht zu den Gierigen und den Verschwendern gehören. Distanz wird gelegt wie später noch oft.

Fragen wir nun nach der kurzen Inhaltsangabe, was für ein Gedicht Epode 1 ist. Zunächst das Technische; der erste Teil (1– 14) ist sauber gerundet durch die Wiederholung *persequemur – sequemur*, sauber beschlossen durch die *vel-vel* – Gabelung (s. Lateinische Dichtersprache 203 unten; I 1) so wie das Ganze durch eine *aut-aut* – Gabelung abgeschlossen ist. Der Dichter "trickst" ein wenig durch die zweimalige Aussparung und eine "verzwickte" Syntax (Horaz liebt dergleichen in seiner frühen Dichtung; es kommt aus der neoterischen Technik). Aufs Sachliche gesehen, werden die beiden Bilder drohender Gefahr (v. 2 und 19) mittels einer Umgewichtung verstärkt, die einen Teil (Geschütztürme, Herangleiten) eines Ganzen (Groß-Schiff, Schlange) in die gewichtige Position des Hauptnomens setzt, während das Ganze in die weit leichter wiegende Position des Genetivs rückt (*navium* in v. 1, *serpentium* in v. 20). So ponderiert Horaz anschauungsvoll, sicher und gekonnt.

Doch die Haltung des sprechenden Ich erregt einiges Erstaunen: Da verkleinert sich einer, der im Felde doch etwas war, nennt sich "unkriegerisch und wenig kraftvoll", und war doch Legionskommandeur, so als wäre das Einst nie gewesen. Das zu erklären, ist Sache des Psychologen; hier sei lediglich dies hervorgehoben, dass diese liebevolle und besorgte Haltung weit entfernt von jener ist, welche die kraftvoll scheltenden Epoden 7 und 16 beherrschte. Maecen war dem Dichter lieb geworden, nun muss er hinaus in die Gefahr – da sieht der Dichter sich ganz klein und schwach, will helfen, will dabei sein, wenn auch nur deswegen, um Auge in Auge mit dem Gefährdenden weniger Angst zu empfinden. Seltsam auch dies, dass hier die Angst des Ich so prononciert hervortritt – aber das mag aus der Gattung des Jambus zu erklären sein, der ja immer ganz persönlich und vom Ich aus spricht.

Beachtenswert ist schließlich auch, dass hier das gewaltige Kriegsgeschehen, der Endkampf zwischen West und Ost, der die Welt erschütterte, zusammengezogen wird auf das bloße Angstempfinden des Individuums. Das unterscheidet dieses Gedicht gründlich von denen des Archilochos (und auch des Alkaios) und mag aus dem in der Spätzeit der Republik auftretenden Subjektivismus stammen. Horaz wird ihn spätestens in den Satiren überwinden und damit zurückkehren zu der Haltung, die er in epo. 7 und 16 eingenommen hatte.

Epode 2

War am Ende von epo. 1 bereits etwas von Typen-Kritik zu spüren gewesen, von den Nimmersatten und den Vergeudern, so wird dieser Ton in epo. 2 deutlicher. Ein Mann träumt (v. 1/3):

Beatus ille, qui procul negotiis
ut prisca gens mortalium
paterna rura bobus exercet suis:

"Glücklich, wer da fern von den Geschäften, wie einst die Menschen lang zuvor, das väterliche Land mit eignen Ochsen pflügt", und zwar hypothekenfrei; und glücklich ist, wer nicht Infanterist, bzw. nicht bei der Kriegsmarine ist oder Politiker sein muss (5/8), vielmehr im Frühling seinen Wingert pflegen, das Vieh weiden sehen, Bäume schneiden und pfropfen, Honig sammeln, Schafe scheren darf; im Herbst pflückt ein solcher Glücksmensch Äpfel und veredelte Birnen, erntet Trauben, von denen er den ländlichen Gottheiten spendet (9/22 mit der geläufigen Appositionsfermate). Im Sommer mal unter hohen Eichen, mal in hohem Grase ruhen, das wäre schön, wenn die Bäche an hohen Ufern entlangfließen (d.h. wenn ihr Wasserstand beruhigend niedrig), wenn die Nachtigall "klagt" und die Quelle in den Schlaf plätschert (23/28). Doch im Winter, bei Gewitter und Regen, da treibt man die Eber ins Netz oder stellt den Drosseln nach, dem Hasen und Kranich[32], diesen angenehmen Beuten – wer vergäße da nicht alles Liebesleid? (V. 29/38[33]; die in sich geschlossene Frage gliedert).
Und nun träumt der Mann gar von einem Weibe, das ihm das Haus bestellt, Kinder aufzieht und draussen auch noch sonnengegerbt schuftet, abends den Herd anfacht, die Schafe melkt, Wein und Speisen aus eigener Ernte auf den Tisch bringt; träumt, wie er sich keine importierten Leckerbissen mehr wünschen wird, wie er beim Speisen die Schafe nach Hause ziehen, die Ochsen ermüdet heimkehren und die Sklaven, auf dem Gute selbst geboren – ein ganzer Schwarm von ihnen gehört halt zu einem reichen Gehöft – sich um das wohlge-

---

[32] Ornithologischer Fehler, sagt Mankin, denn Kraniche kämen nach Italien nicht im Winter, sondern im Sommer (wegen Plin. n.h.10, 61: *aestatis advenas*); dachte Plinius ans Nisten, Horaz dagegen ans Durchziehen?

[33] Man hat daran Anstoß genommen, dass die Liebe (doch wohl zu einer *amica*) hier wie ein Fremdkörper wirkt und hat geändert; immerhin scheint die Liebe in ein solches quasi-bukolisches Gedicht nicht übel zu passen. Scrinerius ersetzte dennoch *malarum* durch *Roma, quae*, andere dachten daran, es müsse hier das Gewinnstreben angesprochen sein: *bonorum* schrieb Nisbet, Delz in MH 50, 1993, 218 versuchte *quis non avarus quas amor curas habet*, dachte also an die *avaritia* des *faenerator* (v. 67). Doch wäre eine solche Vorwegnahme des Endes nicht ebenso überraschend wie die Liebessorgen? Diese leiten ja nicht übel, wenn auch nicht glatt zur *mulier* weiter, die nun aber *pudica* ist. Anzumerken bleibt, dass J. Christes *labor curas* vorschlug (Philologus 142, 1998, 287). Aber die Frage scheint erlaubt, ob ein Jugendgedicht schon vollkommen geglättet sein muss?

pflegte Farmhaus lagern sehen wird (39/66) – hier wacht er plötzlich auf, der Geldverleiher Alfius, der demnächst also Landmann zu sein beabsichtigt, und zieht zum Fünfzehnten alle Außenstände ein – und legt sie am folgenden Ersten gleich wieder an: Aus der Traum, es ist alles wieder, wie es war.

Waren das wenigstens zu einem Teile Träume des Horaz selbst (Fraenkel 72 Mitte)? Manches aus dem Jahreszeitenteil ist in der Tat sehr hübsch und angenehm mitzuträumen; aber das Bild der Frau ist so grotesk, dass man's nicht ernst nehmen und nur so auffassen kann, dass es in seiner peinlichen Absurdität auf das demaskierende Ende vorbereiten soll. Aber bevor wir danach fragen, worum es eigentlich geht, ein Blick aufs Technische. Der Bau ist wieder wohl bedacht[34]: Vier Distichen leiten ein, dann beschreiben vierzehn die Jahreszeiten, gänzlich unerwartet ist danach die Folgerung, dass man über all' den Arbeiten und Genüssen alles Liebesleid vergäße: ein überraschendes, in sich geschlossenes, daher zum Abschließen gut geeignetes Distichon. Und nun wieder vierzehn Distichen über das wohlbestellte Haus; am Ende die Pointe in 3 + 1 Versen. Also 4 – 14 / 1 / 14 – 2: Was will man mehr?

Jetzt zum Sprachlichen: Nach dem unübertrefflichen Eingangssatz, den man heute so gern auch ohne das Nachfolgende zitiert, kommt in köstlicher Ironie ein alt-ehrwürdiger Ausdruck, der die Seligpreisung noch eindrücklicher macht: *prisca gens mortalium*, das "uralte Menschengeschlecht", der an Ennius gemahnt (ann. 366 Sk.). In den "Goldenen" Urzeiten war ja alles so viel besser; diese Illusion ist hoch stilisiert. Dann aber folgt Schlichteres, woran auch die leichte Verlebendigung des "grausamen" Signalhorns (5), des "wütenden" Meeres (6) und der "hochmütigen" Hausschwelle (7f.) nicht viel ändert[35]: Alles ist hier in schlichten Fachausdrücken formuliert; und was man dabei, verführt durch allzu enge Vergleichung mit den Fachschriftstellern, an "Fehlern" glaubte ausmachen zu können, ist sicherlich nicht in plattem Sinne "falsch"[36].

Dann aber, wenn es Herbst wird, erhöht sich Ton und Emphase: Der Herbst erhebt sein apfelbekränztes Haupt (eine hübsche Personifizierung): "Wie freut sich der Landmann pflückend an der veredelten Birne (poetischer Singular) und an der (roten) Traube, die gar mit Purpur wetteifert" (dichterische Hyperbolé), wobei *certare* mit Dativ eine sehr gesuchte Syntax darstellt. Am Ende dann das Opfer für Priap und Silvanus, gebaut nach Behagels Ordnung ("Gesetz der

---

[34] S. J. Hayworth AJPh 109, 1988, 71; W. Carrubba, Coll. Latomus 101, 1969, 229/237 haben versucht, ihn zu erhellen.

[35] Bisher nicht erklärt sind die *infirmae oves* in v. 16; sollte so etwas wie *informes ovis* dort gestanden haben ("unförmig vor ungeschoren-ungepflegter Wolle")?

[36] Ein Beispiel: In v. 11f. betrachtet der prospektive Landwirt im Frühjahr seine weidenden Kühe im Tal an einem Hang. Da nun Varro und Columella sagen, Kühe würden erst im Sommer in die Berge aufgetrieben, "passten diese Zeilen nicht gut in den Kalender" dieser Passage; ja, man hat sie gar umgestellt (so referiert Mankin 70). Aber Talhang und Berg sind ja wohl zweierlei, und Kühe kann man in Latium auch im Mai an Talhängen weiden sehen. Und zudem: In c. 1, 4, 3 will das Vieh ebenso wie die Schiffer schon im März hinaus.

wachsenden Kola"). Ein stilistischer Aufschwung also, und dazu die "Verzwicktheiten" in v. 37f. und 65f. Diese Partie ist poetisch anspruchsvoller, Horaz baut nach dem Prinzip des *ex intervallo surgere* (Lateinische Dichtersprache 218).

Wie aber soll nun diese Epode 2 ein Jambus sein, also etwas Anspringendes, Anklagendes? Man hat da auf des Archilochos Charon, den Zimmermann verwiesen: Aristoteles berichtet in Rhet. 1418 b 28 von ihm, er habe einmal gesagt, der Reichtum des Lyderkönigs Gyges erwecke ihm keinen Neid; das vierzeilige Fragment lässt ahnen, dass der brave Mann fortfuhr, ihn interessiere nur das vor der Hand Liegende (Plat.Theaet. 174 c 2f.), worauf er dann beim Aufzählen dieser Dinge seine ganze Kleingeistigkeit offenbart haben mochte. Ein solches Gedicht des Archilochos könnte (so Fraenkel 72) für Horaz das Modell gewesen sein, und die Selbstdemaskierung des Alfius am Ende wäre ja auch Tadel genug. Ed. Fraenkel hat gewiss auch darin Recht, dass Horaz die Jahreszeiten mit viel Sympathie beschreibt, aber ihn gar zu deutlich in die Rolle des Gedicht-Ich zu versetzen, täte dem Text Gewalt an und würde den Dichter dazu verurteilen, die groteske Geschmacklosigkeit des Geldverleihers bezüglich der Frau zu teilen.

Darin aber hat Fraenkel sicherlich zutreffend geurteilt, wenn er dieses Gedicht in die Nähe der Satiren rückt: Auch epo. 2 ist eine "Mempsimoiria", eine Klage über das momentane Dasein und Geschick wie etwa sat. 1, 1. Horaz arbeitete, wie wir hörten, an Satiren und Eklogen gleichzeitig, und hier in epo. 2 sehen wir das bestätigt. Hier träumt ein Unzufriedener von Besserem, und er könnte sich diesem Besseren auch zuwenden, wenn er sich von seinem bisherigen Lebensmuster lösen, wenn er seine Einstellung wirklich und wirksam zu ändern vermöchte. Er kann es nicht, und so wird aus dem Traum eine Selbstentlarvung, d.h. Sittenkritik.

Epode 3

Es ist dies das sog. "Knoblauchgedicht". Seine Situation wird aus v.19ff. nicht gänzlich klar, sie war vielleicht diese: Maecen und seine *amici* essen, und Maecen erlaubte sich den Spaß (vgl. *iocose Maecenas*, v. 20), dem Dichter einen Bauernsalat vorzusetzen mit einer Unmenge frischen Knoblauchs darin. Dem zartbesaiteten Dichter brennt daraufhin Schlund und Magen entsetzlich, und er schimpft spaßhaft: "Vatermörder sollten hiermit bestraft und aus der Welt geschafft werden! O der Schnitterbäuche!" (Offenbar vertrugen italische Schnitter frischen Knoblauch in größeren Mengen, man kann sich's vorstellen.) "Gift tobt in mir – Gift von Schlangen? Aus Kräutern? Eine von Canidias, der Zauberin, Zauberspeisen? Medea wird ihren Jason hiermit eingerieben, wird ihre Nebenbuhlerin hiermit zu Tode befördert haben! Schlimmer ist nicht der Sommerglast über Apulien, war nicht das Nessos-Gift! Wenn Dir je selber der Sinn nach so etwas stehen sollte, so bete ich, dass Dir Dein Mädchen den (stinkenden) Mund zuhält und sich auf die äußerste Bettkante zurückzieht" – so weit, so gut; ein Spaß, ein Nichts, nicht einmal besonders witzig – was dann? Ed. Fraenkel, Horaz 81f. verglich nun Catull 44: "Mein Landhäuschen – ich danke Dir, durfte ich doch in Dir meinen Husten kurieren, den ich meinem Bauch verdankte: Sestius hatte mich ja eingeladen, gab mir aber vorher eine Rede von ihm zu lesen, eine so frostige, dass ich mich erkältete. Dank Dir also, und sollte ich je wieder eine seiner frostig[37]-hässlichen Schriften zur Hand nehmen, dann soll Fieber und Husten – den Sestius selber befallen, der nur einlädt, wenn man ein so schlechtes Schriftwerk gelesen hat!" Man liest hier in der Tat eine verwandte Wendung und Drehung am Ende, einen Doppelsalto. Das ist die Pointe des Catullischen Gedichtes.

Anders Horaz: Er nähert sich nicht von weit her seinem Anliegen, sondern baut, sogleich in die Situation einführend ("Knoblauch" in v. 3 bereits) und in ihr bleibend, eine Steigerungsreihe, einen humoristisch-theatralischen, dazu kunstreichen Aufschrei. Zunächst eine Gesetzesparodie mit unerwartetem Abschluss-Ausruf ("Wie können die Schnitter so etwas nur vertragen!"; er leitet hinüber und voraus zu den Leiden des Ich). Dann die weitere "Information": Der Knoblauch brennt wie ein giftiger Zaubertrank. Dann folgt noch ein zwiefacher Rekurs auf den Mythos, und das alles, obwohl Aufschrei, in wohlgesetzter Periodik. Und am Ende der kunstvolle Doppelvergleich, gemischt aus Heimischem und Mythischem, nämlich zum einen der Vergleich mit Apulien, das die Sonne dörrt, und zum anderen mit der Nessos-Gabe, die den sonst so standhaften[38] Herakles verbrannte.

Nach diesem theatralisch übertreibenden Wehgeschrei nun die Pointe. Das *at si* entspricht einem bekräftigenden "Weiss Gott, wenn ...", so belehren die Kommentare; sie legen ferner nahe, den Satz entweder als "Wenn Du je <wieder> solch einen Scherz machen willst" aufzufassen oder als "Wenn Du <selber> je so etwas essen solltest"; doch weder die eine noch die andere Zufügung befriedigt. Im Text scheint vielmehr dies zu stehen: "Weiss Gott, wenn Du je *so* etwas gerne haben möchtest", d.h. die ganze Wucht der theatralischen Verdammung trifft die Speise, nicht Maecen. Das will sagen: Scheinbar entlädt sich der Zorn auf das Knoblauchgericht; dann aber, ganz am Ende, zeigt sich, dass der Zornige sehr wohl weiß, wem er das Schlund- und Magenbrennen zu verdanken hat. Das Ich quittiert den Spaß als gelungen durch den Aufschrei, es spielt mit. Die Formulierung in v. 19 kann bedeuten: "Wenn Du je wieder solch einen Scherz machen solltest", doch dies könnte kaum das Mädchen vergrämen;

---

[37] Hierzu K. Gaiser, Musa Iocosa, Festschrift für A. Thierfelder, Hildesheim 1974, 66 mit Anm. 13f.

[38] Man beachte dabei die Schachtelung in v. 9, das Pathos von *grates* in 26 und den Anfang, der lange im Ungewissen lässt, worum es geht. Das ist ebenso kunstvoll wie das Wort *efficax* (<sonst so> "wirkkräftig") in v. 17 als Attribut des Herakles, ein Adjektiv, das hier prägnant verwendet ist.

es könnte aber auch meinen: "Wenn Du <selber> je so etwas essen solltest, dann..."; das gibt, auf das fliehende Mädchen gesehen, guten Sinn, nicht aber als Rachewunsch. Und nun folgt noch immer keine Klärung des Intendierten, sondern erst einmal eine Anrede, und nach offener Formulierung und hinhaltender Anrede kommt dann ganz unerwartet und graziös ein Kompliment an den erfolgreichen Liebhaber der Damenwelt. Ein Nichts, gewiss; aber ein graziöses. Verspielte, sehr gekonnte Kleinliteratur, die den verhaltenen Takt des Umgangstons mit Maecenas von ferne hören lässt.

Fassen wir zusammen: So wie am Anfang die im Gesetzeston gehaltene Verfluchung ausläuft auf den staunenden Lobpreis der Schnittermägen, die Knoblauch anscheinend leicht vertragen, also auf etwas Unerwartetes, so läuft die Drohung, die absichtlich offen lässt, was Maecen denn vielleicht einmal wollen sollte (nochmals einen solchen Scherz zu machen oder selber derlei Speisen zu kosten), erst ganz am Ende auf die Lösung des Rätsels hinaus: Dass ihm nämlich das Mädchen sich entziehen möge, sollte er einmal eine derartige Speise essen. Wenn dies richtig ist, dann zeigt sich ein deutlicher Unterschied zum Scherze des Catull, der erheblich massiver wirkt, dafür aber klarer spricht.

Epode 4

Nach der harmlosen, zurückhaltend scherzenden Verwünschung in epo. 3 folgt nun endlich ein echter Jambus, ein Frontalangriff: "So tief der Widerwille ist, den Wolf und Schaf gegeneinander empfinden" – ein uralter (Homer, Il. 22, 263f.) und ein sehr natürlicher Gegensatz – , "so tief ist auch meiner gegen Dich, der Du gebrandmarkt bist von Peitsche und Fußeisen". So beginnt die Invektive gegen irgend einen Emporkömmling, gegen den Typen, der – geschwellt vom Stolz auf sein Geld – einherstolziert, und doch: *fortuna non mutat genus* (v. 6: Glückssträhnen ändern nicht die Standesdefizite). Und dies ist nicht der Widerwille des Dichter-Ichs allein: "Siehst Du denn nicht, dass, wenn Du die Strasse abschreitest mit Deiner Drei-Meter-Toga[39], der Ärger darüber ganz unverhohlen die Mienen der Vorübergehenden verzieht?" Das Ich hält darauf dem Protz vor, was die Passanten sagen: "Einer, der als Sklave nachts aufgegriffen, geprügelt wurde und sogar dem Büttel, der die Strafe ausrufen musste, widerwärtig war, der ist jetzt reich und führt sich als Ritter[40] auf – warum schicken

---

[39] Der großtuerische Luxus lag in der Breite der ellipsenförmig zugeschnittenen Toga. Eine solche exzessive Breite ermöglichte einen überreichen Bausch und protzenden Faltenwurf (J. Marquardt-A. Mau, Privatleben der Römer 555; Mankin zu v. 8).

[40] Er tut das, indem er, der Sklave, sich im Theater unter die Ritter, d.h. in die ersten vierzehn Reihen setzt, die nach dem Gesetz des Lucius Roscius Otho den Senatoren und Rittern vorbehalten waren.

wir da unsere Kriegsschiffe hinaus in Kriege gegen Rebellen und aufständische Sklaven, wenn so etwas (das denen nicht nachsteht) Oberst werden kann?"

Perfekt gebaut (3 / 2 – 3 / 2 Distichen), mit allerhand Individualisierungen verlebendigt (spanische Peitschen, eine besondere Strafszenerie, drei besondere Zeichen des Reichtums: ertragreiches Weingut, teure Zelter, Sitzanmaßung im Theater), ist diese Breitseite ohne Namensnennung gegen einen Typus[41] gerichtet, kaum gegen eine damals leicht identifizierbare Person. Wie stark Horaz' eigener Ärger über Emporkömmlinge dieser Art mitspielte, können wir nicht mehr abschätzen; es genügt, diesen kurzen Ausbruch als einen sehr römischen Jambus archilochischer Art zu verstehen und dabei zu goutieren, wie der Angriff nicht im eigenen Namen, sondern indirekt als Rede der Passanten vorgetragen wird. Aristoteles hatte von dieser Möglichkeit des Taktwahrens gesprochen (Rhet. 1418 b 30ff.), und auch dies lohnt zu beobachten, wie hier ein Tiervergleich die eigene Haltung kennzeichnet[42]: Bei aller Schärfe bleibt die Invektive indirekt und künstlich. Dass jemand tausend Hektar "pflügt", statt "besitzt", mag noch hingehen; aber dass man die Straße mit seinen Pferden "abreibt", ist neoterisch (s. Catull c. 68, 115) gesucht, und das Vergehen gegen das Othonische Gesetz mit "unter Kränkung des Otho" auszudrücken, verrät den Willen zur metonymisch raffinierten Künstlichkeit, ohne affig zu werden.

Das Wesentliche aber ist, dass Horaz hier einen Mann des Volkes sprechen lässt, das Recht und Ordnung gewahrt wissen will. Das Ich des Dichters gibt sich als Fürsprech derer, die althergebrachte Grenzen eingehalten sehen wollen, was sich mit der Sprechsituation in epo. 7 und 16 vergleichen ließe; dieser Jambus nähert sich dem Politischen, einem Moral-Politischen.

Epode 5

Seit dem Zwölftafel-Gesetz (Tafel 8, der Text erhalten bei Cic. resp. 4, 12; s. Büchners Kommentar S. 383) und jenem Gerücht, das den Senatsbeschluss De Bacanalibus vom J. 186 v. Chr. hervorrief (Liv. 39, 8, 8), hört man von Verboten gegen Zauberei und rituelle Kindertötung (Cic. in P. Vatin. 14 z.B.), die dazu diente, für das Zaubern wichtige Innereien zu gewinnen, wie es noch heute in Afrika geschieht. So auch hier: Ein Knabe ist in das Haus einer Zauberin verschleppt worden, die ihren schon bejahrten Liebhaber zurückgewinnen will. Für

---

[41] So Heinze 501, Mankin 99, Fraenkel, Horaz 69, der ein Pasquill auf einen wirklichen Neureichen dieser Art zitiert, auf Publius Ventidius Bassus (zu ihm H. Gundel, RE 8 A, 800, 1ff.: Hier kann man nachlesen, wie es zu solchen Männern kam, wird aber auch sehen, dass Pasquille vergröbern und vereinseitigen). Horaz lässt sich auf derlei nicht ein, er spricht von einem Typus.

[42] G. Warmuth 55 spricht treffend hierüber.

einen solchen Zauber braucht sie Innereien aus einem freibürtigen, unblutig getöteten Knaben. Daher soll der Verschleppte im Hofe bis zum Hals vergraben und so durch Hunger umgebracht werden.

Das Gedicht beginnt ohne Einleitung dramatisch mit einer Angst- und Bittrede des Kindes (1/10), es folgt ein Rauchzauber (11/24) und es folgen die Vorbereitungen der Zaubergehilfinnen zur Eingrabung des Knaben (25/46). Und dann das zwischenzeitliche Abwarten der Canidia, die früher schon allerhand Zauber angewendet hatte, nun aber nägelkauend auf den Erfolg ihrer neuerlichen Bemühungen, des Rauchzaubers, wartet (47/60) – sie wartet umsonst. Nach dramatischer Pause (man erinnert sich an epo. 7, 14 und 16, 24) der verzweifelnde Aufschrei der Enttäuschten (61/82), zuletzt der Appell des Knaben, der jetzt sein Ende herannahen fühlt (83/102)[43].

Erneut harmonisch gebaut (5 – 18 – 18 – 10 Distichen), zeichnen sich die Abschnitte dadurch aus, dass jeweils das Wichtigste am Ende steht und dass sie auf dieses hindrängen, z.B. fällt der Wehelaut des Knaben *heu* am Ende seines Rache androhenden Appells in v. 101. Was den Stil angeht, so wird z.B. alles Grausige doch lichter und leichter durch die Ironie in den ersten Worten des Knaben: In v. 6 fleht der Knabe Canidia bei ihren "echten" Kindern an, zweifelt also ironisch daran, ob sie nicht nur untergeschobene gehabt habe, gegen gute Bezahlung, versteht sich. Auch das Bild des verliebten Alten ist lächerlich (57), es ist dies das in der alten Komödie so beliebte Bild des *senex amator*. Am Ende aber wirkt das Pathos echt, so das Leid der Eltern beim Anblick der gebleichten Knochen ihres Kindes (101).

Dies alles ist keineswegs ausschließlich römisch; auch wenn rituelle Kindestötungen im griechischen Bereich so gut wie unbelegt sind[44], so erwähnen griechische Autoren seit Homer Zauberei des öfteren[45]. Horaz erfüllt also eine der Thema-Erwartungen, die man bei einem Jambiker hegen durfte, in gekonnter, dramatischer und bildhafter, vielleicht – im Unterschied zur griechischen Welt – in übertreibender Weise. Da wäre der feine Zug, die Zauberin, die von ihrem Liebesdurst gequält wird (v. 9), als Beutetier zu beschreiben, das – in die Enge getrieben – nicht mehr nur von den Hunden, sondern vom Jäger mit der blanken Waffe angegangen wird. Oder die Folter des Eingegrabenen in 33/36 bis hin zum Brechen der Augen (40). Insbesondere der Ausbruch der Canidia vom nägelkauenden Zweifel bis zur wildesten Drohung (82) ist mit seiner lange hinausgezögerten Namensnennung (73) wirkungsvoll; wirkungsvoll ist auch,

---

[43] In v. 87 ist *magnum* zweifelhaft; in WJA 18, 1992, 205 wurde vom Verf. statt dessen *frangunt* vorgeschlagen. Das Gift "vermag nicht Menschen-Wechsel zu wandeln", d.h. den Wechsel des Geschickes, dem der Mensch unterworfen ist: ein "verzwickter" Ausdruck für Heimzahlung und Rache (vgl. Nisbet-Hubbard zu c. 1, 28, 32).

[44] S. Eitrem, SO 21, 1941, 66; vgl. ferner L. Thorndike, A History of Magic and Experimental Science, New York 1923, 224ff.

[45] Das tun auch die Jambographen, s. M. L. West, Studies in Greek Elegy and Iambus, Berlin 1974, 32 und 142ff.; A. M. Tupet, La magie dans la poésie latine, Paris 1976, 107ff.; A. Cavarzaghi, Orpheus 10, 1989, 117/20.

wie dem Bedrohten am Ende dann die anfängliche Ironie vergeht. Der gute Geschmack verbot es natürlich, den Fortgang zu berichten: Die seinen Tod vorwegnehmenden Drohungen des Opfers genügen.

Im Ganzen ist dieses Gedicht eine wohlgeformte Dramatisierung (vgl. die Pause in v. 60) eines uralten Stoffes. Ein "direkter Angriff auf die schwarze Wissenschaft" ist es bestimmt nicht (so dachte Eitrem a.O. 65), sondern es ist Literatur, nichts als der Beweis, dass der Dichter mit einem solchen Stoffe souverän fertig zu werden wusste.

Epode 6

Nach mehreren Gedichten, die teils aus der neuen Freundschaft zu Maecen kamen, teils aus der Überführung griechischer Jambenthemata ins Römische stammten, folgt jetzt die Selbstdarstellung des Jamben-Dichters.

Eine der möglichen Haltungen eines Jambikers ist die mutige Reaktion auf einen Angriff; sie wird hier vorgeführt, doch verdeckt durch die Einkleidung in ein Tiergespräch: Da kläfft ein Köter harmlos-unschuldige Ankömmlinge an, offenbar Gäste des Hausherrn, vor einem wirklich gefährlichen Gegner aber, etwa einem Wolf, kneift er. Soll er doch "mich" (das Ich des Gedichtes) anbellen, wenn er dazu überhaupt den Mut hat! Wohl deswegen sind Zweifel an seinem Mut angebracht, weil dies "Ich" zurückbeißen wird. Dieses Ich, das ist ein guter Hund, ein Freund der Hirten, ausdauernd im Verfolgen der Beute jeglicher Art wie ein Molosser oder Sparterhund[46] mit gespitzten Ohren, auch durch hohen Schnee (man denkt an die winterliche Wildschweinjagd). Der andere füllt zwar den Wald mit seinem Gebell, aber, wirft man ihm einen Brocken hin, schnüffelt er sogleich daran herum (und vergisst sein ganzes Drohen).

Erneut (s. epo. 5, 60) Szenenwechsel – nach Waldgehöft und beißbereitem Hund jetzt ein stößiger Bulle: "Pass auf, pass auf! Denn gegen Übelwollende hebe ich, wenn man mich reizt, meine Hörner[47] wie der abgewiesene Schwiegersohn des Lykambes (also Archilochos) oder der Schmäher Bupalos (der

---

[46] Molosser waren besonders gute Wachhunde für Haus und Herde, Spartanerhunde waren eher für die Jagd geeignet (Mynors zu Verg. georg. 3, 405). Hunde als "Freund der Hirten" zu bezeichnen, leitet sich von Lukrez her (6, 1222).

[47] Ein Stier "hebt" nicht seine Hörner, wenn man ihn reizt; er senkt sie vielmehr zum Aufwärtsstoß. Es wird sich hier also wohl um das drohend-prahlende Aufwärtsreißen des Kopfes während der Imponierphase vor dem Angriff handeln.

Angriffsziel des Hipponax war), oder soll man, mit "schwarzem Zahn"[48] angegriffen, flennen, ohne sich rächen zu können[49], wie ein Kind?"

Was will, was soll dieses Gedicht? Androhung "namentlicher Diffamierung" (Heinze 514)? Aber wo stünde etwas davon im Text? Reines Literatur-Spiel, nichts als Archilochos-Imitation[50]? Oder gar Horaz als "Schützer der Schwachen", der "Bosheit, gegen wen auch immer gerichtet, als persönlichen Angriff gegen sich selbst auffasst"[51]? Lassen wir diese Textüberforderungen beiseite und halten wir zunächst fest, dass ein Archilochos-Anklang vorliegt, der auch schon längst festgestellt ist: "Eines aber kann ich gut: Dem, der Böses mir getan, heimzahlen mit schlimmem Bösen" (frg. 66 D.). Diese Racheandrohung ist nur eines der vielen, seit Archilochos im Jambus möglichen Themen, nur eine der vielen Haltungen des Jambikers. Wie weit und wie sehr man sie dem wirklichen Horaz zuschreiben darf, ist Sache jedes Horaz-Interpreten; dass dem Horaz, "auf dem alle herumhacken" (sat. 1, 6, 46), diese Haltung nicht ganz fremd war, wird man annehmen dürfen. Das Dichter-Ich nimmt hier also gleichsam eine Rolle an, die eines Hundes und dann die eines Stiers. Das Dichter-Ich kann also dreierlei: Mutig zurückbeißen, ausdauernd verfolgen und vernichtend zustoßen. Der Maskenwechsel zeigt an, dass hier drei verschiedene Reaktionen dem Jambiker-Ich zugeschrieben werden, indirekt und verdeckt durch die Tier-Vergleiche[52].

Wenn man hier ein Qualitätsurteil erwartet, so werden wir nicht zurückstehen, werden vielmehr sagen, dass eine solche Selbstvorstellung in einem Jambenbuch wohl erwartbar war, dass sie nicht einiger Reize entbehrt (so z.B. das Verfolgen der Beute durch hohen Schnee während der Jagd), aber im Ganzen doch eher bloße und blasse Literatur ist und den Dichter nicht recht fassbar macht. Das viel unverhülltere und kraftvollere Hervortreten des Ich in den Satiren lässt noch auf sich warten.

---

[48] Gemeint ist mit "Zahn" und "schwarz" die Schmähung, s. c. 4, 3, 16 (*dente invido*), bes. epi. 1, 19, 30 (*versibus atris*) und Macleod, CQ 27, 1977, 371, Anm. 65.

[49] Zur Syntax (*inultus* gehört mit *flebo* zusammen, nicht mit *puer*) J. D. Morgan, CQ 38, 1988, 566 mit Anm. 2 (*inultus* ist reflexiv zu fassen).

[50] So etwa Wili 47; V. Buchheit, Gymnasium 68, 1961, 525 (eine Art "Programmgedicht"); Buchheit kennzeichnet die Haltung des Ich zutreffend, wenn er hervorhebt, dass es nur anzugreifen bereit ist, wenn es selbst angegangen wird (so dann auch Grassmann 168, Anm.11).

[51] E. A. Schmidt, Gymnasium 84, 1977, 402, bzw. 405, geschrieben aus der damals herrschenden Mode und ohne Widerhalt im Text. Nicht überzeugender ist, was Mankin 137, Abs. 3 vorträgt, man mag es nicht einmal referieren.

[52] Ed. Fraenkel, Horaz 68 mit Anm. 3 empfand, dass die bildliche Selbstdarstellung entstellt sei durch den Sprung vom Hunde- zum Stiervergleich und sah darin Unfertigkeit. G. Warmuth 72 versuchte zu mildern, aber der Gesamteindruck einer gewissen Überreiztheit ist nicht fortzudiskutieren. Gewiss sollte man aber auch in Rechnung stellen, dass Tier-Vergleiche und -bilder zum Jambus gehören (z.B. Archil. 48 und 81 D.); aber das führt dann doch wieder dazu, hier eher von Literatur als von wirklicher Selbst-Kennzeichnung zu sprechen.

Epode 9 und c. 1, 37

Das siebente Gedicht ist bereits oben besprochen worden, das achte, eine grobe Obszönität, wird hier, obschon derlei sehr wohl zum Jambus gehört, übergangen; es sei zugegeben: Es ist dem Verfasser dieses Buches zu widerwärtig (man kann über diese Stücke J. Henderson, Scholia 8, 1999, 3ff. lesen). – Also Epode 9.

"Wann werden wir endlich das erwartete große Fest in Deinem Hause zu Ehren Caesars feiern, des Siegers, unter lautem Schall der Musik? So wie neulich, als Sextus Pompeius vom Meer gejagt ward, der Rom mit den Banden drohte, die er Sklaven abgenommen, er, der Freund der Treulosen!"[53] Noch leisten Römer, so fährt das Gedicht fort, zu Roms Schande Kriegsdienst für eine Frau und bringen es über sich, runzeligen Eunuchen zu dienen, und die Sonne muss unter all' den Feldzeichen auch Moskitonetze erblicken: Welche Verzärtelung! Aber schon ist gallische Kavallerie zu Caesar übergelaufen, und Flottenverbände[54] verstecken sich, geflohen, im Hafen – O Triumph, verzögere nicht Dein Kommen: Weder im Jugurtha- noch im Karthager-Kriege führtest Du einen größeren Feldherrn heim" (als den, der jetzt bald heimkehren wird: Caesar). Zu Lande und zu Wasser geschlagen, legt der Staatsfeind Trauer an und flieht, wer weiß, wohin? "Auf, größere Becher getrunken", so endet das Lied, "Chios- oder Lesbos-Wein oder, um nicht zu bald in Übelkeit[55] zu verfallen, milden Caecuber! Lasst uns die Sorge und Angst um Caesar freudevoll mittels des süßen Lösers lösen!", womit Dionysos Lyaios gemeint ist, der "gliederlösende" Gott des Weines.

Das deutlich gerundete Gedicht (Caecuber-Wein in 1 und 36; Caesar in 2 und 37) ist aus der besonderen Situation des September 31 v. Chr. verfasst[56]: Noch

---

[53] *Servis* in v. 10 muss "zweimal konstruiert" werden: *detraxerat servis <servis> amicus*. In v. 14 ist der Seitenhieb "runzelig" aus dem Genus Iambicum zu erklären, in v. 16 das Mückennetz als Ausfall gegen verzärtelte Ägypter-Kommandeure, vielleicht gar gegen Kleopatra als Befehlsführerin der Flotte.

[54] In v. 19 f. ist *hostilium navium puppes* eine seltsame Form der Metonymie: An Stelle der Schiffe sind zwar ihre Hecks gesetzt, aber diese erhalten als Genetivattribut "der Schiffe". Das "nach links" in 20 meint, was immer im Einzelnen gemeint gewesen sein mag, Desertion.

[55] Dies krude Detail, das dem Genus Iambicum Tribut zollt, ist wohl als Folge zu scharfen Trinkens zu erklären (so Fraenkel, Horaz 85); andere dachten an die Seekrankheit (Heinze und jüngst Setaioli, Gli epodi 85). Gewiss, der Philologe muss dem nachgehen, aber er nähert sich dabei bedenklich dem Subalternen, wenn er nicht einen gleichsam höheren Standpunkt über den Quisquilien sucht. Der wäre z.B., dass dies Detail dazu angetan ist, das laute Triumphrufen herabzustimmen auf Jambenebene. Dann wäre das Weltgeschehen erneut (es sei an epo. 1 und das Angstgefühl des kleinen Individuums erinnert) auf das Erleben eines Einzelnen, der vom Siegesfeste träumt, reduziert.

[56] Die Situation sucht D. Ableitinger-Grünberger, WS, NF 2, 1968, 79 nach Vorgang von F. Wurzel (1938) zu bestimmen: Unmittelbar nach dem Kampf. Die in v. 27ff. imaginierten

stehen starke Verbände des Antonius unter Waffen (11/16), einige jedoch sind bereits desertiert, der Sieg ist nahe. Bald wird daheim Triumph und Siegesmahl gefeiert, einstweilen darf man die vordem so schwere Sorge beim Wein vergessen. Auch wenn die Gedicht-Situation in einigen Details unklar bleibt, die Bewegung des Sprechens ist eindeutig: Nach der gedanklichen Vorwegnahme des Siegesfestes, die sich auf die Zuversicht stützt, dass Caesar das Glück auch dieses Mal beistehen werde, folgt der Gegenzug: Noch immer dienen Römer auf der anderen Seite. Danach aber ein weiterer, noch stärkerer Grund zur Zuversicht: Nicht nur bröckelt die feindliche Armee, sondern der Führer selbst flieht geschlagen. Also getrunken und die frühere Sorgen um Caesar zerlöst!

Und nicht nur die Rundung des Gedichtes und seine schwingende Bewegung ist gut gelungen, auch die Stellung im Gesamt des Jambenbuches ist sorgfältig bedacht: Es steht als Caesar-Gedicht in der Mitte zwischen jeweils acht Stücken: 8 – 1 – 8.

Biographisch lässt sich dieses Gebilde nicht gut auswerten; das *at huc* in v.17 könnte man so auffassen, dass Horaz sich als im Lager Caesars (oder doch in seiner Nähe, oder auch auf dem vorgestellten Schiff des Maecenas, vgl. die lange Erörterung bei G. Williams, Tradition 212ff.) befindlich hinstellt, doch der Wortlaut ist nicht sicher überliefert und *huc* kann auch einfach "auf unsere Seite" heißen. Soviel aber ist klar, dass hier das Ich voll und ganz Anhänger Caesars geworden ist (in epo. 7 und 16 war dafür kein Anhalt gewesen); aber es tritt ganz zurück hinter die große Gestalt. Dazu aber verlangte das *genus iambicum*, wie Horaz es verstand, das gewaltige Geschehen auf ein mehr oder minder privates Siegesfest und dann gar auf einen "Kater" zu reduzieren.

Horaz hat den Sieg über Antonius und Kleopatra zwei Male, etwa zeitgleich, im Gedicht gefeiert, in der besprochenen Epode 9 und in c. 1, 37. Es verlohnt sich in vieler, auch in biographischer Hinsicht, diese beiden Werke miteinander zu vergleichen.

"Jetzt muss man trinken", so beginnt die Ode, "jetzt mit (nunmehr) freiem Fuße die Erde stampfen, jetzt ist's recht, ihr Freunde, den Göttern ein reiches Festmahl auszurichten." Vordem, solange die Königin mit ihrem verdorbenen Haufen aus entstellten Männern, unfähig, ihre Träume zu zügeln und trunken von süßem Wohlergehen, dem Kapitol in ihrem Wahn Zerstörung und dem Reiche Untergang zu bereiten suchte, durfte man noch nicht den uralten, den besten Wein aus dem Keller holen, dann jedoch minderte ihr Rasen, dass kaum ein Schiff ihrer Flotte vor Actium dem Brand entkam, und den Sinn, früher nur von ägyptischem Wein umnebelt, füllte ihr jetzt mit wahrer (Empfindung[57], nämlich mit) Furcht Caesar, als er von Italien her gegen die Enteilende mit seinen Schif-

---

Absetzbewegungen des Antonius seien nicht "Vision" (wie früher zuweilen angenommen oder eine Erinnerung an Hannibal – man hat derlei tatsächlich gedruckt!), sondern durchaus reale Möglichkeiten gewesen. Mankin 159 scheint dem zugestimmt zu haben. Nüchterner erzählt H. Bengtson, Marcus Antonius (München 1977) 246 f.

[57] Ihr Überlegenheitsgefühl gegenüber Rom, das sie von der Vernichtung der feindlichen Stadt träumen ließ, war ja nur Einbildung.

fen andrang, so wie der Habicht die zarte Taube jagt oder der hurtige Jäger den Hasen auf Thessaliens schneeichten Fluren, um in Ketten zu legen das verhängnisbereitende Ungetüm – doch sie wollte untergehen ihrer Ahnen würdiger (als durch Henkershand) und so fürchtete sie entgegen Weiberart die Klinge (bei Caesars Heranrücken) nicht und floh auch nicht auf eilendem Schiff an verborgene Küsten, vielmehr hatte sie die Größe, ihren zerstörten Palast zu schauen mit heiterer Miene, tapfer genug auch, bissige Schlangen zu berühren, auf dass sie den Leib mit dem tödlichen Gifte tränke, in gewolltem Tode wilderen Mutes denn je, den fühllosen Schnellseglern (Octavians) missgönnend, die der Königswürde Beraubte dem Triumph zuzuführen, sie, eine nicht niedrig denkende Frau".

Diese Ode ist in hohem Stile geschrieben, mit einem klassisch gemilderten Alkaios-Zitat[58] beginnend, strömt es, gedanklich klar zu vier Teilen gegliedert (1 / 2 – 2 / 3 Strophen) dahin, aber die Grenzen dieser Teile sind pindarisch (vgl. Syndikus 325 oben) überspielt (die oben gegebene Paraphrase ahmt mit ihrem Kettensatz das Dahinströmen des horazischen Textes nach); sie ist reich an Adjektiven und malenden Partizipien, es führt allein Caesar keines bei sich (dies die meisterliche Bemerkung Pöschls, Horazische Lyrik 85): Groß und attributslos sagt der gewaltige Name nur sich, den Namen des Retters und Siegers. An homerischen Brauch gemahnend, aber doch formal nicht Homerisches subaltern imitierend[59], ist Caesar durch einen Doppelvergleich gekennzeichnet. Treffsicher wie ein herabstürzender Habicht und geschwind wie ein Achill-gleicher (Hom. Il. 22, 139f.) Jäger griff er das Unwesen (*monstrum*) an. Doch wie um das *monstrum* dennoch als Menschenwesen zu begreifen, schließt Horaz ans Neutrum (*monstrum*) den kennzeichnenden Relativsatz in erneut pindarischer Weise (Syndikus 334 mit Anm. 16) durch feminines *quae* an: Dieses Wesen dachte und träumte im Leben groß, ja übergewaltig und war im Tode nicht minderen Ranges. So endet mit hohem Lobe dieses gewaltige und doch "so tief humane Gedicht" (Fraenkel 191).

Mehrere bedeutende Gelehrte haben ihm ihre Aufmerksamkeit gewidmet, und man liest mit Dankbarkeit für erstaunliche Aufschlüsse besonders V. Pöschls Seiten (100ff.); er sucht auch Auskunft darüber zu geben, warum Horaz hier nicht eine Actium-Ode geschrieben hat und somit auch eine Ode vom Sieg über Antonius, sondern ein Kleopatra-Gedicht: Das psychologische Interesse des Römers an dem großen Wandel vom Wahn zu wirklicher Menschengröße sei das Thema (111). Hier soll nur ein unscheinbares Detail hervorgehoben werden: Im 9. Jambus hatte Horaz in v. 13f. mit "derber Direktheit" (Fraenkel 190 oben) die Eunuchen des ägyptischen Hofes gebrandmarkt, in der Ode weiß er die Ausdrücke trotz allen herabsetzenden Wörtern (die Nisbet-Hubbard 410

---

[58] Z 8 Lobel-Page: "Jetzt muss man sich berauschen und mit Macht trinken, da Myrsilos tot ist"; Horaz vermeidet die Phasenverkehrung und das grobianische "mit Macht trinken" (ferner Fraenkel, Horaz 188, Anm. 2).

[59] Unhomerisch wäre es, den Doppelvergleich wie hier chiastisch zu bauen.

unten berechtigtermaßen herausheben) der höheren Gattung wegen zu mildern. In epo. 9 war das Ich gleichsam im Kleinen und Privaten geblieben, eine häusliche Siegesfeier wird in Aussicht genommen, man befürchtet dabei Übelkeit, Moskitonetze werden verdammt; in c. 1, 37 ist von nichts Subalternem, sondern von der Bedrohung des Kapitols und des gesamten Reiches die Rede, und gewaltig erhebt sich aus der Worte und Bilder Flut der große Name Caesars. Gewiss, auch hier ordnet Horaz sich ein und unter, spricht lange so, wie die Propaganda sprach; dann aber, am Ende, spricht er, sehr im Gegensatz zur offiziellen Tonlage, der großen Frau seine unverhohlene Bewunderung aus. Von dem Großen besiegt und gehetzt, ist sie im Tode nicht geringer als er.

Aber all' dies trifft noch nicht den Grund-Unterschied. Der liegt nun darin, dass die Epode nichts ästhetisch Ansprechendes enthält, kurz: nichts Schönes; c. 1, 37 hingegen enthält davon vieles: Nicht nur die großartigen und schönen Bilder der zweiten Hälfte, sondern den pindarisch hohen Ton und den mächtigen Anstieg bis hin zu jenem *non humilis mulier*. C. 1, 37 ist im Unterschied zur Epode ein zur Schönheit aufsteigendes Gedicht.

Werfen wir nach all' diesen Überlegungen zu Nebensachen noch einen Blick auf das Hauptanliegen der Epode 9: Welches ist es? Dies Gedicht ist ein Hoffnungsgedicht, es sehnt sich nach dem endlichen Sieg (dafür steht der gleichsam personifizierte Triumph) und verlangt nach Jubel und Siegesfest, und hinter diesem steht die Sehnsucht nach Friede und Aufatmen.

Epoden 10-12

Die Epoden 10 und 11 sind schwächliche Gebilde. Epode 10 verwünscht einen stinkenden Mevius, sie stammt wohl aus der Frühzeit der Epoden-Dichtung. Sie ist zwar gut geordnet und erfüllt die Regeln des Jambus, zeigt aber nichts, was als besonders gut gelungen hervorzuheben wäre. Epo. 11 ist schwächlich deswegen, weil die Rolle schwächlich ist, die das Ich auf sich nimmt: Es wird von einer Verliebtheit in die nächste getrieben, kann nicht mehr dichten, ist in Verruf geraten, weinte und klagte bei einem Gastmahl als rechter kill-joy dem Gastgeber vor, wie es kürzlich von einem Reicheren ausgestochen wurde, und erging sich dann, wie üblich, in trunken-leeren Drohungen, ist also die inkarnierte Langeweile. Der Gastgeber schickte den Stimmungstöter daraufhin kurzerhand nach Hause. Er ging denn auch, doch vor die Tür seiner Flamme, lagerte sich dort und masturbierte. Das war kurz zuvor; jetzt hält ein Knabe das Ich gefangen, heilen kann ihn von solchem Umgetriebenwerden nur – eine neue Liebe.

Eine schwächliche Rolle, ganz im Stile mancher Jambiker und ihrer Geständnisse, gut organisiert, nicht ohne einige sprachliche Raffinessen, aber doch ohne Kraft und fesselnden Gehalt, hierher gestellt um der kontrastierenden Parallelität zu epo. 12 wegen (eine gealterte, nicht gut riechende Hetäre sucht sich beim Koitus einen weiteren Orgasmus zu erzwingen, bei ihrem Geruch umsonst), einer Epode, die hier wegen ihrer Widerlichkeit wie epo. 8 übergangen wird.

Epode 13

"Scheußliches Wetter hat den Himmel zugezogen, Regen und Schnee holen Juppiter herab (gemeinhin ist Juppiter der Tätige und sendet oder kommt als Wetter herab: Verg. ecl. 7, 60, usw.), jetzt rauscht das Meer, jetzt rauscht der Wald vom thrakischen Nordsturm: Entreißen wir dem grässlichen Tage die Gelegenheit (zu frohem Trunk) und, solange die Knie noch jung und solange es (daher) sich noch schickt, soll von der umwölkten Stirn alles Mürrische schwinden": So etwa könnte man den Anfang des Gedichtes wiedergeben.

Der Wirt – hier wegen der Angabe des Geburtsjahres einmal Horaz selber, so will das Gedicht nahe legen – trägt nun einem der Freunde auf, ein Fass mit einem Wein aus des Wirts Geburtsjahr (ein vorzüglich gereifter, seltener Tropfen also: ein wahres Geschenk) aus dem Ständer zu lösen, aber von allem anderen, das Sorgen erregen mag, soll er nicht sprechen, ein Gott wird's freundlich irgendwann schon richten, jetzt aber ist's schön, sich mit Duftöl zu salben und mit Merkurs Leier das Herz von schlimmen Sorgen zu befreien. Der Wein, das uralte (Mankin 214 Mitte) Sorgen lösende Mittel, wird auch heute helfen. So hatte auch Chiron einst seinem gewaltigen Zögling geraten: "Unbesieglicher, sterblicher Sohn der Göttin Thetis, auf Dich wartet das trojanische Land, das die kühle Flut des kleinen[60] Skamander und der dahingleitende Simois teilen. Die Heimkehr von dort haben die Parzen Dir verwehrt, und auch Deine Meermutter wird Dich nicht heimbringen können. Aber erleichtere Dir dort alles Leid mit Wein und Sang, dem süßen Trost in hässlichem Kummer!" Ein Rat, nicht ohne vorausblickende Trauer, aber voll von Liebe. Mit einer wörtlichen Rede schließt also dieses Gedicht wie auch epo. 4, 5 und 12.

Dieses Gebilde ist nun nicht mehr nach Strophen strukturiert, der Sinnzusammenhang übergreift die Grenzen der metrischen Einheiten (sie bestehen aus

---

[60] Bei Homer, Il. 22, 151 f. ist Skamander kalt, aber klein ist er nicht (20,73). Man kann sagen, dass Horaz nicht verpflichtet war, die homerische Geographie zu reproduzieren, kann aber auch mit Heinze (539 links) meinen, dass er *noch* klein ist, bald aber, wenn Achill die Troer niederzumetzeln beginnt, anschwellen wird (zu solchen Temporalprägnanzen vgl. Lateinische Dichtersprache 108f.).

drei Gliedern wie in epo. 11: aus daktylischem Hexameter, jambischem Dimeter und Hemiepes). Und das Ganze ist mit einer kunstvoll geordneten (d-, a- / d-, a-) Appositionsfermate beschlossen. Es ist voller sprachlicher Gewagtheiten, die jedoch nirgends stören[61]. Wichtiger aber ist Anderes: Es scheint der Weg von hier zu den Trinkliedern der Oden nicht mehr weit (man denkt an c. 1, 9), d.h. zu Alkaios (frg. 338 L.-P.):

> „Es regnet Zeus, aus dem Himmel (kommt) schwerer Regen,
> Gefroren der Wasser Fluss –
> Lass' sein den Sturm, leg' nach aufs Feuer,
> mische den Wein und spar' dabei nicht!"

Es mag sein, dass diese Nähe der Epode 13 zu c. 1, 9 und zu Alkaios' Trinklied dadurch zu erklären ist, dass Horaz in dieser Zeit an Epoden und Oden zugleich arbeitete, wie wir anlässlich der epo. 9 und des c. 1, 37 sahen.

Des weiteren ist nun aber doch auch ein Unterschied, und zwar im Stil, zwischen epo. 13 und c. 1, 9 deutlich spürbar. Verglichen hat man beide Gedichte oft (z.B. Heinze 48: "sehr ähnlich"), hat aber zu wenig auf die Unterschiede im Bildlichen geachtet.

> *Vides ut alta stet nive candidum*
> *Soracte, nec iam sustineant onus*
> *silvae laborantes geluque*
> *flumina constiterint acuto.*

"Du siehst, wie der Soracte-Berg weiss starrt von tiefem Schnee, wie die Bäume mühselig die Schneelast kaum mehr zu tragen vermögen, die Flüsse vom scharfen Frost stehen blieben...".

Man lese die Seiten in der Lateinischen Dichtersprache S. 6ff.: Die Epode ist sehr deutlich intellektual angelegt[62], wohingegen die Ode sehr viel mehr Anschauung vermittelt, reine Bildlichkeit anstrebt. Ähnlich wurde anlässlich epo. 9 und c. 1, 37 argumentiert: Die Epoden sind nicht auf Schönheit hin angelegt.

---

[61] Das "Herabbringen" des Wettergottes Juppiter ist, wie gesagt, zumindest ungewöhnlich, aber wer in Juppiter nur das Wetter erblickt (Belege bei D. Bo, Lexikon Horatianum, Hildesheim 1965/6 [künftig: Bo], Bd. 1, 273 links unten), konnte so sprechen. Dann der griechische Hiat in v. 3; im selben Vers ist *occasionem rapere* unbelegt, vgl. aber *facultatem arripere*, Cic. Flacc. 19, Anfang. In v. 8 muss man *Achaemenius* prägnant als "eines Perserkönigs würdig" auffassen so wie das *nec* in 16 als "nicht einmal" zu verstehen ist. "Blau" ist in diesem Verse Thetis deswegen, weil sie im blauen Meer lebt (Heinze 539; Lateinische Dichtersprache 256).

[62] So hatte schon J. V. Muir, Latomus 40, 1981 gedacht: "intellectualized" (328), im Gegensatz zu der viel anschaulicheren Soracte-Ode (329f.). Nur seiner Kennzeichnung der Epode als von einer "austere, yet gentle and humane sadness" beherrscht, wird nicht jeder zustimmen wollen. Epo.13 soll doch aufheitern?

Aber damit ist epo. 13 noch nicht erschöpft[63]. Sie ist licht, leicht und heiter zu nennen (nicht lustig!), obschon es draußen scheußlich ist. Nicht nur, weil sie serenes Vergessen und Gottvertrauen nahe legt, sondern wegen der Rede des weisen Chiron, die an Achills bitteres Geschick erinnert, aber doch ganz väterlich und liebevoll spricht. Was er sagt, und was epo. 13 hier nahe legt, ist nun nichts Situationsgebundenes mehr, es gilt allgemein und immer. Das will sagen: Horaz verlässt hier das Enge mehr oder weniger unbedeutender Einzelsituationen und schwingt sich auf zu Allgemeingültigem: Er nähert sich auch in dieser Weise den Oden.

Denken wir nun nach all' den Quisquilien noch einmal darüber nach, was wohl die Botschaft dieser Zeilen sein mag, dann entringt sich uns womöglich der Ausruf: "Wohl dem, der, wenn er einmal Sorgen hat, einen solchen Freund besitzt, der sie sich anhört, dann aber dem Freunde das große Geschenk macht, ihm etwas ganz Besonderes aufzutischen (als Ausdruck seiner Liebe und Fürsorge), ihn aufzumuntern, ihn auf das Walten der Gottheit zu verweisen und ihm eine so schöne Geschichte zu erzählen wie es der Mythos von Chiron und Achill[64] ist. So ist es nun einmal mit uns Menschen, immer wieder haben wir

---

[63] Nicht soll hier nach dem Anlass zur Abfassung dieses Gedichtes gefragt werden. E. A. Schmidt, WS 108, 1995, 380 hatte gemeint, der "Thrakische" Wind erinnere an das thrakische Philippi, und dazu passe der Tod des jungen Helden, den er verglich mit dem Untergang, der den jungen Männern vor Philippi drohte. Aber der thrakische Sturm soll eher nur "Atmosphäre schaffen", wie Nisbet-Hubbard 1, 297 zu c.1, 25, 11 schrieben. Es ist denn doch anzuraten, den Fraenkelschen Grundsatz zu befolgen, "dass sich Horaz in seinem ganzen Werk sowohl entschlossen als auch befähigt zeigt, all' das auszudrücken, was für das Verständnis und die Würdigung eines Gedichtes von Bedeutung ist" (Horaz 31).Wenn er uns nichts über Philippi sagt, soll man's auch nicht hinzutun. Und zudem: Sind denn die "Sorgen" des Du, das nun nicht mehr Schlimmes reden soll, notwendig auch die des Horaz? Man wird sagen, dass derlei (vgl. auch Kilpatrick, CQ 20, 1970, 141: "the last hours of a great Roman", womit einer der Caesar-Mörder gemeint sein soll), das Lied willkürlich belasten und auf eine bestimmte Situation einengt. Es ist zu betonen, dass dieses Gedicht eine Todesfurcht oder Todesnähe mit keinem Wort nahe legt. – Zum Methodischen vgl. "Methoden der Latinistik" § 80.

[64] In seinem Buche "Polyhymnia" behandelt G. Davis im ersten Kapitel "Arten der Angleichung" und erkennt in epo. 13 einen einschlägigen Fall, nämlich seiner These entsprechend eine Integration von einander eigentlich ausschließenden Gattungen, d.h. von Epos und Lyrik, bzw. von Hochstil und schlichterem Symposionslied (S. 12ff.). Die Herabstimmung des Hohen (repräsentiert in v. 11 durch *nobilis* und auch von *grandi*, was Davis als "großartig" auffasst (obschon Heinze eine solche Auffassung als falsch abgewiesen hatte) beginne, meint Davis, mit der Anrede durch *puer* (12); aber auch dies ist ein Missgriff, denn zusammen mit *dea nate* ist *puer* zum Hochstil zu rechnen (Nisbet-Hubbard 1, 239; 2, 310). Nun weiter: Indem Horaz *mortalis* und *dea* in Kontakstellung zueinander bringt, spiele er auf Achills Doppelnatur an; von diesem "großen Thema" aber in einem Trinklied zu sprechen, heiße, Achills Sterblichkeit "eine neue Bedeutung zu verleihen", und die liegt nun nach Davis' Ansicht darin, dass Horaz hier dem Leser ein verschärftes Bewusstsein seiner Sterblichkeit nahe lege; und warum das? Weil "die Grundprämisse aller Lyrik ist, dass eine sinnvolle Lebensführung auf einem verschärften Bewusstsein der Sterblichkeit beruht" (14). Davis hatte ja schon auf S. 1 vorausgesetzt,

Angst, aber wenn es ganz schlimm kommt – wie gesagt: Wohl dem, der dann einen solchen Freund hat!"

Epode 14

"Weichliches Nichtstun – warum es so tiefes Vergessen ins Innere des Herzens gegossen habe, so als hätte ich mit dürstender Kehle ganze Becher lethäischen Schlafes eingesogen: Immer fragst Du mich das und bringst mich damit noch mal um!" Hochstilisierter Anfang, dann wird's direkt und alltäglich derb ("bringst mich damit noch mal um"): Scherzhaft fällt der Dichter von ganz Oben in die Niederungen der Umgangssprache; scherzhaft, also keine ernst zu nehmende Anklage, keine ernsthafte Abwehr. Aber um welche Vergessenheit geht es? Maecen, so gibt das Gedicht vor, erwartet weitere Jamben, aber: "Ein Gott, wirklich: ein Gott verbietet mir, die einst versprochene Dichtung, die Jamben, fertigzustellen". Also der Abschluss der Jamben lässt da auf sich warten. Und aus welcher Ursache? Auch Anakreon (der Liebesdichter von Teos im 6. Jhd.) habe – so erzählt man sich – derart vor Liebe zu Bathyll gelodert, dass er seine Verse nicht ausfeilen konnte (*non elaboratum ad pedem*)[65]. "Und Du", so fährt die Epode fort, "lieber Maecen, brennst ja selber von Liebe. Wenn die Liebe, die Troja verbrannte, nicht schöner war als jetzt die Deine, dann freue Du Dich Deines Geschicks; mich aber quält Phryne, der ein Mann nicht genug".

Jetzt ist es endlich heraus: Das Dichter-Ich vermag nicht weiter zu arbeiten, weil es verliebt ist, und nicht allzu glücklich (es hat Rivalen); Maecen weiß doch selber, wie das ist, wenn man verliebt ist (und für nichts anderes Interesse hat). Eine Kleinigkeit das Ganze, ein Scherz, ausgefeiltes[66] Kleinkompliment

---

ohne den geringsten Nachweis zu versuchen, dass "Horaz ein philosophischer Poet im weitesten Sinne" sei und dass es in den "Oden primär darum geht, Gedanken und philosophische Einsichten zu vermitteln". Wenn nun aber Chiron genau das tut, was Horaz als seines Amtes ansah, dann ist, so zaubert Davis, Chiron Horaz. Beweis? Bitte sehr: In v. 10 benutzt der Dichter das Verb *levare*, in v. 15 benutzt es Chiron, also muss Chiron gleich Horaz sein. Joco-seria der Philologie? Bewahre, es gibt Leute, die dergleichen ernst nehmen.

[65] Horaz kannte also eine Überlieferung, die berichtete, Anakreon hätte zuweilen metrische Unebenheiten stehen lassen, von brennender Liebe gehindert. U. von Wilamowitz-Moellendorff meinte dagegen (Sappho und Simonides, Berlin 1913, 308), Horaz hätte nur Anakreons Metrik nicht verstanden. Aber Horaz beruft sich ja auf ein Hörensagen, ob er's geglaubt hat, wer will das wissen?

[66] J. Christes in seinem lesenswerten Aufsatz im Gymnasium 97, 1990, 349, Anm. 26 hält dieses Gedicht für spät in der Reihe der Epoden (seine Bauanalyse S. 351: 5 – 3 / 4 – 4, also 8 + 8 Distichen), der hohe Vollendungsgrad mag diese Ansicht bestätigen, man beachte nur einmal den Anfang: *tantam* bezeichnet die Stärke des Vergessens, *diffuderit*

und zugleich die Formulierung des eigenen Anspruches: Mag Anakreon auch mancherlei Unebenheiten aufweisen, die eigene Jamben-Dichtung wird perfekt sein, *elaboratum ad pedem* (12), wenn sie denn weitergeht.

Epode 15

"Nacht war's, am Himmel wolkenlos strahlte der Mond unter all' den schwächeren Sternen" – was kann da nicht alles folgen: Episches[67], eine Liebes- oder eine Diebesgeschichte; hier folgt eine Erinnerung an Neaeras schönen Schwur ewiger Liebe. Sie hatte die Ewigkeit der Feindschaft zwischen Wolf und Schaf (7), zwischen Seemann und Orion, der das winterliche Meer aufwühlt, beschworen und zum dritten noch den Wind, der in Apolls Haar spielt. Und dann? "O Du, die Du leiden wirst unter meiner Kraft (gemeint ist seine Ertragenskraft: Wickham und Büchner, Studien 3, 394), denn wenn im Flaccus irgend Männliches steckt, wird er Deine anhaltende Untreue nicht ertragen, wird eine ihm Gemäße suchen, wenn er erst einmal wirklich gekränkt! Und Du, mein Rivale, glücklicher und (d.h.: weil) reicher als ich, wenn Neaera dann bald wieder zu einem anderen geht, dann wirst Du weinen – ich aber, ich werde ein Gelächter anstimmen".

An das Liebesthema in epo. 14 anknüpfend, nun also ein Beispiel für die weniger glückliche Liebe des Ich im Unterschied zu Maecen, nämlich die Liebe zu Neaera, der Ungetreuen. In schöner, poetischer Sprache beginnend, verfällt der Ton ins erregt Prosaische und Drohende (12ff.); dann wird der glückliche Rivale in spöttisch hoch-stilisierter Manier gekennzeichnet (19ff.), am Ende dann der überraschende, scharfe[68] Ausruf: "Ich aber werde dann lachen!" Ein

---

sagt, dass es überall hin reicht, *imis* legt nahe, dass es ganz tief hinab reicht (damit sind drei verschiedene, dabei je in ihrer Art übertreibende Kennzeichnung der Stärke und des Ortes gegeben); gewagt in v. 4 ist *fauce* als Singular (Mankin). Interessant auch das Kompliment an Maecenas in 13ff.:"Wenn die Liebe zwischen Paris und Helena nicht schöner war als Deine, freue Dich" bedeutet, dass die Liebe des Maecen ebenso schön und glücklich war wie jene mythische (W. Abel, Anredeformen bei den römischen Elegikern, Berlin 1930, 115 f.; Grassmann 137, Anm. 116); auch dies eine gekonnte Formulierung.– Zu v. 15f. *nec uno contenta* vgl. Cat. 68, 135 und S. Dixon, Roman Family, Baltimore 1992, 89 f.

[67] Vgl. die Ilias Parva in T. W. Allens Ausgabe, Oxford ²1964 (1968), 132 XII: "Nacht war's, um ihre Mitte, strahlend erhob sich der Mond", als Troia angezündet wurde.

[68] Die für die Epoden einmalige Messung des *ego* als Doppelkürze lässt das Ich nach Ansicht mancher Interpreten ungemein betont hervorstechen und an Schärfe der Entgegensetzung nichts zu wünschen übrig (Grassmann 164, Anm. 150 a), aber vielleicht überfrachtet man das Wörtchen; eine Unachtsamkeit oder Nonchalance ist ebenso denkbar.

Drohgedicht, an epo. 11, 15–18 erinnernd, in der Gestimmtheit an epo. 6 gemahnend, ein aggressives Gedicht und durchgehend aus dem Geist des alten Jambus geschrieben (Mankin zu 24). Interessant ist auch hier wieder (vgl. epo. 14) der Tonwechsel, interessant auch die Steigerung in 7ff. vom Wolf zu Orion und dann zu Apoll, in dessen langem Haar der Wind spielt (welch ein Bild!); auffällig auch und sehr wahr v. 15: Ein scheinbar ganz fester Entschluss kommt in der Tat rasch ins Wanken, wenn man, ist man auch noch so arg gekränkt, wieder die Schönheit der Geliebten erblickt (man erinnert sich des Anfanges von Terenzens "Adelphoe"). Und dann noch dies: Das versteckte und doch schöne Motiv von der Gleich- und Gemäßheit in der Liebe (*parem*, 14) erinnert an das Grund-Thema des Catull (Grassmann 155, Mankin zu epo. 11, 18), ein Motiv, das nicht minder auffallend und nicht weniger wahr ist, als was eben v. 15 gesagt hatte.

Ein übrigens wohlgebautes Gedicht also (der pathetische Ausruf steht genau in der Mitte), und dazu von nicht geringem Motivreichtum, reich auch an Drehungen und Wendungen, dazu das ausgesprochen schöne Bild Apolls, in dessen gelöstem Haar der Wind ewig spielt[69], und der rasante Schluss – ein reizvolles Gebilde, das Altüberkommenes anscheinend recht neu formuliert.

Epode 16 und 17

Epo. 16 ist bereits besprochen worden; epo. 17 antwortet der 5. Epode[70] in der Form der versöhnenden Gegendarstellung: Horaz gibt sich als unendlich leidend unter Canidias Rache für epo. 5 und unter ihrem starken Zauber (21/33). Nun nennt er sie mit hohem Lob *tu pudica* ("Du Keusche", 49), obschon er ihr eben attestiert hatte (20), sie sei "von Seeleuten und Hausierern vielgeliebt"; er nennt sie *proba* ("rechtschaffen", 40), ja er prophezeit ihr gottgleiche Verstirnung, und das wiederholte Du erinnert an Beschwörungsformeln (Plaut. Curc. 102ff.), wie man sie gefährlichen Gottheiten gegenüber spricht (als wäre Canidia eine solche Macht!). Also noch einmal wie in epo. 5 die Art, scheinbar ernsthaft mit der Dame Zauberin zu sprechen, die Rede aber mit Bosheiten zu

---

[69] Mankin zu 1 f., 5 f. und 20; man wird seinen Einleitungen und Kommentaren aber dort die Zustimmung verweigern, wo er Aktualisierungsversuche unternimmt (oder auch nur Hanswurstiaden anderer unkritisch referiert), z.B. S. 235 oben, 238 unten. – Was das schöne Bild Apolls betrifft, so darf man nicht übersehen, dass es durch die Zusammenstellung mit dem Wolf, vor dem sich die Schafe fürchten, spielerisch entwertet wird: Die Dame brachte in ihrem Schwur Dinge zusammen, die nicht recht zueinander passen wollen.

[70] Der enge Bezug von epo. 17 auf epo. 5 erlaubt es wohl, mit Campbell und Delz (MH 50, 1993, 215) in epo. 17, 75 wegen des Bezuges zu 5, 97 *turba* statt *terra* zu lesen.

spicken. Der Reiz dieser Verse liegt in der Diskrepanz von Hochstil-Passagen (wie v. 1–18, 40f. und 45–52, die dennoch nichts sind als blanker Spott), und der Nichtigkeit des Gegenstandes; mythologischer Aufputz also einer Absurdität, wenn man auf die Sache schaut; wenn man auf das literarische Tun blickt, dann handelt es sich um das Wiederaufleben lassen des alten Stesichoros-Themas, der Palinodie: Stesichoros habe einst in einem Gedichte Helena geschmäht, sei daraufhin erblindet, habe dann einen Widerruf gedichtet und so seine Augen geheilt[71]. Nur tritt hier Stesichoros gleichsam im Harlekin-Gewande auf. Ein gekonnter, literarisch hoch anspruchsvoller Scherz, heitere, leichte Literatur.

Die Epoden insgesamt

Der große Traum von wiederhergestellter Freiheit war unter den Speeren und Schwertern von Philippi verflogen; heimgekehrt zwar, aber ohne Glanz, untertauchen, das war die Rettung. Archivar – gut; eine angesehene Stellung – auch das war gut, wenn auch im Halbschatten. Gesichert? Auch hierfür dem Schicksal Dank. Aber das Erlebte war ja nicht vergessen, und der Krieg war nicht vorüber, wieder wurde gerüstet. Da weckte der Zorn dem jungen Mann, der eben noch in Athen griechische Verslein gedichtet, kürzlich noch eine Legion geführt, dann aber in der Niederlage seinen Stolz verloren hatte, eine neue Kraft. Ob er sein *Quo quo, scelesti, ruitis?* Freunden zeigte, ob er es an einem römischen Arbat anschlug, es war ein großes, starkes, neues Wort, geboren aus dem Zorn und geformt von einem Genie, das sich nicht wild hinauswarf, sondern Lust hatte am Gestalten, Lust auch daran, in den uralten, einst so machtvoll gewesenen Formen den eigenen Zorn denen, die ihn hören sollten, entgegen zu schleudern. Nur zu wettern, das verbot seine Formbegabung; nur zu spielen, wie es der hellenistische Jambus getan, das unterband das verletzte Gemüt, und so entstanden die frühesten Jamben des Horaz, epo. 7 und 16, kraftvoll und kunstreich zugleich.

Der Widerhall kam prompt. Vergil und seine Freunde, selber Begabungen gleichen Ranges, hörten aus diesen Gedichten, wes Geistes ihr Verfasser war. Und dann, in die Freundschaft und in den Schutz des Mächtigen aufgenommen, anerkannt und geachtet allein um des willen, was er war und konnte, da wurde das zornige Herz desjenigen, dem man die Schwingen gestutzt hatte, auch einmal milde, auch einmal zaghaft und zärtlich bis hin zur Selbstverkleinerung. Und er begann, systematisch zu arbeiten.

Was damit gemeint ist, ist nicht einfach zu denken. "Systematisch" will sagen, dass Horaz, der seinen Archilochos gut kannte, aus den genannten

---

[71] A. Lesky, Geschichte der griechischen Literatur 182.

Antrieben heraus nun unter den im altgriechischen Jambus gefundenen Formen diejenigen aussuchte, die ihm und seinen Gestimmtheiten entsprachen; "systematisch" will auch sagen, dass er die metrischen Möglichkeiten und Imitierbarkeiten studierte und danach dann auch abtastete, wo und wie man die inzwischen erarbeitete lateinische Dichtersprache verbessern, modernisieren und den neuen Gehalten anpassen konnte. Man scheue sich nicht, den Aspekt der Arbeit ganz ernst zu nehmen. Schauen wir einmal auf Strukturen: Die Epoden sind alle nach Vers-Paaren geordnet, nach Distichen, epo. 4 z.B. nach zweimal 3 + 2 Paaren. Zumeist sind die Distichen weiterhin zu Sinneinheiten miteinander verbunden, und solche Sinneinheiten enden immer am Versschluss. Epode 13 dagegen, wohl als einzige, ist so nicht gebaut: Da sind mehrfach die Sinneinschnitte nicht zwischen Distichen gelegt und an den Versschluss, sondern die Sinneinheiten überspielen die Disticha-Grenzen, z.B. zwischen v. 5 und 6. Das war eine neue Technik, sie war bewusst angewendet, vielleicht nach pindarischem Vorbild, jedenfalls setzt sie eine dichttechnische Entscheidung voraus. Wahrscheinlich ist das auf die beginnende Arbeit an der Oden-Form zurückzuführen (Fraenkel, Horaz 78 unten, 79 Mitte), jedenfalls auf Arbeit. So hat K. Büchner z.B. (Studien 8, 65) erkannt, dass die Anfangsverse des Horaz von einer hohen Konzentriertheit auf Erhebliches oder Beunruhigendes bestimmt sind, auch dies zeigt den Grad der Durchdachtheit.

Für uns Heutige überwiegt aber zumeist die Frage nach den Gehalten. Also die Gehalte: "Den Jambus des Archilochos habe ich als erster Latium gezeigt", sagt der Dichter in epi. 1, 19, 23f. in einer Rückschau, "wobei ich der Metrik und den Gestimmtheiten des Griechen folgte, nicht seinen Gegenständen, etwa den Worten, die Lykambes in den Tod trieben". Nein, übersetzt hat Horaz nicht[72]; wohl aber hat er die Gestimmtheiten nachgespürt: Zunächst die zornige Aggressivität im Politischen (epo.7 und 16), dann, nach der Aufnahme in den Kreis des Maecen, löste sich viel Spannung und Verspannung, und die Gedichte nahmen viel mildere, ja zarte Töne auf, zweimal auch verdeckte Anspielungen auf sein eigenes Dichten (epo. 6 und die 14. Epode mit ihrem versteckten Kunstanspruch an sich selbst), einmal auch einen Sieges- und Siegerpreis (epo. 9). Kurzum: Zur Arbeit an der archilochischen Gattung gehörte die Auswahl, die Adaption und eine große Bedachtheit, was den Takt angeht. Denn wer war er denn, der Freigelassenensohn?

Natürlich ist "das Ego des Dichters im Gedicht und das Ego von Horaz als historischer Person nicht identisch"[73]. Die Schwierigkeit des Interpreten liegt

---

[72] Zur Freiheit des Horaz gegenüber Archilochos jetzt E. Degani, in: Letture oraziane, Venosa 1993, 83ff.
[73] Zum Kunstvollen dieser Epoden gehört auch die Anordnung zu einem Buch-Ganzen. Horaz hat 17 Stücke ausgewählt, wohl in Anlehnung an die Jamben des Kallimachos (hierzu R. Pfeiffer, Callimachus Bd. 2, Oxford 1953, XXXVI, Abs. 2 und 3). Wie Vergil in seinen Bucolica stellte Horaz die gewichtigste Dichtung (epo. 9) in die Mitte (vgl. zu Vergil O. Skutsch, HSCP 73, 1968, 161). Um dieses Zentrum sind gleichsam Kreise gelegt: 7 und 16, auch 5 und 17 bilden solche Kreisbögen, desgleichen 8 und 12. W.

darin, zunächst die Rolle zu bestimmen, die das Ego jeweils spielt, und dann behutsam die Frage zu stellen, was und wieviel von Horazens wirklicher Gestimmtheit dieser Rolle zu Grunde gelegt sein mag. Allein dieses Rollenspiel erforderte viel Arbeit des Sich-Heineinversetzens, der Auswahl der passenden Wörter und passenden Argumente und nicht zuletzt der entsprechenden stilistischen Mittel, die vom echten Klagelaut bis zur Parodie reichen.

Für uns Heutige ist es dabei manchmal verwunderlich, dass einige dieser Rollen nichts anderes zu sein scheinen als Nachschaffungen altgriechischer Jambus-Themen, so z.B. die Verwünschung des völlig belanglosen Mevius in epo. 10: Reines Stil-Spiel, nichts weiter (Fraenkel, Horaz 37), in dem der Dichter sich nicht einmal darauf einlässt darzutun, warum und woraufhin der Mensch denn verwünscht wird; sein Stinken wird ja wohl kaum einen solchen Ausbruch, wie epo. 10 es ist, gerechtfertigt haben: Es ging Horaz allein um die Jambenform der Verwünschung. Was daran schwierig ist, kann man so formulieren: Schwierig für uns ist, die Macht der Gattungsgesetze und des Reizes zu spüren, innerhalb dieser festen und engen Gesetze Kunstvolles und Faszinierendes zu schaffen.

Fragen wir einmal nach dem Faszinierenden. Da wäre das Bild zu nennen. Es gibt deren in den Epoden eine rechte Fülle, aber so gut wie immer sind es eingebundene und dienende Bilder, so gut wie nie frei entfaltete Beschreibungen. Epo.1, 25f.: Was das Ich alles nicht erwartet und nicht haben will, eingebunden in eine umgekehrte Priamel (gleißende Pflugschar, Schafherden-Treck und eine Villa hoch droben in Tusculum); epo. 2, 9ff.: Was Alfius sich alles erträumt, erneut Bilder in serieller Einordnung (Reben, Herden, Bäume, etc.), und so geht es weiter: Überall dienende Bilder und Bildelemente (zur begrifflichen Klärung: Lateinische Dichtersprache 15/25); fast überall: In epo. 13, 1ff. und 15, 1ff. nehmen die Gedichte ihren Ausgang von Szenen. Aber auch hier dienen sie, auch wenn sie zunächst Beschreibungen, also frei zu sein scheinen, denn diese Gedichte wenden die Bilder im Verlauf dann geradezu in ihr Gegenteil um, in 13 vom Hässlichen zum Tröstenden, in 15 vom Herrlichen ins Widerwärtige. Aber urteilen wir nicht zu rasch: Es gibt eine winzige Stelle, wo ein Bild-Teil Eigenwert erhalten hat: In epo. 15, 9 ersetzt Horaz ein abstraktes "solange es Götter gibt" durch das anschauliche "so lange der Wind in Apolls lang wallendem Haar spielt" (derselbe Kunstgriff in c. 3, 30, 8f.).

Soweit sollen die Bemerkungen zum Faszinierenden reichen; nun noch ein Wort zum Kunstvollen, eingeengt auf die Sprache. Des öfteren wurde betont, dass Horaz vor der Aufgabe stand, in mühevoller Denk- und Hörarbeit eine neue Dichtersprache zu schaffen. Vergil hatte den Weg gezeigt: Der alte Ballast, die altlateinische Fülligkeit musste gemieden werden, die unendlichen beschreibenden Partizipien z.B. und die vielen Attribute. Die "hohen" Berge in epo. 10, 7 sind entbehrlicher Schmuck, ein Allerwelts-Schmuck wie in 9, 3; "hoch" in 1, 1

Ludwig in einem Diskussionsbeitrag in: "Horace" (Entret. Fond. Hardt 1993, 254); Verf. in: Zu Hor., ep. 1, 8 [Festschrift W. Wimmel, Stuttgart 1998], S. 213, Anm. 13.

ist es nicht: Da wird das riesige Überragen hoher Bordwände angedeutet, das wir bei jeder Hafenrundfahrt nacherleben können. Bedacht befrachtete Horaz seine Attribute, er verwendete sie gern "prägnant", z.B. zeit-gefüllt wie schon in 7, 2 das *conditi*: "(eben noch) verborgen". Und in der Syntax führte dann das Leichtmachen und Aussparen nicht selten zu Übertreibungen, nämlich zu den Verzwicktheiten, die wir als Stil-Kennzeichen von Horaz' früher Dichtung ansprachen.

Jetzt, gegen Ende unserer Besprechung der Epoden insgesamt, eine Bemerkung zum Schönen. Von den Bildern war gesprochen worden und auch von dem schönen Bild, wie der Wind in Apolls wallendem Haar spielt. Man unterscheide das Schöne vom Zutreffenden und nur Reizvollen. Davon gibt es in den Epoden genug; aber was ist "schön"? Das ist eine Geschmacksfrage vielleicht. Zunächst ist schön eine vom Dichter nahe gelegte Anschauung, bei der man gern verweilt, indem man sie sich ausmalt. So z.B. im Falle der am Talhang grasenden Kühe (epo. 2, 11f.), einem Bilde der Ruhe, der erholenden Landschaftsschönheit. Schön ist gewiss auch die Nachtszene in epo. 15, 1ff. oder, im Seelischen, der Zuspruch Chirons am Ende von epo. 13. Aber dies alles bleibt im Kleinen, Persönlichen, rasch als eine valeur eingefügt. Doch wenn zur Schönheit im vollen Sinne auch die Grösse des Gegenstandes gehört, dann findet sie sich nicht in den Epoden, dann findet sie sich erst in den Oden; und dies sollte der Vergleich der epo. 9 mit der Ode 1, 37 zeigen (zum Schönen und Reizvollen vgl. die Schluss-Absätze des Kapitels über die Episteln).

Wenden wir das eben Gesagte anders: Es ist für einen Laien und Nicht-Dichter schlicht unfassbar, wie dieser noch junge Dichter in zwei so stark verschiedenen Gattungen zugleich arbeiten konnte, an Epoden und an Oden gleichzeitig. Er musste in den Epoden seine Phantasie zügeln und seine Kraft zurückhalten, denn der hohe Ton und die volle Schönheit gehörte – das schrieben die Gattungsgesetze vor – nicht in die Epoden. Und vergessen wir hier nicht die dritte Gattung, in der Horaz damals auch noch arbeitete, die Satiren! In diesen frühen Jahren hatte dieser Mann die Klarheit des Denkens und Spürens, in drei sehr unterschiedlichen Regelsystemen sich zu bewegen, und dem dritten, dem der Satire, soll nun gleich im folgenden Kapitel nachgegangen werden. Bedenken wir noch einmal: Was für uns in unseren Ausgaben ein Nacheinander von Jamben, Satiren und Oden ist, das war für Horaz in den Dreißigerjahren ein Nebeneinander, und das verlangte eine schier unglaubliche Stil-Disziplin. Das bezeugt aber auch eine Lust und Fülle der Phantasie ungewöhnlichen Ausmaßes.

Eines wäre noch zu sagen: Wenn das Epodenbuch auch mancherlei Höhepunkte aufweist, es ist ohne Zentrum geblieben. Gewiss steht der Preis des Sieges von Actium in der organisatorischen Mitte (epo. 9), aber das ist hier nicht gemeint; gemeint ist vielmehr, dass Horazens Ich, aus einer Rolle in die andere schlüpfend, keine klare Identität erkennen lässt: Es bleibt undefiniert. Hier wird die Satirendichtung eine erste, wenn auch gegenüber den Episteln noch unvollkommene Klärung bringen.

Dies alles freigesetzt und zur Entfaltung gebracht zu haben, das war aber auch das Verdienst eines freigebigen und verständnisvollen, großen Mannes, das des Maecenas.

KAPITEL IV: DAS ERSTE SATIRENBUCH

Biographische Vorbemerkung

Die Entscheidung war am 2. Sept. 31 v. Chr. gefallen, nachmittags um vier Uhr war die Flotte des Antonius geschlagen (Bengtson, Antonius 243). Wenige Monate darauf stand Octavian vor den Toren Alexandrias. Zwar schlug der große Kämpe Antonius hier noch ein letztes Mal seine Feinde, doch es war dies nur ein Scharmützel. Am nächsten Tage wurde er besiegt. Er stieß sich das Schwert in den Leib, und wenige Tage später nahm Kleopatra sich das Leben. Der Sieger ließ Kleopatras Sohn Alexandros Helios verschwinden, die Tochter gab er dem Numider-Prinzen Juba zur Frau. Die früheren Anhänger des M. Antonius begnadigte er, wenn sie um ihr Leben baten, so wie sein Adoptiv-Vater Milde hatte walten lassen, die *Clementia Caesaris*; einige allerdings ließ er hinrichten, unter ihnen wahrscheinlich solche, die zu stolz waren zu bitten (Syme, Roman Revolution 299f.).

Im Osten traf Octavian kluge und friedenerhaltende Maßnahmen, die Armenier betreffend und die Parther (*Res Gestae* 27, 1), dann feierte er zu Rom seinen Triumph und wurde mit Ehrungen überhäuft (Kienast 78f.), u.a. mit zwei Triumph-Bögen, einem in Brindisi, wo er gelandet war, und einem auf dem Forum Romanum, von dem sich jedoch keine Spur erhalten hat[1]. Am 11. Januar 29 v. Ch. wurde dann auch der Janus-Tempel geschlossen: Sichtbares Zeichen dafür, dass nun die Kriegszeit vorüber war.

Während der Kriegsjahre hatte Horaz intensiv gearbeitet; weniger mengenmäßig, vielmehr hatte er sich, wie bereits erwähnt, vorgenommen, in drei Gattungen mehr oder weniger gleichzeitig zu arbeiten, d.h. Epoden, Satiren und bald darauf auch Oden zu dichten. Man rechnet heute damit, dass sein erstes Satiren-Buch um das Jahr 35 abgeschlossen war, doch diese Annahme ist keineswegs so sicher wie man es zuweilen liest (vgl. U. Knoches vorsichtige Formulierung in der "Römischen Satire" 48 unten); ja, Ed. Fraenkel (Horaz 162)

---

[1] E. Nedergaard, in: Kaiser Augustus, 237; dadurch scheinen die Ausführungen von E. Simon, Augustus, München 1986, 86f. überholt.

schrieb lapidar, man wisse nicht, wann dies geschah. Man geht ferner davon aus, dass er um das Jahr 34 sein Landgütchen in den Sabinerbergen von Maecen zum Geschenk erhalten hat (E. A. Schmidt, Sabinum 13, Anm. 2 wohl richtig). Aber was bedeutete dieses Geschenk? Doch wohl auch dies, dass Maecenas seinem Gesellschafter viel freie Zeit zu gewähren bereit war. Nachdem er erkannt hatte, dass dieser junge Dichter hoch begabt war und fleißig, gab er ihm Gelegenheit, zuweilen in ungestörter Ruhe zu arbeiten. Und dass Horaz kein Stadtmensch war, das hat er selber oft genug gesagt. Die Großzügigkeit des Gönners bestand also nicht allein in dem Geschenk als solchem, sondern auch darin, dass er dem Dichter die dazugehörende Freiheit einräumte.

Im Jahre 33 oder kurz danach war dann auch das zweite Satirenbuch fertig (Knoche 49 Mitte) und im J. 30 die Epodensammlung (das jüngste historische Ereignis, auf das Horaz hierin anspielt, ist Actium): Man würde sich gern vorstellen, dass der inzwischen wohlbekannte Dichter sein Werk in die Hand des Friedensbringers legte, als dieser in Rom seinen Sieg feierte, aber das ist Phantasterei.

Die einzelnen Gedichte

Die erste Satire

"Wie kommt es", so fragt Horaz seinen Maecenas[2], "dass niemand mit dem Leben, das er sich selbst geplant oder das ihm das Schicksal zugeworfen hat, zufrieden ist, sondern vielmehr diejenigen beneidet, die anders leben?" Da preist der alte Soldat den Kauffahrer glücklich, der Kauffahrer dagegen, der über die tobende See segeln muss, den Krieger: "Angriff, rascher Tod oder Sieg – aber ich...?" Davon gebe es so viele Beispiele, dass ihre Aufzählung sogar einen Schwätzer wie Fabius[3] ermüden würde. Wenn dann aber ein Gott ihnen sagen sollte: "Nun gut, Du sollst Kaufmann sein und Du Krieger!", dann würden sie sich nicht von der Stelle rühren und weiterleben wie bisher – warum (20)? Das alles soll nun aber nicht im Spaßen und Scherzen verlaufen, die wiederholte Frage nach dem Grunde verlangt nach einer Untersuchung, lächelnd geführt, aber nicht um eines Lachens, sondern um der Wahrheit willen (24).

Sie alle, die sich da quälen – der Bauer, der betrügerische Ladenbesitzer (so vergröbert Horaz die Reihe der Berufe aus v. 3ff. der Gattung entsprechend[4]), der Landser und der Seefahrer – sie tun das, sagen sie, um fürs Alter vorzusorgen, so wie die Ameise vorsorgt. Die aber, so hält Horaz dem entgegen, verbraucht, was sie angehäuft, im Winter. "Du[5] jedoch hörst nie auf zu raffen –

---

[2] Ein Wort zu den horazischen Anreden: Man hielt im Rom des 1. Jhd. vor Chr. die literarische Anrede für eine bedeutende Ehrung. Es genüge, auf den Wunsch des Augustus in der Horaz-Vita Donats (Klingner 2*, 27ff.) zu verweisen, ferner auf W. Allen, SPh 67, 1970, 255f. Allerdings bedeutete ein solches Anreden oft lediglich eine Widmung oder Ehrung, nicht aber auch, dass der nachfolgende Gehalt notwendig dem Denken und Empfinden des Angeredeten voll entspräche, vgl. Cic. fam. 9, 8, 1 gegen Ende an M. Terentius Varro; es bedeutet aber ebenso wenig, dass der Anredende ganz so spräche, als rede er zu sich selbst: Die Anrede hebt das Gewidmete auf das passende Niveau.

[3] Er soll ein Anhänger des Pompeius gewesen sein und einige Bücher stoischen Inhalts verfasst haben, so Porphyrio, dem R. Heinze in: Qu. Horatius Flaccus, erklärt von A. Kiessling, ^{5}1921, erneuert von R. Heinze, Neudruck mit Nachwort und bibliographischen Nachträgen von E. Burck, Berlin 1957 [künftig: Heinze] z. St., und N. Rudd, The Satires of Horace, Cambridge 1966, paperback 1994 [künftig: Rudd, Satires], 133 glaubten. Dann wäre er ein Zeitgenosse? Vielleicht, doch gewöhnlich vermeidet Horaz, Scherz mit noch Lebenden zu treiben. – Zur "spannenden" Stellung des Adjektivs *loquacem* (13) vgl. Büchner, Studien 3, 41 unten.

[4] Gut vermerkt von W. Wimmel, Zur Form der horazischen Diatribensatire, Frankfurt 1962 [künftig: Wimmel, Diatribensatire], 13; T. K. Hubbard, Structure and Programmatic Intent of Horace's First Satire, Latomus 40, 1981, 309 pflichtet zu Recht bei.

[5] Man liest bei Lyne, Horace 142, diese Formulierungen mittels der 2. Pers. Sing. könnten sich auf Maecenas beziehen und stellten eine gewisse Keck-, wenn nicht Frechheit dar, die Ausdruck eines neuen Selbstbewusstseins seien – eine schwer hinzunehmende, weil den

damit ja keiner reicher werde als Du", so wird der sich Abmühende demaskiert (40).

Also noch einmal angesetzt: Wozu die Mühe? Warum vergräbt da einer voller Angst Silber und Gold? Etwa darum, weil der Schatz, wenn man ihn anbraucht, gleich zum Pfennigwert herunterschrumpft (so ironisiert der Dichter)? Aber wenn man nichts von ihm ausgibt, was ist dann wohl schön an dem wohlgeordneten (und wohlgeordnet bleibenden) Schatz (44)? Was man in dieser Weise gierig aufhäuft, ist ja doch immer mehr als man bei einer natürlichen Lebensweise (49f.) je verbrauchen könnte. "Aber süß ist es", so wehrt sich der angegriffene Schatzaufhäufer, "von einem hohen Haufen (und nicht etwa einem kleinen Häufchen nur) einen Taler abzuheben" (es bleibt ja noch so herrlich viel nach). "Süß" soll das sein? Gut, Du nimmst also von Deinem Riesenhaufen, was Du heute zum Leben brauchst – den gleichen Betrag für das, was wir zum Leben brauchen, geben auch wir heute aus: Macht es da einen Unterschied, ob das Aufgewendete von einem großen oder einem bescheidenen Vorrat kommt? Wer anders denkt, also vom "Riesenhaufen" her, der würde wohl auch lieber aus einem Riesenfluss trinken als aus einer kleinen Quelle (obschon der Trunk gleich groß, gleich labend ist)? Nein, wer nur trinken will, soviel er braucht, der wird sich nicht gierig weit übers Ufer hinauslehnen – und hineinfallen; er wird, so schaut der Dichter auf den Anfang zurück, auf v. 28f., sich nicht um Riesengewinne abmühend in Lebensgefahr bringen (58): Ihm wird genug sein, was den natürlichen Lebensbedarf deckt. (All' diese Beispiele beruhen auf der Setzung, dass dieses Lebenserhaltende in natürlichem Maße vorhanden ist.)

Bis hierher ist alles ganz einfach gedacht und gesagt: Wer immer zu den anderen schielt und sie glücklich preist, aber dann doch, wenn er die Möglichkeit hat zu wechseln, bei dem Seinen bleibt, offenbart, dass er unter seiner Arbeit und Mühe leidet[6] und der Irrmeinung ist, die anderen kämen leichter zum Ziel (nämlich zu Reichtum). Solche Rederei ist lediglich ein Ausfluss ihres Empfindens, sich gar so schrecklich abmühen zu müssen. Und warum mühen sie sich so furchtbar? Vorgeblich, um fürs Alter zu sorgen; in Wahrheit, weil sie die falsche Meinung haben, dass man reich sein müsse. Und warum ist diese (nie vergehende) Ansicht falsch? Weil sie sich nicht nach den natürlichen Gegebenheiten richtet, sondern aus dem Neid geboren ist.

So redet Horaz also in seinen "Gesprächen"; *sermones*, Gespräche, hat er selber seine Satiren genannt (sat. 1, 4, 42 und 48): Von dem Bild, wie die Leute da stehen und jammern, wenn aber die Änderungsgelegenheit da ist, stockstell verharren und nichts verändern, gleitet er über ein programmatisches Zwischenstück (23/7) zu einem zweiten, scheinbar ganz anderen Thema, das er wieder aus Bildern zusammensetzt (Ameise, Schatzvergräber, Schöpfer aus

---

Geschmack und Takt doch arg strapazierende Meinung, die zudem durch nichts nahe gelegt ist.

[6] So auch W. Wimmel, Diatribensatire 14 ("Überdruss am eigenen schweren Alltag").

Fluss und Quelle). Dies zweite[7] Thema wird mit einem *praeterea* (23) eingeleitet, also mit einem lukrezisch klingenden "weiterhin", wie Heinze richtig bemerkt; es geht nun aber nicht einfach mit dem bisherigen Thema "weiter", vielmehr wird jetzt nach dem Grunde des Gejammers gefragt (*quaeramus*, 27), aus dem die sich bis zur Lebensgefahr Abmühenden so quälen. Dabei stellt sich dann, gemessen am "Natürlichen" die Unhaltbarkeit der angeführten Gründe heraus (Altersvorsorge, Befriedigung über den Geldhaufen, usw.). Das "Weiter" führt demnach nicht eigentlich weiter, sondern hinter und unter die bisher behandelten Dinge (Knoche, AKS 376).

Nun ein weiterer Scheingrund fürs Anhäufen: Nicht nur das Messen am Natur-notwendigen enthüllt den Irrtum der Reichtumshäufer, sondern auch das Hinterfragen des uralten Irrglaubens "Man ist, was man hat". Nur wer Geld hat, ist was (61ff., ein ewiger Irrtum). Falsch nennt Horaz dieses Gieren, auch wenn es den Gierenden Lust verschafft (*libenter*, 63). Warum falsch? Weil man nur auf die Auswirkungen zu sehen braucht: Verachtet ist der Geizhals; gefährdet ist, wer zu Hause Reichtum hortet (das Bankwesen und der bargeldlose Zahlungsverkehr, usw. sind ja moderne Erfindungen); arm ist eigentlich der Reiche, der nichts von dem, was er besitzt, anwendet – so leben diese Scheinbar-Reichen dahin, jammervoll, obschon die "Natur", d.h. ein naturgemäßes Leben den Jammer (*dolere*, 75) rasch beheben würde. Freudlos, freundlos (80/91) leben sie, und am Ende, wenn sie mit der Anhäuferei nicht aufhören, werden sie möglicherweise auch noch umgebracht wie Ummidius, der Geizkragen (Horazens Leser wussten gewiss noch, um wen es sich handelte), den eine Freigelassene "mitten durchspaltete" – so schließt der Dichter mit einem Fortissimo die "Untersuchung" (vgl. 27).

Was wäre zu tun? Als Antwort folgen die unvergesslichen Verse

est modus in rebus, sunt certi denique fines,
quos ultra citraque nequit consistere rectum,

"Es gibt ein Maß in den Dingen, es gibt dann doch[8] fest bestimmte Grenzen, jenseits derer rechte Lebensart aufhört" (106f.). Und nun, nach dieser klaren Grenzziehung in der Form einer Sentenz, die den Grundgedanken zu einer Formel zusammenzieht, zurück zum Ausgangspunkt, nämlich zu der Frage, warum

---

[7] Zur Frage nach solchen einleitenden Themen, die ganz verschieden vom Haupt-Thema zu sein scheinen, also nach dem "interessanten, schiefen Einleitungsstil" vgl. U. Knoche, Betrachtungen über Horazens Kunst der satirischen Gesprächsführung, jetzt in AKS 231ff.; Rudd, Satires 14; dass in sat. 1, 1 Einleitungs- und Hauptthema eng miteinander verbunden sind, zeigte schon Fraenkel, Horaz 109ff. W. Wimmel, Diatribensatire 16ff. folgt Knoche, nur erkennt er einen Gradunterschied: Sat. 1, 2 beginnt "keck" mit einem vom Hauptthema gänzlich verschiedenen Nebenthema, während sat. 1, 1 die in den frühen Satiren tiefe Divergenz auszugleichen bemüht ist; er wird damit wohl Richtiges gesehen haben.

[8] Mit "dann doch" ist *denique* wiedergegeben, also das ursprünglich temporale Wort, das ein Zuende-Denken nahe legt (s. OLD *denique* 1 a).

niemand als ein rechter "Nimmersatt"[9] mit sich und dem Erreichten (s. 92) zufrieden ist und lieber die beneidet, die anders leben, und sich härmt, wenn einer reicher ist. Die Frage wird nicht pedantisch beantwortet, sie ist ja auch schon längst geklärt; hier wird die Auswirkung solchen Lebensirrtums gezeigt mittels eines Gegenbildes: Niemand geht aus dem Leben zufrieden wie ein gesättigter Gast – hier aber bricht Horaz ab (120), sonst wird's noch heißen, er sei unerträglich wie einer der langatmigen Sittenprediger.

Schauen wir jetzt zurück, dann liegt ein Literaturwerk vor uns, welches einen klaren Gedanken enthält und ein Kunstwagnis zugleich. Zunächst zum Gedanklichen, es ist einfach auszusprechen und schier unendlich schwierig zu tun. Es geht um die Zufriedenheit (*contentus*, v.3). Wie wird sie gefasst? Sagen wir es so: Da ist ein Mann (nennen wir ihn ruhig modern: "repräsentativ"); er ist an einer Stelle seines Lebensweges angelangt, an welcher er auf einen gewissen Erfolg zurückblicken kann, sei es, dass dies auf eigene zielgerichtete Planung zurückgeht, sei es, dass der Zufall geholfen hat (zumeist ist solches "entweder – oder" eher ein "sowohl – als auch"). Nun könnte er zufrieden sein und sich sagen: "So ist es gut, so ist es genug". Aber nein: Er blickt zu anderen hinüber und beneidet sie. Wirklich tauschen will er dennoch nicht, sein Gerede von "Der hat's besser" ist ja nur ein Ausdruck dafür, dass er sich redlich plagen muss. Schlimmer noch: Befragt, warum er sich denn so plage, nennt er den Scheingrund der Altersvorsorge, ernsthafter befragt, gibt er die wahren Motive zu erkennen: Zu besitzen, macht froh (was nachweislich nicht ganz stimmt) und: Wer was hat, gilt auch was (was bewiesenermaßen so einfach nicht zutrifft). Also was denn nun? Zurück zu v. 3 und mutig gesagt: Es gibt Grenzen des Strebens, und diese Grenzen setzt die Natur und setzt die öffentliche Meinung (die der Verwandten ist eingeschlossen: 80ff.). Wahrst Du sie und bleibst Du stehen, wenn Du sie erreicht, dann kannst Du sagen: Es ist gut so, es ist so genug. Dann bist Du "reich" (*beatus*, 117), innerlich hast Du Dich überwunden und äußerlich besitzt Du das Notwendige.

Dieser einfache Gedanke fordert heraus, er fordert dazu auf, stehen zu bleiben, wenn ein maßvoller Erfolg erreicht ist, "durch eigene kluge Planung oder durch den Zufall" (oder beides zusammen). Gefordert ist also eine Entscheidung, "unnormal" zu sein, d.h. eine andere Wertvorstellung und eine andere Einstellung zu pflegen als die Vielen sie haben.

Nun, dieser Gedanke des Maßes ist nicht neu, seit Homer (Od. 15, 71; 19, 592) oder auch Pindar (Pyth. 1, 92; Nem. 11, 47) sprachen so die Dichter und viele andere Kluge (Demokr. B 191 D.-K.); und heute wissen wir (Fraenkel, Horaz 110), dass dieses Thema eines der Hauptgegenstände der Diatribe war und dass Horaz (Richard Heinze hat das nachgewiesen) sie gekannt und verwendet hat. Aber sie war Prosa, mitreißende Prosa-Predigt. Gewiss hat auch

---

[9] So übersetzte Wilhelm Schöne (Horaz, Sämtliche Werke, Darmstadt [9]1982, 12) sehr treffend; der "Nimmersatt" ist eigentlich der gelbrot geschnäbelte afrikanische Storch Mycteria Ibis, der auf Holländisch noch heute "nimmersat" heisst.

Lucilius bereits aus ihr geschöpft, aber locker und lose, soweit uns heute noch erkennbar ist, und dabei keineswegs immer nur in Hexametern. Lucilius hat aus popularphilosophischer Prosa und aus vielfachen Ärgernissen seiner Zeitgenossen und seiner selbst die Satire geschaffen, eine Vers-Kunstform; normiert aber und durchgeformt, man kann auch sagen: "uniformiert" (wenn man das Wort in seiner Grundbedeutung nimmt) zu nur noch hexametrischen Gebilden hat sie erst Horaz. Warum?

"Um in die Lücke einzutreten", so schrieb einst R. Heinze 1921 (jetzt in seinem Satiren-Kommentar XIII), und meinte die Lücke, die Lucilius bei seinem Tode in der Entwickelung der Satirengattung hinterlassen hatte, "um ein Lucilius seiner Zeit zu werden". Man bedenke rasch, was damit gesagt ist. Die Gegenstände hatte Lucilius aus dem Tagesgeschehen seiner Zeit genommen, aus der Popularphilosophie, aus der Politik, und immer wieder aus dem, was er selber erlebt und gedacht hat. Das war zumeist unwiederholbar. Also nur das Prinzipielle, die Angriffslust, die Offenheit, die Sorge um die Moral der Mitbürger – das war nachahmbar, nämlich die Gestimmtheiten (epi. 1, 19, 24). Lucilius hatte die Umgangssprache seiner Zeit wiedergegeben, hatte naturgemäß die Regeln und Gewohnheiten der Dichtersprache seiner Tage und seiner Vorgänger befolgt; die waren in Horaz' Zeit überholt. Gewiss wollte auch Horaz *sermones*, Gespräche, schreiben, aber die Ansprüche waren durch Vergils Bukolik unerhört gesteigert worden, und auch durch die ersten Epoden des Horaz selber. Die Sprache des Lucilius musste also gereinigt werden, der neue Dichter musste Sprachreiniger sein und doch nie neoterischer Sprachpeiniger, er musste die Sprache frei leben lassen, wenn sie in natürlichem Maße wuchs. Gewählt musste allerdings werden, und zwar nach Prinzipien, und das oberste Prinzip musste sein, das Gemeinte haargenau zu treffen; kurz zu sein, war das zweite Prinzip; und zu faszinieren, das war der dritte Grundsatz. Faszinieren durch die Sprache und durch die Bilder, und das Ganze zusammengehalten durch eine strenge Komposition[10], einen klaren Gedanken, der, mag er durch noch so viele Bilder und Beispiele illustriert oder gar allererst konstituiert werden, in äußerster Strenge durchgeführt wird. "Der Lucilius seiner Zeit" – ein ungeheurer Anspruch, der feinstes Beobachten der Technik aller Vorgänger, daraus Abstraktion von Regeln, Durchmusterung der syntaktischen und semantischen Gegebenheiten der Sprache der eigenen Tage verlangt: Eine Sisyphus-Arbeit fürwahr. Der Laie stelle sich das ganz deutlich vor Augen, um die Leistung der horazischen Satiren zu ermessen. Sprechen wir also noch genauer.

---

[10] Zu sat. 1, 1 gibt T. K. Hubbard (s. Anm. 4) 307 ein brauchbares Kompositionsschema, das sich in Thema, Illustration und Übergangsteile gliedert. Was dann folgt, ist nicht mehr ernst zu nehmen (*satur* in v.119 spiele auf die *satura* als Gattung an und dergleichen mehr), denn es frönt der heute um sich greifenden stumpfen Anspielungshascherei. Stumpf deswegen, weil ganz und gar nichts gewonnen ist durch eine solche (in den Text gestopfte) Anspielung. Was ist denn z.B. gewonnen, wenn man, wie geschehen, in der Messingschüssel auf Rubens' "Tod des Seneca" eine "Anspielung" auf die Eucharistie erblickt? Man entlockt nur Törichten ein Staunen.

61

"Ein Lucilius seiner Zeit" — abgesehen von dem neuen, zeitgemäßen, von Vergil auf unerhörte Höhen gehobenen Stil (Ed. Fraenkel, Horaz 157), warum griff Horaz ausgerechnet zur Satire? Was war für ihn "Satire"? *Satura*: Das Wort stammt aus der Küchensprache, wie U. Knoche, Römische Satire, 10 gezeigt hat, und meinte eine Mischspeise, wie es die Pizza einst war, "derbe, volkstümliche Mischkost" (Knoche), wie auch ja Juvenal seine Satiren *farrago* nannte, "Mischessen", einer Pirogge vergleichbar, in die man ja auch hineintun kann, was gerade da ist. So bezeichnete man auch des Ennius Gedichte, z.B. die Auseinandersetzung zwischen Tod und Leben in einem Rede-Agon, eine Fabel, eine Schilderung des Parasitentums, die sicherlich "ein Stück praller Wirklichkeit" war (Knoche, Römische Satire 17), und dies alles in verschiedenen Versmaßen. Diese poetische Möglichkeit, von Verschiedenstem, von Großem und Kleinem heiter und locker zu dichten, ergriff dann Gaius Lucilius (180, bzw. 167 — 102 v. Chr.). Am Ende waren dann dreißig Bücher solcher Gedichte entstanden. Er war ein gebildeter Mensch, ein "Weltmann" (Knoche 23), Freund des großen Scipio Numantinus und des Laelius, eingeweiht in die Arkana der Tagespolitik wie kaum ein anderer. Er lebte unabhängig, frei konnte er beobachtend um sich schauen, freimütig sprach er auch über sich selber wie Horaz dann in sat. 1, 4 und 10 z.B., freimütig über alles Mögliche, das ihm nicht passte oder was ihn interessierte, so über die Redekunst, über lächerliche Gegner Scipios, über ein missliebiges Gerichtsurteil, über Sklavenfeste, über Erotisches, über eigene Reisen, erzählte heitere Anekdoten; er dichtete aber auch den einen oder anderen mythischen Stoff und manches Philosophische (Knoche 28, 31), u.a. versuchte er, *virtus* zu definieren. Da war er ganz ernst, dann aber wieder konnte er echter, zarter Dankbarkeit Ausdruck geben[11], konnte aber auch mächtig schimpfen: "Ein Freigelassener, Dickhäuter, echter syrischer Taugenichts, Schurke ..." (669 bei Marx, 652 Warm.).

Breit und füllig, dazu nachlässig nennt ihn Horaz (sat. 1, 4, 6ff.). Betrachten wir daraufhin einmal das längste Fragment, den schon erwähnten Versuch, *virtus* zu definieren (1326ff. Marx, 1342ff. Krenkel, 1196ff. Warm.):

---

[11] *Fannius solus mihi in magno maerore ...,/ tristitia in summa, crepera re inventus salutis* (1292f. Marx, 198f. Warm.), d.h. "Fannius allein ward mir in meinem tiefen Leid, in höchster Trauer, in finsterer Lage als Retter erfunden" (am Ende des ersten Verses fehlt ein Wort für "Wiederhersteller", das überlieferte *datorque* kann nicht richtig sein). Man denkt an Catull (68, 41ff.), man spürt auch die altlateinische Fülligkeit und sieht, was ein Horaz alles fortlassen, zusammenziehen und an Veraltetem (*crepera*) zu ersetzen hatte, um zu der konzentrierten Sprechweise zu kommen, die seine Gedichte auszeichnet.

virtus, Albine, est, pretium persolvere verum
quis in versamur, quis vivimus rebus, potesse,
virtus est homini scire id, quod quaeque habeat res,
virtus, scire, homini rectum, utile quid sit, honestum,
quae bona, quae mala item, quid inutile, turpe, inhonestum,
virtus, quaerendae finem re (d.h. rei) scire modumque.
virtus, divitiis pretium persolvere posse,
virtus id dare, quod re ipsa debetur honori,
hostem esse atque inimicum morumque malorum
contra defensorem hominum morumque bonorum,
hos magni facere, his bene velle, his vivere amicum,
commoda praeterea patriai prima putare,
deinde parentum, tertia iam postremaque nostra.

"*Virtus*, Albinus, ist, den Dingen, mit denen wir umgehen, mittels derer wir leben, den rechten Wert bezahlen zu können; *Virtus* ist, zu wissen, was jegliche Sache für den Menschen an Vorteilhaftem an sich hat; *Virtus* (ist) zu wissen, was für den Menschen recht, nützlich, anständig ist; ebenso, was gut, was schlecht, was unnütz, schandbringend, unanständig. *Virtus* (ist), beim Besitzerwerb Ziel und Maß zu wissen; *Virtus*, dem Reichtum seinen Wert bezahlen zu können; *Virtus*, der Ehre zu geben, was ihr wirklich zukommt, Gegner und Feind zu sein den schlechten Menschen und Sitten, dagegen Verteidiger guter Menschen und Sitten, diese hochzuschätzen, ihnen wohlgesonnen zu sein, ihnen als Freund zu leben, darüber hinaus den Vorteil des Vaterlandes als höchstes, den der Eltern als nächstes, als drittes und letztes Ziel den eigenen zu verfolgen".

Diese Zeilen sind noch ganz von ennianisch[12]-altlateinischer Breite und Wiederholungen mit Positiv-Negativ – Varianz bestimmt. Lucilius tastet sich allmählich weiter, er häuft auf, wo er betonen möchte, seine Verse sind schwerfällig: In 1347 bildet ein viersilbiges Wort den Versschluss, was später verpönt wurde (Crusius-Rubenbauer § 57 Anf.; Rudd, Satires 105ff., 121f.). Derlei tadelte Horaz denn auch deutlich (sat. 1, 10, 69f.; bes. 50ff.). Es war sicherlich ein Anreiz, diese Art "besser zu schreiben" (sat. 1, 10, 47). Aber so zu sprechen, mag zutreffen, reicht jedoch noch nicht unter die Oberfläche des Artistischen.

Horaz griff nicht deswegen den aggressiven Spott des Lucilius auf, um selber lustiger zu spotten oder formvollendeter: Nicht von ungefähr stellt er in sat. 1, 4 die Art des Lucilius (v. 57) in die Nähe seines Bekenntnisses zum Vater[13] (ebd. 105f., vgl. 1, 6, 71f.): Zu tadeln, was tadelnswert, das hatte er vom Vater gelernt,

---

[12] Vgl. allein das Iphigenia-Frgm. 195ff. bei Jocelyn: *otio qui nescit uti, plus negoti habet quam cum est negotium in negotio*, usw., ein für feinere Ohren unerträgliches Geklingel (vgl. ann. 268ff. bei Skutsch oder Plaut. Amp. 633ff., wozu WJA 14, 1988, 137ff.). Das Lucilius-Fragment über die *Virtus* ist ausführlich in der "Geschichte der römischen Philosophie" 22ff. besprochen (vgl. auch K. Büchner, Studien 3, 10f.; I. Mariotti, Studi Luciliani, Florenz 1960, 3-10).

[13] Vgl. hierzu C. Schlegel, AJPh 121, 2000, 43ff.; man liest hier mancherlei Übertreibungen, aber dass auch Lucilius eine Art "Vater" für Horaz war, ist unstreitig.

das war aber auch schon immer römische Art gewesen: Man lese das Dictum des alten Cato bei Horaz (das er in sat. 1, 2, 31f. verkürzt gibt) und bei seinem antiken Kommentator Porphyrio (Heinze zitiert ihn in seinem Kommentar), der die Anekdote vollständiger erzählt: Offenbar lobten und tadelten Männer von Ansehen andere auf offener Straße, einen jungen Mann z.B., der aus einem Bordell trat, pries Cato, dass er dorthin gehe, wenn ihn die Lust ankomme, und die verheirateten Frauen in Ruhe lasse. – Man konnte ja auch im noch älteren Rom einen üblen Kerl, der gerichtlich nicht zu belangen war, öffentlich umstellen und beschimpfen; man nannte das *conclamatio*, "Beschreiung", und Plautus liefert ein Beispiel: Pseud. 357ff. (dazu M. Kaser, Römisches Privatrecht 1, 624).

Horaz war so erzogen worden, dass er die Augen auf der Straße öffnete, beobachtete, sich über das Gesehene und Gehörte klar wurde und sich dann "einen Vers darauf machte". Er war, wenn man das versuchsweise so sagen darf, ein Mensch des "Hier und Jetzt"; das, was um ihn herum geschah, nahm seine Aufmerksamkeit in Anspruch, weniger Gewesenes oder gar Uraltes, Mythisches. Das mag ihm anerzogen worden, das mag seine angeborene Art gewesen sein, gleichviel: es zog ihn zu Lucilius. Hätten wir den ganzen Lucilius, würden wir schärfer noch als heute sehen können, dass er vieles, sehr vieles von Lucilius übernommen hat, dass er sehr selten noch lebende Zeitgenossen aufs Korn nahm (im Unterschiede zu Lucilius), dass er trotz all' der saftigen und deftigen Bilder überall ins Allgemeine ging, dass er die lucilische Art vereinheitlichte, ordnete, straffte, durchformte bis ins Metrische hinein, kurz: dass er auf dem Grunde, den Lucilius gelegt, ein klassisch klares Werk schaffen wollte. Und – des Lucilius' Art war ihm von Kind auf bekannt und nahe, es war (ceteris paribus) die Art des Vaters. Dies alles aber in Verse, in moderne Verse zu bringen, das bedeutete ebenso mühevolle wie strenge Arbeit.

"Orazio satiro" (Dante, Inf. 4,89): Der Weg bis zu klassischer Höhe der Satire war von viel Arbeit bestimmt; das wird gleich die frühest-erhaltene, sat. 2, zeigen. Er verlangte aber auch einigen Mut von dem Freigelassenensohn (Lucilius z.B. hatte die Freigelassenen noch in die Nähe "syrischer Taugenichtse" und "Schurken" gerückt), der zudem auch noch eine politisch nicht gänzlich "weiße Weste" hatte (Rudd 87). Immerhin, er hat es gewagt, und er hat, aufs Ende gesehen, gewonnen.

Die Satiren 1, 2 und 1, 3

Diese beiden Satiren gehören, so verschieden ihre Themata auch scheinen mögen (Lustbefriedigung und Charakterbeurteilung im Falle von Freunden), dennoch in gewisser Hinsicht auch wieder zusammen[14].

Sat. 1, 2 beginnt mit einer metrisch pompös gestalteten[15], überraschenden Einleitung, nämlich mit einer zweifelhaften Trauergesellschaft, die sich um den splendiden Tigellius grämt, denn der warf dieser Sorte stets freigebig das Geld in den Rachen. Andere sind da ganz verschieden, knausern aus Angst, für verschwenderisch zu gelten (v. 5); andere wiederum sind freigebig nur, weil sie fürchten, für geizig angesehen zu werden: Da ist es wieder, das Thema der sat. 1, 1: Das Meinen und Glauben, nämlich das Vermuten darüber, wie man angesehen wird; Einbildung anstelle natürlicher Überlegung über das rechte Maß (vgl. unten v. 74). Nach dieser ersten Einleitung (bis v. 11) folgt gleichsam eine zweite (Wimmel, Diatribensatire 22) über Verschwendung und Geiz, diesmal festgemacht an einer anderen Person, an einem Fufidius, der brutal seinen Reichtum mehrt, um nicht für einen Habenichts zu gelten, dabei aber wie einer der Ärmsten lebt und sich nichts gönnt: "Herrjemineh[16], er wird doch wohl, reich wie er ist, was aufwenden?" "Aber nein: Kaum zu glauben, wie er sich selber kurz hält – schlimmer als der Menedemus bei Terenz" (in seinem "Heautontimorumenos"). Dass dies alles eine interessante, von ganz woanders herkommende Einleitung ist, zeigt die abbrechende Frage in v. 23, die der Dichter selber stellt, "Und was soll das Ganze?" Antwort: "Die Dummen fallen, indem sie das eine Laster zu vermeiden suchen, in das gegenteilige". Beispiele zeigen: Es gibt (nota bene: unter den Dummen) keine Ausgeglichenheit (*nil mediumst*, 28). Es wird sich zeigen, dass die Ursache solcher Verhaltensfehler in der Einstellung liegt, hier im Ernstnehmen der Meinung anderer.

Und jetzt endlich das lang erwartete Hauptthema: Anhand einer radikalen Reduktion der Liebe auf die bloße Lustbefriedigung im *cunnus* (36, 70) wird vorgeführt, wie dumm es ist, aus der Einbildung heraus, dass volle Befriedigung nur bei erjagten Verheirateten zu finden sei, diesen aufzulauern, statt leicht und ungefährdet das, was man sucht, bei der "zweiten Klasse" (47), bei den Freigelassenen, zu bekommen. Aber auch hier kann man ins Maßlose verfallen, indem man unter dem scheinbar hochmoralischen Vorwand, nie Verheirateten nachstellen zu wollen, mit der "Zweiten Klasse" wüst prasst (53/63). Alle diese

---

[14] Auch sat. 1, 1 und sat. 1, 2 hat Horaz aufeinander sich beziehen lassen, u.a. durch wörtliche Anklänge (vgl. 1, 104 mit 2, 12), allerdings gehen solche Verbindungen auf die Phase der Buchherstellung zurück vgl. bes. C. A. van Rooy, AClass 11, 1968, 44.

[15] V.1 besteht aus nur drei Wörtern, man lese dazu Ed. Fraenkels Anm.1 auf S. 91.

[16] Shackleton Baileys Konjektur, die er in seinem Apparat verzeichnet (*heu* statt *hic* der Handschriften in v. 19), hat viel für sich, vgl. seine Verteidigung im Philologus 134, 1990, 214.

Fehler kommen aus der Täuschung über die Natur der Sache, die der Penis deutlich genug zu spüren gibt (68ff.), man lebt der Einbildung (*deceptus*, 65).

Horaz reiht in dieser sehr frühen Satire, nach Meinung vieler Gelehrter der ältesten der überlieferten[17], eine amüsante Szene, eine übertreibende Charakteristik an die andere, behängt also das Gedankengerüst mit allerhand Flitterwerk, das, für sich genommen, weder sehr appetitlich noch auch sehr tiefgründig ist, sondern nur der Illustration des einen Hauptgedankens in v.111/3 dient: Es sei nützlich, danach zu fragen, welches Maß wohl die Natur selbst der Lustbefriedigung gesetzt habe. Aber ist das alles?

R. Heinze 24 las die Satire so, dass Horaz das alte, immer wieder aktuelle Thema der reizvollen, aber gefährlichen Jagd nach interessanten Ehefrauen "einem größeren Zusammenhang", nämlich dem Thema *nil medium* (der Ausgeglichenheit, v. 28), eingereiht habe. Aber soll man maßvoll ehebrechen? Ed. Fraenkel, Horaz 93 leugnete, dass die Hauptthematik der gefahrvollen Liaisons dem *nil medium*-Thema untergeordnet sei: "Es bleibt ... bei dem zu Anfang angekündigten Gedanken: Ehebrecherische Verhältnisse sind ungewöhnlich gefährlich und darum zu vermeiden"[18]; so etwa auch E. Lefèvre (Monumentum Chiloniense; Festschrift E. Burck, 1975, 345): sat. 1, 2 sei eine "Aufforderung, in eroticis Maß zu halten – weiter nichts". Platter geht es nun nicht mehr, und man fragt sich, ob diese Platitüde ("abgedroschenes Thema" nannte Fraenkel 95 das) wirklich alles war, was Horaz sagen wollte.

Das "abgedroschene Thema" ist wirklich nicht von bestem Geschmack, aber vielleicht wollte Horaz ganz am Anfang seiner Satirendichtung so grobianisch sein wie Lucilius? Nur viel raffinierter suchte er, eine Kunst erreichen, die Fraenkel 96ff. treffend beschrieb[19]. Mag sein, aber man sollte doch nicht übersehen, dass dieses Thema nur Illustration ist eines darunter liegenden Gedankens, der in dem Vergleich des Matronen- und des Hasenjägers (105/8) deutlich zutage tritt: Der Hasenjäger jagt und jagt, und wenn er seinen Hasen erlegt hat, lässt er ihn liegen – nur das Jagen als solches war sein Vergnügen, nicht das Natürliche, nämlich die Beute. Ähnlich der Matronenjäger: Es ist nicht die Lustbefriedigung als solche, die ihn reizt, sondern die Jagd mit all' ihren Risiken. Das sind, gemessen an der Natürlichkeit, Einbildungen. Einer stellte gar Sullas Tochter nach – warum? Nur weil's eben die Tochter des Großen war (2),

---

[17] Sie zeigt denn auch solche Verzwicktheiten, wie sie Kennzeichen der frühen Epoden waren wie z.B. in 80/2, welche Verse dem Kommentator gar eine Paraphrase entlockten (Heinze 37); vgl. auch Fraenkel, Horaz 91.

[18] N. Rudd, Satires 10f. gibt lediglich eine blasse Paraphrase, denn ihm geht es darum zu zeigen, dass diese Satire eine "ziemlich unsichere Komposition" aufweise, die sie als jung erweist. Rudds Seiten kranken daran, dass er die Knochesche Entdeckung der themafremden Einleitung ignoriert.

[19] Er sprach (97, Abs. 2) von "rassiger Eleganz" (racy elegance, S. 81) und rhythmischer Perfektion" und davon, dass "die Kühnheit, mit der Horaz die hohen patriotischen Töne des Ennius (gemeint ann. 494 Sk., 465 Vahl., welchen Vers Horaz in v. 37 nachahmt) in eine völlig andere Sphäre herabtransponiert, überwältigend" sei (S. 98).

und Horaz nennt das "Täuschung" (65). Es sind derlei Selbsttäuschungen, Einbildungen, "Ticks" und Spleens, die ins Extrem jagen und den Blick fürs Naturgegebene verstellen. So gelesen, ist sat. 1, 2 mit 1, 1, abgesehen von der Gemeinsamkeit der Einleitungstechnik, auch thematisch verbunden durch das beiden zu Grunde liegende Thema der täuschenden Einbildungen. Und wohl nicht ohne Grund zitiert Horaz in sat. 1, 2, 108 die voraufgegangene sat. 1, 1, 68, d.h. den Abschnitt über das "falsche Begehren" (1, 1, 61/76).

Nun zur dritten Satire; doch bevor wir uns über sie klar werden, ein Blick zurück zur zweiten: Was war (nach unserer Auffassung wenigstens) ihre Botschaft? Nebenthemata und Hauptgegenstand sprachen von Extremen, sprachen von unnatürlichen Einstellungen und Einbildungen und legten nahe, sich eines der Hauptprinzipien der hellenistischen Lebensphilosophie zu entsinnen, nämlich der Frage nach dem, was in unserer Macht steht. In unserer Macht steht ja weder das Wetter noch die Gesundheit noch irgend dergleichen, wohl aber unsere Einstellung zu dem, was vorkommt. Zugegeben, Ehebruch und wilde Hurerei sind keine allzu appetitlichen Illustrationen des Wahnsinns (sat. 1, 2, 97 *insanum*), aber sie zeigen sehr deutlich: Der Fehler liegt nicht in den Dingen (eine schöne verheiratete Frau muss ja nicht gleich die niedersten Jagdgelüste auslösen), sondern in uns selber (*tuo vitio*, sat. 1, 2, 76), eben in unseren Einstellungen.

Nun also 1, 3. Wieder beginnt die Satire mit dem Tigellius[20] aus sat. 1, 2 (so stellt der Dichter bei der Zusammenfügung der Gedichte zu einem Buch die Kontinuität her), und erneut mit einer Einleitung von einem Nebenthema aus: "Wenn Tigellius gebeten wurde zu singen, tat er's nicht; hatte ihn niemand aufgefordert, krähte er los und hörte nicht wieder auf: Es war keine Ausgeglichenheit in dem Mann" (9)[21]. Das Thema ist also erneut (vgl. 1, 28)die Ausgeglichenheit? Keineswegs, denn nach ein paar weiteren Beispielen für Unausgeglichen- und Unstetheit (19) lässt der Dichter sich von jemandem fragen[22]: "Du kritisierst – hast Du nicht selber auch Deine Fehler?" "Doch, ja – aber andere, und vielleicht kleinere", lautet die Antwort. Hier muss der Leser einfügen: "So darf man doch wohl von sich selber sprechen, nicht aber ...", d.h. nicht wie ein gewisser Maenius, der einmal auf eine solche Frage erwidert hatte: "(Ich kritisiere andere, aber) mir selbst verzeihe ich" (24). Jetzt endlich sind wir, nach

---

[20] Er ist identisch mit dem aus sat. 1, 2, aber nicht mit dem Sänger (Tigellius) Hermogenes aus v. 129, s. Fraenkel, Horaz 103, Anm. 2 nach Heinzes Kommentar S. 25 links und 46 links.

[21] Eine besonders schöne Bemerkung zum Ideal des Ausgeglichenseins (*aequalis*) bei Fraenkel, Horaz 103, Anm. 4. Horaz spricht von Tigellius in der Vergangenheitsform, obschon er zur Zeit der sat. 1, 10 (s. v. 90) noch lebte; sang er in diesen Jahren nicht mehr? Octavian hatte ihn jedenfalls noch vortragen lassen.

[22] V.19f.; diese Art, die Einleitung mit einer Frage zu beschließen, erinnert an sat. 1, 2, 23 und verbindet beide Satiren.

einer reizvollen, szenenreichen Einleitung über ein Nebenthema, das wie in sat. 1, 2 von einer Frage schroff abgeschnitten wird (glatter ist der Übergang in der späteren Satire 1, 1) beim Hauptgegenstand der Satire, bei der Nachsicht angekommen.

Die Nachsichtigkeit im Falle der Freunde: Lässt man's an ihr fehlen, ist die Folge, dass die *amici* dann auch einem selber gegenüber scharfsichtig werden. Nein, man sollte bei kleinen Defiziten das Gute, das überwiegt, loben und immer auch sich selber prüfen, sollte, bevor man tadelt, sich die zum Vorbilde nehmen, die einen Mangel an den Menschen, die ihnen die liebsten sind, aus eben dieser Liebe cachieren[23], indem sie sie (38/48) einfach umbenennen. Da neigt einer zu Zornesausbrüchen: Den sollte man nicht einen jähzornigen Wüterich heißen, sondern sagen, er reagiere gern direkt und kräftig. Solche Haltung führt zu einander und bewahrt die Freundschaft (54). Falsch dagegen (*at*, 55) ist die Kritisierlust, die an sich gute, aber etwas ungewöhnliche Eigenschaften schlecht macht: Da ist einer bescheiden und zurückhaltend; eine böse Zunge würde ihn ungewandt oder linkisch nennen. Oder da geht jemand gern direkt und ohne Umschweife auf einen zu (so wie Horaz gern auf Maecenas in dieser Weise zugeht[24]); das sollte man dann nicht so auffassen, dass der Mensch einem "auf die Nerven geht". Derlei böswillige Auslegungen schlagen doch immer auf den Kritikaster selber zurück, es wird ja niemand ohne Fehler geboren, und schon sehr gut dran ist, wer nur kleine hat (66/9). Ein lieber Freund wird also immer das Gute in seinem Urteil überwiegen lassen, wenn er um Gegenliebe bemüht ist: Wer möchte, dass man mit ihm selber Nachsicht übe, muss auch gegenüber dem Anderen Nachsicht walten lassen, das ist gerecht (*aequum*, 74).

Wägekunst der Mängel und Vorzüge – und nun ergießt sich ein ganzer Kübel von Spott (von 76 bis 123) über die rigorosen Stoiker, denen diese Kunst fremd ist und denen alle Verfehlungen, auch die geringsten, für gleich und für gleicher Strafe würdig gelten (96). Dieser Kübel hätte vielleicht nicht unbedingt gefüllt und ausgeschüttet zu werden brauchen; bis v. 75 war diese "humanste aller Diatrüben" (wie Rudd sie auf S. 9 schön nennt) in sich geschlossen und verständlich, war aber wohl dem Horaz dieser frühen[25] Jahre nicht scharf genug gewürzt, nicht "satirisch" genug. Und so lacht er laut über denjenigen, der da Stibitzen und Raubmord mit dem gleichen Strafmaß ahnden will, wenn er der König wäre (und somit der Gesetzgeber, 122f.). Aber wenn ein solcher Weiser, der nach stoischer Auffassung der alleinig Reiche und der wäre, der am besten auch Schuhe verfertigen könnte (welche Zusammenstellung!), der einzig und

---

[23] Eine liebenswerte, oft belächelte Liebesbezeigung, vgl. Plat. resp. 474 d 8ff.; Theokr. 10, 27; Lucr. 4, 1153ff.; Ovid, ars 2, 657ff., usw.

[24] Das *libenter* in 63 fasste Heinze als "ungeniert" auf, Rudd (3) dagegen als "gern", was man dann doch so erklären sollte, wie Heinze mit den ersten Worten seiner Notiz zu 63: als "arglose Unbefangenheit".

[25] "Die dritte Satire des Buches wurde später, wiewohl nicht allzu lange nach der zweiten geschrieben", Fraenkel, Horaz 103 nach Heinze im Kommentar S. 46.

allein ein Schöner ist (unter Ausschluss aller anderen), somit König wäre und Herrscher über alle anderen – wieso sagt ein solcher, "wenn er das alles wäre"? Wieso "wäre"? Wieso wünscht er herbei, was er schon hat (126)? Ein schwieriger Vers ist das. Und überhaupt der ganze Schluss der Satire 76ff. mit seinem Ausfall gegen die Stoa: Wird "das eigentliche Thema im Stich gelassen" (Heinze 64 rechts)? Hängt Horaz "lose" (Heinze 45 unten) nur einen "weiteren Lehrsatz der Stoa" an (Rudd 8)? Wohl kaum (Fraenkel 104); aber betrachten wir zunächst den Vers, der da lautete: Wenn einer ein stoischer Weiser geworden, wieso sagt er dann, was er täte, wenn er über die Gesetze zu bestimmen hätte? Wenn er König ist, kann er doch über sie bestimmen? Gemeint scheint dies zu sein: Der Dichter verdammt diesen stoischen Lehrsatz[26] deswegen, weil er, wenn er falsch und oberflächlich verstanden wird, unübertreffbar arrogant ist. Wenn man ihn dagegen so versteht, wie er einst gedacht worden, dann bedeutet er, dass der weise gewordene Mensch die Möglichkeit hat, souverän zu bestimmen, nur nicht über Schusterei und Strafgesetzbuch, sondern über sich selbst. In seiner Satire lässt der Dichter aber dieses Paradoxon, das eigentlich zu den größten Gedanken der alten Stoa gehört und zu den am schwersten zu verwirklichenden, nur in seiner Spottform auftreten und schickt die Straßenbuben dem so Daherredenden über den Kopf, und aus ist's mit dem "König aller Könige" (136): Das Leben, wie es ist (*verum*, 97) ist eben sehr anders. Die Spottform bildet Horaz, indem er das König-Sein über sich selber nach außen dreht zum König-Sein über die Welt. Für das moralische Gewissen ist in der Tat jeglicher Fehler als Abweichung vom Geforderten gleich; auf die Welt angewendet, wird daraus Absurdes, eben die Spottform dieses großen Gedankens. – Aber noch einmal die Frage, ob der Ausfall gegen die Stoa nur lose angehängt sei. Der Grundforderung, kleine Defizite an Freunden aus Liebe zu übersehen, steht der stoische Rigorismus diametral entgegen. Insofern ergänzt die Schroffheit der v. 96/1142 e contrario die Milde der voraufgehenden Abschnitte. Dass der schroffe Schluss recht wortreich ausgefallen ist, das braucht man dabei nicht zu übersehen.

Was sagt nun diese Satire? Das Spotten, Tadeln und Durchhecheln der Anderen und ihrer (kleineren) Defizienzen ist böswillig und vergisst die eigenen Mängel, zudem zerstört es eines der schönsten Dinge im Leben: die Freundschaft; es vergisst die Natur des Menschen und ist, ins Extrem getrieben, ein Verdammen aller Anderen zu einem "Der taugt nichts", was äußersten Falles dazu führt, keine Unterschiede der Defizienzen mehr anzuerkennen und so jenem stoischen Strafgrundsatz nahe zu kommen. Es gehört vielmehr zu den

---

[26] Belege bei Heinze zu 124, ferner Stoic. Veter. Fragm. 3, 81, 31 u.ö., vgl. M. Pohlenz, Stoa 1, 155 unten; dort auch (Abs. 2) die richtige Erklärung: Die Freiheit, den Reizen und den naturbedingten Geschehnissen zuzustimmen, gibt dem Menschen in seiner schwer errungenen Idealform die Möglichkeit der Selbstbestimmung. Dass ein solcher Mensch auch der "beste Schuster" sein würde, ist, wörtlich genommen, eine Platitüde; auf den Grund gesehen, meint dieses scheinbare Paradoxon, dass ein solcher Mann, der den Kosmos und seine Gesetze erkannt hat (Sen. ep. 66, 6), dann auch kleinere Phänomene aus den Prinzipien beurteilen kann.

Freiheiten des Menschen, derlei kleinere Mängel zu cachieren und eine Haltung zu ihnen einzunehmen, die von der Liebe zu dem Guten im Menschen bestimmt wird. Auf diese Weise kann der Mensch unter Menschen leben, und gut leben, d.h. im Geiste jenes großen Geschenkes, der Freundschaft.

Eine Rückschau

Die drei ersten Satiren von Buch I hängen äußerlich durch die zweimal wiederholte Technik der "themafremden" Einleitung, also mittels des dreimal auftretenden, des Lesers Interesse weckenden, "Knocheschen" Verfahrens zusammen. Zudem gehen wörtliche Anklänge hin und her, denen vor allen anderen C. A. van Rooy nachgegangen ist. Manches hiervon wird Horaz erst dann sich hat einfallen lassen, als er sich daran machte, ein auch äußerlich einheitliches Buch herzustellen. Dazu gehört auch die Kontrastierung von dem, wie es ist, mit dem, wie es sein sollte, durch ein *at* angezeigt (z.B. 1, 1, 60ff.; 1, 2, 47 und 73; 1, 3, 55, usw.). Alle drei Satiren zeigen den "neuen Stil", der, befreit von lucilisch-altlateinischer Fülligkeit, nun leicht dahinperlt, nicht ganz selten noch ein wenig "verzwickt", im Ganzen jedoch leichtfüßig und ohne Ballast. Leichthin sind auch teils etwas scherzhaft wirkende Zitate eingefügt, aus Kallimachos (sat. 1, 2, 8 und 105ff.) z.B. und aus "Vater Ennius" (sat. 1, 2, 37 e.g.)[27], rasch vermochte der Dichter auch, wenn es ihm angezeigt schien, die Stilhöhen zu wechseln[28]. Abgesehen vom Gehalt, bereitet die Darbietung schier ungeteiltes Vergnügen, die mit einer zuweilen etwas gewagten[29] Meisterschaft die Umgangssprache in Hexameter bringt, ohne ihr mehr Zwang anzutun, als nötig ist, um den Eindruck einer Gepflegtheit zu erwecken.

Hier aber ist noch anderes hervorzuheben. Im Unterschied zur neueren Interpretation wurde behauptet, dass diese drei ersten Satiren auch thematisch zusammenhängen, und zwar mittels des Grund-Themas: Dass an uns liege, ob wir in die launig, manchmal auch bissig geschilderten Fehler und Extreme verfallen. Sie wären "unsere Fehler", die wir selber bewirken, nichts und niemand sonst (sat. 1, 2, 76). Wie schon einmal gesagt, über nichts können wir verfügen als allein über unsere Einstellung. Epikur hatte in seinem "Katechismus" gelehrt, dass "von den Begierden die einen natürliche und notwendige, die anderen natürliche, aber nicht notwendige, sondern auf Grund leeren Meinens entstanden"

---

[27] Zum Philodem-Zitat in 1, 2, 92 vgl. Rudd 32.
[28] Besonders treffend von Fraenkel, Horaz 96ff. verfolgt. Zur Vermeidung der Monotonie ebd. 105. Anm.4.
[29] R. Heinze bemerkt zu sat. 1, 3, 69 auf S. 56f. zum Dativ *vitiis* in v. 70, Horaz weiche hier vom "Sprachgebrauch seiner Zeit" ab; er wagt derlei noch oft.

seien³⁰ und dass "der Weise seine Diener nicht züchtigen wird, sondern mit ihnen Mitleid haben und die Tüchtigen belohnen" (ebd. 168), was ziemlich glatt mit Hor. sat. 1, 3, 78ff. vergleichbar ist (frg. 594 Usener).

Nicht anders lehrte die Stoa³¹. *Ridentem dicere verum*; gewiss, in sat. 1, 2 wird der eine oder andere noch ein wenig grinsen; in 1, 3 und 1, 1 wird daraus ein Lächeln oder auch Schmunzeln; immer aber wird derjenige, der unter die schillernde Oberfläche blickt, erkennen, dass von Wahrheit die Rede ist. Es liegt ja in unserer Macht, wie wir uns zu den Frauen stellen, in unserer Verfügung, wie wir den Freund beurteilen und wie wir vom Reich- und Berühmtwerden denken, damals wie heute. Dem Dichter hatte der Vater geholfen, nun will der Sohn seinen Lesern helfen.

Die vierte Satire

In sat. 1, 1 bis 3 "hören wir praktisch nichts über ihn selbst", nämlich über den Dichter, so Rudd 35 ganz zu Recht; in 1, 4 dafür um so mehr. – Die Alte Komödie fühlte sich berechtigt, so beginnt Horaz die Satire über sein eigenes Dichten, diejenigen, welche solches verdienten, öffentlich zu tadeln (man denkt an des Aristophanes Zerrbilder des Lamachos oder Kleon). So dachte, so schrieb auch Lucilius, fährt Horaz fort; witzig war er, freimütig und feinspürig für alles Verkehrte, aber er schrieb schlechte Verse. Er schrieb ja auch zu schnell, denn man soll – so verlässt Horaz Lucilius und geht ins Allgemeine über³² – sich beim Schreiben nicht eilen und dabei die Mühe sorgsamen Arbeitens vergessen. "Ich", so bekennt Horaz 17ff., "habe glücklicherweise einen schwächeren Geist als der des Lucilius war, schreibe wenig und behalte das auch noch ängstlich für mich".

---

³⁰ Frg. 181 bei Usener; vgl. O. Gigons "Epikur. Von der Überwindung der Furcht" dtv, ²1985, 63, ferner 107, Nr.16.
³¹ Stoic. Veter. Fragm. 2, 285ff.; Pohlenz, Stoa 1,106. Epiktet lehrte: "Es haben die Götter das von allem Stärkste allein in unsere Macht gegeben: Den richtigen Gebrauch der Vorstellungen" (W. Capelle, Epictet, Artemis-Verlag, Zürich, 1948, 78).
³² Den Anfang von sat. 1, 4 beschrieb U. Knoche, AKS 235f. besonders eindrucksvoll. Dass Lucilius schlechte Verse baute, wird dadurch begründet, dass er zu viel und zu schnell schrieb. Diese Begründung wird im Folgenden dann (13ff.) zum Hauptgedanken. Aus dem partikulären Urteil ("Schnell zu schreiben, das imponiert mir nicht") wird ein allgemeines Bekenntnis. Diese gleitenden Übergänge entdeckt zu haben, war eine schöne Frucht der Beschäftigung Knoches mit der Satire, die dann zu seinem zu Recht berühmten Buche "Die römische Satire" führte. – Horazens Vorwurf in v. 11, des Lucilius Versestrom führe Schlamm mit sich, gemahnt an Kallimachos (Hymn. 2 an Apoll, 109). – Dazu, dass die v. 1/6 über die attische Komödie auf Varro zurückgehen könnten, vgl. G. Williams, Tradition 445f., der den Gedanken an eine direkte Beeinflussung des Lucilius seitens der griechischen Komödie ablehnt.

Ängstlich? Nun ja; Satire, das bedeutet Fehlerhaftes anprangern; und da so gut wie niemand ohne Fehler ist, sind so gut wie alle böse auf diese Art des Dichtens (33). Sie warnen daher: "Um ein Lachen macht der den besten Freund schlecht, und das vor aller Augen!" (34/8). Da wäre man also wieder beim öffentlichen Tadeln (der Alten Komödie) angelangt, der Kreis hat sich geschlossen. Er umgreift den Exkurs übers zu schnelle Schreiben (des Lucilius und überhaupt) und übers Effekt- und Popularitätshaschen. Nach diesen Versen steht Horaz nun da als stößiger Bulle (34) und charakterloser Dichter der Gasse und Gosse (sehr im Gegensatz zur sat. 1, 3, die doch gerade dem Kritisieren der Freunde eine Absage erteilt hatte). – Die Selbstcharakteristik als "stößiger Bulle" erinnert an epo. 6; vielleicht lässt das auf eine zeitliche Nähe zu den Epoden, d.h. auf ein frühes Abfassungsdatum der 4. Satire schließen, s. Büchner, Studien 10, 106.

Gegen diesen Eindruck verwahrt sich nun der Satirendichter mit aller Energie und Deutlichkeit. Erstens ist sein Schreiben und auch das des Lucilius nicht Dichtung im eigentlichen Sinne, zum mindesten nicht im Sinne der hohen Poesie eines Ennius (60/2). Zum zweiten will er, so bekennt Horaz weiterhin sich bescheidend, gar nicht um jeden Preis populär sein; er trage nur vor Freunden Geschriebenes vor, und dies nicht einmal gerne (73f.). Drittens habe er keine Freude am Verletzen (78), er lacht sich nur manchmal eins ins Fäustchen (91; Knoche, AKS 276, 294). Und wenn er zuweilen etwas direkt wirke, so komme das von seiner Erziehung: Der Vater habe ihm verkommene Figuren als abschreckende Beispiele gezeigt (110) und würdige Männer als Vorbilder "alter Moral" (117). So sei es gekommen (128f.), dass er, Horaz, nur mittelschwere Fehler habe, verzeihliche (das erinnert an 1, 3, 20), und an denen arbeite er stets und ständig, manchmal auch schriftlich, spielend auf seinem "Papier" (140). Und wenn ihm einer diese Art des Dichtens verarge, dann, so droht der Dichter scherzhaft übertreibend, werde sich die gesamte Dichterzunft erheben, werde Horaz zu Hilfe eilen und den Kritiker, in Überzahl, zum – Proselyten machen (was der Kritiker wohl am wenigsten erwarten würde). So endet auch dieses Gedicht mit einem rasanten Finale (vgl. 1, 2, 127; 1, 3, 133/5).

Was bedeutet nun diese Zuordnung des Lucilius zur Alten Komödie, die Selbstkennzeichnung als eines Geistes, der schwächer sei als Lucilius, als eines popularitätsabgewandten Heimpoeten, der nur in sich hineinlächle und zuweilen ein paar Beobachtungen hinschreibe, wie er's vom Vater gelernt? Die Art der Alten Komödie, der Lucilius nachgefolgt sei, nämlich das Angreifen Zeitgenössischer und noch lebender Individuen, nimmt Horaz in seine Absetzbewegung von Lucilius mit hinein. Indem Horaz sich auch von der anderen Seite des Lucilius, der nachlässigen Formung, abkehrt, stellt er an sich selbst den Anspruch, Besseres, d.h., artistisch gesehen, Vollkommeneres zu schaffen. Dies bedeutet, dass es nicht nur im hohen Stil, sondern auch im niederen der Satire Vollkommenheit gebe (*scribere recte*, 13). Die erreicht aber nur, wer sich abmüht. Dazu gehört der Verzicht darauf, beim großen Publikum "gut anzukommen" (sogenannte "Erfolgsautoren" sind immer schlechte

Autoren), und es bedeutet den Entschluss, nur für sich selber (und die engsten Vertrauten) zu schreiben: Das heißt nun aber, dass ein solcher Dichter auf das Prominent-Sein verzichtet, dass er den eigenen Stil und das eigene kritische Sensorium durch harte Arbeit auf ein Höchstmaß steigern, und dass er Freunde haben muss, die dem entsprechen können.

Aber noch etwas anderes bedeutet diese Satire: Sie will sagen, dass seine Art, nämlich zu beobachten, dann Rückschlüsse auf sich selbst zu ziehen, verlangt, eben dies Selbst zu prüfen, sich über dieses oder jenes eigene Defizit klar zu werden, sei es im Allgemeinen, sei es in Bezug auf die Freunde (sat. 1, 3!), und daran zu arbeiten. Biographisch gesehen, will das sagen: Dass Horaz die Art des Vaters lächelnd zwar, aber um Selbstreinigung bemüht, auf dem "Papier" fortsetzt; es will weiter sagen, dass diese seine Art zu arbeiten eine Dichtung hervorbringt, die in hohem Maße "engagiert" ist in dem Sinne, dass sie im Hier und Jetzt seines Lebens angesiedelt ist, dies jedoch, wenn man so sprechen darf, im "idealischen" Sinn: Sie will aufs Bestmögliche hinaus, in der Selbstformung und in der Formung der Rechenschaftsablage über seine Beobachtungen, und eben dies ist sein Dichten: Nicht ein aggressives Schlechtmachen, und schon gar nicht ein Angreifen noch lebender Individuen. Das Tadeln und Spotten entpuppt sich als Nebenzweck, es illustriert nur das Gemeinte, das ein Allgemeines ist, mittels besonderer Situationen und Gestalten.

Die fünfte Satire

Egressum magna me accepit Aricia Roma hospitio modico – "Mich, der das große Rom verlassen hatte, empfing mit bescheidner Herberge Aricia": Mit jähem Sprung setzt das Gedicht ein, strenge Sachlichkeit verheißt es, keine Angabe des Reise-Anlasses; es verspricht ferner ein Berichten, das ganz vom Ich ausgeht. "Kompression", nennt N. Rudd, Satires 57 das, ganz zu Recht, aber eine "Zusammenziehung" ist es, die Programmcharakter hat: Sie weist sofort alle Erwartungen ab, die vielleicht über eine strenge Berichterstattung hinausgehen. Aber Berichterstattung wovon? Über etwas Reales (von seiner Reise) und zugleich über etwas Literarisches (von seiner Überwindung des Lucilius und dessen *Iter Siculum*; hierzu Knoche, Römische Satire 29 unten).

Horaz reiste dabei nicht allein, der "gebildetste der Griechen" war sein Begleiter, wie es ein wenig belustigt heißt[33]; von ihm ist später nicht mehr die Rede. So wie Aricia und Rom einen deutlichen Kontrast bilden, so bildet, bei Forum Appi, die feine Bildungswelt (der gebildete griechische Begleiter symbo-

---

[33] Vgl. G. Radke, Topographische Betrachtungen zum Iter Brundisinum des Horaz, RhM N.F. 132, 1989, 54.

lisiert sie) und die kleine, laute, vulgäre Welt der Treidelschiffer (auf dem Kanal durch die Pomptinischen Sümpfe, zu welchen man Radke 56ff. vergleiche) einen weiteren. Am Ende steigt man bei einem auf seinen Vorteil bedachten Wirt ab[34]. Weiter geht's, aber langsam, die Via Appia ist uneben genug; hinzu kommt das schlechte Wasser, Horaz isst darum nichts und wartet ungeduldig auf die anderen, um endlich ruhen zu können. Bei Sonnenuntergang – er wird mit epischem Pomp bezeichnet (Williams, Tradition 659), was einen weiteren Kontrast ergibt, nämlich den zwischen dem hohen Ton und dem gleich zu beschreibenden, grölend groben Treiben im Treidelhafen – bei Sonnenuntergang also setzt emsiges Getöse ein, Geschrei der Schiffer und Diener, die zu viel in die Boote packen wollen, (um's billiger zu machen). Die Reisenden werden im Schlummer von Mücken gestört, vom trunkenen Gesang der Schiffer und von unzähligen Fröschen, und am Morgen zeigt sich, dass der Schiffer eingeschlafen und das Boot keine Meile vorangekommen war. Eine Tracht Prügel sorgt für die Fortsetzung der Reise. Abstrahiert man, kann man sagen: Beschrieben ist der Weg, das Tun von Wir und Ich, dazu eine (im Nachhinein) lustige Begebenheit, und alles berichtet in kontrastreicher Abschattierung der Sprache.

Dann wieder der Weg: Zwei Stationen (wie Aricia und Forum Appi), nämlich Feronia und Anxur. Horaz wählte diesen alten Namen, da der geläufige, Terracina, doppeltrochäisch ist und in keinen Hexameter passt. Terracina – Anxur also auf weiß-gleißendem Kalkfels[35]; dann kommen die Anderen (Maecenas und Coccejus Nerva werden erwartet) und wieder das Ich (Augenbeschwerden). Hier finden wir keine lustige Begebenheit, dafür eine herzerhebende, denn es stoßen Maecenas und seine Begleiter herzu, und hier nun endlich, wenn auch arg versteckt, die Erwähnung des Reisevorhabens: Maecenas sei geschickt im Versöhnen von Freunden (v. 29: Octavian und Antonius sind gemeint, aber nur Antonius wird, allerdings ganz unverfänglich und beiläufig, mit Namen genannt). Die lustige Begebenheit geschieht nun hier in Fundi in Form eines Gelächters über den Prätor; man ruht im Hause eines Freundes, von einem zweiten bewirtet.

Der nächste Morgen ist stark und freudig hervorgehoben, es ist der Morgen, an dem die Herzensfreunde hinzukommen: Plotius, Varius und Vergil. Maecenas hatte nur das zurückhaltende Attribut *optimus* erhalten, die drei Neuankömmlinge werden ungleich herzlicher und intimer begrüßt. Dann geht die Reise weiter; es wird kurz gesagt, was die anderen tun (Maecen geht Ballspielen), was Horaz tat (nämlich schlafen), wo man nächtigt, und hier gibt es nun wieder eine lustige Begebenheit, breit ausgeführt: Eine homerische Zweikampfbeschreibung, die Beschreibung der witzigen Redeschlacht zwischen

---

[34] Zum versetzten *atque* in v. 4 vgl. Lateinische Dichtersprache § 39: Es lässt aufhorchen und hebt *malignis* so heraus, dass es wie ein "und zwar waren sie schlimm" wirkt.

[35] Diese überaus kurze Landschaftsbeschreibung ist, wenn auch nicht die früheste, wie Fraenkel gemeint hatte, so doch mit Verg. georg. 3, 14f. und einigen lukrezischen Stellen, die G. Williams, Tradition 661 gesammelt hat, so doch eine der ersten in der lateinischen Literatur.

Possenreißern, und dies über 20 Verse hin. Ein lustiges Abendessen, fürwahr (der Satzvers v. 70 gliedert).

Dann Benevent, wo das Abendessen fast zusamt dem Gasthaus verbrannt wäre; man vernimmt in 73f. den Klang des Großen Stils vor der ergötzlichen Schilderung, wie die Gäste mit ihrem Essen aus dem brennenden Hause fliehen. Man reist (es ist nun schon der neunte Tag) weiter, und da zeigen sich die dem Dichter aus seiner Kindheit die so wohlbekannten Berge von Venosa. Hier vernimmt man zum zweiten und letzten Male in dieser Satire einen aus dem Herzen kommenden Ton. – Dort war das Gastzimmer ungemein rauchig, darunter litten alle; Horaz im besonderen erlitt eine peinliche Niederlage (ein abgesprochenes Rendezvous platzte). Nach solchem "Wir und Ich", verbunden mit einer besonderen, diesmal nicht so lustigen Begebenheit, folgt Ausculum, und hernach beginnt die Eile. Der Ort Ausculum wird nicht mit Namen genannt, er wird nur als metrisch unverwendbar bezeichnet, was eine Parodie auf Lucilius darstellt (frg. 229 Marx, wo Lucilius ebenfalls einen Namen aus metrischen Gründen meidet). Horaz sticht Lucilius, der so gern Griechisches in sein Latein mischte (sat. 1, 10, 20f.) dadurch aus, dass er seinerseits einen Gräzismus verwendet (*dicere non est*, v. 87): So spielt der Dichter. Nun also beginnt die Eile. Bisher war man ja sehr langsam gereist (warum man sich zu beeilen hatte, bleibt ungesagt; wir wissen heute, dass es politische Gründe waren, die in der Satire aber unerwähnt bleiben). Dort in Ausculum hatte man gutes Wasser und bestes Brot, allerdings verließ hier Varius die trauernde Gruppe[36]. Danach Ruvo mit schlechtem Wetter, Bari mit besserem, dafür mit schlechten Wegen, dann Gnatia, das eine heitere Begebenheit bot: Man wollte ihnen weismachen, dass hier die Gottheit Weihrauch ohne Feuer schmölze, was das Ich, epikureisch geschult, nicht glauben mochte. Lukrez hatte ja gelehrt, dass nichts ohne natürliche Ursache geschieht, nichts durch Götterwillkür (1, 149ff.), und dass andererseits Menschen durch unwissendes Staunen auf den Gedanken an göttliches Eingreifen geführt werden (5, 82ff.; vgl. Verf., Geschichte der römischen Philosophie 32, 42). Zuletzt beschloss Brindisi Reise und Buchrolle – so jagen die Ortschaften in immer größeren Tagereisen immer rascher am Leser vorüber.

"Im dritten Buch hat Lucilius in der Form eines Briefes[37] eine Reise geschildert, die ihn ... nach Sizilien führte. Es war dies das erste poetische Tagebuch in lateinischer Sprache, von dem wir wissen", schrieb U. Knoche in seiner "Römischen Satire" S. 29. Einige wenige Fragmente aus dem "Iter Siculum" des Lucilius haben sich erhalten, jedoch zu wenige, um Einzelheiten rekonstruieren zu können. Doch soviel geben die sicher hierher gehörenden Bruchstücke denn doch zu erkennen, dass Lucilius Meilenzahlen nannte[38] wie Horaz, Gasthauser-

---

[36] V. 92 ist von R. Bentley angezweifelt worden, Knoche hielt den Vers ebenfalls für unecht, wohl zu Recht.
[37] Vgl. C. J. Classen, Hermes 109, 1981, 341f. zu den Hinweisen darauf, dass ein Empfänger angesprochen ist.
[38] C. J. Classen a. O. 342 macht gut darauf aufmerksam, dass Horaz Meilenangaben nur bei ungewöhnlich langsamem, bzw. ungewöhnlich raschem Reisen angibt (v. 25, bzw. 86).

lebnisse berichtete wie Horaz, griechische Wörter einfließen ließ, was Horaz nie tat, Beschwerlichkeiten in überfüllter Manier berichtete und dabei maßlos übertrieb (Rudd 100), was Horaz ebenfalls strikt vermied. Ein Beispiel (frg. 110ff Marx):

> *Verum haec ludus ibi, susque omnia deque fuerunt,*
> *susque haec deque fuere, inquam omnia, ludus iocusque;*
> *illud opus durum, ut Setinum accessimus finem,*
> *aigilipoi montes, Aetnae omnes, asperi Athones.*

"Aber das war nur ein Spiel, mehr oder weniger war's so; mehr oder weniger, sag' ich, war das alles nur Spiel und Scherz – das aber war dann harte Arbeit, als wir zum Grenzgebiet von Sezze kamen: ‚ziegenverlassene' Berge, alles Aetnas und Athosse" (also etwa: alles "Groß-Glockners und Zugspitzen"). Wer die Gegend kennt, weiß, dass die Berglein dort so um die 500 m hoch sind, höher nicht. In sat.1, 4, 11ff. hatte Horaz gespöttelt, Lucilius fließe trübe dahin, man würde gerne manches tilgen, geschwätzig sei er und zu faul, um sich anzustrengen — man glaubt's.

Lucilius schrieb dies in der Form eines Briefes, z.B.: "... dort wirst Du sehen, dass Du gut zweimal 8.500 (Schritt gereist bist) und von Capua 5.000"; wir können Genaueres nicht mehr erschließen, aber das "Du wirst sehen" (107f. Marx; ferner 102ff.) beweist den Briefcharakter des Gesagten (Knoche a. O. 29 unten).

Lassen wir's bei diesem Kurzvergleich, er genügt für einige wichtige Beobachtungen. Doch zuvor ein Blick zurück zu Horaz. Da mag der Leser sich darüber verwundern, dass sich (bis auf den raschen Blick hinauf zum Kalkfelsen Anxurs) keine Landschaftsbeschreibungen finden[39]; es herrscht strenge Beschränkung, eine "compression", wie Rudd es formuliert: Kein Hinweis auf den Zweck der Reise; nur der Kenner erschließt ihn sich aus der Kennzeichnung des C. Fonteius Capito in v. 32, er sei engster Freund des Antonius, und des Maecenas sowohl wie des L. Cocceius Nerva (27f.), sie seien geschickt im Versöhnen auseinander gekommener Freunde. Keine Gespräche also und keine Eindrücke, keine Gedanken, nichts, was von der sparsamen Nennung der Strecken, Herbergen, der Essens- und Schlafverhältnisse ablenkte, bis auf die lustigen Begebenheiten. Und gern geht Horaz nach dem Schema "Wegstrecke – Was tun die anderen, was ich – Heiteres Erlebnis" vor, aber er tut dies nicht pedantisch, und nirgends findet sich ein Versuch, irgendwie Eindruck zu schinden und sich vorzudrängen, obschon alles ganz und gar nur aus der Sicht des Ich beschrieben ist. Nur zwei Male lässt er etwas Empfindungshaftes spüren: Als er

---

[39] Wie anders doch, um nicht auch Goethes Italienische Reise zu nennen, z.B. die Seiten über Gennazzano bei Ferdinand Gregorovius, Wanderjahre in Italien, München, [4]1986, 281/3 (geschrieben 1856/8). Rudd, Satires 59f. macht sehr zutreffend darauf aufmerksam, dass Horaz "is not concerned with natural beauty", nur den Ausfall gegen Fraenkels doch so liebevoll nostalgische Darstellung (S. 132) hätte er sich sparen können.

die Herzensfreunde beschreibt und als er die Berge seiner Kindheit erblickt (dies letzte aber äußerst zurückhaltend). Also Beschränkung im Stofflichen, im Emotionalen, im Informativen; breiter beschreibt Horaz allein die heiteren Situationen, aber auch sie geschliffen-sparsam ohne jeden Pomp und ohne sich selbst in den Vordergrund zu spielen.

Ganz anders die etwas peinlich angeberische Wortflut des Lucilius (Classen 343ff.). N. Rudd, Satires 58 beobachtete sehr gut die Sparsamkeit des Horaz, das Partizip betreffend. In der Tat ist das Partizip eine Erscheinung, an der man den Unterschied zwischen altlateinisch-ungebremster Fülligkeit und der gewiss mühsam erarbeiteten Disziplin des Klassikers festmachen kann. Man lese einmal Catull, c. 64, 132/5: Fünf Partizipien in nur vier Versen.

Aber kommen wir zu dem Hauptunterschied: Er liegt in der Haltung und Einstellung. Wenn die spärlichen Fragmente des lucilischen Dichtens einen auch nur annähernd zutreffenden Eindruck vermitteln, dann herrschte in seinen Gedichten neben der Übertreibung und Geschwätzigkeit die Stimmung des Tadelns, ja der "unflätigsten Beschimpfung"[40]. Davon hält Horaz sich weit fern. Wie lästig mag da vieles gewesen sein auf dieser beschwerlichen Reise: Horaz nennt es, und wenn es gar zu schlimm war, dann weiss er ein Scherzwort zu gebrauchen. Zwar hatte Lucilius in seinem *Iter Siculum* auch von sich aus gesprochen, doch wir können nicht mehr recht erkennen, wie; Horaz berichtet ebenfalls von sich aus, doch hier können wir klar urteilen: Er lässt sein Erleben und Empfinden spüren, ohne das eigens in viele Wörter zu fassen: Maecenas ist der "beste Maecen", die Freunde Plotius, Varius und Vergil sind "Männer, wie sie die Erde aufrichtiger nie trug" (40f.), und wenn er dann schreibt, "Was war das für ein großes, frohes Umarmen! Nichts will ich je, solange ich bei Verstand, einem lieben Freunde vorziehen!", dann sagt das genug über ihn aus. Man möchte meinen, dies sei der schönste und gewichtigste Satz des Ganzen, und alles andere diene nur ihm. Kurzum: Der Hauptunterschied liegt darin, dass Horaz innerhalb der Gattung der poetischen Reisebeschreibung ein strenges Kunstwerk schuf, die Gattung vollendete.

Die sechste Satire

Fraglos unterscheidet sich die vierte von der fünften Satire durch das Thema (Dichtung einerseits, Reisebericht anderseits), aber sie hängen dadurch zusammen, dass beide die Person des Dichters zum Gegenstande haben, wie für die fünfte besonders am Ende ihrer Besprechung deutlich wurde. So nun auch die sechste Satire.

---

[40] U. Knoche, AKS 268.

Maecenas, so beginnt sie, obschon von höchstem Adel, verachtet – wir würden gern hinzusetzen: a priori – keinen der einfachen Bürger (v. 6 *ignotos*, was soviel wie *ignobiles* ist, "unbekannt" im Sinne von "nicht prominent", also einfach); das zeigt der Fall des Horaz, dessen Vater noch Freigelassener gewesen. So handelt Maecenas, wohl wissend, dass unter den Einfachen vielfach rechtschaffene Leute sind und dass anderseits eine großartige Ahnenreihe keine Garantie für moralische Qualität bedeutet. Nur *ingenuus* muss man sein, d.h. einen Sinn und eine Art haben, wie sie dem freien Manne ansteht (8). Des Maecenas gesundes Urteil unterscheidet sich recht vom unangemessenen und prominenzhörigen des Volkes und Pöbels; bei ihm würde Horaz, wenn er Ambitionen hegte und nach äußerlichen Ehren strebte, übel ankommen, er, der nicht einmal einen freibürtigen Vater vorzuweisen hat. Käme er gar in den Senat, würde er, wenn seine Herkunft ruchbar würde, prompt wieder hinausbefördert – wohl auch zu Recht, denn er hätte "in der eignen Pelle bleiben und Ruhe halten" sollen (22).

In der Welt draußen aber sieht es anders aus, die Ruhmsucht[41] treibt die Leute um und hin vor den Richterstuhl des Volkes, das oft – wie gesagt (15ff.) – dumm ist, so dumm, dass ihm einer zuweilen nur deswegen imponiert, weil er im Verkehrschaos der lärmigen Hauptstadt an einer verstopften Kreuzung entsetzlich laut zu brüllen versteht (23/ 44). Ihn, Horaz, tadle man nun aber nicht wegen seiner (gar nicht vorhandenen) äußerlichen Ambitionen, sondern deswegen, weil er jetzt Maecens Tischgenosse geworden und einstmals Legionskommandant gewesen war. Das zweite mag man vielleicht zu Recht beanstanden, weil Horaz hier eine Dienststellung erhalten hatte, die über seinen Stand hinausging; das erste kann man nicht tadeln, denn das kam durch das gesunde Urteil des Maecen zu Stande (so rundet sich der Kreis), des Maecenas, der ja nur Würdige wähle, moralisch Würdige, und dies auch nur auf Empfehlung anerkannter Großer (in Horazens Fall Vergil und Varius, v. 55). Maecen wählte den Horaz, ohne auf seine Abstammung zu achten, allein "wegen seines Lebens und reinen Herzens", wie Horaz, das Selbstlob durch ein Lucilius-Zitat abmildernd[42], von sich sagt (64). Und er mildert diese Selbsteinschätzung noch weiter dadurch, dass er zeigt, wie dieses "reine Herz" nicht so sehr durch eigene Leistung erworben sei, als vielmehr durch die Erziehung seitens des Vaters, der ihn einst der Ausbildung wegen aus einem Dorf nach Rom zu überführen gewagt, ihn beschützt und geformt hatte. Und hier liest man nun eines der schönsten Vaterbilder der Weltliteratur, das Bild eines Vaters, der den hoch begabten kleinen Sohn aus der Enge des Dorfes und der Dorfschule befreite, aufopfernd ihm die beste Erziehung angedeihen ließ und ihn vor aller Anfechtung beschützte und vor aller böser Nachrede. Er sei zufrieden und

---

[41] Zur *gloria*, die hier als Person handelt (23), U. Knoche, Der römische Ruhmesgedanke (1934), jetzt im Gymnasium, Beiheft 2, 1962, 25, Anm. 87.
[42] *Pectore puro* in 64 erinnert wohl absichtlich an Lucil. 296f. Marx *pectore puro*. Zur Interpunktion dieser Horazverse Rudd 279, Anm. 6.

glücklich[43] über einen solchen Vater – das Volk mag ihn darob für verrückt halten, Maecenas werde es schon verstehen (97f.: erneuter Rückbezug auf den Anfang des Gedichts), wenn er gar keine Lust verspüre, äußerlich prominent zu sein, sei es auf Grund einer großartigen Ahnenreihe, sei es als Resultat eigener Anstrengungen (*onus* in 99, in 100ff. erklärt). Denn so bescheiden und zurückgezogen, wie er lebe, gehe es ihm gut, er genieße ungetrübtes Wohlbefinden, komme damit gut zurecht[44], auch ohne lange Ahnenreihe.

Blicken wir noch einmal auf diese Dreiergruppe aus sat. 1, 4 bis 6 zurück: W. Ludwig hat (Poetica 2, 1986, 304ff.) gezeigt, dass diese drei Satiren als "persönliche" eng zueinander gehören und W.-W. Ehlers[45] hat dann des weiteren klar gemacht, in welcher Weise sat.1, 5 "persönlich" ist. Horaz schildert in seinem Reisebericht, wie er in den Maecenas-Kreis gehört und als was: Äußerlich gesehen, als das schwächste Glied, denn wenn er von sich spricht, erzählt er, bis auf eine Stelle, nur Missliches, erzählt von Erkrankungen, Liebespech, usw. Er ist in der Tat das "schwächste Glied" (Ehlers 75). Eine Stelle aber ist ganz anderen Charakters (39/44), sie zeigt ihn als einen zutiefst liebevollen Freund des Vergil, des Plotius und des Varius. Maecen gegenüber erlaubt er sich einen solchen intim zu nennenden Ausbruch nicht.

Nachdem angedeutet ist, in welcher Weise man auch sat. 1, 5 als "ein Stück Autobiographie" (Ehlers 75) betrachten könnte, gehen wir nun noch einen Schritt weiter zurück, zu sat. 1, 4. K. Heldmann (A & A 33, 1987, 131 und 138) hat wahrscheinlich gemacht, dass Horaz die alte griechische Komödie mit Lucilius in Zusammenhang brachte, um die allzu "große Freiheit" (*multa cum libertate*, 5) des Anprangerns als Gegenbild herauszustellen, eine Freiheit oder Frechheit, die für ihn selber nicht gelten sollte. Horaz schlägt in dieser Satire sehr kecke Töne an, wenn er diesbezüglich und auch in anderer, in stilistischer Hinsicht den Archegeten dieser Gattung kritisiert; er tut das, um sich von vornherein zwar zur lucilischen Satire als Gattung zu bekennen, nicht aber zu dessen Manier. Erst in sat. 1, 10 wird er dann dem Altmeister wieder näherrücken (Heldmann 136). In sat. 1, 4 geht es also zunächst um eine Absetzbewegung und um das aus ihr resultierende Bekenntnis zur privaten, keineswegs öffentlich wirkenden Dichtung, wenn man so will: zum elitären Dichten, von dem er nur

---

[43] Zur Bedeutung des *non paenitet me* in v. 88 E. Fraenkel, Horaz 6, Anm. 5, wo er Cic. resp. 6, 16 (ganz am Schluss) zitiert, eine Stelle, die Büchner im Kommentar mit "Ungenügen" zutreffend wiedergibt.– Die Formulierung in 82f. (*pudicum, qui primus virtutis honos*) zeigt *virtus* als die eine Haupttugend, welche Unterarten (wie die Keuschheit) in sich einschließt (K. Büchner, Virtus 394).

[44] So etwa muss man das *consolor* in 130 auffassen, vgl. epi. 1, 1, 27, und nicht etwa als Ausdruck der Selbsttröstung, weil Besseres nicht zu erreichen war: *consolari* hat viel von seinem ehemaligen Nuancenreichtum inzwischen verloren (vgl. Cic. Brut. 250 Mitte).

[45] Hermes 113, 1985, 69/83. K. Sallmann (Musa Jocosa, Festschrift A. Thierfelder, Hildesheim / New York 1974), 202 bezeichnet den "Helden" der Satire als Karikatur der Seefahrer-Helden früherer Epen, was man nicht allzu gern akzeptieren möchte.

den Allernächsten Mitteilung macht, fern aller anprangernden Aggressivität (aber, so sei dem Text entsprechend hinzugefügt, mit hohem stilistischen Anspruch). So bleibt er, wenn wir uns einmal auf den moralischen Anspruch beschränken, dem Vater treu, der den Sohn so formte, dass er zwar beobachten und folgern sollte, aber dies mehr um seiner selbst willen (Heldmann 135).

Sat. 1, 5 zeigt den Dichter unter den Seinen, aber auch als einen Dichter, der es sehr wohl mit (für damalige Zeit) bedeutenden Vorläufern aufnehmen kann, denn naturgemäß ist das *Iter Brundisinum* auch ein Übertrumpfen jenes *Iter Siculum* des Lucilius. Ein Übertrumpfen nun nicht im Grandiosen, Lauten und Angriffslustigen, keineswegs: Vielmehr in der Feinheit des Ausdrucks, in der disziplinierten Sparsamkeit der Darstellung. Gewiss hält Horaz die gleiche Stilhöhe ein wie Lucilius (Classen 359), aber nirgends erlaubt er sich dessen Sorglosigkeiten (Classen ebd.).

Schwieriger ist sat. 1, 6 zu beurteilen. Aber wir müssen es wagen und darauf aufmerksam machen, dass es sich zwar ebenfalls um "ein Stück Autobiographie" handelt, aber nun um ein recht lautes. Man sollte nicht darüber hinweglesen, dass der zwei Male gebrauchte Ausdruck, man habe Maecen klar gemacht, "wer er sei" (55 und 60), ein gerüttelt Maß an Selbstbewusstsein offenbart. Das muss man nicht belächeln oder tadeln, aber als recht kräftig goutieren: Der große Erfolg zeitigt auch ein großes Wort. Dazu gehört die erstaunliche Gewichtung in 54: Kein Zufall habe es zu Wege gebracht, dass *mihi te fors obtulit*, dass "das Geschick mir Dich entgegentrug". Man kann lange daran herumdeuten, bestehen bleibt, dass das Geschick den Maecen "ihm entgegengebracht habe": Eine wahrhaft selbstbewusste Gewichtung. Und dann auch die geradezu wegwerfende Ausdrucksweise, mit der Horaz über die langen Ahnenreihen spricht. Das darf man nicht als Spott oder Lustigmachen werten, wohl aber als ein sehr selbstbewusstes Sprechen: Die geistig-seelische Leistung wird keck neben den Blutsadel gestellt; gewiss gar nicht ganz zu Unrecht, nur sehr selbstsicher.

Man verstehe nicht falsch: Horaz wird hier nicht abgekanzelt; nein, der Biograph stellt lediglich dies fest, dass der große Erfolg den Dichter erhob, selbstsicher und seiner Kraft bewusst machte. Und dies brachte dann die nicht unmäßig lauten, aber doch im Forte gesprochenen Ausdrücke zu Stande. Damit sehen wir ein interessantes Wechseln der Tonstärke von der recht kräftig abfertigenden Satire 1, 4 zur sehr viel bescheideneren Tonlage in 1, 5 und dann weiter zum Forte in sat. 1, 6.

Der Dichter spielt mit verschiedenen Tonlagen und Stimmungshöhen wohl auch um der Variation willen. In welchem Maße das Zurücktauchen in die Rolle des "schwächsten Gliedes" oder das Vorprellen zu Tönen, die bis ans Dreiste heranreichen, irgendwann die wirklich einmal vorhanden gewesenen Stimmungen oder Lebens- und Selbstgefühle wiedergeben, das zu wissen, ist uns nicht mehr möglich. Die kräftige Tonlage von sat. 1, 6 steht da, war zu lesen, und mancher mag die Brauen hochgezogen haben[46]. Und: Wäre Horaz sich nicht sicher gewesen, dass Maecenas diese Satiren auch wirklich genießen konnte, hätte er sie schwerlich so geschrieben. Die *amicitia* des Maecenas-Kreises vertrug offenbar zuweilen auch Gepfeffertes (z.B. epo. 3) in kleinen Dosen, war aber immer gemischt mit Tönen herzlicher Zugetanheit.

Die siebente bis neunte Satire

Was in sat. 1, 5, 51-70 nur ein Teilstück gewesen war, das wird jetzt in sat. 1, 7 zum Hauptmotiv, nämlich der Wortzweikampf zweier schlagfertiger Mäuler vor dem Richterstuhl des Brutus[47] in Asien. Zunächst erfolgt eine kurze Vorstellung der Kontrahenten; der eine ist ein gewisser Rupilius Rex, ein scharfzüngiger Mann voll Gift und Galle, der nun schon zum zweiten Mal ins Exil fliehen musste, diesmal im Zuge der Proskriptionen vom November 43 (Porphyrio bei Heinze zu v. 1), und bei Brutus Unterschlupf suchte, der andere ein reicher griechisch-römischer Kaufmann Persius. Aber nun soll es langsam vorangehen, denn man ist sich über die Qualität dieser Satire uneins, und so müssen wir genau hinschauen.

Proscripti – das führt den Hörer oder Leser sofort in die schlimme Zeit nach dem Dezember 38: Rupilius Rex war also heil davongekommen, aber seine Art

---

[46] Man würde gern wissen, ob dieser Hinweis auf die literartechnische Seite Auswirkungen haben könnte auch auf eine gewichtige Ansicht von R. O. A. M. Lyne; er glaubt nämlich in seinem Buche (Horace, S. 13ff.) mit einer zwiefachen "Peinlichkeit" des Horaz der Dreißigerjahre rechnen zu sollen. Zum einen habe Horaz möglicherweise vor seinem Zusammentreffen mit Maecen erwartet ("might have expected"), ein unabhängiger Poet zu werden wie Catull, sei dann aber doch in eine Art Klienten-Verhältnis geraten. Zum anderen musste ihm peinlich sein, dass er und sein Förderer noch vor wenigen Jahren zu verschiedenen politischen Parteiungen gehört hatten. Der ersten Peinlichkeit suchte Horaz nach Lynes Ansicht dadurch zu begegnen, dass er das Verhältnis zwischen ihm und Maecen möglichst als eines unter Gleichen darstellte, und zwar so, dass Maecen allein auf die moralische Qualifikation achtete und so ein inter pares-Verhältnis gestaltete; der zweiten Peinlichkeit begegnete Horaz dadurch, dass er sich immer wieder (in sat. 1, 6; 1, 9 und 2, 6) als völlig unpolitisch darstellte. Lyne nimmt also die Satiren als Zeugnisse für ein "image management", um den beiden "Verdrießlichkeiten" entgegenzuwirken – mit wieviel Recht, wird man schwer beurteilen können. Bedenklich ist aber, dass Lyne eine Annahme ("might have expected") machen muss, also konstruieren und sich anheischig machen, mehr über das Verhältnis von Maecen zu Horaz zu wissen, als die Zeugnisse hergeben.

[47] M. Brutus und C. Cassius, die Caesarmörder, hatten im J. 43 v. Chr. ein *imperium maius* über die Ostprovinzen erhalten (Bengtson, Römische Geschichte 238). In dieser Zeit spielt die in sat. 1, 7 erzählte Geschichte; darum braucht sie nicht in diesem Jahre auch verfasst zu sein (so Fraenkel, Horaz 142).

war unangenehm: *pus atque venenum,* "Gift und Geifer" konnte er von sich geben[48], aber, so lesen wir in v. 2, ein Halbrömer (*hybrida*) namens Persius hat es ihm heimgezahlt (*ultus*); und diese Anekdote sei (v. 3) "allen Triefäugigen und Friseuren" bekannt. Warum gerade denen? Und warum erzählt Horaz sie, wenn sie allbekannt ist? Zunächst, die Patienten, die an Triefäugigkeit litten, mussten sich in der "Praxis" Salbe auftragen und diese dann einziehen lassen, hatten also Zeit und konnten sich Geschichten in oder vor der "Praxis" anhören, und beim Frisör war damals wie heute der Umschlageplatz für Klatsch und Witze. Nun gut, aber warum eine uralte, wohlbekannte Geschichte noch einmal auftischen? Der v. 3 soll den vornehmen Leser[49] in das Milieu der Quacksalberpraxen und Friseurläden versetzen und somit andeuten, dass man hier zu Abwechslung einmal sich in solche nicht ganz reizlosen Niederungen begebe[50].

"Dieser Persius" (4, *Persius hic*) hatte als ein reicher Mann (*dives*) "riesengroße[51] Geschäfte" in Clazomenae (an der Ionischen Küste, südwestlich von Smyrna) und damals (*iam*, in der Zeit, in der die Geschichte spielt) und einen schon nicht mehr kompromissfähigen (dies liegt in *lites molestae*, 5) Streit mit Rupilius Rex; er war ein unverschämter Kerl[52] und von einer Aggressivität[53], die den Rex sehr wohl aus dem Felde zu schlagen imstande war; arrogant war er und aufgeblasen[54] und von einer derart ätzenden Rhetorik, dass er sogar Leute wie Sisenna und Barrus übertraf. Diese schimpfgewaltigen Herrschaften sind uns nicht mehr bekannt, aber interessant ist, dass Horaz das Übertrumpfen als "Übertreffen mit weißen Pferden" bezeichnet (v. 8). Gemeint ist natürlich, dass Persius die beiden übertraf; das allzu simple, allgemeine" Übertreffen" ersetzte der Dichter durch einen sehr besonderen Fall des Übertreffens, den nämlich, dass ein Hoher seine Überlegenheit über die Niederen und das gewöhnliche Volk dadurch zu erkennen gibt, dass er mit weißen Pferden daherkommt, man vergleiche Pind. Pyth. 4, 117, wo Jason sich nach dem Palast seiner Väter er-

---

[48] Heinze verstand *Rupili pus* als den "Geifer, der Rupilius war", nahm also eine Bildung wie *fida canum vis* an (Lucr. 6, 1222; Lateinische Dichtersprache § 108), aber dazu zwingt der Wortlaut nicht; ein simpler Genetivus Possessoris kann ebenfalls angenommen werden.

[49] Offenbar handelt es sich um solche, wenn man schon nicht den Freundeskreis um Maecenas ins Spiel bringen will, vgl. sat. 1, 4, 73f.

[50] Man kann auch von "Ironie" sprechen, von dem Spiel nämlich, dass da einer sagt, etwas sei allen bekannt und es dann doch erzählt, als ob es keineswegs längst in alle Welt gegangen sei. (So hatte U. Knoche in seinem Handexemplar das Wort "Ironie" an den Rand geschrieben).

[51] Verbindungen mit *per-* sind bei Horaz auf die Satiren und die Ars Poetica beschränkt (*persaepe* noch in epo. 14, 11), sind also umgangssprachlich.

[52] *Durus* in v. 6 bezeichnet einen frechen und dreisten Menschen, Ter. Eun. 806 mit Barsbys Notiz, ferner Bömer zu Ov. met. 5, 451.

[53] *Odio* in 5 bedeutet hier das, was dem *odium* entspringt, das Drauflosgehen; man könnte mit OLD *odium* 5 b auch an die wüste Suada denken, derer er fähig war.

[54] Die metrische Eigenart, dass eine Kürze vor der Hauptzäsur als tontragendes Element behandelt werden konnte ("Syllaba Anceps"), tritt nur in den Satiren auf (Vollmers Index bei Klingner S. 325 unten; eine Handschriftenklasse führt denn auch die metrisch glättende Interpolation *tumidusque* mit sich.

kundigt, nach "denen mit ihren weissen Pferden" (auf Pindar verwies bereits Heinze). So wird Persius eingeführt als ein gefährlicher, kaum zu besiegender Prozessgegner.

"Nun komme ich zu Rex", heißt es in v. 9 (übrigens sat. 6, 45 vergleichbar) aufs trockenste (vgl. Cic. fam. 7, 15, 12). Das sagt der Erzähler, aber er tut es nicht, denn was folgt, ist die Kennzeichnung der Situation beider Kontrahenten: "Als nun kein Vergleich[55] zwischen den beiden zustande kam", heißt es, und nun erwartet man, den Nachsatz, etwa: "Da beschlossen sie, vor Gericht zu gehen", aber davon ist zunächst keine Rede; vielmehr wird die Unnachgiebigkeit der beiden in einem zu hohen Höhen sich aufschwingenden Stil geschildert: *Hoc etenim sunt omnes iure molesti, quo fortes <sunt molesti>, quibus adversum bellum incidit*, "Mit der gleichen (eingebildeten) Berechtigung sind alle, die in einen Krieg (mit dem Gegner) verfallen sind, unnachgiebig (*molesti* wie in v. 5), wie die großen Helden" (die ebenfalls meinen, ein Kompromiss komme nicht in Frage). Die Stellung des Relativsatzes ist verzwickt, das Wort "alle" deutet darauf, dass der Erzähler sich herausnimmt, eine tiefe Maxime zu äußern, und *adversum bellum* wertet den Streit der beiden Galgenvögel auf bis zum epischen Zweikampf, wobei *adversum* statt *adversis* auch sprachlich die Sache raffiniert gestaltet[56]. Hektors und Achills Feindseligkeit wird nun auf die *virtus* zurückgeführt, die – so kann man ergänzen – jeder der beiden verlöre, müsste er sich geschlagen geben. Denn träfen zwei (ähnlich) Schwache (*inertes*, 15) aufeinander oder „überkäme der Krieg" zwei (klar) Ungleiche[57] wie im Falle des Diomedes und Glaukos (Ilias 6, 119ff.), dann würde stets der schlechtere Kämpfer sich trollen und (wie im Falle des Glaukos) auch noch das Geschenk (Ilias 6, 230ff.) zurücklassen. Nach dieser schier endlosen Pseudo-Epik, die den beiden Kontrahenten völlig unangemessen ist, jetzt endlich (v. 18) die Fortsetzung von v. 10: "Als nun kein Vergleich zwischen den beiden (Helden) zustande kam, da fochten Rupilius und Persius vor Brutus, der über das reiche (auch solche Epitheta gehören eigentlich ins Epos) Asien befehligte, als ein Gladiatorenpaar, so dass besser zusammengestellt nicht einmal Bitho und Bacchius (wären)[58]". Und dann beginnt die Schlacht, man stürmt gegeneinander wie zwei Einzelkämpfer, "ein jeglicher ein gewaltiges Schauspiel", so endet der Abschnitt mit

---

[55] *Nihil* in v. 9 kann ein Neutrum-Substantiv sein, wie Heinze annimmt, könnte aber auch ein Adverb sein, denn bei *convenire* steht zuweilen ein *bene* oder *pulchre* und *convenit* kann absolut verwendet werden (OLD 7 b).

[56] Heinze hatte vorgeschlagen, in v. 11 *quibus*, usw. mit *omnes* zu verbinden, und anders wird man den Satz auch nicht verstehen können. Ein *bellum adversum* scheint unbelegbar; Heinze erinnerte an homerische Epitheta (vgl. Il. 7, 119), aber eine Enallagé (statt *adversis*) wird die einfachste Lösung sein; sie schraubt den Nebensatz auf hochpoetisches Stilniveau.

[57] Dies *bellum incidere* nimmt die Formulierung aus v. 11 auf: Kontinuitätsherstellung.

[58] Man muss ein *sint* ergänzen, vgl. Heinze zu sat. 1, 3, 32; der Vergleich ist verzwickt verkürzt, Heinze dehnt ihn zu normaler Form: "*R(upili) et P(ersi) par pugnat, sic compositum, ut Bacchius cum B. compositus non melius compositum par sit*".

einer Appositionsfermate und in epischer Manier ("Ein Wunder zu schauen", vgl. Ilias 3, 342).

Als erster spricht Persius; er beschreibt die Lage, dann aber erntet er Gelächter mit dem plumpen Versuch, den Richter und die Seinen für sich zu gewinnen, denn er lobt Brutus und lobt seine Begleiter, die Cohors Praetoria, indem er Brutus "Sonne Asiens" nennt und die Begleiter "huldvolle Gestirne"[59], nur den Rex (der offenbar auch zur ferneren Begleitung des Brutus gehörte), den lobt er nicht, vielmehr nennt er ihn einen "Hund": Er sei dahergekommen wie der Hundsstern, den die Bauern hassen, so redete er und redete, "und so strömte er dahin wie ein Fluss im Winter (nach der Schneeschmelze), wenn er sich auch dorthin ergießt, wo die Holzfäller nur selten[60] hinkommen", d.h. er verbreitete sich ungebührlich, brachte unendlich vieles bei und kam vom Hundertsten ins Tausendste. – Der Vergleich schließt den Abschnitt, und wie oft, steht ein Relativsatz am Ende (Lateinische Dichtersprache 204, 4 b).

Nun der "Pränestiner" – auf einmal erfahren wir, dass Rupilius Rex aus Palestrina stammt. Er ist nun nicht versiert in der hellenistischen Panegyrik, wohl aber kann auch er reden, viel und kräftig: "Dem Persius, der so gesalzen und mit reichem Schwall[61] geredet hatte, zahlte er zurück Schimpfreden, geformt vom Gestrüpp"[62], d.h. in ländlich grober Manier, "er, ein wüster Rebschnitter[63], unschlagbar (im Schimpfen), vor dem manch ein Wanderer die Waffen gestreckt

---

[59] Die Verbosität des Aufgeblasenen (v. 7) kennzeichnet Horaz durch die Wiederholungen ("lobt" zweimal und zwei Male "nennt", dazu fällt der Name des Brutus ebenfalls zweimal: Wir müssen uns vorstellen, dass er den Namen, um sich beliebt zu machen, oft nannte). – Die Topoi der Panegyrik bespricht ausführlich E. Doblhofer, Die Augustuspanegyrik des Horaz in formalhistorischer Sicht, Heidelberg 1966 [künftig: Doblhofer, Augustuspanegyrik], 17ff.

[60] Das Attribut *rara* (27) statt des Adverbs *raro*.

[61] So ungefähr könnte man *multoque fluenti* wiedergeben; Horaz hat die Adjektive "gesalzen" und "viel-fließend" dem Persius so gegeben, dass er sie nicht attributiv ("Er war ein gesalzener", usw.) verwendete, sondern identifizierend ("Er ist gesalzen und reichlich fließend"), wie schon Heinze erklärte: "*multo fluenti ... scil. Persio*". *Multo* mit ungesteigertem Adjektiv ist bei Horaz einmalig, auch sonst selten, Heinze dachte an einen Gräzismus, eine Attraktion wäre ebenfalls denkbar. Die Lesart *multum* wäre glatter, aber simpler.

[62] Auch *expressa arbusto* ist syntaktisch nicht einfach zu erklären: Handelt es sich bei *expressa* um dasselbe wie *signata*, also "geformt" (vgl. Cic. resp. 3, 3; S. 32, 30 Ziegler) oder um "herausgebracht aus (dem Gebüsch, d.h. den Weinbergen)"? Hier wurde zu Gunsten der ersten Möglichkeit entschieden. Heinze dachte an *convicia*, die "durch die Herausforderung des *viator* hervorgerufen" seien, aber der Wanderer wird doch erst am Versende ins Spiel gebracht?

[63] Vorstellen muss man sich, dass im alten Italien mehr noch als heute die Wingerte tagelanges Beschneiden erforderten, die Arbeiter also sich lange draußen aufhielten und jeden feineren Umgangston rasch verlernten. Aber auch heute findet man in Italien Weinberg-Arbeiter, die tagelang draußen leben.

hat, wenn er vorbeikommend 'Kuckuck!' rief"[64]. Erneut also eine Identifikation und keine "Vergleichung" (Heinze).

Wie lief der Zweikampf der beiden Helden bisher ab? Persius, der Grieche – seine Rede wird in sechs Versen referiert – sprach viel und elegant, suchte sich des Wohlwollens des Richters durch allerhand Lobeserhebungen zu versichern; der Pränestiner dagegen fuhr den Gegner in nur vier Versen, also kurz, aber kräftig, an mit grobem Geschütz, bäurisch-deftig, geübt in wütendem Brüllen aus dem Weinberg, *invictus*, also unbesieglich. Da hatte Persius nur eine einzige Chance: Das Witzwort. Übergossen mit italisch-ätzendem Essig (32) rief er theatralisch aus: "Brutus, der Du gewohnt bist, Könige aus dem Wege zu schaffen, warum bringst Du nicht auch diesen Rex um[65]? Glaub mir: Das ist Deines Amtes!" Alles lachte auf, der Fall war entschieden.

Ed. Fraenkel nannte das leichtgewichtige Gedichtchen "einen kleinen Edelstein" (Horaz 143)[66]; Rudd, Satires 67 fand das lange Tänzeln des einen und den allzu raschen K.O.-Schlag des anderen langweilig (er sagte, er würde das viele Geld für seinen Platz "am Ring" zurückverlangt haben) – de gustibus ist halt nicht zu streiten. Aber einigen kann man sich zunächst gewiss auf die Auskunft, dass Horaz nach dem eben als "laut" bezeichneten, sehr gewichtigen Gedicht sat. 1, 6 mit Bedacht ein solches Leichtgewicht angeordnet hat; vorbereitet war das allerdings schon durch das Absenken der Tonhöhe von sat. 1, 6, 100ff. durch die Schilderung des sehr einfachen Tagesablaufs in v. 110ff.

Aber wenn Fraenkel von einem "Edelstein" und einem Gedicht von "vollendeter Zierlichkeit" (141) sprach, Rudd es dagegen geradezu läppisch fand, sollte man zusehen, wer Recht hat. Nun zeichnet sich sat. 1, 7, obschon hier eine Prozess-Verhandlung zumindest teilweise beschrieben wird, dadurch aus, dass der Prozess-Gegenstand nicht genannt, Gewicht also lediglich auf die letzte Phase der Rechtsstreitigkeiten gelegt wird, auf das Redeuell. Daraus hat man den Schluss gezogen, dass diese Satire auch, oder gar vornehmlich von etwas unterhalb der Oberfläche handelt, nämlich vom Stil-Unterschied zwischen dem aufgeblasenen Graeculus, dem wüst schimpfenden Praenestiner und zuletzt

---

[64] Offenbar rief man dem Schnitter 'Kuckuck' zu, um – wie Heinze erklärt – anzudeuten, es sei schon spät im Frühjahr, der Kuckuck sei schon da, und der faule Mann noch nicht fertig mit der Arbeit.

[65] Man wundert sich, dass Horaz eine solche Anspielung auf den Mord an Caesar anzubringen wagte (dass eine solche vorliegt, schrieb auch Heinze unter Herbeiziehung von Cic. off. 3, 84).

[66] E. Doblhofer, Augustuspanegyrik 17/21 hat übrigens gezeigt, wie Horaz hier mit den panegyrischen Formeln zu spielen wusste. Man sollte auch nicht überlesen, dass hier eine Geschichte erzählt wird, die vor Brutus gespielt hatte: In den Dreißigerjahren eine Anekdote aus dem Leben des Caesarmörders zum Besten zu geben, beweist, auch wenn es nur ein Scherz ist, ein gewisses Maß an Treue seitens des ehemaligen Vertrauten und ein nicht geringes Maß an Toleranz seitens der Octavianer.

dem kurz und bündig dazwischenfahrenden Witzwort[67]. Man wird vielleicht, um des lieben Friedens willen, zugeben, dass derlei mitgemeint gewesen sein mag, in den Vordergrund sollte man Stilkritisches indes nicht rücken, da nichts im Text dazu berechtigt. Interessanter ist da schon, was R. Schröter (Poetica 1,1967, 8ff.) erschloss: In Rom war ein Prozess stets eine Art Kampf; er verweist auf Ciceros Bericht von einem seiner Prozesse (Att. 1, 16, bes. § 10; schon von Heinze genannt) und weiter auf Lucilius, der anscheinend ebenfalls eine Verhandlung beschrieben hatte (Schröter 19: Frg. 55 Marx), und versteht nun sat. 1, 7 auch als eine Konkurrenz-Dichtung zu der des Lucilius (20). So hätte denn diese kleine Anekdote ihren Entstehungsgrund auch darin, dass Horaz meinte, in ein Satiren-Buch könnte, nach Vorgang des Lucilius, ein Prozess-Bericht gehören. Wie es scheint, hat Horaz den seines Vorgängers erheblich verfeinert und einen solchen Gegenstand dadurch allererst palatabel gemacht. Viel Stilkritik wird man also nicht heraushören wollen, der Kenner wird die Satire des Horaz mit der des Lucilius vergleichen und sich an der Modernität der horazischen gefreut haben; aufs Buch im Ganzen gesehen, hat diese homerische Schlacht die Aufgabe, nach der gewichtigen Triade (sat. 1,4-6), nach dem Tonos nun die Anhesis, die Erholung zu bieten. Das Gedichtchen endet abrupt, mit einem Knall gleichsam.

Aber das ist doch nicht alles, was man an dieser Satire genießen kann. Da war doch die heitere "Ironie", dass da etwas erzählt wird, das allen "Triefäugigen und Frisören bekannt" ist, dass man also schon durch die Einleitung nach der vornehmen Satire 1, 6 auf ein bestimmtes Niveau hinunter gebracht und so vorbereitet wird auf etwas ähnlich Deftiges wie in einigen Teilen der sat. 1, 5. Dann das Spiel mit der Hörer-Erwartung: *Ad Regem redeo* (9), und kein Rex kommt in Sicht, vielmehr darf man seinen Spaß haben an dem Vergleich der beiden Galgenvögel mit den großen Helden Homers. Dann die Panegyrik und der im Brüllen schier unbesiegbare *vindemiator*; unbesiegbar? Ein einziges Witzwort erledigt ihn. Aber nicht nur Spaß kann man haben, man kann auch seine Freude haben an den sprachlichen Raffinessen, z.B. den Identifikationen (anstatt des Vergleichens), wird sich aber auch zuweilen fragen, warum die Verzwickheiten nötig waren? Und dies führt zu dem Gedanken, dass möglicherweise diese Satire doch nicht so sehr spät anzusetzen ist, wie Fraenkel es aufgrund seiner Hochschätzung ("vollendete Zierlichkeit" und "schwebendes Gleichgewicht", S. 141) befürwortet hatte. Es ist eine laut vorgetragene Anekdote und nicht ohne die Verzwickheiten des frühen Stils; aber dies allein genügt zur Datierung kaum. Wollen wir aber Eines festhalten: Überall in sat. 1, 7 ist die ungemeine Sorgfalt des Bauens, die feine Abstimmung und die handwerkliche Mühe festzustellen. Wir wollen am besten nicht "unser Geld zurückverlangen".

---

[67] V. Buchheit, Gymnasium 75, 1968, 544 wies auf *tumidus* in v. 7 hin, was bekanntlich ein literaturkritischer Terminus sei, doch die Umgebung zwingt nicht dazu, das Wort stilkritisch zu verstehen.

Die achte Satire ist ihrer Vorgängerin nicht ganz unähnlich. Nicht nur, dass es sich auch hier um eine Anekdote handelt, sondern auch die Enden ähneln einander. Ein alter Feigenstamm berichtet, wie er zu einem Priapen umgestaltet und auf einer römischen Begräbnisstätte aufgestellt worden war; dort habe die Hexe Canidia (die wir aus den Epoden kennen) ihr Unwesen getrieben. Eines Nachts, als sie mit ihren Gehilfinnen dabei gewesen, fürchterliche, größte Angst einjagende Riten zu feiern, da entfuhr ihm vor lauter Angst ein entsetzlicher Furz, und schon stoben die Zauberinnen unter mancherlei Verlusten entsetzt auseinander. So wurde aus dem Verängstigten der Sieger, aus den Fürchterlichen ein Haufen blöder Vetteln.

Umkehrung und Knockout also wie in sat. 1, 7; erneut ein ergötzliches Leichtgewicht, das eine Spannung aufbaut und sie mit einem Schlage löst. Und auch sat. 1, 8 spielt mit Reminiszenzen aus der hohen Dichtung, so das *ast* in v. 6 (Norden zu Verg. Aen. 6, 316) oder die von Heinze kommentierte Hochstil-Parodien zusamt dem vergilischen Ausdruck *succincta pallam* in v. 23 (hierzu wieder Norden zu v. 555): Würdige Wörter für keineswegs würdige Gegenstände. In beiden Gedichten also dasselbe Spiel mit Pathos und Bathos, beide Gebilde enden mit einem "Knall": Sie bilden in diesen Hinsichten ein leichtgewichtiges Paar, das mit seinem schärfer gewürzten Humor zwischen den schwerer wiegenden Satiren 1, 6 und 9 als erholsames Intervall angeordnet ist. Natürlich entkam auch diese doch so harmlose Anekdote nicht der interpretatorischen Überfrachtung, ein Specimen in: Hyperboreus 5, 1999, 257ff.

Nun aber sat. 1, 9. Die voraufgegangenen Stücke waren weit entfernt gewesen von Maecen, von Horaz und überhaupt vom Rom der Dreißigerjahre. Die neunte Satire gehöre dagegen ganz Maecenas und seinen Freunden, sagte Rudd, Satires 82 ganz zu Recht. Wie das? Heißt sie nicht gemeinhin die "Schwätzersatire" (z.B. bei U. Knoche, Römische Satire 50)? Sehen wir zu.

Es handelt sich um einen Dialog von "starker dramatischer Spannung" (Fraenkel, Horaz 136), und Rudd teilte dieses Drama in drei Szenen (75). Die erste beginnt mit der Szenerie: "Einst ging ich die *Via Sacra* so für mich hin, dachte an dies, an das – wie ich es gerne tue, ganz in Gedanken". Da kommt ein geschwätziger Störenfried des Weges und verwickelt den Schlendernden in ein Gespräch. "Wie geht's, mein Liebster?" "Gut soweit – Guten Tag!" Aber der Mann lässt sich nicht abwimmeln, er hat ja was vor, und das enthüllt er in fünf Schritten und in immer größerer Schamlosigkeit und immer deutlicherer Selbstentlarvung. Erster Schritt: "Wir sollten einander kennen lernen: Wir sind doch beides Literaten", d.h. *docti*, was nach sat. 1, 10, 52 soviel wie Kenner der Dichtung bedeutet. Ein Abschüttelungsversuch schlägt fehl: "Ich komme mit" (15, 19). Zweiter Schritt (Rudds zweite "Szene"): "Du wirst mich bald so schätzen wie Deinen Viscus und Varius, denn ich kann viel und schnell dichten (der Mensch kannte sat. 1, 4, 14 nicht), kann auch tanzen, singen...!", so ereifert sich der Mann. "Überanstrenge Dich nur nicht! Musst Du denn für niemand auf der Welt am Leben bleiben?" "Nein, alle Verwandten sind tot". "Die Glücklichen", stöhnt das Ich zu sich selber, "und jetzt bin ich dran. So hat man mir einst geweissagt, dass ich an nichts anderem als an einer Geschwätzigkeit sterben werde"[68]. Dritter Schritt: Man war nun schon am Vesta-Tempel auf dem Forum angekommen (35), da rückt der Quälgeist – eigentlich hatte er ja einen Gerichtstermin wahrzunehmen – mit seinem eigentlichen Anliegen heraus (Rudds 3. Szene): "Wie stehst Du eigentlich mit Maecenas? Ein Mann, der nur die Besten um sich haben will; dazu ein kluger Kopf, wusste die Glückssträhne gut zu nutzen. Führ' mich doch bei ihm ein: Mit mir an Deiner Seite legst Du doch die anderen alle flach!"[69] Entsetzt versucht das Ich, nun ganz ernst und identisch mit Horaz, dem Menschen klar zu machen, dass die Freunde des Maecenas ganz anders miteinander umgehen. Das quittiert der Andere mit einem staunenden "Unglaublich" (so hebt Horaz das Wichtigste an der ganzen Satire deutlich hervor), und das Ich ermuntert den Mann nun ironisch, er solle doch ruhig einmal sein Glück bei Maecen versuchen. Das ist schiere Ironie, denn die Entgegensetzung der Schein-*virtus* dieses Kerls gegen die des Maecenas-Kreises lässt spüren, dass es da ganz anders zugeht (Büchner, Virtus 393); derselbe Gelehrte sprach denn auch von der "schönsten Schilderung des Maecenas-Kreises", die wir besitzen (Studien 3, 119).

Und nun (vierter Schritt) fallen alle Hüllen: Der Kerl plant los, er werde die Sklaven des großen Mannes bestechen, ihm auf der Straße auflauern, ihn auf einem seiner Wege begleiten (so wie hier den armen Horaz) – da kommt Horazens Freund Aristius. Horaz fleht stumm um Hilfe, aber der Schalk, stellt sich dumm und – geht. Was für ein finsterer Tag (73)! Aber da plötzlich kommt der Prozess-Gegner des Einschleichers gelaufen und schleppt die Pest von dannen, und wie Horaz mit einer Erinnerung an Lucilius begonnen hatte[70], so endet er mit einem Homer-Vers, den auch Lucilius verwendet hatte, allerdings unübersetzt: "So errettete mich Apoll"[71]. Der fünfte Schritt bringt also wieder ein rasantes Finale wie sat. 1, 2, 127ff.; 1, 4, 141ff.; 7, 32ff.; 8, 46ff.

Man kann dieses vollendete Stück Literatur als eine köstlich erzählte Anekdote lesen, kann es aber auch als Bekenntnis verstehen: Das Kernstück ist die

---

[68] V. Buchheit, Gymnasium 75, 1968, 537ff. nennt griechische Parallelen, von denen die eine oder andere Horaz angeregt haben könnte. Die V. 30/34 sind in hohem, pathetischen Tone gehalten, Fraenkel (139f.) erklärt dies "glanzvolle Stück Parodie" reicher noch als Heinze und vergleicht die Warnung *si sapiat vitet* ("Wenn er klug ist, meide er ...") treffend mit Pindar-, bzw. Aristophanesstellen.

[69] *Summosses* bedeutet wohl "aus dem Wege treiben" (OLD 1 b), wie das der Liktor tut, wenn ein höherer Beamter sich den Weg bahnen und die Menge zerstreuen lässt. Das Plusquamperfekt könnte meinen: "... hättest Du längst schon ...". Den v. 44 gab Karl Büchner nach Vorgang von Holder dem Erfolgsjäger (Studien 3, 115), eine sehr schöne Erkenntnis, die sich nunmehr auch durchgesetzt hat, vgl. die jüngsten Teubner-Ausgaben.

[70] *Ibat forte domum*, so steht es im frg.1142 Marx (258 Warm.), s. Fraenkel, Horaz 134, Rudd 77f.

[71] Frg. 231f. Marx 267 Warm. nach Hom. Il. 20, 443; vgl. Buchheit a. O. 533 mit A. 89, in der weitere Literatur genannt ist.

wundervolle, indirekte Beschreibung der Atmosphäre im Kreise und Hause des Maecen. Die Satire drückt die ganze Freude und Dankbarkeit dafür aus, dorthin gehören zu dürfen (Rudd, Satires 83), in eine von dem Karrieristen ganz verschiedene, "andere, reine Welt ohne *ambitio*" (J. Latacz, AU 23, 1; 1980, 19 nach Büchner, Studien 3, 122). Je deutlicher der Karriere-Macher sich einbildet, seinem Ziel planend näher zu kommen, desto weiter entfernt er sich vom Geiste dieses Kreises und desto deutlicher wird die ganz andere Art, miteinander dort umzugehen. Ein neben aller Komik und Drastik wundervolles, ganz stilles und indirektes Preisen der Freunde um Maecen, so kann, so sollte man dies Gedicht auch und besonders verstehen.

Die zehnte Satire

Gleich der Beginn lenkt zurück zu sat. 1, 4: "Freilich sagte ich, dass die Verse des Lucilius holprig sind, sagte aber auch voller Lob, dass er Rom kritisch unter die Lupe genommen hat. Das entschuldigt aber noch nicht die schlechten Verse: Die Leser zum Lachen zu bringen, das genügt nicht für ein "schönes" oder gar "erhabenes" Gedicht (Heinze 161, links). Horaz verlangt also ein künstlerisch hohes Niveau, so wie er in 1, 4, 13 gefordert hatte, ein Gedicht müsse "recht geschrieben" (*recte scribere*) sein. Was ist ein "künstlerisch hohes Niveau"? Gedrungen muss es sein (9), es muss den Ton wechseln können, muss mal ernsthaft, mal scherzend klingen, muss einmal volltonig (rhetorisch-poetisch), ein andermal urban zurückhaltend mit trockenem Witz geschrieben sein, wie denn ein Witz oft wirkungsvoller ist als wuchtige Worte (man erinnert sich an die Schlusspointe in sat. 1, 7). Das zeige die Alte Komödie der Griechen (v. 16 erinnert erneut an sat. 1, 4, nämlich v. 2) vorbildlich. Horaz gibt also eine Art Poetik des modernen Stils. Ein Seitenhieb trifft dabei die Sorte Poetaster, die nichts können als Früheres nachäffen (17/9), ohne sich zu fragen, was denn in Griechenland bereits erarbeitet worden sei (dieser Ausfall öffnet den Weg zu v. 66).

Auch sein Untermischen griechischer Wörter hebt das Kunstniveau des Lucilius nicht, und mit einem kühnen Sprung kommt Horaz dann (31ff.) auf seine Biographie, nämlich darauf zu sprechen, dass er selber einst griechisch gedichtet habe (nicht lateinisch mit griechischen Beimischungen). Nein, er wolle lateinisch dichten, aber halt nur Satiren (das erinnert an sat. 1, 4, 39ff., wo er seine Satire nicht zur hohen Dichtung gezählt wissen wollte), und nur für sich und die engsten Freunde, und stets nur spielend, nicht für Konzertvorträge oder Theateraufführungen (dies erinnert wieder an sat. 1, 4, an die v.73f.). So wie Lucilius, könnte man ergänzen, hat sich Horaz der kleinen Gattung "Satire" verschrieben, die er aber besser beherrschte als die nach-lucilischen

Satirenschreiber der Generation unmittelbar vor Horaz (vgl. Heinze S. 168 rechts). Stolz sagt Horaz, er schreibe, *melius quod scribere possem*, "was ich besser machen konnte als die und als Lucilius selber" (v. 47).

Damit, mit dem Blick auf die Vorgänger, ist Horaz auf einem Umweg über die Nach-Lucilianer nun wieder bei Lucilius angelangt, dessen "trüben" Fluss er jetzt damit entschuldigt, dass man damals eben so gedichtet habe; damals – lebte Lucilius heute, würde er von selbst manches ändern[72], würde viel besser schreiben als alle die, welche sich nicht an den Griechen geschult haben (66) und als die Altvorderen (67f.): Er würde nicht so rasch gearbeitet, sondern sich recht oft sinnend "den Kopf gekratzt haben und die Nägel gekaut".

So ist es eben: Will man Gutes schreiben, muss man viel bessern, sich nicht nach dem Pöbel richten, sondern nach dem Geschmack der Kenner; und die nennt er nun (81ff.), wie einst Lucilius selber getan (frg. 592/6 Marx, 632/5 Warm.), dankbar beim Namen. Die anderen, etwa Demetrius oder Tigellius, die sollen sich zu ihren höheren Töchtern scheren (wo sie als bewunderte Lehrer vielleicht noch Beifall finden)[73].

Diese zehnte Satire unterscheidet sich von sat. 1, 4 dadurch, dass sie nun nicht mehr mit Lucilius so hart ins Gericht geht; dass sie die der Satire angeborene Angriffslust nicht mehr rechtfertigt und dass sie nicht mehr verdeutlichen will, dass die Angriffslust dieser Gattung nichts mit persönlicher Aggressivität des Horaz zu tun hat: Es geht in sat.1, 10 um ein gerechteres, weil historisch begründetes Urteil über Lucilius und um die Darlegung dessen, was eine "schöne" Satire ist im Sinne des stilistisch Vollendeten. Damit stellt dieses Gedicht den Anspruch, sein Verfertiger sei in der Lage, etwas innerhalb dieser Gattung "Perfektes" (70) zu schaffen. So gesehen, ist Lucilius auch hier nur Folie; er ist der Gegen-Fall, durch dessen Kritik und Abweisung das Eigene hervortritt, ganz so wie er am Ende durch die Abweisung all' derer, mit denen Horaz nichts zu tun haben will, im Gegenzug die herausstellt, auf deren Urteil er ausschließlich Wert legt. Sagen wir es anders: Nur für sich und die ganz Wenigen will er schreiben, Vollendetes für eine Elite, zu der zu gehören, sein ganzes Glück ist. Aber Lucilius ist nicht nur der Gegenfall. Er ist auch Vorbild in dem Wagnis, die eigene Person in der Satire sprechen und hervortreten zu lassen. Doch auch hier gibt es einen Unterschied: Horaz als Person tritt viel verhüllter hervor, unverhüllt ganz selten.

---

[72] Man könnte sich fragen, so schreibt Horaz in v. 57f., ob diese Fehler aus ihm selbst oder aus der *rerum dura natura* kamen; dies hatte Heinze 170 rechts oben mit "geringe ästhetische Kultur seiner Zeit" erklärt, Rudd 286, Anm.17 erklärte den Ausdruck schlicht mit "subject-matter". Aber in 68 vermutet Horaz, dass Lucilius, würde er zu Horazens Zeit leben, manches verbessern würde – das spricht eher für Heinzes Lösung.

[73] Dies ist nun, zum Spaß, ein ausgemachter Gräzismus, wie schon Heinze erkannt hat: Horaz macht aus *iubeo valere* ein *iubeo plorare* ("heiße Dich flennen") wie im Griechischen (Arist. Ach. 1131; Equ. 433): Im Scherz ahmt er des Lucilius Gräzisieren nach.

Das erste Satirenbuch insgesamt

Es scheint auch hier, wie im Falle der Epoden, angebracht, zunächst alle Satiren in kürzester Form Revue passieren zu lassen, um dann zunächst zu ihrer Anordnung im Buchganzen, weiter zu ihrer literarischen Bedeutung zu kommen und zuletzt zu ihrer Stellung in der Biographie des Dichters.

Die erste Satire hatte von den falschen Vorstellungen von Glück, Erfolg und Geltung und vom Leiden an solch verkehrten Vor- und Einstellungen gesprochen, kurzum von den falschen Wertvorstellungen. Diese kommen aus der Verkennung des Natürlichen und Naturnotwendigen.

Die zweite Satire führte anhand einer frivolen Reduktion der Liebe auf die Lustbefriedigung vor Augen, wie dumm und unnatürlich die Meinung sei, nur das Erobern von Matronen gebe volle Lust, wie tadelnswert aber auch das andere Extrem erscheine, nämlich mit den leichter Erreichbaren sein ganzes Vermögen zu vertun. Es geht also um die Fehleinstellung zu den Dingen, die daher kommt, dass man sich in diesem besonderen Fall ein falsches Bild macht von dem, was hinreißend und lustvoll ist; dass man, allgemein gesprochen, immer wieder Scheinvorstellungen nachjagt unter Vernachlässigung oder gar Verkennung des Naturgegebenen.

Die dritte Satire stellt die Frage, wie man sich zu den Freunden stellen sollte, und zwar im besonderen zu ihren kleinen Defiziten. Wie freundlich ist es doch, wenn man kleine Mängel mit dem Mantel der Liebe zudeckt, in der Elternliebe wie in der erotischen, und so auch in der Freundschaft; wie hässlich, wenn der Stoiker lebensfern alle Mängel und Verfehlungen gleich scharf aburteilt. Nein, zu den Freunden stelle man sich so ein, wie allein verständnisvolle Liebe es eingibt.

Nach diesen drei, durch das jeweils zu Grunde gelegte moralphilosophische Thema, nämlich der rechten, bzw. falschen Einstellung, verbundenen Stücken dann die vierte Satire über die Satire als Literatur. Sie sei keine große Dichtung, und seine Satire, die des Horaz, lege es nicht auf bloßen Spott an, sondern er dichte nur für sich und die engsten Freunde, also elitär, und auch nie um der bloßen Aggressivität willen, sondern er merke auf Verfehlungen, so wie der Vater es ihn gelehrt, und zwar um der Selbstbesserung willen; und das schreibe er zuweilen spielend hin: Nur dies sei seine Satire, nichts weiter; so spricht der Ironische, und publiziert seine Werke!

Der Reisebericht in sat. 1, 5 war gewiss auch aus dem Konkurrieren und Übertreffenwollen des Vorgängers Lucilius heraus entstanden, aber vor allen Dingen aus dem Glück über die Freunde. Dem gegenüber trat das Faktische der Stationen, Entfernungen[74] und kleinen Erlebnisse geradezu ein wenig zurück.

---

[74] Zum Topographischen des *Iter Brundisinum* s. neben G. Radke, RhM 132, 1989, 54ff. auch Ph. Desy, Latomus 47, 1988, 620ff.

Die sechste Satire gehört insofern eng mit der fünften zusammen, als hier der Grund genannt wird, der ein solch liebevolles Zusammenleben unter dem Schutze des Mächtigen überhaupt ermöglichte: Die unkonventionelle Einstellung des Maecenas, der allein nach seelischem und geistigem Wert einen Menschen beurteile. Das sei ihm, Horaz, vollauf genug, und so strebe er nicht nach äußeren Ehren (was ihm als Ritter sehr wohl möglich gewesen wäre). Nein, wie er von Maecenas wegen seiner "Lebensweise und seines reinen Herzens" akzeptiert, wie er vom Vater zu bescheidener Selbstbeobachtung und Selbstbesserung erzogen worden sei, das erfülle ihn ganz, das äußerlich kleine Leben schenke ihm volles Glück. Sat. 1, 6 spricht somit von nichts Geringerem als von Horazens Lebens-Entscheidung.

Es bedarf keiner großen Anstrengung, um das Verhältnis auch dieser Dreier-Gruppe zu erkennen. Nach den ersten drei unpersönlichen Gedichten sind sat. 1, 4 – 6 von Persönlichem bestimmt, von Horazens Dichten, von einem besonderen Zusammensein mit den Freunden und dann von einer aufs Prinzipielle zielenden Erzählung, wie es zu all' dem kam. Alles kreist hier um die zwei Hauptpunkte: Die persönliche Leistung und die innere Dignität, beides ermöglicht und beschützt im Kreise des Mäzen.

Sat. 1, 7-9 sind leichten Gewichtes, sind Anekdoten; nur dass sat. 9 nach den beiden Stücken, die mit Horaz selber nichts zu tun haben, wieder ganz vom Dichter spricht und hinter einer heiteren Begebenheit letztlich den Preis des Maecenas-Kreises verbirgt. Dieser Preis der ganz reinen, zweckfreien Freundschaft, die kein Vorteils- und Übervorteilungsdenken kennt, ist der eigentliche Gegenstand des Gedichtes. Es ist eine Passage (48ff.), die mit ihrem stillen, reinen Klang in der Literatur und überhaupt ihresgleichen sucht.

Sat. 1, 10 lenkt dann zuletzt den Blick noch einmal zurück zu 1, 4: Das Urteil über Lucilius wird gemildert, das Kunstgerechte innerhalb der Satiren-Gattung wird definiert, d.h. der Anspruch, innerhalb dieser niederen Gattung Vollendetes zu geben, wird erhoben. Kein geringer Kontrast zu dem völligen Zurücktreten des Ich hinter seinen Maecen und zu seiner bescheidentlichen Einordnung in den Kreis der Freunde im Verlauf der voraufgegangenen sat. 1, 9. Dann wird Lucilius als Vorbild für das Einfließenlassen des Persönlichen genannt und am Ende dieser letzten Satire stehen dann, eingeordnet in das Bekenntnis, von wem Horaz nicht gelesen und von wem er gern anerkannt werden möchte, die Namen der Freunde (so schließt sich der Kreis zu 1, 5) und (den Bogen zu sat. 1, 4 ziehend) der des Tigellius als des Gegenbildes; so endet das Buch, das Lucilius übertreffen soll, – lucilisch[75].

Werfen wir nun zunächst einen Blick auf die Komposition des ganzen Buches. Sein Bau ist längst geklärt durch W. Ludwig (Poetica 2, 1968, 304ff.): 3 – 3 – 3 – 1 (sat. 1, 10 als Epilog). In zwei Hinsichten kann man diese Analyse

---

[75] Ed. Fraenkel, Horaz 157 oben verweist auf Lucil. frg. 593 Marx: *Persium non curo legere, Laelium Decumum volo* (d.h. *me*): Am Ende noch einmal die Verbeugung vor dem Archegeten.

stützen und verfeinern. Da wäre zunächst der Hinweis darauf, dass sat. 1, 1-3 nicht nur durch ihre mehr philosophische Ausrichtung im Allgemeinen zusammenhängen, sondern im Besonderen durch das gemeinsame Thema der falschen Einstellung, bedingt durch falsche Wertvorstellungen. Und zweitens muss auf etwas sehr Interessantes hingedeutet werden: Sat. 1, 9 ließ das Ich des Dichters ganz aufgehen im Preise des Maecenas-Kreises, es gibt sich als ein bescheidenes Ich; sat.1, 10 dagegen stellt die persönliche Leistung in helles Licht. Dieser Schluss-Kontrast von Bescheidung im Äußeren und höchstem Anspruch im Geistigen wird auch die Schlüsse der Oden und Episteln bestimmen: Eine ganz wichtige Schlussfigur also in der Form des "geteilten Bekenntnisses", geteilt in äußerliche Bescheidung und hohen Stolz ob der geistigen Leistung.

Weiter ist zur Zusammenstellung der Gedichte auch dieses zu sagen, dass sie nach dem Prinzip des Wechsels von Schwerem und Leichten geordnet sind. So ist sat. 1, 1 ersichtlich gewichtiger als sat. 1, 2, wohingegen die dritte wieder schwerer wiegt. So auch das Verhältnis der leichteren sat. 1, 5 zu der vierten und sechsten Satire; und ebenso wiegen sat. 1, 7 und 8 erheblich leichter als die wundervolle Kennzeichnung des Maecenas-Kreises in sat. 1, 9: Tonos und Anhesis[76].

Nun nähern wir uns dem Augenblick, an dem wir sagen können, was dieses Satirenwerk eigentlich bedeutet. Zeigt es, wie sich ein kreativer und zugleich selbstkritischer Geist in der Welt um ihn herum orientiert? Das ist zu wenig: Dieser Geist beobachtet und er lacht in sich hinein, auch um sich über andere zu erheben, über die er begründetermaßen überlegen ist (den Mut, solches zu sagen, hat er); aber vor allem, um die Realität des Normalen und Gewöhnlichen zu verspotten und so das Rechte und Bessere vor die weitgehend verblendeten Augen zu führen. Durch Lachen sehend machen also? Gewiss, aber sich selber ebenfalls; oder besser: Nachdem dieses Ich sehend geworden, will es das Eingesehene festhalten. Hineingesehen hat es in das viele Verkehrte, erblickt aber hat es – nach dem Vater nun auch im Kreise des Maecenas – das Bessere; es hat begriffen, dass es dieses wirklich gibt. Und so ist sein Lachen auch oft das freudige Lachen des Beglückten. So etwa konstituiert sich diese geistige Existenz in den Gedichten 1 bis 3, in 4 und 6; kurz, aber ganz deutlich und hell auch in 9, 48ff.: Sich bescheiden im Äußeren, aber im Moralischen sich vor dem Absetzen von den Niederen, und im Poetischen vor dem Überflügeln der Schlechteren, d.h. vor dem Anstreben der Vollendung nicht fürchten. Die Vollendung meint hier die der Dichtung, in diesem Falle zwar nur innerhalb einer niederen Gattung, aber auch da gibt es das "Perfekte". Und dem nähert sich das Ich, "oft den Griffel wendend", oft auch "sich den Kopf kratzend", also mit harter Arbeit, aber auch in dem Bewusstsein, die nötige Kraft hierfür zu besitzen.

---

[76] In der Antike sprach man von einem *ex intervallo surgere*, vgl. Lateinische Dichtersprache 218 oben. Man kann auch darauf verweisen, dass Horaz zwei Klammern angelegt hat: Sat. 4 und 10 zeigen die gleiche Thematik, sat. 1, 1, 1 und 1, 10, 81 nennen Maecens Namen: Der Wille zu Rundung und fester Fügung ist deutlich.

Dürfen wir sagen, dass er auch das Wissen davon besass, was überdauern würde? Dass er darum nicht in die Niederungen des Tagesgeschehens hinabstieg, sondern sich – mit aller Vorsicht sei das gesagt – trotz allem Spott über Individuelles auf einer allgemeinen, auf einer überall und immer geltenden Ebene bewegte (darum auch kaum je noch Lebende angriff)? Nur, man muss hinter und unter dem Feuer- und Flitterwerk seiner Satiren dies überall und immer Geltende zu erkennen wissen, z.B. die verhüllt vorgetragene Lehre der Philosophen, die sie naturgemäß direkt und abstrakt formulieren, von der Einstellung zu den Dingen als des Einzigen, das in unserer Verfügung steht (sat. 1, 1 bis 3).

Biographischer Zwischenbericht

Das, was bis hierher über die Epoden und die Satiren erarbeitet worden ist, also das Literarische, muss nunmehr mit großer Vorsicht und Behutsamkeit, aber doch auch nicht ohne Zuversicht für die Biographie des Horaz ausgewertet werden. Erinnern wir uns: Der Schlacht von Philippi und dem Bürgerkriege überhaupt mit knapper Not entkommen, hatte Horaz sich 42/41 v. Chr. in das Kollegium der "Schreiber", d.h. der Senatsarchivare eingekauft[77] und 39/38 dann seine politischen Epoden 7 und 16 veröffentlicht. Man wurde aufmerksam, Vergil und Varius näherten sich ihm und sprachen dann über ihn zu Maecenas. Zur Vorstellung kam es im Frühjahr 38, und spät im Jahre 38 oder zu Beginn des Jahres 37 gehörte Horaz dann zu dessen Kreis. Im J. 37 gehörte Horaz dann auch zu der Begleitung Maecens auf dessen politischer Reise nach Brindisi. Von den politischen Implikationen spricht Horaz in der Reisebeschreibung allerdings nur sehr verborgen. Es ist nicht uninteressant, darüber nachzudenken, warum Horaz, der doch so vieles an Politischem in jeglicher Hinsicht erlebt hatte, hiervon in den Satiren nie, und in den Epoden nur in den frühesten spricht (von der bloßen Szenerie in epo. 1 und 9 einmal abgesehen).

Anders als Lucilius pflegte Horaz keine politischen, juridischen oder andersartige Tagesereignisse zu kommentieren. So ist auch die Datierung der einzelnen Satiren erschwert. Die Satiren 2 gilt aus stilistischen Gründen wohl zu Recht als "früh", Genaueres wissen wir nicht. Und auch wann das gesamte erste Satirenbuch veröffentlich wurde, ist ungewiss. Wenn Maecenas seinem Freunde das sabinische Landgut als Anerkennung des Satirenwerks schenkte (allerdings gibt es dafür auch nicht den Hauch einer Sicherheit), dürfte das Satirenbuch 35/34

---

[77] Vgl. auch D. Armstrong, TAPhA 116, 1986, 255/288, wo ausführlich dargelegt wird, dass man damit rechnen muss, dass Horaz zum Ritterstande gehörte und durchaus nicht mittellos war.

publiziert worden sein; aber das gehört leider gänzlich ins Reich des nur Vermutbaren.

Ins Reich des Vermutlichen gehört, nicht zuletzt als Folge der geschilderten Unsicherheiten, auch die "innere Biographie", also das, was man mit geistiger Verwandlung oder Entwickelung umschreiben könnte. Fest steht da nur, dass Horaz schon sehr früh sehr hart an seiner Technik gefeilt hat. R. Heinze hatte beobachtet, dass Horaz in den Hexametern schon der Epoden u. a. die "Verschleifung der Monosyllaba" im Gegensatz zu Ennius und Lucilius "mit einer kaum von dem sorgfältigsten unter den älteren Augusteern, Tibull, erreichten Strenge gemieden" habe ("Die horazische Satire", a. a. O. XXXI).

Zu dieser Arbeit gehört nun nicht nur das Technische. Es war Horaz gelungen, das, was er in Athen an Philosophie aufgesogen hatte, kraft seiner Phantasie zu Bildern umzuformen, und zwar zu Bildern aus Roms Leben. Dies nun aber so, dass seine Dichtung sich nicht im Tagesgeschehen erschöpfte, sondern seine Bilder und Szenen weisen stets auf ein Allgemeines. Das setzt voraus nicht nur behutsames Lauschen und Schauen in sich selbst hinein, sondern auch einen Entschluss, der von Lucilius und seiner Art nicht nur stilistisch, sondern konzeptuell fortführte. Horaz hatte ein völlig neues Konzept zu entwickeln und zu durchdenken: Lächelnd Bilder des Verkehrten und des Rechten vor Augen zu stellen, um denjenigen, die zu seinen Satiren griffen, eine ästhetisch erfreuliche, gedanklich hilfreiche Ethik in gedichteten Einzelfällen zu schenken. Vielleicht war dies sein gegenüber den Epoden ganz neuer Wille, mit Sicherheit wird man aber nicht urteilen wollen. Mit einiger Sicherheit aber wird man behaupten können, dass die Satiren so konzipiert sind, dass eine bunte Folge von Szenen abläuft, die nicht um ihrer selbst willen da ist, sondern um ein Allgemeines zu exemplifizieren. Man muss hinzufügen, dass dieses Allgemeine ein Ideales ist: Horaz bleibt nicht beim Nein-Sagen, er deutet vielmehr an, wie es sein sollte.

Doch dieses könnte man mit einiger Sicherheit über Horazens Wandlung behaupten, dass er in den Satiren in das Bild seines Ich nun nicht mehr so fragile, ja schwächliche Züge einzeichnete wie in den Epoden. Das Bild seines Ich, das er in den Satiren gibt, zeichnet sich durch große Bescheidung im Äußeren aus, aber durch ebenso große Festigkeit, was die Einschätzung der Leistung der anderen und der eigenen im Dichterischen und im Charakterlichen anbetrifft, die Kraft zur Freundschaft eingeschlossen. Von Festigkeit werden wir auch sprechen, wenn wir sehen, dass dieses erste Satirenbuch die Lebensentscheidung des Horaz enthält, seine Entscheidung nämlich, sich im Äußeren zu bescheiden um der geistigen Leistung willen. Die Bescheidung im Äußeren aber setzt eine weitere Entscheidung voraus, den Beschluss nämlich, im politischen Leben, obwohl er (aller Wahrscheinlichkeit nach) Ritter war, keinen Ruhm und keine Ehre zu suchen.

Alles dies ist im ersten Satirenbuche eingeschlossen. Man wird darum urteilen dürfen, dass dieses Werk den Durchblick erlaubt, wenn man nur ganz behutsam durch die Zeilen schaut.

Dieses erste Satirenbuch hat also im Unterschied zu der Epodensammlung eine genau bezeichenbare Mitte, ein Ich nämlich, das nun nicht mehr von Rolle zu Rolle gleitet, sondern, so dürfen wir zum Abschluss sagen, sich nach einem radikalen Entschluss selber ein für alle Male definiert hat: Im Äußeren Rückzug, im Geistigen höchstmögliches Aufstreben, im Charakterlichen ein "reines Herz".

KAPITEL V: DAS ZWEITE SATIRENBUCH

Biographische Notiz

Bevor wir zu den Texten gehen, wieder eine biographische Notiz, denn es geschah mancherlei um und mit dem Dichter, bevor er ein weiteres Buch mit Satiren an die Öffentlichkeit gab. Die Spannung zwischen West und Ost war ungemindert geblieben, ja sie hatte noch an Schärfe zugenommen; die politische Gesamtlage verdüsterte sich. Die besondere Situation Italiens dagegen schien sich zu festigen; ja die geistige Atmosphäre in Rom heiterte sich auf und bewegte sich auf einen neuen Höhepunkt in Kunst und Literatur zu – wie das?

Was Horaz anbetrifft, so veröffentlichte er in den Jahren vor dem Entscheidungskampf sein erstes Satirenbuch und hatte, wie wir noch sehen werden, einen guten, wenn nicht großen Erfolg damit. Doch müssen wir zugeben (vgl. die "Biographische Vorbemerkung" zu Kap. IV), dass "wir nicht wissen, wann Horaz das erste Satirenbuch vollendete und wieviel Zeit verstrich zwischen der Publikation des ersten Buchs und der Abfassung der frühesten Teile des zweiten"; so ungefähr war die Ansicht Fraenkels (Horaz 162). Sie zeigt, dass er Heinze nicht glauben mochte, der angenommen hatte, die Erwähnung eines Freundes in sat. 1, 10, 86, der im J. 35 als Abgesandter des Antonius in Rom weilte, datiere die ganze Satire 1, 10 in eben dieses Jahr (Horazische Satire XXII Mitte). Heute nimmt man dennoch allgemein an (z.B. M. von Albrecht, Römische Literaturgeschichte 565), Buch I sei im J. 35 fertig gewesen (U. Knoche 48f. nahm vorsichtig einen Abschlusszeitraum von 33/35 an). Wenn das zweite Satirenbuch im J. 30 fertig war[1], wird man mit einem Publikationsdatum für Buch I um das J. 34 v. Chr. rechnen dürfen. Jedenfalls fiel die Veröffentlichung in eine überaus erfolgreiche Zeit Octavians: Er hatte Sextus Pompeius besiegt und den dritten Triumvir M. Aemilius Lepidus ausgeschaltet (Kienast 55). Mit Ehrungen überschüttet, begann der Sieger seiner Heimat das Gefühl zu vermit-

---

[1] Die Passagen sat. 2, 5, 62ff. (Octavian "vom Himmel gesandt, groß zu Wasser und zu Lande") und 2, 6, 53 (Daker-Gefahr, s. Heinzes Kommentar) scheinen nach Actium geschrieben.

teln, der Krieg sei nun zuende und der Wiederaufbau beginne: Ein herrlicher Apollo-Tempel auf dem Palatin wurde in Angriff genommen[2], das Straßenräuber-Unwesen wurde beendet (Kienast 57), die Stadträte im ganzen Lande wurden mit treu ergebenen Zenturionen durchsetzt: Wiederaufbau und neue Stabilisierung. Dennoch: Die Auseinandersetzung mit M. Antonius musste ja noch kommen, dessen war sich jeder Nachdenkliche wohl bewusst, und die fürchterliche Bestrafung der seinerzeit zu Sextus Pompeius entlaufenen Sklaven (Tausende wurden in Sizilien gekreuzigt: Kienast 57), bedeutete einen dunklen Fleck auf dem sonst hellen Bilde dieses Jahres. Hell und schön dagegen muss es auf alle Freunde von Literatur gewirkt haben, dass manche, und nicht die schlechtesten Literaten den neuen Frieden durch Werke des Geistes begrüßten: Das Land Italia wurde in seiner Fruchtbarkeit, Kraft und Schönheit dargestellt und gepriesen. M.Terentius Varro verfasste ein Werk über den Landbau, und wenn es wirklich (RE Suppl. VI, 1185) im J. 36 erschien, mag es dazu beigetragen haben, den Blick vieler auf das zu richten, wessen die Heimat fähig war. Besonders aber Vergils "Georgica" errichteten ein Mahnmal, sich den Werken des Friedens wieder zuzuwenden und der Herrlichkeit Italias inne zu werden. Sein Lob Italias (Georg. 2, 136ff.) preist Italien als das Land, in dem der Reichtum des Landes und die Mühe des Landmanns als der höchsten Verehrung würdig erscheinen.

Nehmen wir an, die Adressaten von Horazens Satirenbuch befanden sich in dieser Hochstimmung, die dennoch von der Furcht vor der endgültigen Auseinandersetzung der Mächtigen nicht frei war. Da trafen sie auf die zehn Gedichte in einem neuen Stil, von heiterer Gelassenheit, die dennoch nicht ohne eine gewisse Schärfe, jedenfalls mit Entschiedenheit allerhand Fehleinstellungen zu Leibe rückten, die auf der anderen Seite Zeichen einer tiefen inneren Freundschaft und Dankbarkeit trugen, also insgesamt von einer hellen Zuversicht bestimmt waren – sie trugen gewiss dazu bei, nach den Jahren der Angst, Aufregung und Vernichtungsnähe das Empfinden aufkommen zu lassen, es bräche, auch wenn die Gesamtlage wegen des zu erwartenden Endkampfes düster war, dennoch wieder eine Zeit der Besinnung und des geistigen Genusses an.

Als nun dieses Werk erschienen war, geschah mit Horaz etwas Wundervolles: Maecenas schenkte dem Dichter und Freunde ein Gütchen in den östlich von Rom gelegenen Sabinerbergen. Horaz hat oft und immer mit warmer Herzlichkeit von diesem Gütchen gedichtet, er wird es innig geliebt haben. Wann er es erhielt, ist nicht mehr genau zu ermitteln – war es im J. 33, wie allgemein geschrieben wird, oder war es schon 34, wie E. A. Schmidt (Sabinum 14) wohl mit besserem Recht zu schreiben fordert? Genug, Horaz durfte endlich auf eigenem Grund und Boden stehen. Der Leser versuche zu spüren, was das für einen so lange abhängig und eigentlich heimatlos Gewesenen bedeutet haben muss. Und es war ein schönes Gütchen, klein (nur wenige Bauernstellen gehörten zu ihm), aber schön gelegen. Wir können es noch besuchen.

---

[2] Dies geschah 36 v. Chr., s. G. Carettoni in: Kaiser Augustus 263ff.; Kienast 56.

Man fährt z.B. von Roms tiburtinischem Bahnhof nach Marcellina und geht hinauf zum Monte Morra, von dort auf dem Wanderweg 107, dann 118 bis hinauf zum Pizzo di Pellecchia. Der Blick nach Südsüdost ist schon an sich prächtig, er gleitet im Osten an einem sanften Berghang entlang ins Tal; vor dem Betrachter breitet sich nach Süden zu ein bewaldetes Tal, und an dessen Ende erblickt man das hübsche Städtchen Licenza. Lässt man nun das Auge hinüberschweifen nach Westen, erkennt man die "Villa di Orazio" etwa auf halber Höhe.

In einem geräumigen Garten sprudelte eine ergiebige und kühlende Quelle, die sommers den Aufenthalt sehr angenehm machte; und der Blick hinüber nach Osten auf den mählich ansteigenden Talhang oder scharf nach links, nach Nord, hinauf zum Wald und zum Berge Pellecchia hin, er wird das Auge auch damals entzückt haben. Hiervon mehr, wenn wir bei sat. 2, 6 angelangt sein werden; einstweilen wenden wir nun unsere Aufmerksamkeit dem Anfang des zweiten Satirenbuches zu.

Die einzelnen Gedichte

Die erste Satire

"Manche sagen", so beginnt Horaz, "meine Satire sei zu aggressiv; manche meinen aber auch, sie sei kraftlos, sei nichts Besonderes, und so etwas könne man leicht dutzendweise schreiben – was soll ich da tun, Trebatius?" Die Frage lautet also: "Wie soll ich schreiben?" Trebatius aber antwortet: "Überhaupt nicht!" Horaz fragt nach dem Wie, Trebatius antwortet mit dem Dass[3]: dass er überhaupt nicht schreiben solle. Er kleidet seine Antwort in eine juristische Phrase: "Lass den Fall ruhen", denn er ist ja Jurist.

Trebatius, Gaius Trebatius Testa – wir kennen ihn ein wenig. Er hatte sich als ganz junger Mann Cicero angeschlossen, um bei ihm die Juristerei zu lernen; dann brachte Cicero ihn bei Caesar in Gallien unter, und aus dieser Zeit stammen einige Briefe Ciceros an ihn: zunächst leichthin scherzende, ein wenig kumpelhaft zuweilen, aber schon bald auch verwundert: Trebatius hatte auf ein Militärtribunat verzichtet, auch auf die Teilnahme am Britannienfeldzug des J. 54; zunächst scherzt Cicero darüber, dann aber macht er dem jungen Mann, der anscheinend allzu oft und allzu quengelnd den Wunsch äußerte, möglichst bald nach Rom zurückzukommen, doch auch Vorwürfe (fam. 7, 17): Leichtfertig kommt er Cicero vor, faul, ein wenig ängstlich gar, was militärische Unternehmungen angeht, ja unverschämt, wenn er nach Gallien geht, um zu Geld zu kommen, ohne sich einzusetzen. Dann aber, im 18. Brief, lobt er ihn freudig ob einer neuen Festigkeit, Tapferkeit und Beständigkeit. Jahre vergehen, bis wir wieder vier Briefe lesen können, diesmal aus dem J. 44 (fam. 7, 20f.). Da ist der Ton ein gewandelter: Cicero flieht aus dem Rom des Antonius, will nach Griechenland, sitzt in Regium fest, schreibt seine "Topica" und sendet sie Trebatius, dem sie gewidmet sind: Der große Autor widmet dem inzwischen reifen, erfolgreichen, noch immer geschätzten, wenn nicht gar geliebten Mann ein Buch. Kein Scherzen "von oben herab" mehr, keine Mahnungen, eher Dankbarkeit dafür, dass Cicero in einer Villa des inzwischen berühmt und wohlhabend Gewordenen wohnen darf: Gespräche unter Gleichen hören wir nunmehr, aber welch ein Wandel!

Als Horaz mit ihm in sat. 2, 1 spricht, ist Trebatius über 50 Jahre alt, alt genug also, dem jungen Dichter Ratschläge zu erteilen, wie er sie einst von Cicero erhalten. Er rät dazu, nichts zu schreiben, wenn man so geteilter Meinung über den Wert von Horazens Satiren sei. Das könne er nicht, antwortet das Ego der Satire, wie sonst könne es abends einschlafen? O, nichts leichter als das: Feste

---

[3] Über Reflexe der antiken Status-Lehre in dieser Satire A. D. Leeman, Festschrift R. Muth, Innsbruck 1983, 209ff.

schwimmen und dann einen guten Schluck. So rät Trebatius, der selber gerne schwamm (Cic. fam. 7, 10, 2), und kleidet den Rat in die Redeweise der Ärzte ("Man nehme ...").

Aber wenn er unbedingt etwas verfassen müsse, dann doch eher das Lob Caesars. So tritt zum ersten Male in den Satiren Octavian in Erscheinung[4], als unbesieglicher Sieger (v. 11). Das Ego lehnt ab: Ein solch hohes Thema könne doch nicht irgendwer behandeln, Schlachten – nein, das könne er nicht, und gibt doch allsogleich drei Kostproben poetischer Beschreibungen von Schlachtszenen (s. Heinze zu v. 13). Dann aber vielleicht die Gerechtigkeit des Caesar und seine Energie, wie Lucilius den "Scipiaden" (so schrieb Lucilius, frg. 394 Marx) beschrieben hatte? Ja, vielleicht, irgendwann und zur rechten Zeit, sonst werde Octavian gar nicht erst hinhören, und: Wenn man ihn schlecht striegele, schlüge er aus: So gesalzen sprach man anscheinend gerne in Rom (Heinze zitiert Cic. Cael. 36), aber deftig war die Redeweise schon[5]: Octavian muss derlei lustig gefunden haben; er selber sprach gern so, nannte Horaz später ein "sauberes Schwänzchen" (Sueton in der Horaz-Vita, S. 2*, 18 bei Klingner). Aber, so gibt Trebatius zu bedenken, lieber mal zur Unzeit Caesar loben als irgendwelche Taugenichtse anschwärzen. "Was denn?", ist die Antwort, "ein jeder, wie es seiner Natur entspricht; und ich liebe es nun einmal, Verse zu machen nach Art des Lucilius (und der war mehr als wir beide!). Lucilius anvertraute alles, Gutes wie Schlimmes, seinen Büchern: Darum liegt uns ja auch seine Art so offen vor Augen". Und nun gibt uns das Ich sogleich ein Specimen solcher Autobiographie, denn: "So will ich's auch halten", fährt es fort, "bin ja auch ein Venusiner, und die haben seit Jahrhunderten die Feinde von den römischen Grenzen ferngehalten. Mir die vom Leibe halten, die mich angreifen, das will ich ebenfalls, nichts anderes. Aber bei Juppiter, möge Rost alle Klingen zerfressen" (so spricht das Ich mit Kallimachos, Aet. frg. 110, 48f. Pf. und gibt sich friedlich), doch wer mich anfasst, der wird weinen (vgl. epo. 5, 74; Aristoph. Wesp. 1327 u. ö.): Die ganze Stadt wird meine Schmähverse auf ihn nachsingen! Dies ist halt meine Natur", so fährt das Ego fort, "mein Dichten kommt von innen heraus, aus meinem Wesen (52), und daher muss ich eben schreiben, ganz gleich, wie es ausgeht und wie es mir ergeht"[6].

---

[4] Diese V. 10/12 stellen die erste Recusatio, die erste literarische Verweigerung einer großen Dichtung mit der Begründung, dazu zu schwach zu sein, dar (W. Wimmel, Kallimachos in Rom. Die Nachfolge seines apologetischen Dichtens in der Augusteerzeit, Hermes Einzelschrift 16, Wiesbaden 1960 [künftig: Wimmel, Kallimachos in Rom], 163; eine lesenswerte Zusammenfassung bei Lyne 31/9). Die Einleitung zu diesem Vorschlag, Caesars Taten zu besingen, "wenn dich die Liebe zum Schreiben mit sich reißt", ist schon längst mit Lucil. frg. 620 Marx verglichen worden: Der große Vorgänger ist überall gegenwärtig.– Zur Stelle vgl. Doblhofer, Augustuspanegyrik 22-45.

[5] Der Versuch von J. J. Clauss, TAPhA 115, 1985, 201, die horazische Pferdemetapher von Kallimachos, Hymn. 2 auf Apoll, v. 105/7 herzuleiten, erscheint zu weit hergeholt, zumal in beiden Versreihen nur ein einziges Wort und Motiv gleich ist: das Sprechen ins Ohr. Mit dieser Methode kann man schier alles mit allem vergleichen.

[6] Diese Stelle bespricht ausführlich G. Harrison, ClAnt 6, 1987, 43.

Der Trebatius dieser Satire ist besorgt: "Wie willst Du da überleben?" "Wieso?" lautet die Antwort, "Lucilius hat ja auch jeden, der ihm missfiel, angegriffen, auch den Größten hat er zuweilen etwas angehängt, und seine Freunde haben es nicht krumm genommen: sie hatten eben Humor." Und nun wirft dies Ego sich geradezu in die Brust: "Was immer ich bin, obschon Lucilius an Stand und Geist unterlegen, so wird doch der Neid, auch wenn es ihm gegen den Strich geht, zugeben müssen, dass ich mit Großen zusammen leben durfte, und wenn er vermeint, in Weiches zu beißen – er wird auf Granit treffen!" (74/8). Dagegen könne man nichts einwenden, lenkt der Jurist ein, warnt jedoch: "Aber sieh zu, dass Du Dich nicht des Rufmords schuldig machst!" Er formuliert das mit den Worten des uralten Zwölftafelgesetzes: "Schreibe nicht schlechte Worte"[7]. Und das dreht der Dichter keck um: "Aber wie, wenn einer Worte schreibt, die sogar nach Ansicht Caesars 'gut', d.h. gekonnt gedichtet sind? Wenn einer nur die ankläfft, die es verdienen, selber aber untadelig ist?" Die Antwort des Juristen: Dann werde man die Sache fallen lassen und der Dichter werde ungeschoren nach Hause gehen dürfen.

Diese erste Satire nannte Rudd (124) "täuschungsvoll". Und in der Tat scheint es zunächst um den Charakter oder die Art der Satire zu gehen; der ältere Freund rät, überhaupt nichts zu schreiben, wenn die Leser geteilter Meinung, also insgesamt unzufrieden sind. "Aber ich schreibe doch so gern!" Trebatius rät zu Laudes Caesaris. "Dem fühle ich mich nicht gewachsen". Aber die satirischen Angriffe wecken doch nur Ärger. "Ich kann nicht anders: Ich vertraue meinen Büchern mich selber voll und ganz an, d.h. meine Art. Und die ist nun einmal, scharf zurückzuschlagen, wenn ich angegriffen werde". Damit wären wir vom Dass und Was zum Wie gekommen, aber auch dies ist nicht eigentlich das, was Horaz anstrebte. Er wollte eigentlich sagen, dass er schreibe, weil dies seine Natur sei; und wie es ihm dabei geht, also alles Äußerliche, das sei zweitrangig. Er folge seiner Natur, und die geböte das Dichten (60).

Aber ein Zweites kommt hinzu: Horaz will aussprechen, dass er sehr genau wisse, dass dies sein Dichten im Schutze der Großen geschehe, im Schutze Maecens und neuerdings auch Octavians, und dass er Satiren, also zuweilen auch Angriffsgedichte gegen Verirrungen verfasse, selber allerdings integer. Ein langer Weg führte bis hierher, Umwege waren es, täuschende, weil nicht direkt und allsogleich das Gemeinte enthüllende Wege. Der Charakter der Satire ist also bekenntnishaft.

Die sat. 2, 1 ist durch mancherlei Verweise mit dem ersten Satirenbuch verbunden (Rudd 124 zählt solche Verbindungslinien auf); so zitiert v. 22 die Satire 1, 8, 11, und auch Canidia taucht wieder auf, die in sat. 1, 8 (um von den Epo-

---

[7] Natürlich war Horaz nicht wirklich durch ein freies Wort in seiner Dichtung gefährdet (Fr. Muecke, Homage to Horace 210); vielmehr scheint sich diese Bemerkung, wenn man die Erwähnung des Caesar in v. 10ff. hinzunimmt, auf die Hoffnung des Dichters zu beziehen, nach Maecenas nun auch durch Octavian beschützt zu werden (W. J. Tatum, Mnemosyne 4, 51; 1998, 639 und 698).

den zu schweigen) vorgekommen war. Vor allem Lucilius spielt in sat. 2, 1 eine gewichtige Rolle, Lucilius, den Horaz in sat. 1, 4 scharf, in sat. 1, 10 milder beurteilt hatte. Nun wird er "weise" genannt (17), und voll Anerkennung lauten die Verse, die ihm attestieren, er habe seine ganze Art den Gedichten anvertraut: der Anfang von v. 34 klingt sogar liebevoll: "So liegt es denn vor uns, das ganze Leben des Alten". Und so manches Zitat aus Lucilius ziert auch wirklich diese Anfangssatire. Sie ist eine programmatische Satire, die nun endgültig das Verhältnis zu dem bedeutenden Vorgänger und Archegeten der Gattung zurechtrücken soll.

Aber das ist gewiss nicht die Hauptabsicht des Gedichtes. Es ist ja nicht als bloßes Verbindungsstück zwischen den beiden Büchern zu lesen (so richtig von Rudd 131 betont), sondern als ein überaus heiteres Meisterwerk (wieder Rudd 129). Es "täuschungsvoll" und "scherzhaft" zunennen, tut ihm kein Unrecht an, ist es doch köstlich, wie Trebatius immer wieder die Absicht seines Gesprächspartners verkennt, nämlich die Absicht, nach langer Vorbereitung endlich zu dem Geständnis zu kommen, dass er von Natur aus gezwungen sei zu schreiben, und wie Trebatius am Ende die scherzhafte Umkehrung seiner ernstgemeinten Warnung mit einem herzhaften Lachen quittiert. Köstlich ist es ja auch, wie Horaz der Eigenart des berühmten Juristen gerecht wird (Fraenkel, Horaz 174): Er lässt ihn zum Schwimmen raten, und war doch selber *studiosissimus homo natandi* (Cic. fam. 7, 10, 2); er lässt den Juristen auch in juristischen Phrasen und Floskeln sprechen, aber vor allem: Er lässt durchblicken, dass er sich der Freundschaft, des Humors und Verständnisses dieses Mannes voll und ganz sicher war. Der beste Kenner des Trebatius hatte in der Realencyclopädie davor gewarnt, diese Freundschaft als "innig" zu werten; vielleicht warnte er zu Recht; aber ist nicht völliges Vertrauen und gemeinsames Lachenkönnen ein wundervoller Schatz?

Es ist nun über die Bereinigung des Verhältnisses zu Lucilius und über die täuschend-scherzhafte Gedankenführung hinaus die Ansicht geäußert worden, die Hauptabsicht des Werkchens liege darin, den "Geist zu bestimmen, in dem nach Ansicht des Horaz Satiren geschrieben werden müssten". Auch dies geht sicherlich nicht an der Sache vorbei; aber ist das schon alles? Vergisst man nicht das Bekenntnis, der Dichter müsse von seiner Natur her schreiben? Ist es da nicht so, dass man gut und gerne das auf Horaz selber anwenden kann, was er von Lucilius sagt, dass nämlich der "Alte" seine *vita*, seine ganze Art seinen Schriften anvertraut habe? Genau das tut hier Horaz ebenfalls: Er vertraut dieser Schrift das Bekenntnis an, dass es seine ureigenste Natur sei zu schreiben; dass er pietätvoll den vorbildlichen Altvorderen zu folgen (*sequor*, v. 34) bereit sei (mit Einschränkungen, versteht sich), dass er nie aggressiv habe sein wollen[8]

---

[8] Im zweiten Satirenbuch finden sich denn auch deutlich weniger persönliche Angriffe, allerdings auch kaum direkte biographische Angaben (G. Harrison, a. O. 52); über die indirekten wird später zu sprechen sein: Sie zeigen, wie Horaz dann doch der Art des "alten" Lucilius folgte.

und es nie sein werde, dass er spotte und scherze im Vertrauen darauf, dass seine Freunde das recht verstehen werden, und dass er sich beschützt und getragen wisse von den Großen, die ihn, "wer immer er sei" (74), ihrer Freundschaft für wert gehalten haben. So läge denn auch Horazens *vita* offen da, eine *vita*, allerdings, die nur weniges preisgibt, und dies auch nur so weit, als es für eine Eröffnungssatire nötig ist.

Wenn Horaz in Bezug auf Lucilius nun nicht mehr von Technischem spricht, dann heißt dies, dass Horaz mittlerweile sich selber Regel und Gesetz geworden ist, wie schon vor hundert Jahren G. L. Hendrickson geschrieben hatte[9], denn (um von anderem zu schweigen) Horaz hatte sich inzwischen entschlossen, so gut wie alle Satiren als Dialoge zu schreiben, nicht mehr von einem kritisierenden und belehrenden Ego aus. Das Ich zieht sich in die Rolle eines bloßen Dialogpartners zurück. Insgesamt hat sich der Ton merklich verändert (U. Knoche, Römische Satire 54), er ist milder geworden (sat. 2, 5 einmal ausgenommen). Vielleicht hatte man ihm wirklich gedroht, wie C. A. van Rooy[10] geschrieben hatte, vielleicht hatte sich aber Horaz selber gewandelt, war selbstsicherer geworden und darum souveräner.

Die zweite Satire

Dieser Text, den ein Neueinsatz (bei v. 70) zusammen mit einem Anklang an den allerersten Vers in ziemlich genau zwei Hälften teilt, handelt, so will es scheinen, von der Gefräßigkeit; in Wirklichkeit ist das Thema ein recht anderes: Ein Bauer Ofellus, der Schulphilosophie fremd und von handfestem, alt-römischem Denken (v. 3; Büchner, Virtus 392), habe einst den Dichter dieses gelehrt: Die Tatsache, dass den wirklich Erschöpften und sehr Hungrigen eine einfachste Kost befriedigt, zeigt, dass alle Sucht nach Raffiniertem bloße Einbildung ist (19 und 25), Augenverführung (35) und eingeredete Mode (52). Knausern brauche man deswegen allerdings noch lange nicht.

Die Vorteile mäßigen Speisens, so setzt der zweite Teil ein, liegen auf der Hand: Man bleibt gesund und bei gutem Rufe, denn zu Recht wird beschimpft, wer viel Geld für Leckereien ausgibt, anstatt Armen zu helfen oder einen verfallenden Tempel zu restaurieren (vgl. das Kap. 20 in den *Res Gestae* des Augustus, wo er über seine Restaurierungsaufträge spricht). Und zudem: Wer das Verzichten erlernt hat, der wird nicht nur in Bezug auf Essen und Trinken niemals der Einbildung anheim fallen, es müsse immer so reichlich bleiben: Klug und überlegen wird er sich wappnen für ganz andere Zeiten: So verbindet

---

[9] AJPh 21, 1900, 137 in Anlehnung an Arist. NE 4, 14; 1228 a.
[10] Studies in Classical Satire and Related Literary Theory, Leiden 1965, 71.

sich auf einmal die Überlegenheit über den Appetit mit der Souveränität über Hab und Gut überhaupt. Wir sind von der Mäßigung zur Autarkie vorgestoßen.

So Ofellus, der das, was er lehrte, auch selber lebte: Man hatte ihm das Gütchen, das er und seine Söhne bearbeiteten, fortgenommen; nun arbeiten sie dort für einen anderen Herrn. Aber auch der ist nur *incola*, sagen wir: zeitweiliger Inhaber. Denn unverbrüchliches Eigentum, das gibt es nie auf Erden. "Aber", so fragte der kluge Alte seine Söhne, "haben wir darum weniger gestrahlt?" Das will sagen: Zufriedenheit kommt nicht aus materiellem Besitz (128/30); offenbar kommt es aus den *pectora*, aus dem Inneren (136), wenn es "stark" ist (135f.).

Aufs Äußere gesehen, kein angenehmes Thema, ebenso unangenehm wie das der zweiten Satire auch des ersten Buches. Das eigentliche Thema allerdings ist ein schönes. Will man terminologisch genau sprechen, handelt die Satire von dem, was keinen Unterschied macht, von den "Adiaphora" (zu denen gehört das gute Essen; das übermäßige allerdings gehört zu dem strikt zu Meidenden, s. Pohlenz, Stoa 1, 121). Diejenigen, die weder klug noch stark sind, nehmen dieses Unwesentliche (das raffinierte Speisen) für ein Wesentliches. Will man dagegen die eigentliche Substanz des Textes bestimmen, dann muss man sagen, dass der Starke um den Wechsel des Glückes weiss und daher von innen her lebt und "strahlt".

Diese, auf ihren Gedanken gesehen, feine, wenn auch ein wenig lehrhafte Satire erinnert, was das Thema der falschen Vorstellungen, d.h. der Einbildungen angeht, an sat. 1, 2 und 3; allerdings ist jetzt die Lehre einem einfachen Mann in den Mund gelegt, ist dialogisch-indirekt vorgetragen, und es war gut von Ed. Fraenkel, an L. F. Heindorfs Erkenntnis zu erinnern, dass v. 2 einen Passus aus Platos Symposion (177 a) zitiert: Platos Dialogkunst hat auf das zweite Satirenbuch eingewirkt, hier und sonst (Fraenkel, Horaz 162f.). Hübsch ist auch, wie Horaz manche syntaktische Unbeholfenheit wagt, um die Rede des Bauern zu charakterisieren (Heinze zu v. 7 und S. 196, links unten). Doch bemüht Horaz sich nicht um eine genaue Ethopoiie; der Mann aus Venusia weiß gut Bescheid über die feinsten Gaumengenüsse und über Rom insgesamt (Rudd 171). Er bleibt darum nicht gerade schemenhaft, aber Horaz geht auch nicht weiter in der Ausmalung dieser Person als bis zur Charakterisierung ihrer ländlichen Sprache; zu einem Portrait lässt er es nicht kommen, denn sonst würde man in der Tat fragen, woher er wohl die Zitate habe (Rudd 297, Anm. 18) und all' die Kenntnisse über die Hauptstadt. Nein, es ist eine verlebendigende Dialogfigur ohne allzu viel Detail, ganz im Stile Platos. Er ist mehr Gedankenträger als Individuum.

Und der wichtigste Gedanke, den er beiträgt, ist der, dass die Ansicht und das Urteil der Vielen Täuschung ist (Rudd 165/7), Einbildung und Verwirrung der Werte. Darin ähnelt diese Satire, wie gesagt, in auffallender Weise den ersten dreien des ersten Buches.

Die dritte Satire

Diese längste aller horazischen Satiren hat heute kein wohlwollendes Echo. Das Beste an ihr seien die vielfältig variierten Beispielerzählungen, Anekdoten, Zitate, usw. (Fraenkel, Horaz 170, Anm. 1); oder man hört, dass ihr "zentrales Thema ziemlich schwächlich" sei (Rudd 188) – aber was ist denn das zentrale Thema? Rudd (174 Mitte) meint, es sei das stoische Paradoxon, dass "all fools are mad". Kann das sein? Kann es sein, dass sich die ganzen 326 Verse in solcher Binsenwahrheit erschöpfen? Sehen wir zu.

Ein Gast kommt zu Horaz in sein warmes Haus, es ist Saturnalien-, also Winterszeit. Überaus taktvoll zieht er über des Dichters Untätigkeit her. Er schreibe nichts, korrigiere nur; aber mit Wein und Schlaf, da lasse er es sich gut gehen. Der Gast, ein Damasipp, begreift nichts von der wohltuenden Muße, auf die jegliche geistige Leistung angewiesen ist, damals wie heute. Der Mann spottet weiter: Der Dichter habe doch groß angekündigt, er werde, sobald er erst einmal in seiner Villa (weitab vom Getriebe der großen Stadt) sei, dichten; er habe Platon und Menander (die Meister des Dialogs) und auch Eupolis und Archilochos (die Meister spitzer Feder) im Gepäck – und wieder nichts. Wolle er auf diese Weise dem Neide die Nahrung entziehen, indem er seiner früheren Leistungslust Adieu sage? Er werde darob nur verachtet werden. Er dürfe jetzt nicht in Faulheit verfallen, oder aber er müsse all' das, was er früher zustande gebracht, gleichgültig desavouieren und dahinfahren lassen. Damasipp liebt die Extreme: Ängstlich Schweigen und überhaupt nicht mehr dichten, dann aber auch alles Frühere und schon Geschriebene gleichsam auf den Müll werfen. Oder anders gewendet: Entweder ununterbrochen dichten oder ganz aufhören. Die "schöpferische Pause", die kennt er nicht.

Von einem Extrem ins andere ist Damasipp ja auch selber gefallen: Erst war er vernarrt in alte Kunst, handelte mit ihr, dann aber hatte er, als er sich bankrott ins Wasser stürzen wollte, ein Erweckungserlebnis: Ein Philosoph, Stertinius ("Schnarcher") mit Namen, rettete ihn durch kluge Reden; und nun ist er selber so ein Philosoph geworden und bescheinigt dem Gastgeber Horaz, er sei "verrückt" (32). Denn jener Philosoph auf der Brücke habe so gesprochen: Alle Menschen, die in Dummheit leben und in Unkenntnis des Wahren, sind (so habe die alte Stoa gelehrt) wahnsinnig. Alle irren umher, der eine dorthin, der andere hierhin, aber alle rennen dahin im Irrtum. Und das habe Stertinius in einer langen Diatribe bewiesen (so das Zwischenproöm v. 77/81).

Die Geizigen und die Ehrlüsternen sind, so habe nämlich der Philosoph gelehrt, allesamt im Wahne befangen, und zwar so, dass sie, wenn sie von dem einen Laster ablassen, sogleich in ein anderes verfallen, immer jagen sie den Extremen nach, anstatt in Ruhe so zu leben, wie die Natur gebeut (178). So auch die Verschwender, und so auch diejenigen, die da bauen und Glücksspiele treiben, so zuletzt auch die Verliebten – immer wieder fallen sie von einem Extrem ins andere, wie Horaz mit einem köstlich adaptierten Zitat aus Terenz, einem der Vorläufer des Horaz in poetisierter Ethik, den Sittenprediger verdeutlichen lässt[11].

Soweit das Referat aus der Rede des Stertinius; Damasipp wendet nun das Gelernte, erneut äußerst taktvoll, auf seinen Gastgeber an: Auch Horaz baue, wohl um mit Maecenas zu konkurrieren? Dazu dichte er auch noch, schütte damit Öl auf die Flammen seines Wahnsinns; er werde leicht zornig. Hier geht's dem Ich des Horaz denn doch zu weit und es protestiert; aber ungerührt hält Damasipp ihm weiter einen zu anspruchsvollen Lebenswandel vor, unzählige Liebschaften – da platzt dem Ich der Kragen: "Hör auf, Du bist ja noch verrückter als ich es bin!"

Ein Eiferer, der alle außer sich selber für verdreht hält; ein Winkel- und Pseudophilosoph, der von einer Verrücktheit (der Kunstverrücktheit) in die andere fiel (in das Eifern eines Moralapostels). Er ist selber das beste Beispiel für das, was er anprangert, und merkt es nicht. Eine heitere Selbstdemaskierung also. Und dazu – e contrario – ein Hinweis auf die Mühe des Dichtens, das man nicht provozieren kann, zu dem man die produktive Muße braucht. Und zuletzt ein bisschen Selbstvorstellung, heiter über sich selbst lächelnde kleine Konfession[12] (zum Zorn s. epi. 1, 20, 25), verbunden mit einem Kompliment an Maecenas, der gern und prächtig baute (308ff.) und an Agrippa (185f.), der im J. 33, obschon Konsul gewesen, die Ädilität übernahm, um durch allerhand bürgerfreundliche Maßnahmen, insbesondere durch Bauten, das Ansehen Octavians vor der endgültigen Auseinandersetzung mit Antonius zu heben (Kienast 194 unten).

Spott über die Selbstentlarvung eines Eiferers[13], gespickt mit Anekdoten, kleinen Zeitbildchen, etwas Klatsch, etwas Literatur (Ed. Fraenkel, Horace 170, Anm. 1 sah hierin, wie gesagt, das Beste an der von ihm im Ganzen wenig geschätzten Satire), dazu etwas Kompliment und etwas lächelnde Selbst-Portraitierung: Eine heitere Mischung. Rudd 175 vermisste eine Verbindung der Einleitung (Damasipps Tadel, dass der Dichter nicht dichte) mit dem Hauptteil (für Rudd 174 die Lehre, dass alle verrückt sind außer dem Weisen). Aber die Verbindung ist nicht so schwer zu sehen: Der Dichter soll ununterbrochen dichten oder ganz schweigen: Das ist eine falsche Alternative von Extremen und

---

[11] Über das Terenz-Zitat Gymnasium 88, 1981, 123ff.; der Aufsatz von Calboli im Philologus 141, 1997, 86ff., bes. 100f. ist angenehm geschrieben, aber nicht eigentlich förderlich.

[12] Man wird nicht so weit gehen wollen, wie S. Fischer, Philol. 127, 1983, 79 und von "Zügen des Alltags-Horaz" sprechen, so als sähe man hier den realen Horatius Flaccus; man wird niemals W. Wilis Wort (in: Horaz und die augusteische Kultur, Basel 1948, Neudruck Stuttgart 1965 [künftig: Wili, Horaz]), 107 und 113 vom "Proteus in der Selbstdarstellung" vergessen. Wili zeigt S. 112f., wie die Selbstdarstellung des Horaz variiert ist, um nicht langweilig und aufdringlich zu werden.

[13] K. Freudenburg, CQ 46, 1996, 196ff. hat, bes. auf S.197, 199 und 202, überzeugend dargetan, wie Horaz den stoischen Eiferer stoisch gröblich und unelegant sprechen lässt, was Wort- und Versfügung anlangt, viel gröber als sat. 2, 4 es ist.

ein Beispiel dafür, wie die Menschen (nach des Stertinius Lehre) schwanken und von einem Extrem ins andere, von einem Irrtum in den anderen fallen, statt konstant zu leben, und dies vorgetragen von einem, der solchem Irrtum eigentlich abhelfen wollte und dabei das beste Beispiel für ihn ist. Und die uralte Ansicht, der Dichter dichte im Enthusiasmus, also in einem Wahnsinn, die wird ins Platte gezogen durch die Eröffnung (32), der Dichter sei ja ebenfalls (als Dichter) verrückt, weil er mal dichte, mal faulenze. Hier ist alles miteinander verbunden durch die Pseudo-Philosophie des Wahnsinns, der das Streben der Menschen beherrscht und dem ja auch der Verkünder dieser Lehre selbst, ohne es zu merken, verfallen ist. Er kennt keine freundliche Ausgeglichenheit, kennt weder die Dinge noch Horaz noch sich selbst.

Gesund sollte, so hörten wir andeutungsweise in v. 43, nur der sein, der "das Wahre wisse" – was ist es? Trocken, allzu pedantisch kann man sagen: Wer philosophieren und andere belehren will, muss erst einmal die Welt kennen (die *scientia rerum* fordert denn auch Seneca), und nicht das Schlechteste am Leben ist sein Wechselspiel. Dann aber gehört zum philosophischen, zum wahrhaft philosophischen Leben auch die Selbstkenntnis, und an der mangelt es unserem Winkelphilosophen nun wahrhaftig ebenso wie an tieferem Verstehen der Menschenseele. Aber, so endet die Satire, als der Gast das Ich des Textes einer Selbstentblössung gefährlich nahe bringt, da wird das Ich wild und verweist dem Gast die Rede, gibt sich also sogar von des Gasts Geschwätz getroffen. Also hier am Ende noch einmal, verborgen und heiter verkappt, das Thema der Selbsterkenntnis, hier der Erkenntnis, dem Zorne ausgeliefert zu sein.

Oder anders: Die Wahnsinn-Philosophie lehrt im Grunde Wahres, dass nämlich die Menschen im allgemeinen im Wahn und in Einbildungen befangen dahinleben (man erinnert sich an die Satiren 1, 1 und 2); heilen kann da zunächst einmal die plötzliche Erkenntnis, dass man Prinzipien folgt, die nur eingebildetermaßen richtig sind. Das alles wird hier an "verkehrten" Figuren dargetan, verkehrt insofern, als der Lehrende nicht aus echtem Wissen spricht und der zu Belehrende es zu der nötigen Einsicht nicht kommen lassen will.

Die vierte und fünfte Satire

Die vierte Satire beginnt mit einem launigen Zitat aus Plato (den Horaz ja angeblich im Gepäck hatte: sat. 2, 3, 11). Ed. Fraenkel hat, wie gesagt, nach L. F. Heindorf zum ersten Male wieder darauf hingewiesen, dass Horaz Plato, hier den "Phaedrus" (228 b), anklingen ließ (Horaz 162, Anm. 1). Auch dieser Dialog Platos enthielt ein Referat wie sat. 2, 4 (und auch sat. 2, 3). So gut wie alle Satiren des zweiten Buches sind ja Dialoge: Horaz hatte beim Altmeister des Gespräches gern gelernt, das, was er zu sagen hatte, auf diese Weise nicht nur lebendiger, sondern auch weniger direkt, d.h. weniger aufdringlich zu sagen.

Die Satire führt erneut einen Eiferer vor, diesmal einen, der sich für die Feinheiten bester Küche begeistert[14]. Man wird heute niemandem einen Vorwurf machen, wenn er staunend die Meisterwerke feiner Küche goutiert, nur sollte er nicht das "glückliche "Leben, die *vita beata*, von seinem Gaumen abhängig machen, wie unserer Eiferer Catius das tut. Eine lustige Satire, voll seltener Namen für seltene Leckereien, leichtgewichtig und heiter dahinplätschernd bis zum decouvrierenden Ende. Spätestens seit Cicero (vgl. fin. 3, 28) heißt das philosophisch erfüllte und geglückte Leben *vita beata*; hier (v. 95) erfüllt es sich in Speise, Sauce, Wein und Nachtisch – damals (wie heute) kein ganz seltener Fall, sonst hätte Horaz ihn nicht mit einem solchen Gedicht bedacht.

Sat. 2, 4 ist ein Scherz, gewiss wird diese Art der *vita beata* verspottet, aber freundlich und heiter, denn die Begeisterung für feines und überfeinertes Speisen ist ein wenig verrückt, aber schadet niemandem. Man muss da nicht gleich die Keule schwingen und eine falsche Lebenshaltung geißeln wollen. Anders die fünfte Satire dieses Buches[15].

Homer hatte gesungen, dass Odysseus auf seiner leidvollen Heimfahrt in die Unterwelt hinabsteigen musste, um den Seher Tiresias über seine Zukunft zu befragen[16]; und der hatte am Ende seiner durchaus günstigen Weissagung dem Helden einen sanften Tod prophezeit und seinem Volke Glück (Od.11, 137). Hier lässt Horaz seinen Odysseus weiterfragen: "So haben denn die Freier mein Hab und Gut gemindert – wie kann ich den Schaden bloß wieder gutmachen?" Tiresias ist amüsiert: Der große Held hat Geldsorgen. Der aber protestiert, weist darauf hin, dass er nackt und arm heimkehre, und was sei schon Ruhm und Ehre, wenn man keinen Pfennig auf der Naht habe? Nun lässt Tiresias sich anstecken und lehrt[17], wie man sich einen alten, aber reichen Mann suchen müsse, ganz gleich, ob er was tauge oder nicht: Moral sei Nebensache, Hauptsache, er hat Geld. "Was? Ich, der Besieger Trojas, soll etwa einem Kerl wie dem reichen Tattergreis Dama mich nähern?" So habe er gesagt, erwidert Tiresias unbeirrt, auf solcher Leute Testament komme es an. Dann gibt er praktische Winke, wie man sich solchen Greisen lieb machen könne, wie man das anstellen müsse, wenn da ein kränklicher Sohn sei (45ff.), wie man bei Gelegenheit das Testament, scheinbar solches Ansinnen entrüstet ablehnend, dann doch schnell einmal

---

[14] Dieser Eiferer ereifert sich allerdings für sehr Delikates, und darum lässt Horaz ihn auch fein und delikat sprechen, was K. Freudenburg (s. Anm. 13) glänzend gezeigt hat. Darin unterscheiden sich sat. 2, 3 und 4 sehr deutlich.

[15] Zur Struktur vgl. M. Roberts, AJPh 105, 1984, 427: Der Text bestehe aus fünf, ungefähr gleich langen Teilen (1 – 22; 23 – 44; 45 – 69; 70 – 98; 99 – 110).

[16] Vgl. RE 21, 1634, 31 (Lippold).

[17] Zur Figur des Erbschaftsjägers in der Antike vgl. A. D. Schmid, Der Erbschleicher in der antiken Satire, Diss. Tübingen 1952.

ansehen sollte[18], denn schon oft sei es vorgekommen, dass einer wie Coranus sich mit einem Erbschleicher wie Nasica einen Spaß erlaubt habe . "Bist Du verrückt? Treibst Du ein Spiel mit mir?", so protestiert Ulyss gegen diese Art kryptischer Reden. "O Laertiade", klärt der Seher ihn auf, "was immer ich sage, das wird eintreffen oder nicht", so parodiert Horaz in spottend hohem Stil ein Stück aus Chrysipps Vorsehungslehre, er spreche, wie Apoll es ihm verliehen habe zu sprechen. Nun gut, was soll aber das Reden von Nasica und Coranus (58)? Tiresias fährt also fort, und zwar in höchstem Prophezeiungsstil, wie Ed. Norden in seinem Kommentar zum sechsten Aeneis-Buche (S. 322 unten; vgl. auch 324 Mitte) gezeigt hat: "Zu der Zeit, wann der Jüngling, der Schrecken der Parther, von Himmelshöhen zur Erde gesandt, zu Wasser und zu Lande[19] groß sein werde (gemeint ist Octavian nach dem Sieg von Actium), werde Nasica seine junge Tochter dem kraftvollen Coranus vermählen"; diesen hochklingenden Worten fügt er nun den schnöden Nachsatz an: Weil er dem Alten Geld schuldet, es aber nicht zur Gänze zurückzahlen will oder kann. (Der Mann gibt also dem uralten Greis seine Tochter "in Zahlung"). Als der aber dann das Testament des Schwiegersohnes zu Gesicht bekommt, ist sein Erbteil nichts als der Auftrag, Tränen zu vergießen zu Ehren des Toten.

Aber Tiresias hat auch bessere Ratschläge zu liefern: Sollte der ins Auge gefasste Greis lüstern den Damen nachjagen, solle Odysseus unverzüglich ihm seine Penelope zuführen. (Dieser gute Rat schließt an den ersten, die Tochter zu verkaufen, glatt an). "Was? Meine keusche Penelope?" Aber ja, sie sei ja nur keusch, weil all' die Freier lieber gut essen im Palast des Fernen als seiner Frau nachzustellen. Penelope, die werde, wenn sie (wie der Hund am Kadaver[20]) erst einmal auf Geschmack gekommen sein werde, schon mitspielen.

Eine widerliche Geschichte (84-88) schließt die Warnung, die Tiresias an die Penelope-Episode anfügt, ab: Man dürfe als geübter Erbschleicher in nicht allzu auffälligem Maße zuvorkommend sein. Diese Geschichte leitet zugleich über zu einer weiteren Warnung dieser Art (v. 88, *cautus*): "Sei immer für den Alten da, beschütze ihn, aber zurückhaltend; nur, wenn er einmal gelobt werden will, dann blase ihn auf wie einen Balg"[21]. Und wenn das Zielobjekt dann endlich gestorben, dann solle Odysseus ein wenig weinen, denn zweckmäßig[22] sei es, die Freude über den Tod des Alten zu verbergen. Wenn man dann erst einmal Mit-

---

[18] In v. 53f. (*quid prima secundo / cera velit versu*) bedeutet das *secundo*, dass in der zweiten Zeile eines jeden Testamentes derjenige genannt war, welcher bedacht wurde; darum steht *secundo* auch betont am Versende (K. Büchner, Studien 3, 41).

[19] Zu diesem üblichen Bestandteil des Herrscherlobes vgl. E. Doblhofer, Augustuspanegyrik 48ff.

[20] In v. 85 ist *corio* nicht das Leder, sondern die Fettschicht an der Innenseite eines Kadaverfells, wie G. Williams, CR 9, 1959, 97ff. gezeigt hat – ein besonders geschmackvoller Vergleich der Frau, die einen fast schon Toten ausnimmt.

[21] *Utrem*, "Balg" oder "Blase", steht betont am Versende im Sinne von "Wenn, dann ordentlich"; vgl. Roberts (s. Anm. 15) 429.

[22] In v. 103 wird man mit Prädikow *inlacrima: e re est* lesen, was auch Courtney, RhM 139, 1996, 262 anrät.

erbe ist, und einer der anderen Erben einen schlimmen Husten hören lässt, dann nur ja wieder schön einschmeicheln! Aber nun müsse er wieder zurückkehren ins Schattenreich, so verabschiedet sich der weise Seher Tiresias.

Diese Satire, ganz unpersönlich gehalten (nirgends ein Wort über das Ego oder über Maecenas o. dgl.) spricht nun nicht mehr über lässliche Sünden wie sat. 2, 4, sondern über eine hässliche, denn der so Belehrte wartet ja habgierig auf jemandes Tod, verschachert gar die eigene Frau und tut alles, was unter der Würde eines freien Mannes liegt. Odysseus' Protest ("Was? Ich, der Besieger Troias...?") zeigt das an (aber der Protest währt ja nicht lange). Und der große Seher des Homer, des Sophokles gibt sich zu Ratschlägen bezüglich solch niederträchtiger Erbschleicherei her. Rudd 224ff. zeigt, wie verbreitet diese widerwärtige Vorgehensweise im Rom des Horaz war. Dieser Text ist der einzige in Horazens Satirenbüchern, den wir nach unserem Verstande als echt "satirisch" bezeichnen können: Scharf und eher ein Grinsen hervorlockend als ein Lächeln, eher unbehagliche Abwehr als verzeihendes Lächeln wie im Falle von 2, 4. Und dennoch: Eine gekonnte Parodie; da sitzt jedes Wort und auch die Beispiele passen, so die widerliche Prozedur v. 84/8, und sind gestochen scharf gezeichnet, Parodie und Spötterei, Pathos und Bathos wechseln mit sicherem Stilempfinden, die Psychagogie ist gekonnt vorgetragen (z.B. 32f.: Vornamensnennung erweckt Vertraulichkeit).

Die Stimmung ist also meisterhaft evoziert, und die Sprache wird ebenfalls unübertrefflich gemeistert und angepasst, so z.B. die immer wieder auftretende Metapher vom Jagen, Fischen, Anschleichen, usw. (Rudd, Sat. 232f.), dazu der dann doch erheiternde Wechsel von (parodiertem) Hochstil und plattestem Alltagslatein. Also in seinem beschränkten Bereich ein Meisterwerk, ganz gewiss; aber ein wenig düster und dem Horaz, wie wir ihn bisher im zweiten Satirenbuch kennengelernt haben, ferner gerückt. Diese dunklere Satire ist, auf die Struktur des Buches gesehen, vor einem ganz hellen, erfreulichen Stück, der "Krone der horazischen Satirendichtung" (Heinze), angeordnet, nämlich vor 2, 6.

Die sechste Satire

"Dies war es," so beginnt dieses Gedicht mit hellem Jubelton, "worum ich gebetet hatte: Ein Stück Ackerland, nicht eben groß, ein Garten und nahe beim Haus ein Quell, dazu etwas Wald[23]. Und nun schenkten die Götter noch viel mehr. So

---

[23] Das *super* in v. 3 bedeutet *insuper*, "darüber hinaus", und ist nicht lokal gemeint, so Fraenkel, Horaz 164, Anm. 2 sicherlich zutreffend, obschon man gern an den wirklich den

ist es gut und genug, um mehr, Merkur, Sohn Maias, bitte ich nimmer, nur möge mir dies alles auf immer bleiben". Keine Gebietsabrundung, keinen Schatz im Acker erfleht das Ich (hier doch wohl auch: Horaz). Was da ist, erfüllt ihn mit Freude, und so bittet[24] er für das, was nun ihm gehört: Das Vieh möge dick und fett, satt und träge werden – nicht aber sein Verstand, und Merkur möge darüber, wie sonst auch immer, freundlich wachen. So wandelt sich, allmählich abklingend, der strahlende Jubel in ein dankbares Scherzen.

Nun folgt ein hoch-episches Zwischenproöm: "Nun, da ich mich in die Berge zurückgezogen habe, was dichte ich nun vor allem[25] mit meiner bescheidenen Muse?" Eine uralte Formel, wenn man an Hesiod (Theog. 1), den Demeter-Hymnus (v. 1), usw. denkt bis hin zu Theokrit (17, 1), Arat (Phaen. 1) und noch Sadoleto (De Laocoontis Statua 8[26]: *quid primum summumve loquar?*). Horaz spricht den Gott als den der Morgenfrühe an, "woher" ja jedes Tages Arbeit beginnt, fügt jedoch ihm zu Gefallen hinzu, dass der Gott sich lieber Janus, Gott der Eingangstür und der Geschäfte[27], nennen lassen möchte[28]. Das Gedicht setzt sich also in dem heiteren, serenen Scherzton, mit dem die Einleitung in v. 14f. ausklang, weiter fort, untermischt ihn aber mit parodisch hohem Ton, denn das "woher (jedes Tages Arbeit beginnt)" ist nach Fraenkel, Horaz 122, Anm. 1 hoher Gebetsstil.

Was aber singt die "bescheidene Muse"? Zunächst ein Genrebildchen von Horazens Verpflichtungen, vom Forum, dem Gedränge, dann den Bittstellern und Ausfragern, den heutigen "Medien"-Reportern vergleichbar, noch oben auf dem Esquilin, wo Maecens Palast lag und wo man dem Dichterfreunde des Mächtigen auflauerte, nicht zuletzt, um durch ihn an Maecenas selber heranzukommen. Schön, wie der Dichter hier einen Dank an diesen wundervollen Freund und Gönner anschließt: Fast acht Jahre ist es her, dass Maecen ihn bei sich aufnahm; und nun schildert Horaz, abwiegelnd und die Bittsteller abwimmelnd, die "Vertrautheit" mit Maecenas so, wie er sie draußen verstanden wissen möchte: Nichts als Alltagsreden würden ausgetauscht, nichts also, wonach man sich erkundigen müsste. Wenn er, Horaz, auf die zudringlichen Fragereien schweige, dann tue er das also nicht aus Geheimniskrämerei, sondern weil er nichts zu berichten habe (wer's glaubt!).

---

oberhalb des Gutes liegenden Wald zum Pellecchia hin gedacht hätte.– Zum Garten in der Villa s. L. Farrar, Roman Gardens, London 1998 (paperback 2000), besonders 14f.

[24] Die Form des Gebetes ist die übliche, bedarf aber doch einer Bemerkung: "So wahr das, was da ist, mich mit dankbarer Freude erfüllt, bitte ich" macht für uns wenig Sinn. Gemeint ist: "Ich bin frei von Gier, bin also rein in meinen Gedanken und verdiene deshalb auch, gehört zu werden". Statt der gottgefälligen Werke, auf die der Betende hinzuweisen pflegte (Burkert 128), hier eine gottgefällige Haltung.

[25] *Prius* in v. 17 bedeutet wie in c. 1, 18, 1 (vgl. Philologus 138, 1993, 85) ein Ineinander von temporalem und modalem "am ehesten", d.h.: "Womit fange ich an?" Zu dieser Formel vgl. Verf., "Germanicus und sein Arat", S. 23 zu v. 1.

[26] Ausgabe des Verf., WJA 18, 1992, 248f.

[27] Vgl. hierzu Kolb S. 216; Simon, Götter der Römer 92.

[28] Zur mehrfachen Namensnennung, um ja keinen auszulassen, vgl. ebenfalls Burkert 128.

An solchen Tagen hat er oft gebetet (59ff.)": O Du Land da draußen, wann endlich darf ich alte, schöne Bücher (also die Klassiker) lesen, schlafen, faul sein und all' das Getue und Getriebe vergessen?" Einfaches essen möchte er, dort am eigenen Herd mit den Freunden, die Diener satt machen, an deren kleinen Frechheiten er seinen Spaß hat, ohne Etikette und ohne small talk, vielmehr Interessantes und Wichtiges bereden, z.B. was wichtiger ist: Geld oder Tüchtigkeit (gemeint ist die nicht-philosophische, römisch gedachte *virtus*: Büchner, Virtus 395); ob Freundschaft auf Nutzen abzielt oder ob sie gepflegt wird, weil sie der menschlichen Natur entspricht? Nicht dass Horaz den Eindruck erwecken möchte, als werde an seinem Herde nur immer philosophiert: Er wählt diese Themata als Gegensatz zu den Nichtigkeiten oder leeren Artigkeiten, die man sich bei hochoffiziellen Einladungen sagt. Und dann würzt einer der Gäste, z.B. Cervius, derlei Tiefsinniges gern mit einer heiteren Beispielerzählung – und nun folgt ein Höhepunkt horazischer Dichtung: Die Geschichte von der Stadt- und der Landmaus (79ff.)[29].

Da war einmal eine Landmaus. Sie lebte am Hang eines Waldes, lebte ärmlich und bescheiden, und wenn einmal ihre Freundin, die Stadtmaus zu Besuch war, gab sie ihr das Beste, das sie hatte und aß selber das Übliche. Die verwöhnte Stadtmaus aber überredete sie, doch einmal bei ihr in der Stadt in reichem Hause zu wohnen. Und so kam es denn auch: Herrlich lebte die Landmaus dort, labte sich an Feinstem, doch als sie gerade besonders schön tafelten, da öffneten sich mit lautem Krachen die Türen (es war Morgen geworden, die Diener kamen zum Aufräumen der Speisereste vom Vorabend, an denen sich die Mäuse gütlich getan), riesige Hunde stürzten herein, um zu fressen, was auf dem Boden lag. Mit knapper Not retteten sich die Mäuse. Die Landmaus aber verabschiedete sich: "Ich lebe dann doch lieber draußen bescheiden, aber gesichert".

Was will diese Fabel des lustigen Cervius besagen? Offenbar dreht sie sich darum, dass da jemand, der in bescheidenen Verhältnissen glücklich lebt, verführt werden soll, in reichen Verhältnissen, aber unruhig und unschön zu leben.

---

[29] Diese Fabel hat viel Beachtung gefunden, vgl. D. West in: T. Woodman – D. West, Quality and Pleasure in Latin Poetry, Cambridge 1974, 67 / 80: "Of Mice and Men". Kürzlich hat N. Holzberg, in WJA 17, 1991, 236ff. die Fabel sehr direkt auf das Verhältnis des Horaz zu Maecen bezogen und gemeint, Horaz habe darlegen wollen, wie er sich als Klient gegenüber dem Patron gefühlt habe, nämlich doch recht eingeengt; ja, Horaz habe dieses sein Verhältnis sogar zum Gegenstand "satirischen Spotts" gemacht. Holzberg gibt dann aber selbst zu, dass seine Analogie nicht zur Gänze aufginge (237). Wie soll sie auch, wenn sie gar nicht vorhanden ist? Wäre sie es, stünde Horaz als ein äußerst taktloser und undankbarer Mensch da. Wollen wir nicht lieber sagen: Da beide, sowohl Horaz als auch Maecenas, die Unbequemlichkeiten des *convictor*-Lebens sehr wohl kannten, aber auch wussten, wieviel sie einander bedeuteten, trugen sie die Unbequemlichkeiten gerne und lächelten über die Begleiterscheinungen. Später hat Horaz über sie einmal bitterer gesprochen (in epi. 1, 17, aber da war die schwierige Phase längst vorüber).

Was soll das hier? Es soll auf das Thema "So ist es gut und genug; um mehr bitte ich nimmer" zurückführen und die schöne Satire abrunden.

Sie hat das Gütchen in den Sabinerbergen am Lucretilis zum Gegenstande, nämlich was es für Horaz bedeutet. Es bedeutet für ihn nicht allein die Ruhe des stillen, schönen Landes, sondern mehr: Ein eigenes Land zu besitzen, sagen zu können: "Dies ist mein". Wie oben angedeutet, ist das für einen Mann unendlich viel, für sein Selbstbewusstsein und für sein Glücksgefühl. Und da stellt sich gleich ein Gedanke ein: Ja nicht mehr erwarten, es bei dem, was da ist belassen – warum? Nun, man kann sich dazudenken, was Horaz hier verschweigt. Es ist ganz leicht: Wer mehr haben möchte, stürzt sich in die Hybris der Undankbarkeit den Göttern gegenüber und in ständige Unruhe. (Man denkt an die Geschichte vom Fischer und seiner Frau). Nein, reine Freude, ungetrübt vom Weiterwünschen, die will er genießen. Gut und ruhig dort draußen leben, wie sein Vieh; nur nicht träge werden wie seine Tiere, wenn sie gut gefüttert sind. Nein, dies eben nicht: Dort draussen arbeitet es sich gut, und darum bittet er, sein Geist möge nicht träge werden (14 f), und im Scherz haben wir ja in sat. 2, 3 vernommen, wie er seine großen Vorbilder, Plato, Menander, usw. mit hinausnimmt aufs Landgut.

Ein großes, weites Aufatmen durchzieht dieses Gedicht, das Aufatmen des "Es ist erreicht!" Da dankt Horaz dem Gott, wie es einem frommen Manne ansteht, und er bittet nicht um noch mehr, sondern nur darum, dass ihm dieses schöne Geschenk erhalten bleiben möge. Das Geschenk hat ihn davor gerettet, vom "Ungeheuer der gesellschaftlichen Verpflichtungen gepackt" zu bleiben (Wili 113), vor welchem Ungeheuer er sich in dem Gegenstück zu sat. 2, 6, nämlich in sat. 1, 6 noch sicher gefühlt hatte, und auch davor, weiterhin belästigt zu sein: Jetzt endlich kann er viel öfter ungestört und in heiterer Umgebung arbeiten[30]. Noch Eines: Horaz verstand die Satirendichtung des Lucilius als ein "Bild seiner ganzen Art" (sat. 2, 1, 30f.); da gab er nun auch in einer seiner eigenen Satiren (nämlich hier in 2, 6) einen Einblick in sein ganz persönliches Erleben und in seine Art (so etwa auch Fraenkel 169), in seine *pietas* und *modestia*.

Man kann weiter und weiter in der Analyse einzelner Motive und Wörter gehen, es ist ein reiches Kunstwerk, was wir vor uns haben, reich an verschiedensten Tönen, sprachlichen Wagnissen und heiteren Einfällen, kurzum: Auch so gesehen, auch auf die Meisterschaft im Kleinen geschaut, ist sat. 2, 6 eine wahre "Krone", Krone und Krönung auch der Selbstbildnisse in den Satiren (von einem solchen spricht auch Ed. Fraenkel, Horaz 169 unten).

---

[30] Man sollte aber nicht überlesen, dass Horaz von sich als von einem treuen und liebenden Freunde spricht (die Wege zu Maecen waren ihm "süß"; hierzu Fraenkel, Horaz 170: "Durch das komisch übertriebene Missfallen an den verschiedenen Unbequemlichkeiten leuchtet die Freude des Dichters hindurch, dass er dem Freunde so nahe steht") und von einem Römer, der stöhnend zwar, aber doch bereitwillig seinen Bürgerpflichten nachkommt (v. 23f.).

Die siebente Satire

Als Hippolytos in Euripides' gleichnamiger Tragödie die Bildsäule der Artemis, der allein er dient, bekränzt, tritt ein alter Diener vor (v. 88f.) und fragt bescheidentlich: "Herr, würdest Du vielleicht einen freundlichen Rat anhören?", und wozu er rät, das ist, von seinem ungeselligen Stolz abzulassen (und auch Aphrodite die Ehre zu geben). Ähnlich in Horazens sat. 2, 7: "Schon seit geraumer Zeit höre ich zu (was Du besprichst), aber als Dein Diener scheue ich mich, obschon ich es gern täte, etwas dazu zu sagen", so spricht der Diener zu seinem Herrn. Aber es sind ja die winterlichen Saturnalien, das Fest der Freiheit, und da dürfen die Diener für einen Tag die Herren spielen, und so antwortet Horaz, d.h. sein Ego der Dichtung: "Nur immer los!" Und los geht es mit einer wahren Dienerphilosophie: Die einen frönen ihren Lastern immer und unentwegt (zeigen also, gleichsam seitenverkehrt, die Tugend der Stetigkeit, die Konstanz); andere sündigen mal so, mal so. "Na und? Worauf willst Du hinaus?", ist des Herrn berechtigte Frage. "Auf Dich!" Der Herr lobe das einfache Leben der Vorzeit, aber wenn ein Gott sie ihm brächte, würde er gewiss ablehnen (dies das Thema von sat. 1, 1, 1ff. und 2, 1, 15ff.): Entweder meine er nicht wirklich, wovon er immer so laut rede, oder er wolle zwar, stäke aber zu tief im Falschen (hier im Genuss des Wohllebens), sei also unstet. Unstet verlange er ja auch nach dem Draußen, wenn er in Rom ist; sei er auf dem Lande, preise er die Stadt. Einmal daheim und zu niemandem geladen, lobe er den ruhigen Abend; rufe Maecen, könne er nicht schnell genug wegkommen. "Bitte, nicht wütend werden", bittet der dreiste Diener, er wiederhole nur, was er von des Crispinus (den kennt der Leser aus sat. 1, 1, 120; 1, 3, 159, usw.) Türhüter vernommen habe – er redet also in doppelter Brechung stoisch-philosophisch und auch aus der Dienerperspektive daher, zweiter Aufguss, wenn nicht dritter.

Den Herrn reizen verheiratete Damen, ihn, den Diener, ein schickes Hürchen. Der Herr, um ans Ziel zu kommen, lässt sich auf allerlei Gefährliches ein; er, der Diener, hole sich gefahrlos leichte Befriedigung – wer ist also hier der Sklave? Der, welcher sich von einer Leidenschaft unterjochen lässt oder der, welcher frei das Natürliche tut? Man erinnert sich an sat. 1, 2: Horaz im eigenen Netz gefangen?

"Ich bin doch kein Ehebrecher!", protestiert das Ego. Der Diener kontert: Nein, weil Dich die Gefahr hemmt. Lass dies Hemmnis fallen, und schon reißt Dich die Lust mit sich fort. Dies war, wie gesagt, das Thema der sat. 1, 2 gewesen; jetzt wird es auf den Dichter selber angewendet, als sei er eine Marionette in der Hand der Begierden (82). Wirklich frei ist nur, so doziert der Drittaufgussphilosoph, wer über sich selber Herr und überlegen ist über Armut, Tod und Fessel, wer über seine Leidenschaften gebietet und auf äußere Ehrungen verzichtet, stark und in sich gerundet, unangreifbar für die Schläge des Geschicks. Ein wundervoll parmenideisches "Bild des Weisen. "Aber der Herr?

Dem Weibe untertan (wie der terenzische Jüngling aus sat. 2, 3, 252ff.), der Kunstsammelleidenschaft, dem Bauche, unfähig, auch nur kurz mit sich allein zu sein (vgl. Sen. epi. 10), immer von irgendwelchen Sorgen geplagt, die er in Wein und Schlaf vergebens loszuwerden strebt – da reicht's dem Herrn: "Steine her, Pfeil und Bogen!" (als gäbe er das alles in einem Stadthause) und: "Raus mit Dir, oder Du kommst als Gutssklave aufs Land (und musst schuften)!"

"Wie sicher muss der Dichter seiner selbst gewesen sein, dass er sich den Spaß erlauben konnte, ein solches mit dem groben Griffel des stoischen Eiferers gezeichnetes Zerrbild seiner Persönlichkeit den Lesern vorzuführen", so bewunderte Heinze (319) diese Dichtung. "Er gesteht ein, dass zumindest zuweilen eine Lücke besteht zwischen seinen Prinzipien und seiner Lebensführung", erkennt N. Rudd, Satires 201. Aber warum steht dies Teilgeständnis gerade hier, an der vorletzten Stelle des Buches?

Die Satire schließt viele Motive der früheren in sich ein (Rudd 194 gibt eine Liste). Schauen wir, um das zu verstehen, einmal aus dem engen horazischen Rahmen hinaus, schauen wir einmal zu Seneca. Seine Epistel 27 lässt er so beginnen: "Du ermahnst mich? Hast Du denn schon Dich selber ermahnt, hast Du Dich selber zur Vernunft gerufen?" So lässt er seinen Briefpartner, der sehr viel jünger ist als er selber (epi. 26, 7), zu ihm, dem Älteren, sprechen. Und derlei kommt noch an anderen Stellen vor, es gehörte anscheinend – und das ist ja auch ganz natürlich – in den Ablauf der Gespräche zwischen Moralphilosoph und Schüler. Anders: Immer wieder stellt sich der Belehrende als selber noch zu Belehrender, als noch auf dem Wege zur Vollendung Voranschreitender offen dar. Nachdem Horaz von sat. 1, 1 an eine lange Reihe von Kritiken allgemeinphilosophischer (oder auch nur moralisch zu nennender) Art vorgetragen hat, lässt er sich am Ende danach fragen, ob er nur davon rede oder auch selber sich nach dem, was er lehrt, richte. In sat. 1, 3, 19ff.; 4, 129ff. stand bereits Ähnliches, hier aber schließt sat. 2, 7 die meisten der angeprangerten Laster zusammen und befragt ihren Kritiker, wie er es denn mit sich selber halte.

Kurzum: Sat. 2, 7 fasst die moralphilosophischen Hauptforderungen zusammen und möchte prüfen, ob ihr Verfechter sie denn auch selber befolge. Eine Zusammenschau also und eine letzte Selbstvorstellung, spaßig und doch nicht gänzlich unernst in den Mund eines Dieners am Narrenfest gelegt, gespickt mit allerhand kleinen Ausfällen gegen Andere, besonders aber gegen das Ich der Satiren selber. Ein hübsches, ein besinnliches Ende der Moralsatiren, wohl auch den Leser besinnlich stimmend, wenn so aus der langen Reihe von Satiren die Frage aufspringt: "Und Du selber?"

Man könnte zum Abschluss sagen, dass auch hier wie in sat. 2, 6 ein Selbstbildnis vorliegt, allerdings ein Zerrspiegel-Bild, verzerrt am Narrentag durch einen philosophisch infizierten Diener. Vieles also muss man von diesem Bilde fortnehmen, aber auch wieder nicht alles, denn der Herr wird ja böse (wie in sat. 2, 3, 326), gibt sich getroffen. Soll man vielleicht so sagen: Nach dem Bilde von 2, 6, dem Bild eines frommen, glücklichen, die Freundschaft pflegenden und die Bürgerpflichten trotz allem Brummen getreulich erfüllenden Ich das exemplarische Bild eines mit sich selber noch nicht Fertiggewordenen?

Die achte Satire

Diese letzte der Satiren ist rasch erzählt: Das Ich begegnet auf der Straße dem Komödiendichter Fundanius (sat. 1, 10, 40ff. hatte von ihm gesprochen: Jeweils in den Schlussgedichten taucht er also auf, ersichtlich aus Kompositionsgründen) und fragt ihn, wie denn das Gastmahl des Neureichen Nasidienus gestern gewesen sei. Der fängt nun an, die Leckerbissen zu beschreiben, und in wörtlichem Zitat wiederholt er die Protzerei des Mannes, als der Wein kam: "Pomerol oder Saint-Emilion, mein lieber Maecenas, für einen wie dich ist alles da!" Dann berichtet Fundanius, wer außer Maecenas noch eingeladen war und dass der Wirt weiter mit seinen Köstlichkeiten so geprahlt habe, dass die Begleiter Maecens angefangen hätten, fürchterlich zu trinken, auf dass sie nicht ungerächt dahingehen müssten (wie sie, epischen oder tragischen Hochstil parodierend, denn auch ziemlich unverblümt ausgesprochen hätten).

Und dann habe der Wirt erneut seine Rezepte zum Besten gegeben, sei aber unterbrochen worden dadurch, dass der Baldachin über den Speisesofas niederbrach und alles in Staub gehüllt habe. Der Wirt sei verschwunden, man habe Witze gemacht, etwa von der Art, dass Seelengröße sich erst in der Katastrophe zeige, und dergleichen mehr. Dann aber sei der Mann wieder aufgetreten, erneut mit Raffinessen, die er aufs ausführlichste zu erläutern begann. Da sei man Hals über Kopf ausgerissen.

So wie sat. 1, 1, 120; 3, 37; 5, 104; 10, 92 und 2, 1 mit einem echten Schluss schloss ("Man wird die Akten zuklappen und du wirst als freier Mann nach Hause gehen"), so endet hier die achte Satire und mit ihr das ganze zweite Buch mit einem echten Ende, mit der wilden Flucht. Ein ganz leichtes, ganz heiteres Stück zum Abschluss? Nicht ganz, denn wovor flieht denn die geladene Gesellschaft? Vor dem peinlichen Benehmen eines Mannes, der zwar äußerlich reich geworden, im Inneren aber ein vulgärer Charakter geblieben ist. Taktlos protzt und langweilt er; aber wie taktvoll lässt der Dichter nicht Maecenas selber jene "Rache" in Form wilden Draufloßsaufens vollziehen, sondern nur seine Begleiter niederen Ranges, die "Schatten" (22). Der Dichter tadelt solche Flucht nicht, er berichtet sie lediglich. Und am Ende lässt er seine "alte Freundin Canidia" (so Heinze) auftauchen, siegelt so den Bericht des Freundes Fundanius und sein ganzes Satirenwerk gleichsam mit seinem eigenen Ring[31]. Das Gedicht selbst ist

---

[31] Dieser abrupte Schluss hat in neuerer Zeit zu mancherlei Über-Interpretationen geführt. So sah K. Freudenburg, TAPhA 125, 1995, 207ff. in der Flucht vom Speisetisch das Motiv

ein peinliches Gedicht, kaum minder unangenehm als sat. 2, 5, und die Flucht legt Distanz zwischen den Aufschneider und Maecenas zusamt dem Dichter (weniger sind die "Schatten" mit ihrem ebenfalls nicht ganz feinen Benehmen abgehoben). Doch was dieses Abheben und Distanzieren bedeutet, das kann nur in einer umfassenden Überschau geklärt werden. Doch zuvor noch eine letzte Bemerkung.

Man[32] hat gemeint, peinlich sei das Gedicht, genau genommen, für Maecenas, denn wie konnte er sich von einem solchen Menschen einladen lassen? Würde dergleichen in Bezug auf eine römische Komödie gefragt, wäre die Antwort, dass man die Spielvoraussetzungen nicht hinterfragen dürfe. Hier muss man anders urteilen: Es ist heute Mode geworden, antike Werke in ihrer Aussage umzudrehen[33], um besonders originell zu erscheinen. Man kann auch sagen: Man liest solche Werke intellektuell, nicht naiv; man lässt sie nicht sprechen, sondern packt etwas heutiger Zeit Entsprechendes drauf. Sat. 2, 8 spricht allein von dem vulgären Getue eines Hochgekommenen ohne Stil und Geschmack; die Frage, wie es zu der Einladung kam, ist Nebensache. Wäre sie wichtig, hätte Horaz eine solche Fragestellung wenigstens angedeutet. Man erinnere sich an Eduard Fraenkels freundliche Bitte (S. 31): "Jene Leser, die von Zeit zu Zeit die Versuchung fühlen, ein Horazgedicht in der Weise zu ergänzen, dass sie in es hineinlesen, was ihrer Meinung der Dichter selbst zu sagen versäumt hat, seien höflich aber deutlich gebeten, dieses Buch zu schließen und nicht wieder zu öffnen".

Rückblick und Vorausschau

Wer sich ein Bild machen möchte vom Leben eines dem geistigen Schaffen hingegebenen Menschen, den wird weniger das Äußere interessieren (im Falle des Horaz verlief das äußere Leben nach der Aufnahme in den Kreis Maecens ruhig) als das, worin denn dieses geistige Schaffen bestanden habe. Wir haben bis hierher einzelne Gedichte besprochen, aber aus welchem Schaffensprozess insgesamt und aus welcher geistigen Leistung überhaupt sie stammen, davon ist noch nicht gesprochen worden. Um hier zu größerer Klarheit zu kommen, bedarf es einer Rückschau.

---

des *conviva satur* verwendet. R. Rothaus Castan, TAPhA 127, 1997, 254 vermutet, Horaz habe so abrupt geschlossen, um den Leser unvermittelt "from satire into life" zu entlassen; eine Kritik erübrigt sich.

[32] R. Baker, Class. Journ. 83, 1988, 212ff.; G. A. Seeck, Gymnasium 98, 1991, 539.

[33] Vgl. Verf., Methoden der Latinistik, Darmstadt 1998, 113; ders., Lateinische Dichtersprache S. 259, Anm. 295.

Nur scheinbar geht es hier um sehr Vieles und recht Verschiedenes; schaut man genau hin, geht es um sehr Weniges. Vor allem gilt es, das allem zugrunde liegende "System" herauszupräparieren, dies allerdings mit Vorsicht und Zurückhaltung. Erstens: Es ist zunächst ein Werte-System: Viele Menschen, wenn nicht gar die meisten, sind getrieben und gehetzt von ihren Vorstellungen und Einbildungen, so hörten wir in den ersten drei Satiren. Das will sagen: Es kommt darauf an, eine Werte-Entscheidung zu treffen, und für Horaz ist der oberste Wert der des *purum pectus*, d.h. eine Einstellung, die im Äußeren Bescheidung und Rückzug anstrebt (sat. 1, 9 deutete derlei an) und im Inneren geistige Hochleistung (davon sprach sat. 1, 10); oder besser: Freiheit von äußeren Zwängen, um frei zu sein für geistiges Tun. Man denke darüber nicht zu harmlos: Es geht um nicht weniger als um die Befreiung von dem seit Kindesbeinen eingeübten Muster des "Ich auch": Auch ich will Geld, auch ich will Ehre, usw. So wachsen wir auf, und erst, wenn man diese Werte-Welt aufgibt, entsteht jenes *purum pectus*, und aufgrund dieses "reinen Sinnes" gelangte Horaz in den Kreis Gleichgesinnter unter der schützenden Ägide des Gönners Maecen. Dieses Zusammengehörigkeitsgefühl beherrscht sat. 1, 5 und 1, 6. Zusammen gehört dieser Kreis zweitens auch dadurch, dass in ihm, aufs Technische gesehen, moderne Literatur gemacht wird: Kurz, d.h. frei von Überflüssigem; variabel, d.h. das Wort schmiegt sich der Sache an; rein, d.h. ohne Einsprengsel, die nicht passen. Eine neue Poetik schließt hier Gleichgerichtete zusammen. Aufs Inhaltliche geschaut, schließt die gemeinsame Verantwortung für die Moral der Bürger Horaz mit anderen, bes. mit Vergil zusammen, letztlich dann auch mit Octavian selbst. Das bedeutet dann aber auch Abstoßung: Abstoßung von all' denen, die nicht dieses Sinnes sind, die falschen Werten nachjagen und die, auf die andere Seite geschaut, eine falsche, weil veraltete Poetik verfolgen.

Das zweite Satirenbuch begann mit einer erneuten Bestimmung des Unterschiedes zu Lucilius, aber auch der Gleichheit: Beide, Lucilius und Horaz "legen ihr Leben offen", d.h. Horaz spricht, allerdings selten direkt und ohne das "Proteushafte", das Wili 107 an ihm erkannte, über sich und seine Art. Andeutungsweise und damit indirekt gibt er sich als frommen, dankbaren, freundschaftlichen Mann zu erkennen und er wagt, diese seine Art spürbar zu machen. Er tut das, weil er sie für exemplarisch hält, exemplarisch im Wesentlichen der Werte-Vorstellung und ihrer Auswirkung auf die Lebensführung, die er offenbart. Dazu gehört für einen Menschen wie Horaz ein Zweites, nämlich das Dichten, und dies aus einem inneren Drang: Es ist seine Natur. Dieses Schreiben ist hier in den Satiren Kritik, im Kern eine Werte-Kritik, und alle scheinbaren Angriffe unter Nennung von Namen sind nur Beispiele, nie sind sie aus Aggressionslust entstanden (es sei denn, er müsse sich wehren). Und diese Art zu dichten, so heißt es am Ende stolz, werde nun auch schon vom Caesar gebilligt: Zum ersten Male fällt der große Name.

Nach dem Dichten das Bedenken der Werte, dargetan (sat. 2, 2) am Beispiel des Ofellus und seiner Kraft, sowohl bescheiden zu leben als auch souverän verzichten zu können (beides gehört zusammen, weil beides auf derselben Wertvorstellung beruht). Und hier fällt nun auch ein entscheidender Begriff: Über Deine Wertvorstellungen bist Du Herr, über Deine falschen wie über Deine richtigen; denn dies ist das Einzige, das im Leben ganz Dein Eigen ist: Werte zu bejahen oder zu verneinen, so lehrte die gesamt nachsokratische Philosophie.

Sat. 2, 3 so lustig und übertrieben sie auch sein mag, ist fest in das bisher abstrahierbare Gedankensystem eingeordnet. Die Menschen irren, weil sie sich über das unklar sind, was werthaft und was wertlos ist, über das *verum*. Nur eben angedeutet wird da der Zusammenhang von Natur (von dem also, was die Natur zum Überleben und zum Ausleben der Begabung verlangt) und Selbsterkenntnis. Wertentscheidung setzt ein Bedenken seiner selbst voraus: "Wer bin ich?" und "Was will ich?", diese Fragen gehen zusammen.

Sat. 2, 4 parodiert die Suche nach einer begründeten Wertentscheidung als Anfang des Weges auf ein glückliches Leben zu: Sie preist gutes Essen als die alleinige Form des guten Lebens an. Und sat. 2, 5 pervertiert nicht nur den Mythos, sondern auch die Forderung nach einer solchen Wertentscheidung: Der Odysseus dieser Satire kennt nur eine Wertvorstellung und Lebensform, die des Testament-, d.h. des Gelderjagens.

Waren bisher alle Dichtungen des zweiten Buches entweder Dialoge oder vom Ich der Satire vorgetragene Referate, also eine Kombination von Gespräch und Bericht, so macht 2, 6 eine Ausnahme: In ihr spricht das Ich direkt und unverhüllt, so will es zumindest scheinen: Es hat ein Gütchen bekommen, eine "Burg", und ist nun frei von den Unbilden des Stadt-Alltags eines Maecenas-Freundes, ist nunmehr dank einer Gottesgabe frei zu wesentlicherem Tun, u. a. zum belehrenden Gespräch unter ganz einfachen, ganz unverbildeten klugen Menschen des Landes. In diesem Gedicht lässt Horaz echte Frömmigkeit erkennen, wenn er Maecens Geschenk als Gottesgabe preist und mit gierfreiem Sinn betet. Und dann, nach solchem Bekenntnis, folgt doch wieder ein verhülltes Sprechen, nämlich die Fabel von der Land- und der Stadtmaus, die sagen will, um wieviel besser, d.h. ruhiger und sicherer das Leben der Bescheidung "draußen" ist. Beide Teile, Monolog des Ich und Fabel, werden durch den Gedanken des "Genug" zusammengehalten.

Verhüllt spricht auch sat. 2, 7 wie sat. 2, 3 – und dies ist das dritte Bauteil im "System" der Satiren – , und zwar in parodistischer Brechung, vom Dichter selbst. Der Diener wirft ihm sein Liebeln, sein Sammeln, sein Wohlleben und seine Unfähigkeit vor, in Ruhe bei sich selbst zu bleiben, und misst das Tun seines Herrn am Ideal des Weisen – scheinbar das krasse Gegenteil von dem, was sat. 2, 6 eben noch gepriesen hatte. Das ist einerseits eines jener Bekenntnisse der Morallehrer, die da sagen wollen, dass sie selber all' den Versuchungen ausgesetzt sind, die sie anprangern (epi. 1, 8 wird ein gutes Beispiel bringen); andererseits machen die v. 72/4 deutlich, dass Freiheit immer die Freiheit der Willensausrichtung ist. Die Satiren 2, 3 und 2, 7 sollen das so oft krittelnde Satiren-Ich als eines zeigen, das sehr wohl, wenn auch versteckt und verhüllend, um seine eigenen Defizite weiß (vgl. sat. 1, 3, 19ff.).

Der gedankliche Unterbau ist in diesem zweiten Buche der gleiche wie der, welcher das Fundament des ersten war. Bescheidung im Äußeren als Entscheidung für den Wert des Freiseins von äußerlichen Zwängen (u.a. dem Zwang, reich und prominent zu sein), um die Freiheit für geistiges Tun zu finden. Diese Entscheidung setzt sowohl die Erkenntnis der eigenen Natur voraus als auch die des *verum*, des wahren Wertesystems.

Aber diese Gedanken, so gewichtig sie sind, obwohl im Leben schwer umzusetzen, tragen nicht den Hauptakzent in dieser Dichtung; den trägt die Kunst. Zunächst die Kunst, diese Gedanken in Szenen umzusetzen, sie zu brechen und zu spiegeln, sie nicht nur direkt also, sondern auch indirekt ausdrücken zu können. Dann die Strukturen: Gern beginnt Horaz im ersten, seltener im zweiten Buche "schief", d.h. von einem scheinbar dem Thema fremden Ausgangspunkte aus (das Knochesche Prinzip). Später wird dann jeweils deutlich, dass auch dieses Ausgangsthema oder diese Eingangsszene gedanklich eng zum Hauptthema gehört; zunächst aber weckt der "schiefe" Anfang in gekonnter Manier das Interesse. Dann die Schlüsse: Immer wieder entweder der Furioso-Schluss oder der gleichsam "echte" wie am Ende von 1,10 oder der überstürzte am Ende des zweiten Buches. Und zudem die Variation von Schwer und Leicht, von Tagesethik, Dichtung und Anekdote. Diesen Wechsel[34] von Leichtem und Schwerem zeigte das Jambenbuch noch nicht so deutlich, obschon epo. 7 als bedeutungsschwere ebenso von unwesentlicheren Stücken gerahmt ist wie auch epo.16.

Den Stil dieser Satiren kann man begreifen und bestimmen, wenn man Horazens "kleine Poetik" in sat. 1, 10, 9ff. ernst nimmt: Kurz und bündig muss gute Dichtung dieser Gattung sein, den Gesprächston festhalten, aber in variierender Weise, in einer Art, die einmal ernst, einmal heiter, einmal die Sprachkapriolen des Rhetors darbietet, einmal auch dichterisch formuliert (was immer das hier sein mag), nicht selten auch so redet wie der gewitzte Städter, "urban". Und, bitte, keine griechischen Einsprengsel, d.h. reines Latein! Hinzu kommt ein deutlicher Unterschied zum ersten Satirenbuch, der darin liegt, dass nun so gut wie alles in Dialogform geboten wird; W. Wili hat auf S. 100 gar davon gesprochen, dass Horaz sich mit der literarischen Form des dramatisierten Dialoges der Komödie weiter genähert habe. Jedenfalls ist alles Traktathafte, das im ersten Satirenbuche noch hier und da spürbar war, gemieden oder es wird in Parodieform verspottet.

Schauen wir nun alles zusammen: Vom Traktat (sat. 1, 2) führte der Weg zur Technik der Brechung, ja der platonisch-doppelten wie in sat. 2, 3 (man erinnert sich an die Rahmengespräche in Platos "Phaedrus" oder "Parmenides"), so wandelte sich auch die Darbietungsform vom Einfachen zu hoher Kunst. Die Darbietungskunst, die Sprachverdichtung und -reinigung, dazu der straffe gedankliche Unterbau. All' das machte Horaz zum "Klassiker" der Satiren-

---

[34] Ihn hat H. L.F. Drijepondt, Die antike Theorie der varietas, Spudasmata 37, 1979 nach den Bemerkungen in Verf., Der Bau von Senecas Epistulae Morales, Heidelberg 1970, 19 untersucht (vgl. Verf., Lateinische Dichtersprache § 212).

dichtung (so U. Knoche, AKS 263ff.)[35]. Fragen wir noch ein wenig weiter, fragen wir danach, worum es Horaz wohl gegangen sein mag. Gewiss darum, "besser" und moderner zu schreiben als der Archeget der Gattung es getan, als Lucilius; aber es war ihm wohl auch darum zu tun, das, was er vom Vater gelernt, was vielleicht gar in seiner Natur lag, ins Wort umzusetzen: Die hilfreiche Belehrung. Was er selbst erfahren, was er selber gelernt, das wollte er – vielfach umspielt und gebrochen, voll Kunst und nie aufdringlich – weitergeben (vgl. Sen. ep. 8, 3).Und da scheute er sich nicht, sich selbst als Beispiel hinzustellen (nicht als Vorbild!), so wie es Lucilius getan (sat. 2, 1, 30ff.), ja sogar als Gegen-Bild (in sat. 2, 3 und 7 jeweils am Ende). Horaz wollte nicht die kalte Unverbindlichkeit der bloßen Analyse, er zeigt einen Menschen von bestimmter Geistesart in einer bestimmten Umgebung, aber so, dass ein Übertragen auf jeden Leser verwandter Geistesart möglich ist. Darum der Mangel an genauen Lebensdetails, den der heutige Biograph bedauert, der aber, wenn er nicht vermieden worden wäre, das Werk hätte im Partikulären versinken lassen.

Dichten ist jetzt, im Unterschied zu den Epoden, das Sagen des moralisch Verbindlichen, das Zeigen dessen, was da um uns (und in uns) ist und dessen, was zu sein hat, vielfältig zerspielt, mannigfach gebrochen und ironisch verzerrt, aber dem aufmerksamen Leser stets gut erkennbar. Hierin sah er eine Aufgabe, die Aufgabe des Vaters ins Allgemeine gehoben; er mag hierin auch eine Bürgerpflicht gesehen haben, seinen Beitrag zur Rettung seiner Heimat vor dem moralischen Zerfall. Nicht nur wegen des Freimuts bezieht er sich mehrfach auf die Alte Komödie, es scheint, als habe er auch an die Aufgabe gedacht, welche die griechische Komödie sich gestellt hatte: die moralische Rettung der Stadt[36]. Sehr treffend hat N. Rudd in "Horace 2000" (London1993, 72) davon gesprochen, dass Horaz im zweiten Satirenbuch der Stoa mit minderer Kritik begegne als zuvor; es könnte sein, dass Horaz seine ethisch-politische Verantwortung im Sinne der Stoa nun stärker spürte als zuvor.

Dichten ist aber auch, das, was man erdacht, nicht nur in passende, sondern auch in feine und faszinierende Worte zu fassen. Wie bedacht Horaz hier zu Werke ging, mag man allein daran ermessen, wie er die Sprache der beiden Eiferer in sat. 2, 3 und 4, die des eher Rustikalen und die des Überfeinerten bis in die Behandlung der Verstechnik hinein sich an den Charakter anpassen ließ.

---

[35] Die Satire war ein spezifisch römisches Gewächs; Quintilian schrieb ja: *satura ... tota nostra est*, inst. 10, 1, 93.

[36] Mit aller Deutlichkeit muss hier jedoch gesagt werden, dass Horaz diesem Verantwortungsgefühl erst später und nicht in den Satiren direkten Ausdruck gibt (man denkt an die sog. Römer-Oden und an epi. 2, 1, 124: Der Dichter sei *utilis urbi*, "nützlich der Stadt", also Rom und wofür das Wort steht). Es ist eine glänzende Einsicht Lynes (Horace 22/7), dass Horaz in den Satiren gleichsam allgemein spricht und den Spiegel hinhält, und keinem Bestimmten vorhält; deutlich an seine Landsleute wendet er sich mit Ermahnungen erst nach Actium (Lyne 27). Lynes Beobachtung trifft also mit Horaz' eigenen Worten zusammen, denen nämlich, die vom Dichten für sich selber, allenfalls für den engsten Freundeskreis sprechen.

Überaus bedacht ging Horaz auch mit der Frage nach der rechten Komposition um. Über die Verteilung von leichteren und gewichtigen Stücken war schon gesprochen worden; auch darüber, dass diese Verteilung bis ins Thematische hinein in Buch 1 und 2 gleich ist. Erwähnt sei hier noch, dass Charles van Rooy nachgewiesen hat[37], wie Horaz die Satiren durch thematische Wiederaufnahmen und wörtliche Anklänge zusammengeschlossen hat zu einem in sich gedrungenen Werk, und zwar einem Werk, das durch immer wieder auftretende Motive und Wörter eine Einheit gewinnt.

Wenn – und dies soll die vorletzte Bemerkung in dieser Rückschau sein – Horaz Buch I und auch II seiner Satiren so gestaltet und gebaut hat, dass sie sich im Gedanklichen[38] wie auch im Strukturellen[39] nicht unähnlich sind, dann hatte er mit dem ersten Buch guten Erfolg. Das muss im Unterschied zu der verbreiteten Annahme, man müsse sat. 2, 1, 1f. wörtlich nehmen und auf einen mäßigen Erfolg schließen, nachdrücklich betont werden. Warum wandte er sich dann aber von der Satirendichtung ab und den Oden zu (die er gewiss schon vor Abschluss des zweiten Satirenbuches begonnen hatte)? Die Antwort soll die letzte Anmerkung zu diesem Werk sein: Die Satiren sind bis auf Weniges (z.B. die Erwähnung der Freunde oder der heimatlichen Berge) Produkte des Intellekts; sie "demonstrieren und belehren", so kennzeichnete Ed. Fraenkel sie (Horaz 271). Nun drängte es den Dichter zum Singen, wie Fraenkel empfand. Viel und lange hatte Horaz verdeckt und indirekt gesprochen, verhüllt auch von sich selber gedichtet, obschon er es öfters wagte, von sich als einem Exemplum zu sprechen (im guten wie im minder preiswürdigen Sinne); nun kam die Zeit, wo er ernster (Wili 116) und bestimmter das sagen wollte, was ihm am Herzen lag und worum er sich selber bemühte: Er fand dann die Epistelform.– Doch zunächst werden wir uns jetzt der Odendichtung zuwenden und mit ihnen einer nun nicht mehr rein intellektuellen Meisterschaft, nämlich der Fähigkeit bildhaften Schauens und der Gestaltung von Schönem (vgl. am Ende von Kap. III).

---

[37] Latinität und Alte Kirche, Festschrift R. Hanslik, WS Beiheft 8, 1977, 263ff.
[38] Sowohl im ersten als auch im zweiten Buch beginnt Horaz mit dem Gedanken an die Einbildungen und falschen Einstellungen, wie oben mehrfach erwähnt wurde.
[39] Es sei an W. Ludwig, Poetica 2, 1968, 304ff. erinnert.

KAPITEL VI: DIE ODEN I BIS III

Einführung

Eine Satire zu verstehen, fällt deswegen recht leicht, weil ihr Inhalt ein intellektueller ist: Eine Satire will zu einer moralischen Einsicht führen (oder auch zu einem Einblick in ein lachenswertes Milieu), indem sie dem Hörer Maximen vorträgt und Bilder oder Szenen vorführt, die alle, sei es durch Ernst, sei es durch Spott, zu einem bestimmten sittlichen Empfinden hinleiten. Wenn also in einer Satire Bilder und Szenen verwendet sind, dann dienen sie einer Entscheidung und der Urteilsfindung über Gut und Schlecht oder über Nachahmens- oder Ablehnungswürdiges, d.h. sie appellieren an Intellekt und Einsichtsvermögen, an die praktische Urteilskraft. Tiefer sollen sie nicht reichen. Tiefer will die lyrische Gattung eindringen. Gedichte Sapphos, Pindars und Horazens erreichen Schichten, die, um anschaulich zu sprechen, unterhalb des Intellekts und der sittlichen Urteilskraft liegen. Der Intellekt wird, so könnte man sagen, den ganzen Tag rege gehalten; diese Schichten werden nur manchmal aufgeregt, z.B. im Falle einer starken Liebe, einer tiefen Trauer, auch einer herzlichen Verehrung oder einer überwältigenden Schönheit, oder, wie in manchen Frühgedichten des Horaz, der sittlichen Empörung. Darum ist es leicht, ein Gedicht allein mit dem Intellekt zu bearbeiten, Realien herauszuziehen, Wortwagnisse festzustellen, Anspielungen zu vermuten und sich auf den Wortsinn und den zugrunde gelegten Gedanken zu beschränken. Doch um nicht ins Theoretisieren zu verfallen, soll gleich zu Beginn ein Beispiel gegeben werden, und erst danach wollen wir die drei ersten Odenbücher durchgehen, wobei wir mit frühen Gedichten beginnen, um danach erst zu ganz reifen Werken zu kommen. Das Beispiel, das vorgeführt werden soll, wird pedantisch in vier Schritten besprochen (Inhaltsübersicht, Textsicherung, Sprachbeobachtung, Interpretation).

Carmen 3, 13

Erste Frage: Worum geht es? Es geht um nichts weiter als darum, dass der Dichter eine Quelle anspricht, sie lobt und ihr dankt, ihr ein Tieropfer verspricht und ein Lied, das sie berühmt machen wird. Soweit das krude Wortverständnis.

Zweite Frage: Können wir uns auf den Text verlassen? Die einzige Unsicherheit liegt im letzten Vers (16): Springen *lymphae* (so die bessere Überlieferung) vom Fels oder *nymphae* (so die schlechtere)? Die Frage ist: Hat Horaz je die Nymphen mit dem Wasser gleichgesetzt, wie die meisten Handschriften es bei Lukrez einmal (6, 1178, 1174 Bailey, Müller) oder bei Properz (3, 16, 4) taten? Nymphen bewohnten im griechischen Denken Berge und Gewässer (Hom. Od. 6, 123f.) und sie wurden im Hellenismus dann metonymisch fürs Wasser gesetzt. Von da übernahmen diese Metonymie auch römische Dichter, spätestens in der ciceronischen Zeit; das Wort *nymphe* oder *nympha* selbst aber war schon seit langem im Lateinischen durch Lautwechsel zu *lympha* geworden. Horaz aber hat die Gleichsetzung der Nymphen mit dem Wasser an keiner Stelle mitgemacht, denn wo er von Nymphen spricht, gibt er ihnen stets anthropomorphe Gestalt (Bo 2, 103f.) und verwendet nie die Metonymie wie bei *lymphae* (Bo 2, 27 rechts oben unter 2).

Wenn somit noch feststellbar ist, was Horaz schrieb, können wir den ersten Rundgang beginnen. Gleich das erste Wort *O* soll in eine sehr genau bestimmbare Sprechsituation versetzen, in die des hymnischen Ansprechens mittels des Anrufes[1]: Das Ich verehrt die Quelle also wie eine Gottheit oder als eine solche. Aber um welche handelt es sich, so fragen wir ganz pedantisch. Um den *fons Bandusiae*, aber was ist *Bandusia*? In einer Urkunde aus dem 12. Jhd.[2] ist eine Quelle dieses Namens für die Gegend um Venusia bezeugt.[3] Wenn es nun aber bei Venusia eine Quelle *Bandusia* gab, muss man sich vorstellen, dass die Quelle, von der Horaz in c. 3, 13 spricht, die bei Venosa ist? Aber ist das Vieh, von dem Strophe 3 spricht, das eines Fremden und nicht sein eigenes? Muss

---

[1] G. Williams, Third Book of Horace's Odes 88: "The first word indicates the tone of the poem", und Syndikus führt das auf S. 131 genauer aus.

[2] Zitiert von Heinze und (genauer) bei Fraenkel, Horaz 240, Anm. 2; ausführlich bei E. A. Schmidt, Sabinum, 34, Anm. 106: *Bandusinus fons apud Venusiam*, also beim Heimatdorf des Horaz.

[3] In der weiteren Umgebung Venusias ist eine Stadt *Pandosia* bezeugt, nämlich für Bruttium; eine Münze zeigt (nach Schmidt a.O.) eine Nymphe. Man dürfe, so Schmidt, den Stadtnamen von einer Quellnymphe herleiten. Man hat nun weiter gemeint, "Bandusia" sei eine italische Form von "Pandosia" (der "Allesgeberin"). G. Neumann spricht sich dagegen (brieflich, mit reichen Literaturangaben) für die Herleitung des Namens "Bandusia" vom indogermanischen Wortstamm "band-" für "Tropfen", usw. aus, was überzeugt, denn von hier bis zu einem Gewässer oder einer Quelle ist es nicht mehr weit.

man annehmen, er habe den lieben Namen aus seiner Kindheit auf die Quelle seines Sabinergutes übertragen (so Fraenkel a.O.)? Wir wollen uns nicht auf eine Diskussion des Namens einlassen, sondern fassen die Namensnennung als Zeichen dafür auf, dass der Dichter nicht irgendeine Quelle anspricht, sondern eine bestimmte, und zwar eine ihm nahe. Die Realie ist nicht mehr mit Sicherheit zu erschließen, festzuhalten ist aber, dass Horaz von einer bestimmten, ihm offenbar lieben Quelle spricht und dass er in dem Ausdruck *fons Bandusiae* mittels des Genetivs alten Dichterbrauch nachamt[4]; es war dies kein allzu großes Wagnis, denn schon Catull hatte derlei geschrieben (Kroll zu 81, 3).

Nun ein erstes Lobeswort: Die Quelle ist *splendidior vitro*. R. Heinze hatte vom "glänzend auf ihm (dem Quell) spielenden Lichtreflex" gesprochen, H. P. Syndikus[5] vom "Glanz ihres (der Quelle) glasklaren Elements", an "reflecting surfaces" dachte auch der Verfasser des Artikels *splendidus* im OLD: Der Quell wird zunächst doch wohl ob seiner glitzernden Oberfläche gepriesen; dann aber "süßen Weines würdig", d.h. eines Weinopfers wert genannt, dazu eines Blumenopfers: Bei einem Quellen-Fest, wie Varro (Ling. Lat. 6, 22) es beschreibt, würden oder werden der Bandusia-Quelle derlei Opfer verdientermaßen dargebracht. Ein solches Fest sind die Fontinalia am 13. Oktober[6]: Soll man sich vorstellen, dass die genannten Opfer demnach im Oktober dargebracht werden sollen, dass das ganze Gedicht ein Oktober-Gedicht sei? Oder bedeutet dieses "Du bist würdig ..." nur eben dies, dass der Quell einer reichen Gabe würdig sei, wie sie beim Quellen-Fest geschenkt werden? Auch diese Realie ist nicht mehr deutlich erkennbar, sie scheint auch nicht besonders wichtig; wichtig ist allein das, was im Text steht: Dass der Quell dieser Gaben würdig ist, dass er also (in einer bestimmten Hinsicht) schön ist und dass er eine Gabe gleichsam sich verdient hat.

"Morgen", so fährt der Dichter fort, "wirst Du beschenkt mit einem Böckchen, dem die Stirne, die schon von Hornansätzen schwillt, sowohl Liebe (so vermenschlicht der Dichter das Tierchen) wie auch Kämpfe (wegen der "Liebe") verheißt"[7]. Und der Dichter fügt hinzu: "Umsonst (verheißt ihm die Stirn Liebe und Kämpfe), "denn er wird Dir (der Quelle) die kühle Flut mit rotem Blute fär-

---

[4] Es handelt sich um einen "Genetivus Definitivus" (J. B. Hofmann – A. Szantyr, Lateinische Syntax und Stilistik, München 1965 [künftig: Hofmann-Szantyr], § 54), den R. Kühner – B. Gerth, Ausführliche Grammatik der griechischen Sprache, 2. Teil: Satzlehre, 2. Bdc., 3. Auflage, Hannover und Leipzig [künftig: Kühner-Gerth], 2, 1; 264 d mit Stellen schon aus Homer belegen: "Trojas Stadt", Od. 1, 2.

[5] S. 132, Parallelen in Anm. 21.

[6] G. Wissowa, Religion und Kultus 221; Heinze 317 ob.

[7] *Destinat* steht im Text (5), das heißt wörtlich "bestimmt": Die Stirn, die wehrhaft zu sein verspricht, bestimmt das Böckchen für Liebe und Kampf. Dieser Gebrauch von *destinare* ist recht eigenwillig; gewöhnlich wäre *destinatus* im Sinne von "bestimmt für etwas", also das Passiv. Aber Cicero (fam. 7, 23, 3) schrieb für "Der Tisch, den Du für Dich bestimmt hast", usw. in ähnlicher Weise *quod tibi destinaras trapezophorum*.

ben⁸, er, der Spross einer munteren Herde". "Leises Bedauern" hörte Heinze hier heraus, und Syndikus (134) sprach es ihm nach, ganz gewiss zu Recht. Wir wollen jetzt nicht übertreiben, aber mit aller Vorsicht darf man wohl sagen, dass sich im Ich dieses Gedichtes ein kleines, kurzes Drama abspielt: Nach dem freudigen, verstehenden Beobachten des lustigen Tierchens dann plötzlich der Einbruch des Schmerzlichen.

Und nun wird nach dem längeren Verweilen beim kleinen Böckchen gesagt, warum die Quelle denn Dank und Opfer verdient habe: Sie schenkt dem müden Spannochsen und dem streifenden Herdenvieh auch während der Hundstagshitze liebliche Kühle (9/12). Die Wiederholung des "Du" gehört zur hymnischen Anrede⁹. Horaz drückt das so aus, dass er sagt: "Dich weiß die Hitze der Hundstage nicht zu berühren"¹⁰ (das muss nicht bedeuten, dass dieses Gedicht und das Opfer in die Zeit der Hundstage zu verlegen sei). Nur an die Tiere ist hier gedacht, an die vom Pflügen müden Ochsen und das stundenlang nach Gras suchende Herdenvieh. Für die Erquickung der Tiere gebührt der Quelle ein Opfer; es ist ein Opfer nach uraltem Brauch, zurückgehend aufs Neolithikum, und immer verbunden mit dem "Schock des Todesschreckens"¹¹. Soviel zu dem einen Tierchen, das so zu Gunsten vieler anderer sterben wird – und der Mensch? Der Mensch wird Gegenstand erst in der letzten Strophe.

In der letzten Strophe folgt nach dem urtümlichen Dank in der Form eines blutigen Opfers der Dank des geistigen Menschen, des Dichters, des Herrn des Worts. Die letzte Strophe nämlich verspricht der Quelle: *fies nobilium tu quoque fontium* ("Auch Du wirst zu den berühmten, oder: gerühmten Quellen gehö-

---

[8] E.C. Wickham hatte in seinem Horaz-Kommentar zu c. 2, 3, 9 (*quo pinus ingens albaque populus umbram hospitalem consociare amant?*, d.h. "Wozu vereinen denn die gewaltige Pinie und die helle Pappel ihre Schatten?", wenn nicht – so mag man hinzufügen – um Dich zu erfreuen) darauf aufmerksam gemacht, dass *alba* (das Helle) eigentlich einen Kontrast verlangt, nämlich das Dunkel der Pinie; ebenso könne man aus *ingens* ("gewaltig", "schwer") einen Kontrast zur schlanken Pappel herausziehen. Dann hätte man eine doppelte Kontrastierung aus nur zwei Attributen, die einander durch den Komplementärkontrast ergänzen. So auch in c. 3, 13, 6f.: Die Kühle könnte man durch die Wärme des Bluts, die Röte des Blutes durch die Helle des Wassers einander ergänzen lassen. Damit wäre die gewisse (oder: scheinbare) Inkonzinnität der Attribute ("kühl" und "rot" erklärt); vgl. Lateinische Dichtersprache S. 206 unten mit Hinweis auf E. A. Schmidt, WS 103, 1990, 57ff. Es sei jedoch nicht verschwiegen, dass Nisbet-Hubbard zu c. 2, 3, 9 Wickhams Auslegung nicht erwähnen.

[9] Heinze zu c. 1, 10, 6; ferner Syndikus 2, 131; E. Norden; Agnostos Theos. Untersuchungen zur Formgeschichte religiöser Rede, Leipzig und Berlin 1913, 163ff.

[10] OLD unter *nescio* 3 a zitieren Plautus- und Cicero-Stellen für *nescio* im Sinne von Nicht-Können; hier jedoch liegt dieses Nicht-Können nicht an der Hitze, sondern an der Quelle (sonst würde sie deshalb nicht gelobt). Doch wie kann sie der Hitze wehren? Die Antwort gibt erst die nächste Strophe. So wie *digne* in v. 2 offen lässt, weshalb die Quelle einer Gabe "würdig" ist, wird hier etwas gesagt, das erst später verständlich wird: Technik der Kontinuitätsherstellung.

[11] Vgl. hierzu W. Burkert, Griechische Religion 104.

ren")¹², und zwar dadurch, dass der Dichter diesen Quell besingt und beschreibt, wie da "eine Eiche über die Felshöhlung (am Quellort) gesetzt ist, aus denen die geschwätzigen Wässer herabspringen, Deine" – so schließt das Gedicht mit einem betonten Pronomen, d.h. mit einer letzten Anrede an die Quelle. Jetzt wird deutlich, wieso die Hitze das Quellwasser nicht erreicht: Es ist geschützt von einer Eiche auf vorkragendem Felsen.

Somit wäre etwas von der Sprachkunst erklärt und wären auch einige Realia besprochen, dies allerdings in der Weise, dass nicht versucht wurde, irgend etwas in den Text hineinzulesen (z.B. die Örtlichkeit), was nicht in ihm steht: Manche Anspielungen werden für immer dem Dichter allein gehören, und es tut dem Verstehen nicht gut, wenn man solchen Realien bohrend nachgeht, die nicht mehr zu klären sind, und zwar deswegen nicht, weil der Dichter sie, auf sein Hauptanliegen schauend, nicht für so wichtig hielt, dass er sie bis ins Detail verdeutlichte. Folgen wir ihm und verlassen wir also nun die Ebene der Sachen und der Sprache und fragen nach der Formgebung.

Die hier vom Dichter gewählte Form lässt sich gut mit der von c. 3, 22 vergleichen (weitere Vergleichsmöglichkeiten bei G. Williams, Tradition 151f.):

> *Montium custos nemorumque, Virgo,*
> *quae laborantes utero puellas*
> *ter vocata audis adimisque leto,*
> > *diva triformis,*
>
> *imminens villae tua pinus esto,*
> *quam per exactos ego laetus annos*
> *verris obliquum meditantis ictum*
> > *sanguine donem.*

"Wächterin der Berge und Haine, Jungfrau (gemeint ist Diana), die Du die Frauen hörst, die im Leibe Schmerz empfinden, sie auch vor dem Tode rettest, Göttin dreier Gestalt: Die Pinie soll Dein sein, die sich zu meinem Haus herabsenkt und die ich (von nun an) an jedem Jahresende freudig mit dem Blute eines Böckchens, der schon den Stoss von unten übt, beschenken will".

Hier folgt auf die hymnische Anrede das kennzeichnende, zum Hymnus gehörende Lob; am Ende steht die Nennung des Geschenkes wie auf Weihepigrammen, zusamt dem Hinweis, dass die Gabe dem Geber lieb und wert ist (der Hinweis auf die Stoßübungen bedeutet, dass der Eigentümer ihm nicht ohne Interesse und Sympathie zugesehen hat). In c. 3, 13 folgt auf den hymnischen Anruf mittels des *O* ein erstes hymnisches Lob, dann die epigrammatische Nennung der Gabe, worauf das zweite hymnische Lob ausgesprochen und dann

---

[12] Dieser Genetiv ist nicht durch Ellipse von *una* ("Du wirst <eine> von ... sein"), wie R. Klotz in seinem Lexikon (1707, re. unt.) meinte, sondern als Genetivus Possessivus (so seit Plautus, vgl. R. Kühner – V. Stegmann, Ausführliche Grammatik der lateinischen Sprache, Hannover 1912, 3. Aufl. bearbeitet von A. Thierfelder 1955, Darmstadt ⁴1962 [künftig: Kühner-Stegmann], 2, 1; 453 vor Mitte).

am Ende epigrammatisch eine Art zweiter Gabe versprochen wird. Diese (gegenüber Fraenkel 240 leicht korrigierte) Formbeschreibung zeigt, dass c. 3, 13 gegenüber 3, 22 dadurch viel komplizierter ist, dass hier das Versprechen in das des Herrn über eine Herde und das des Dichters geteilt wird. Warum aber schrieb Horaz so? Diese Frage führt zur nachzeichnenden Interpretation.

Der Dichter und Herr über Feld und Flur (wo, welche, das ist ebenso wenig von Belang wie die Frage, ob er wirklich dort hingeht oder ob er sich das alles nur vorstellt) spricht zu einer ebenso schönen ("gleißender als Glas") wie liebenswerten (*amabile*, 10) Quelle; sie ist einer Wein- und Blumenspende wert und darüber hinaus eines würdigen Opfers; bei dem Opfertier verweilt die Phantasie des Dichters mit "leisem Bedauern", verweilt bei dem, was seine Stirn dem Tierchen alles an Lust verspricht, und schneidet dies Verweilen mit dem herben "umsonst" ab (schön spricht darüber Syndikus 134). Das Gedicht kommt mit der "Munterkeit" (*lascivi gregis*, v. 8) noch einmal zu dem Böckchen zurück, um sich dann ganz der Quelle zuzuwenden und dem, was sie schenkt und wofür sie ein Gegengeschenk gleichsam verdient hat: Für die Kühle und natürlich auch den kühlen, lebenserhaltenden Trank. Aber das Ich ist nicht nur Herr über Flur und Herde, es ist auch Dichter; und so ist das Letzte, das es verspricht, sein ganz eigenes Geschenk: Das Gedicht, das den Quell für alle Zeiten berühmt macht, bis heute. Es ist dies auch das Geschenk des Menschen, der den Sinn hat nicht nur für Kühle und Trank wie die Tiere, sondern als Menschenwesen auch für die Schönheit: Das wundersame Glitzern, die liebliche Kühle, das Bild der Eiche auf dem Fels über dem Gewässer und das geschwätzige Plätschern – die Herrlichkeit einer Quelle in südlicher Hitze an geborgenem Ort voller Lichtspiele und unaufhörlich vielfältigem Gemurmel der Flut, das ist es, was den spürsamen Menschen entzückt. Diese Trennung von traditioneller und persönlicher Gabe erklärt nun endlich auch die Spaltung des Weiheteils, die das Geschenk des Dichters betont ans Ende rückt.

Alles, was draußen ungewöhnlich und heilbringend ist, das verehren wir, sagt Seneca in ep. 41, 3; der Dichter dankt dem Quell für seine Erquickung, er begreift sie als Geschenk, das eine Gegengabe erheischt nach uraltem Brauch, und er gibt der Quelle gern ein munteres Tierchen[13] aus der Herde, welche durch das Quellwasser erhalten wird. Aber dem Menschen gibt sie die Freude am Schönen, und so gibt der Dichter ihr, was seiner Art ist, ein schönes Lied, das sie unvergesslich machen wird.

Brechen wir hier ab und fragen jetzt einmal grundsätzlich, welche Art des Verstehens hier eben versucht wurde. Wir wollen diese Art vorläufig und in einem ersten Ansatz so beschreiben, dass nach Sicherung von Text und

---

[13] In dieser Gabe mischt sich Freude an der jungen, noch unerschlossenen Lebenskraft des Tiers mit freudigem Herschenken an die als göttlich empfundene Quelle, die darum auch einer Gabe würdig ist, wie Gottheiten sie erhalten. Eine solche Mischung von Liebe zum Tier und Liebe zur Gottheit, dem das Tier geschenkt werden soll, erkennen wir auch z.B. im Kalbträger von der Akropolis (Abb. 123 bei A. Stewart, Greek Sculpture II, Yale UP, New Haven/London 1990; ein verständnisvoller Text Bd. I, 120 links unten).

Wortmaterial die Form beobachtet, dass auf griechische Vorbilder hingewiesen und am Ende eine Stimmung erspürt wurde – doch wessen Stimmung? R. Heinze sah (S. 317 seines Kommentars) "den Dichter gleichsam in vertrauter Zwiesprache mit seinem geliebten Quell", und dies am 12. Oktober, dem Tag vor dem Quellenfest der Fontinalia. Diese Auffassung stammte aus seinem Bestreben, aus den Oden möglichst viele biographische Details herauszufinden, insbesondere Hinweise auf des Dichters Religiosität. Auf diesem Wege sind ihm viele gefolgt[14]. Da diese Art der Erklärung oft nicht philologisch absicherbar ist und nicht selten übertrieben wurde, wandte sich die nächste Generation, geführt von L. P. Wilkinson und dann Ed. Fraenkel einer mehr literarhistorischen Auslegungsweise zu und suchte überall zu zeigen, wie Horaz hergebrachte Formen und Motive aufgenommen und verwandelt hat. Fraenkel 240f. untersuchte an c. 3, 13 die Verschmelzung traditioneller Formen, nämlich die von anrufendem und lob-preisendem Hymnus und stiftungsversprechendem Weihepigramm. Doch vermochte er außerdem sehr fein zu spüren, wie sehr Horaz das Tierchen "als lebendiges Wesen empfindet" (241). Der Kommentar von R. G. M. Nisbet und M. Hubbard verschmäht solches Erspüren weitgehend und beschränkt sich gern auf den "literarischen Stammbaum" von Gedichten (Bd. 1, XI), und G. Williams, der dieser letztlich schon von Wickham eingeschlagenen Richtung anhängt, schrieb in seinem "Third Book of Horace's Odes": "In this deft handling of a complex of themes Horace creates a new and major poetic form out of Greek epigram" (90; ausführlicher in Tradition 149ff.), ohne allerdings das "emotional pathos" außer Acht zu lassen.

In eine ganz andere Richtung ging die symbolische Ausdeutung, die in den scheinbar objektiv geschilderten Szenen Symbole für Horazens eigene Art und (nach K. Büchners Worten) seine "Seinsverfasstheit" zu erkennen vermeinte[15], was immer mit diesem Wort gemeint sein mochte. Derlei lebt auch heute noch, so versteht E. A. Schmidt noch 1997 die ersten Strophen unseres Gedichtes über die Bandusia-Quelle als Symbol für das Maß, dass "kaltes Quellwasser und Lebensblut" sich vermischen. Er begreift die Vermischung als Symbol für "sabinische Lebenskunst" (womit die Lebenskunst der Bescheidung gemeint war, die Horaz auf seinem Sabinergütchen gepflegt haben soll) und als "Ursprung der Maßethik der horazischen Lyrik"; die letzte Strophe versteht Schmidt (Sabinum 117) so, dass "der Dichter seinen geistigen Innenraum auf den Außenraum seines realen Lebenszentrums überträgt" (ebd. 118), in welchen Wörtern man das bescheidene Horazgedicht nur schwer wiederzuerkennen vermag. Schmidt gelangte wohl zu dieser Auffassung mittels der Vorstellung von *temperantia*, dass sich hier etwas mische, aber im Text steht nicht *temperare*, sondern nur *inficere*, "färben".

---

[14] Beispiele hat H. Krasser, Horazische Denkfiguren. Theophanie und Theophilie als Medium der poetischen Selbstvorstellung des Odendichters, Göttingen 1995 [künftig: Krasser], 23, Anm. 43f. gesammelt.

[15] Studien 10, 130; vgl. H. Krassers treffende Bemerkungen S. 29 dazu.

Eine andere, der eben gekennzeichneten Methode nicht ganz unähnliche Leseweise besteht darin, sich Horaz in der Absicht zu nähern, in seinen Worten Versuche der Selbstdarstellung zu erkennen, insbesondere in Bezug auf die Göttergestalten; so schreibt H. Krasser auf S. 33: "Die Götter ... sind in erster Linie Bedeutungsträger, mit deren Hilfe sich in mehr oder minder differenzierter Weise persönliche Anliegen, politische Programme oder einfach das Image einer bestimmten Person vermitteln lassen". Zum "Image" – Begriff wird später mehr zu sagen sein, hier genüge es, das Zitierte auf c. 3, 13 anzuwenden und etwa so zu argumentieren: Horaz habe von seiner Gabe an die Quelle gesprochen, um eine besondere Seite seines Dichtertums zu bezeichnen und zu betonen, die Pietät.

An welche Stelle dieser Serie gehört nun die oben von uns versuchte Leseweise? Sie bezog sehr wohl die literar- und gattungsgeschichtliche Frage mit ein, fragte aber weiter nach der inneren Bewegung des Gedichtes und endete mit dem Anliegen, gleichsam unter Wort und Bild hinunter zu steigen, um die Gestimmtheit zu spüren, die der Dichter hervorrufen wollte, bzw. um das "emotional pathos" (G. Williams a. O.) zu erkennen. Wir möchten das sehr komplexe Gedicht also etwa so lesen wie H. P. Syndikus es getan (2, 129ff.). Wir verweilen nicht in einer literarhistorischen oder biographischen Einseitigkeit, verlieren uns aber auch nicht in Begriffsschwaden und sprechen nicht von Symbolen; wir lesen diese und die anderen Oden stets zunächst ganz "naiv" und legen bei der Interpretation nichts in ein Gedicht, was nicht von ihm selbst verlangt und nahe gelegt wird, unterfragen aber doch den Wortsinn und die Gedichtoberfläche, wenn der Text dazu auffordert. In c. 3, 13 fanden wir die Gestimmtheit der Dankbarkeit. Der Herr der Herde dankte für die Kühle, welche die Quelle den Tieren spendet; und der Dichter dankt in der Form eines Gedichtes – wofür? Gewiss für das Erleben der Schönheit, aber dankt er auch als Dichter? Hier sollte der Philologe einhalten und sich nicht zu der Ansicht versteigen, der Dichter danke der Quelle für Inspirationen oder dergleichen. Denn dann müsste der Philologe in die Allegorese einsteigen, und das führt ihn ins Weite und Unübersehbare der Willkür persönlichen Meinens und Glaubens. Nur dieses hat der Interpret zu tun: Das im Text Gesagte zu verdeutlichen; in c. 3, 13 galt es, verdeutlichend, nicht überlastend und nicht verfälschend, den Unterschied zwischen der rituellen, blutigen Opfergabe und der Gabe des Dichters spürbar zu machen, nichts weiter.

Ein solch schönes Gebilde wie c. 3, 13, gesättigt von Sinnenhaftem und Empfundenem zugleich, das gelingt Horaz nicht sofort, als er mit der Arbeit an der Odenform begann. Der Biograph eines Künstlers muss der Entwickelung des von ihm Darzustellenden nachgehen, und darum wollen wir vorläufig nicht weitere Meisterwerke besprechen, sondern in einem kurzen Kapitel die Anfänge dieser Entwickelung betrachten. Dieses Wort wollen wir hier so verstehen, dass es die gewollte und mühsam erarbeitete Annäherung an ein Ideal meint, an ein Ideal, das ebenfalls, soviel davon auch von den Griechen überkommen sein mag, erst einmal geformt und mühevoll bedacht werden musste. Wann und wie kam er aber überhaupt auf den Gedanken, Oden zu verfassen?

Biographische Zwischenbemerkung

Im Sommer des Jahres 29 kam der Sieger über Antonius heim nach Rom. Er hatte die staatspolitischen Aufgaben im Osten gelöst. Mit dem Partherkönig Phraates traf er ein Stillhalteabkommen, ähnlich mit Syrien, Kleinasien und Judäa, mit Kappadokien und dem Königreich am Pontos; nun galt es, den römischen Staat neu zu ordnen. Als wer und als was? Bisher hatte Octavian auf dem Grunde "allgemeiner Zustimmung" gehandelt (*consensus universorum*, Kienast 80); nach den staatsrechtlichen Traditionen und Gegebenheiten durfte diese Ausnahmeregelung nicht bleiben. Am 13. Januar 27 wurde Octavian die höchste militärische Auszeichnung, die *corona civica* überreicht und am 16. Januar gab man ihm feierlich den Namen *Augustus*: Seine Autorität schien gesichert, und so gab er in einem großartigen Akt dem Senat am 27. Januar alle seine außerordentlichen Vollmachten zurück. Was genau damit gemeint war, ist umstritten; sicher aber ist, dass Augustus in den nächsten Jahren Konsul war, dass er die prokonsularische Befehlsgewalt behielt und auch die Immunität eines Tribuns (Kienast 89 oben). Zudem verlieh ihm der Ehrenname "Augustus", zusammen mit dem Beinamen "Sohn des vergotteten Julius" (also seines inzwischen zum Gott erhobenen Adoptivvaters) eine über alles Menschliche hinausgehende Erhabenheit. Manche andere Vorrechte, die Octavian bisher besessen hatte, legte er allerdings in die Hände des Senates zurück, sodass am Ende ein Kompromiss herauskam, bei dem aber Augustus' Macht im Grunde nicht beschnitten wurde.

In dieser Atmosphäre allgemeiner Beruhigung und Sicherung arbeitete Horaz. Die früheste Odendichtung dürfte allerdings noch vor diese Zeit fallen, in die Jahre der Epoden, wie klare wörtliche Anklänge zeigen (darüber unten mehr). Diese Zeit ist zugleich die der Satirendichtung, und so wird es niemanden verwundern, wenn auch Elemente dieser Dichtensweise sich in den ersten Oden finden. Wann Horaz zur Odenform griff, wissen wir nicht; dass es noch vor Actium war, dürfte sicher sein. Wir folgen somit nicht E. Schaefers Ansicht (WJA 13,1987, 195ff.), dass Actium, etwas für den Dichter Äußerliches, eine besonders starke Anregung darstellte oder dass Prämien (sat. 2, 1, 12; Wimmel ANRW 2, 30, 3; 1603f.) irgend einen Anreiz boten. Aber warum tat er diesen Griff? Hier kann man nur vermuten. Einerseits wird man damit rechnen dürfen, dass es dieser Hochbegabung nicht genügte, die verhältnismäßig kleinen Gattungen der Epoden und der Satiren allein zu pflegen. Deren Zugriffsbereich war ja doch beschränkt: Zumeist vermischte

Kleinigkeiten im Falle der Epoden, scherzend-aggressive Kritik dann im Falle der Satiren, durchmischt mit eingeschränkten, oft verdeckten persönlichen Bemerkungen; und beide Gattungen nicht zum geringsten Teil von Angriff und Kritik getragen – wollte Horaz endlich offen, preisend und so sprechen, dass er sich an Schönem freuen durfte? Nun endlich nichts mehr, was man tadeln und verlachen musste, sondern Schönes wie die Dinge der Liebe, der Freundschaft und das segensreiche Wirken der Großen. Zudem hatte der junge Dichter seine Kräfte erprobt, indem er kleine Gattungen ergriffen, umgestaltet, manchmal auch zur Vollendung geführt hatte, aber eben nur kleine und beschränkte. Die Ode eines Alkaios und die Gesänge eines Pindar waren etwas viel Größeres und Erhabeneres. Fühlte der inzwischen erfolgreiche Dichter, dass seine Schwingen ihn noch höher zu tragen vermöchten als bisher? Doch lassen wir das Fragen und wenden uns den frühen Oden zu, um Antworten zu finden.

Die frühe Odendichtung

Carmen 2, 18

Das Gedicht ist gewiss früh anzusetzen, besonders R. Heinze hat (S. 234) die Gründe dafür zusammengetragen (vgl. auch Syndikus 1, 458). Es beginnt mit einem Anklang an Bakchylides (frg. 21, S. 105 Sn.):

"Keine geschlachteten Rinder können wir bieten
 und kein Gold, auch keine purpurne Decken,
  wohl aber freundlichen Sinn" (vgl. bei Horaz v. 9!).

Horaz lässt den alten Text anklingen, bis etwa v. 10, dann aber geht er seinen eigenen Weg (vgl. Nisbet-Hubbard 1, p. XII; 2, 287). Es ist der Weg einer Diatribe gegen die Gier.

Der Dichter gibt vor, von seinem Hause zu sprechen: Es schimmert die Zimmerdecke nicht von Elfenbein und Gold, es lasten nicht Dachbalken aus bläulichem Hymettosmarmor auf Säulen von gelblichem Marmor aus Tunis; er hat auch keinen Palast von attalidischem[16] Luxus erschlichen (vgl. Syndikus 1, 461, Anm. 13) und seine Klienten prunken auch nicht, reich von ihm eingekleidet, auf dass sie seinen Reichtum zur Schau trügen, nein: Verlässlichkeit (nach außen) und (innen) eine reiche Ader geistiger Gaben ist sein Schatz, und dass Reiche ihn achten. Um Größeres bettelt er die Götter nicht an (11/14), um mehr bittet er auch nicht den reichen Freund, er ist vollauf glücklich mit seinem Sabinergut. Man wird an sat. 2, 6, 4 erinnert, an *nil amplius oro*.

Nun folgt ein überaus harter Neueinsatz (15): Die Tage vergehen rasch, ununterbrochen schwinden die Monde dahin – Du aber lässt, unmittelbar vor Deinem Tode, Marmor sägen (für weitere Luxusbauten) und, ohne ans Grab zu denken, errichtest Du weitere Villen, eilst, in Baiae das Gestade des anbrandenden Meeres (dieser Villen wegen) aus dem Wege zu schaffen, Dich immer noch zu arm dünkend, wenn Du auf dem Festland bliebest. Weiter und weiter (um Dich greifend) reißt Du der Nachbarn Grenzpfähle aus und springst ins Land gar der eigenen Klienten, und ausgetrieben schleppen, im Arm die Götterbilder, armselige Kinder die Frau und der Mann von dannen!

Und doch ist keine Grenze sicherer und gewisser als die des raffenden Orkus: Seine Halle erwartet als festes Endziel auch den Reichen, mag er über noch so

---

[16] Ob Horaz an einen bestimmten Attaliden gedacht hat, wissen wir nicht (Attalos I verteilte reiche Geschenke an die römischen Truppen im Osten, Attalos III vermachte sein begütertes Königreich den Römern), vgl. Nisbet-Hubbard zu c. 1, 1, 12; Enk zu Prop. 2, 13, 22.

viel Herr sein (*erum*) – wozu also das Gieren[17]? Die Erde klafft (als Grab) in gleicher Weise dem Armen und dem Königsnachfahrn, nicht einmal den klugen Prometheus fuhr Charon, der Knecht des Orkus, für noch soviel Geld wieder zurück: Orkus, der hält den großen Tantalus gefangen und Tantals Sohn (Pelops), und er erhört den aller Lebenslast müden Armen, gleich ob gerufen oder nicht.

Dieses Gedicht gliedert sich quantitativ in zwei Teile (1/14 und 15/40, wobei der zweite wiederum in 15/28 und 29/40 zu gliedern ist). Auf den Inhalt gesehen, ist es so geordnet: "Ich habe nicht ...", "ich habe sehr wohl ..." und "Die Zeit eilt, Du aber ...". Es geht also, was den Gedanken anbelangt, im ersten Teil um das Genügen im Äußerlichen und den Reichtum im Inneren, im zweiten Teil um die Bescheidung im Angesicht des gar nicht so fernen Todes, d.h. um eine existentiell schwer zu gewinnende Einsicht, was aber die Literatur betrifft, um eine oft gehörte Gedankenfolge, Nisbet-Hubbard 1, 287f. liefern die Belege. Interessant wird sie durch das Bildliche: Da sind bis v. 28 zunächst die Farben Elfenbein und Gold, Blau und Gelb in v. 1 bis 6, und geschickt wird die bildhafte Kennzeichnung der einzelnen Gebäudeteile durch das Wort "Haus" in v. 2 zusammengehalten. Weiter findet sich an Bildlichem der Auftrag zum Marmorschneiden in v. 17 sowie das übertreibende, unwirkliche "Bild" vom Zurückdrängen der See, die hyperbolische Vorstellung vom Ausreißen von Grenzmarkierungen und vom "Überspringen" von Grenzen, zuletzt der jammervolle Auszug der Vertriebenen:

> *pellitur paternos*
> *in sinu ferens deos*
> *et uxor et vir sordidosque natos.*

"Vertrieben wird, die väterlichen Götterbilder, dazu die ärmlichen Kinder sorglich im Bausche tragend, sowohl Frau wie Mann" (26ff.; zur Nuance des Sorglichen im Ausdruck *in sinu* s. Nisbet-Hubbard). War die Palastbeschreibung am Gedichtanfang (der Sache entsprechend) ganz statisch gehalten, so herrscht im zweiten Gedichtteil Bewegung (Drängen, Reißen, Springen und Fortgehen). Dann folgt lange Bildloses, bis zur (ausbleibenden) Entfesselung des Prometheus, bzw. seiner Rückfahrt aus dem Orkus ans Licht (hier muss man sich zwischen den Lesarten *revinxit* und *revexit* entscheiden; *revinxit* enthält die

---

[17] In dem heftig umstrittenen v. 31 schlugen Nisbet-Hubbard mit beachtlichen Gründen vor, nach *manet* zu interpungieren und *erum* in v. 31 metonymisch als "Eigentum" zu fassen ("Warum weitest Du Dein Eigentum über Gebühr aus?"), und Shackleton Bailey folgte ihnen. Sie hielten *divitem erum* für unnötig breit und wollten vor allem vermeiden, dass in v. 32 ein Einzelwort am Zeilenanfang isoliert dastünde, da hierfür keine Parallelen in dieser Versgattung bei Horaz zu finden seien. Die Breite wird man nicht als zwingendes Argument betrachten; die Isolierung von *erum* muss man, in einem Frühwerk, nicht unbedingt zu beheben suchen. Man wird die neue Interpunktion für interessant, nicht aber für unausweichlich ansehen.

Rückkehr in sich und ist daher als prägnant vorzuziehen), aber auch eine Entfesselung oder Rückfahrt, in nur einem einzigen Wort angedeutet, ist allenfalls eine Schau-Anregung (Lateinische Dichtersprache § 21). Von der Stimmung her schön und versöhnlich ist dann am Ende (38/40) das milde Lob Charons, der den im Leben arg geplagten Armen erlöst, gleich ob gerufen oder ungerufen; so endet das Lied, technisch perfekt, mit einer Gabelungsfermate, ästhetisch angenehm mit einem Klangspiel (*vocatus – non vocatus*).

Man mache sich nun aber klar, dass keines dieser Anschauungsfetzchen ein veritables "Bild" ist: Immer handelt es sich um das, was in der "Lateinischen Dichtersprache" § 14 (vgl. § 20 Ende) "dienende" Bildteile genannt wurde und da stets nur um Anregungen zu einer bildlichen Vorstellung (§ 21) und des öfteren auch um real nicht nachvollziehbare. Das unterscheidet die Ode deutlich vom Bildhaften in den Satiren, in denen weder solche Bild-Verkürzungen noch derlei unwirkliche Scheinbilder (Lateinische Dichtersprache § 26) vorkamen. In den Satiren wurde das Bildhafte anders eingesetzt. Dort fanden sich zahlreiche Szenen und Groß-Szenen (man denkt an sat. 1, 9), welche den zu Grunde gelegten satirischen Gedanken anschaulich und durch bildhafte "Belege" glaubhaft machen sollten. Das Bildhafte in den Satiren ist samt und sonders erzählend. In der Ode wird ebenfalls exemplifiziert (z.B. 17/21), aber die lyrischen Bildteile, wie sie hier gegeben werden, erzählen nicht nur real Mögliches; sie enthalten auch Unwirkliches und Übertriebenes (man denke an das Zurückdrängen der See und das Springen über Grenzen, was man dem Reich des Symbolischen zuordnen mag), stammen darum aus einer Schicht, die auch Traumbilder, irreale Phantasien erzeugt und Mythenbilder. Der Leser möge diesen Unterscheidungsversuch als Anregung auffassen, zu Ende gebracht ist dies alles noch nicht.

Was die Sprache angeht, so finden sich hier späterhin gemiedene lockere Umgangssprachlichkeiten (z.B. *quid, quod...?* in v. 23) und Verzwicktheiten (vgl. die Kommentare zu v. 29/31, Heinze nannte die Verse "etwas gewaltsam") wie in manchen Epoden, wie denn auch das Versmaß ihnen nahe steht. Zudem erinnern die harten Übergänge oder das harte Aufeinanderprallen der Abschnitte an die Technik in Epoden sowie in Satiren[18].

Wir lesen, um jetzt vom Ganzen zu sprechen, eine recht laute "philosophische Predigt" (Heinze 234), voll so starker Übertreibungen, dass sie uns davor warnen, das "Du" in v. 17ff. für mehr als nur ein "Diatriben-Du" (Syndikus 460) zu halten, etwa für ein Du, das Maecenas einschlösse, wie Nisbet-Hubbard 2, 289 und viel dezidierter noch Lyne 128 nahe legen. Soll man denn, abgesehen davon, dass der Name in c. 2, 18 gar nicht fällt, wirklich glauben, Horaz mache Maecen, seinem Gönner und Freund, den Vorwurf, "mit einem Fuße im Grab" nach Besitzerweiterung zu gieren? Gewöhnen wir uns lieber an einen anderen Gedanken: So wie Horaz gern eine berühmte Stelle aus

---

[18] Zu v. 14f. vgl. Syndikus 1, 463. Er spricht auf S. 465 von einem "Dazwischengeschoben"-Sein.

einem der großen Griechen zum Ausgangspunkte nimmt, zum "Motto"[19] gleichsam, das er dann bald verlässt, so beginnt er zuweilen mit einer Anspielung auf Maecenas, manchmal auch auf seinen Reichtum – das hat der große Mann wohl nicht ungern gehört –, um dann übertreibend derart ins Extreme zu gehen, dass die Anspielung verfliegt und Maecen nur noch ein Ausgangsbeispiel für einen reichen Herrn ist.[20]

Versmaß und darin einige Unebenheiten[21], ein noch nicht überall ganz stilsicherer sprachlicher Ausdruck, Härte der Fügung und der laute Ton, dazu übertreibend-unwirkliche Vorstellungen und auch die Tatsache, dass der Dichter nirgends bei einem ausgemalten Bilde verweilt, lassen c. 2, 18 als früh erscheinen, zudem ist das Gebilde gedanklich keineswegs interessant, es bleibt im Umkreis der Diatriben-, bzw. Satirenkritik. Allein das rasche Streiflicht, das auf die vertriebene Bauernfamilie fällt (dies ist endlich ein wirkliches Bild), verspricht Bedeutendes für später.

Carmen 3, 24

Diese sehr frühe Ode (Fraenkel, Horaz 284 mit Anm. 2) lässt sich gut mit c. 2, 18 vergleichen. Der Dichter beginnt mit dem Gedanken daran, dass Reichtum an Geld und Land und alles Gieren danach nicht von der Todesangst befreie, und fährt dann in hartem Neueinsatz (v. 8) fort mit einem Gegenbeispiel, den Nomaden: Sie haben keinen individuellen Landbesitz (Horaz ersetzt das abstrakte "Bescheidung" durch Bildhaftes, schon hier "at his best", Williams, Tradition 605), dafür aber (oder besser: deswegen) eine hohe Moral (gezeigt an der Erhaltung der Ehe). Diese Abschnitte – Anschuldigung und Gegenbeispiel – hängen, aufs Äußerliche gesehen, nur lose zusammen mittels der Wortwiederholung von *mors* in v. 8 und 24; wenn man das Gedankliche in Betracht zieht, sind die Gedichtteile durch den Kontrast zusammengeschlossen.

Nun wieder ein harter Neubeginn (25): Wenn ein Herrscher (hier dürfte, wie längst ausgesprochen, Octavian gemeint sein, so z.B. Williams, Tradition 606) den Bürgerzwist beenden und sich wirklich verdient machen will, muss er die *licentia* (die Einbildung, alles zu dürfen) nachhaltig zügeln. Dann werde er bei der Nachwelt berühmt sein – bei der Nachwelt, denn heutzutage hasst man gegenwärtige Größe, der vergangenen allerdings jammert man nach, und dies aus

---

[19] Zum Begriff des "Motto" vgl. Fraenkel, Horaz 189, Anm. 1; A. Cavarzere, Sull'imitare: il 'motto' e la poesia di Orazio, Bologna 1994.

[20] Gut hierüber J. E. G. Zetzel in: E. B. K. Gold, Literary and Artistic Patron, Austin / Texas 1982, 93: Der Adressat ist nicht notwendig stets auch der Gemeinte des Gesagten (vgl. auch S. 95 bei Zetzel) und mit ihm Identifizierte.

[21] Syndikus 1, 459 zitiert Untersuchungen von K. Büchner hierzu.

Neid und Scheelsucht, die es nicht erträgt, wenn jemand größer ist (als der Durchschnitt: *invidi*, v. 32). Nach diesem Zwischengedanken an die gegenwärtige Ablehnung der Größe kommt der Dichter erneut auf das Zügeln zu sprechen: Zügeln müsse sich der Mensch (eigentlich) selber, und zwar durch Abkehr von dem Grundsatz, dass Armut Schande bereite (42). "Was nutzen Gesetze ohne die entsprechende moralische Einstellung? Sie sind wertlos, wenn keine der Erdzonen den (gierigen) Kauffahrer fernhält, (denn) er weiß ja alle Unbilden zu besiegen, (denn) er steht unter dem Zwang, der Schande der Armut zu entgehen". Hier sollten die Klammern dem Verständnis der recht verzwickten Sprachführung im lateinischen Text aufhelfen.

Also freiwillige Armut nach Art der Krotoniaten (man erinnert sich an Aristoph., Eccles. 728ff. oder Savonarolas Florentiner), die all' ihre Habe ungezwungen hergaben (52), wenn uns die Verwahrlosung wirklich reut; fort mit der Besitzgier und zurück zu einer harten Jugenderziehung ohne die heutige Verweichlichung und Verderbnis durch das widerwärtige Vorbild der Väter, die da durch Lug und Trug ihren Besitz mehrten (59ff.), immer in Angst, es könnte noch etwas fehlen.

Diese glatte Paraphrase gibt ein Gedicht wieder, das von seinem Verfasser zerstückelt worden ist durch den Kunstgriff harter Fügungen und starker Verkürzungen. Der Kunstgriff soll gewiss bewirken, dass der Hörer aufmerke, nachdenke und so, indem er die Teile zusammenfügt, einen "Lernprozess" durchmache. Denn in der Tat will das Gedicht eher belehren als erfreuen, es ist eine Diatribenpredigt wie c. 2, 18 eine war. Der Text ist zuweilen unausgewogen, er bleibt weitgehend unanschaulich, weist etliche Umgangssprachlichkeiten auf[22] und auch "Verzwicktes", dazu auch metrische Unebenheiten[23]; insbesondere die Gedanken zeigen, dass dieser Text den Satiren noch sehr nahe steht. Er gibt dem inneren Anschauen in seiner Abstraktheit noch wenig Raum, die Schönheit hat hier noch nicht Einzug gehalten, doch im Gedanklichen gibt es an einer Stelle Interessantes zu lesen, nämlich in v. 32 die Rückführung aller Ablehnung gegenwärtiger Größe auf die Scheelsucht und das Unvermögen, über sich Größere anzuerkennen. Auf die Kunst gesehen, erkennt man leicht, dass der Weg bis zu Gebilden wie c. 3, 13, bis zu dem Gedicht auf die Quelle Bandusia, ein weiter war. Gordon Williams, Tradition 608 schilt ihn denn auch v. 47/9 als "melodramatic, silly and, at the same time, prosaic".

Wir haben zwei frühe Oden-Predigten zusammengestellt, um die Nähe des Dichters in diesen Jahren im Umkreis der Actium-Schlacht zu seinen Satiren und einige Eigenarten seines Frühstils herauszustellen. Seine Arbeit und der

---

[22] Vgl. Heinze zu *licet* in v. 3, zu *quatenus* (30), *proficiunt* (36) und *nescioquid* in 64.
[23] Man kann die Vv. 40ff. so auffassen: (*Quid leges proficiunt*), *si neque ...neque abigunt,* – *vincunt navitae ...: opprobrium iubet...*, und erkennt dann, dass der Einschub alles durcheinanderwirbelt (ähnlich in c. 2, 18, 29/32). Man beachte die Bemerkungen von K. Büchner, Studien 3, 82ff. zur singulären Strophenstruktur in diesem Gedicht (s. auch Syndikus 2, 200).

Versuch, eine neue Form zu begründen, blieb demnach manchmal noch im Umkreis der diatribischen Anklage und Empörung. Aber keineswegs ausschließlich, denn zu den ganz frühen Oden gehört auch eine Dichtung, die ganz anders vorgeht.

Carmen 1, 15

Wir lesen eine Wahrsagung des Meergreises Nereus, die er Paris zuteil werden ließ, als dieser auf der Fahrt von Griechenland zurück nach Troja vorübersegelte. Mit mächtiger Hand stillte er den Wind[24] und sprach: "Zum Unglück führst Du die nach Hause, die ganz Griechenland aufrühren wird, Deine Ehe zu vernichten und Troja dazu (5/8). Furchtbares Leiden, zahllosen Tod verursachst Du, denn schon rüstet Athene Waffen und Wut (9/12). Umsonst wirst Du Dein Haar pflegen und süße Lieder singen[25], umsonst Speer, Pfeil, Schlacht und Feinde meiden – spät (wird es geschehen), aber es wird so kommen, dass Du, gefallen, Dein ehebrecherisches[26] Haar im Staube des Schlachtfeldes besudelst" (13/20).

"Fürchtest Du nicht die Griechen", so fährt der Künder fort, "die Griechen von Odysseus bis hin zum gewaltigen Diomedes[27], den Du fliehen wirst wie der Hirsch den Wolf, wenn er ihn grasend am anderen Talhang erblickt und dann angstvoll flachatmig flieht? Und doch hattest Du (21/32) der Deinen[28] wohl An-

---

[24] *Otio obruit* in v. 4 statt „er stillte (die Winde)", das nannte Heinze eine "kühne Metapher", denn kühn wird das Resultat des Tuns (die Windstille) an die Stelle des Mittels gesetzt (als Ablativus Instrumenti); zudem vermochten Nisbet und Hubbard nur eine Seneca-Stelle als Beleg für diesen Gebrauch von *otium* beizubringen.

[25] Statt "singst Lieder" bietet der Text ein "teilst" (*divides*): Das Verbum ist heute nicht mehr recht zu erklären, aber soviel ist deutlich, dass Horaz spielerisch verfeinernd einen Teil des Singvorganges für das Ganze gesetzt hat (hierzu vgl. Lateinische Dichtersprache § 152).

[26] Dass die schönen Haare "ehebrecherisch" sind, scheint eine eigenwillige Verschiebung der Attribute (eigentlich ist ja Paris selbst der Ehebrecher), aber sie ist sinnvoll, wenn man annimmt, dass der Dichter den Gedanken nahe legen wollte, dass es die Haarpracht war, die Helena berückte.

[27] Warum wird Menelaos, der doch am meisten Grund zur Rache hatte, hier nicht genannt? Weil nachhomerische Dichtungen (wie etwa des Euripides "Orest" und "Helena") ihn inzwischen zur lächerlichen Figur degradiert hatten (Heinze)?

[28] Zu Recht wird in den Kommentaren darauf hingewiesen, dass dieser heimelige Ausdruck eher in eine Elegie passen würde, Nisbet-Hubbard zitieren Ovid, remed. 573; Heinze nennt Prop. 1, 9, 22.

deres versprochen!" Kurze Zeit werde der Zorn von Achills Mannschaft[29] das Unheil aufschieben, dann aber werde Ilion brennen[30].

Der metrische Fehler, deutlichste Anklänge an Epodenverse[31], die unumstößliche Tatsache, dass die Ode "has hardly anything to say" (Nisbet-Hubbard 190 unten), auch ihre an manchen Stellen "überziselierte Gestaltung" (Syndikus 1, 172, Abs. 3) und ihre thematische Einzigartigkeit innerhalb der horazischen Odendichtung, ferner die harte Schwarz-Weiss-Malerei, ja Karikaturhaftigkeit in Bezug auf Paris (so Syndikus 1, 174) und dazu die Bildlosigkeit weisen c. 1, 15 deutlich in die frühe Schaffenszeit des Horaz. Die Ode zeigt, wie der Dichter sich bemüht hat, von der Moralkritik der Satiren (und der Oden 2,18 und 3, 24) fort zu lyrischeren Themen zu kommen, hier nach Maßgabe mancher griechischer Vorbilder. Schon Sappho hatte ja eine epische Szene, nämlich die Rückkehr des Hektor von der Brautwerbung mit Andromache (frg. 44 L.-P.[32]), "lyrisch" gestaltet (Nisbet-Hubbard nennen in ihrer Einleitung zu c. 1, 15 weiteres). Dieser Versuch ist ganz unpersönlich ausgefallen, und nie wieder wird Horaz dergleichen tun. Insbesondere fehlt noch jegliche echte Bildlichkeit, d.h. wirklich verweilende Anschauung[33]. Aber interessant ist dennoch manches in diesem Liede, so die kontrastierenden Wortstellungen (Syndikus 1, 172f.), der Wechsel von aktiven Verben in v. 5/20 zu solchen, die ein Erleiden ausdrücken (in 21ff.) und die gelungene Steigerung der beiden Anläufe, von denen der erste mit dem Tode des Paris endet, der zweite mit dem Brennen Ilions (so wie es in v. 7f. angekündigt war): Das sind Valeurs, die besser nicht zu machen sind[34].

---

[29] Warum nicht er selber? Noch niemand hat diese Paradoxie aufzuklären vermocht. Es handelt sich um ein verspieltes Ausweichen auf eine Nebensache oder Nebenperson, denn der Zorn über die Wegführung der Briseis war der des gekränkten Achill in erster Linie, allenfalls in zweiter der seiner Krieger.

[30] Dieser Anfang des Endstücks der "asklepiadeischen" Strophe beginnt, wie K. Lachmann bemerkt hatte, wider den sonstigen Brauch des Horaz trochäisch, ein "sign of early composition", wie Nisbet-Hubbard zu Recht bemerken.

[31] V. 5 ähnelt epo. 10,1; v. 9 lässt epo. 10, 15 anklingen, s. Fraenkel 227.

[32] Vgl. Verf., Schilderungen in der archaischen Lyrik, Hermes 96, 1968, 17.

[33] Wenn wir hier Kritik äußern, "so sollte es billig nicht anders geschehen als auf den Knien", wie Goethe am Mittwoch, dem 28. 3. 1827, zu Eckermann sagte.

[34] Es scheint an dieser Stelle unumgänglich, sich mit einer ganz anderen als der eben angewendeten Methode auseinander zu setzen, die man in dem Buche von G. Davis, Polyhymnia. The Rhetoric of Horatian Lyric Discourse (University of California Press 1991) findet. C. 1, 15 dient dort zur "Illustration" einer "generischen Pseudo-Imitation" im Unterschied zur "Deformation" (S. 23), und zwar so: Horaz "erweitere den lyrischen Horizont" (25 unten), um das große Thema vom Zorn des Achill in ihn einpassen zu können. Gegenstand dieses lyrischen Horizontes sei eines der Opfer des Krieges, Paris. An ihm wird der Kontrast von Liebe und Krieg verdeutlicht, scharf zusammengefasst im Oxymoron *Veneris praesidio ferox* (Davis übersetzt das mit "formidable by virtue of Venus' protection" unter Missachtung der Erklärung bei Nisbet-Hubbard: "*ferox* means high-spirited, not fierce"). Wenn Paris nun aber zur "unkriegerischen Lyra" singt, tritt nach Davis zum Kontrast von Liebe und Krieg der weitere von Lyrik zum Krieg (26f.) hinzu, und wenn Paris, "furchterregend durch Venus' Zutun" sich vorwiegend in Sang und

Carmen 1, 28

Auch dieses Liedes Stil erfüllt alle die Kriterien früher Zeit, die wir bisher angewendet haben: Harte Fügungen, Verzwicktheiten, lauten Ton und einen Mangel an echter Bildhaftigkeit. "Dich", so beginnt das Gedicht mit einer Anrede an den Mathematiker Archytas, "der Du den zahllosen Sand errechnet hast, deckt doch nur eine Handvoll davon; nichts nützte Dir Deine Naturerforschung, Dir, dem Todgeweihten (1/6). Auch die Größten mussten sterben, sogar Euphorbos, der zweimal zum Orkus gesandt wurde, obschon er" – und nun folgt eine äußerst verkürzte, darum verzwickte Passage (10/13), die hier ausführlich paraphrasiert wird – "den Schild (von der Wand im Heraion zu Argos) abgehängt hatte und, (indem er auf der Rückseite seinen Namen vorzeigte und) so die Trojanische Geschichte zur Zeugin aufrief, beweisen konnte, dass er nur Fleisch und Haut dem Tode überlassen hatte – er, (ebenfalls) kein geringer Erforscher dessen, wie es um die Natur und die Wahrheit bestellt ist". Gemeint ist Pythagoras, von dem die Sage ging, er habe schon einmal als Euphorbos gelebt und vor Troja gefochten, bevor er, reinkarniert, Pythagoras ward (Nisbet-Hubbard 328 oben geben die Belege). Die Anklänge an Pythagoreisches in diesem Gedicht sammelt J. Filée in LEC 68, 2000, 63ff., ohne sich dabei von mancherlei Übertreibungen fernhalten zu können.

Also alle Großen mussten hinabfahren, denn alle erwartet gleichermaßen das Dunkel des Todes, irgendwann einmal muss jeder diesen Weg betreten (15f.), sei es als Krieger, sei es als Seefahrer, "und auch ich selber ertrank" – nun ist's heraus: Was da redet, ist das Skelett eines Ertrunkenen am Strande. "Aber Du, Schiffer", so wechselt die Anrede urplötzlich, "weigere nicht eine Handvoll

---

Schönheitspflege ergeht, dann (so Davis) "posiert" er nur als Lyriker und pervertiert so die lyrische Haltung zu einer Gegenfigur zum "philosophisch fundierten Lyriker, dessen Lieder in der Hinnahme seiner Sterblichkeit wurzeln" (28). So ordne Horaz Episches in ein "lyrisches Universum" ein durch Negativfärbung eigentlich positiver Qualitäten wie *inbellis* ("unkriegerisch", was Davis mit allzu offenkundiger Tendenz auf S. 27 Mitte mit "antimilitaristisch" übersetzt). Dass Davis es sich allzu leicht macht, indem er homerische Epik a priori als allein kriegerisch fasst und so auf die zarten Szenen Homers keine Rücksicht nimmt, mag noch hingehen; dass er aber Horazverse schlicht falsch auslegt und dies unter Missachtung aller Kommentare, sei deutlicher kritisiert; was aber vollends abstößt, ist die im Horaztext nirgends nahe gelegte Interpolation von "critique of Paris qua lyricist" (27, Abs. 2) und die unglaublich willkürliche Bestimmung des Lyrikers als "Philosophen" (28). Was Davis versucht, kommt von moderner Literatursystematik her. Man formt sich eine solche Systematik, adaptiert sie an den Horaztext und verwendet nun horazische Gedichte als "Illustrationen" vorgefasster Systemteile. Dieses Tun lehrt etwas über moderne Literaturbewältigung, nichts aber über Horaz. Der Leser wird verstehen, warum hier derlei Bücher nicht verwendet werden.

Sand meinen Knochen und dem Schädel, dem unbeerdigten"[35]. Zum Dank wünscht der Tote dem Vorübersegelnden Leben und Gedeihen (25/29), droht ihm aber mit dem eigenen Verderben und dem seiner Kinder, wenn er nicht tue, worum der Tote bittet (30/34): "Obwohl Du in Eile bist, es kostet ja doch nicht viel Zeit: Wirf dreimal Sand (auf mich) und dann reise weiter!"

Zu Beginn also eine Anrede des Naturforschers Archytas; man weiß nicht, wer da spricht, weiß nur, dass es dem Sprechenden darauf ankommt zu sagen, dass alle Menschen sterben müssen, gleich ob sie klug oder gewaltig gewesen. In v. 21 wird dann die Situation mit einem Schlage klar ("The ode veers", Nisbet-Hubbard 319 oben), und dann springt auch die Anrederichtung schlagartig um: Nicht mehr Archytas wird angeredet (er war nur eines der Beispiele), sondern ein Schiffer, und auch dessen Situation wird erst spät geklärt, in 35: Er segelt gerade an dem Skelett vorüber.

Die Ode ist ein ganz unpersönliches Husarenstück (anders als z.B. das vergleichbare, emotionsbeladene Gedicht 1, 21 des Properz, s. Williams, Tradition 184), bizarr-unreal (Nisbet-Hubbard 319 unten) und doch hochinteressant, wiewohl auch noch übervoll von Exempla (Syndikus 1, 262), von überraschenden Drehungen und Wendungen. Es ist mutig in der metrischen Gestaltung (man denkt an den Hiat in 24) und auch wieder arm an Bildlichem: Man mag die in gewagter Verkürzung gegebene Szene im Heraion von Argos bildhaft nennen (im Grunde ist sie nur ein Wagestück an Verkürzung), mag auch das Toben des Ostwinds, der die Wälder Venusias (der Heimat des Horaz!) zaust, als anschaulich genießen – alles bleibt gehetzt, bleibt eine reizvolle Verbindung von allerhand griechischen Motiven, sehr voll und sehr laut. "Aber das in seiner Art einzige Gedicht ist doch ein höchst wertvolles Dokument von Horaz' Ringen um neue Formen für neuen Gehalt" (Heinze 121 unten).

Eine kurze Zwischenbilanz

Von den frühen Oden wurden bisher c. 2, 18 (*Non ebur*, das Lied vom inneren Reichtum im Unterschied zum äußeren, den die Todesgewissheit entwertet) besprochen, dazu auch c. 3, 24 (*Intactis opulentior*, ein Gedicht gleichen Grundgehalts, doch mit der Variante der zurückzudämmenden Willkür des Gierens zu Gunsten altrömischer Selbst- und Jugenderziehung), ferner c. 1, 15 (*Pastor cum traheret*: Der feige Verführer, das Unheil der Heimat: Eine quasi-epische Prophezeiung) und c. 1, 28 (*Tu maris et terrae*, eine um Bestattung

---

[35] Horaz wagt in v. 24 *capiti / inhumato* einen geradezu plautinisch anmutenden Hiat. Vgl. Verf., Ein System der Plautushiate, AClass 14, 1971, 50f., wo diese Art der Hiate "affektisch" genannt werden.

flehende Ansprache, die von Archytas und allen todgeweihten Großen übersprang zum Vorübergehenden, der um einen Wurf Sand angegangen wurde). Man könnte nun auch das ebenfalls frühe[36] c. 1, 7 (*Laudabunt alii*: Die Aufforderung, im Weingenuss des Jetzt alles von Außen her Bedrängende zu vergessen), an dieser Stelle besprechen: Nach der Aufzählung von zehn berühmten Orten der Alten Welt, einer bloßen Aufreihung mit Beifügungen ohne Bildgehalt, nennt der Dichter unter Abweisung Spartas (im Süden) und Larissas (im Norden) das "rauschende Haus" (d.h. die Grotte) der tiburtinischen Sibylle Albunea, in deren Hain der Fluss Anio im Wasserfall herabstürzt und dann im Tale die Apfelgärten bewässert[37], so als wolle er sagen, dass er nicht irgendwo im Ausland, sondern allein hier weilen möchte. Doch die Fortsetzung verläuft überraschenderweise sehr anders: Das Wetter wechselt, so heißt es da, und so wechsele (dies müssen wir allerdings ergänzen), auch des Menschen Schicksal; dies aber müsse man, wenn man klug ist, vergessen im Weingenuss des Augenblickes, ganz gleich, wo man ist: So wendet sich das Gedicht zurück zum Beginn. Das ist ein guter Rat, so muss man ergänzen: Denn mit dieser Mahnung munterte sogar Teucer auf der Flucht (man erinnere sich an epo. 13, 11ff.) die Seinen auf. Die logischen Verbindungsglieder fehlen in diesem Text[38], die Gedankensprünge überraschen, sie bilden "harte Fügungen", wie es in Horazens Frühstil üblich ist. Hinzu kommt der Mangel an Bildlichkeit (nur am Ende des ersten Teiles fand sich ein reicher ausgeführtes Bild als Abschluss-Beschwerung, v. 13f.) und die Nähe des Metrums zu den Versgattungen der Epoden (Syndikus 1, 100, Anm. 10): Dies alles verweist das Lied in Horazens Frühzeit. Dazu bleibt der Gedanke ganz im Üblichen, begreift nichts Persönliches ein und ermangelt auch der Luzidität.

In c. 1, 7 sind also alle die bisher für den Frühstil festgestellten Stileigenheiten versammelt. Man wartet nun auf Klarheit, Konzentration, grössere Bildlichkeit, glattere Fügungen und auf das Aufhören allzu überraschender Gedankensprünge. Wenden wir uns also drei Oden zu, die einen Schritt in diese Richtung tun und als frühe Meisterwerke angesehen werden dürfen.

---

[36] Von Heinze 39, Syndikus 1, 100 und anderen Gelehrten wird das Gedicht für früh erklärt.
[37] Interessant ist, dass dieses einzige Bild der ersten 14 Verse (in dem übrigens die abschließende Beiordnung im Trikolon des *et – ac – et* eigentlich ein "weil im Hain ... herabstürzt und daraufhin ... bewässert" verbirgt) ganz am Ende der langen Aufzählung steht: Das Bildhafte, d.h. die bildhaltige Ausschmückung steht, den Abschluss beschwerend, am Ende des Gedichtteiles wie in c. 1, 15, 29/32.
[38] Vgl. Syndikus 1, 104f.

Drei Meisterwerke des Frühstils

Carmen 1, 4 (*Solvitur acris hiems*)

Ein Frühlingsgedicht[39], das sich zu Beginn zweifellos, darüber belehren Papyrusreste eines Alkaios-Gedichtes und mehrere Epigramme[40], an griechischen Vorbildern orientiert. Es löse sich, so heißt es in unserem Gedicht, der scharfe Winter in willkommenem Wechsel von Frühling und lauem West, Winden ziehen die Schiffe bereits ins Wasser, und Vieh und Pflüger wollen nicht mehr drinnen verweilen, wollen hinaus, wo die Wiesen nun schon frei sind vom Rauhreif[41]. So die Menschen, ihr Vieh und ihr Gerät. Und auch die Götter wandeln ihr Tun: Venus tanzt beim Kommen der "Primavera" im Scheine des Monds, und ihr Gatte schaut nach der blitzeschmiedenden Werkstatt (1/8). Jetzt ist die Zeit, sich das Haar duftend zu ölen[42], sich mit Grün zum Fest zu bekränzen, jetzt ist die Zeit, dem (alles Sprießen und Gedeihen schenkenden Gott) Faunus zu opfern, sei's ein Schäfchen, sei's ein Böcklein[43]. Der Mensch antwortet dem schönen Wandel in der Natur mit einem schönen Fest. Das breite "entweder – oder" der Gabelungsfermate, d.h. des Opferversprechens, lässt das Gedicht hier zur Ruhe kommen, bevor es mit einem harten Krachen umbricht.

Ganz unerwartet schlägt das Gedicht um, lässt mit dröhnendem Donnern den Tod an die Türen der Reichen wie der Armen schlagen. Hatte man eben noch

---

[39] Wer dieses Gedicht als früh bezeichnet, widerspricht Nisbet-Hubbard (1, XXXVI), die es ins J. 23 v. C. setzen: L. Sestius wurde gegen Ende des Juni 23 zum Konsul ernannt und "it seems likely that Horace has adopted the conventional practice of honouring a consul during his term of office"; die Ehrung könnte darin bestanden haben, Sestius an vierter Stelle im Odenbuch nach Maecenas, Octavian und Vergil eine Ode zu widmen. Man wird sagen, dass dies möglich ist, aber nicht unumgänglich, denn Horaz könnte ja Sestius als Freund so hoch geehrt haben wie er Vergil als Freund ehrte, und nicht notwendigerweise als Politiker. Ist dies möglich, dann ist auch möglich, dass dieses Gedicht sehr viel früher abgefasst wurde als 23. v. C. Zudem ist es auch möglich, dass Horaz die Namensnennung in ein älteres Gedicht einfügte. Vom Stil her gesehen, steht c. 1, 4, so will es scheinen, dem Frühstil nahe. – Zur Frühlingsdarstellung vgl. P. Defourny, Le printemps dans l'ode à Sestius, LEC 14, 1946, 174ff. und allgemein R. Gustin, Le printemps chez les poètes latins, LEC 15, 1947, 323ff.
[40] Die Nachweise bei Nisbet-Hubbard. Zu bemerken ist, dass *solvere* in dem hier vorliegenden Sinne üblich war: Caes. BG 7, 24, 1; dass *acer hiems* bereits bei Ennius zu finden ist (ann. 240 Sk.), und zwar in einer Zeile, die ebenfalls vom Wechsel der Jahreszeiten spricht.
[41] Die eng verbundene Wortkombination des *neque iam* in v. 3 wird bedacht zu *neque* (4) und *iam* (5) aufgelöst.
[42] Zu diesem Brauch Marquardt-Mau 601 und z. B: auch Dodds zu Eur. Bacch. 235.
[43] So endet der erste Gedichtteil mit einer der üblichsten Fermaten, der Gabelung, s. Lateinische Dichtersprache 203 unten.

froh in die Zukunft geschaut beim Wiederbeginn der Jahresarbeiten, dem Fest und den Opfern, die ja immer mit Gebeten verbunden sind, so spricht der Dichter nunmehr den alten Kriegskameraden[44] ganz anders an: "Nur zu bald kommt die Nacht unter den Gespenstern, ohne Gastmähler und ohne die Liebe zu Deinem zarten Lycidas[45], für den sich jetzt noch alle jungen Männer erwärmen, für den bald aber schon die Mädchen schwärmen werden". Nach den harten, mit mehrfacher *p*-Alliteration geradezu krachenden Schlägen des Todes an die Türen nun also zartere Töne, doch sie dienen nur dem Gedanken daran, dass all' dieses nur zu rasch vergeht. Den raschen Lauf der Zeit mittels des Erwachsenwerdens eines Lieblings zu verdeutlichen, das ist ein Meisterstreich, den Horaz einem Griechen entlehnt haben wird (Nisbet-Hubbard 1, 61, 2. Abs.).

Der harte Umbruch in der Mitte des Gedichtes, die "harte Fügung", die wir im Frühstil am Werke sahen, dient nun nicht mehr als blosses Überraschungsmittel, ist nicht nur Übernahme pindarischer Art[46], sondern der Dichter gibt ihr Sinn: Der Umbruch "malt" das urplötzliche Hereinbrechen des Todes. Zugleich verlangt die harte Gegeneinanderstellung des zukunftfrohen Frühlingsbeginnes mit dem grausamen Hereinbrechen des Todes, die entsprechende Konsequenz zu ziehen, nämlich die des "Genieße das Jetzt!"[47] Da ist die Erwähnung von Gastmahl und Liebe keine freundliche Aufhellung, denn gerade an dem Knaben wird ja das rasche Eilen der Zeit deutlich: Die Freuden bekommen einen dunklen Untergrund. Auf diese subtile Weise wird die "harte Fügung" zum Sinnbild.

Die Komposition des Gedichtes ließe sich also in der Weise beschreiben, dass man sagt, zu Beginn gehe der Dichter drei Strophen lang den üblichen Weg des hellenistischen Frühlingsliedes[48] mit, lasse dann aber mit hartem Bruch und Donner die Gegenwelt, den Tod und die Schattenwelt des Hades herein und das allzu schnelle Eilen der Zeit (auch dieses, allein für sich genommen, ein üblicher Gedanke, der des Trinkliedes[49]), um zuletzt mit *nunc* und *mox* den Gedanken des

---

[44] L. Sestius hatte bei Philippi für Brutus gefochten und war immer republikanisch gesinnt geblieben, wurde wohl gerade deswegen von Augustus im Juni 23 v. C. zu seinem Nachfolger bestimmt, als er sein elftes Konsulat ablegte (Nisbet-Hubbard 1, 68; Kienast 103, 105).

[45] V. 13/7; vgl. Lucr. 3, 914f. (die Klage der Gewöhnlichen und Schwachen über die Todesnähe), ferner Soph. Oed. Col. 1220/4 mit der Klage darüber, dass nur zu bald die Lebensfreuden vergehen.

[46] Man beobachte einmal die harten Übergänge in Ol. 1 bei v. 27/28 und 35/6. "Pindars Epinikien erwecken den Eindruck einer oft geradezu kaleidoskopischen Mischung verschiedener Elemente, die häufig durch lose, ja willkürliche Übergänge miteinander verbunden sind", A. Lesky 235 oben.

[47] Diesen Gedanken wird dann c. 1, 11 deutlich aussprechen: *Carpe diem* (v. 8), vgl. Menander, Aspis 248f.: "Was das Glück bringen wird, ist unklar; freut Euch, solange es möglich!"

[48] Vgl. G. Pasquali, Orazio lirico (1920), Nachdruck Florenz 1964 [künftig: Pasquali], 714ff.

[49] A. J. Woodman, Latomus 31, 1972, 752/78 belegt diesen Gedanken ausführlich.

Genusses des Jetzt nahe zu legen. Solche sinnträchtigen Kehren und Wendungen werden wir noch des öfteren bemerken.⁵⁰

Carmen 1, 13 (*Cum tu, Lydia, Telephi*)

Zunächst ist zu fragen, was im Text steht⁵¹, hernach mag man nachsehen, ob sich irgendein Hintersinn verbirgt. Im Text steht dieses: "Jedesmal, wenn Du, Lydia, von des Telephus rosigem Nacken, von des Telephus weißen Armen schwärmst, – au! – da schwillt mir die Leber von hartnäckiger Galle⁵², ich verliere die Besinnung, wechsele die Farbe, und es stiehlt sich eine Träne auf meine Wange, die verrät, wie heiß ich Dich seit langem liebe" (1/8). Mit "Ich brenne", also einem erneuten Ausdruck der Hitzigkeit, setzt auch das Folgende ein, nun brennt das Ich aber nicht mehr vor Eifersucht, sondern vor Zorn darüber, dass der "Andere", ein ungezügelter Bursch, Lydias sonst so herrliche⁵³ Schultern in masslosem Toben beim Liebeskampf⁵⁴ verunstaltet und Male in ihre Lippen beißt. Die Gabelung (*sive – sive*) bildet wie in c. 1, 4, 12 die abschließende Fermate.

---

⁵⁰ So wie hier geschehen, hat man c. 1, 4 schon immer ausgelegt; Heinze 25 unten: "Lass Dir das gesagt sein; *tu quoque solve animum* oder *curam*, und verschieb das nicht ins künftige". Genau so dann auch u.a. Celentano in QUCC 47, 1984,127ff. Neuere haben dann, wie zu erwarten, allerhand Begriffsgespinste darüber ausgebreitet, so M. Lowrie, Horace's Narrative Odes, Oxford 1997, 52 mit "different kinds of time" (ebenso 53f.; gemeint ist die "ewige" Zeit der ewigen Natur im Unterschied zum Menschlichen, welche Unterscheidung von Selbstverständlichem dann in der unerhört neuen Erkenntnis gipfelt: "Everyone is getting older", 53, Abs. 1, Ende). M. Santirocco, Unity and Design in Horace's Odes, Chapel Hill und London 1986 [künftig: Santirocco], 31 wollte gar den Frühlingsanfang (am Anfang des ersten Odenbuches) als Hinweis auf den Beginn des horazischen Odendichtens verstanden wissen, doch was hat man wohl von einem solchen Hinweis auf Selbstverständliches? Zu Kehren in der horazischen Ode vgl. Fr. Klingner, Römische Geisteswelt, 5. vermehrte Auflage, München 1965, 395ff.

⁵¹ Im Folgenden wird des Verfassers Aufsatz im Gymnasium 99, 1999, 501/17 "Hor. c. 1, 13: Einige Methodenprobleme" einfach als "Gymn." zitiert.

⁵² Diese medizinische Ausdrucksweise ist in Gymn. 503, Anm. 6 erklärt; S. 502, Anm. 3 findet sich eine Bemerkung zur Namenswiederholung, in 502, Anm. 5 wird nachgewiesen, dass der Aufschrei sehr volkstümlich laut klang, doch immerhin auch von Vergil benutzt worden ist (buc. 9, 28).

⁵³ Zu diesem prägnanten Gebrauch des Adjektivs Lateinische Dichtersprache 108 unten mit reichen Belegen.

⁵⁴ *Rixa* (v. 11) bedeutet sonst bei Horaz "Streit", weshalb J. C. Yardley, Hermes 104, 1976, 124ff. das Wort auch hier so aufgefasst wissen will. Aber beißt man, wie gleich berichtet wird, die Lippen beim Streiten? Horaz wird hier das Wort so wie Cat. 66, 13 und Prop. 2, 15, 4 verwendet haben, nämlich vom Liebes-"Kampf".

Mit einem harten *non* setzt die dritte Strophe neu ein: "Nicht kannst Du, wenn Du mir Glauben schenkst (hierzu Gymn. 505, Anm. 16), von einem Liebhaber treues Verweilen hoffen, wenn er derart barbarisch honigsüße, von Venus selbst gesegnete Lippen[55] verletzt". Dieser Rat ist gewiss gut, aber er zeigt zugleich, wie sehr das Ich die Schönheit dieser jungen Frau bewundert: Das hohe Lob soll auch trösten. Und nun zum Schluss, ganz unvermittelt hergesetzt, das Ideal: "Dreimal glücklich und mehr die Liebenden, die ein unzertrennbares Band beieinander hält und welche die Liebe, nie von bösem Streit zerspellt, nicht vor dem letzten Lebenstage trennt" (18/20). Dieses schwierige, mit Hilfe der Logik doch nur mit Mühe auflösbare Ineinander bildet das innige Ineinander der Liebe ab, so will es scheinen (Lateinische Dichtersprache 210f.); es ist zudem erneut ein "verzwicktes" Wortgeflecht, das mit seiner Schwere auch noch die Fermate bildet (Lateinische Dichtersprache 205, Abs. 1).

Schaut man auf die Komposition, so erkennt man, wie dieses Gebilde sich zweimal wendet, ähnlich dem c. 1, 4. Die Kehren setzen unvermittelt in harter Fügung ein (in v. 13 und 17). Sie führen vom ganz Persönlichen (so laut wird Horaz von seinem Ich nie wieder dichten), väterlich ratend, vom Ich zum Du und dann hochstilisiert und gedrechselt ins Allgemeine der Lobpreisung. Solch unvermitteltes Aufeinanderprallen kennen wir nun schon zur Genüge als Kennzeichen des frühen Odenstiles in der Art Pindars. Wir kennen auch die "Verzwicktheiten", sehen sie hier jedoch nicht einfach in den Text gestreut, sondern als die abschlussbeschwerende Fermaten eingesetzt, in 17ff. auch noch sinngeladen. Und ähnlich wie in c. 1, 4 folgt Horaz hier eine Strecke lang der Form des persönlich gehaltenen Liebesbekenntnisses nach dem uralten Vorbild Sapphos und dem des Catull[56], dann aber wendet er sich wie dort einer anderen literarischen Form zu, der des Seligpreisens (Nisbet-Hubbard 1, 177; Syndikus 1, 159, Anm. 25).

Man hat nun gefragt, wer diese "Lydia" wohl gewesen sein mag und ob die anderen Lydien im ersten Buche der Oden mit ihr identisch seien. Das sind müßige Fragen, so scheint es, denn Fiktionen[57] soll man Fiktion sein lassen und sie nicht auf Realitätsgehalte hin befragen. Es trägt ja auch für das Verständnis von Catulls Liebesdichtung nicht eben viel aus zu wissen, dass die "Lesbia" Catulls die Schwester des Clodius, des Todfeindes Ciceros war. So warnen Nisbet-Hubbard 110 zu Recht: "It is not certain that ... a reference would be

---

[55] In Gymn. 505, Anm. 19 wird gezeigt, dass die Ausdrucksweise des Horaz, Honig gräzisierend als den "fünften Teil des Nektar" zu bezeichnen, eine den Strophenschluss beschwerend hervorhebende Fermate ist; und nicht nur dies (so können wir jetzt hinzufügen), sie ist, dem Frühstil gemäß, auch "verzwickt".
[56] Frg. 31, 5ff. L.-P.; Cat. c. 51, vgl. Verf., Gymnasium 105, 1998, 412ff.
[57] Dass der Name Lydia ein erdachter Deckname oder überhaupt nichts als eine Fiktion ist, zeigt sich daran, dass die Lydien des Horaz in derart verschiedenen Lebenslagen gezeigt werden, dass an eine Identität der Person nicht zu denken ist.

detected"⁵⁸. Viel wichtiger ist es, die Bewegung von Ich-zentrierter Eifersucht zum Mitgefühl⁵⁹ und dann zuletzt zur Seligpreisung unzertrennlicher Liebender zu verfolgen, d.h. den Aufstieg vom Ich zum Allgemeingeltenden, und (damit verbunden) den Wechsel der Stilebenen (G. Williams, Tradition 565).

Der Biograph, der die Arbeit des Dichters an seiner Vervollkommnung zu verfolgen bemüht ist, wird feststellen dürfen, dass auch in diesem Gedicht noch manches Laute steht (man erinnert sich des Aufschreis), dass es auch noch "Verzwicktheiten" gibt, aber dass diese bedacht eingesetzt werden wie in c. 1, 4, und dass noch harte Fügungen vorkommen, d.h. unvermittelte Übergänge, ebenfalls wie in c. 1, 4; aber er stellt auch fest, dass der Dichter hier zum ersten Male in den Carmina das Ich von einer Liebe sprechen lässt, doch dies nur eine kurze Zeit lang, um dann ins Allgemeinere zu gehen; er wird auch bemerken, wie diese Gebilde sich in der Weise zu bewegen und zu wandeln beginnen, dass eine Stimmung sich verändert. Wir werden das auch in c. 1, 37 am Werke sehen.

Carmen 1, 37 (*Nunc est bibendum*)

Dieses wilde Lied, das oben in der Besprechung von epo. 9 nur ganz kurz vorgeführt wurde, hier aber genauer zu behandeln ist, es scheint ganz anders zu sein als die eben besprochenen Carmina 1, 4 und 1, 13, und ist ihnen doch auch wieder nah verwandt – wie das? Versichern wir uns zunächst des Wortlauts und des Gedankenganges.

"Jetzt muss man trinken, jetzt mit befreitem⁶⁰ Fuße tanzen, jetzt ist's an der Zeit⁶¹, den Göttern zu danken, ihr Kameraden!" Horaz mischt, wenn er von Salier-Speisen und Götter-Speisesofas spricht, zwei Begehungen, das Salier-Mahl und die Götter-Bewirtung, in eins (s. die Kommentare); das zu bemerken,

---

⁵⁸ Nur am Rande sei das Kuriosum erwähnt, dass J.-Y. Maleuvre in LEC 58, 1990, 133ff. in der Lydia die Gattin des Maecenas vermutet. Ein Kommentar erübrigt sich.

⁵⁹ Vgl. V. Pöschls schöne Worte dazu in: Antike Tradition und neue Philologien, Festschr. R. Sühnel (1984), 21ff.

⁶⁰ Nisbet-Hubbard rechnen mit der Mischung aus "agil" und "befreit" (von Gefahren"), man weiß nicht recht, wie man dies beides in Eins bringen soll. Klar entscheidet sich V. Pöschl, Horazische Lyrik, Heidelberg 1970 [künftig: Pöschl, Horazische Lyrik], 75 für die Bedeutung "befreit von der Gefahr".

⁶¹ Um dieses "Imperfectum pro praesenti" zu erklären, verwies Fraenkel, Horaz 382, Anm. 2 auf den griechischen Gebrauch, den Kühner-Gerth, 2, 1; 146 belegen, und auf Prop. 1, 13, 34. Doch an allen genannten Stellen, die als parallel angeführt werden, kommt man mit einer Beimischung von Vergangenheit ("immer schon...", usw.) durch, hier nicht. Es wird sich um eine rein technische Übernahme aus dem Griechischen handeln, die der Variation und auch der damit verbundenen Hervorhebung halber gewählt wurde (vgl. des weiteren Pöschl, Horazische Lyrik 75, Anm. 5).

ist nicht allzu wichtig; wichtiger ist, dass hier das Ich nicht nur jubeln will, sondern zugleich auch fromm den Göttern danken möchte. Hier endet die einleitende Strophe, es folgen drei große Sinneinheiten. Zuvor, vor dem Endsieg, wäre es ja Frevel gewesen, gleichsam voller Übermut den Sieg vorwegnehmend, den besten, den Festwein aus dem Keller der Ahnen zu holen. (Der Sieg erlaubt also, daheim im Hause der Vorfahrn zu bleiben). Die "Königin" – Horaz nennt Kleopatras Namen nicht (aus welcher Scheu? Metrisch wäre die Nennung möglich gewesen, vgl. Juv. 2, 109), die Königin bedrohte Kapitol und Reich mit ihren "Halbmännern", im Wahn, es einmal besiegen zu können, und in trunkener Hemmungslosigkeit sich alles und jedes erhoffend (1/12).

Doch ihr Rasen hemmte der Brand fast der gesamten Flotte, ihren von schwerem Ägypterwein umnebelten Sinn[62] stürzte in "echte" Angst (die nun nicht mehr bloße Einbildung war wie jenes Hoffen, Rom besiegen zu können) Caesar[63], mit raschem Riemenschlag von Italien herbeieilend, wie ein Habicht zarte Tauben (greift) oder ein hurtiger Jäger den Hasen im Schnee[64], um dieses todbringende Unwesen in Ketten zu legen (Pöschl 92 unten): v. 12 b / 21 a. Doch sie wollte edleren Tod (als den von Henkershand), unfrauenhaft (tapfer) stellte sie sich auch dem Schwert (die Gelegenheit bleibt ungenannt), floh auch nicht mit der Flotte eilig in die Ferne, hatte vielmehr die Kraft, heiteren An-

---

[62] Die metrische Struktur des v. 14 hat keine Parallele: Zeichen früher Abfassung (wie die anderen oben besprochenen metrischen Unregelmäßigkeiten) oder wird der trunkene Wahnsinn "gemalt"? Man wird zweifeln, ob das Fehlen der üblichen Zäsur nach dem fünften Element ein geeignetes Mittel war, das Rasen spüren zu lassen (auch wenn z.B. Nisbet-Hubbard zu c. 2, 1, 36 so argumentieren). L. P. Wilkinson, Hermes 84, 1953, 496 fasst die Unregelmäßigkeit als Indiz früher Abfassungszeit auf, gewiss nicht zu Unrecht, aber auffällig ist, dass Horaz sich dies in c. 4, 14, 17 noch einmal erlaubte, dort aber ganz gewiss nicht, um irgend ein Pathos nahe zu legen. Die Auffassung als Unachtsamkeitsindiz (hier einer frühen Zeit) dürfte noch am meisten für sich haben.

[63] Es war eine glänzende Beobachtung Pöschls auf S. 85, dass Horaz allein Octavian kein Epitheton gibt; so steht der gewaltige Name groß und stolz für sich.

[64] Man weiß, dass auch ein gesunder Hase in tiefem Schnee nur langsam vorankommt. Mit dem Habicht, der Tauben schlägt, soll Achill gemeint sein, weil er bei Homer, Il. 22, 139f. Hektor "wie ein Habicht" verfolgt (M. M. De Forest, CW 82, 1988/9, 168): Aber wird dann nicht auch Kleopatra absurderweise zum Hektor? (Ein Referat der weiteren Einfälle De Forests wollen wir uns ersparen). Mit dem Jäger im thrakischen Schnee (*Haemonia* sagt Horaz dafür wie oft) soll ebenfalls Achill gemeint sein (so z.B. Pöschl a. O. 86), denn die Gleichsetzung Octavians mit Achill sei dadurch nahe gelegt, dass der Augustus von Primaporta den Doryphoros Polyklets zum Vorbild hat, der aber sei ein Achill. Nun, Andrew Stewart, Greek Sculpture Bd. 1, Yale UP 1990, 161 links Mitte weiß dafür nur auf Homer, Il.9, 412ff. zu verweisen (der polykletische Achill weise eine recht ähnlich unentschiedene Haltung auf); Diana E. E. Kleiner, Roman Sculpture, Yale UP 1992, 63f. benennt den Doryphorus lediglich als "Griechischen Athleten" und H. von Steuben im Ausstellungskatalog "Polyklet" (Frankfurt/M. 1990, 187 mit Anm. 23) kann für seine Ansicht ("wahrscheinlich Achill gemeint") nur vage Vermutungen beibringen. Auf einen sicheren Beleg für die Gleichsetzung Octavians mit Achill muss man noch warten, Horazens Vers ist keinesfalls ein solcher.

gesichts ihren besiegten Palast zu schauen (was historisch unbelegt), tapfer tödliche Vipern zu berühren, um ihr Todesgift in sich zu trinken, trotzte unbeugsamer (noch als zuvor) mit vorbedachtem Tode (ihrem Feind), ihm den Triumph vereitelnd[65], die Entmachtete stolz durch die Straßen zu führen – sie, "keine geringe Frau" (21 b-32).

Horaz folgt hier längere Zeit der abschätzigen Kleopatra-Propaganda (Pöschl 83, 94), so wie er in c. 1, 4 eine Zeitlang der einen literarischen Form folgte, um dann urplötzlich eine andere zu ergreifen (ähnlich in c. 1, 13), dann aber in v. 21 b tritt er eine Kehre an: Die schier rasende Leidenschaft der Königin wendet sich, als ihr Glück umschlägt, zu geradezu sieghafter Todesgröße.

Aber c. 1, 37 ist nun nicht einfach zweiteilig. Aufs Ganze gesehen, folgt auf die durch die Anrede "Ihr Kameraden" (v. 4) deutlich abgesetzten Einladungs- und Einleitungsverse ein ununterbrochener Strom von sieben alkäischen Strophen. Nur das dritt- und vorletzte Strophenende sind durch leichte Sinneinschnitte (in 24/5 durch partizipiale Erweiterung, in 28/9 durch Apposition) markiert. Diesen Strom mag man als ungehemmten Jubel auffassen, man sollte jedoch nicht vergessen, dass Horaz oft seinen Pindar in dieser Weise las (c. 4, 2, 5/12: *monte decurrens velut amnis*, ein "reißender Gebirgssturzbach", oder: *numeris solutus*, "ohne Versmaß", v. 11). So wie er in v. 12 und 21 einen neuen Sinnabschnitt mitten im Vers beginnen lässt, ließ ja auch Pindar zuweilen Neueinsätze mitten in der metrischen Einheit anfangen (z.B. Ol. 8, 59) oder Enden von direkten Reden das Strophenende überlappen (ebd. 45f.). Besonders die frühen Gedichte Pindars sind ja noch keineswegs so präzise gegliedert wie etwa das späte Epinikion Nem. 10[66]. Pindarisch ist ja auch der sinnentsprechende, aber nicht grammatikkonforme Anschluss des Femininum *quae* an das Neutrum in 21[67]. Doch aus dem scheinbar ununterbrochenen Dahinströmen heben sich deutlich drei Phasen oder "Perioden" (so G. Lieberg) heraus: 5-14 Kleopatras Rasen; 15-21 a Octavians Eingreifen; 21 b-32 Kleopatras Größe (Pöschl 101, 104). Der Mittelteil gewinnt dabei gebührendes Gewicht durch die Doppelung des Vergleichs; das ist keine Imitation homerischer Doppelvergleiche, sondern Beschwerung des sonst zu wenig umfangreich, also leichtgewichtig gebliebenen Mittelteils. Dazu werden in v. 21ff. gleichsam anschwellende Wogen sichtbar: Die Satzteile nehmen an Worten zu und zwischendurch auch wieder ab, wie insbes. G. Pasquali gezeigt hat (57, reproduziert von Pöschl 105). Man muss aber auch sehen, dass im dritten Teil, also dort, wo der Zorn über das Rasen der

---

[65] Die Syntax des *invidere* mit Infinitiv ist ohne Parallele (Thes. L. L. 7, 2; 1195, 38) ebenso wie *inpotens* mit Infinitiv in v. 10 (Kühner-Stegmann II 1, 684 oben). Der sprachliche Wagemut ist beachtlich.

[66] Verf., Eos 76, 1988, 228ff.; Lateinische Dichtersprache 198.

[67] Syndikus 1, 325, Anm. 16; dieser Auffassung widerspricht allerdings G. Lieberg, GB 17, 1990, 130, sich auf eine Bemerkung Kiesslings stützend, und möchte *quae* auf *regina* in v. 7 beziehen, ein zu weiter Rückgriff, wie es scheint. Liebergs genaueste strukturelle Analyse des Gedichtes wird man dagegen mit großem Gewinn lesen. Die hier gegebene Bauanalyse ist Liebergs Untersuchung verpflichtet.

Königin zu schwinden beginnt und ihre Größe hervortritt, die Strophen (dies muss man zu Liebergs Analyse hinzufügen) ein wenig deutlicher abgesetzt sind als zuvor, d.h. dass dort das Tempo abnimmt, wo bewunderndes Schauen einsetzt: Eine meisterhafte Fügung. An den Frühstil mag noch das Laute des ersten Teiles erinnern, der Kraftausbruch im schier ungehemmten Dahinströmen der Worte, dazu die überaus gewagten Infinitivkonstruktionen und die "verzwickte" Syntax in v. 30ff. Sonst aber zeugt dieses Gedicht, das nicht allzu lange nach Kleopatras Ende (August 30 v. C.) abgefasst sein wird, von kaum mehr zu übertreffender Meisterschaft. Horaz wird später derartige Kraftausbrüche stärker kontrollieren, aber die Freiheit des Urteils und der Mut zu großen, freien Gedanken wird ihn nicht mehr verlassen.

Ein Rückblick: Carmen 1, 14

Wir haben bisher viel von Technik und Stil gesprochen, dabei geschieht in den zuletzt besprochenen Gedichten, auf den Inhalt gesehen, ebenfalls Interessantes. Schauen wir zurück auf die Kleopatra-Ode 1, 37: Gesprochen wird von einer Frau, und in ihr von einer unerhörten Leidenschaft, gepaart mit einer schier unglaublichen Kraft des Willens und des Stolzes. Diese Kraft richtete sie, als sie noch im Glück war, gegen Rom, besiegt, vermochte sie mit ihrer Hilfe über den Sieger siegend edel zu sterben. Das Gedicht zeigt, wie stark solche "nicht niedrigen" Kräfte sein können, und zugleich zeigt die Textur eine trotz allem Voranströmen eine klare Ordnung von drei Anfangs-, zwei Mittel- und wieder drei Schluss-Strophen. In den Mittelstrophen bricht ihr Glück um, dann folgt die Kehre zur Umwertung dieser Gestalt.

Es versteht sich von selbst, dass mit dieser Urgewalt c. 1, 13 *Cum tu, Lydia, Telephi* gar nicht zu vergleichen ist. Immerhin überwindet auch hier ein Mensch seine Ich-zentrierte Eifersucht zu Gunsten des Du und des Mitleidens, um dann den Blick auf das Ideal zu richten. Eine Selbstüberwindung auch hier[68] und zudem wieder die Kehre.

Auch c. 1, 4 (*Solvitur acris hiems*) kennt eine solche scharfe Wendung: Da schenkt sich das Ich ganz naiv dem wunderschönen Augenblick des Frühlingsanbruches; aber in dem Moment, wo es über das Opfer im Hain nachdenkt zur Feier dessen, dass wieder einmal der Winter vorüber, die laue Zeit gekommen ist, bricht (so darf man wohl interpolieren) die Einsicht herein, dass die Jahreszeiten immer aufs neue kommen, ewig, dass aber der Mensch an dieser Ewigkeit

---

[68] Man rede da nicht von "Werbung" für sich selbst und davon, dass hier alles "Strategie" sei mit dem Ziel, diese Frau für sich selber zu besitzen, und was derlei Platitüden mehr sind – der Text legt nichts davon nahe.

keinen Anteil hat. Und den Einbruch dieses Sich-Bewusstwerdens der Endlichkeit bezeichnet der Dichter durch die plötzliche, laute Kehrtwendung.

Halten wir zuletzt auch dieses fest, dass nicht nur dieses krachende Einbrechen, sondern alle drei Gedichte laut sind (man denkt da an den Beginn von c. 1, 13 mit seiner Schilderung der Wut; an die Kennzeichnung Kleopatras als trunken Rasender und an das donnernde Hereinbrechen des Todes).

Ein letztes wäre noch zu besprechen, das für alle horazischen Oden gilt: Wenn ein Gedicht aus Gedanke und Bild besteht, so muss über die Behandlung von Bild und Gedanke in den ganz frühen Werken des Horaz in Unterscheidung von den späteren gesprochen werden. Ist z.B. in c. 2, 18, 1-5

> *Non ebur neque aureum*
>   *mea renidet in domo lacunar,*
> *non trabes Hymettiae*
>   *premunt columnas ultima recisas*
> *Africa*

ein Bild? Gewiss, man kann sich sehr wohl einen Palast vorstellen, den Elfenbein und Gold schmückt, dessen Teile aus bläulichem und strahlend weißem Stein aufgeführt sind. Doch dieses Bild eines Palastes ist hier nicht um seiner selbst willen da, es ist vielmehr Teil des Gedankens: "Ich bin zwar äußerlich nicht reich, wohl aber im Inneren" (9f.); ja, es vertritt gleichsam den ersten Teil dieses Gedankens der Verse 1 – 8, es ist geradezu dieser Gedankenteil, der ja mit keinem abstrakten Wort ausgedrückt ist. Anders c. 1, 4, 1/12: Da wird zunächst das Schwinden des Winters abstrakt ausgedrückt (*solvitur acris hiems*), dann aber wird dies Abstrakte konkretisiert und eine Frühlingsszenerie gemalt (Schneeschmelze und lauer Wind; Schiffer, Vieh, Pflüger und seine Wiesen, dazu Götter- und Menschenfeiern); diese Szenerie vertritt aber keinen Gedanken, ist auch nicht Gedanke; sie soll mit ihren Bildelementen eine Gestimmtheit hervorrufen, nämlich die Frühlingsfreude. Das Bild des an die Tür donnernden, bleichen Todes konkretisiert kein vorab genanntes Abstrakte, sondern malt eine Szene, um auf das folgende Abstrakte anschaulich hinzuführen. Horaz ordnet also Abstraktes und Ausmalendes chiastisch. Aus beiden Bildern soll nun der Kontrast erwachsen und dadurch der Gedanke an das *Carpe Diem*. Kurzum: Die beiden kontrastierenden Bilderserien zusamt dem Abstrakten, das sie ausmalen, führen auf einen beide übergreifenden Gedanken wie in c. 2, 18, 1/5; aber anders als dort haben die Bildserien ausmalende Funktion, oder anders: Die Bildlichkeit gewinnt an Eigengewicht.

Ähnlich c. 1, 13: Das Lob der rosigen Arme des Rivalen erklingt, und das Ich leidet innerlich (Zornesempfindung), dann auch äußerlich (Farbwechsel, Träne); es leidet bald noch mehr (*uror* ist das bisher stärkste Wort) angesichts der Verletzungen seiner heimlich Geliebten. Die Szene mit ihren drei Einzelteilen malt also steigernd die Wirkungen aus, welche die Situation hervorruft; die Bildergruppen zeigen die Auswirkungen der dem ganzen Erleben zugrunde liegenden Gestimmtheit des Ich (seine *lenti ignes*). Danach verlässt das Gedicht die Ausrichtung auf das Ich, denn aus zwei Richtungsänderungen (die erste wendet sich vom Ich zum Mädchen, die zweite vom Mädchen ins Allgemeine) ergeben sich dann zwei Gedanken, der eine an die Zukunft des Mädchens, der andere und letzte an die Liebenden überhaupt. Wieder also die Technik des Ausmalens eines Zugrunde-Liegenden und auch mehr oder weniger abstrakt im Text Ausgedrückten (hier die *lenti ignes*).– Wir werden derlei im Auge behalten müssen. Jetzt am Ende dieser Untersuchung von Horazens frühem Odenstil stehe ein „Test-Fall", nämlich ein Blick auf das umstrittene c. 1, 14.

Es kann hier, wo Stilfragen behandelt werden, nicht um die Interpretation des Gedichtes gehen[69], sondern allein um die gedankliche und sprachliche Struktur. Ein entsetzter Ausruf zu Beginn: „Die erneut (Dich angreifen werdenden) Stürme[70] werden Dich wieder auf hohe See hinaustreiben!" Dann ein Aufschrei (*O quid agis*[71]) und die Aufforderung, den schützenden Hafen aufzusuchen. Nun die Begründung des „Redners" (Syndikus 163): *Nonne vides, ut nudum latus* und *malus saucius*, wo man mit Nisbet-Hubbard zu v. 4 ein *sit* ergänzen muss. Vom Sehen (*vides*) wird man zu einem Höreindruck geführt, was kein ganz glatter Übergang ist, trotz Lucr. 1, 255f. (zitiert von Nisbet-Hubbard). Danach Subjektswechsel: Den Kiel hält das Hypozoma kaum mehr. Weiter folgt der Hinweis darauf, dass weder die Segel unbeschädigt seien noch die „Götter", d.h. die Gallionsfigur (*tutela*), die man in der Not anrufen könnte: Der Schritt von einem Ding (Segel) zu etwas, das teils Ding, teils Wesen ist, scheint eher einem Sprunge gleich. Was folgt, ist, von der Situation der Seenot her gesehen, absurd; von der Allegorie her geschaut, gut verständlich: Dem Schiff, das schon vorher wie eine Person angesprochen worden war, werden nun auch noch ein verfehltes Selbstverständnis beigelegt: Falscher Herkunfts- und Adelsstolz hilft aus keiner Not, ebenso wenig der Stolz auf die eigene Schönheit (v. 14). Die Schlussfolgerung ist sarkastisch: „Wenn Du Dich vor dem Sturm nicht unbedingt lächerlich machen musst, sieh Dich vor!"

Jetzt folgt mit dem „persönlichen Hervortreten des Dichters" (Syndikus 168) ein tiefer Umbruch; er ähnelt dem Umbruch am Ende von c. 13. Dass „die

---

[69] Seit Quintilian 8, 6, 44 versteht man das Alkaios nachfolgende (Syndikus 1, 160) Gedicht allegorisch, als einen „Vergleich des Staatswesens mit einem Schiff" (Heinze 71), so auch Nisbet-Hubbard, die klagen: „But commentators, after the fashion of their kind, looked for hidden meanings on every side"; so verstand A. J. Woodman (CP 75, 1980, 60ff.) das Gedicht als auf eine Frau, G. Davis (RhM 132, 1989, 331ff.) als auf das Wagnis hoher Dichtung gemünzt, beide Versuche stecken voller methodischer Fehler und werden hier nicht berücksichtigt. H.P. Syndikus spricht sich 1, 161ff. (wie G. Calboli, Maia 50, 1998, 37ff.) für die Staatswesen-Allegorie aus und datiert das Gedicht in die Zeit vor Actium (161).

[70] *Novi* wie bei Liv. 24, 16, 2 Ende für *de integro*.

[71] Man zitiert als parallel gern Ter. Andr. 134; man kann auch auf Ad. 780 hinweisen. An diesen Stellen steht der allgemeine, unspezifizierte Aufschrei *quid agis*? jedoch beide Male an erster Stelle und wird dann durch etwas Spezielles fortgeführt. Horaz hat umgestellt; die Frage nach dem Grunde gehört in einen ausführlichen Kommentar, hier genüge es, auf die Variation des Gewöhnlichen hinzuweisen.

direkte Gedichtsituation zu Beginn und am Schluss eine Aussage etwas anderer Art umschließt", meint Syndikus 168 als Hinweis auf die Nähe zu den Epoden, die ähnliche Strukturen aufweisen, werten zu können und damit auf eine zeitliche Nähe zu ihnen. Aber was ist eine „direkte Gedichtsituation" und „eine Aussage etwas anderer Art"? Gemeint ist dieses: Wir haben ein Gebilde vor uns, an dessen Anfang ein äußerst aufgeregter Aufschrei ertönt, woraufhin dann ruhiger argumentiert wird, indem alle die Beschädigungen des mitgenommenen Schiffes aufgezählt werden. Es folgt, wenn man an ein wirkliches Schiff denkt, die absurde Warnung, sich nicht wieder auf die See hinauszuwagen im Verlass auf Adel und Schönheit; die Absurdität verliert sich, wenn man an die Allegorie denkt und an die Überheblichkeit eines Staates. Mit einem scharfen Bruch wird nun die Allegorie verlassen um einer Selbstaussage des Dichters willen: Er gesteht, dass er diesen Staat kürzlich noch verabscheut habe, nun aber seine Not mit sorgender Anteilnahme betrachte. Der Beginn ist also laut, dann aber folgt ein ruhigeres Argumentieren mit mancherlei sprachlichen Raffinessen[72], und am Ende tritt schlagartig der Dichter selber hervor, bevor der Text mit den Kykladen ein letztes Mal zur „direkten Gedichtsituation" zurückkehrt.

Man wird, wenn man sich der oben erarbeiteten Kriterien für den Frühstil entsinnt (hier ist insbesondere an das Laute des Beginns und an den Umbruch am Ende gedacht), kaum leugnen wollen, dass sie hier, maßvoll angewendet, eine Frühdatierung sehr wohl erlauben. Horaz hat hier in c. 1, 14 mit der Allegorie experimentiert, er wird dieses nicht ganz homogene Experiment (man erinnert sich an die Absurdität in v. 11 – 15) ebenso wenig wiederholen wie das der Mythenerzählung (c. 1, 15). Auch dies womöglich ein Hinweis auf frühe Abfassungszeit.

---

[72] Das *durare* in v. 7 hat ein direktes Objekt bei sich, was vor Statius nur noch bei Vergil (Aen. 8, 577) belegt ist. Hinzukommt die allerdings nicht allzu „verzwickte" Auslassung des *sit* und auch der Sprung der Sinnes-Empfindung vom Sehen (*vides*) zum Hören.

KAPITEL VII: ZWEI PROGRAMMATISCHE GEDICHTE.
MUSENHAIN UND SELBSTBESCHEIDUNG

Historische Vorbemerkung

Der Sieg von Actium, der Sieg über Antonius und über die Gefahr einer Reichsspaltung war errungen; die östlichen Anrainerstaaten und die Provinzen waren beruhigt, bzw. geordnet, jetzt galt es, Rom selber zu beruhigen[1] und zu ordnen. Schier unendliche Ehrungen wurden dem Sieger zuteil, und am Ende wurden die Türen des Janustempels verschlossen: Der Krieg war vorüber. Octavian ordnete eine Volkszählung an, auch dieses ein Zeichen des Friedens, und er musterte die Senatsmitglieder neu, und zwar ohne jede "Säuberung": Der Machthaber zeigte, dass er seine Macht nicht missbrauchen wollte. Der nächste Schritt war, dass Octavian alle Anordnungen, die er vordem getroffen hatte, für ungültig erklärte, soweit sie nicht von der Verfassung gedeckt waren (Kienast 82), und dann erfolgte (wir erinnern uns an die "Biographische Zwischenbemerkung" in Kap. VI) die große Geste: Die Wiederherstellung der Republik durch Aufgabe seiner außerordentlichen Befugnisse (13. Januar 27). Von nun an bekleidete er Jahr für Jahr, scheinbar verfassungsgemäß, das Konsulat; zudem besaß er nach wie vor die tribunizische Unantastbarkeit und Gewalt und, aufgrund seiner Konsulate, die prokonsularische Amtsbefugnis. Der Herrscher war in die Grenzen der Verfassung zurückgekehrt und besaß doch eine Befugnis, die ihn über alle erhob. Da beantragte L. Munatius Plancus im Senat, man möge dem Herrscher den Namen *Augustus* verleihen. Dies und die Tatsache, dass Octavian sich "Sohn des Vergotteten" nennen durfte, hoben ihn, wie berichtet, über alle anderen Sterblichen hinaus (Kienast 93).

Auf dem Palatin entstand nun das Haus des Augustus und neben ihm der Tempel Apolls, seines Schutzgottes. Die *Corona Civica* und Lorbeerzweige am

---

[1] Am Ende des J. 30 v. C. deckte Maecenas, so scheint es, in Rom eine Verschwörung auf (Kienast 77; Syme, Roman Revolution 298 lässt Skepsis durchblicken); sie führte zum Ende des Sohnes von Aemilius Lepidus, dem Sohn des Triumvirn, und dessen tapferer Gattin.

Hauseingang verliehen dem Herrscher sichtbarlich gottnahe Erhabenheit. G. Carettoni hat in einem kleinen Buche die restaurierten Reste auch für den Laien zugänglich gemacht[2].

Doch die Ruhe wollte noch immer nicht einkehren: Wir wissen nicht, welche Art von Untreue Cornelius Gallus, der Freund Vergils und vordem des Herrschers verlässlicher und erfolgreicher General und Präfekt Ägyptens, beging, aber er wurde verbannt und nahm sich das Leben (Kienast 99, Anm. 68). Es gab noch andere, ähnliche Fälle von Unbotmäßigkeit – waren sie der Grund, warum der Herrscher etliche Jahre mit einem Krieg in Spanien zubrachte? Er kam erst im J. 24 zurück, und erneut gab es Komplotte. Dann warf eine schwere Krankheit Augustus nieder, man befürchtete das Schlimmste, doch der Herrscher erholte sich und legte nun auch sein Dauerkonsulat nieder (Juni 23 v. C.). Er erhielt an Stelle dessen die volle tribunizische Gewalt. In diesem Jahr, allenfalls im nächsten, veröffentlichte Horaz seine erste Oden-Sammlung. In diesem Jahr verlor aber auch Maecenas seine politische Geltung und – für wie lange, wissen wir nicht – die Freundschaft des Herrschers[3]. Horaz behielt sie.

Biographische Notiz: C. 2, 13 und 2, 17

Über Biographica aus den Jahren zwischen dem Geschenk des Landgutes und der Publikation der ersten Oden-Sammlung (doch wohl im J. 23 v. C.) wissen wir so gut wie nichts. Horaz hat es nicht für wertvoll erachtet, irgend etwas Persönliches oder Genaues über sein äußeres Leben mitzuteilen. Nur dies erkennt man, dass über ihm wie über Maecenas große Gefahr gehangen hatte: Maecenas war schwer erkrankt und Horaz wäre beinahe von einem umstürzenden Baum erschlagen worden. Anders gesprochen: Die wunderbare Rettung beider schien dem Dichter so wichtig, dass er an mehreren Stellen über sie sprach. Die Datierung des Gedichts, das über den Baumsturz spricht (c. 2, 13) ist allerdings umstritten, darum wollen wir es kurz paraphrasierend betrachten.

"Wer Dich gepflanzt hat, wer immer es war, damals, am Anfang (von diesem Übel)[4], und dies an einem Unglückstag, und Dich aufgezogen hat mit verruchter

---

[2] Insbesondere das obere Cubiculum (Raum 15, kubisch mit einer Seitenlänge von nur 3, 50 Metern) ist im 2. Stil ausgemalt, und dies in einer sonst in diesem Hause nicht wiederzufindenden Schönheit.

[3] A. Terentius Varro Murena verschwor sich gegen das Leben des Augustus; Murena war der Bruder von Maecens Gattin, und als alles ruchbar wurde und Murena der Hochverratsprozess drohte, machte Maecenas seiner Gattin gegenüber eine Andeutung, sie aber benachrichtigte ihren Bruder, und der floh (er wurde dann von den Häschern gefunden und getötet).

[4] Zum "verzwickten" *primum* vgl. Nisbet-Hubbard z. St. und auch zu *homini* in v. 13.

Hand, Baum, zum Unheil der Nachkommen und zur Schande des Bezirks, der hat wohl seinen Vater umgebracht und einen Gast ermordet, der hat Gift gemischt und sonst alles betrieben, was frevelhaft ist. Und so einer hat Dich auf meinem Gut wachsen lassen, unseliges Stück Holz, das da aufs Haupt seines Besitzers zielte, der doch nichts getan!

Was man meiden sollte, der Mensch weiß das nie. Da fährt ein Schiffer heil durch den Bosporus und wähnt alle Gefahren überwunden; da ist ein Legionär den Partherpfeilen entkommen und glaubt sich gerettet – doch urplötzlich holt der Tod ihn dann doch ein.

Wie nahe war ich der Unterwelt, der Proserpina, dem Richter Aeacus und den Frommen, die dort glücklich leben, z.B. Sappho, die dort den Ihren singt, und Alkaios, der viel lauter in die Saiten greift, wenn er von Krieg und Tyrannensturz berichtet. Beider Sang hören die Schatten in heiliger Stille, den des Alkaios aber noch lieber (er war ja, so darf man im Sinne des Mannes Horaz hinzufügen, von einem Manne für Männer verfasst).

Kein Wunder, dass da sogar der hundertköpfige Hund Kerberos die Ohren hängen lässt, und sich die Schlangen im Haar der Furien ruhend erholen, ja selbst Prometheus seinen Schmerz, Tantalus seinen Durst vergisst und Orion seine Jagd."

Wann dieser Sturz des Baumes, der Horaz beinahe erschlagen hätte, geschah, ist schwer zu sagen. Dass aber dieses Gedicht früh anzusetzen ist, dürfte nach den über Nisbet-Hubbard an Genauigkeit weit hinausgehenden Untersuchungen E. A. Schmidts[5] deutlich sein; aber auf eine Diskussion des genauen Datums brauchen wir uns hier nicht einzulassen, es genüge, darauf hinzuweisen, dass außer den metrischen Unfertigkeiten, die Schmidt nach Beobachtungen früherer Gelehrter eindrucksvoll präzisiert hat, noch weiteres hinzukommt: Nicht nur weist das Gedicht eine gewisse Nähe zu den Epoden auf (vgl. epo. 3), sondern es ist stellenweise metrisch zumindest ungewöhnlich (Nisbet-Hubbard zu v. 7 und 16), auch sehr laut (man erinnert sich an den "Rückblick" in Kap. 6), auch wenn der Ton zuweilen "leicht spöttisch" ist (Fraenkel 197 unten), und es zeigt erneut die scharfen Kehren und Wendungen jener frühen Gebilde: Von der Verfluchung kommt der Dichter über eine Reflexion, die pindarischen Gnomen ähnelt (Strophe 4 und 5), zu der ruhig-schönen Unterweltsszene und zum Schluss dann wieder zu einer Art Parodie, die des Verfassers der "Frösche" würdig ist. Auch diese Bildführung gemahnt an den oben in Kapitel VI beobachteten Frühstil.

Mit dieser Errettung vor dem stürzenden Baum verbindet Horaz in c. 2, 17 Maecens Errettung von einer schweren Krankheit und unterlegt diese Verbindung mit dem Hinweis auf beider Horoskope, die einander gleichen (2, 17,

---

[5] The Date of Horace, Odes 2, 13 in: Vir Bonus Discendi Peritus, Festschr. O. Skutsch, London 1988, 118ff. Der Festschrift-Titel stammt aus dem Schluss-Satz von U. von Wilamowitz-Moellendorffs "Geschichte der Philologie" (1921), 3. Aufl., Stuttgart/Leipzig 1998, 80, einem Satz, der wahrhaft Ewigkeitswert hat.

17/22) und die J. Bollók, ACD 19, 1993, 11ff. besprochen hat. Die Enge der freundschaftlichen Verbindung erhellt auch aus c. 1, 20, in dem Horaz dem zu ihm eingeladenen Maecen eröffnet, er habe den Wein, den sie gleich trinken werden, eigenhändig in einem Fass verpicht, als Maecen sich zum ersten Male nach seiner Genesung wieder im Pompeius-Theater unter brausendem Beifall der Menge gezeigt habe.

Carmen 1, 1 (*Maecenas atavis*)

Das erste Gedicht der gesamten Odensammlung beginnt mit dem großen Namen Maecens, des Sprosses uralter Könige; dann erst folgt die Anrede mit *o et praesidium*: Zunächst steht so der große Name mit seiner auffälligen Prädikation ganz allein da, dann erst wagt, so will es scheinen, der Anredende[6] sich mit dem hervor, was ihn mit dem bedeutenden Manne verbindet: Er ist ihm Schutz sowohl als Zier. In einer langen Priamel-Reihe (dazu bes. Syndikus 1, 24, Anm. 8) werden nun, ohne Übergang, acht Lebensbeschäftigungen aufgezählt. Da ist zunächst der pindarische Olympionike auf seinem Gespann; er wirbelt Staub auf, umfährt geschickt die gefährlichen Wendepfähle, siegt und fühlt sich zu den Göttern erhoben[7]. Dieser Sport "macht ihm Freude" (*iuvat*, 4). Freude bereitet auch dem Politiker die Anerkennung der Bürger (auch dieser Beruf ist nicht ohne Risiko: Die Bürger sind ja allzu unstet), und dem Korngroßhändler macht Freude, wenn die "gesamte Kornernte Nordafrikas" in seine Scheuer kommt. Diesen Abschnitt, den die gewaltige Übertreibung, also ein Scherz, beschließt, beherrscht das Wort "freut", den nächsten der Begriff der Unbeirrbarkeit: Einen Bauer, der mit dem Karst das ererbte Gütchen bearbeitet und daran seine Lust hat (*gaudentem* weist auf das Gemeinsame der ersten Gruppe, auf die Freude zurück), und den Kauffahrer, der manchmal stöhnt "Ach, ginge ich doch in einer Stadt meinem Geschäfte nach!", sie beide kann nichts

---

[6] Sehr auffällig ist auch, dass die Anrede mit *O* erst in der zweiten Zeile steht, vgl. immerhin Carm. Saec. v. 2. In dieser Weise tritt Name und Bestimmung durch die uredle Abkunft überschriftgleich hervor.

[7] Auf diese Weise wird aus einem Bilde die Kennzeichnung eines Selbstgefühls. Man muss doch wohl *terrarum dominos* mit R. Heinze, O. Skutsch und anderen den Göttern zuordnen, und nicht mit Nisbet-Hubbard und Syndikus 1, 29, Anm. 30 (er muss um seiner These willen *dominos* zu "Erster auf der Welt" umbiegen) dem Sieger, da auch in v. 8 und 10 eine attributive Bestimmung vor das versbeschließende Substantiv gestellt ist und da ein Olympiasieger doch kaum zu einem "Herren der Welt" wird. G. Williams (Tradition 757) setzt *palmaque ... deos* in Klammern. In WJA 18, 1992, 205 wurde die Konjektur (*qua*)*e vehit* vorgeschlagen, also eigentlich nur der Einschub eines *q* und die Annahme einer Haplographie des *ve*; sie würde deutlicher hervortreten lassen, dass alle drei Typen unter dem Leitwort *iuvat* stehen.

von ihrem Lebensweg abbringen. Eine appositionsartige Kennzeichnung der Antriebskraft des Kauffahrers ("unfähig, Armut zu ertragen") beschließt diese Zweiergruppe. Ein ganz anderer Typ genießt die Ruhe, nach der die Kauffahrer sich sehnen (vgl. *otium*, 16), liegt im Grase unter einem Baum oder an einer Quelle und schlürft guten Wein schon am Nachmittage[8].

Nun zwei weitere Lebensbeschäftigungen, recht im Gegensatz zum Genießer im Grase: Die einen haben ihre Lust am lauten Kriege (den die Mütter hassen), die anderen an der Jagd (auch wenn daheim eine süße Frau wartet) und bleiben draußen, sei es, weil die Meute ein Schmaltier erblickt hat, sei es, dass ein Eber ein Netz zerriss. Erneut gliedert eine Gabelungsfermate. Dieses Mal sehen wir eine Zweiergruppe, die von den Motiven her gesehen, scharf von der vorhergehenden abgesetzt ist, durch *iuvant* in v. 23 aber auch wieder mit dem *non spernit* des Genießenden, die Grenze überbrückend, verbunden ist.

Nun endlich der Dichter selbst (pointiert beginnt die Schlusspassage mit *me*). Ihn hebt im Unterschiede zu den anderen Lebenstätigkeiten zu den Göttern (hier klingt der Aufstieg zu den Göttern aus v. 6 wieder rundend an), wenn ihm ein Efeu-Kranz zuteil wird zum Zeichen dessen, dass er in den Kreis des Dionysos[9] gehört; ihn trennt ein Hain mit seinen Nymphen und Satyrn von der gewöhnlichen Welt. Für beides aber ist Voraussetzung, dass die Musen ihm nicht alkäischen Sang verwehren. So bittet der Dichter indirekt um ihre Gabe; und wenn sie ihm zuteil würde, und Maecenas den aus ihr folgenden Sang anerkennen und den Dichter unter die großen Klassiker einzureihen bereit wäre, dann werde er – so versichert er, mit einer lächelnden Übertreibung das Lebensentscheidende verbergend (Gabe der Musen und Lob des ihm Nächsten und Höchsten) – gar an die Sterne rühren.

Dieses gewiss im Jahr der Publikation (wahrscheinlich 23 v. C.), also spät geschriebene Einleitungsgedicht bestimmt mit heiterer Leichtigkeit[10] (so Syndikus 1, 34 Mitte) des Dichters Tun, wenn man nämlich die Textoberfläche unterfragt und die einzelnen Lebensbeschäftigungen bei aller Unterschiedlichkeit vorsichtig auf den Poeten bezieht: Man darf sicherlich meinen, dass die hohe Freude des Olympioniken, aber auch seine Gefährdung und Mühe dichterischem Tun vergleichbar sind, und auch sein schier übermenschlicher Ruhm (vgl. Pindar, Pyth. 6, 110f.). Das Tun des Dichters kann ja ebenfalls scheitern

---

[8] *Nunc – nunc* ist eine deutliche Gabelungsfermate. Dies führt darauf, nach v. 22 tiefer einzuschneiden als viele Ausgaben es tun (Klingner, Borzsák, Shackleton-Bailey). Der Vorteil wäre, dass sich erneut eine Dreiergruppe ergäbe, deren Gemeinsamkeit die Unbeirrbarkeit wäre. *Non spernit* meint ja, dass der Genießer sein Tun sehr liebt und bewusst anders leben möchte als die anderen. Diese Dreiergruppe besteht aus einer antithetisch geordneten Gruppe: Zwei, die sich mühen und einer, der genießt.

[9] In c. 3, 30, 16 wird es ein "delphischer", also apollinischer Kranz sein, um den der Dichter bittet: Schaffensrausch und ordnende Klarheit.

[10] Syndikus 1, 36f. beschreibt die klare Struktur des Liedes; man würde sie noch deutlicher erkennen, wenn man die Fermatentechnik zu Hilfe riefe, wie sie in der Lateinischen Dichtersprache § 198/201 dargelegt ist.

(vgl. c. 2, 1, 6) und es bringt schwere Arbeit mit sich. Man darf wohl auch die Stetigkeit von Landmann, Kauffahrer und Mußeliebhaber als relevant für das Dichtertum ansehen. Auch der Dichter bleibt bei dem Seinen unentwegt und stetig, will mit niemandem tauschen, wenn er's ernst meint. Und dann die Ausschließlichkeit: Wie Soldat und Jäger setzt der Dichter alles andere hintan, wenn es um sein Dichten geht. Der Lohn für solche mannigfaltigen Entbehrungen und Mühen ist dann der Kranz, der ihn der Gottheit nahe bringt und ihn absondert von den Vielen, die nicht seines Geistes sind. Der Dichter ist in der Welt, gewiss; aber auch ihr enthoben und in einer anderen Welt, die dem gewöhnlichen Menschen nicht zugänglich ist. Aber er ist als Mensch auch himmelhoch froh über den Ruhm, und so kehrt er am Ende zur Anerkennung zurück, allerdings zu der Anerkennung durch einen der Bedeutendsten, durch den Kenner Maecenas, der ihn schützt und dessen Freundschaft des Dichters Schutz und Zier ist.

Seit den ersten Jahren des 18. Jahrhunderts, seit Baxters Ausgabe (Syndikus 1, 29) las man die Priamelreihe der Lebensformen so, dass man sie der horazischen als die schlechteren den schöneren unterordnete. R. Heinze widersprach und hob hervor, dass Horaz seine Lebensentscheidung, allein der Dichtung zu dienen, verteidigen und rechtfertigen wolle, ohne die anderen Lebensweisen zu schmälern, dass er sie vielmehr mit heiterer Ironie und auch viel Verständnis schildere. H. P. Syndikus sekundierte (1, 29), Nisbet-Hubbard (S. 1) widersprachen. In neuerer Zeit nahm H. Krasser keine Position in diesem Widerstreit ein, betonte vielmehr die "Entrücktheit" der horazischen Lebensweise sehr zu Recht (S. 80) und betonte auch mit nicht minderem Recht, dass Horaz diese Lebensentscheidung auch in seinen früheren Werken der üblichen und gewöhnlichen Lebensweise entgegensetzte. Darüber hinaus verstand er, den Text überlastend, die Widmung an Maecenas nicht nur als Hinwendung zum Freund und Gönner allein, sondern auch zu Maecen als "zentralem Mitglied der neuen augusteischen Führungsschicht", die Widmung an Maecenas sei "Zitat der politischen Wirklichkeit". Spätestens hier wird man ihm die Gefolgschaft aufkündigen.

Dieses Gedicht ist nun jüngst von M. Vielberg im Hermes 123, 1995, 193ff. behandelt worden. Wir wollen auf diese Arbeit etwas ausführlicher eingehen, um einerseits zu zeigen welch seltsame Spiele moderne Willkür zuweilen mit den alten Texten treibt, zum anderen, um noch einmal zu verdeutlichen, wie wir selber mit dem Horaztext umzugehen gedenken. Vielberg beginnt mit einer Aufzählung der verschiedenen Auslegungen dieses Gedichtes, die er für unvollständig hält und macht sich anheischig, mittels einer rhetorischen Erklärung das Fehlende nachzutragen. Die rhetorischen Handbücher unterschieden nämlich zwei Arten des Prooms, das direkt und das indirekt werbende (194, Anm. 13). Das indirekte "schleiche sich in die Sympathien des Hörers ein" (194), und zwar "vorzugsweise dann, wenn die vom Redner vertretene Sache das Rechtsempfinden des Richtergremiums verletzt". Analog müsste derjenige Dichter ein indirekt werbendes Proom verfassen, der weiß, dass er im Verlauf seines Gedichtes "von der Norm abweicht, das Publikum schockiert" (ebd.).

Und eben dies tue Horaz, wenn er, anders als die Generation vor ihm, auf die griechische Archaik zurückgreift (195). Namen frühgriechischer Autoren, also die seiner Modelle, die nennt Horaz allerdings nicht, und zwar deswegen nicht, weil er eine "proömiale Dämpfung" (196 oben) anstrebt, die nicht zu früh preisgibt, was da "schockiert". Zu dieser Einschleichung in die Sympathie der Hörer gehört nun auch, dass die Nennung des Olympioniken, der in Griechenland stets der Oberschicht angehörte, von vornherein deutlich macht, "welchem Segment der gesellschaftlichen Pyramide" die in den nächsten Gedichten Angesprochenen angehören[11] (198 oben), d.h. dass sie vorvermeldet, an welche gesellschaftliche Schicht Horaz sich wendet. Der Sieger im uralten griechischen Wettbewerb als Chiffre für römische Standeszugehörigkeit – wer hätte das vermutet? Die Lebensbilder seien negativ "getönt"[12], und so müsse sich mancher Römer aus diesem gesellschaftlichen "Segment" dann "ertappt fühlen" (199). Aber: "Sie wandern nicht allein. Horaz begleitet sie[13]. Auf seine Weise auf Glückssuche, steht er trotz subjektiver Präferenzen auf derselben Stufe". Bei dem letzten Satz beruft er sich zwar auf Syndikus 1, 30f.[14], aber wird er dadurch besser? Sieht Horaz sich wirklich auf ein- und derselben Stufe wie der Korngroßhändler? Oder etwa wie der Jäger? Nein, Horaz deutet acht Lebensbeschäftigungen oder Lebensbilder an und, so wurde oben nahe gelegt, ordnet sie bestimmten Einstellungen zu: Der Freude, der Unbeirrbarkeit, und der Ausschließlichkeit unter Hintanstellung von allem anderen. Diese Einstellungen sind zwar nicht ohne heitere Ironie geschildert, haben aber dennoch, so meinten wir, auf den Dichter Bezug. Der Gedanke nun, dass diese Lebensbilder "hintergründig überzeichnet" sein müssten, damit einige Zeitgenossen sich "ertappt fühlen" sollten, den möchten wir unserer Interpretation nicht einreihen, denn er kommt nicht aus dem Text selbst, er stammt daraus, dass man Schemata – hier eine rhetorische Theorie – an den Text ohne Not heranträgt und den Text dann in sie hineinzwingt[15]. Wenn man in den Lebensbildern des Politikers, des

---

[11] Skurril mutet Vielbergs Satz (199 oben) an, "den Wagenlenker freut nicht weniger der Sieg, als dass er Staub aufwirbeln kann" – als ob ihm der Staub und nicht der Sieg wichtig wäre. Hier ist die Metonymie "Teilvorgang statt Gesamtvorgang" (Lateinische Dichtersprache § 152) vergessen.

[12] Schon Syndikus 1, 28 sprach "von fast etwas Zwanghaftem", das diesen Lebensbildern anzumerken sei, was kaum zutreffen wird.

[13] Man versteht nicht, woher auf einmal ein solch "seraphischer", ja salbadernder Ton kommt; aus dem Text gewiss nicht.

[14] Horaz "sieht seine Freude, wie die der anderen, sehr von außen her, er sieht sich wie einen, der eben auch ein etwas seltsames Metier betreibt, das er so wie all die anderen in den Himmel hebt" – welcher der geschilderten Typen hebt sein "Metier" aber "in den Himmel"? Würde Horaz wirklich von sich sagen, dass er ein "seltsames Metier" betreibe? Auch diese Sätze sind kaum begreiflich.

[15] Gemeint ist das Schema von S. 194, dass nämlich ein indirektes Proöm sich in die Sympathie des Hörers einschleichen müsse, wenn es schockiere – nur: was schockiert in c. 1, 1 wohl? Dass Archaisches Vorbild wird (195)? Wie kann das ein Publikum "schockieren",

Großkaufmanns, des Soldaten und des Jägers keine herabmindernde Kritik erkennt, obschon Baxter, Wickham und auch Nisbet-Hubbard derlei vorbrachten, dann fällt das ganze Konstrukt in sich zusammen. Es fällt auch deswegen in sich zusammen, weil es auf der Annahme beruht, dass man erraten könnte, wie Leser auf diese Lebensbilder reagierten, schockiert oder gereizt. So wird denn auch auf S. 204 postuliert, dass der Gedanke des Horaz an Unsterblichkeit, den er am Ende von c. 1, 1 ausdrückt, die einen durch die "maßlose Arroganz" (ebd.) "schockiert", die andern aber zustimmend reagieren würden – wenn sie nicht durchschauten, dass dies alles nur Rhetorik ist. In dem Ausdruck "maßlose Arroganz" zeigt sich nun endlich auch, woher der Wind weht: Dass hier ein Mensch, der nach langen Jahren harter Arbeit soweit ist, dass er sagen darf: "Diese meine Werke werden nicht untergehen", – das darf, obschon es genügend antike und moderne Parallelen[16] gibt, nicht sein. Willkürlich wird daraufhin dem alten Text ein Rhetorenschema aufgepresst, und aus ist's mit dem Hinhören auf das schöne Wort.

Wir dagegen werden näher am Text und dazu bei unserer Auffassung bleiben und sagen: Gewiss übertreibt Horaz, wenn er vom "Rühren an die Sterne" spricht, doch das gehört zu den Mitteln, die er von v. 3 an benutzt, um dem ganzen Gedicht eine scherzende Heiterkeit und Leichtigkeit zu geben, obschon der zugrunde liegende Gedanke für den Dichter von lebensentscheidender Bedeutung war, nämlich soweit zu kommen, dass Verständige ihn für einen Dichter ansahen, welcher der großen "Klassiker", die er verehrte und auch nachahmte, wert und würdig war. Darum bittet er seinen Gönner und Freund, das ist das Eine; das Andere aber ist, dass er erkennen lässt, wie der Dichter in einer anderen Welt lebt und schafft, wie er zu der Welt gehört, in der – sinnbildlich gesprochen – Dionysos west (Horaz nennt ihn ebenso wenig wie Alkaios beim Namen), hier vertreten gleichsam durch Nymphe und Satyr. Dass er sich dem Göttlichen nahe fühlte, das sagt er oft; es war dies Bürde und hohe Freude zugleich.

Schließen wir unsere Bemerkungen zu c. 1, 1 ab. Zum einen haben wir gleichsam naiv das Gesagte nachgezeichnet, zum anderen haben wir die Textoberfläche, um es einmal so auszudrücken: unterfragt. Dabei blieben wir zunächst im Textinneren und stellten behutsam bei allen Unterschieden zwischen den Lebensformen, wie sie in der Reihe der Priamel auftreten, und der Daseinsweise des Dichters doch auch wieder eine gewisse Verwandtschaft fest, d.h. wir spürten keine abwertende Kritik als Mittel der Selbsterhöhung, schon gar nicht eine Absicht des "Ertappens" und "Schockierens". Wir erschlossen die Grundeigenschaften der verschiedenen Lebensformen: Stetigkeit, Gefährdung, bei Gelingen Ruhm und Gewinn, nicht zuletzt die Ausschließlichkeit dessen, der

---

das Ennius' Homernachfolge kannte, das in Horaz' Epoden den Archilochos heraushörte? Die Bewunderung für Pindar und Alkaios waren neu, aber doch nicht "schockierend".

[16] Man lese Hölderlins "Wie wenn am Feiertage", Str. 4 und 5 oder "Dichterberuf" (2. Fassung), Str. 3ff. Auf Goethes "Widerspruch" zu c. 1, 1 in "Grenzen der Menschheit" macht H. Hommel in den Sitzungsberichten der Heidelberger Akademie 1989, 77 aufmerksam.

sich dem geistigen Tun hingibt und sich dadurch vom Tun anderer, gewöhnlicherer unter- und abscheidet. Dies war die Lebensentscheidung auch des Horaz. Ungewöhnlich war sie gewiss; aber schockierend dürfte sie, nicht zuletzt wegen der catullischen (vgl. E. Fraenkel 275) und der des Vergil, kaum gewesen sein. Nun wäre noch eine letzte Frage zu stellen: Zwingt nicht die Tatsache, dass c. 1, 1 das erste Gedicht der ersten Sammlung ist, dazu das Gedicht auch als Einleitung zu lesen? Da wäre zunächst die Selbstvorstellung als lyrischer Dichter und als ein Nachfolger des Bacchus, fern von allem Gewohnten. Und da wäre auch die Widmung an Maecenas, und da wäre auch ein erstes Beispiel dieser Kunst, das Gewichtige scherzend zu verhüllen, ohne es unkenntlich zu machen, d.h. es für den spürbar zu machen, der nichts will als offenen Ohres zu lauschen und der nichts an den Text heranträgt, was der Text nicht selber erheischt. Was nun folgen wird, das wird das Dichten eines römischen Alkaios sein, und es wird getragen sein vom Dank an die Musen und an den Gönner und Freund.

Carmen 1, 38 (Methodenprobleme)

Wir werden auch hier zunächst den Text paraphrasieren und, wo nötig, erklären; danach wollen wir hier wie im Falle von c. 1, 1 die Textoberfläche unterfragen und uns danach erkundigen, ob nicht auch c. 1, 38, das letzte Gedicht des ersten Buches, eine weitere Aufgabe zugewiesen bekam als nur das zu sagen, was die Textoberfläche sagt.
"'Persischen' Aufwand mag ich nicht, mein Junge"[17], so beginnt das Liedchen, "mir gefallen keine bastgewundenen Kränze, lass' auch ab zu fahnden, wo noch irgend[18] späte Rosen verharren"; so die erste Strophe, die noch nicht sagt, wozu der Aufwand dient, der geringer sein soll – so sagt der Dichter scherzend – als ein "persischer" (scherzend, denn wie soll wohl ein einzelner *puer* persischen Luxus herbeischaffen?). "Einfach Myrte", so beginnt die zweite Strophe, "einfach" gegen "persisch", das Anfangswort der ersten Strophe, setzend. "Und ich möchte nicht, dass Du noch etwas in Deinem Eifer hinzutust: Zu Dir als dem Schenken passt Myrte sehr wohl und auch zu mir, der ich hier unter dem Rebdach trinke".

---

[17] Zur Intensität des *odi* vgl. Fraenkel, Horaz 311. Wie Menschen, die keine Diener haben, *puer* übersetzen sollen, ist immer schwer zu sagen; noch vor kurzem war "boy" in manchen Teilen der Erde geläufig, und dies ohne peiorativen Nebenton.

[18] "Wo noch irgend" ist ebenso seltsam gesagt wie Horazens *quo locorum*, das *ubi locorum* zwar anklingen lässt, aber durch die Ersetzung durch das Pronomen ins Ungewöhnliche und Verfeinerte hebt.

Mit scherzhafter Übertreibung (Syndikus 1, 334) quittiert das Ich das emsige Tun des Dieners, der umherläuft, als gelte es, den persischen Großkönig zu empfangen. Keine aufwendigen Kränze[19], keine verspäteten Rosen (also ist es Sommer): Einfach und ruhig (ohne Emsigkeit) will das Ich es haben draußen unterm Rebdach mit einem guten Wein. Ein "schlichtes" Gedicht (Wickham), in dem "alles leicht und unbeschwert" ist (Fraenkel 352), es sind das "leise verklingende Schlusszeilen" (Heinze 155) des ersten Buches: Nach der schier übermenschlichen Anstrengung, die das c. 1, 37 bestimmt, nun die Ruhe und ein stilles, unbelästigtes Entspannen. Wundervoll, wie die drei asyndetisch, also eindringlich aufeinander folgenden Ablehnungen ruhig übergehen zu einem "Alles unruhige Getue ist mir lästig" und alles ausklingt mit dem durativen Partizip "Wenn ich beim Trinken bin".

Aber auch dieses ganz einfache Liedchen entkam, wie Nisbet-Hubbard 422 es formulieren, nicht der symbolischen Befrachtung. Kein Wunder, steht es doch am Ende eines langen Buches, und eine solche Endstellung muss doch wohl, so hat man gemeint, etwas zu bedeuten haben. Das kann man zugeben, nur muss man sehr deutlich zwei Dinge unterscheiden: Die Primäraussage des Textes und seine Sekundärfunktion, die der Dichter ihm womöglich gab, als er seine Einzelgedichte zu einem Buche zusammenstellte. Sogar der sonst in dieser Hinsicht sehr zurückhaltende Eduard Fraenkel glaubte, dem so exponiert stehenden Lied einen symbolischen Sinn geben zu müssen: Es enthalte "das künstlerische Glaubensbekenntnis des Dichters" und sei "Sinnbild seiner Dichtung" (352f.; Protest bei Nisbet-Hubbard 423). H. Dahlmann glaubte, es als Symbol für die "Goldene Mitte" auffassen zu dürfen[20]. Wieder anders G. Pasquali, der in der unschuldigen Myrte ein Symbol für "Liebe" erblickte und so das Gedicht als Hinweis auf die Grundmotive von Horazens Dichtung, auf Wein und Liebe, las (324). Andere dachten noch anders, aber wir wollen uns bei den teilweise haarsträubenden Entgleisungen Früherer nicht aufhalten[21] und uns den ganz Neuen zuwenden.

G. Davis nimmt in seinem Buche "Polyhymnia" das Untersuchungsergebnis auf S. 118 vorweg, indem er (man erinnert sich an Fraenkel) kategorisch erklärt, das Gedicht sei "a general statement of aesthetic principles". Beweis: "Kranz" meint Dichtung wegen epi. 2, 2, 96 (wo Rudds Kommentar allerdings anders lautet; der Plural "Kränze" bedeutet nach Davis, so sei nur eben spaßeshalber referiert, "die Prinzipien": 123), und ein solches Prinzip sei die kleine, nur geringen Raum beanspruchende Dichtung (dies wegen der "persischen Meile", die

---

[19] Zu den mit Bast gefertigten Kränzen Marquardt-Mau 331; H. Blümner, Die römischen Privataltertümer, München 1911 [künftig: Blümner, Römische Privataltertümer], 400. Zum Brauch des Kranztragens, der letztlich in den religiösen Bereich gehört (Burkert 101), s. Denniston zu Eur. El. 778.

[20] In einem 1964 verfassten Aufsatz, der in den Kleinen Schriften abgedruckt ist (Hildesheim 1970, 213), übrigens wohl das Beste, was zu diesem Gedicht gesagt worden ist; die anfechtbare symbolische Ausdeutung ist nur ein geringfügiger Teil von Dahlmanns reicher Untersuchung.

[21] Einiges in "Methoden der Latinistik", Darmstadt 1998, 39 und 110.

Kallimachos, Aet. 1, 1, 18 Pf., wegen ihrer großen Länge nicht mit dem idealen Gedicht, das klein zu sein hat, verglichen sehen wollte). Darauf weise auch *apparatus*, was hier die kleine, feine Dichtung bedeuten soll wegen einer Stelle bei Cicero (or. 83), wo die subtile, fein auswählende Redeweise mit einer Speisenvorbereitung (*epularum apparatus*) verglichen wird. Der Schluss geht also in dieser Weise: Cicero vergleicht die feine Redeweise mit der Zubereitung einer feinen Speise; Horaz benutzt das Wort "Zubereitung" in einem Kontext, der von Bescheidung spricht; also ist – was läge näher? – diese Bescheidung eine Bescheidenheit im Stilistischen. Sollte man nicht auch den *minister* (c. 1, 38, 6) mit Cicero, de or. 1, 253 (wo von *ministri* als den Zuträgern juristischer Fachkenntnisse für den großen Redner gehandelt wird) vergleichen und sagen: Hier haben wir's, Horaz schrieb seine Gedichte gar nicht allein, ein Zuträger lieferte ihm die gelehrten Kenntnisse (etwa im Mythologischen), und wie bei jedem anständigen Betriebsfest wird hier der "fleißigen Mitarbeiter" gedacht? Wir wollen ein Buch dieser Art zuklappen und nicht wieder öffnen: Es lohnt sich nicht.

Ist vielleicht M. Lowries Buch "Horace's Narrative Odes" (1997) besser? Sie geht davon aus, dass Erzählung und Lyrik, also eine Sprechweise, die nach Zeit, Ort und Kausalität geordnet ist, und eine Dichtart, die, "leicht" und "privat", dem Augenblick entspringt und nicht der Zeit- und Kausalordnung unterliegt, eigentlich nicht zusammengehen können. Nun weist Horazens Dichtung dennoch erzählerische Elemente auf, und diesen geht Lowrie nach, um nach der inneren Einheit, welche diese beiden Sprechweisen eingehen, zu fahnden (S. 3f.); sie findet sie im Rhetorischen (9 unten). In Kapitel II 5, wo Lowrie die narrativen Elemente in Horazens Auseinandersetzung mit dem Phänomen "Bürgerkrieg" untersucht, sieht sie die Abfolge der Gedichte über den Bürgerkrieg (c. 1, 37 und 2, 1) bewusst unterbrochen von c. 1, 38. Wieso bewusst? Nun, *simplex* in 1, 38 heißt nach Lowrie, auf die Etymologie gesehen, "einfaltig"[22] (164f.): In der "Falte" stehend, tritt c. 1, 38 daher in einen "Dialog" mit den umstehenden Gedichten; so "korrigiert" 1, 38 z.B. mit seinem bescheidenen Trinken die maßlose Trunksucht der Ägypterin aus c. 1, 37, 11f. (169). Und dass c. 1, 38 auf die Gedichte vor und nach ihm bezogen und darum gar nicht "einfach" sei, ergebe sich daraus, dass *simplex* ja auch "einfach" im Sinne des Ein-Maligen bedeute; nun findet sich aber nur ein einziges Wort in c. 1, 38 zweimal: die Myrte, Folgerung: "The doubleness of the single myrtle is an emblem for the doubleness of the poem" (so geschrieben auf S.172). Um nichts besser als Davis ist dieses Buch, denn beide erlauben schlicht alles, fallen in die Beliebigkeit eines "Anything goes". Also fort auch hiermit[23].

---

[22] Lowrie richtet sich nach Ernout-Meillet; hätte sie Walde-Hofmann, Lateinisches etymologisches Wörterbuch, Heidelberg (4. Aufl.) 1965, Bd. 1 auf S. 383 nachgesehen, hätte sie bemerkt, dass ihre Etymologie ganz und gar ungesichert ist.

[23] Nicht eingegangen wird auf Einfälle wie den von W. Fitzgerald in Arethusa 22, 1989, bes. 93 und 103, die "Welt des Sklaven" gegen die des Dichters zu stellen, oder den von P. G. Toohey in Maia 32, 1980, 171/, c. 1, 38 eine "Abbruchsformel" zu nennen; seine Arbeit lehrt nur, dass man fest definierte Begriffe aus der Erforschung anderer Autoren (hier des

Aber nun gibt es ja auch eine ganz andere Forschungsweise, die nämlich nach Symmetrien im Aufbau der Bücher sucht. Dagegen, dass man danach fragt, wie Horaz sein Buch wohl zusammengestellt haben könnte, und diese Frage mit der Hilfe von Kompositionsuntersuchungen lösen möchte, ist gar nichts zu sagen, solange man so vorsichtig darangeht wie B. Seidensticker[24]. Aber Vorsicht ist geboten bei Unternehmungen wie dem von M. S. Santirocco in seinem Buche Unity and Design in Horace's Odes, weil hier statt eingehender Untersuchungen zu oft nur Etiketten aufgeklebt werden: c.1, 1 sei ein "explicit poetic manifesto", c. 1, 38 dagegen ein "implicit statement of Callimachean aesthetics": explizit – implizit, und schon ist der Bogen geschlagen mit Hilfe der durch nichts bewiesenen These, c. 1, 38 sei ein poetologisches Manifest[25]. Hieraus ist also für c. 1, 38 nichts Verlässliches zu lernen.

Nach all' diesen Widerlegungen bleibt dann doch die Frage bestehen, ob dieses an so exponierte Stelle gerückte Gedicht nicht doch über seinen Primärsinn hinaus noch mehr bedeutet. Setzen wir neu an, aber dieses Mal nicht von außen, von Schemata aus, die nicht aus dem Werk des Horaz selbst gewonnen wurden, sondern von innen, von Werken des Horaz selbst.

Man kann heute davon ausgehen, dass die Charakteristik des kleinen Selbstbildnisses in c. 3, 29, 54ff., welche R. Heinze in seinem Kommentar S. 375 gab und die Ed. Fraenkel, Horaz 271, Anm. 1 lobte, doch wohl zutrifft: Die Stelle gebe "das Bild des in heiterer Zuversicht seines bescheidenen Glückes sich freuenden Dichters". Man darf auch E. C. Wickhams Kennzeichnung von c. 3, 30 als immer noch gültig betrachten, dass nämlich Horaz "weltweiten Ruhm beansprucht" (so z.B. auch Syndikus 2, 258). Wenn das zutrifft, dann läse man am Ende des ersten Odenwerkes zwei Gedichte, die in einem Kontrast zueinander stehen, dem nämlich von Bescheidung im Äußeren und Stolz im Inneren, im Geistigen. So stünden hier die beiden Hauptpfeiler seines Wesens nebeneinander.

Nun findet sich genau dieses Nebeneinander auch am Ende des ersten Epistelbuches[26]: Epi. 18 endet mit dem Bekenntnis zur Bescheidung im Äußeren, die Epistel 1, 19 dagegen handelt voller Stolz von Horazens dichteri-

---

Pindar) nicht auf Horaz übertragen kann und soll. Wichtiger war da H. P. Syndikus' Bemerkung in "Homage to Horace" 20, die Wendung vom politisch-allgemeingültigen c. 1, 37 zum sehr persönlichen c. 1, 38 könnte mit den Wendungen des Dichters in vielen seiner Gedichte von einem Allgemeinen zu sich selbst, wie Fr. Klingner sie sehen gelehrt hat (Studien 325ff.), ähnlich sein: Vielleicht hat Horaz wirklich so gedacht.

[24] Gymnasium 83, 1976, 26/ 34 zu c.1, 1 bis 1, 9 (Ring mit kontrastierten Binnenstücken).

[25] Man sollte meinen, dass diese Methode, einem Schriftwerk ein Etikett aufzukleben, um dann so etikettierte Werke miteinander in Beziehung bringen zu können, durch das Buch des Verf. "Der Bau von Senecas Epistulae Morales" (Heidelberg 1970), 20ff. in Misskredit gekommen sei, aber – wie man sieht, – weit gefehlt.

[26] Epi. 1, 20 ist im Unterschied zum Körper des Epistelbuches lediglich eine Sphragis, ein losgelöstes Beschluss-Stück (Fraenkel, Horaz 425, Anm. 2; R. Mayer am Ende des Kommentars zu epi. 1, 19). Das wird auch durch die Ringbildung klar: Epi. 1 und 19 sind Maecen, epi. 1, 2 und 1, 18 Lollius gewidmet: Epi. 1, 20 steht also aussen vor.

scher Hochleistung²⁷. Man darf auch, wenn das bisher Ausgeführte zutreffen sollte, auf sat. 1, 9 und 10 verweisen: In sat. 1, 9, 50ff. gibt sich Horaz als ein "helpless victim" (Rudd, Satires 84), in sat. 1, 10 ist er alles andere als das (*melius quod scribere possem*, 47). Aber lassen wir die Satiren und begnügen uns mit den Enden von Carmina III und Epistulae I: In beiden Fällen stehen am Ende eines Werks die beiden Säulen nebeneinander, die das Wesen des Dichters tragen: Bescheidung außen, innen hoher Stolz auf die dichterische Leistung. Jetzt erkennt man, in welchem Verhältnis die Lieder 1, 1 und 1, 38, ferner 2, 20 und 3, 29/30 zueinander stehen. Von c. 1, 38 hatte übrigens schon v. Wilamowitz-Moellendorff geschrieben: "Dies Gedichtchen stellte er an den Schluss von Buch I, damit es mit *non usitata nec tenui ferar* (d.h. mit c. 2, 20) und *exegi monumentum* (d.h. mit c. 3, 30) contrastire" (s. Fraenkels Zustimmung 353, Anm. 1).

Was wäre, wenn dies alles zutrifft, daraus zu lernen? Doch wohl dieses, dass man unterscheiden muss zwischen der Primär- und der Sekundärfunktion eines Gedichtes. C. 1, 38 sagt primär nichts weiter, als was darin zu lesen steht: Eine wundervoll von einem etwas nachdrücklichen Anfang sich zu größter Gelassenheit hinbewegende Beruhigung, die in einem genießendem Trunk draußen unterm Rebdach an einem heißen Sommertage ausklingt²⁸. Sekundär spannt das Lied einen weiten Bogen zurück zu c. 1, 1 und voraus zu c. 3, 29.

Der Titel dieses Kapitels benannte die beiden Teile der einen Lebensentscheidung des Horaz: Die weitestmögliche Abscheidung von der Welt und die Zurückgezogenheit in sich selber um der Ruhe willen, die zur geistigen Arbeit nötig ist. Nun lebte Horaz aber doch eingebunden in diese Welt, z.B. durch sein *convictor*-Dasein und durch Liebe und Freundschaft. Welche dichterische Gestalt er dieser Eingebundenheit zu geben wusste und wie er sein Verhältnis zum Göttlichen begriffen sehen wollte, das wird der Inhalt der nächsten Kapitel sein.

Das Göttliche und das Menschliche, wir sahen diese beiden Dinge in c. 1, 1 und 1, 38 am Werk: Im Einleitungsgedicht bekannte der Dichter sich zur Welt des Dionysos, im Schlussgedicht des ersten Buches kam die glückliche Bescheidung zur Sprache. Wir werden im Folgenden einige horazische Oden besprechen, und da scheint es nun sinnvoll, mit denen zu beginnen, die vom Menschlichen sprechen (von der Freundschaft, von der Liebe und der Politik,

---

27 Vgl. Verf., Grundriss von Horazens erstem Epistelbuch, in AClass 11, 1968, 80.
28 Was soll man zu Lynes auf S. 88 zum besten gegebenen Einfall sagen, c. 1, 38 sei geschrieben, um nahe zu legen: "I can sing of public events, *nunc est bibendum*, but my more natural métier, the impression I would like to leave you with is of a sympotic poet, *sub arta vite bibentem*"? Der Höflichkeit wegen am besten nichts.

am Ende dann von der Bescheidung), um mit solchen Gedichten fortzufahren, die vom Göttlichen handeln.

KAPITEL VIII: LIEDER VON DER LIEBE

Vorbemerkung zur Methode

In Kapitel VII haben wir einiges Gestrüpp aus dem Wege geräumt und können jetzt frei wandern. Was wird uns begegnen? Stellen wir zunächst nüchtern fest, dass den größten Anteil an den achtundachtzig Oden die Liebe (in weitem Sinne) hat, gefolgt zu etwa gleichen Teilen von den Themen Freundschaft, Götter, Lebenslehre und Dichtung. Seltener wendet sich Horaz in der ersten Odensammlung der Politik und dem Heldentum zu, selten dem Alter und Tod, nur ganz versprengt dem Mythos (c. 1, 15; 3, 27). Den Wein allerdings findet man allenthalben. Wenn wir uns nun für einen Augenblick an die Satiren erinnern – ist es nicht seltsam, dass in ihnen von schöner und glücklicher Liebe nie die Rede ist, nie auch von den Göttern? Wohl aber spricht Horaz auch in den Satiren, eingebettet in weiteren Kontext zwar, aber doch deutlich, von der Freundschaft (bes. sat. 1, 3, 29ff.) und den Freunden (sat. 1, 4, 73; 1, 5, 39ff.; 1, 6, 54f.; 1, 9, 48ff.). Und die Dichtung? Im ersten Satirenbuch geht es um die Überwindung des Lucilius (1, 4; 1, 10), im zweiten dann eher um das Technische (man erinnere sich der "Poetik" in 2, 1, 29ff.) und um den Ursprung des dichterischen Antriebs (2, 1, 51ff.: *natura* und *intus*); doch vom Wirken der Götter hören wir im Unterschied etwa zu c. 3, 25 (Bacchus) und 3, 30, 15 (Apoll) nichts, von den Musen findet sich keine Spur (vgl. c. 1, 1, 32; 3, 4). Von der Lehre, recht und glücklich zu leben mittels maßvoller Bescheidung, ist in den Satiren oft die Rede, bes. in der Form abschreckender Gegenbilder, manchmal auch in der Weise, dass der Dichter sein Ich als vorbildhaft hinstellt (sat. 1, 3, 20; 1, 6, 64 und 81ff.: Formung durch den Vater und eigene Arbeit) oder z.B. den weisen Bauern Ofellus (2, 2, 116ff.). Aber von den Grundlagen solcher Weisheit und da besonders vom Tode ist in den Satiren nirgends die Rede. Das alles will sagen: Von den wirklich großen Themen, von der Liebe, von der Eingebung seitens gütiger Götter, vom ewigen Ruhm vollendeter Dichtung und von der Vergängnis sprechen nur die Oden. Man erkennt, wie hoch über die Satiren der Dichter seine Carmina erhoben hat.

Dies ist, wie gesagt, eine einfache Feststellung. Sehr viel schwieriger ist die Frage, warum diese Gebilde oft verschiedenen, ja einander geradezu ausschließenden Interpretationen unterliegen, wohingegen die Erklärung in den Satiren so gut wie immer Eindeutiges und Konsensfähiges zu Tage fördert? Könnte man etwa so antworten (mit Fraenkel 270 unten; vgl. die Einführung zu Kap. VI)? Die Satire will überreden, wenn nicht gar überzeugen, und dies ist Sache des Verstandes und seiner Begrifflichkeit; da herrscht denn auch Eindeutigkeit und allgemeines Verständnis. Es geht ja um Dinge, die alle angehen und allen zugänglich sind. Die Sprache der Lyrik dagegen möchte Tieferes erregen als nur den Verstand, will u. a. die Fähigkeit der inneren Schau und Bildlichkeit anregen, wendet sich gar an das, was man das Traumhafte nennen könnte, und dort herrscht Vieldeutigkeit. Man denke daran, wie sehr Verschiedenes man sich vorstellen kann, wenn die Sprache auf das Göttliche kommt. Und auch in den Dingen der Liebe sind die Empfindungsweisen und -tiefen erfahrungsgemäss und glücklicherweise nicht immer und überall gleich. Geben wir ein ganz einfaches Beispiel.

In sat. 1, 1, 44 heißt es: "Wenn man ihn nicht anbrauchen darf, was ist dann schön an einem zusammengebrachten Haufen (Geldes und anderer Reichtümer)?" Lateinisch: *Quid habet pulcri constructus acervus?* Der Lateiner verwendete gern *construo*, wenn er vom Zusammenbringen und Verwahren von Schätzen sprach (Cic. de or. 1, 161 u. ö.). Anders c. 2, 3, 19f.: "Du musst ja doch sterben, und Deiner hoch aufgehäuften Reichtümer wird sich bemächtigen der Erbe": *Cedes et exstructis in altum divitiis potietur heres*. Das Verb *exstruo* mit dem Akkusativ des Gehäuften bedeutet das Aufeinandertürmen von Dingen, von Wolken z.B. (Lucr. 6, 186). Aber was sind wohl *divitiae in altum exstructae*? Dachte Horaz an pyramidengleich aufgetürmte Schätze? An turmhohe, sehr teure Gebäude? Ans Hinausbauen von Villen auf Molen in die See (auch dies kann ja das *in altum* nahe legen)? An alles dies hat man längst gedacht, und allein diese Winzigkeit zeigt, wie offen die lyrische, die imaginative Sprechweise ist, die da Wörter verwendet, die das innere Sehen anregen. Nur sieht jeder Mensch hier etwas anderes, und so kommt es wohl zu den so verschiedenen Interpretationen. Der Dichter sagt nur "hoch hinauf getürmt", der Hörer aber möchte es nicht bei dieser allgemeinen Bildhaftigkeit belassen, möchte gern ein bestimmteres Bild haben, und schon fixiert er, was unfixiert gesagt war.

Aber was bedeutet dies alles für das vorliegende Buch? Es bedeutet, dass auf diese Weise zum einen etwas klarer wird, wie es zu den so weit auseinander liegenden Interpretationen kommen kann, zum anderen aber mag verständlich werden, dass der Verfasser dieses Buches die voreilige Festlegung und Fixierung scheuen wird, wie der Teufel das Weihwasser.

Lieder von der Liebe

C. 1, 8 (*Lydia, dic per omnis*)

Bevor wir dieses Gedicht etwas genauer besprechen, ist es gut, wenn wir uns an c. 1, 13 erinnern und an das, was eben in der "Vorbemerkung zur Methode" gesagt wurde. In c. 1, 13 bemerkten wir eine schöne Bewegung, die von zunächst eifersüchtigem, dann mitleidigem Zorn fort sich einem Ratschlag zuwandte und mit dem Ideal der ewig-treuen Liebe endete. Auch dort mussten wir einige Auslegungen abweisen, weil sie über das im Text nur eben Angedeutete einseitig fixierend hinausgingen. Ähnlich steht es mit c. 1, 8: Auch hier ist man weit über das im Text Stehende hinausgegangen, und auch hier gilt es, die Bewegung, die das Lied durchzieht, zu beschreiben.

"Lydia[1], sag', um's Himmels willen, warum suchst Du Sybaris durchs Lieben zu vernichten?", so fragt das Ich staunend, etwas pathetisch und wohl auch ein wenig amüsiert, jedenfalls schlägt es gleichsam die Hände überm Kopf zusammen ob dieses Trachtens[2]. Nun fährt das Ich zu fragen fort: "(Sag',) warum er den Sportplatz verabscheut, er, der sonst doch Hitze und Staub vertrug? Warum er nicht mit seinen Jahrgangskameraden reitet, gallische (Pferde-) Mäuler nicht mit der Stacheltrense[3] zähmt?" Und nun verselbständigen sich die Fragesätze, werden vom "Sage" unabhängig: "Warum hat er Angst, den gelblichen Tiber zu berühren?[4] Warum geht er dem Öl (der Ringer) ängstlicher aus dem Wege als dem Schlangenblut[5] und warum hat er keine blauen Flecken (mehr) von den Waffen – er, der doch sonst dafür bekannt war, dass er den Diskus, den Speer weit über die (Normal-) Marke hinaus zu schleudern vermochte?"

Das also ist das "Verderben": Der Sportsmann, der bisher im Reiten, Zureiten, Schwimmen, Ringen und Werfen ein As war, den sieht man nun nicht mehr draußen, als sei er ein Angsthase geworden. In solchen Übertreibungen klingt der ganz leicht amüsierte Ton jenes "Um's Himmels willen" fort. Hier, nach v. 12, liegt ein tiefer Einschnitt. In den ersten drei Strophen gab es einen gleich

---

[1] C. 1, 8 ist vom Verf. und Cl. Echinger eingehend in AClass 27, 1984, 71/82 besprochen worden (von jetzt an als "ACl" zitiert).– Ob alle Lydien (c. 1, 8; 1, 13; 1, 25 und 3, 9), die Horaz anspricht, ein- und dieselbe Person sind, ist gänzlich ungewiss.

[2] Das Gerundium *amando* mag die ununterbrochene Dauer ausdrücken (Caes. BG 7, 18, 1): Es gibt für Sybaris nichts anderes mehr. Man beachte auch das starke *properes* (OLD s.v. 3 b: Cic. Phil. 12,9).

[3] Literatur zu diesem quälenden Vorgang bei Nisbet-Hubbard und in ACl, Anm. 20.

[4] In "gelblich" lenkt der Text für einen kurzen Augenblick das Auge von Sybaris fort zum Tiber: ein anschauliches, ein "lyrisches" Einsprengel. – Man beachte die Übertreibung: Der junge Mann wird geradezu wasserscheu.

[5] Man hielt das Blut der Schlangen allein beim Berühren für tödlich (ACl Anm. 23).

starken Einschnitt, nämlich nach der ersten *neque-neque* – Gabelung in v. 7, wo die Konstruktion vom Konjunktiv in den Indikativ wechselte[6]; jetzt beendet die zweite deutliche Gabelung (durch anaphorisches *saepe*) den ersten und Hauptteil des ganzen Lieds.

Nun der Schluss, der wohl nur durch die Annahme einer Verkürzung zu erklären ist: "Wozu bleibt er drinnen? Er bleibt drinnen ja doch nur so, wie Achill gemäss der Sage drinnen im Palast blieb kurz vor dem tränenreichen Verderben unter den Mauern Trojas, auf dass eine männliche Erziehung ihn nicht ins Morden und[7] in die lykischen Heerhaufen reiße". Mit anderen Worten: Sybaris bleibt doch nur "drinnen" bei Lydia in der unnatürlichen Weise eines Achill, d.h. gegen seine Natur. Nur zu bald wird er wieder hervorstürmen und unter seine Sportrivalen fahren.

Dieses Gedichtchen, das man gut als eine einzige sechsfach-einfache Frage an Lydia lesen, also von Anfang bis zum Ende in Anführungszeichen setzen kann, hat nun wie c. 1, 13 und die meisten Oden, sehr unterschiedliche Ausdeutungen erfahren und erlitten (die meisten sind in ACl verzeichnet). Da hat man gemeint, der Dichter richte einen Vorwurf gegen Lydia, oder gegen Sybaris, gegen den Sport (ja, gegen den Wehr-Sport); das Ich spüre Zorn gegen den Rivalen Sybaris, oder aber es sei nur amüsiert, weil gar nicht betroffen. Auch wenn man einige peinliche Entgleisungen[8] außer Acht lässt, ist die Divergenz immer noch beträchtlich – warum? Weil die Ausdeuter festlegen wollen, was der Dichter offen ließ. Er ließ offen, in welchem Verhältnis das Ich zu Sybaris sowohl als auch zu Lydia steht. Da setzt dann die willkürliche Fixierung, etwa auf einen Rivalen ein und darauf, dass dieses Lied ein Eifersuchtsausbruch sei. Man kann aber doch nur dieses sagen: Die Sprache deutet an, dass des Textes Ich höchlich erstaunt, ja ein wenig amüsiert auf das Verschwinden des sonst immer auf den Sportfeldern zu findenden Mannes reagiert; dass im Verlauf des Fragens etwas wie Unwille aufklingt, dort nämlich, wo das Ich der Frau allzu ungeduldiges Drängen vorhält (bes. im *properas*), dem Sportsmann dagegen Ängstlichkeit zutraut; und dass am Ende, verkappt, aber deutlich genug die Gewissheit ausgesprochen ist, dieses Drinnenbleiben werde von nur kurzer

---

[6] Die Tatsache, dass die erste Strophe ganz leicht durch die Gabelung *pulveris atque solis* abgesetzt ist, der zweite Teil der Fragen (dieser Teil fragt nicht nur, er unterlegt dem ehemaligen Sportler nun sogar Ängstlichkeit) durch die *neque-neque* – Gabelung noch stärker abgehoben ist, verbietet, so will es scheinen, der schwächeren Überlieferung folgend, die Indikative schon in v. 6 beginnen zu lassen: Campus überhaupt, dann die beiden Arten des Reitens – das ist der erste Teil der Fragen; Wasser-, Öl- und Waffenscheu, das ist der zweite; sie sind sachlich sehr deutlich getrennt, und eben darauf deutet auch der Umbruch der Syntax.

[7] Diese Trennung von "Morden" und "Lykiern" ist künstlich, natürlich ist das Morden der Lykier gemeint: Beiordnung statt Genetivs (fehlt in der Lateinischen Dichtersprache beim Genetiv § 64, wird aber in § 103 besprochen, s. ferner Austin zu Verg. Aen. 2,296; Sen. Phdr. 640f.; Coffey–Mayer dazu).

[8] Die von Dietz ist in ACl genannt; aus neuerer Zeit wäre J.-Y. Maleuvre, LEC 58, 1990, 129/32 und M. Jaeger, Arethusa 28,1995,177/91 (bes. 183) zu nennen und zu übergehen.

Dauer sein, weil es (und mit ihm das Trachten der verliebten Lydia) gegen die Natur des jungen Menschen angeht. Vielleicht ist auch die folgende Paraphrase schon zu bestimmt: "Ja, ums Himmels willen, was soll das?", dann: "Ach, soll er doch weiter seinen Sportvergnügungen nachgehen" und zuletzt: "Lydia, es wird nichts draus". Aber wenn diese drei Sätzchen vielleicht doch Richtiges treffen, dann meint das kleine Lied etwas, das sich gut mit c. 1, 13 vergleichen ließe: Es spricht davon, dass manche Naturen eben nicht zueinander passen und dass die schöne Lydia sich keinen Illusionen hingeben sollte, und der junge Mann doch ja wieder seiner angeborenen Art nachgehen werde, oder gar möge. Das Lied würde dann von dem catullischen Thema des Zueinanderstimmens der Liebenden als der Voraussetzung für eine dauernde Liebe handeln.

Man sollte es hierbei belassen, sollte das Gedicht als ein offenes lesen, sich an der sprachlichen und kompositorischen Perfektion freuen, mit der es eine feine Bewegung spüren lässt und einen zarten Wechsel der Gestimmtheiten[9]. Das Ganze spielt in einer griechisch-römischen Zwischenwelt (es mischen sich ja auch römische mit griechischen Sportarten; die Namen sind griechisch, aber das Ganze spielt im Rom des "gelblichen Tiber". Lassen wir also so viel wie möglich in der Schwebe, fixieren wir es nicht einmal auf eine Eifersucht des Ich oder gar des Dichters[10].

Das Ich betrachtet also ein Geschehen, es betrachtet es von aussen und dringt nicht in die Empfindungen ein wie manche Elegie es getan hat[11]. Eine Beobachtung zog sich über eine gewisse Zeit hin, dann wird sie formuliert und durchdacht. Das Ergebnis ist die Erkenntnis der Denaturierung des Sybaris und des Nicht-Zueinanderpassens der Partner (wie in c. 1, 13). Die Beobachtung wird durch eine Serie von Bildern davon, was war und was nicht mehr ist, dem Hörer gleichsam induktiv nahe gebracht und das Ergebnis wird nicht abstrakt, sondern mit der Hilfe eines mythischen Zeitpunktes (Achill kurz vor dem Berennen Troias) ausgedrückt. Auf diese poetische Weise wird aus Hinsehen, Bedenken und lyrischem Umformen ein Gedicht.

---

[9] Naturgemäß hat man sich gefragt, ob Horaz hier einem griechischen Vorbild folge und hat festgestellt, dass es mehrere griechische Passagen gibt, in denen junge sportlich gestählte Männer als von der Liebe entkräftet und denaturiert beklagt werden (vgl. insbes. Syndikus 1, 108 mit Anm. 1f.); doch keine der angeführten Vergleichsstellen zeigt das, was c. 1, 8 auszeichnet, nämlich das Beraten der "Verderberin" auch (und vielleicht hauptsächlich) um ihretwillen: Im Vergleich mit Horaz ist das, was man an Parallelen beigebracht hat, im Kern genau umgedreht.

[10] So L. P. Wilkinson, Horace 50; E. Castorino, La poesia di Orazio, Rom 1965, 196 und, obschon vorsichtig, auch ACl, was hiermit widerrufen sei.

[11] Vgl. hierzu auch B. Otis, Horace and the Elegists, TAPhA 76, 1945, 177f.

C. 3, 9 (*Donec gratus eram tibi*)

Das Gedicht c. 1, 8 betrachtete eine Manifestation der Liebe, es tat das ganz von außen. Gestimmtheiten und im Innern sich Abspielendes wurde nahe gelegt, aber nirgends ausgesprochen. Ganz von außen betrachtet die Manifestation der Liebe auch das ebenfalls kurze Carmen 3, 9: "Solange noch kein anderer Deinen weißen Hals umarmte, da war ich der glücklichste Mann auf der Welt". – "Solange Du noch mich, Deine Lydia, heiß liebtest und keine andere, da war ich durch Deine Liebesgedichte in aller Munde gerühmt." – "Mich hat jetzt Chloe, süß kann sie singen und Kithara spielen – für sie könnte ich sterben, wenn sie dadurch am Leben bliebe". – "Ich liebe jetzt glühend den Calais, einen Edelmann – für ihn könnte ich zweimal sterben, wenn er dafür am Leben bliebe". Und nun das herrlich irrationale Umspringen: "Doch käme die alte Liebe zurück, brächte uns zusammen und würde Chloe verschwinden – was würdest Du sagen, wenn dann meine Tür der Lydia wieder offenstünde?" – "Wiewohl der andere schöner ist als die Sterne, und Du leichtsinnig und jähzorniger als die wilde See – mit Dir möchte ich liebend gern leben, mit Dir sterben".

Ein Streitgesang der Form nach, gemeint ist er nirgends ernst. Denn schon die erste Zeile enthält eine beglückende, dankbare Erinnerung (Heinze zeigt, wie zurückhaltend und zart der Ton ist). Das Liedchen bedarf eigentlich keiner Auslegung, es sagt sich selbst, sagt nur das kleine Drama unter Fortlassung aller äußerlichen Details (G. Williams, Tradition 210f.). Es betrachtet eine Liebe, die einst schön war, dann schwand, aber doch so, dass sie jederzeit wieder auflodern kann, weil die Erinnerung schön ist. Gewiss, der Bursch ist ein Hallodri, braust gern auf, aber er ist halt interessant, er kann etwas sehr gut (nämlich dichten); und sie? Sie kann zwar nicht so schön singen und Kithara spielen, aber, die beiden passen eben zueinander, trotz allem. Auch hier kein Appell, kein Hineingeleiten in Stimmungen und psychische Erschütterungen; ganz von außen und allein durch die kommentarlose Wiedergabe eines Dialogs wird der geschilderte Vorgang beschrieben. Doch ist der Umschwung des Endes durch das *gratus* am Anfang längst vorbereitet. Und auch dieses Liedchen schwebt, in sich bewegt und doch auch in sich geschlossen und vollendet, in einem freien Raum (G. Williams 76) zwischen Griechischem und Römischem (vgl. des Ennius *Ilia* in v. 8).

Wie c. 1, 8 wird auch in c. 3, 9 nur eine ganz kurze Spanne in der Geschichte einer Liebe betrachtet, losgelöst von Zeit- und Personenbezügen[12], und eben darum zeitlos gültig und nie langweilend. So geht es zu in der Liebe zwischen Menschen, die zu einander passen; so unterscheiden sich auch in ihrem Spre-

---

[12] Da der junge Mann des Liedes Dichter ist, leichtsinnig und jähzornig, also der Charakteristik nahe kommt, die Horaz von sich gibt (sat. 2, 3, 321 indirekt; epi. 1, 20, 25 direkt), hat man sich gefragt, ob mit dem Ich nicht der historische Horaz gemeint sei, vgl. Heinze 302, Abs. 2; G. Williams, Third Book 76. Die Frage ist unbeantwortbar.

chen der Mann und die Frau (Syndikus 2, 109), die sich viel gefühlsinniger ausdrückt und am Ende verzeiht. Wer in sich ruhende Vollendung sucht, mag sie hier finden.

C. 1, 17 (*Velox amoenum*)

Gänzlich losgelöst von allen Orts- und Personenbezügen, wie c. 1, 8 es war, ist c. 1, 17 nicht, denn hier in c. 1, 17 ist Horaz ganz deutlich beteiligt: Das Gedicht spielt auf seinem Sabinergütchen.

"Hurtig zum schönen Lucretilis (in den Sabinerbergen) wechselt oft von seinem Lykaion (in Arkadien) Faun und wehrt (dann) all' die Zeit glühende Hitze von meinen Ziegen und regenschwere Winde", so stellt die erste Strophe dankbar und nicht ohne einigen Stolz fest. In ihr wird der arkadische Gott Pan (Thcr. 1, 123; Verg. buc. 10, 26), der Schützer der Ziegen (Burkert 268) dem uralten Römergott Faunus[13] in der Weise gleichgesetzt, dass nun auch Faunus am Musizieren seine Freude hat. Nach v. 4 liegt ein deutlicher Einschnitt, markiert durch die Gabelung *aestatem – ventos*.

Was aber folgt aus des Gottes Kommen[14]? „Gefahrlos durch sicheren Wald suchen sie versteckte Erdbeerbäume[15] und schlendernd Thymian, die Frauen des riechenden Gatten[16], und sie fürchten auch nicht (mehr) die grünen Schlangen[17], auch nicht die martialischen Wölfe[18], immer sobald[19] von süßem Flötenton,

---

[13] G. Radke, Die Götter Altitaliens, Münster, 2. Aufl. 1979 [künftig: Radke, Götter Altitaliens], 119 (etymologisch wird er mit *favere* spätestens seit Fabius Pictor verbunden; ursprünglich war er wohl eher ein "Würger", Radke 120 Mitte).

[14] Im Unterschied zu rufenden Hymnen (Sappho fr. 1 L.-P.; Anacr. frg. 357, 4 PMG) kommt Faunus hier nicht gerufen, sondern von sich aus, angezogen, so legt die erste Strophe nahe, von der italischen Schönheit. Treffend verweist Syndikus 1, 188 auf pompeianische Wandmalereien, auf denen Faunus und andere Gottheiten in den sog. Sakrallandschaften gezeigt werden, d.h. die traumhafte Vorstellung, dass Götter in schöner Landschaft zu den Menschen kommen, war den Zeitgenossen des Horaz geläufig, vgl. z.B. auch B. Andreae, Römische Kunst, Freiburg 1973, Taf. 27/31 (Initiation in der Mysterien-Villa mit Bacchus und Silen).

[15] Zu diesem Leckerbissen Clausen zu Verg. buc. 3, 82; ferner georg. 3, 301.

[16] So scherzt der Dichter in friedevoller Atmosphäre; zur Metonymie Nisbet-Hubbard 2, 89 oben.

[17] Es gab im alten Italien so wenig grüne Schlangen wie im heutigen; dazu, dass die Schlangen hier nach dem Grase, in dem sie sich bergen, grün genannt werden, Enchiridion Poeticum 188 nach Mitte.

[18] Martialisch heißen die Wölfe, weil sie Mars zugehören, Verg. Aen. 9, 565f. (vgl. Hardie z. St. und Bömer zu Ov. fast. 3, 37; S. 144 oben).

Tyndaris, das Tal und die glatten[20] Felsen der dahingelagerten Ustica[21] erklingen. Sobald der Gott seine Flöte erschallen lässt[22], kommt tiefster Friede (betont durch die Doppelung *impune tutum*) für die Tiere" – auch für die Menschen?

"Die Götter", so verallgemeinert Horaz, "schützen mich, denn den Göttern[23] ist mein frommer Sinn und mein Sang lieb". Und nun verheißt der Dichter und zugleich Eigner dieses gesegneten Landes, das wie ein Paradies ist (Syndikus 1, 186), dem Mädchen, was die Götter dem Dichter schenken: Fülle der Gaben, Schutz und friedevolles Genießen von Sang und Wein: "Hier wird Dir eine reiche Fülle ländlicher Frucht aus freundlichem Horne strömen[24]; hier im tief eingezogenen Tal wirst Du die Hitze nicht spüren und auf Anakreons Saite die besingen, die beide sich um den einen härmten, Penelope und die gläserne Kirke[25]; hier wirst Du im Schatten gemächlich an schadlosem Lesbierweine nippen, und nicht wird der Semele, der Thyone Sohn", so spielt der Dichter mit den beiden Namen des Bacchus, "mit Mars Streit aufrühren, noch wirst Du den Cyrus fürchten müssen, der aufbraust, wenn er Verdacht schöpft[26], so dass er an

---

[19] Das etwas seltsame Deutsch sucht die Nuancen des *utcumque* wiederzugeben, in dem *ut* ("sobald") ebenso wie *cumque* (von beliebiger Wiederholung) steckt, vgl. Verf., Enchiridion Poeticum (Darmstadt ²1989) 189 oben.

[20] Ein Echo entsteht nur, wenn der Schall von glattem Gefels zurückgeworfen wird: Plat. Phdr. 255 c 4.

[21] Welche Örtlichkeit hier gemeint ist, bleibt nach wie vor unklar, E. A. Schmidt, Sabinum 33 unten. Der Wanderer heute wird an der Ostseite des Tales einige höhere Felsen finden, auch liegt das Städtchen Licenza auf teilweise steilem Fels, aber ob Horaz etwas hiervon meinte, muss ungewiss bleiben.

[22] Es war ein bedenklicher Einfall E. A. Schmidts (A & A 23, 1977, 97ff.; wiederholt in Sabinum 87f.), den Dichter die Fistula spielen zu lassen, denn der Gott kommt nicht, wenn der Dichter Flöte spielt, sondern er kommt, weil der Lucretilis schön ist, und dann spielt er. Schon gar nicht sollte man mit Schmidt 88 das Flötenspiel auf das "werbende Liebeslied an Tyndaris" einschränken.

[23] Zu dieser bei Horaz seltenen Anapher schreibt Fraenkel 244 sehr Treffendes.

[24] Die Worte stehen in doppelter, und beide Male weiter Sperrung (*copia – opulenta* und *benigno – cornu*); die Fülle der Worte "malt" die Fülle der Gaben (Nisbet-Hubbard 217 oben; vgl. D. Pot, AClass 41, 1975, 72, Anm. 70. Eine genauere syntaktische Analyse in: Lateinische Dichtersprache 257.

[25] Der "eine" ist Odysseus; schön sagt P. Pucci, TAPhA 105, 1975, 277, dass dort, wo vom Menschen gesungen wird, Not "aufklingt" (so allerdings schon Klingner, Römische Geisteswelt 416), wohingegen Faunus' Lied allein Frieden stiftet. Warum Kirke "gläsern" genannt wird, ist nicht deutlich; warum aber Penelope und die verführerische Kirke zusammengestellt sind, darüber sind sich Verf., Enchiridion Poeticum 193 ZS (kürzer in: Lateinische Dichtersprache 258) und Schmidt, Sabinum 92 einig: Die beiden Kardinaleigenschaften der ersehnten Frau, die keusche Treue und die gleißende Verführung verbinden sich hier. Zu *confundere* in v. 23 Lateinische Dichtersprache 258, Anm. 294.

[26] Man könnte meinen, dass dem "Verdacht" (*suspecta*, 25) zumeist zu wenig Gewicht beigemessen wird; ganz offenbar hätte der Cyrus wohl Grund zum Verdächtigen, wenn "seine" Tyndaris zu Horaz aufs Land reist – ein Hauch von Schadenfreude, von Stolz? Auch hinter diesem, scheinbar nur einen kurzen Augenblick wiedergebenden Gedicht liegt eine Geschichte, und zwar eine zweifache: Wie kam es zu dieser Flucht vor Cyrus und zum Schutzsuchen beim Ich des Gedichts, vielleicht bei Horaz? Bedeutender noch: Was

Dich, die sich ja doch nicht wehren kann, Hand anlegt[27] und Dir den Kranz auf Deinem Haar zerreißt und auch das Kleid, das doch nichts dafür kann".

So beschreibt Horaz, dem Gotte dankbar, das Land, sein Land, als friedevoll und fruchtbar. Vierzehn Verse lang wird fromm das Kommen, Wirken und Wohlgefallen des Gottes gepriesen, bevor mit der Anrede und in der freudigen Vorausschau der Gottheit Schutz und Schenken an den geliebten Menschen weitergegeben wird. Das Gedicht zeigt am Beginn Elemente der Theophanie, das hat Ed. Fraenkel 242 deutlich gemacht und niemand hat es schöner beschrieben als H. P. Syndikus (1, 190); in der zweiten Hälfte dagegen zeigt es Elemente der Einladungsdichtung, die sich an Menschen richtet (Fraenkel 242 oben; Syndikus 1, 191); doch gibt es zwischen den Teilen keine Brüche oder harten Fügungen[28], alles findet seine Einheit in der Person des frommen Dichters. "Der Dichter und seine Welt sind fast eins", schrieb Syndikus S.189 und fügt hinzu, dass solche "Projizierung der poetischen Innenwelt in den Außenraum" den Zeitgenossen des Dichters wohl geläufig war. Er meint damit, dass der Dichter, das, was er empfindet, durch die Dinge sagt und nicht in Abstrakta fasst, welche die Empfindungen anschauungslos benennen. Auch hier wieder begegnen wir dem Bestreben des Horaz, Inneres, wie wir es bereits in c. 1, 8 und 3, 9 beobachteten, gleichsam "nach außen" zu legen und von aussen zu betrachten.

In dieser Weise könnte man sich auch dem seltsamen Schluss nähern. Seltsam mutet es an, dass nach der Schilderung tiefen Friedens und beglückenden Singens und Genießens auf einmal und urplötzlich "die Gestalt des misstrauischen, bösartigen Liebhabers der Tyndaris hervortritt" (Klingner 417). Gewiss ist die paradiesische Landschaft dort draußen, fern von Rom, "Zuflucht vor der Brutalität", wie Klingner 418 schrieb; aber musste sie denn genannt werden? Darf man das so erklären, wie in der Lateinischen Dichtersprache (S. 258 unten) versucht wurde, dass nämlich der tiefe Friede und das Gefühl des Gesichertseins es nun sogar erlaubt, über den Bösartigen zu lächeln?

Noch etwas verbindet dieses wundervolle Gedicht mit c. 1, 8 und 3, 9: Tugend und Untugend der Erklärer. Schön hatte Heinze (84) davon gesprochen, dass da "nicht Wunsch noch Bitte, kein Wort von Liebe" fällt, aber sein Satz: "So wirbt einer, in dem das hinreißende und ansteckende Feuer jugendlicher Liebesglut verloschen ist", geht viel zu weit. Syndikus' Seiten über *Velox amoenum* gehören zu den besten in seinem Werk, aber zu sagen: "Es ist, wie wenn Tyndaris vor die Wahl gestellt werde, nicht nur, für welchen von beiden

---

gab dem Ich die Gewissheit des Götterschutzes? Also auch hier sagt das Gedicht einen voraussetzungsreichen Kulminationspunkt, aber ohne erzählend die Voraussetzungen preiszugeben.

[27] Dies Hand-Anlegen (*manus inicere*) hat möglicherweise insofern etwas von seinem eigentlichen, nämlichen juristischen Klang beibehalten, als es auf eine possessive Art des Liebens weist (Lateinische Dichtersprache 261).

[28] Nur vor v. 13 und in v. 13 vor *dis*, auch vor *hic* in v. 14 ist ein "denn" einzufügen, doch ist dies eine der leichtesten Asyndese-Formen, Lateinische Dichtersprache 257.

Liebhabern (Syndikus meint Cyrus und Horaz), sondern auch, für welche von beiden Welten sie sich entscheiden solle" (193), das schießt weit über das Belegbare hinaus (s. Enchiridion Poeticum 195f.), und dies gilt für das meiste von dem in jüngerer Zeit Vorgebrachten. Nein, auch hier muss gelten: Der Philologe soll die Tugend des Offen- und des Sein-Lassens üben, er soll nicht bestimmen und fixieren wollen, was der Dichter offen und unbestimmt ließ[29]. Tut er das und unterlässt er, den Text dazu zu benutzen, um eigennützig für sich "einen Punkt zu machen", dann darf er auf den Ausdruck einer der wunderbarsten Liebesempfindungen lauschen, die es gibt, die nämlich, vom eigenen Glück und vom Frieden des eigenen Bodens einem geliebten Menschen mitteilen zu dürfen[30].

Die weiteren Liebesgedichte

Man darf wohl sagen, dass c. 1, 17 ein Gedicht nicht nur von großer Schönheit ist, sondern auch von großer Wahrheit, denn was ihm unterliegt, das gilt von jeder Art des Erlebens wirklicher Liebe. Aber von der Liebe schlechthin handelt das Lied nicht, es zeichnet eine besondere und voraussetzungsreiche Situation und macht an ihr und in ihr sein Anliegen deutlich. Die Liebe schlechthin hatten auch c. 1, 8 und 1, 13 nicht gepriesen; immer war es eine sehr besondere Situation nicht ohne eine Geschichte zuvor, aus der heraus Horaz eine Einsicht in das Wesen von Liebe überhaupt nahe legte. Unter diesem Aspekt wollen wir nun weitere Gedichte des Horaz über die Liebe betrachten, aber auch unter einem zweiten, dem der Variationskunst. Wir werden einige Lieder, die mit der Liebe zu tun haben, betrachten, insbesondere die des ersten Buches und werden am Ende des Kapitels eine Einsicht in die Weise des Horaz, Menschliches zu betrachten und darzustellen, dem Leser nahe bringen.

C. 1, 5: Das Ich erblickt Pyrrha, sie ist "von exquisiter Schlichtheit" (*simplex munditiis*) – für wen wohl? Wer hat da seine Lust und Freude an ihr? Der Arme, nur zu bald wird er seine Hoffnung auf eine Dauer dieser Liebe verfliegen sehen. "Ich", so gesteht das lyrische Ich, "habe das hinter mir und danke den Göttern dafür". Erneut eine Situation mit einer Geschichte, erneut ein Sehen,

---

[29] Man lese die kleine Literaturzusammenstellung im Enchiridion Poeticum 195/7, um zu ermessen, wie weit es die Geschmacklosigkeit treiben kann. Den Fehler dabei beschreibt "Methoden der Latinistik" 113.

[30] Ausdrücklich sei auf E. A. Schmidts schönen Schlussabschnitt seiner Interpretation von c. 1, 17 verwiesen (Sabinum 95).

Durchschauen, Erinnern und am Ende ein spöttisches Abwenden[31], c. 1, 8 gut vergleichbar. Das ganz leicht gehaltene, artistisch vollendete Gedicht sprüht von der originellen Kunst, längst vorher formulierte Motive in einen neuen Zusammenhang zu bringen (Fraenkel 269 oben). Es ist dabei die Metapher des Meeres, die alles zusammenhält. Zu bemerken bleibt, dass dem Gedicht jegliche Sentimentalität fehlt.

C. 1, 9: Auch in diesem Gedicht, es ist ein Wintergedicht, und Winter legt ja immer den Gedanken an Wärme und Wein nahe, wozu sich dann leicht der an die Liebe gesellt[32], – auch in diesem Gedicht ist gegen Ende von der Liebe die Rede, doch nicht von der des Ich: "Lebe heute, genieße die Jugend, mein Junge", so spricht das Ich zu seinem Freunde Thaliarch (ein passend erfundener Name), "sie ist die Zeit fürs Rendezvous gegen Abend auf dem Marsfeld zwischen den vielen verbergenden, verschwiegenen Bauten", und daraufhin folgt eine unnachahmliche Szene, wie da geflüstert, wie da eine Zeit abgesprochen wird, wie das Mädchen, irgendwo in der Dämmerung versteckt, girrend lacht, wie der Junge sucht und findet und wie ein Pfand, ihr nicht gegen den Willen entrungen, seinen Besitzer wechselt... . Ein rechter Wintertags-Traum[33], ein Träumen von einer ganz besonderen Situation, oft erlebt vielleicht, oft erträumt: So ist es an einem schönen Sommerabend, so könnte es sein. Und alles ganz nach außen gekehrt, kaum je ein Wort, das auf eine innere Lage oder Gestimmtheit verwiese (bis auf *dulces* in 16, *gratus* in 22, aber das sind ganz allgemeine Ausdrücke), darum kann man es auch leicht nachempfinden und sich erinnernd an der kleinen Szenerie freuen[34].

C. 1, 16: Wieder eine ganz andere Situation. Der Dichter hatte irgendwann, vor Jahren einmal böse Jamben auf irgendeine, hier anonym bleibende schöne Frau geschrieben (Fraenkel 246 zu den unsinnigen Versuchen, ihr eine Identität zu verschaffen); lange war sie fürchterlich böse auf ihn. Drei Strophen lang kennzeichnet das Gedicht, launig übertreibend, ihren Zorn als schier unvergleichlich, als ganz "thyestisch". Jetzt aber, so gibt er vor, peinigt den Dichter

---

[31] Oft schließen Horazgedichte mit einer solchen Hinwendung zum Ich, und nicht nur Liebesgedichte, z.B. I, 5, 13; 8, 11; 31, 15; 33, 13; II, 4, 22; III, 19, 28, usw. Eine Dualität in Pyrrha als Vorausdeutung auf die spätere Stil-Dualität in den Oden verstehen zu können, vermisst sich D. J. Coffa, Eranos 96, 1996, 26ff.

[32] Vgl. Anacr. frg. 357 PMG; Eur. Bacch. 773; *sine Cerere et Libero friget Venus*, Ter. Eun. 732 (jetzt mit Barsbys Kommentar, Cambridge 1999), bzw. verkürzt *Sine Baccho friget Venus*, so P. P. Rubens' Gemälde, Antwerpen 1614 (Verf., Dionysos von Homer bis heute, in: Abh. Braunschw. Wiss. Ges. 44, 1993, 143, Anm. 48).

[33] Der Beginn scheint an Alk. 338 (S. 267 bei L.-P.) angelehnt: "Es regnet Zeus, aus dem Himmel Sturm, festgefroren die Flüsse ... Kümmre Dich nicht um den Sturm, leg' Holz aufs Feuer, mische den süßen Wein ohne zu sparen, ein Kissen untergelegt..."; vgl. auch epo. 13. Hier überführt Horaz die uralte griechische Symposientopik ins abendliche Rom, aber sein Freund heißt "Thaliarchus": Wir sind in einer Zwischenwelt aus Griechischem und Römischem, einer schwebenden, unfixiert-offenen Welt.

[34] Fein ahmt die Wortstellung in v. 21ff. das Labyrinthische des Sichverbergens und Findens nach, s. Nisbet-Hubbard zu v. 21.

das Gewissen so sehr, dass er die Verse vernichtet, verbrannt oder gar in der "zornigen Adria" ersäuft wissen möchte; jetzt werde er nur noch freundliche Verse an Stelle jener garstigen auf sie verfassen, wenn sie nur nach solcher Palinodie[35] zu ihm wieder freundlich sein wolle. Hier liegt nun eins der kniffligsten Horaz-Probleme: *Dum mihi fias recantatis amica opprobriis animumque reddas.* Was heißt *animum reddere* hier? Heinze S. 80, Nisbet-Hubbard 1, 202 und 214 und auch Syndikus 1, 183, Anm. 36 entscheiden sich für "Wenn Du mir nur Dein Herz wieder schenkst". Aber müsste da nicht etwas von *iterum* stehen? Man kann doch wohl auch, vornehmlich wegen Terenz, Andr. 333[36], an "Wenn Du mir nur wieder meine Ruhe wiedergibst" denken. Sie möge sich also mit dem Widerruf zufrieden geben, dem Dichter wieder gut sein und ihm so seine Gemütsruhe (nach den Jahren ihres Zorns und seiner Gewissensbisse) wiederherstellen.

So endet das Lied mit dem Ausdruck einer Furcht, die allerdings ganz gewiss ebenso wenig bitter ernst gemeint ist wie der "thyestische" Zorn der Frau: Es endet mit schönem, heiterem Einverständnis. Wieder also ein Lied aus einer ganz besonderen, nun wieder dem historischen Horaz nicht ganz fernen Situation, die erneut ihre Voraussetzungen, bzw. ihre Geschichte hat. Dabei sind, wie gesagt, die vielen Versuche alter und neuerer Kommentatoren, die Identität der anonym Angeredeten zu lüften, sämtlich fehlgeschlagen (Syndikus 1, 177). Der Dichter beließ es bei der Offenheit, und auch wir sollen uns an der Heiterkeit dieses "furchtbaren" Zorns und der freundlichen Aussicht auf innigen Frieden freuen, ohne mehr wissen zu wollen, als was die Zeilen bieten. Und sie bieten genug: "The ode is one of the most agreeable poems in the collection" (Nisbet-Hubbard 1, 204 oben).

C. 1, 17 haben wir oben besprochen. In ihm, also ziemlich genau in der Mitte des ersten Odenbuches (wenn man das Proöm und die Schlussvignette abrechnet) steht der herrliche Satz *di me tuentur, dis pietas mea et musa cordist*, und eben dieses Gedicht ist dasjenige Lied, das am nächsten an den historischen Horaz und seine Lebenssituation herankommt, erhöht allerdings zu paradiesischem Frieden.

---

[35] Man hat oft die ersten Worte "O einer schönen Mutter schönere Tochter" so ausgelegt, dass sie sehr wohl auf Helena passen könnten und darum wohl aus des Stesichoros berühmter Palinodie auf die Tyndaride stammen. Aber wir besitzen des Stesichoros Widerruf nicht und können daher nichts Genaues vorbringen; die Möglichkeit, dass Horaz hier an Stesichoros erinnert, ist jedoch, trotz Fraenkel 247, nicht ganz von der Hand zu weisen (Nisbet-Hubbard 1, 202).

[36] Pamphilus hat mit dem Geständnis, er liebe die ihm vom Vater Zugedachte, in die Charinus verliebt ist, überhaupt nicht, diesem "den *animus* wiedergegeben" (*reddidisti animum*), hat ihm also die Furcht genommen und den Mut oder die normale Seelenlage wiederhergestellt.

C. 1, 19: Ein Lächeln, nicht ohne Beimischung einigen Schmerzes (zu *saeva* in v. 1 Syndikus 207), aber doch ohne den gequälten Klageton eines Properz[37], ein solches Lächeln liegt auf diesem Lied, das uraltes Staunen über erneute Liebe[38] mit dem Motiv verbindet, das bei Sophokles und Euripides noch durchschimmert, nämlich der Klage darüber, dass Aphrodite hart über den Mann herfällt[39]: "Die Mutter aller Eroten und der Spross der Semele, dazu die Göttin aufreizender Ausgelassenheit[40] heißen mich, längst aufgegebenem Lieben nun doch wieder das Gemüt zuzuwenden"[41]. *Reddo*, das bedeutet oft "dorthin tun, wo etwas hingehört" (Nisbet-Hubbard zu c. 1, 10, 17), so wohl auch hier, also "die Liebe verlangt wieder ihr Recht". Das tut sie hier mittels der Attacke einer ganzen Götter-Staffel, und warum? "Es entfacht mich Glyceras gleißend schöne Haut, es entfacht mich ihr gern gespürtes Temperament und auch ihr Antlitz, dessen Anblick hinreißend ist", kurzum (v. 9): "Auf mich stürzt sich Venus mit aller Macht, ihren Stammsitz Zypern muss sie darüber ganz vergessen haben, sie lässt mich nicht mehr den Parther besingen, wie er 'mutig sein Pferd herumwirft' (als hätte Horaz je vorgehabt, derlei zu dichten!), und was sonst noch nicht zu ihr passt" (so könnte man diese prosaisch-frivole Ausdrucksweise nachahmen[42]). Und jetzt die Pointe: Man weiß, dass hier einer spricht, der "mit der Liebe schon abgeschlossen" hatte, dennoch kommt der Schluss überraschend (Syndikus 1, 207): "Frischen Rasen her" (für einen improvisierten Altar), "frische Kränze herbei und jungen Wein"; dies aber nicht etwa, um Venus für ihren neuerlichen Besuch zu danken, nein – auf dass sie "gelinder" kommen möge und nicht "mit aller Macht" (v. 9). Späte, unerwartet wieder aufgeflammte Liebe also, darum nicht ohne einige Angst vor ihrem "Brennen", vor der alles andere ausschließenden Macht. Und das Ganze ausgedrückt unter Zuhilfenahme von allerhand mildernden, die Sprache indirekt gestaltenden literarischen Reminiszenzen und nicht ohne distanzierende Ironie, ganz ohne die Peinlichkeit

---

[37] E. Burck, Vom Menschenbild in der römischen Literatur 1, Heidelberg 1966, 179.
[38] Nisbet-Hubbard zitieren Alkman, Sappho und Anakreon, Burck fügt Philodem hinzu (Anth. Pal. 12,10), auch Pindar, frg. 123 Snell zu nennen, wäre nicht falsch.
[39] Vgl. Burck 179, Anm. 14 und Nisbet-Hubbard 238 unten, bes. Eur. Hipp.443 (Kypris sei nicht zu ertragen, wenn sie "voll" hereinbreche) wegen Horazens *tota ruens* in v. 9, der doch recht ähnlich scheint.
[40] Diese Gottheit (*Licentia*) erfindet Horaz, gewiss unabhängig von Cic. dom. 131, Ende (Burck 118, Anm. 16), vgl. Syndikus 207, Anm. 16.
[41] *Animum reddere amoribus*, v. 4. Zunächst fällt auf, dass hier ein Ausdruck aus c. 1, 16, 28, möglicherweise um der Kontinuität willen, wieder auftaucht; aber das kann auch Zufall sein. Heinze gibt den Ausdruck mit "sein Herz wieder zuwenden" wieder, ähnlich Nisbet-Hubbard: "surrender my heart once more". Jedenfalls zeigt das "Wiedergeben", dass auch dies Carmen seine Vorgeschichte hat.
[42] Syndikus 206 meint, dass Horaz hier "diesen wegwerfenden Ausdruck mit Themen koppelt, die einem Römer wichtig sein mussten" (er meint den Parther), um zu offenbaren, dass ihm außer der Liebe nun nichts mehr gewichtig vorkommt. Mag sein, möglich ist aber auch, dass man die Phrase so auffassen muss: "Den Parther und anderes ihr Unwichtige": Die geringfügige Verschiebung der Dative nimmt dem Ausdruck etwas von seinem Ton, den Nisbet-Hubbard als "colloquial" bezeichnen.

direkten Gestehens. Ein weiteres Gedicht also, das sich mit einem Augenblick befasst, dem Augenblick eines Innewerdens und der Reaktion darauf. Dieses Innewerden hat seine Vorgeschichte, es ist dies eine Zeit der Liebesferne eines Alternden und ein Erlebnis, das diese Liebesferne jäh zu beenden scheint. Doch diese Voraussetzungen des Gedichtes werden nicht gegeben. Gegeben wird dagegen die einigermaßen unerwartbare Reaktion.

C. 1, 23: Nach einem Einladungsgedicht, einem Preislied auf Apoll und dem Carmen von seiner glücklichen Errettung vor einem Wolf nun ein weiteres Lied von der Liebe, ein Werbe-Lied.

Auch dieses Gedicht ist von einer Bewegung bestimmt. Zunächst die Situation: "Du meidest mich"; dann der Vergleich mit dem überängstlichen Kitz, der noch zarter ist als der oft überlieferte Vergleich mit einem Füllen. Dieser Vergleich ist eine Aufforderung zur Selbstbesinnung, er legt nahe: "Sei nicht so wie das Kitz!" Dann der negierende Vergleich des Ich mit einem Raubtier: "Ich bin ja nicht grausam-wild". Beide Vergleiche sollen bewirken, dass sich das Mädchen auf das Natürliche besinnt, das am Ende dann ohne dämpfenden Vergleich unumwunden genannt wird: "Löse Dich von der Mutter, denn Du bist reif für die Liebe". Von verhüllenden Andeutungen zum direkten Ausdruck des Anliegens, von der Zartheit rücksichtsvoller Annäherung zum unverhüllten Realismus. Das Lied scheint aus einer Reihe von Eindrücken zu kommen und aus ihnen Bilanz zu ziehen. Doch ein Eindringen in die Gefühle, etwa des wie auch immer verfolgten Mädchens, das lag dem Dichter ganz fern.

Carmen 1, 30 (*O Venus regina*)

"O Venus, Königin von Knidos[43] und Paphos[44], verlasse Dein geliebtes Zypern[45] und begib Dich in der Glycera, die Dich mit vielem Weihrauch ruft, schönes Gemach[46]. Mit Dir mögen der feurige Knabe (*Cupido*) und die Grazien

---

[43] Das Heiligtum lag auf einer lang hinausgestreckten Halbinsel im Südwesten Kariens an der kleinasiatischen Küste, nördlich Rhodos; es war der Aphrodite Euploia, die "gute Fahrt" geben sollte, geweiht.
[44] An Zyperns Westküste gelegen; in der Nähe („Petra tou Romiou") war auf See ihr "Geburtsort": Hes. Theog. 193.
[45] *Sperne* (v. 2) heißt eigentlich, auf die Etymologie gesehen, "mit dem Fuß fortstoßen" und bedeutet eine verächtliche Abwendung; ein Sichfortwenden ohne abschätzige Nuance ist selten und daher erlesen, s. Lindsay zu Plaut. Cap. 517, ferner Enn. scaen. 156 Jocelyn und Hor. c. 3, 2, 24.
[46] *Aedes* im Singular kann das Zimmer (Plaut. Asin. 220) oder den Schrein bedeuten. Glyceras Hauptgemach erhält so eine gewisse Heiligung.

mit gürtellosem Gewande[47] herbeieilen und auch die Nymphen samt der Göttin Jugend, die ohne Dich nicht lustig[48] ist, und auch Merkur".

Dem Gotte Merkur wird im homerischen Hermes-Hymnus v. 260 das schlau auf Vorteil ausgerichtete Wort (vgl. Pind. Pyth. 2, 78; Arist. Av. 594) zugeschrieben; für Horaz (c. 1, 10) ist er daher beredt, Kulturbringer, Bote der Götter, schlau und kurzweilig, aber auch Erfinder der Lyra und Geleiter der Totenseelen, "Göttern und Menschen lieb", und dies alles ist eher griechisch (Burkert 244/7) als römisch, wo sein Wirken gern auf Geldgewinn eingeengt wird (Syndikus 1, 272, Anm. 16). Ihn in die Nähe der griechischen Peitho zu bringen (Heinze 130 rechts; Nisbet-Hubbard 347; Burck 183) oder ihr gar gleichzusetzen, würde diese "besonders schillernde Gestalt" (Burkert 243) allzu sehr einschränken. Aber jeglichen Gedanken an Gewinn angesichts jenes "schlau auf Vorteil ausgerichteten Wortes" auszugrenzen (Syndikus a. O. sprach gar nur von "lächelndem Geplauder") würde die Situation verkennen.

Man vergleicht mit diesem Gedicht gern das Epigramm des Posidipp AP 12, 131, in dem nach feierlichstem Anruf Aphrodite gebeten wird, "zur Hetäre Kallistion zu kommen, die" – und dies ist die witzige Schlusspointe (Burck 243) – "noch nie einen Liebhaber von der Tür gewiesen hat und somit", lautet die Bitte am Ende, "auch den Epigrammverfasser nicht!" Also auf die Feierlichkeit folgt das Frivole. Frivoles findet sich nun bei Horaz mitnichten, und es richtet das Ich auch keineswegs im eigenen Interesse seine Bitte an Venus, wie man zuweilen liest, ohne dass hiervon etwas im Text stünde. Das Gedicht des Horaz ist daher feiner, zurückhaltender, sagen wir's rundheraus: schöner als das des Posidipp.

Venus möge zu Glycera kommen: Der Name der Frau legt es nahe, an c. 1, 19 zu denken, wo Venus gebeten wurde, nicht zu hart auf das Ich, das sich in "Glycera" verliebt habe, loszustürmen. So hat denn auch Erich Burck 183 daran gedacht, ob dieses Gedicht 1, 30 nicht die "Feier der Liebe zwischen Horaz und Glycera" darstelle. Im Gedicht selbst führt nichts auf solche Gedanken, bis auf den Namen der Frau, die aber bleibt nach dem fraglos zutreffenden Urteil Fraenkels (234f.) "völlig im Hintergrund". Die Übereinstimmung des Namens würde dann auch dazu führen, c. 1, 33 herzunehmen, wo Albius in die wankelmütige Glycera verliebt war, und schon wäre man im Gestrüpp eines Glycera-Romans. Auf diese Weise könnte man dann auch einen Lydia-Roman versuchen, der vollends in Dickicht führen würde. Nein, die Gedichte muss man unabhängig voneinander lassen, auch wenn – vielleicht um der äußeren Kontinuität willen – Horaz mehrere Gedichte von Glyceren handeln lässt, die jedoch keineswegs identisch sein müssen.

---

[47] Sie sind nach Paus. 6, 24, 7 "der Aphrodite Nächstverwandte"; sie werden entweder "schön gekleidet" dargestellt (Paus. 4, 30, 6) oder nackt (ders. 9, 35, 6f.). Das gürtellose Kleid enthält nicht die geringste Laszivität.

[48] *Comis* in v. 7 ist eher prosaisch und kommt einem "munter", "lustig" oder "nett" nahe (Syndikus 1, 272: „froh").

Aber kommen wir doch nun zum Fazit. Horaz schrieb nicht eigentlich ein Lied von der Liebe, sondern einen Herbeirufungshymnus, der Venus dazu bewegen sollte, von einem ihrer Lieblingsorte fort zum Gemach (natürlich ein Liebesgemach) der Glycera zu kommen, das von reicher Weihrauchgabe duftet und schön, also der Göttin würdig ist. Zusammen mit ihr möge Leidenschaft, weibliche Schönheit, Verlockung und muntere Jugend kommen und nicht zuletzt Merkur, der Gott des reizvoll-gewinnenden Worts. Fürbitte also für eine ihrer würdige Hetäre. Das will sagen: Horaz ahmt zwar die Dichtweise nach, die da einen kletischen Hymnus zu Gunsten von leichteren Gestalten schreibt, als es im klassischen Griechenland üblich war. Aber es gab ja neben der himmlischen auch die irdische Liebe, wie Plato es darstellte, und diese "demotische" durfte man gewiss in ein schönes Haus einer schönen Hetäre laden. Dabei ist das Gedicht mit keiner Niedrigkeit behaftet, und es bedarf schon einer massiv auftretenden modernen Geschmacklosigkeit, um eine solche in das Gedicht hineinzulesen[49]. Ed. Fraenkel 236 sprach von der "Vision eines glücklichen Augenblicks", und so ungefähr lesen auch wir dieses wundervoll verspielt-spritzige Kunstwerk mit seiner feinen Bewegung von hohem Hymnuston zu fröhlichem Ausklang hin. Man sollte offen lassen, wie die Glycera aus 1, 30 zur Glycera aus 1, 19 steht und welche Aufgabe Merkur hier speziell haben könnte. Nur, wenn der Leser das Offene offen lässt, wird er die Feinheit der Zeilen genießen. Mag er für sich selbst auch mancherlei denken und empfinden, wir Philologen haben nicht die Aufgabe, zu fixieren, was der Dichter im Unbestimmten ließ[50].

---

[49] So erinnert H. Oppermann, Wege zu Horaz 360 in Bezug auf die "gürtellosen Gewänder" der Grazien an das Gürtellösen aus dem homerischen Aphrodite-Hymnus 164, was völlig abwegig scheint.

[50] J. Rüpke hat im Hermes 126, 1998, 435/ 53 versucht, durch energisches Befragen einiger Wörter den Charakter des Gedichtes schärfer zu bestimmen: So sei das Bitten um *transferre* (4) "aggressiv", ja "exzessiv" (439), weil Venus wie in einer politisch-sakralen *Evocatio* gezwungen werden solle (436f.), mit Glycera zusammen als Synnaos, die sich einen Schrein mit jemand anderem teilt, den Tempel (*aedem*, 4) zu bewohnen, weil der ja schon an Glycera "vergeben" sei (437), so dass Venus geradezu mit Glycera identifiziert werde (438). Und auch das Ich sei (so nach E. A. Schmidt AU 35, 2; 1992, 42ff., bes. 47) mit Horaz gleichzusetzen; *Juventus* (7) meine dabei des Dichters "eigene, entschwindende Jugend" (auf diese Seltsamkeit verfällt Rüpke, weil er c. 1, 30 mit 1, 19 verbindet). Merkur ist ihm Symbol für "Gesang" (450), eine Deutung, die wenig Überzeugungskraft hat. Aber für Rüpke erfülle sich, wenn man 1, 30 als Fortsetzung von 1, 19 versteht, das *quae nihil attinent* aus c. 1, 19 hier in c. 1, 30 mit Gehalt: Was dort offen blieb, sei hier konkret geworden, nämlich in der Form des Liebesgedichtes (452). Aber in 1, 19 bedeutete doch *quae nihil attinent* gerade nichts, was mit Venus und der Liebe zu tun hat? Und was die Identifikation von Glycera mit Venus und von Horaz mit dem Ich anlangt, so ist das herausgesponnen aus dem Ansatz, dass c. 1, 30 Fortsetzung von 1, 19 sei, was durch nichts bewiesen ist (Fraenkel 246f. hatte zu ganz Anderem geraten).

Eine Abschweifung zur Buchkomposition

Seit langem sucht die Forschung nach der kompositorischen Einheit von Buch I, d.h. danach, ob sich Bauformen finden und ob das Buch irgend eine Kontinuität aufweist. Einen unübersehbaren Hinweis darauf, dass Horaz überhaupt Einheit anstrebe, erkennt man darin, dass c. 1, 1 und 3, 30 deutlich aufeinander bezogen sind (nach der Bitte um Anerkennung in 1, 1 folgt in c. 3, 30 der Ausdruck des Bewusstseins, Ewiges geschaffen zu haben). Innerhalb dieses Rahmens – herrscht da das reizvolle Durcheinander oder gewollte Kontinuität? Diese Frage zu klären, war die Absicht von M. S. Santirocco in seinem Buche "Unity and Design in Horace's Odes" von 1986. Hören wir ihm etwas zu.

C. 1, 1 erinnere mit seinem "Berufekatalog" an den entsprechenden Katalog von sat. 1, 1, 4ff. und 28ff. so wie epi. 1, 1, 10 (mit den "Verslein") an die Odendichtung erinnert, d.h. Horaz, so wird man gern zugeben, bemüht sich um Kontinuität des Gesamtwerkes. Im Engeren des ersten Odenbuches, so Santirocco, lasse sich eine enge Verbindung von c. 1, 1 bis 3 erkennen: In 1, 1, 19/22 werde ein "Hedonist" dargestellt; er wohne draussen auf dem Land, zerstreue seine Sorgen durch Trinken und rufe – wo, bitte, steht davon etwas im Text? – seine Freunde auf, ein Gleiches zu tun" (Santirocco 18 und 25), d.h. der Hedonist sei zu einem guten Teil Horaz selber, dessen Lebensphilosophie auf eben dieses hinauslaufe (18, Absatz 2). Das ist, so muss man bereits hier einwenden, erstens eine Überforderung der Verse aus c. 1, 1 und zweitens eine karge Vereinfachung von Horazens Denken, die man nach O. Gigons Buch sich nicht mehr erlauben sollte[51]. Danach wendet sich Santirocco dem Ende von c. 1, 1 zu und stellt natürlich zu Recht fest, dass *Lesboum* auf Alkaios anspiele; wenn er aber in *tibias* (v. 32) einen Hinweis auf Pindar spürt, werden wir seiner Argumentation nicht mehr folgen: Er meint, "diese Instrumente begleiteten für gewöhnlich die Chorlyrik", also sei ihre Erwähnung neben der Erinnerung an Alkaios ein Hinweis auf Pindar. Nun wurden die *tibiae*, wurde der Doppelaulos auch bei Theateraufführungen geblasen und auch beim Symposion verwendet[52] – aus ist's mit dem Verweis auf Pindar.

Nun weiter: C. 1, 1 beginne mit "Maecenas", c. 1, 2 ende mit "Caesar": Die beiden Gedichte nennen also, so Santirocco, die beiden Großen zum Auftakt und seien somit aufeinander bezogen. Gut, das leuchtet ein. C. 1, 2 und 3 seien durch den Begriff der "Sünde" verknüpft (1, 2, 23 und 29; 1, 3, 26 und 39) und durch die Nennung des *Juppiter Tonans* (1, 2 am Anfang, 1, 3 am Ende) – auch dies eine wohl zutreffende Bemerkung. (Man erlaube, bei diesem Kurzreferat evident

---

[51] Horaz und die Philosophie (1975), später in: Die antike Philosophie als Maßstab und Realität, Artemis-Verlag 1977 (vgl. Verf., Geschichte der römischen Philosophie 87/9 und 101f.).
[52] Es genüge, auf die Würzburger Brygos-Schale zu verweisen, bei E. Simon, Griechische Vasen Abb. 154f.

Falsches einfach fortzulassen). Es ergibt sich, dass c. 1, 1 bis 1, 3 ein Kontinuum darstellen. C. 1, 3 soll nun auch mit 1, 4 zusammenhängen, und zwar durch das Motiv der Schiffsfahrt (c. 1, 3 insgesamt und in c. 1, 4, 2: Die Schiffe werden im Frühjahr wieder ins Wasser gezogen); ferner sei c. 1, 4 mit 1, 5 durch das Motiv der Liebe zusammengeschlossen (1, 4, 19 im Besonderen, c. 1, 5 insgesamt): Beide Verbindungen haben dieselbe Struktur (was in einem Gedicht nur eben anklingt, beherrscht das andere insgesamt) und werden darum dem nicht unglaubhaft erscheinen, der es für gute Methode hält, ein Nebenmotiv in einem Gedicht mit dem Hauptmotiv eines benachbarten als vom Dichter beabsichtigtes Kontinuitätszeichen zu werten.

Weiter: C. 1, 6, 17ff. sagt ausdrücklich, dass Horazens Dichtung nicht von Helden und Heldentaten, sondern von Gastmählern und *proelia virginum* handeln solle; wenn Santirocco dies nun so auswertet, dass diese Aussage "generates two more poems that prove the point: c. 1.7 which is convivial and 1.8 which is erotic" (S. 36), werden wir skeptisch fragen: "Ist c. 1, 7 allein wegen 17/21 schon ein Gastmahlgedicht und ist 1, 8 eine Attacke (*proelium*) gegen Lydia (S. 38)?" Mit dieser zweiten willkürlichen Auslegung auf eine "Attacke" hin will Santirocco ja doch nur die *proelia virginum* ins Spiel bringen, und c. 1, 7 als "Gastmahldichtung" zu bezeichnen, ist eine unerlaubte Verengung. Und zudem: Was soll man wohl von „generates" halten? Unerlaubt ist auch folgender Einfall Santiroccos: In c. 1, 6 hatte Horaz gesagt, er wolle keine Helden, also kein Epos schreiben; in c. 1, 7, 25/ 32 erinnere Horaz an Hom. Od. 12, 208ff. und c. 1, 8, 14ff. tue mit der Erwähnung Achills ein Gleiches. Diese Erinnerung ans Epos habe nun aber "a radically private meaning" (38), stelle also Horazens Absage ans Epos dar, indem er das Epos privatisiert, d.h. ent-episiert. So wenig wie c. 1, 6 irgend ein anderes Gedicht "hervortreibt" („generates"), so wenig können Erwähnungen von homerischen Szenen oder von homerischen Figuren in notwendig unepischer Umgebung (Horaz schreibt bekanntlich Lyrik, nicht Epos) als bewusste Absagen ans Eposschreiben gewertet werden: Wer soll wohl beim Lesen von c. 1, 8,13ff. auf einen solchen Gedanken kommen? Nein, hier verkrampft Santiroccos Verbindungssuchen und überschätzt die eigenen Möglichkeiten.

Zum Schluss sei kurz auf den Versuch verwiesen, die Gedichte 1, 36-38 als Umkehrung von 1, 1-3 zu erweisen (80f.): 1. In 1, 3 fahre Vergil davon, in 1, 36 kehre Numida heim; 2. In 1, 2 werde Caesar als Retter Roms gefeiert, in 1, 37 als Sieger über Kleopatra (im Falle von c. 1, 37 fällt es allerdings schwer, eine "Umkehrung" von c. 1, 2 zu entdecken); 3. Der "Hedonist" aus 1, 1 entspreche dem Genießer in 1, 38, und beide Gedichte seien ja "poetische Manifeste", da 1, 38 (nach Fraenkel) ein "statement of Callimachean aesthetics" sei. Das Zurückkommen und Wegreisen als Gegenbewegungen mag noch hingehen, auch die Klammer von Caesar als Retter Roms überhaupt und Caesar als Retter vor Kleopatra mag unwidersprochen bleiben, aber der Bezug von 1, 1 zu 1, 38 ist erschlichen, denn Fraenkels Auslegung ist keineswegs sicher, nicht einmal wahrscheinlich.

Wollen wir hier einhalten und Santiroccos Bemühungen so beurteilen: Es scheint, als habe Horaz wirklich die Lieder c. 1, 1-10 durch Wort- und Motiventsprechungen zu einer kontinuierlichen Einleitungsgruppe gemacht. Nach 1, 10 aber herrscht nur noch der bunte Wechsel von Metrik und Themata, erst am Ende des Buches scheint die Zusammenfügung wieder kenntlich, aber lockerer als zu Beginn. Bei dieser Art der Kontinuität handelt es sich nun aber um eine lineare; man sollte aber über der horizontalen Kontinuität ein anderes Ordnungsprinzip nicht übersehen, das Santirocco nicht oder zu wenig berücksichtigt, nämlich die "vertikale Variation" (Lateinische Dichtersprache § 212), das Auf und Ab von Schwer und Leicht. Aus diesem Grunde haben wir bei unseren Paraphrasen immer wieder auf den Wechsel von Schwer- und Leichtgewichtigem hingewiesen. Zum Exempel: C. 1, 2 gehört entschieden zu den Schwergewichten, ebenso c. 1, 3; aber c. 1, 4 schlägt schon leichtere Töne an, erinnert am Ende an die Liebe, und dieser ist dann 1, 5 gewidmet; C. 1, 36 ist leichten Gewichtes, c. 1, 37 dagegen schweren, wohingegen die Schlussvignette 1, 38 nur noch heiter und schwerelos wirkt.

Allgemein lässt sich wohl sagen, dass Santiroccos Buch sicherlich manches Klärende enthält, daneben aber so vieles Zweifelhaftes und methodisch Unerlaubtes, dass sein Wert begrenzt scheint, und dass Horaz gewiss hier Gedichte fester miteinander verbunden hat, dort wieder lockerer; dass er sehr wohl metrische Paare bildete (1, 16 und 17; 26 und 27; 34 und 35), die dann auch inhaltlich zu Paaren geordnet sein können (1, 34 und 35), dass sonst aber ein lockeres Variieren von Themen und Motiven, ein Wechselspiel von Leicht und Schwer herrscht. Grundsätzlich aber sollen wir uns sehr klar darüber sein, was wir treiben, wenn wir solchen Kompositionsfragen nachgehen: Wir betreiben da Sekundäres. Nirgends wird der Sinn eines Gedichtes deutlicher dadurch, dass wir es zu einem anderen in Beziehung setzen. Horazens Oden sind primär immer selbständige Entitäten, auch wenn sie manchmal (in einem zweiten, also sekundären Durchgang) vom Dichter, der ein Buch zu bauen hatte, durch kleine Entsprechungen aufeinander verweisen. Dass wir ein Gedicht nur unter Zuhilfenahme eines zweiten oder dritten verstehen können, dass also ein Carmen, um begriffen zu werden, auf ein anderes angewiesen wäre, das ist noch nirgends gezeigt worden (J. Rüpkes Versuch betreffs c. 1, 30 ist bei der Besprechung dieses Liedes gewürdigt worden)[53].

---

[53] Wir wollen uns nicht auf eine Diskussion von H. Dettmers Buch "Horace. A Study in Structure" (Hildesheim 1983) einlassen, denn schon nach wenigen Abschnitten merkt der Leser, dass auf die angewendete Methode kein Verlass ist. Auch eine Auseinandersetzung mit dem Buch von N. E. Collinge (The Structure of Horace's Odes) insgesamt führt zu Unerfreulichem, zu einem tiftelnden Horatius Mathematicus, wohingegen in Einzelnem das Buch mancherlei Wichtiges bietet.

Horaz über die Liebe

Um welche Art der Liebe geht es in den Oden? Es ist die Hetärenliebe, die Liebe zu Freigelassenen. Nirgends spricht Horaz ausdrücklich über die eheliche Liebe.[54] Allerdings: "Neither love nor loyalty nor attraction is excluded from such relationships, though fickleness and cruelty and the traditional greed and availability of the harlot are also themes", schreibt S. Treggiari (Roman Marriage 302), und manchmal sei es "difficult to guess whether Horace intends us to think of wives or faithful mistresses". Die Skala der moralischen Qualitäten seiner Barinen oder Cinaren ist reich, aber nie fällt er in den Oden, wie das gattungsbedingt das eine oder andere Mal in den Epoden geschah, in den Schmutz eines ordinären oder kruden Details. Es geht also um die Liebe zu feinen oder nur interessanten, immer hinreißenden Hetären, die Bildung und Geschmack besaßen, gut sangen oder tanzten und zuweilen gar das mitzuerleben vermochten, was für Horaz zu dem Schönsten gehörte, man erinnere sich an c. 1, 17. Manches Mal geht es auch um schöne Knaben (z.B. in c. 3, 20), aber sie erhalten nirgends soviel Persönlichkeit wie die Frauen in Horazens Oden. Ein Mal geht es auch um die Liebe eines Freundes zu einer Sklavin (c. 2, 4; Treggiari 301) – warum nicht? Sie könnte ja edlen Geblütes sein. Also war sie so schön und so fein wie eine wundervolle Hetäre (über die gewiss damals nicht seltene Grausamkeit, dass eine vordem hoch gestellte Dame, gefangen, Sklavendienste zu leisten hatte, ist hier nicht nachzudenken, da es vom Dichter nicht zum Thema gemacht wird).

Wir sagten, "es geht um" dieses oder jenes; nun gut, aber was ist damit genau gesagt? Es genügt nicht zu antworten mit einer Aufzählung von Themen und Motiven; vielmehr muss jeweils die Seelenlage oder Gestimmtheit herauspräpariert werden, um zu dem vorzudringen, worum es Horaz zu tun war. Da ist nun nicht immer ganz zutreffend, mit M. S. Santirocco 33 zu meinen, es sei "stets die Ironie der Situation, die des Dichters Aufmerksamkeit auf sich lenkt", denn das ist zu pauschal, und zuweilen schildert Horaz eine Situation gar nicht ironisch. Nein, die Skala ist viel reicher. Es ist wahr, hier und da spottet Horaz bitter (c. 1, 25), manchmal aber auch mit viel Verständnis (2, 8); zuweilen schildert er einfühlsam und auch mit seinen Personen mitfühlend (c. 3, 12), zuweilen aus eigenem Erleben beglückt und erfüllt (c. 1, 17; vgl. U. Knoche, AKS 55f. zu den verschiedenen Graden des Bekenntnishaften, zu Cinara S. 56 oben: Sie "hat er wohl wirklich geliebt"), und es kommt auch vor, dass er ein "gemischtes Gefühl" weckt (Pöschl, Horazische Lyrik 33). Eines aber gilt

---

[54] Man hat den zweiten Teil von c. 2, 7 als Ode auf die Freuden ehelicher Liebe aufgefasst, aber diese Auffassung beruhte auf der Gleichsetzung der dort angesprochenen Licymnia mit Maecens Gattin, einer Identifikation, die z.B. von Nisbet-Hubbard als nicht ganz abgesichert behandelt wird (über dieses Gedicht wird in Kap. XII mehr gesagt werden. Auch c. 3, 27 könnte so ausgelegt werden, muss es aber keineswegs.

überall: Horaz versinkt nie elegisch in einer solchen Stimmung "mit Haut und Haar", er vergräbt sich nicht im Kummer, er jubelt auch nicht lauthals wie ein Elegiker, er schreibt allerdings auch nie aus hautnahem Spüren und Fühlen wie Sappho und Alkaios. Man könnte meinen, dies sei das Geschenk des Epigonentums, immer das Spiel mit vorgegebenen Formen und Motiven zwischen sich und den Gegenstand schieben zu können. Dies half dem Dichter, seine ohnehin aufs Beobachten ausgerichtete Einstellung so lange durchzuhalten wie er es wollte. Wir sollten immer im Bewusstsein bewahren, dass Horaz hier und da, ganz selten zwar, dann aber mit großer Kraft, ganz unironisch von sich selbst spricht und sein Wesen vor den Augen des Lesenden offenbart, so in c. 1, 17 und in 3, 29 z.B.; soll man aber z.B. c. 1, 13, 1-12 als Ausdruck des eigenen, etwa gar unmittelbaren Empfindens verstehen? Davor warnen die Anklänge an Sappho und Catull und legen es nahe, auf die Unmittelbarkeit zu verzichten und das Gedicht sehr viel eher als den Versuch zu lesen, die großen Vorgänger in neuer Art wieder aufleben zu lassen.

Die Situationen und die in ihnen herrschenden Gestimmtheiten, dazu die Reaktionen des Betrachtenden sind sehr vielfältig, so vielfältig, dass man auch bei längerem Lesen eines Gedichtes nach dem anderen nie gelangweilt wird. Man wird seiner nicht überdrüssig. Da sind eine Liebesgrotte, ein geheimnisvoll verschlossenes Haus, das reizvolle abendliche Marsfeld, Eifersucht, Besuch auf seinem Landgut, späte Leidenschaft, Werben um noch allzu Junge, Eröffnung eines Hetärensalons, Wechselhaftigkeit, Sklavenliebe, Wie Licymnia küsst, Getrenntsein, Ständchen, Mädchenträume, "Wenn zwei sich streiten...", usw. Eine solche Aufzählung bleibt allerdings auf dem Niveau des Etikettenklebens, denn in den meisten dieser Oden spielt sich ein Geschehen ab, herrscht eine Bewegung. Man erinnere sich gleich an c. 1, 5: Liebe eines entflammten Paares in einer reizvollen Grotte; aber dabei bleibt es nicht, das bedenkende Ich erinnert sich des eigenen Erlebens und weissagt dem Jungen ein baldiges Entweichen seiner Angehimmelten; dann c. 1, 8: Die Liebe einer Hetäre zu einem Sportsmann, den sie bei sich verschlossen hält; das betrachtende Ich wundert sich, ärgert sich ein wenig und weissagt dann dem Mädchen das baldige Entweichen des Sport-Asses, eine genaue Umkehrung von Carmen 1, 5 also. Diese Bewegungen und Gegenbewegungen verleihen dieser Liebeslyrik ihren nie versagenden Reiz des Variierens[55].

Man könnte nun auch versuchen, die Haltung des Betrachters zu charakterisieren. Diese Haltung ist je verschieden, aber eines ist überall zu erblicken: Das

---

[55] Man mag hier auch an die Variation und Bezogenheit römischer Wandmalerei denken, allerdings weniger an die schönen Phantasien Karl Schefolds (Der Sinn der römischen Wandmalerei, in: Vermächtnis der antiken Kunst, 1950, z.B. 171ff.), als an die vorsichtig aufgedeckten Bezüge etwa bei A. Rumpf (Gnomon 26, 1954, 358) oder bei H. Mielsch, ANRW II 12,1; 188. Von einem "gioco delle alternanze" spricht auch A. M. Dolciotti, La villa della Farnesina, Rom 1998, 33 rechts, einem "gioco", der mit strengen Wiederholungssequenzen Hand in Hand geht (vgl. auch J. Jacopi, Domus Aurea, Rom 1999, 31).

Lächeln. Hier ist es das Lächeln des Erfahrenen, der die Illusion zerstört; dort ist es das spöttische Lächeln dessen, der die Männer kennt und auch die Frauen; manches Mal sehen wir das Lächeln des zutiefst Beglückten, manches Mal auch das resignierende Lächeln dessen, der meint, eine Liebe komme zu spät zu ihm; ein anderes Mal ist es ein mitfühlendes Lächeln, ein mitleidendes gar, und immer ist das Lächeln des Verstehens. Horazens Liebesdichtung – eine "Schule des Lächelns"?

Das Lächeln, es verhindert jegliches Dozieren. Ein einziges Mal, in einem sehr frühen Gedicht, da hören wir eine Seligpreisung (c. 1, 13 am Ende), dann nie wieder etwas Derartiges. Horaz analysiert auch nicht, wie Catull in manchen seiner schwerblütigen Epigramme (vgl. c. 72 oder 75). Aber auch das oft benutzte Wort vom "Objektivieren" trifft zu kurz, denn dieses sein Lächeln ist, wie gesagt, ein verstehendes und nie ein kalt vergegenständlichendes, das ironisch das Geschilderte weit vom Schildernden abrückt. Denn Horaz lässt immer spüren, dass seine Weise der Darstellung eine ist, die aus eigener Erfahrung herkommt und darum mitzufühlen in der Lage ist. Diese Erfahrung ist die des Wissens um das Menschliche: "Schau – so ist die Liebe, sie kann heiter spielen, sie kann bitter enttäuschen, sie vermag tief zu beglücken. Schau ihre tausend Spiele, freue Dich am Hin und am Her, wenn Du kein Klotz bist: Sie ist das Leben!"

KAPITEL IX: FREUNDSCHAFTSGEDICHTE

Es wird sich um drei Freundschaftsgedichte handeln; zwei von ihnen richten sich an sozial Gleichgestellte, das dritte wendet sich an den großen Maecenas, seinen Freund und Gönner.

Carmen 2, 6 (*Septimi Gadis*)

Septimius war erheblich jünger als Horaz, der ihn später in epi. 1, 9 dem Tiberius empfiehlt, gewiss nicht als einen nicht mehr jungen Menschen. Er war dort im Kreise des Prinzen wohlgelitten und gehörte bald auch zu Augustus' Vertrauten, wie aus dem Fragment in der Sueton-Vita ersichtlich (p. 2*, 14 Klingner). Septimius war Horaz sehr zugetan, wie die Anhänglichkeitsformel "...der Du bereit bist, mit mir bis ans Ende der Welt zu gehen", zeigt. (Man erinnert sich an Catull 11, 1/14; Properz 1, 6, 3ff.) Hier ist Septimius bereit, so gibt Horaz vor, mit ihm nach Nordspanien zu den kriegerischen Kantabrern zu gehen, die um das heutige Reinosa lebten und sich während des Feldzugs Octavians 26/24 nicht geschlagen gaben; oder bis in die Syrten, "wo die Maurische Woge immer anschwillt" (also bis zur Kleinen Syrte an der Küste Mauretaniens mit ihren gefürchteten Gezeiten). Mag sein, dass diese Anspielung das Gedicht in die Jahre des Kantabrerfeldzugs oder kurz danach datiert; dass aber Horaz gar aufgefordert worden wäre, als Begleiter mit in diesen Krieg zu ziehen, das lässt sich aus diesen Zeilen nicht mit Sicherheit schließen.

Gleich zu Beginn steht mit *indoctus* und Infinitiv einer jener sprachlichen Ungewöhnlichkeiten, welche die Augusteer wagten, und zwar auf den Spuren noch ganz leicht begreiflicher Strukturen des Altlateins: Der adnominale Infinitiv nach Adjektiven kommt in alter Zeit jedoch nur bei Ausdrücken wie "bereit zu...", "unwillig zu..." und "vergesslich" (Plaut. Pseud. 1104) vor; Lucilius weitet diese Möglichkeit unter griechischem Einfluss aus, aber dann wird diese Lizenz von Vergil und insbesondere von Horaz sprunghaft ausgedehnt[1], weil der Infinitiv es erlaubte, schwerfällige Nebensätze zu vermeiden. *Indoctus* mit Infinitiv ("unfähig zu ...") hat Horaz als erster und einziger gewagt, nachdem Vergil schon früh mit Ähnlichem, z. B. mit *bonus* c. inf. ("fähig zu ...") in buc. 5, 1ff. vorangegangen war. Vielleicht muss man dann auch noch eine temporalprägnante Verwendung annehmen[2] und übersetzen: "Noch nicht belehrt" im Sinne von "Noch immer nicht dazu gebracht, römisches Joch zu tragen", ein hartes Wort, das unverblümt den römischen Gehorsamsanspruch wiedergibt.

Diese kurze Abschweifung ins Handwerkliche sollte deutlich machen, wie Horaz an den Wörtern arbeitete und wie er sie herauszuheben wusste aus der Ebene des Alltäglichen. Nun aber weiter und zu Gewichtigerem: Also überallhin wäre Septimius bereit, mit Horaz zu reisen, doch gerade ans Reisen denkt der Horaz dieses Gedichtes überhaupt nicht mehr: "Nein, Tivoli, die Argiver-Kolonie, die soll mein Alterssitz sein, es muss nun ein Ende[3] haben der Meer-Fahrten, Landstraßen und Feldzüge für mich Müden[4]". Tibur war damals ein gesuchter Villenort mit kühlem Klima (c. 1, 7, 13; 3, 29, 6). Dort also will der Müde sich ausruhen. Meer, Straße und Feldzug, das entspricht ziemlich genau der Dreiheit aus Cadiz, Cantabrern und Syrte in der ersten Strophe: So genau baut Horaz. Und er fügt die Apposition "gegründet vom argivischen Kolonisten" hinzu (Nisbet-Hubbard belehren darüber, an wen gedacht sein mochte; vgl. Syndikus 1, 369); er tut dies nicht aus antiquarischem Interesse, obschon er dies sicherlich besaß, wie Heinze anmerkte, sondern der griechische Ursprung gibt dem Ort eine gewisse Weihe. Horaz, der Bewunderer der Griechen, hätte sich auf solchem Boden besonders wohl gefühlt.

Wenn aber die Schicksalsgöttinnen ihn missgünstig "von da fernhalten sollten"[5], dann wolle er den Galaesus aufsuchen, den Fluss bei Tarent (der heute verschwunden ist), "süß den fellumhüllten Schafen", so nennt Horaz eine lokale Seltsamkeit, die nämlich, dass man seinerzeit diese besonders wertvollen tarentinischen Wollschafe vor der Schur in Leder hüllte, damit die Wolle nicht Schaden litte (Varro, De re rust. 2, 2, 18). Auch dieses Land hat eine griechische Vorgeschichte, es war einst "untertan dem Spartaner Phalanthus" – so gibt der Dichter der ehrwürdigen Sache einen ehrwürdigen Ton, denn dies "untertan" (*regnatum* mit Ablativ) ist hoher Klang[6]. Der hohe Ton des Strophenendes kontrastiert angenehm und humorvoll mit den "eingenähten Schafen" des Be-

---

[1] Hofmann-Szantyr 350 (eine Fülle von Belegen bei Kühner-Stegmann 2,1; 684f.

[2] Vgl. Epo. 7, 7 und in der Lateinischen Dichtersprache S. 108 unten.

[3] *Modus* als "Ende" belegen Nisbet-Hubbard mit Plaut. Merc.652, wo *modus* und *finis* parallel gebraucht sind.

[4] Wahrscheinlich hat Horaz die Genetive so gestellt, dass der Leser sie sowohl mit *lasso* als auch mit *modus* verbinden konnte oder sollte. *Lassus* mit Genetiv wäre dann wie *fessus* (Verg. Aen. 1, 178) konstruiert.

[5] *Unde* in v. 9 vertritt ein *a quo* wie es seit langem geläufig war (Hofmann-Szantyr 208f.), auch in der Dichtung, vgl. epo. 13, 15, Enn. ann. 419 Sk.

[6] Norden zu Verg. Aen. 6, 770; Nisbet-Hubbard zu v. 11: "grandiloquent".

ginns. Dieser „Winkel lacht" ihm also „vor allen anderen Gegenden zu" (13f.). *Angulus:* das ist nicht spottend gemeint wie "Krähwinkel", sondern zunächst und zuvörderst im Sinne des Kleinen und Bescheidenen, dann aber auch des durch die Zurückgezogenheit Schützenden[7]. Dieser "Winkel" ist nun aber auch schön und reich: Der Honig ist nicht schlechter als der vom athenischen Hymettos, und die Olive wetteifert mit der von Venafro (östlich von Monte Cassino und bekannt für seine Olivenöl-Qualität); der Frühling ist dort lang, d. h. die Sommerhitze kommt spät, und der Winter ist nicht zu kalt, was für Horaz günstig war, denn er fror viel (ep. 1, 20, 24). Und dazu der Wein: Der Ort Aulon (ein griechisches Wort, das Tal meint) ist dem fruchtbringenden Bacchus lieb (*amicus*, 18) und bietet daher einen Wein, der dem Falerner nicht nachsteht.

Dieser reich ausgestattete Ort, er ruft geradezu "nach Dir und mir", und mit ihm die glücklichen "Burgen"; damit mag die Akropolis von Tarent gemeint sein, mitgemeint ist sicherlich das, was in sat. 2, 6, 16 mit *arx* gemeint war: Der Zufluchtsort (so auch La Penna a. O. 89). Und dort, dessen ist Horaz sich gewiss, werde der Freund beim Tode des Dichters ihm den letzten Freundschaftsdienst erweisen (so lenkt der Gang des Liedes zurück zum Anfang). "Dort wirst Du, wie es recht ist, mit Deiner Träne netzen die noch warme Asche des Dichters, Deines Freunds".

Was sagt also das Gedicht? Horaz nennt sich müde und gealtert, voll der Sehnsucht nach einem Ruhesitz; und auch der Tod ist nicht mehr allzu weit. Da denkt er an Tivoli, doch diesen Gedanken entlässt er bald zu Gunsten des von Rom noch weiter entfernten Tarent. Er nennt wohl zunächst das Rom nahe gelegene Tivoli, weil es vermutlich allzu harsch und taktlos gewesen wäre, allsogleich sich nach Tarent zu sehnen; so schiebt er gleichsam Tivoli ein zum Zeichen dessen, dass er sich nur mählich löst. Doch um zur Hauptsache zu kommen: Welche Art von Freundschaft ist es, die hier herrscht? Septimius sei bereit, ihn überallhin zu begleiten und er werde bei seinem Tode hilfreich zugegen sein. Diese Freundschaft kann sich auf den Freund verlassen und ist sich dessen sicher, dass sie auch in der Stunde des Fortgehens sich bewährt. Nicht allein sein zu müssen in der Fremde, das nimmt die Angst. Aber zuvor noch ruhige Jahre mit dem Treuen, fern der lärmigen Hauptstadt mit all' ihren Störungen und Hässlichkeiten. Bescheiden, aber mit Gutem froh, und am Ende reduziert sich alles auf zwei Dinge, die ihm vielleicht gar die größten waren: Dichtertum und Freundschaft, geballt im Schlussadoneus *vatis amici*.

---

[7] Epict. 2, 13, 26; vgl. hierzu A. La Penna, SIFC N.S. 3, 15,1997, 87f., wo weiters auf A. Grilli, I proemi del De re publ. di Cicerone, Brescia 1971, 49ff. verwiesen wird.

Carmen 2, 7 (*O saepe mecum*)

Dieses Lied spricht ganz anders von der Freundschaft und zeigt ein ganz anderes Ich. "O Du, der Du gemeinsam mit mir oft in Lebensgefahr gebracht wurdest, damals, als Brutus unser Führer war – wer hat Dich den heimischen Göttern und Italiens Himmel als Bürger[8] wiedergeschenkt? – Dich, den besten der Gefährten, mit dem ich so oft den Tag mit schwerem Tropfen verabschiedete, den Kranz auf schwer duftendem, (vom Öl) gleißendem Haar! Mit Dir zusammen habe ich Philippi und die eilige Flucht zu spüren bekommen, als ich unschön die Schildwehr fahren ließ[9], damals, als Römerkraft zerbrach und die eben noch so siegessicher Drohenden[10] mit dem Kinn das Feld der Schande berührten[11]. Mich hat damals, voller Angst, Merkur im Nebel mitten durch die Feinde hurtig entführt[12], Dich aber trug die Woge im Sog wieder zurück in die wilde See" (Horaz spielt auf den Rücksog schwerer Brandung an).

Hier müssen wir ergänzen: "Aber nun bist Du ja wieder daheim", denn mit einem Sprung führt uns Horaz in die Gegenwart zurück: "Bringe Juppiter das gebührende Opfer dar, strecke Deinen müden Leib auf dem Speisebett aus unter meinem Lorbeer, schone das Fass nicht und nicht das Salböl! Kränze her, den Festherrn gewählt! Ich will rasen wie die Edonen, hab ich doch ihn wieder, meinen Freund!" So endet auch dieses Gedicht mit dem Worte "Freund" wie c. 2, 6. Übrigens hatte es mit dem Worte begonnen, mit dem auch c. 2, 6 begonnen hatte, mit *mecum*: So stellt Horaz die Kontinuität her.

Hier sieht alles so aus, als wäre es frisch aus dem Augenblick entstanden, als wäre das Lied eine getreue Mitschrift des freudigen Erstaunensausbruchs zu Anfang, dann des bitteren Erinnerns, darauf die herrliche Gegenwart und die raschen, heftigen Befehle, sogleich ein Freudenfest zu beginnen, ein Fest wie

---

[8] Offenbar hatte Pompeius, den wir übrigens nicht kennen, als Gegner Octavians das Bürgerrecht verloren (Nisbet-Hubbard 107 oben) und jetzt durch Amnestie zurückerhalten. Ob Brutus in diesen Zeilen als schlechter Feldherr ironisiert werden sollte (so Nisbet-Hubbard 110 oben), dürfte zweifelhaft, weil taktlos sein.

[9] Horaz hüllt die Erinnerung an die panische Flucht in die uralte, von Archilochos (frg. 6 D.) aufgebrachte Formel der Rhipsaspie und nimmt ihr so die Peinlichkeit, die entstanden wäre, hätte er autobiographische Details preisgegeben. Rhipsaspia ist ein spätgriechischer Ausdruck, als einen Rhipsaspis aber schilt schon Aristophanes den Feigling.

[10] Weniger im Falle des Heerführers Brutus als vielmehr hier könnte man einen Tadel spüren, denn die Parteigänger der Caesar-Mörder werden hier als Drohende, doch wohl als siegessicher dem Feind den Untergang Prophezeiende dargestellt. Man erinnert sich ans Ende von Caesars Bellum Civile (3, 83).

[11] Horaz dachte an Gefallene, die mit dem Gesicht zuunterst liegen (Hom. Il. 2, 418; Harrison zu Verg. Aen. 10, 349), s. aber Caes. BC 3, 98, 2.

[12] Erneut eine literarische Erinnerung, diesmal an Hom. Il. 3, 381 und ähnliche Stellen, die Nisbet-Hubbard zu v. 14 sammeln. Lyne 120, Anm. 70 sieht ohne guten Grund hierin eine Anspielung auf eine Rettungstat, die mitten durch die Partei Octavians zu diesem selbst und zur Begnadigung hinführte.

damals. Bei genauerem Hinsehen aber finden sich literarische Erinnerungen, die das Erwähnen des damals bitter Erlebten dämpfen; es finden sich Tonwechsel von sehr bedachter Art, der Wechsel des hohen Tones zu Beginn, wo die Rettung des geliebten Freundes einem Gotte zugesprochen, wo der Freund als Bürger mit dem äußerst seltenen Singular von *Quirites* feierlich begrüßt wird, hin zu der Sprache der Trinkbrüder (*fregi*, 7) und weiter zu den schweren, bitteren Strophen 3 und 4; von hier an aber beginnt das Lied zu rasen, so wild "wie die Edonen". Das alles ist wohlbedachte Kunstfertigkeit, die das Augenblickserleben zur Kunst hinaufhebt. Als Beispiel wäre da die Rhipsaspie zu nennen, die Formulierung der Schande, auf der Flucht den Schild fortgeworfen zu haben. S. Freund hat (RhM 142, 1999, 308ff.) noch einmal die einschlägigen Stellen aus der griechischen Literatur zusamt dem bis heute darüber Gesagten gesichtet und natürlich vor allem auf Archilochos (frg. 6 Diehl; 5 West) verwiesen:

> "Mag sich ein Saier an dem Schild freun, den ich bei einem Busch
> zurückließ – eine tadellose Wehr!, ich tat's nicht mit Willen, ich
> hab' aber das Leben gerettet. Was schert mich schon der Schild –
> bald besorg' ich mir einen anderen, nicht schlechteren!"

Auch der Kriegsmann Alkaios hat derlei nicht verschwiegen (frg. 428 L.-P.) und auch Anakreon nicht (PMG frg. 381). Freund nennt auch das Archilochos-Bruchstück S. 21, 3ff. bei Diehl (95 West):

> "...unter Führung des Strategen...
> jetzt bei dicht gedrängten...
> wo mich rettete er...",

d.h. ein Fragment, in dem man das letzte Bruchstück (die Buchstabenfolge "er") gern zu "Hermes" ergänzt. Wäre dies richtig, hätte man eine auffällige Parallele zu Horaz, der von sich sagt, Merkur-Hermes habe ihn errettet. Nun ist eine Errettung durch Hermes bei Homer nicht nachzuweisen, woraufhin man gesagt hat, Horaz habe an eine Homer-Adaption seitens des Archilochos, nicht auf Homer selbst anspielen wollen (Freund 316f.). Die neuerliche Sichtung des Vergleichsmaterials war sicher nützlich, wenn Freund aber (314f.) in der Ode 2, 7 ein "Einander-Fremdwerden" (315 oben) zu spüren vermeint, werden wir solcher Verkehrung nicht mehr folgen, denn davon steht nun wirklich nichts im Text[13].

---

[13] Freund meint, c. 2, 7 verdanke die Formulierung der Kriegserinnerung dem Archilochos, sonst aber stehe "die Ode insgesamt" (319) unter dem "prägenden Einfluss des Alkaios"; letzteres sei "gängige Forschungsmeinung", aber das alles ist nicht wahr: Die Behauptung, es handele sich um "gängige Forschungsmeinung" beruft sich lediglich in Anm. 37 auf Nisbet-Hubbard 108, und die Übereinstimmungen zwischen Horaz und Alkaios, die von ihnen in Anm. 38 aufgezählt werden, ergeben sich allein aus der Übereinstimmung der Sache und sind nicht als literarische Übernahmen zu erklären. Somit fällt auch Freunds

Wir wollen das Gedicht nun noch einmal an uns vorüberziehen lassen und auf seine Bewegung achten. Nach dem Ausdruck schier ungläubigen, dennoch jubelnden Erstaunens verdüstert sich die Rede, die schlimmen Erinnerungen werden wach, aber um so heftiger reißt das Ich den Freund dann hinein in ein rasendes Fest. C. 2, 7 ist also ganz und gar anders gestimmt als das Gedicht zuvor. Und doch sind diese Gedichte aufeinander bezogen, äußerlich durch die erwähnten Wortübereinstimmung, innerlich durch den Kontrast[14]. Man könnte sagen, es sei gerade dieser Kontrast, der das Bild der Freundschaft rundet: Einerseits die stille Gewissheit der beruhigenden und stärkenden Nähe bis zum Tode, andererseits die Verbundenheit durch die gemeinsame Erinnerung, welche die Freude über Wiedervereinigungen nach Trennungen um so größer, ja wilder macht. Ruhige Gewissheit und hemmungsloser Jubel auf dem Grunde gemeinsamen Erinnerns: Gewiss gibt es noch mehr Seiten der Freundschaft, aber das sichernde Gefühl des "Du bist immer bei mir" und die Lust des "Weißt Du noch...?", das sind zwei besonders schöne Seiten dieser Gottesgabe.

Dieses Gedicht-Paar sprach von der Freundschaft zwischen sozial Gleichgestellten; es gibt nun eine ganze Reihe von Freundschaftsgedichten, die an Maecenas gerichtet sind, den sozial so viel höher Gestellten. Betrachten wir nun diese nicht ganz einfachen Gedichte.

Die Maecenas-Gedichte

Abgesehen vom Einleitungsgedicht c. 1, 1 ist das erste Gedicht, das sich an Maecen richtet und von ihm spricht (c. 1, 1 sprach ja doch vorwiegend, wenn nicht ausschließlich von Horaz), das Lied 1, 20. "Billigen Sabiner wirst Du (bei mir) trinken aus preiswerten Humpen, Maecenas", so beginnt das Carmen sehr unprätentiös und voller Bescheidung im Äußeren. Aber schon der Sabiner-Wein lässt etwas ganz anderes anklingen: Mag der Wein billig sein, aber als Sabiner ist er dem Dichter lieb und wert, kommt er doch aus der Gegend des Gütchens, das Maecen dem Freund geschenkt und das dieser von Herzen liebgewonnen hatte. Und zudem: Das Ich, weitgehend Horaz selber, hatte den griechischen[15]

Konstruktion einer "Dialogizität" (310) zwischen den beiden "Vorlagen" (!) dahin, und so können wir uns wieder in Ruhe dem Text selber zu wenden.

[14] Hierzu W. Ludwig, WS 4, 1970, 101ff.

[15] Ob der Krug "griechisch" heißt, weil er, wie die Griechen das taten, vorher mit Salz behandelt war, um den Wein haltbarer zu machen (so Nisbet-Hubbard mit Belegstellen), oder ob er so genannt wurde, weil er, wie die Krüge es damals an sich hatten (epi. 1, 2, 70), das Aroma der Erstfüllung lange bewahrten, und dieser Krug einer mit hochwertigem griechischem Wein gewesen war (so Syndikus 1, 211, Anm. 13), das ist vorläufig nicht zu entscheiden.

Krug, der jetzt geöffnet werden soll, selber verpicht, und zwar damals, als man im Theater "Dich, Maecenas, den ansehnlichen Ritter, mit Händeklatschen empfing", und zwar mit so lautem, dass sowohl das Tiberufer als auch die Hügel des Gianicolo diesen Beifall als Echo zurückschallen ließen. Die Kommentatoren beziehen diesen triumphalen Auftritt Maecens im Pompeius-Theater sicherlich berechtigtermaßen auf Maecens erstes öffentliches Wiedererscheinen nach seiner schweren Krankheit (vgl. c. 2, 17, 22). Und nun folgt, an die ersten Zeilen anschließend, eine Strophe, die in einzigartiger Meisterschaft vier Weinsorten raffiniert variierend aufzählt: "Caecuber (prachtvolle Lage südlich Terracina) und mit einer Presse in Cales (Calvi in Campanien) bezwungene Traube wirst Du schlürfen (wenn Du wieder bei Dir daheim sein wirst); meine Becher dagegen fülle ich weder mit einer Mischung (aus Wein und Wasser) von Falernischer Rebe (Nordcampanien) noch von den Hügeln von Formiae (Küstenstadt Latiums)". Hügel und Rebe sind natürlich Metonymien für Wein aus jenen Gegenden, dagegen beginnt v. 9 mit der einfachen Nennung der Rebsorte und greift dann erst zu Raffinierterem, nämlich zur Periphrase[16].

Wenn man sich nun daranmachen wollte, das Gedicht eingehender zu besprechen, könnte man, mit Syndikus 1, 209f., es vom Typus des Einladungsgedichtes her zu verstehen suchen; aber es ist kein solches, denn die Situation ist doch wohl diese: Die Einladung scheint ausgesprochen gewesen, dann hat Maecen auch schon zugesagt, und jetzt spricht Horaz nur noch von dem Wein, den er kredenzen wird (Fraenkel, Horaz 254). Er beginnt damit, dass er billigen Wein ankündigt, und er schließt mit der Gegenüberstellung dessen, was Maecen später wieder zuhause genießen und was er im nächsten Augenblick bei Horaz zu trinken bekommen wird. Aber diese Entgegensetzung von Weinen ist symbolisch die Hervorhebung des sozialen Gegensatzes, wenn man einmal abstrakt formulieren will. Aber Syndikus hat treffend gesagt, dass gerade durch die "Betonung der gesellschaftlichen Ferne das Wunder der freundschaftlichen Nähe so recht fühlbar" werde (212). So ist es, und diese Nähe drückt sich darin aus, dass es Sabinerwein sein wird aus Horazens von Maecen gewährter neuer Heimat, dass Horaz den Krug selber verpicht hat, und zwar an dem Tag von Maecens vollständiger Genesung, an dem Tag unaussprechlicher Freude des Freundes Horaz. Was wir lesen, ist also kaum eine Einladung, sondern eine Huldigung.

---

[16] Zur Metonymie mittels Herkunftsort (Cales) und "Herkunftsmaterial" (Rebe) vgl. Lateinische Dichtersprache § 150, 1; 155; zur Periphrase ebd. § 105ff. Die hier besprochene Variation hatte man natürlich längst bemerkt, man lese Heinze zu v. 10 ("künstliche Variation") und Nisbet-Hubbard 1, 251, unten), hinzuzufügen wäre nur noch, dass die Sorten auch noch zu einer Alliteration C-C / F-F geordnet sind: Ein interessantes Kunststück das Ganze. Zu den Weinen und dem schwierigen *temperant* in v. 11 vgl. C. Macleod, Collected Essays, Oxford 1983, 98ff., wo phantasievoll und modebedingt ein Widerspiel von Freiheit und Gewalt in die Schluss-Strophe hineingelesen wird.

Lyne 107 weist nun darauf hin, dass es keineswegs selbstverständlich war, dass Höhergestellte sozial niederrangige Klienten zuhause besuchten[17]. Lyne versteht die Publikation solcher Einladungsgedichte als Öffentlichmachung dessen, wie Horaz zu Maecenas steht, also als eine Art des Selbstpreises des "Image-bewussten" Dichters (107f.), als "Image-Management" (109). Aber das Liedchen ist ja gar keine vollständige Einladung (Fraenkel 254), nur vom Wein ist die Rede und von der dankbaren Zugetanheit des Ich. Und war es denn von vornherein für eine weite Verbreitung bestimmt? Wir vermögen auch nicht Dacier (bei Fraenkel 255) zuzustimmen, wenn er das Ziel der Ode darin sieht, Maecen an den ersten vielbeklatschten Auftritt im Theater nach seiner Krankheit zu erinnern. Nein, wenn schon "management", dann die Herausstellung einer sehr besonderen Art der Freundschaft, die Syndikus 212 treffend beschrieb, einer Art, die durch so Äußerliches wie Standesunterschiede nicht gemindert wird, die vielmehr nur auf Einem beruht: Auf der Liebe des einen zum anderen. Es ist dies ein "anmutiges" Gedicht (Fraenkel 254) von hoher technischer Meisterschaft; das undatierte Carmen in eine frühe Zeit der Odendichtung zu setzen, dem widerrät die Meisterschaft der leisen Andeutung (Fraenkel 256: "Die Andeutung ist hier weniger offen als zum Beispiel am Ende von Ode 2, 16", usw.).

Carmen 2, 12 (*Nolis longa ferae*)

Diese Ode ist als misslungen bezeichnet worden, betrachten wir sie dennoch in Kürze. "Du magst wohl nicht die wilden Kriege vor Numantia und gegen Hannibal auf der zartklingenden Kithara besingen, auch nicht die gegen die Lapithen und Titanen, von denen (ausgehend) Gefahr das strahlende Haus des alten Saturn erzittern ließ"; hier wollen wir einhalten und bemerken, dass die zweite Person in *nolis* (v. 1) erst in v. 11 bestimmt wird: Sie meint wohl schon im ersten Verse Maecen. Und nun folgt eine verzwickte Passage, die man am besten so auflöst, wie Ed. Fraenkel gelehrt hat (260f.): "Und Du, Maecenas, wirst in Prosa die Schlachten Caesars besser erzählen und die (im Triumph) über die Straßen geführten Nacken der eben noch so dräuenden Könige"[18] – "besser"

---

[17] S. 107, wo Cic. Mur. 68/71 zitiert wird. "To be able to invite one's patron to one's house ... says something about one's relationship ...in regard to that patron", schreibt Lyne sicherlich berechtigtermaßen.

[18] Properz hat in Erinnerung an den Triumphzug Octavians aus dem Jahre 29 in c. 2, 1, 33f. gedichtet: (*quotiens canerem*) *regum auratis circumdata colla catenis*, d.h. "Jedes Mal, wenn ich der Könige Nacken besänge, die von goldenen Ketten umschlossen sind, würde ich Dich, Maecenas, mit einbeziehen". Man hat nicht ohne Grund davon gesprochen (vgl.

als wer? Wir ergänzen (mit Fraenkel 261, Anm. 1): "(Als ich,) von dem die Muse gewollt, dass ich der süßen Licymnia Singen, Reigenkunst und ehrbares Scherzen dichte". Das Gedicht ist also an Maecenas adressiert, so will es scheinen[19], und nimmt ihn in die Ablehnung der Schlachtengesänge mit hinein (zutreffend M. Santirocco, The Maecenas-Odes, TAPhA 114, 1984, 245), in eine "pleasing complicity", wie Lyne 104 hübsch sagt. Gut bemerkt Lyne auch, wie Horaz solche Reize Licymnias vor dem Erotiker Maecen ausführlich preist[20]; und er tut noch mehr: "Würdest Du nicht allen Reichtum dieser Welt für eine Locke Licymnias geben, wenn sie zu brennendem Kuss den Nacken beugt oder in verspielter Sprödigkeit einen solchen versagt, obschon sie ihn doch lustvoller noch als der Verliebte, der ihn fordert, sich entreißen lässt, zuweilen ihn auch noch vor ihm sich raubt?" Ein wundervolles Hin und Her, aber wer mag diese reizende Licymnia sein? R. Heinze (mit allerhand gewagten Rückschlüssen auf Horazens Biographie), Ed. Fraenkel und Syndikus 1, 410, Anm. 22 ("Die antike Gleichsetzung mit Terentia ist heute allgemein anerkannt") rechneten damit, dass eine antike Notiz (Heinze 205) Recht damit hat, sie mit Maecens Gattin Terentia zu identifizieren; andere dachten an eine Hetäre, eine Freundin des Dichters (so Lyne 104 oben). Wir wollen uns lieber des Urteils enthalten, nur vorsichtig fragen, ob man sich wirklich vorstellen soll, dass Horaz je gewagt habe, so intim zu werden und eine derart detaillierte Kuss-Szene zwischen Maecen und Terentia an die Öffentlichkeit zu geben?

Was wir vor uns haben, ist ein Gedicht aus zwei Gattungen; es beginnt mit drei Strophen einer *recusatio*, einer literarischen Absage an das Ansinnen, Kriege und Helden im falschen Medium zu besingen (W. Wimmel hat dieser Gattung ein ganzes Buch, nämlich sein "Kallimachos in Rom", gewidmet) und fährt mit vier Strophen einer erotischen Elegie fort. Fraenkels Urteil lautete (262), es sei kein "harmonisches Ganzes" daraus geworden. Merken wir an, dass c. 2, 12 "Verzwicktheiten" aufweist (so in v. 7, den Heinze zu Recht ausführlicher als sonst kommentieren zu müssen glaubte); es zeigt einen harten Bruch in 9, dem Fraenkel berechtigterweise fast eine ganze Seite der Aufklärung widmete, und es ist laut, zu Beginn und in 21ff.; zuletzt sei bemerkt, dass die Situation in 24f. unklar bleibt: Wieso sollte Maecen unendliche Reichtümer für eine Locke Licymnias geben wollen, wenn sie küsst? Das sind zwei zu trennende Gedanken, die ineinander fließen. Die Beschreibung des Küssens ähnelt in ihrer detaillierten Intimität der Symptomen-Beschreibung zu Beginn des frü-

---

Nisbet-Hubbard 2, 183), dass Horaz hier Properz anklingen lasse, denn offenbar überbietet er durch *ducta* den Vers des Properz.

[19] So Heinze und Lyne 105; Nisbet-Hubbard meinten dagegen, der Liedanfang sei weitgehend allgemein gehalten; zuzugeben ist, dass in sehr verspielter Weise lange geheim gehalten wird, wer die zweite Person des *nolis* in v. 1 ist, so dass man zunächst an ein fiktives Du denkt.

[20] Die übrigen Vermutungen Lynes, z. B. 105, Anm. 12, wollen wir als zu weit hergeholt beiseite lassen.

hen Gedichtes 1, 13. Kurzum: Man wird c. 2, 7 als einen frühen Versuch bezeichnen, bei dem der Dichter zuviel gewollt hat.

Aber auf den Freund, auf Maecenas gesehen, war es richtig von Lyne, auf S. 105 zu schreiben: "Horace is implying that Maecenas is as susceptible to sexual charm as he is" – ein Kompliment, das der Epode 3 nahe kommt.

Carmen 2, 17 (*Cur me querelis*)

In fast grobem Ton[21] protestiert das Ich gegen die Hypochondrie des Maecen: Er, die "Zier und Stütze des Horaz", und auch der Dichter selbst, sie werden beide zur selben Zeit die Erde verlassen; sollte Maecen früher gehen müssen, werde Horaz ganz gewisslich als sein Begleiter ihm folgen, das schwöre er. Gleich, welches Horoskop er habe – ob Waage, ob Skorpion, ob Steinbock –, es stimmt in schier "unglaublicher" Weise mit dem des Freundes überein (21), denn damals, als Maecen gesundete und das Theater ihm zujubelte, da wurde auch Horaz durch Zutun des Faunus (vgl. c. 1, 17, 2) vor dem niederfallenden Baum verschont, er, der "Merkurschützling"[22]. Lyne 216ff. glaubt zu spüren, dass Humor aus diesem Gedicht hervorluge, besonders dort, wo Horaz gleich drei Sternbilder als Anwärter auf sein Horoskop nennt, also die Sache im Ungewissen lässt und dann doch steif und fest behauptet, ihrer beider Geburtskonstellation sei gleich. Sie war dem Ich nicht Beweis genug für die Lebensparallelität, greifbar war ihm dagegen der schicksalsbestimmte Gleichlauf ihres Lebens durch die Koinzidenz von Maecens Genesung und des Dichters Errettung. Ehrerbietung (in der anfänglichen Anrede) und humorvolle, effektvoll zur Schau gestellte Offenheit seien ausbalanciert, stellt Lyne 120 fest und hält die Darstellung dieser Balance für den Sinn des Gedichtes. Nun wird man sofort zugeben, dass dies in der Tat ein Kennzeichen des Carmen sei, wenn auch nicht sein Hauptziel. Hauptziel scheint eher das zu sein, was schon das Anliegen von c. 1, 20 war: Anhand einer sehr besonderen Situation, hier der zu oft wiederholten Klage des Freundes über seinen baldigen Tod, stellt der Dichter einen Aspekt der Freundschaft dar, nämlich die klare Gewissheit, dass er nicht nach dem Tode des Anderen weiterleben möchte, dass er ganz bestimmt (das schwört

---

[21] *Cur me querelis exanimas* erinnert an Eur. Hipp. 1064 ("colloquial", Barrett) und die römische Komödie (Stellen bei Nisbet-Hubbard).

[22] Was genau Horaz meinte, als er sich "merkurialisch" nannte (29f.), ist ungewiss: Nisbet-Hubbard dachten an c. 3, 11, 1ff. und meinten, Horaz nenne sich als Dichter so; F. Boll, Kleine Schriften zur Sternkunde des Altertums, 1950, 115ff. dachte eher an den Planeten, andere erinnerten sich an c. 1, 10 und sprachen von seinem "Nahverhältnis" zu Merkur (Heinze 233) – lassen wir's hier am besten offen; W. Hübner wird demnächst hierüber etwas publizieren; vgl. einstweilen ANRW II 32, 1; 153, Anm. 99.

er) mit ihm gehen werde. Wie kann man wohl die unverbrüchliche Verbundenheit mit dem Anderen deutlicher werden lassen? Und vergessen wir nicht das seltsam anmutende Zusammentreffen: Horaz starb nur wenige Monate nach seinem Freunde.

Doch sollte nicht unbemerkt bleiben, wie der Dichter seinen Freund schilt, oder zu schelten vorgibt: Obschon dem Mächtigen dankbar und zutiefst verbunden, nimmt er sich die Freiheit, ihm seine Hypochondrie zu verweisen; in tiefer Freundschaft, aber auch in aller Offenheit (und ist dies nicht Zeichen der Freundschaft?). Das braucht auf kein "role reversal" zu deuten (Santirocco, Maecenas-Odes 246), wohl aber auf die offen ausgesprochene Sorge um den (zuweilen) Kleinmütigen. Die Rückhaltlosigkeit der Fürsorgebezeigung, das ist der Sinn dieses Freundschaftsgedichtes.

Carmen 3, 8 (*Martiis caelebs*)

Horaz gibt vor, dass Maecen einer Einladung Folge geleistet habe, jetzt das Haus betritt und sich wundert, was ein Junggeselle wie Horaz am 1. März, dem Fest der verheirateten Frauen[23], wohl zu feiern habe. Die scherzende Antwort: "Wie? Du wunderst Dich über die Blumen, den Weihrauch und den Rasenaltar[24], Du – ein Kenner der tausend Schriften in griechischer und lateinischer Sprache[25] – weißt das nicht? So höre: Ich hatte damals, als der Baum mich beinahe

---

[23] Wissowa, Religion und Kultus der Römer 187: "Stiftungstag des Tempels der Juno Lucina", also der Schutzgöttin des Gebärens. An diesem Tage machten die Ehemänner ihren Frauen Geschenke wie wir an unserem Valentinstag.

[24] Vgl. c. 1, 19, 13 *vivum caespitem* wie hier in v. 4; dazu bringt Mulder zu Stat. Theb. 2, 246 Interessantes bei.

[25] *Docte sermones utriusque linguae* (6) bedeutet nach Heinze nicht die *litterae* (Wissenschaft und Bildung), sondern meint eher Schriften des Maecenas in Dialogform, auf Griechisch wie auf Lateinisch geschrieben (G. Williams, Third Book 72 stimmt ihm zu: "treatises, in dialogue-form, on scientific and philosophical topics"); Fraenkel 263 mit Anm. 2 lehnt dies ab und erinnert an die längst von Bentley vorgetragene Ansicht, Horaz spreche von Mündlichem, von gebildeten Diskussionen in kleinem Kreise, in denen Maecen Meister gewesen sein mochte. Syndikus sprach dann wieder allgemein von literarischer Bildung (2, 98), Santirocco (Maecenas-Odes 248) ganz bestimmt verkehrt von "useless learning". Wir haben einen der Fälle vor uns, in denen eine Bemerkung eines Dichters so auf eine persönliche Situation abgestimmt ist, dass die Nachwelt sie nicht nachvollziehen kann. Begnügen wir uns damit, den Scherz festzuhalten: Maecen, bei aller *doctrina*, wird die Sonderbarkeit, dass ein Junggeselle am Matronalienfest opfert, nicht unterbringen können.

'beerdigte'²⁶, dem Gotte Liber (als Befreier) ein Böckchen und ein schönes Festessen versprochen, und heute nun, Maecenas, jährt sich dieser Tag wieder, da wird uns eine köstliche Amphore entkorkt aus altem Jahrgang"²⁷.

Dies die drei einleitenden Strophen, die den Anlass klären, also in die Vergangenheit zurückblicken. Nun die Gegenwart: "Trinke auf mich, den Erretteten²⁸, 'hundert' Becher (Syndikus 2, 101, Anm. 22), die Lampen sollen brennen bis zum Tageslicht", ein langes Gelage also, aber ein friedlich-ruhiges (15f.). Und erneut mit einem Imperativ beginnend jetzt der Grund, aus dem Horaz den Freund einlädt oder den "Hereingeschneiten" zum Bleiben auffordert, wie G. Williams, Tradition 104 die Situation spitzfindig auslegt: Maecen möge heute einmal die Sorge um den Staat vergessen, die außenpolitische Lage sei ja ruhig²⁹: "Frei von Bedenken, da ja das römische Volk nicht irgendwo in Schwierigkeiten ist³⁰, sei einmal Privatmann (und nicht Politiker), lass' die übermäßige Sorge und genieße das Geschenk dieser Stunde: Lass' fahren den Ernst!"

---

[26] Das Wort *funeratus* ist von Horaz offenbar als erstem so gebraucht worden (eigentlich hieß es "beerdigen") und so erst wieder bei Petron belegt; Syndikus 2, 99 unten wertet den Ausdruck als "recht prosaisch, ja fast derb".

[27] Die Kommentatoren sind sich uneins darüber, ob der Konsul Tullus aus v. 12 der des Jahres 66 (so Heinze zu v. 9; Syndikus 2, 100, Anm. 16; G. Williams, Third Book 72) oder der des Jahres 33 war (so E. Ensor, C R 16, 1902, 209ff.; Nisbet-Hubbard 1, 244 bescheinigen ihm einige Wahrscheinlichkeit), vgl. E. A. Schmidt in: A & A 26, 1980, 26f., der es für sinnvoller hält, dass Horaz einen Wein bietet, der aus dem Jahre der Errettung stammt, und dieses Jahr der Rettung war nicht 66 v. C., sondern 33 (Schmidt, Sabinum 79 nach BICS Suppl.51, 1988, 118); vorsichtig Lyne 110, Anm. 40. Die Auskunft, welche die historischen Quellen zu den in Strophe 5 und 6 genannten Ereignissen geben, ist zu undeutlich, als dass eine sichere Datierung dieser Strophen möglich wäre; man schwankt daher zwischen 28 v. C. und 25 v. C. Schmidt spricht an den genannten Stellen für das Jahr 28 aus. Ob der leichte und scherzende Ton des Gedichtes eher in ein spätes als in ein frühes Jahr passt, dürfte nicht zu entscheiden sein.

[28] Heinze zu c. 1, 27, 10 erklärt den Genetiv *amici* aus v. 13: Man hieß den Mundschenk eingießen mit dem Hinweis, wem der Trunk gelten solle; hier soll Maecen aus der Hand des Dieners das Trinkgefäß annehmen mit dem Wein, den er sich "auf des Freundes Wohl" einschenken lässt.

[29] Zu den Medern in v. 19 vgl. D. Timpe, WJA N.F. 1, 1975, 165. Dass Maecen erst so spät mit Namen genannt wird (v. 13), ist des öfteren bedacht worden, so z. B. von O. Regenbogen, Neue Wege zur Antike 2, 1; 1935, 65; Fraenkel, Horaz 255 zu c. 1, 20, 5 und 263 ("Hier bemerken wir wieder das Geschick des Horaz, den Vokativ Maecenas an die wirkungsvollste Stelle zu setzen"; Williams, Tradition 104 folgte ihm) und jüngst von Lyne 111, der vermutet, dass sich darin eine gewisse Lockerheit ausdrücke, die Horaz dem Freunde gegenüber empfinde ("casually"); aber er nennt den Punkt, an dem der Name fällt, "natürlich", und das ist er in der Tat, denn genau hier soll "es losgehen", nachdem der Anlass erklärt und die Vergangenheit verlassen ist, was wohl der Hauptgrund war, wenn jene "Lockerheit" überhaupt intendiert war.

[30] *Neglegens, ne...* (v. 25) ist eine von Horazens syntaktischen Wagnissen, gemildert wohl als Analogiebildung zu *non curare, ne* oder *non cavere, ne* (so Williams a. O. 12 unten; vgl. Kühner-Stegmann 2, 2; 213).

Treffend weist Syndikus 2, 97 auf die zeitgenössische Wandmalerei als ein Anzeichen dafür, wie gern der wohlhabendere Römer damals in seinem Hause Schönheit beherbergte, hier die des dankbaren Gottesdienstes und eines "süßen" Gelages (v. 6), "süß" wohl nicht zuletzt deswegen, weil den Gastgeber und seinen Gast eine "süße" Freundschaft verband[31]. Man geht nun wohl nicht ganz fehl, wenn man den Eindruck gewinnt, als sei diese Freundschaft hier weniger genau bestimmt als in c. 1, 20 und 2, 17; ja, die Verse führen nirgends über das allgemeine *dulcis* und die Nennung von Anlass und Zuprosten, über die bloße Aufforderung, die Stunde fern der Politik auszukosten, tiefer in die Empfindung oder in das Nachdenken hinein. Das war in c. 1, 20 und 2, 17 anders gewesen, und so scheint die Frühdatierung attraktiv: Es handelt sich gewiss um ein Freundschaftsgedicht; gewiss setzt es dem Verhältnis des Großen zu seinem Klienten und Freund ein schönes Denkmal, aber es lässt dieses Verhältnis, verglichen mit den späteren Carmina (c. 3, 8: wohl 28 v. C.; c. 2, 17: wohl 26/5 nach Schmidt, A & A a. O. 27; c. 1, 20 undatiert, aber gewiss aus Stilgründen nicht frühen Datums), im Unbestimmten.

Der "leichte Klang" (Syndikus 2, 103), die gewisse Lockerheit im scherzenden Umgang mit Maecenas und die simple Tatsache, dass Maecens Besuch hier gleichsam als selbstverständlich genommen wird, mag nun allerdings auch anders zu verstehen sein, sie könnte Lynes Ansicht, Horaz schmeichle diskret auch sich selber (111), als nicht ganz abwegig erscheinen lassen. Weniger gern wird man Santirocco mit seiner Annahme einer "Rollenvertauschung" folgen (Maecenas-Odes 249): "Horace functions as a model for his patron to emulate", als ein "Vorbild" an Sorglosigkeit? Wie dem auch sei, bis zu der gewaltigen Größe von c. 3, 29 war von hier ein langer Weg[32].

---

[31] Die vielfältigen Belege reichen von den Satiren bis zu den Episteln (D. Bo, Lexicon Horatianum 1, 141, links oben, z.B. epi. 1, 7, 12 *dulcis amice*).

[32] Recht anders als es hier geschah, verstand M. Putnam das Gedicht c. 3, 8 (Ramus 25, 199, 27/38): Dass Maecen "Kenner beider Sprachen" sei, meine (da Maecen einen Dialog zwischen ihm, Horaz und Vergil mit dem Titel "Symposium" verfasst habe) eine Anspielung darauf, dass er ein "Vermischer von griechischen und römischen 'Elementen' sei" (was immer "elements" da bedeuten mag); abgesehen von dieser Kleinigkeit sei das Ziel des Gedichtes, Maecen dazu zu bewegen, "to embrace the poet's world", und das sei eine Welt "inneren Friedens" (36); das ist schön gedacht, aber ist c. 3, 8 nicht eine Einladung diese "Stunde" zu genießen, also keineswegs so grundsätzlich gemeint, wie Putnam annimmt? Von "des Dichters Welt" ist in c. 3, 8 (im Unterschied zu 3, 29) nicht die Rede. Vollends übertrieben ist es zu behaupten (36f.), das Matronalienfest lege den Gedanken an Horazens "eigene Wiedergeburt" nahe, weil die *lucernae* in v. 15 an *Juno Lucina* (die Gottheit, die Kinder "ans Licht" bringt; Radke, Götter Altitaliens 188 hält diese Etymologie für ganz unsicher) erinnerten: Ein waghalsiger Salto.

Carmen 3, 29 (*Tyrrhena regum*)

Bevor wir uns nun dem größten der horazischen Freundschafts- und zugleich Maecenas-Liedern zuwenden, ist ein Rückblick auf diejenigen Maecenas-Gedichte angebracht, die von der Freundschaft zwischen ihnen handelten (und nicht nur widmend den bloßen Namen nannten). Wir erinnern uns an c. 1, 20: Es verband die Motive "Bescheidung" (*Vile potabis ... Sabinum*, gleichsam als Symbol für die soziale Distanz und zugleich für die dennoch eng verbindende Freundschaft) und "Maecens Genesung" (angedeutet im *in theatro plausus*). Das nächste Gedicht, das wir besprachen, war c. 2, 17; es ist reicher an Motiven und zugleich auch viel inniger, denn es verknüpft die Lebensläufe des Dichters und Maecens so, dass die Gleichzeitigkeit von Maecens Genesung und des Dichters Errettung vor einem stürzenden Baum zum Beweise ihrer schicksalsgewollten Verbundenheit genommen wird. Im v. 32 tritt dann zum Ende noch einmal das Motiv der Bescheidung hervor (*humilem agnam*). In c. 3, 8 tauchte erneut der Baumsturz auf, diesmal vereint mit dem in dieser Gedichtkette neuen Motiv "Genieße die Stunde", korrelativ dazu das Motiv "Lass' die Sorge um die Politik" (*linque severa*, v. 28). Werfen wir auch einen raschen Blick auf c. 3, 16, in dem der Name des Maecenas nur scheinbar allein dem Widmen dient, das in Wahrheit aber die Dankbarkeit des Horaz fürs Sabinum spüren lässt. In C. 3, 29 wird jetzt das, was in c. 3, 8 Sache einer "Stunde" war (v. 27), ausgeweitet zu einer Lebenshaltung; zudem erkennen wir erneut das Motiv des "sozialen Unterschiedes" (v. 13f.), Maecens Genesung und Horaz' Errettung werden nicht mehr erwähnt.

Eine Zwischenbemerkung sei erlaubt: Hier war des öfteren vom "sozialen Unterschied" die Rede. Dieser Ausdruck ist hässlich, er bedeutet auch keineswegs, dass Horaz schmeicheln oder von sich aus Distanz wahren wollte, auch nicht dass Maecenas dies beabsichtigte, es meint vielmehr Schwierigeres, es meint den natürlichen Takt. Es ist allbekannt, dass Verhältnisse zwischen Älteren, Prominenteren und Reicheren zu einem mit diesen Gütern weniger Gesegneten, aber im Menschlichen Wertvollen und sogar Geliebten besonders dann langen Bestand haben, wenn trotz aller Zuneigung die Grenze des Intimen nicht überschritten wird (bei uns wirkt sich oft die Beibehaltung des "Sie" in dieser günstigen Weise aus). Gewiss musste und durfte Horaz dann energisch einschreiten, wenn er den Freund gefährdet sah (z. B. mit c. 2, 17), doch im Medium quasi-öffentlicher Äußerungen, wie es die publizierten Oden ja waren, wahrte er peinlich genau das Decorum, und Maecen sah das offenbar gern.

Kommen wir nun zurück zum Vergleich der Maecenas-Gedichte: Man ahnt, dass möglicherweise eine kompositorische Absicht vorliegt: "Genesung und Bescheidung", dann "Genesung, Bescheidung und Baumsturz", drittens "Baum-Sturz, Genieße die Stunde und *linque severa*", zuletzt knüpft c. 3, 29 an das *linque severa* an und auch an den "Genuss der Stunde": Die Gedichte sind so brückenartig miteinander verbunden, dass immer das folgende Motive des voraufgehenden aufnimmt, dabei ein neues hinzufügt und eines der früheren Motive fallen lässt. Und nun zu c. 3, 29, dem letzten dieser Reihe.

Vers 1-28

Wie c. 1, 1 so beginnt dies letzte Gedicht der ersten Sammlung (c. 3, 30 ist dann eine ganz von der Person des Dichters und seinem Werk handelnde Absiegelung des Buches und steht daher gleichsam außerhalb des Konvoluts von Carmina wie ep. 1, 20 als Sphragis außerhalb des Buches steht) mit einer hoch klingenden Anrede, die sich in Apposition und Namensnennung gliedert (Fraenkel, Horaz 263 Mitte) und dazu noch durch die Enallagé *Tyrrhena* statt *Tyrrhenorum* verfeinert ist. Die Namensnennung steht zwischen Wein, Blumen und Duftöl (zu ihm Pöschl, Horazische Lyrik 206, Anm. 7: Es ist keineswegs billig, wie Heinze angenommen hatte), so als würde Maecen[33] mitten hineingestellt in die Dinge der Freude. Sie sind seit langem in sehnlicher Erwartung dieses Tages (Syndikus 2, 234) bereit bei Horaz[34], also: "Entreiße Dich all' dem, was Dich zurückhalten mag, um (unter anderem) nicht immer und ewig nur das feuchte Tivoli (im Osten Roms), Aefula (südlich Tivoli, s. Neue Pauly 1, 143) mit seinen Hängen und Tusculum betrachten zu müssen, das einst Telephus, der Sohn des Odysseus, gegründet hatte, er, der dann seinen Vater unwissentlich tötete"[35]. So spielt Horaz mit den Beifügungen zu den von Nordost nach Südost gelegenen, vom Esquilin sichtbaren Orten: Die Attribute sind deutlich gesteigert bis hin zu einer Erinnerung an den Mythos, übrigens die einzige Erwähnung des Mythischen in diesem doch so langen Gedicht: Es bleibt ganz in der Gegenwart.

Maecen möge also die Gelegenheit wahrnehmen, nicht immer von seinem Turm[36] auf immer dasselbe zu schauen; er möge, und nun geht der Dichter ins Allgemeine, die Fülle, die ihn umgibt und die gewiss auch zuweilen Überdruss

---

[33] Eine rasche Bemerkung zum Namen: Der Grande hieß C. Maecenas; dass er heutzutage so oft Cilnius Maecenas genannt wird, geht auf Tac. ann. 6, 11, 2 zurück, eine künstliche Benamung mit Hintersinn (Sh. Byrne, RhM 142, 1999, 341f.).

[34] Hier, wo der Dichter von sich selber spricht, wählt er mit *apud* ein einfaches, deutlich prosaisches Wort, s. Axelson, Unpoetische Wörter 78.

[35] Die mythische Kennzeichnung von Tusculum will nichts weiter als dem Ort eine gewissermaßen historische Weihe angedeihen lassen. In abenteuerlicher Weise lässt J. Pucci, Ramus 17, 1988, 80ff. den Vatermörder auf das Murena-Attentat auf Augustus verweisen; man muss dergleichen nicht ernst nehmen, auch wenn der Einfall auf keinen Geringeren als Verrall zurückgeht.

[36] Hierzu Fraenkel, Horaz 266, Anm. 4; Syndikus 2, 238, Anm. 23 weist vielleicht zu Recht Pöschls Ansicht (Horazische Lyrik 210 oben; zum Turm Literatur 209, Anm. 12), dass hier etwas von Vermessenheit mitschwinge, zurück. Aber mit der Stadt-Kritik zusammen erhält die Turm-Nennung doch wohl die Nuance eines „Zu viel".

hervorruft[37], einmal verlassen. Von der Fülle kehrt der Text zurück zum Besonderen, zu dem Gewaltigen (des Turms), das die hohen Wolken berührt[38] Und überhaupt Rom: Maecen mag ja gern die Hauptstadt bewundern (v. 10; gewiss gab es da auch manches, insbesondere aufgrund von Caesars Bautätigkeit, anzustaunen), aber ist sie nicht auch, einmal anders betrachtet, Rauch, Überfülle[39] und Lärm? Und so lädt der Dichter den Reichen (13) ins kleine, aber wohlgepflegte Haus des "Armen": Ein einfaches Mahl ohne Wandbehang und Purpurdecken auf dem Speisesofa[40] haben schon manche sorgenvoll gefaltete Stirn eines Hohen entspannt.

Soweit der innere Grund, einmal auszuspannen; ein äußerer liegt in der Jahreszeit. Es ist Juli (Horaz wendet viele Sternbildnamen auf, um die heißeste Zeit des Jahres mit Gestirnsaufgängen zu belegen[41]), schon sucht der müde Hirt mit seiner sich ermattet dahinschleppenden Herde das baumbewachsene, schattenspendende Bachufer auf oder den Wald, aber auch am Bachufer spürt man kaum einen Hauch, kein Blatt raschelt von kühlendem Wind. Lange verweilt der Dichter bei der Schilderung der lähmenden Hitze, um nur um so schärfer mit einem geradezu knallenden *tu* sich an Maecen zu wenden: "Du aber sorgst Dich um den 'besten Zustand' des Staates", d. h. mühst Dich denkend und handelnd darum, den Staat einer Idealform entgegenzuführen, "Du hast Angst um Rom und bist voller Erregung darüber, was wohl die (fernen) Chinesen, die Leute in der Osttürkei oder die nicht minder weit entfernten Thronaspiranten am Don im Schilde führen, obschon sie weit fort sind und sich gegenseitig lahm legen". So könnte man das liebevolle Kopfschütteln über so unnötige Sorgen (Syndikus 243 unten) wiedergeben. Und das bei dieser Hitze! Das ist allerdings kein platter Spott, sondern sehr wohl auch hohe Anerkennung für Maecens unermüdliche Arbeit (so richtig Heinze, Pöschl 216). Aber das darf nicht alles sein. So ungefähr wie hier hatte Horaz schon in c. 3, 8 gesprochen (17/24, insbes. 26 mit den

---

[37] *Fastidiosus* ist hier sicherlich kausativ benutzt, wie im Thes. Ling. Lat vermerkt: "fastidium movens". Dieser Vers wäre der erste Beleg hierfür.

[38] Der Ausdruck *arduus* in v. 10 für die in der Höhe ziehenden Wolken ist erneut eine vielleicht von Horaz eingeführte Umnuancierung des Wortes, das eigentlich "steil hinauf" oder nur "steil" bedeutet (OLD s.v. 3: Hier zuerst, dann Verg. Ae. 10, 3); doch F. Bömer zu Ov. met. 1, 151 zitiert Verg. Ge. 1, 324, aber wer hier der Frühere ist (die Zeitanspielungen in Vergils Georgica reichen bis 30 v. C. hinunter), dürfte schwer festzustellen sein.

[39] Die Kommentare, auch Syndikus 2, 239, lassen uns in Bezug auf *opes* (12) im Stich: Ist das Wort lobend gemeint? Inmitten der widerwärtigen Dinge wie Kaminrauch und Straßenlärm? Man wird eher an ein Übermaß an Dingen, Prachtgebäuden und Wohnblocks z. B., denken: Rom war einfach "voll" und überreich ("wealthy", so Williams, Tradition 108).

[40] Zu den Behängen und Decken Pöschl 211, Anm. 16; Marquardt-Mau 310 und 535: Eine östliche Sitte, aus dem Gelage auch auf diese Weise einen Genuss zu machen.

[41] Zu den Aufgängen von Kepheus, Procyon und Leo s. Columella 11, 2, 51; ob die astronomischen Daten zum Rom dieser Jahre stimmen, soll hier nicht gefragt werden, auch nicht nach den "Quellen" – ob es Arat war oder Diodor von Alexandria (zu ihm u. a. A. Le Boeuffle, Germanicus: Les Phénomènes d'Aratos, Paris 1975 zu v. 255).

"zu großen Sorgen"); dort hatte er das Gegenstück angeschlossen: Den Genuss der Stunde. Hier nun geht Horaz weit über den einen Augenblick hinaus.

Vers 29-56

Klug war es vom Gotte (der den Menschensinn kannte) das, wozu die Zukunft einmal führen wird, fürs erste in dichtem Dunkel zu belassen; klug war das, denn mit Belustigung sieht er zu, wie die Menschen gegen diese Satzung anzugehen versuchen und sich damit abquälen, die Grenze des Wissbaren zum Zukünftigen hin weiter hinauszudrängen. Schön und bildreich kennzeichnet Horaz das gütig-kluge Tun des Gottes, nämlich mit zwei Bildelementen: Nacht und Gelächter, dazu das aufgeregte Quengeln und Drängeln des neugierigen Sterblichen (*trepidat*, 32).

Und nun der Fanfarenton: *Quod adest memento componere aequos* (32f.). *Componere*, das gibt Pöschl 220 entsprechend der Erklärung im Thes. Ling. Lat. 3, 2118, 35ff., mit "ordnen" wieder, aber es gehört zum *componere* ja auch das Sammeln, Ordnen und dann als Besitz Zurechtlegen, wie der Bauer "einfährt", der Winzer "eintut" und der Hausvater einen Vorrat "anlegt", den er hervorholen kann, wenn es nötig sein wird. Die Gottheit hat ihr Vorwissen, so lehrte antikes Denken von Homer bis Boethius[42]; da der Mensch hingegen nur wenige Schritte im Voraus berechnen und vorhersehen kann, soll er *frui praesentibus* (Cic. fin. 1, 62 Mitte) und sich nicht ums Zukünftige sorgen, d. h. gleichmütig das Seine besorgen. Alles übrige, also alles, was das Fatum verhängt hat, das mag ruhevoll oder mit Lärm und Umsturz geschehen, es ist unserer Macht entzogen; das, was in unserer Macht ist, das ist, den jeweiligen Tag zu runden, um am Abend sagen zu können: "So war's gut, das kann mir niemand mehr entreißen". Doch dies war ein Vorgriff, man darf die herrlichen Verse 33/41 nicht so summarisch abtun.

Die "übrigen Dinge", also das, was um uns und mit uns, von außen kommend, geschieht[43], diese Dinge geschehen, werden "dahingetragen" wie ein Fluss, der zuweilen – Horaz denkt an den Tiber (*Etruscum in mare*) – ruhevoll dahingleitet, zuweilen aber auch unterspülte, losgerissene Felsen, Baumstümpfe, Vieh und ganze Hütten dahinwälzt, das Unwetter lässt die Berge "brüllen" und auch die Wälder, wenn das reißende Hochwasser den sonst ruhigen Fluss aufreizt zur Katastrophe, von der man nie weiß, wann sie eintritt. Schön horchte V. Pöschl 222 auf den Klang dieser gewaltigen Verse[44], die an Homer angelehnt

---

[42] Zum Beispiel Hom. Il. 3, 277 ("Helios, der Du alles siehst und alles hörst", vgl. Boeth. 5, metr. 2, 1); Soph. frg. 590 und 919 Radt; Eur. Bacch. 397.

[43] Klug spricht hierüber G. Vogt, AU 26, 3; 1983, 52: Es sei dies die Zeit als Kontinuum im Unterschied zu dem Zeit-"Punkt", der in diesem Augenblick unsere Gegenwart ist.

[44] Seine symbolische Ausdeutung, die sich eine Arbeit von R. A. Hornsby in CJ 54, 1958/9, 129ff. stützt, wird man gern überlesen, Syndikus 249 hält sie ebenfalls für "eher unwahrscheinlich".

sein mögen (Fraenkel 265, Anm.1). Zu der Schönheit der Verse gehört auch die Synalöphe *Etrusc/in mare*, die an dieser Versstelle höchst ungewöhnlich (Lateinische Dichtersprache 215), darum sicherlich bedeutungsvoll ist: Der glatte Übergang malt das ununterbrochene Dahinfließen des ruhevoll strömenden Flusses.

Dies manchmal ruhige, manchmal sich überstürzend vernichtende Geschehen steht außer unserer Macht. Wie man ihm begegnen könne, ist eine naturgemäß uralte Frage: Homer sang, dass selbst Zeus einen vom Schicksal Verdammten nicht retten kann (Il. 16, 440); Pindar drückte es so aus, dass Themis (dem *Fatum* ähnlich) stärker ist als Zeus (Isthm. 8, 34), dass kein Zeichen dessen zu den Menschen kommt, was ihm widerfahren wird (Ol. 12, 5ff.). So könnte man weiter Stelle auf Stelle häufen, aber was steht denn dann in des Menschen Hand und Macht? Nur dies: "Der ist Herr seiner selbst und wird frohgemut sein Leben führen, der es vermag, am Abend eines jeden Tages 'Ich habe gelebt' (*vixi*, 43[45]) zu sagen". Morgen mag Vater Juppiter den Himmel mit schwarzem Gewölk überziehen oder die Sonne leuchten lassen; das ist der Macht des Menschen entzogen, da herrscht die Willkür der Gottheit. Doch ein gut gelebtes Leben, das kann auch der Gott[46] nicht rückgängig machen. Das war ein unter Epikureern beliebter Gedanke, H. P. Syndikus 250, Anm. 86 nennt die Belege. Epikur hatte gesagt: "Das Unglück muss man heilen durch die freudige Erinnerung an das Verlorene und durch die Erkenntnis, dass es nicht möglich ist, das Geschehene ungeschehen zu machen", oder er verbot, durch ein "Warte ab, ob Du ein langes Leben haben wirst" undankbar das vergangene Gute zu entwerten, das will sagen: Wer, nur die Jahre zählend, jemanden glücklich schätzt ob eines langen Lebens, der übersieht, dass auch die gute Erinnerung ein Glück ist[47]. Hiermit deutet Horaz, wie Seneca in epist. 12, 8ff. es tut, allerdings mit scharf gewürztem Spott, den Grundsatz sowohl der Stoa wie der Epikureer[48] an, dass ein Tag, den der Mensch mit menschenwürdigem Tun abgerundet hat, der Macht des Schicksals entzogen ist. Die Frage allerdings, was dieses "menschenwürdige Tun" ist, bleibt hier noch offen.

Fortuna, froh ihres grausamen Tuns und unbeirrbar[49] ihr arrogantes Spiel spielend, schenkt einmal diesem, einmal jenem ihre Gunst[50]; gut, wenn sie ge-

---

[45] Schön spricht über diese Verse Pöschl 225, der W. Wilis Wort über das helltönende *vixi*, seine Kennzeichnung des Klanges als eines "herrlichen Trompetenstoßes" wiederholt und an Goethes Prometheus-Gedicht (v. 1ff.) erinnert.

[46] Man wird keinen scharfen Unterschied zwischen Gott, *Fatum* und *Fortuna* ziehen wollen; so ist bei Verg. Ae. 4, 651 *fata* und *deus* Eines, vgl. Syndikus 2, 247, Anm. 75.

[47] Die Zitate stammen aus der Spruchsammlung Epikurs, Nr. 55 und 75, die Übersetzung aus: Epikur. Von der Überwindung der Furcht, übertragen von Olof Gigon; dtv München, ²1985,111 und 113.

[48] Richtig warnt J. Pucci (s. Anm. 35) 79 davor, die Gedanken, die Horaz hier äußert, einer bestimmten Schule zuweisen zu wollen.

[49] *Pertinax* mit Infinitiv ist erneut ein horazisches Wagnis, Kühner-Stegmann 2,1; 686.

neigt bleibt; wenn sie davonfliegt, gebe ich gleichmütig her, was sie gegeben, kleide mich in meine eigene Tugend und gehe hin in eine rechtschaffene Armut, auch wenn sie ohne angenehme Zugaben bleibt[51]. Damit ist nun endlich gesagt, worin jenes "menschenwürdige Tun" besteht: Die Tugend, von der Horaz spricht, ist die Anerkenntnis dessen, dass *Fortuna* im Außen herrscht und über alles gebietet, was von außen kommt (*honores* z. B. in v. 51, also Ehrenämter, die einem Manne angetragen werden; Flutkatastrophen wie in 36ff. beschrieben oder Krankheiten, Verluste im Materiellen oder Verluste von Lieben, usw.). Das aber, was "innen" ist und darum unverlierbar, das ist des Menschen Einstellung zu den Dingen: Wenn er diese Machtverhältnisse einsieht, annimmt und ihnen entsprechend das, was von außen kommt, als Zufälliges leichten Herzens hergeben kann wie Ofellus in sat. 2, 2, 126, dann ist das seine ganz eigene Tugend ("seine", *mea*, ist ja betont gestellt); solches Handeln ist des Menschen würdig; es ist seine "Schutzdecke", und ein solches Leben sucht man wie eine ehrbare Braut, gern nimmt man es auch „ohne Mitgift": So paart sich in Horazens Versen der herrliche, alte Gedanke mit anmutigem Scherz.

Vers 57-64[52]

Die zunächst allgemein und unpersönlich gehaltene Weisheitslehre begann bereits mit 54 (*mea ... virtute*) ins Persönliche und damit zu Horaz selber überzugehen. Jetzt v. 57ff. spricht Horaz nur noch von sich selbst: Es ist nicht seine Art (*non est meum*), auf See bei Sturm erbärmliche[53] Bittgebete zu schreien, Bitten um Erhaltung der Waren im Bauch des Schiffs – so stellt Horaz sich als Kauffahrer vor; nein, mag das alles untergehen, ihn wird dann schon Pollux und

---

[50] So sprach antike Weisheit seit langem, vgl. Solons Musenelegie, frg.1, 75f. (hierzu GGA 235, 1983, 25 mit Anm. 45). Zu *insolens* in 50 vgl. Fraenkels reiche Anmerkung 4 auf S. 267.

[51] Wenn Horaz sagt, er "wickle sich in seine eigene Tugend", so ist das einerseits Platon-Anklang (Staat 457 a 6), andererseits der Hinweis darauf, dass eine echte Tugend des Menschen Eigen ist und dem Zugriff Fortunens entzogen (Sen. epist. 31, 5; 113, 27, usw.). Scherzhaft bezeichnet Horaz in 56 die "rechtschaffene Armut" als ein Leben "ohne Brautgabe", ohne "Mitgift": Rechtschaffen (*proba*) muss dieses Leben sein wie eine rechtschaffene Frau, die ein anständiger Mann wegen ihrer Rechtschaffenheit heiratet und nicht wegen der Mitgift.

[52] Die hier getroffene Einteilung des Gedichtes in drei Komplexe will nicht mit den vielfachen Versuchen, die Gliederung aufzudecken, die Horaz vorgenommen hat, konkurrieren. Nur soviel sei hier gesagt, dass z.B. die Zusammenfassung der letzten drei Strophen zu einer Sinneinheit unglücklich ist, wie die hier gegebene Interpretation verdeutlicht: Bis v. 53 reicht die Darstellung des äußeren Geschehens, 54/6 geben die Darstellung des "Inneren", der Haltung und Einstellung des Menschen zum Äußeren. Wer natürlich die philosophische Eigenart der Strophen und Strophengruppen unbeachtet lässt, kommt zu anderen Einteilungen.

[53] *Miseras*, v. 59; dazu Pöschl 233 unten, wo treffend Lucr. 5, 1226ff. zitiert ist.

sein Bruder⁵⁴ in einem Rettungsbötchen⁵⁵ vor dem Untergang bewahren. Im Bilde und ganz verhalten spricht sich hier die von Horaz oft geäußerte Überzeugung, ja sein Glaube aus, dass die Götter ihn schützen, beim Baumsturz (c. 2, 17, 28) und überhaupt: c. 1, 17, 13f.: *Dis pietas mea et musa cordist*.

Wem dient nun dieses lange und schwergewichtige Gedicht? Welchen "Sinn" mag es haben? Befragen wir einige neuere Gelehrte daraufhin. R. Heinze schrieb in seinem Kommentar (S. 375), das Gedicht lege Zeugnis ab für Horaz' an Epikurs Philosophie erstarkten Gleichmut und zugleich für sein vertrautes Verhältnis zu dem hohen Gönner Maecen. Damit ist nicht eben viel gesagt. Ed. Fraenkel meinte (S.269, Anm. 1 am Ende), Maecenas starre sehnsüchtig nach all' der fernen Schönheit, könne sich aber nicht von der Stadt losreißen, um Horaz zu besuchen, der die "Lehre einer reifen Weisheit" besitze (270); schön dann auf S. 270f. der Satz über Horaz: "Ruhig und warmherzig sucht er den ewig sich mühenden Freund von einigen seiner zahllosen Sorgen zu befreien, und zugleich umreißt er ohne jedes Auftrumpfen sein eigenes Ideal von einem lebenswerten Leben". Dass Maecen nach ferner Schönheit "starre" geht auf v. 6f. zurück; dass er sich von Rom nicht "losreißen" könne, auf v. 12, aber der Gedanke, dass Maecen sich nicht losreißen könne, um Horaz zu besuchen, den interpoliert Fraenkel. Und warum soll Horaz den Freund nur "von einigen seiner zahllosen Sorgen befreien" wollen? Warum "zugleich"? Wo wäre die Verbindung zwischen Einladung und eigenem Lebensideal? V. Pöschl, Horazische Lyrik 227 füllt die Lücke, indem er annimmt, das Gedicht stelle eine "Aufforderung, das Leben zu ändern" dar; das Mittel hierzu sei die Gegenüberstellung der "Ängste und Sorgen der Mächtigen" und des "ländlichen Bereichs der Freiheit und des glücklichen Daseins" (224)⁵⁶. Das schrieb er, weil er in v. 17/24 einen "Sommerfrieden des windstillen Ufers" erblickt (214), und in der Windstille das epikureische Lebensideal der "Galene" (228); ja, der Hirt ist ihm gar die "Verkörperung souveräner Schicksalsbewältigung" (230). Auch wenn man die Interpretation des Bachufers für unnötig symbolisierend hält, die Auffassung des Gedichtes als "Aufforderung, das Leben zu ändern" dürfte in eine gute Richtung weisen. Ähnlich sprach dann H. P. Syndikus 2, 237 davon, dass Horaz den Freund "aus den Banden des Alltags befreien" wollte, um ihn "in seinen Bereich hinüberzuziehen" (254 oben). Ebenso Pucci 82: Maecen möge seinen Turm ein für alle Male verlassen (was hoch übertrieben), und Horaz wolle den Freund "retten" (was der Wahrheit näher kommt). G. Williams, Tradition 111 sieht dagegen zwischen dem Einladungsteil des Gedichtes und dem

---

⁵⁴ Seit eh und je waren die Dioskuren Helfer des Schiffers (z B. Hymn. hom. 33 "Auf die Dioskuren", v. 10ff.; Eur. Hel. 140 und 1500ff. , samt Kannichts Kommentar).

⁵⁵ V. Pöschl, Horazische Lyrik 234: "Freundliche Götter schützen sein Boot", das ein Rettungsboot ist, wie seit E. Zinns Untersuchung feststeht (Pöschl a. O. Anm. 52; vgl. G. Williams, Tradition 112).

⁵⁶ Nicht ganz unähnlich ist, was G. Williams, Tradition 111 schrieb: "evocative contrast with urban life".

Ende (das bei v. 41 beginne) keine direkte Verbindung mehr (111 unten): Von hier an "spreche Horaz von seinem eigenen Ideal". Lyne widmet dem Gedicht etliche Seiten (111/6), auf denen er herauszustellen versucht, dass c. 3, 29 viel selbstbewusster sei als frühere Maecenas-Gedichte und überall feinen Humor durchscheinen lasse. So etwa dort, wo Horaz von dem massigen, "wolkenhohen Turm" Maecens spreche und damit auf die übliche Warnung vor allzu gewaltiger Größe anspiele (z. B. Herodot 7, 10), die allzu exponiert ist. Die Kommentatoren hätten diese Anspielung bisher übersehen; das haben sie, denn sie liegt überhaupt nicht vor. Humor zeige sich auch dort, wo Horaz (v. 25ff.) "jegliche und alle politische Betätigung bespöttele"; da Horaz das in diesen Versen gar nicht tut, wird man hier auch nicht von Humor reden. Das Fehler liegt darin, Maecen hier einzig und allein als Staatsmann angeredet zu sehen (so auch S. 114), und zu wenig ist es auch, Horaz den Freund einladen zu lassen "to have a party" (115 oben). Und ist der Schlussteil des Gedichtes wirklich mit dem Ausdruck fassbar, er sei geschrieben "with much regard to the poet's own self-image" (115 unten)?

Wer will sich schon soweit vermessen, dass er vorgäbe, diese Strophen widerspruchsfrei zu verstehen? Wenn im Folgenden eine etwas andere Auffassung vertreten wird, dann mit aller Vorsicht und dem Bewusstsein, nur zu leicht sich verrennen zu können. Das Gedicht beginnt mit einer sehr würdigen Anrede und der Versicherung, schon seit langem den Tag von Maecens Besuch erwartet und vorbereitet zu haben. Maecen möge sich "losreißen" von allem, was ihn zurückhält, um nicht immer nur die schöne Berglandschaft im Osten betrachten zu müssen: Manchmal weckt die Fülle und der schöne Turm auch den Überdruss, und Rom, das Maecen so liebt und für so herrlich hält, ist nicht nur herrlich, sondern auch voller Rauch und Lärm. Das hört sich natürlich nicht danach an, als ob der Dichter den Großen auffordert, für immer seinen Palast und die Hauptstadt zu verlassen; nicht auf immer, aber zuweilen. Und insbesondere heute: Es ist fürchterlich heiß, und um dies so recht deutlich vor Augen zu stellen (dem Freund und dem Leser), beschreibt Horaz die Hitze auf dem Land, die Hirt und Herde leiden macht. Da ist nichts von symbolischen Gestalten und souveräner Schicksalsbewältigung, nichts von Galene zu spüren: Es ist nur heiß und quälend. Das dient dem Kontrast: "Und bei solcher Hitze kümmerst Du Dich um Politik!" Ganz sicher haben die Recht, die da sagten, v. 25/8 beschrieben ein theoretisches Bedenken des Staatswesens und ein praktisches Umsorgen, wo doch überhaupt keine aktuelle Gefährdung vorliege. Der Dichter will dem Freunde also klarmachen, dass er – wenigstens "heute", wenigstens in dieser friedlichen Zeit – sich anderem öffnen könnte. Wem? Der Überlegung, dass die Zukunft dunkel und unserem Zugriff entzogen[57] ist. Was ist unserem Zugriff

---

[57] Man wird meinen, dass der Interpret nicht klügeln und den Dichter verbessern sollte, indem er zu bedenken gibt, dass Vorsorge doch gewiss nicht falsch, dass der Staatsmann immer und stets vorausehend und vorausplanend arbeiten solle. Horaz schreibt in scharfen Kontrasten.

nicht entzogen, was steht in unserer Macht? *Quod adest* – das braucht man nicht eng temporal zu verstehen; das, was "zuhanden" ist, braucht nicht nur das Gegenwärtige zu sein, sondern auch das, was im Augenblick machbar ist. Also das, was jetzt gerade vor den Füßen liegt, was sich in diesem Augenblick machen lässt, das soll man machen, "ordnen" (Pöschl 220) und, um uns der Sprache des Landmann zu bedienen, "einfahren". *Cetera*, alles andere, also das, was nicht zuhanden und unserem Zugriff anheim gegeben ist, das kann gut ausfallen oder schlecht – wir können's nicht bestimmen. Was wir bestimmen und beherrschen können, das ist die Einrichtung unseres Lebens in der Weise, dass wir eine bestimmte Haltung zum äußeren Geschehen finden und einnehmen: Wenn wir recht gelebt haben, dann haben wir einen Schatz an Erinnerung[58] aufgehäuft, den uns keiner und nichts nehmen kann, mag kommen, was will. Dies über das Eingeheimste und Vergangene. Auf die Gegenwart gesehen, wäre die rechte Einstellung diese: Was immer an Glück kommen mag, das nehmen wir dankbar an; geht es verloren, lassen wir es fahren, ohne uns zu grämen. Das alles will sagen: Wir nehmen die Haltung der Indifferenz gegenüber den Adiaphora ein, der Unberührtheit von äußeren Dingen, die unser Inneres, unseren Geist nichts angehen, würde Seneca sagen. Und um dies zu verdeutlichen, schreibt Horaz das Schlussbild: Er ist mit einem Kauffahrer auf See; Sturm kommt auf, der Kaufmann jammert und betet, das Schiff zerschellt, die Reichtümer sinken auf den Grund, der Mann ist vernichtet. Er aber, das Ich des Gedichtes, setzt sich in das Rettungsboot, und die Götter werden ihn sicher ans Land führen. Man kann hier manches als nicht ganz passend ansehen, könnte sich ein anderes Bild wünschen, aber das Gesagte macht sehr klar, was gemeint ist: Die innere Unabhängigkeit von äußeren Gütern macht "sicher" (v. 63), d. h. innen sicher und "unsinkbar" in der Hut gütiger Götter, wie man nach Platos "Phaidon" (62 b) sagen kann. Ein anderes Bild verwendete die Stoa hierfür, das der Burg (bei Horaz c. 3, 16, 23).

Und was soll das Ganze nun? Will Horaz den Freund zu dieser Lebensweise und Lebenseinstellung herüberziehen? Vielleicht. Will er ihn "retten"? Es mag sein, vor allem aber ist der Verfasser dieses Buches zu fragen, wieso er dieses Gedicht als "Freundschaftsgedicht" bezeichnet habe? Er tat es aus diesem Grunde: Wir werden noch untersuchen, welchen Freundschaftsbegriff Horaz sein eigen genannt hat; hier genüge zu sagen: Welches ist der beste und schönste Freundschaftsdienst, den ein Freund dem anderen leisten könnte? Doch wohl der, dass er den Freund, wenn er ihn irren sieht, für einen Zuspruch öffnet und ihn bereit macht, einem guten Rat zuzuhören, falls er etwas weiß, das dem Freunde helfen könnte. Hier gibt das Gedicht vor, Maecen lebe in einem Irrtum, in dem nämlich, tagaus, tagein der Politik leben zu müssen und im übervollen Reichtum. Das macht ihn manchmal unglücklich, weckt zuweilen Überdruss. Da

---

[58] Man denke nicht zu klein über das Erinnern: Eine Erinnerung ohne Reue und ohne das Gefühl, man hätte etwas anders machen müssen, ist auch insofern ein schöner Schatz, als sie auch Zeugnis ablegt für die Übereinstimmung mit sich selbst.

lädt der Freund ihn ein, zumal es "heute" (am fiktiven Tage der Einladung) entsetzlich heiß ist, ruhig und warmherzig, wie Fraenkel schön sagte, fort von der sorgenschweren Arbeit zu sich in die Stille. Er macht ihm, zunächst wieder aufs Heute gesehen, deutlich, wie unpassend es ist, bei dieser "Affenhitze" sich um Politik zu kümmern; da wird der Freund gelächelt haben (wenn auch wir uns erlauben dürfen, einmal etwas Romanhaftes anzubringen[59]). Und ein solches Lächeln öffnet das Herz. In diese Öffnung lässt der Dichter nun seinen Gedanken einfließen: Dass die Zukunft dunkel ist, dass man darum doch nur das bedenken und bearbeiten könne, was vor der Hand liegt und in unserer Macht steht. Und das ist vor allem die innere Einstellung; dass gut gelebte Vergangenheit ein Erinnerungsschatz ist und dass, im Gegenwärtigen, die innere Überlegenheit über Äußerliches schützt und sichert. Und letztlich: Dass es helfende Götter gibt. Horaz will also wohl niemanden ein für alle Male von aller Politik lostrennen (wie es Lyne annimmt), will auch nicht die Politik bespötteln; was er will, ist, den Freund für gute Gedanken öffnen. Er will ihn für einen Augenblick von sich selbst lösen und von dem, was er für selbstverständlich hält, um ihm ein Gegenleben zu zeigen. Nicht, dass er hofft, den Freund nun "umzudrehen"; nein, nur dass der geliebte Mensch sich einen Augenblick selbst in Frage stellt, indem er das entworfene Gegenbild bedenkt und für einen Augenblick das Übliche loslässt und so womöglich gesundet. Das ist ein schöner, der schönste Freundschaftsdienst, ein Dienst, den später die horazischen Episteln und die des Seneca zu leisten sich anheischig machen werden.

Diese Auslegung des Gedichtes ist ungewöhnlich und mag darum fragwürdig erscheinen. Nun kann man auf v. 9 (*fastidiosam copiam*) und v. 12 (*opes*, ein offenbar nicht unkritischer Ausdruck) hinweisen und meinen, hier äußere sich so etwas wie ein Unbehagen, und zwar ein Unbehagen, das Maecenas zuweilen selber durchblicken lasse. Wenn das so ist, dann würde ein solches Verständnis dieser unzufriedenen Ausdrücke auf eine innere Lage und Verfassung Maecens hinweisen, die der nicht unähnlich ist, die Senecas "De tranquillitate" hervorrief[60]. In ein solches Unbehagen hinein spricht c. 3, 29, lädt den Freund in das bescheidene Haus und das bescheidene Glück und Sicherheitsgefühls eines der *Fortuna* entzogenen Lebens. Hieran wollte Horaz und wollte Seneca seinen Freund teilhaben lassen und ihnen damit das größte Geschenk machen, das der Freund dem Freunde darreichen kann.

---

[59] Das Lächeln dürfen wir wohl deshalb interpolieren, weil, darin hat Lyne ganz Recht, c. 3, 29 keineswegs heiterer Töne entbehrt.
[60] Vgl. Verf., Seneca 124 unten; mit diesem Verweis ist selbstverständlich nicht angedeutet, dass die Ursachen solchen Unbehagens bei beiden Gestalten, bei Maecen und Seren, die gleichen wären: Nur das Unbehagen selbst, das ließe sich vergleichen.

Schlussbemerkung zu "role-reversal" und "self-image"

Nachdem K. J. Reckford (Horace and Maecenas, TAPhA 90, 1959, 195ff.) einmal vermutet hatte, dass die Anordnung der Maecenas-Gedichte (vgl. zu ihnen die Literaturzusammenstellung bei E. Lefèvre in ANRW II 31, 3; 1999f.) eine Rollenänderung des Horaz während der Freundschaft mit Maecen spiegele, nämlich dem Weg vom Ehrfürchtigen zum philosophisch-moralischen Vorbild, ist M. Santirocco dann so weit vorgeprellt, in c. 3, 29 geradezu ein "negative picture of Maecenas" zu sehen (Maecenas-Odes 252). Dass hier im Wortlaut der Gedichte eine Veränderung stattfindet, kann und soll nicht bestritten werden; dass sie zu der Konsequenz führen muss, die Santirocco nannte, das allerdings wird am Ende des Kapitels für unglaubwürdig erklärt werden. Lyne widmete das sechste und siebente Kapitel seines "Horace" dem Gedanken, dass Horaz es nicht versäume, in seinen Oden ein "Image" aufzubauen (vgl. dort S. 14ff. und 107ff.). Die grundsätzliche Frage ist dabei, abgesehen von einer Reihe philologischer Fehler, nur die, ob das Herantragen eines derart modernen Begriffes überhaupt Aussicht auf Glaubwürdigkeit habe. "Image": Das Wort wird heute von demjenigen verwendet, der von sich ein Bild wissentlich und kunstvoll schafft oder von public-relations-Spezialisten herstellen lässt, ein Bild nämlich, das sich an eine Masse wendet, sei es die Wähler- oder Käufermasse oder andere großzahlige Gruppierungen. Ein solches Image braucht überhaupt nicht mit dem Individuum dahinter gleich zu sein, sollte es am besten auch nicht, denn es trägt immer Züge eines "superman". Träfe derlei auf Horaz zu? Mit "Masse" hatte er ohnehin nichts zu tun, und hätte er wohl vor Maecenas (der ihn sehr gut kannte) und etwa Augustus (der über ihn sehr gut informiert war, so gut, dass er ihm einen sehr hohen Vertrauensposten antrug) in der Weise eines "image" posieren können?

Wenn nun aber Horaz so wenig von seiner Individualität in seine Gedichte bringt, dass man keine auch nur annähernd vollständige Biographie und auch kein Portrait entwerfen kann (wir haben hinreichend oft darauf hingewiesen), stellt er dann etwa ein "image" her? Kaum, und das hier in Rede stehende Phänomen sollte man lieber so beschreiben: In einigen Gedichten tritt mit Maximen der Lebensführung[61] zugleich das Ich hervor und identifiziert sich mit ihnen, so wie in c. 3, 29, 53ff. Dabei prunkt das Ich nicht mit den Maximen und tut mit ihnen nicht groß, sondern es bekennt sich zu ihnen, wobei dieses Ich zuweilen mit dem historischen Horaz gleich sein mochte. Das setzt keinen geringen Entschluss voraus, denn die horazischen Lebensregeln sind nicht leicht zu befolgen. Ob es dem Ich dabei immer und zur Gänze gelingt, seinen Maximen zu folgen, bleibt außerhalb der Betrachtung, da es in den Oden nicht um individuelle Lei-

---

[61] Von Liebesgedichten wird hier nicht gesprochen; noch niemand ist auf den Gedanken verfallen, auch hier nach Image-Management zu stöbern.

stung geht⁶²; vielmehr erklärt das Ich die Lebensgrundsätze für verbindlich und verbürgt sich für ihre Wahrheit und Lebbarkeit, indem es sie sich zu eigen macht. Römer scheuten sich nie, sich in dieser Weise als *exemplum* darzustellen, die Scipionen nicht, Cicero nicht, Horaz nicht, ebenso wenig Seneca und Kaiser Marcus Aurelius.

Das ist nun keine Fiktion mehr, kein "image", mit dem man imponieren will (und wem sollte Horaz wohl auch imponiert haben wollen?), sondern ein Einstehen für eine Wahrheit und ein Bekennen zu ihr. Solches Bekennen, etwa zu einer stoischen Lebenshaltung, ist insofern das genaue Gegenteil einer "Image-Pflege", als es ganz und gar unpopulär ist und dem gewöhnlichen Leben diametral entgegengesetzt. Will man mehr hierüber von einem Römer erfahren, lese man Senecas fünfte Epistel.

Erinnern wir uns nun zum Schluss an die lange Reihe von Maecenas-Gedichten seit c. 1, 20: Dort trat Horaz, sich mittels der Einladung zu mäßigem Wein als bescheiden darstellend, in den Unterschied zum großen Maecen, ließ aber deutlich erkennen, ein wie enges inneres Band ihn an den Großen binde, wenn er dankbar die Errettung des Freundes nennt, eine Dankbarkeit, die sogar, neckisch mit dem Echo spielend, die Hügel Roms empfanden! Hier lud Horaz zu mäßig-gutem Wein; in c. 2, 12 ließ Horaz, satirenähnlich mit ganz Anderem beginnend, Maecens Sinn für feine Erotik anklingen. Nach Wein und Liebe nun in c. 2, 17 Ernsteres, der sternbestimmte gemeinsame Lebensweg. C. 3, 8 gibt nun gar vor, in des Freundes Leben eingreifen zu wollen, wenn es mit *dona cape laetus horae, linque severa* ausklingt. C. 3, 16 spricht zwar, die zweite Hälfte des dritten Buches mit einer Widmung einleitend, Maecenas an, handelt aber vom sich bescheidenden Ich (22f.) und freut sich dankbar am Sabinergütchen. Dann c. 3, 29: Es verknüpft die Leitthemen von c. 3, 8 und 3, 16, lässt alles Tändeln weit unter sich und schwingt sich auf zu einem "großen, glühenden" Gebilde (Fraenkel 271), in dem der Dichter sich nun nicht als "model" hinstellt oder in einer neuen Selbstbewusstheit die Rollen vertauscht, sondern, wenn wir einmal alle Nebenmotive beiseite lassen, in ihm geht das Ich des Horaz mit dem Du des Freundes (wieviel immer von den realen Gestalten dahinter verborgen sein mag) den Weg großer Wahrheit, die im Schutz schwer erringbaren Gleichmuts besteht und die Hut guter Gottheiten schenkt.

Man würde aber das Horazische in diesem Gedicht verfehlen, wenn man nicht beachtete, dass dieses schwergewichtige Gedicht dadurch vor dem langweiligen Predigen bewahrt wird, dass es auch zu spielen weiß: Wie Maecen zu Beginn scherzhaft übertreibend vorgestellt wird als einer, der ständig in seinem Turme sitzend immer auf dieselbe Landschaft schaut, so wird am Ende der so klug ratende Dichter vorgeführt als einer, der auf einem Kauffahrerschiff in Seenot geraten ist und nun in einem winzigen Kahn an Land rudert. Heiter stimmendes Spiel gesellt sich in vielen Meisterwerken zu tiefem Ernst, man

---

⁶² In den Episteln wird das anders, man kann besonders auf ep. 1, 8 verweisen, die unten ausführlich besprochen werden wird.

denke etwa an Homers Scherze inmitten des Fürchterlichen (Il. 5, 418ff.), an Sophokles' Wächter (Ant. 223ff.), an die „Clowns" im Hamlet (5, 1, 1), an Michelangelos Grotesken am Grabmal Papst Julius' II (C. Echinger-Maurach, Studien zu Michelangelos Juliusgrabmal, Hildesheim 1991, 217 und 305) oder an die mit Furchtbarem spielenden Filme wie manche der Meisterwerke Ernst Lubitschs.

Jetzt, am Ende des Kapitels über Freundschaftsgedichte hat der Leser ein Recht zu erfahren, was Horaz insgesamt über Freundschaft geschrieben hat. Definiert hat er sie nirgends, und was er selber gedacht und erlebt, das gibt er nicht preis. Wie im Falle der Gedichte über die Liebe kommt Horaz zum Sprechen über Freundschaft eher von außen und hält dies sein Sprechen kühl, sehr im Unterschied z. B. zu Catulls c. 9 (besonders v. 9: *iucundum os oculosque suaviabor*). Wie spricht er z. B. über Vergil, der nun wirklich sein Herzensfreund war (sat. 1, 5, 40/2)? In c. 1, 3 unternimmt Vergil eine Seereise, und Horaz mahnt das Schiff, den Freund ihm wohlbehalten zurückzuerstatten (*creditum debes*, d.h. *mihi*), und nennt ihn *animae dimidium meae*, die „Hälfte meiner Seele". Darin liegt kein Gefühlsüberschwang, sondern Horaz verwendet eine alte Formel mit einer ehrwürdigen Tradition (Nisbet-Hubbard zeigen sie), hält den Ton also äußerlich kühl so wie das ganze Gedicht einen äußerlichen Anlass ausmalt und nirgends nach innen dringt. Oder c. 1, 24: Vergil hat einen besonders geliebten Freund verloren, und Horaz schreibt einen Trostbrief. „The ode is perhaps too austere and formal for most modern readers", vermuten Nisbet-Hubbard 1, 281. Sie hätten hinzufügen können, dass eben dies die äußerlich kühle Art ist, in der Horaz sich Empfindungen nähert: Er sagt hier das zu Erwartende in sehr verfeinerter Weise, sorgsam und mit viel Kunstfertigkeit. Die Sorgsamkeit sagt schon genug aus über sein Verhältnis zu Vergil: Er schenkt ihm in der Stunde der Trauer seine ganze Mühe, lamentieren und Inneres hervorzukehren und der Öffentlichkeit in einem publizierten Gedicht preiszugeben, das war nicht seine Art.

Es scheint also auch in seinen Freundschaftsgedichten so zu sein wie in seinen Liedern von der Liebe: Er kommt von einem äußeren Anlass her, blickt auf den (eigentlich emotionsgeladenen) Gegenstand eher von außen, nimmt äußere Anlässe zum Thema: „Wo werde ich und mit wem meine letzten Tage zubringen?" oder ein Kriegskamerad ist heimgekommen, er sendet eine Einladungen aus, usw. Am nächsten heran an den Freund und seine Seele führen die Gedichte, in denen er das tut, was man die *correctio animi* nannte: Da verbietet er Maecenas eine hypochondrische Stimmung oder er versucht, ihn für einen Tag lang gleichsam von sich selbst loszulösen, um ihn von einer bestimmten Seelenbelastung zu befreien (c. 3, 29). Einen besonderen Reichtum oder einen besonders hohen Stärkegrad an Gefühl wird man nicht so direkt wie bei anderen Dichtern spüren; wohl aber wird man ihm bestätigen, dass er seine tiefe Zugetanheit durchschimmern lässt, allein durch die Aufwendung höchst bedachter Kunst und das sorgsame Eingehen auf den Freund. Sein Herz weiter zu öffnen, schien ihm die Kunst ins Private abgleiten zu lassen.

KAPITEL X : POLITISCHES MAHNEN: DIE "RÖMER-ODEN"

Historische Vorbemerkung

Als Horaz etwa im J. 29 oder erst 28 begann, Oden zu verfassen, die er an Rom und die Römer, nicht mehr an Individuen richten wollte, in welche geschichtliche Situation hinein hatte er da zu schreiben? Nach dem Siege über Antonius und Kleopatra im Jahre 31 und deren Tod im August 30 v. Chr. hatte der Sieger nicht nur seine siegreichen Truppen zu versorgen[1]; doch schon dies war eine gewaltige Aufgabe (Horaz spielt auf sie in der vierten Römer-Ode[2] v. 37f. an): "Bis zum Jahr 29 entließ der Caesar 120 000 Mann mit dem Anspruch auf Versorgung", schrieb D. Kienast 320, auf Versorgung auch mit Land in Italien. Diese schwierige Verwaltungsaufgabe war im Jahre 29 weitgehend abgeschlossen (Kienast 322). Aber noch viel schwieriger war die Beruhigung der durch den Bürger-, Pompeius- und Antonius-Krieg aufgewühlten Gemüter. Dies war nicht nur eine verfassungspolitische Aufgabe (Octavian löste sie, wie oben beschrieben, im Jahre 27), sondern auch eine geistig-moralische. Der Sieger ließ Milde walten wie sein Adoptivvater, er erneuerte Kulte (K. Latte, Römische Religionsgeschichte 140) und schloss am 11. 1. 29 zum Zeichen des Friedenswillens den Janustempel. Der Senat reagierte u.a. durch die Verleihung des Tugendschildes und des Ehrentitels "Augustus". Was heißt das? Gegen Ende des 4. Jh. v. Chr. hatte der Diktator L. Papirius Cursor vergoldete Schilde den Göttern geweiht, T. Flaminius hatte im J. 196 versilberte für Apoll aufhängen lassen; jetzt verlieh man Octavian einen Ehrenschild und erhob ihn damit über Menschliches hinaus, verpflichtete ihn damit aber auch auf die *virtus, clementia, iustitia* und *pietas*, derentwegen man ihm diese Ehrung zukommen ließ, wobei mit *pietas* gewiss auch und vor allem die Frömmigkeit den Göttern gegenüber gemeint war, aber *pietas* erstreckte sich auch auf die Mitmenschen. So hatte Cicero

---

[1] Kienast 320ff.
[2] Nach Ed. Fraenkel 308, Anm. 1 war es T. Plüss in seinen „Horazstudien" vom Jahre 1882, der als erster diese Gedichte als „Römeroden" bezeichnete.

in resp. 6, 16 gesprochen und dem solchermaßen Frommen den "Weg in den Himmel" versprochen. Horaz wird das in c. 3, 3, 11 ebenfalls tun.

All' dies musste Hoffnung wecken, Hoffnung auf Frieden und friedliebende Herrschaft, Hoffnung auch auf eine Erneuerung bürgerlicher Gesinnung. Vergil hatte in der 4. Ekloge davon gesprochen, auch in den "Georgica", die wohl im J. 30 v. Chr. publiziert sind[3]: Ein neues "Goldenes Zeitalter" hatte er dort versprochen (1, 125ff.) und eine moralische Erneuerung (2, 538ff.). Und wieder sind die Worte des Horaz wenn nicht skeptischer, so doch eher auch warnend (c. 3, 6); aber auch er hofft darauf, dass die "Musen" und musischer, d.h. Maß und Verpflichtung anerkennender Geist nun wieder den Herrscher in ihre Obhut nehmen werden (c. 3, 4, 37ff.).

Die "Römer-Oden"

An den Beginn des dritten Odenbuches, also an eine besonders exponierte Stelle, hat Horaz sechs Gedichte gestellt, die eine Einheit bilden: Sie sind alle im alkäischen Maße geschrieben, wenden sich sämtlich an kein Individuum, sondern an die Jugend Roms und die Römer überhaupt (3, 6, 2); ihr Hauptteil ist so gut wie stets in grandiosem Hochstil abgefasst, an den sich dann aber gern ein Schluss mit abgesenkter Tonlage fügt; dazu sind sie durch allerhand Querbezüge miteinander verflochten (Fraenkel 308, Syndikus 2, 3). Eingeleitet wird diese Gruppe durch ein gemeinsames Proömium, in dem der Dichter als Priester der Musen spricht. Diese Lieder sind also eng aufeinander bezogen. Ferner zeigt ihr Proöm, dass Horaz sich sehr klar darüber war, dass wenn auch nicht immer, so doch zuweilen ein Gott durch ihn sprach. Man wird den Ausdruck *me dulcis Musa voluit ... dicere* (c. 2, 12, 13f.) oder *inbellis lyrae Musa potens vetat* (c.1, 6, 10) nicht pressen und sagen, Horaz habe auch in kleinerer Dichtung den Willen einer höheren Macht gespürt, zumal es sich an den genannten Stellen um eine eng begrenzte Situation handelt, um die *recusatio*, die W. Wimmel in seinem Buche "Kallimachos in Rom" S. 135ff. besprochen hat. Doch das ganz große Thema "Augustus" zu singen, dazu führt ihn, wie wir in Kap. XII sehen werden, "Bacchus". Wenn wir dies im Gedächtnis behalten, dass Horaz hier Dichten als Lauschen auf göttliche Eingebung (und Übertragen des Vernommenen in die menschliche Sprache) verstand, dann werden wir besser begreifen, woher er die Autorität nahm, zu Beginn des dritten Oden-Buches wie ein Priester zur römischen Jugend mahnende, warnende und verheißende Worte zu

---

[3] Vgl. K. Büchner im RE-Artikel P. Vergilius Maro (Sonderdruck 297, 13ff.); R. Rieks in ANRW II 31, 2; 777: Die Abfassungszeit reiche von 37/6 bis 30/ 29.

sprechen. Betrachten wir nun das, was er sagte, in einem raschen, nur eben orientierenden Überblick.

Das erste Lied hebt an mit einer dramatisch zu nennenden Inszenierung (davon später) und spricht dann als Musen-Priester zur römischen Jugend; es handelt von der Bescheidung angesichts der Unentrinnbarkeit verhängten Geschickes. Wenn dies so ist, so schließt das Lied, wozu sollte er, Horaz, dann anderes haben wollen als das Bescheidene, das er besitzt? So senkt der Dichter den Ton am Ende des Gedichtes und mit ihm auch die Anspruchshöhe, indem er auf sich selber zu sprechen kommt und auf sein Gütchen. Das zweite Gedicht greift das Motiv der Bescheidung aus dem ersten auf, wendet es zur Form kraftvoller Armut, welche die Jugend in hartem Felddienst erwerben solle und die letztlich dann auch zu der Bereitschaft führe, sein Leben fürs Vaterland herzugeben; diese Tugend sei unverlierbar und ewig, wertvoll sei aber auch (so senkt Horaz erneut Ton und motivliche Höhenlage) die bürgerliche Verlässlichkeit (*silentio*, 25). Das dritte Carmen beginnt mit dem hohen Preis unerschütterlicher Rechtlichkeit, mit einer Tugend, welche die Halbgötter gen Himmel geführt und Augustus[4] dorthin führen werde; auf diese Weise werde auch die Weltherrschaft Roms erhalten bleiben, dies jedoch unter der Bedingung, dass Rom nicht dem unheiligen Besitzstreben und "trojanischer" Unredlichkeit verfalle. Doch solches zu singen (so senkt Horaz abermals den Ton) passe nicht mehr zur eigentlich nur spielerischen Lyrik. Die vierte Römer-Ode beginnt erneut dramatisch wie c. 3, 1 und singt dann vom Geschütztsein dessen, der sich den Musen weiht, die auch dem Herrscher (hier noch *Caesar* genannt) milden, allem Gigantischen abholden Sinn schenken und so lehren, das Übermaß zu meiden. Hier tritt somit noch einmal einer der Grundgedanken dieses Zyklus auf, der des heilsamen Maßes. Nun aber, in der fünften, der Regulus-Ode, zeigt sich das andere Grundmotiv wieder, das der *virtus*; sie ist hier die Bereitschaft, eher fürs Vaterland im Felde oder in der Gefangenschaft zu sterben, als die Schande feigen Fraternisierens auf sich zu nehmen. In der letzten Römer-Ode tritt die dritte Grundtugend in den Vordergrund, die der Frömmigkeit, verknüpft mit der anderen, der moralischen Integrität; sollte Rom diese Doppeltugend missachten, werde es untergehen[5].

Dieser Zyklus der sechs Römer-Oden lässt sich leicht zu zweimal drei Gedichten unterteilen, denn die Carmina 1-3 scheinen untereinander besonders deutlich verbunden (Fraenkel 313; Syndikus 2, 5) und zudem ist das Ende von 3, 3 mit seinem Erschrecken vor dem allzu hohen Gegenstande offenkundig eine Unterbrechung; außerdem beginnt c. 3, 4 ebenso dramatisch wie c. 3, 1: der wiederholende Neubeginn ist eindeutig. Alle sechs werden durch die Verse 3, 1, 1–4 eingeleitet, durch eine Art gemeinsamen Proömiums also (Fraenkel 341; Syndikus 2, 3). In diesen Versen stellt die Verwendung der 1. Person Singular

---

[4] Dieser Ehrenname wurde Octavian während einer Senatssitzung im Januar 27 v. Chr. auf Antrag des L. Munatius Plancus verliehen, s. Kienast 93. Das Gedicht, bzw. diese Verse in ihm sind also nach diesem Zeitpunkt geschrieben.

[5] Eine Paraphrase der sechs Oden bietet auch C. Witke 58, wo ebenfalls die enge Verknüpftheit der sechs Gedichte betont wird.

klar, dass hier ein Individuum zu Teilnehmern an einer religiösen Handlung spricht. Dass hier vom Anfang bis zum Ende ein bestimmtes Individuum zu einer bestimmten Gruppe spricht, das "ist der entscheidende Grund, warum es zwischen dem Hauptteil der Ode mit dem durchaus persönlichen Satz *cur valle permutem Sabina divitias operosiores?* und ihrer Einleitung, *odi profanum volgus et arceo*, keine Disharmonie gibt" (Fraenkel 313), wie man zuweilen behauptet hat.

Wann schrieb Horaz diesen Zyklus? Ersichtlich nicht alle zur selben Zeit, denn die sechste Ode, die den Wiederaufbau der Tempel fordert, ist offenbar in dem Jahre der Tempelrestauration durch den Herrscher verfasst oder im Jahre davor, d.h. 29 oder 28 (dem Jahr, das Augustus selber in seinem Tatenbericht 20, 4 für diese Bautätigkeit angibt). Die Lieder 3, 3 und 5 sind aber nach dem Januar 27 geschrieben, denn sie nennen den Herrscher nun schon *Augustus*.

Was diese sechs Gedichte so schwierig macht, dass sie immer wieder diskutiert werden, das ist vor allem ihre Strukturierung, bzw. ihre Gedankenfolge: Immer wieder werden Gedankenkomplexe ohne vermittelnde Zwischenglieder so gegeneinander gesetzt, dass der Leser sich die Übergänge selber suchen muss. Da fordert z.B. das c. 3, 2, der junge Römer solle das gern geleistete Ertragen bescheidener Verhältnisse durch harten Kriegsdienst lernen, denn so werde er unbesiegbar. Schon dieses "denn" ist interpoliert: Horaz selber ließ die allgemein gehaltene Einleitung von einem sehr besonderen Bilde gefolgt sein ohne verbindende Partikel, d.h. die Verbindung muss der Leser selber finden. Nun folgt die berühmte Sentenz *dulce et decorum pro patria mori*[6]: Wie soll man Armut, Kampfkraft und süß-schönen Tod fürs Vaterland miteinander vereinen? Der verbindende Gedanke ist wohl der, dass "Lebensglück" (so schrieb Heinze 256) für das sprechende Ich nicht in persönlichem Wohlbehagen liege, sondern in der Kraft der Unterordnung des Persönlichen unter das Gemeinwohl, sogar unter Hintansetzung des eigenen Lebens; das mache Römer unbesieglich und verleihe denen, die in diesem Geiste tapfer fallen, ewigen Ruhm. Man hat diese Art des Aneinanderschiebens von Gedankenblöcken pindarisch genannt (z.B. A. Y. Campbell, Horace, London 1924, 76), H. P. Syndikus 2, 12 widersprach: Pindar kenne nicht die "Reihung von unverbundenen Einzelsätzen", zu der ein "knapper, jedes überflüssige Wort meidender Tonfall" gehöre, und auch die "bewusste Gleichförmigkeit in der Länge der einzelnen inhaltlichen Einheiten, die ab Vers 17 immer zwei Strophen umfassen," sei "alles andere als pindarisch". Dies Letzte trifft zu, das Erste nicht. Es genügt, auf Pindars 10. Nemeische Ode zu verweisen[7]. Was die Reihung unverbundener Sätze betrifft, so bieten seine Verse 29-36 ein gutes Beispiel: Der

---

[6] R. G. M. Nisbet hatte *dulci decorum* konjiziert, Chr. Gnilka widersprach zu Recht im RhM 138, 1995, 94f. Syndikus 2, 228, Anm. 29 bleibt beim Überlieferten; er übersetzt es schön mit „Glück und Ehre".

[7] Vgl. zum Folgenden Verf., Pindars Religiosität in Nem. 10, in: Pro Munere Grates, Festschrift H. L. Gonin, Pretoria 1971, 117ff.; Pindarische Gliederungszeichen, Eos 76, 1988, 217ff.

Dichter hat die bisherigen Siege des Theaios, dem dieses Lied gewidmet ist, aufgezählt, und nun: "Vater Zeus, das, was er in seinem Herzen begehrt, das verschweigt sein Mund. Alle Vollendung liegt in Deinem Tun. Nicht mit einem Herzen, dem Mühe fremd, bittet er um Deine Gunst mit sich bringend Wagemut. Ich singe, was dem Gotte bekannt und allen, die wetteifern um den Gipfel höchster Preise. Die höchste Satzung, die des Herakles, erhielt Pisa" (das bei Olympia gelegene ist gemeint).

Auflösen muss man die pindarische Satzreihung so: "Zeus, Theaios verschweigt seinen Wunsch" (es ist dies der olympische Sieg, versteht sich). Warum spricht der Dichter zu Zeus? Weil "alle Erfüllung" (von Wünschen) in des Gottes Hand liegt. Was aber berechtigt Theaios zu seinem Wunsch? Seine Vorleistungen: Seine Mühen haben großen Erfolg gehabt, haben ihm den nemeischen Sieg eingebracht, und so ist er größerer Siege würdig. Und warum Olympia? Weil jeder Sportkenner weiß, dass dies die renommiertesten Wettspiele sind. Pindar reiht hier also scheinbar zusammenhanglose Sätze, doch er tut dies in der Absicht, das Gemeinte nicht unbescheidenermaßen direkt zu sagen, sondern den Hörer es sich erschließen zu lassen. Was ferner die Gleichmäßigkeit der inhaltlichen Einheiten anlangt, so wäre darauf hinzuweisen, dass die gesamte Pindar-Ode Nem. 10 aus 18-36-36 metrischen Zeilen besteht, also ganz gleichmäßig gestaltet ist (Verf., Pindarische Gliederungszeichen 230); ähnliche Zahlenverhältnisse ließen sich unschwer auch an anderen Stellen dieses Gedichtes und in anderen Oden aufzeigen. Wagen wir also, die Skrupel von H. P. Syndikus (2, 12) beiseite zu schieben und zu behaupten: Horaz hat sehr wohl pindarische Strukturierung nachgeahmt wie er auch, das hat Syndikus selbst schön herausgearbeitet (2, 74f.), seinen Mythos in der fünften Römer-Ode so ins Ganze des Gedichtes einfügt wie Pindar es seinerzeit in Nem. 10 getan. Denn die Aussage des pindarischen Epinikions ist diese: Zeus hat den größten Argiver, Herakles, erhöht, obschon er nur ein zugewanderter Argiver war; er hat auch dem unsterblichen Tyndariden Polydeukes (seinem eigenen Sohn) die Bitte gewährt, mit dem sterblichen Bruder ewig zusammen bleiben zu dürfen; so hofft nun der Dichter, Zeus werde aufgrund solchen Präzedenzfalles auch des Theaios, ebenfalls eines zugewanderten Argivers, bescheiden vorgetragene Bitte erhören (Verf. a. O. 234). Diese Gedankenabfolge muss der Hörer sich jedoch selber erschließen, Pindar selbst setzte den Mythos v. 55ff., "Pindars schönste Erzählung", wie Wilamowitz sie genannt hat, ohne jeden Übergang an die Siegesliste und die ebenfalls in loser Reihung vorgetragene Bitte an. Horaz wird ein Gleiches tun.

Die erste Römer-Ode

Wir werden das folgende Carmen so besprechen, dass wir sowohl auf die Gedankenführung achten wie auch auf das Bildhafte und auf den Wechsel von Allgemeinem und Besonderem, weil wir uns zu fragen haben, mit welchem Mittel es Horaz gelang, aus diesen gedankenschweren Gebilden keine aufdringlich-langweiligen Predigten werden zu lassen.

"Zuwider ist mir uneingeweihtes Volk und so halte ich es fern. (Ihr anderen,) haltet Eure Zunge im Zaum: Lieder, nie zuvor gehört, singe ich, der Musen Priester, für Euch, Ihr Mädchen und Knaben" (*virginibus puerisque* stellt eine der üblichen Gabelungsfermaten dar). Also Ausgrenzung, Mahnung (der Zugelassenen) und dann Anrede und Vorankündigung, ein dramatisches Geschehen[8]. Der Dichter als Musen-Priester (dazu Lyne 184): Woher nimmt er die Legitimation? Man muss bis c. 3, 4 auf Antwort warten. Und was bedeutet ein solcher Anfang? Lesen wir einstweilen weiter.

"Furchterregende Könige führen Befehl über die ihnen gehörenden (Menschen-) Herden, über sie aber Juppiter, berühmt ob seines Siegs über die Giganten, das All bewegt er mit seiner Braue", so heißt es in gedrängtester Kürze, die zum hohen Stil gehört; dann folgt in v. 9ff. der Blick hinab zu den Menschen, wo er bis zum Ende des Liedes ruhen wird. Von v. 5 an liest man ein in sich geschlossenes Gebilde, aber was bedeuten v. 1-4? Ersichtlich ein Proöm zum Ganzen der sechs Römer-Lieder[9]. Das eigentliche erste Gedicht beginnt daher erst mit v. 5ff. In diesen Versen steht, dass sogar die furchtbaren Könige oder Tyrannen noch einen Herrscher über sich haben: Juppiter[10], der nach dem Triumph über die Mächte der Wildheit ewige Ordnung schuf und leicht (allein mit seiner Braue) das Größte vermag: das All zu regieren. Man wird nicht sagen, dass diese Strophe sehr bildhaft sei, allein die "Herden" evozieren Vorstellbares, das Wort stellt eine "generische Anschauung" dar (Lateinische Dichtersprache § 17), es gibt ja vielerlei Herden, und wie sie sich verhalten, wird ebenfalls nicht bestimmt.

---

[8] Zu *odi* in v. 1 s. Fraenkel 311f., der Heinzes Erklärung ("Mit dem großen Haufen ... will Horaz nichts zu schaffen haben") bestätigt. Zum "dramatischen" Beginn s. auch V. Pöschl, Horazische Lyrik 148; er sprach von einem (römischen) "Zeremoniell".

[9] F. Solmsen, AJPh 68, 1947, 248: "The first stanza is meant to be an introduction to the whole group", vorwiegend wegen des Plurals *carmina*; E. Fraenkel 313 bekräftigte dies ebenso wie E. Kraggerud (SO 70, 1995, 54, Anm. 2), warnte jedoch davor, v. 1-4 von dem, was folgt allzu scharf zu sondern, da ja doch das ganze Gedicht in der 1. Pers. Sing. geschrieben sei: Ein ganz bestimmter Mann spreche hier vom Anfang bis zum Ende zu denselben Hörern, und dies gebe dem Carmen Einheitlichkeit.

[10] Indirekt also beginnt Horaz mit Juppiter, wie so viele antike Gedichte von seiner Namensnennung ihren Anfang nehmen, vgl. des Verf. Kommentar zu Germ. 1 (seit Alkman und Pindar belegt); ferner C. Witke 20. A. La Penna erinnert in seinem "Orazio", S. 101, Anm. 3 an das ähnlich klingende Caesar-Fragment bei Suet. Div. Iul. 61.

Nun hinab zu den Menschen: Naturgemäß gibt es Unterschiede an Reichtum, Rang und Geltung; das drückt Horaz nicht so abstrakt aus wie wir, sondern er ordnet so: Weiträumige Obstplantagen – ältere Ahnen – bessere Sitten – größere Klientenschar. Von älteren Ahnen und besseren Sitten zu sprechen, das enthält schwerlich Anschauliches, allenfalls kann man beim "Herabsteigen zum *Campus Martius*" (zu irgendeiner Wahl) wie bei den Herden in v. 5 von einer eher generischen Anschauung sprechen, so dass sich eine Mischung aus Anschaulich (*descendat*) und Abstrakt (*generosior*) ergibt; aber die weiten Plantagen und die Klientenschar, die sind sicherlich als "spezifische Anschauung" zu verstehen (Lateinische Dichtersprache § 18). So gesehen, kreisen zwei deutlich anschauungsträchtige Details (die beide Quantitatives nahe legen sollen) zwei eher anschauungsarme Bemerkungen ein. Doch zurück zum Inhalt: Mag es auch Unterschiede zwischen den Menschen geben, so unterliegen sie doch alle der Notwendigkeit (*necessitas*) des Schicksals und letztlich der des Todes[11]. Nüchternes Fazit: Äußerer Erfolg sichert nicht und ist darum nicht bedingungslos erstrebenswert (17/24).

So auch im Falle des Damokles (vgl. Cicero, Tusc. 5, 61): Der wollte ein einziges Mal das vermeintlich glückliche Leben des sizilischen Tyrannen leben; es wurde ihm zugestanden, doch bald gewahrte er, dass über seinem Kopf an dünnem Haar ein scharfes Schwert hing (17f.): So also ist das "Glück" der Mächtigen beschaffen. Dem Mann schmeckten die schönsten Speisen[12] nicht mehr, und weder Vogelgesang noch Musik brachten ihm den ruhigen Schlaf des armen Landmannes. Werfen wir auch wieder einen raschen Blick auf die Form: Das Ende dieser sechsten Strophe ist nach "Drinnen" und "Draußen" gegliedert, das Draußen wird wieder in zweierlei aufgespalten, um eine Gabelungsfermate zu erreichen: Es liegt hier also ein tiefer Einschnitt. Was wir hier lesen, ist nun ganz sicher eine "komplexe Anschauung" (Lateinische Dichtersprache § 19): Zwei Bilder ergeben einen anschauungsgesättigten Komplex aus einem deutlichen Kontrast.

Nun wieder zurück zum Inhaltlichen: Über den Einschnitt hinweg umgreift ein einziger Gedanke die sechste und siebente Strophe fest und eng: So wie der Schlaf des armen Landmannes tief und ruhig ist, so schreckt den, der nur nach dem Nötigen strebt (*quod satis est*, 25) keine Bedrängnis, geschehe sie auf See oder zu Lande (25/32; dreifaches *nunc* bildet die Fermate). Nun das Gegenbild: Der Reiche, der dennoch nie genug hat (es wird nur eine seiner Begierden genannt: die Bauwut[13]), ihn plagt Angst und Sorge, daheim und ebenso draußen

---

[11] Solmsen 256f. (mit Anm. 36) erinnert an den sehr ähnlichen, jedoch weniger klar ausgedrückten Gedanken in c. 3, 24, 6. Man sollte sich, was die Bedeutung der *Necessitas* angeht, nicht einseitig entweder auf den Tod (Solmsen 347; Syndikus 2, 17 mit Anm. 64; Williams 30; Pöschl 154, usw.) oder auf das Geschick (Witke 21) festlegen wollen.

[12] Man wird Giardinas Konjektur in v. 19 (Mus. Crit. 21/2, 1989, 345ff.; 25/8, 1993,331) *soporem* statt *saporem* für nicht so selbstverständlich halten wie ihr Finder meint.

[13] Zu ihr B. Maier, Anregung 43, 1997, 36ff.; Hor. c. 2, 15, 1ff.; 2, 18, 20; 3, 24, 3: Ein besonderes Ärgernis für Horaz, so scheint es. Ob die Formulierung in 3, 1, 33 ("Die Fische

(Gabelungsfermate). Blicken wir rasch einmal auf die Formulierungsweise: Die v. 25/32 sind so geformt, dass ein Allgemeines (*desiderantem quod satis est*) nicht einen ebenfalls abstrakt formulierten Gegensatz findet (etwa: „Der wird nichts fürchten"), sondern das Ausbleiben der Angst wird zunächst in einer generischen Anschauung (aufgewühlte See ohne weitere Spezifizierung) ausgedrückt, die Ursachen des Seesturmes aber werden lediglich durch Anspielungen (Arktur und Böckchen) angedeutet (vgl. Lateinische Dichtersprache § 21 Anfang). Diese beiden astronomischen Namen bilden eine Zweierfermate. Danach folgen zwei weitere mögliche Angstauslöser (zerschlagene Wingerte und Obstmissernte), von denen der erste ziemlich, der zweite sehr anschaulich (Dreier-Anapher von Wasser, Hitze und Kälte) nahe gebracht ist. Abstrakt Formuliertes wechselt also angenehm mit Anschauungshaftem, um ja keinen langweiligen Predigtton aufkommen zu lassen.

Nach dem relativ tiefen Einschnitt bei v. 40 spricht nun der Dichter in zwei kurzen Strophen von sich selbst. Er beginnt, indem er den hohen Ton noch einmal aufklingen lässt, mit der Aufzählung von zuhöchst Wertvollem und Großartigem, von Reichtümern und Palästen. Hier fällt in v. 42 besonders das *purpurarum sidere clarior usus* auf, worin das enallaktische *sidere clarior* ein "anschauungsträchtiges Epitheton" darstellt (s. Lateinische Dichtersprache § 22). Dann kommt der Dichter zu dem persönlichen, den bisher hoch gehaltenen Ton senkenden Schluss: Auch bei den Reichen herrscht Krankheit, und wenn nicht einmal solches Reichsein eine Krankheit vertreiben kann, wozu soll ich dann meinen bescheidenen Besitz aufgeben wollen (und Größeres anstreben)?

Wir wollen das bis hierher Gesagte zusammenfassen und den Übergang so verstehen: Wenn innere Ruhe nicht aus der Jagd nach Äußerem resultiert, sondern aus der Zufriedenheit mit dem Vorhandensein des Notwendigen, wenn – jetzt fügen wir v. 41ff. an – Reichtum, z.B. der von Architektur, Kleidung und Wein keinen Schmerz zu lindern vermag (also letzten Endes nutzlos ist), warum soll ich da mein kleines Sabinergütchen für derlei nutzlose Reichtümer eintauschen, die doch nur Mühe bereiten? So verklingt das Gedicht leise (Syndikus 2, 23: „ganz in der Stille"), in deutlichem Kontrast zum grandiosen Beginn (Pöschl 163), mit dem Bekenntnis zur Bescheidung. Man braucht das nicht epikureisch zu nennen (z.B. Pöschl a. O.; La Penna, Orazio 48), man könnte auch bei Seneca genügend Parallelen finden; nein, es ist dies ganz horazisch (seit den Satiren kennen wir diesen Ton, Solmsen 247f.).

Was will das Gedicht nun sagen? Warum singt der Musen-Priester der römischen Jugend gerade dieses? Ist es staatserhaltend? Ist es nicht sehr persönlich und eher intim als allgemeingültig? Gewiss, wenn man die Satiren und früheren Oden befragt, scheint das Gesagte ganz und gar horazisch-persönlich. Aber es ist nicht auf solche individuelle Geltung beschränkt, denn es ist einfach wahr, was es sagt (Solmsen 352), ist von ebenso allgemeiner wie zeitloser Gültigkeit,

---

spüren die Beengung des Wassers") die sonst übliche Höhe des horazischen Geschmacks erreicht, scheint fraglich (zur Sache und zu Augustus' Baupolitik vgl. auch Lyne 160f.).

und zudem schließt es altrömische Tugend sehr wohl auch mit ein, man denkt an Cincinnatus (vgl. Ogilvies Kommentar zu Livius 416ff.). Was das Individuum Horaz hier der Römerjugend kündet, ist also eine ewige und zugleich auch für sie gültige Wahrheit; sie zu verwirklichen ist schwer genug: Alle "personal ambition" (Williams, Third Book 32) fahren zu lassen, ist ja schwer, auch wenn man letztlich weiß, dass man sich, tut man es nicht, der *Necessitas* und dem Schicksalswechsel aussetzt. Doch was soll man sonst anstreben? Worauf sollte man im Rom der Zeit nach den Bürgerkriegen sonst seine Entfaltungsenergie richten? Das wird sich sehr bald zeigen.

Einstweilen wollen wir unser Augenmerk auf einige Einzelfragen richten, auf Quellen- und Tonlage. Von "Quellen" wird man nicht in dem Sinne sprechen, dass Horaz aus Vorgängern mehr oder weniger wörtlich geschöpft habe, aber die klar erkennbaren Anklänge an den Beginn des zweiten Lukrez-Buches machen es deutlich, dass Horaz auf denjenigen anspielen wollte, der vor ihm das gleiche Thema so großartig formuliert hatte. Insbesondere das Bild von Angst und Bedrohtseinsgefühl als unheimlicher Gestalten (37), die mit dem Reichen, der da ins Meer hinaus baut, zusammen dorthin hinübersteigen, und von der *Cura*, die weder von einem Riesenschiff noch einem Pferd, worauf der Verfolgte sich zu retten sucht, je ablassen wird, das lässt sogleich an Lucr. 2, 44/6 denken, wie überhaupt das ganze Lukrez-Proöm in Horazens Lied immer wieder anklingt (Syndikus 2, 7ff.): Weder Legionen noch Kavallerieregimenter noch eine Kriegsflotte können, so hatte Lukrez einst gedichtet, den Menschen davor bewahren, sich von *religio*, von Todesangst und Sorgen bedrängt zu fühlen.

Vor allem anderen aber ist auf den Stil zu achten. "Nie zuvor gehörte Lieder" will Horaz singen, und das meint nicht nur den "autoritativen" Ton (Solmsen 352; Witke 24[14]), sondern was neu ist, das ist "der Klang, der Tonfall dieser Dichtungen" (Syndikus 2, 15). Da wäre vor allem das Lapidare des Stils hervorzuheben; er reiht, und diese Reihungen werden durch die zahlreichen Anaphern abgesetzt und gegliedert. Darum geht der Dichter auch sparsam um mit ausgeführten Bildern: Nur die Szene in Sizilien (17ff.) ist ausgeführt und das Bauen in die See hinaus, wohin dann doch Angst und Sorge folgen (33ff.). Im Übrigen bleibt es bei Schauanregungen durch visuelle Elemente. Zu dieser gewissen Härte sparsamen Stils gehört die Härte der Fügung, die leicht erschließbare Zwischen- und Überleitungsgedanken ausspart. "Pindarische Diskontinuität" hatte Pöschl 151 das genannt, und es mag sein, dass Horaz Pindars Art so oft um des Grandiosen willen hat anklingen lassen.

Das ist ein unpersönlicher Stil in dem Sinne, dass hier kaum Individuelles hereinspielt; denn sogar die Erwähnung des Sabinergütchens dient ja keinem anderen Zweck als dem, die Bescheidung aufs *quod satis est* zu exemplifizieren und zugleich zu verdeutlichen, dass der Sprechende das, was er da sagt und for-

---

[14] Abzulehnen ist seine auf eine Arbeit von E. T. Silk gestützte Auffassung von *non prius audita* in v. 2f. als "spoken earlier but not heeded"; Horaz nimmt hier nicht früheres Überhörtwerden übel.

dert, selber bewährt. Bis zu diesem Absenken des Tones war alles so unpersönlich-lapidar gehalten wie der Kategorische Imperativ: "Handle so, dass die Maxime deines Willens zugleich als Prinzip einer allgemeinen Gesetzgebung dienen kann".

Blicken wir zurück und fragen wir uns, was wir bis hierher geleistet haben. Gewiss, das eine oder andere ist erklärt worden; aber insgesamt stehen wir in der Gefahr, ein wundervoll gebautes Gedicht zu zerbröckeln und zu zerbröseln. Wenn schon die Klänge der Worte und ihre je eigene Farbe uns nicht mehr sicht- und hörbar sind, so sind doch die Schwingungen sehr wohl noch spürbar. Machen wir uns also zum Ende daran, wenigstens für einige wenige Strophen die schwingende Ordnung nachzuvollziehen, damit wenigstens ein kleiner Teil der Horazischen Kunst zur Sprache komme. Zu Beginn ein Fortissimo:

> "Furchtbare Tyrannen herrschen über ihre (Menschen-)
> Herden, über die Tyrannen aber Juppiter, berühmt wegen
> des Gigantensieges, das All mit der Braue bewegend".

Chiastisch geschlossene Genetiv/Akkusativ-Akkusativ/Genetiv-Ordnung, die auf einen doppelten (alliterierten) Preis ausläuft: Hin und her, her und hin, danach Beruhigung in zwei gleichlangen Schritten.

> "Es mag sein, dass einer weiter als ein anderer
> seine Baumgärten mit ihren Grubenreihen[15]
> dehnt, dieser als edlerer Kandidat zur Wahl
> aufs Marsfeld geht, jener sich als der Bessere
> an Sitte und Ruf bewirbt, ein dritter größeres
> Wählervolk hat – nach gleichem Gesetz nimmt
> sich die Notwendigkeit Große und Kleine,
> jedweden Namen schüttelt die geräumige
> Urne" (9/16).

Nach dem Kopf-Verb (*est ut*) vierfach variierte Streuung (Polyptoton *viro vir*, dann pronominale Variation); sie läuft in vier Richtungen, diese Bewegung wird dann aber aufgefangen und gebündelt durch den Gegensatz "nach gleichem Gesetz", der dreifach gefächert ist (gleich, groß und klein, jeglich). Die letzte Zeile beruhigt die Kontraste durch die vom Hyperbaton geschlossene Zeile mit ihrem vollständigen, in sich abgeschlossenen Satz *omne capax movet urna nomen*.

> "Wem eine blanke Schwertklinge überm Haupte
> schwebt, dem schmecken keine sizilischen Köst-
> lichkeiten, kein Klang von Vogelstimmen oder Kithara
> bringt den Schlaf zurück – doch der Schlaf der
> Leute auf dem Land, der sanfte, nicht

---

15 Horaz spricht in v. 10 von Furchen, wohl Gieß-Furchen; wir sprechen von Gießgruben um neu gepflanzte Bäume. In dem gleich folgenden *ordinet* (9), das der Thes. Ling. Lat. 7, 2118, 35 mit "disponere" glossiert, liegt auch die Nuance des Ausdehnens.

verschmäht er ärmliche Hütten oder schattende
Bachufer, nicht zephyrdurchwehte Täler" (17/24).

Das alles beherrschende Bild zu Beginn, danach zwei versagte Annehmlichkeiten (nicht Speisen, nicht Vogelsang oder Kitharaklang: *non – non/que*); hier ist das zweite Glied gegabelt. Also Öffnen, dann schwingender Zweischritt, der abgefangen wird durch die Wortwiederholung im Kontrast (*somnus ... non fastidit* steht gegen *non somnum reducent*). Der abfangende Kontrast ist nun wieder als Zweischritt gebaut (*non/que – non*), wobei diesmal das erste Glied gegabelt ist. Dieses Textstück zeigt eine ruhige Struktur: Zweimal steht ein Attribut vor dem Substantiv am Kolonende, das zweite Mal ist es eines aus zwei Wörtern (*Zephyris agitata*): Diese Schluss-Beschwerung bringt alles zum Halten.

So oder doch so ähnlich müsste man dem Hin und Her, dem Schwingen und Abfangen nachspüren; aber das kann hier nicht durchgeführt werden, es will bei behutsamem Lesen, für das wir hier einige Hinweise gaben, genossen sein.

Die zweite Römer-Ode

Angustam pauperiem pati: Armut oder "beschränkte" Verhältnisse erlauben nicht, sich auszudehnen, weit hinauszugehen, verhindern aber auch ein Sich-Gehenlassen und Sich-Verlieren im Ungehemmten und erzwingen Konzentration aufs Nötige. Und mit solcher Enge lernt man sich befreunden im harten Felddienst, der hart macht und stark. Hart und stark kann man nur in der Beschränkung werden, Härte und Stärke rettet, das weiß der Soldat genau. Gewiss lernt der Knabe solche Härte auch auf einer ärmlichen Bauernstelle, ganz besonders aber im Felde, denn dort erhält sie das Leben. Dies scheint der Gedanke zu sein, der Horaz vorschwebte; ihm lag aber auch daran, klar zu machen, dass dieses Gedicht c. 3, 2 an das erste des Zyklus anknüpfe: Das Thema der *angusta pauperies* setzt das der Bescheidung (*quod satis est*, c. 3, 1, 25) verschärft fort (vgl. La Penna, Orazio 48).

Nun wird die Aussage konkreter: Ein solcher Jüngling wird dann die Parther schrecken, gar als Reiter deren starke Kavallerie; und das, was in v. 5f. anreihend folgt, ist eigentlich die erneute Begründung solcher Kampfkraft: Draußen leben und in ständiger Herausforderung, das macht kriegstüchtig. Jetzt endlich ein Bild (Lyne 57): Das Bild des nicht nur kriegstüchtigen, sondern kriegsüberlegenen Römers im Unterschied zu dem jungen, in der Stadt umsorgt aufgewachsenen Prinzen, gezeichnet als homerische Teichoskopie (s. besonders

G. Williams, Figures 185): Möge der Gatte[16] oder Bräutigam ja dem römischen Leun nicht unter die Krallen geraten! Auch das Löwenbild ist, wie die Kommentare nachweisen, ein homerischer Vergleich. So hebt der Dichter das Gesagte gleichsam in zeitlose Mythik, obschon wohl in seiner eigenen Zeit, jedenfalls in Altrom mancher diese Art der Jugendertüchtigung für angemessen gehalten haben mochte, im Unterschied sowohl zur musischen wie zur sportlichen der Athener. Was die Parther anlangt, so macht sich der Dichter die allgemeine Kriegserwartung zu eigen, die darauf hinauslief, auf dem Wege der Gewalt die Schmach von Carrhae (Bengtson, Römische Geschichte 218; Syndikus 2, 26) zu tilgen. So also das Bild des nicht im Luxus persönlichen Wohlbefindens verweichlichten, sondern in Kämpfen für Roms Größe hart und dem Feinde furchtbar gewordenen Römers. Und sollte er fallen, so weiß er, dass er für Rom stirbt, und das macht den Heldentod "süß und ehrenvoll"; so zitiert und übertrumpft Horaz den Tyrtaios[17], der davon gesungen hatte, dass es "schön" sei, für die Heimat zu sterben.

Jetzt (17ff.) schwingt sich das Lied empor (man beachte die Anapher) zu einem Tugendpreis, zum Lob solcher echten *virtus*, die nicht von der *popularis aura* abhängt und die darum auch den Weg zum Ewigen Leben eröffnet[18], das Horaz in der "Feuerregion" ansiedelt[19].

Blickt man zurück, so wird deutlich, dass nach drei Strophen über die Ertüchtigung des jungen Römers drei weitere folgen, die seinen Ruhm zu ihrem

---

[16] *Matrona* (7) für Ehefrau dürfte zu Horazens Zeit eher selten, wenn nicht unerhört gewesen sein (Thes. L. L. 8, 486, 70; Bömer zu Ov. met. 5, 508). Auch *rudis agminum* statt *pugnarum* ist eine Neuerung, die Vergil ebenfalls wagte (Aen. 12, 861; vgl. OLD s.v. 7 a).

[17] Frg. 6, 1f. Diehl, vgl. Syndikus 2, 27 und L. Lindo, CP 66, 1971, 258ff. Ebenso kann man (s. S. Werner, CML 18, 1997/8, 271ff.) auf Kallinos verweisen: "Ehrenvoll ist es und herrlich für einen Mann, zu kämpfen für sein Land", usw., wo wie bei Horaz anschließend von der Unentrinnbarkeit des Todes gesprochen wird (B. Snell, Entdeckung des Geistes 238). Nisbets Konjektur *dulci decorum* schwächt die "provozierende" Formulierung (Syndikus 28) ab, Chr. Gnilka hat denn auch protestiert (s. oben Anm. 6; des weiteren H. Funke, SCI 16, 1997, 77ff.; K.-W. Welwei, Klio 79, 1997,107).

[18] *Immeritis mori* will sagen, dass die Namen der Helden nicht verschwinden und vergessen werden dürfen; *negata* ist prägnant als "sonst stets verwehrt" zu nehmen (Lateinische Dichtersprache 109). Es besteht kein zwingender Anlass, diese Gedanken auf die Stoa einzuschränken (Syndikus 2, 30, Anm. 34), echt Römisches ist mit diesen Strophen ja nicht aufgegeben, denn "nach altrömischer Anschauung gilt als Voraussetzung für den Ruhm die außerordentliche Tat, die dem Gemeinwesen nützt", vgl. U. Knoche, Der römische Ruhmesgedanke (1934), Nachdruck Gymnas. Beih. 2, 1964,26; dazu gehört fraglos der tapfere Tod fürs Vaterland.

[19] Syndikus 2, 31 nach c. 3, 3, 10; s. dazu abgesehen von Heinzes Kommentar auch Witke 39; K. Reinhardts Poseidonios-Artikel in der RE 22, 782, 34; zu derlei Himmelsvorstellungen Verf., Coelum Empyreum, in: Boethius 8, 1968. Interessant ist, wie Horaz sowohl die Seltenheit solcher Leistung als auch die Örtlichkeit vom Kontrast her andeutet: Dass ein solcher Mann die Masse meidet (*spernit*, 24) und das Wort von der "feuchten Erde" legt den Gedanken an Seltenheit und Äther- oder Feuer-, bzw. Lichtregion e contrario nahe.

Gegenstande haben. Jetzt folgen zwei Strophen, die eine andere als die kriegerische Tugend rühmen. Horaz nennt sie *silentium*; aber es ist weder die Verschwiegenheit des Wortes gemeint noch das Stillehalten im Umgang mit den Menschen, sondern die Scheu im Umgang mit den Göttern und dem Heiligen[20], also die *pietas*. Dass die v. 25ff. vom Dichter auf sich selbst bezogen seien, etwa im Sinne von "Hier muss ich abbrechen und schweigen, um nicht Heiliges zu verletzen" (Pasquali 667ff.), braucht nicht angenommen zu werden, schon gar nicht Weiterungen, wie V. B. Jameson sie vornimmt[21]. Nein, Horaz lässt das Lied erneut wenn nicht leiser, so doch etwas weniger gewaltig ausklingen (Collinge 101f.), indem er nach dem Kriegs- und Siegesruhm die eher bürgerliche Tugend der religiösen Scheu preist, die im übrigen ja für nicht minder staatserhaltend galt.

Die erste Römer-Ode forderte die Bescheidung, die sich klar macht, dass alles Streben nach Macht und Reichtum um des eigenen Glückes willen auf Illusion gegründet ist; eine solche Haltung zu gewinnen, ist jedermanns eigene Sache. Das Gemeinwesen aber verlangt – so das zweite Gedicht – vom jungen Mann, aufgrund der Zurücknahme seiner selbst und der Unterordnung des Ich unter das Interesse des Staates hart und kriegstüchtig zu werden, notfalls freudig das Leben hinzugeben, und verheißt solcher Selbstentäußerung ewigen Ruhm; das Gemeinwesen fordert aber auch, auf dem Grunde der gleichen Selbstzurücknahme die Scheu vor dem Heiligen, auf dass die Gottheiten nicht dem Gemeinwesen, sich rächend, Schaden zufüge. Der Dichter der zweiten Römer-Ode fordert nicht selber einen Partherkrieg und übernimmt mit dieser Forderung kaum "einige römische Grundpositionen so unreflektiert als fraglos richtig, dass er sich des Widerspruchs zu seiner sonst eingenommenen philosophischen und menschlichen Haltung nicht einmal bewusst wurde" (Syndikus 2, 27); so zu interpretieren, kommt von der Suche nach des Dichters eigenem Denken und Empfinden her. Um die geht es jedoch nicht, sie dürfte auch kaum zu erschließen sein. Vielmehr lebt diese zweite Römer-Ode von dem Bestreben, nichts anderes zu sein als das Sprachrohr der recht denkenden Bürger und somit einen Beitrag zum Wiederaufleben lassen der altrömischen Werte- und Gedankenwelt zu leisten, einem Bestreben also, das auch Vergil und Livius anspornte. Da muss nicht jeder einzelne Satz dem Dichter "aus der Seele gesprochen" sein, wohl aber war die Idee und das Ideal, das alle sechs Römer-Oden trägt, ganz gewiss ernst gemeint. Nun ist es klar, dass – um im Bereich platonischen Denkens zu bleiben – eine Idee in mancherlei Manifestationen und Manifestationsklassen aufscheint; Horaz wählte die heroische, die sich selbst um des Gemeinwohls willen aufopferungsbereite Manifestation der Heimatliebe. Ihm

---

[20] Horaz scheint Simonides frg. 77, bzw. 582 PMG anklingen zu lassen (Syndikus 2, 31, Anm. 42), der wahrscheinlich davon gesprochen hatte, dass Schweigen eine Gabe sei, die vor Gefahr schütze. Horaz aber fügt den Gedanken der Verlässlichkeit (*fideli*) hinzu, weitet also das alte Wort auf die Gemeinschaft aus.

[21] TAPhA 114, 1984, 219ff.: Die Akteure von v. 1–24 und 25ff. seien ein und dieselbe Person (228), und diese könne dann nur Gallus sein (229ff.), ein absurder Einfall.

als Dichter war selbstverständlich nicht verborgen, dass dieses nur eine von mehreren möglichen Ausprägungsklassen des *amor patriae* war (so fehlt die riesige Klasse der Kultur-Taten). Doch die Römer-Oden sollten, das zeigt bereits die im Grunde ganz un-individuelle Ode c. 3, 1, einstimmen in den Chor der rigoristischen Stimmen. Und letzten Endes sind diese ja auch, im Unterschied zu den individualistischen, die gewichtigeren.

Die dritte Römer-Ode

Iustum et tenacem propositi virum: "den, der gerecht ist und an seinem Ziele festhält" (so Büchner, Studien 3, 131), den wird nichts dazu bringen, von dieser seiner Tugend abzugehen, so beginnt die Ode; aber was ist hier "gerecht", wenn man bedenkt, dass gleich in v. 9ff. etlichen Heroen ob eben dieser Tugend das Himmelreich verheißen wird? Lassen wir einstweilen diese Frage offen und betrachten das Weitere.

Weder Bürger, die Verkehrtes (*prava*) von ihm fordern wie die Dreißig von Sokrates, noch die drohende Miene eines Gewaltherrschers werden den standhaft Gerechten von seinem festen Sinn abbringen noch auch Naturgewalten:

>   *si fractus inlabatur orbis*
>   *inpavidum ferient ruinae* (7f.),

"Wenn die Welt zerborsten in sich zusammenstürzt, werden die Trümmer einen Furchtlosen begraben": Stolzere, eindrucksvollere Verse gibt es bei Horaz kaum je wieder, und man hat sie, wie Impresen und Embleme[22] zeigen, bis ins 18. Jh. hinein bewundert. Und nun die Heroen: Zum Lohn für solche *ars*, d.h. solche Haltung kamen die Dioskuren und kam Herakles nach langen Fahrten und Mühen (*enisus*, 10) zu den "feurigen Sitzen", d.h. in die Feuer- oder Lichtregion ewigen Himmelsreiches. Die Dioskuren Kastor und Pollux wurden als Schützer der Menschen, insbesondere der Seefahrer verehrt und von den Römern als Mitstreiter in der Schlacht am See Regillus, die man ins 5. Jahrhundert v. Chr. datierte, und als Melder des Sieges (Wissowa, Religion und Kultus 268ff.) betrachtet. Des Herakles Verehrung als Schützer ist nicht minder althergebracht, nur: Was haben diese Heroen mit dem "gerechten Mann" zu tun? Offenbar ist seine Gerechtigkeit keine nur private allein, sondern *iustus* dürfte stark von griechischem Tugenddenken beeinflusst sein. So ist für den Griechen "Gerechtigkeit ... das Streben, in seinem Umkreis dafür zu sorgen, dass jeder das Seine erhält,

---

[22] Man erinnere sich an Otto van Veens „Emblemata Horatiana" (J. Müller Hofstede, P. P. Rubens, Katalog der Kölner Ausstellung 1977, Bd. 1, 27; J. Gerards-Nelissen, Simiolus 5, 1971, 20ff.).

dass man selbst nicht übergreift in fremde Bereiche" (B. Snell, Entdeckung des Geistes, 3. Aufl. Hamburg 1955, 235). Jedem Ding und jedem Menschen seinem ihm je eigenen Wert und Anspruch zu wahren – wenn dies Gerechtigkeit ist[23], dann waren die Heroen, die den Menschen im Allgemeinen und im Besonderen den Römern ihre Ansprüche wahrten, in der Tat gerecht[24]. Und ihnen wird nun in v. 11 Augustus zugesellt, Nektar trinkend mit strahlendem Angesicht, also wie ein Gott[25], und auch Bacchus (13ff.); ihn "führten seine Tiger, das Joch auf ihrem sonst für derlei ungelehrigen Nacken tragend" – wohin? Williams, Third Book 43 dachte an die Apotheose, Witke 40 allein daran, dass es ihm gelungen sei, Tiger zu zähmen (ein absurder Gedanke), Syndikus 2, 38 sah in ihm einen Wohltäter der Menschheit. Aber für Euripides (Bacch. 554) war er im Olymp (vgl. W. F. Otto, Dionysos, 4. Aufl. Göttingen 1980, 178). Endlich Romulus–Quirinus: Auch er "entkam der Unterwelt auf den Pferden des Mars" (16f.) und wird jetzt unter die schützenden Heroen aufgenommen. Das kam dem Dichter kaum "zufällig in den Sinn" (Williams, Third Book 43 oben); eher wird man daran denken, dass Romulus, wie die Sage wollte, sehr lange und stets gerecht über die Stadt geherrscht hat und dass er seit langem zu den in Rom verehrten Gottheiten gehörte (Syndikus 2, 40). Hilfe für Bedrängte, auch für Rom (Pollux), Rettung vor Ungeheuern, z.B. Cacus (Witke 39) im Falle des Herakles, Wohltaten (aber auch Bestrafung der Unfrommen) und nicht zuletzt lange und gerechte Herrschaft, dies alles zusammengenommen ist die *ars*, ist die Tugend der Heroen-Götter; unter den Menschen aber ist gerecht, wer unwandelbaren Sinnes das Rechte tut (*prava* in v. 2 nennt das Gegenteil) und die Grenzen wahrt. Wozu sagt Horaz all' dies?

Um einer großen Verheißung willen: Er wagt es, einen Götter-Mythos in der Form einer Rede Junos folgen zu lassen, in der Troja als Gegenbild gegen das erhoffte Rom gestellt wird, Troja, das als unkeusch, trügerisch und eidbrüchig geschildert wird (18/28). Doch obschon Romulus–Quirinus ein Sohn der ver-

---

[23] Für Lucilius war dies *virtus*, vgl. Verf., Geschichte der römischen Philosophie § 22; für ihn war dies ein Wissen (*scire*), und dieser Gedanke ist der Stoa geläufig (SVF Bd. 4, 42 links).

[24] Zu Pollux als Schützer vgl. c. 3, 29, 64; Witke 39; zu Augustus an dieser Stelle auch Syndikus 2, 39, Anm. 40 (teils gegen Doblhofer 129ff.).

[25] Wir erinnern uns: Der Ehrenname Augustus wurde dem Herrscher im Januar 27 v. Chr. verliehen (Kienast 93); c. 3, 3 ist also danach abgefasst. Er durfte unter die Heroen gezählt werden, da er ja einen göttlichen, bzw. vergöttlichten Vater hatte (Kienast 49); Dichter hatten Octavian schon früher als gottgleich gepriesen (Kienast 245, Anm. 133). Dass er hier in v. 12 *purpureo ore* Nektar trinkt, ist weder "geschmacklos" (Williams, Third Book 42) noch hat es mit der Färbung des Mundes durch das Getränk etwas zu tun (Pulleyn, Menmosyne 4, 50; 1997, 482ff.), sondern sein Antlitz gleißt wie das eines Gottes, vgl. c. 4, 4, 6f.; OLD *pupureus* 3 a ("sheen rather than colour"), Anacr. 357, 3 PMG ("strahlende Aphrodite") und Simon. 585 PMG. Bezüglich der Nähe zu Pollux und Herakles ist daran zu erinnern, dass Augustus mancherorts mit ihnen einen Tempel teilte, doch seit wann, ist unbekannt (Kienast 253, Anm. 159).

hassten Trojanerin Ilia ist[26], will sie ihn in den Himmel eingehen lassen, will Rom die Weltherrschaft schenken (44/48), solange es sich von Troia so weit unterscheidet wie es räumlich von ihm entfernt liegt[27] und solange es

> *aurum inrepertum et sic melius situm*
> *cum terra celat, spernere fortior*
> *quam cogere humanos in usus*
> *omne sacrum rapiente dextra,*

solange es also "eher Energie darauf verwendet, das Gold, das ungeschürft im Schoße der Erde besser aufgehoben ist (als in den Händen und Truhen der Menschen), zu verachten, als es in den Dienst des Menschengeschlechts zu zwingen mit einer Hand, die alles Heilige anzutasten bereit ist" (und das Gold gehört eigentlich der Erde, es zu ergraben, ist demnach eine Verletzung heiligen Rechtes[28]). Ein solches Rom wird bis ans Ende der Welt vordringen und unbekannte Gegenden beim Erobern kennen lernen[29]. Doch noch einmal schärft Juno ein, dass diese Verheißung nur gelte, wenn Troja nicht wiedererwachse[30], Troja, der Hort aller Üppigkeit (Syndikus 2, 46), den Juno, auch wenn es dreimal durch Apolls Willen wiedererstünde, dreimal vernichten würde.

Mit einem scharfen "Nein", das man mit Pindars Abbrechen verglichen hat[31], ruft der Dichter sich scheinbar von dem eingeschlagenen Weg zurück[32]: Eigentlich ist seine Lyra doch nur für Scherzhaftes und Kleines gemacht. Man wird nicht meinen, dass "the effect of the stanza is to dissociate the poet from a personal involvement in the themes of the poem" (Williams, Third Book 44) in dem Sinne, dass der Dichter nicht voll zu seinem Wort stünde; man wird vielmehr die

---

[26] Was dies für das zeitliche Verhältnis zu Vergils Aeneis bedeutet, vermutet Syndikus 2, 34: "Horaz kannte also nicht die Reihe der Könige von Alba" Vergils; vorsichtiger wäre es zu sagen, dass Horaz die Konstruktion Vergils möglicherweise noch nicht kannte oder aber sie für seinen Zweck im c. 3, 3 nicht brauchen konnte.

[27] Es zwingt wohl nicht viel, hierin eine Anspielung auf die später verworfenen Pläne zu sehen, die Hauptstadt des Weltreichs in den Osten zu verlegen (La Penna 66; Syndikus 46 unten).

[28] Zur Syntax des *spernere fortis* s. Williams, Third Book 12 unten, Witke 44.

[29] Ed. Fraenkel hat auf S. 319ff. schön gezeigt, wie in der Antike Erobern und Erforschen ineinander übergingen, man kann auch auf Caesars ethnographisch-erdkundliches Interesse verweisen.

[30] L. Bösing, MH 25, 1968,155 zur Geschichte der Baum-Metaphorik, die hier in *excisus* (v. 67) besonders deutlich werde. Troja soll übrigens auch in der Aeneis nie wiedererstehen: 12, 808ff. Zu gegenteiligen Gerüchten Suet. Div. Jul. 79,4. Nicht unwichtig ist, worauf La Penna, Orazio 61f. hinwies, dass nämlich Rom erst in augusteischer Zeit die "pregnanza sentimentale" von Weltherrschaft einerseits, andererseits von Heimat erhielt; vgl. dazu schon U. Knoche, Die augusteische Ausprägung der Dea Roma (1952), nachgedruckt in: Gymnasium, Beih. 2, 152ff.

[31] Vgl. Syndikus 2, 47, Anm. 73 mit Betonung auch des Unterschiedes.

[32] D. O. Ross, Backgrounds to Augustan Poetry: Gallus, Elegy and Rome, Cambridge 1975, 141f.

Zeilen so lesen, dass sie nicht nur einen vorläufigen Schlusspunkt setzen und c. 3, 1–3 von 4ff. abtrennen, sondern dass sie zugleich den unerhörten Aufschwung betonen, den der Dichter, der sonst nur *parva* sang, hier gewagt hat im Dienste des Großen und Ganzen, im Dienste Roms. Welcher Dienst war das?

Die Gedanken, die Horaz hier äußerte und welche die Selbstbescheidung im Besitzstreben und darüber hinaus das unbeirrte Befolgen des Rechten betrafen, sie waren dem Dichter seit den Lehren des Vaters, seit der theoretischen Schulung in Athen und seit seinen Satiren geläufig. Das, was er nunmehr wagte, war, sie auf das Staatsganze anzuwenden. Solche Gedanken hatte schon Cicero (Pro Rabir. 33) ausgesprochen, davon ist auch in neuerer Zeit oft genug gehandelt worden (vgl. allein Syndikus 2, 33; Witke 44 mit Literatur); hier sei darum nur hervorgehoben, dass die Zueinanderordnung von Mensch (*iustum et tenacem propositi virum*) und Staat (*Roma ferox* und *aurum ... spernere fortis*) ein auch in der stoischen Philosophie nicht ungeläufiges Thema war[33]. Aber das sind Einzelheiten; uns muss es jetzt darauf ankommen, den Gedankengang insgesamt zu verstehen, und das wird nicht leicht sein.

Die Frage nach dem Gedankenverlauf hängt eng mit der nach dem Bau des Gedichtes zusammen. Deutlich ist, dass nach zwei Strophen über den *vir iustus* zwei weitere folgen über die Verewigung der Heroen aufgrund ihres Wirkens in der Welt. Die Rede der Juno gliedert sich in fünf Strophen über ihre Kränkung und Vergebung (*nepotem ... Marti redonabo*, 31/33) und fünf weitere mit ihrer Verheißung und Bedingung, worauf drei Strophen des Warnens folgen. Am Schluss steht die Abbruchsstrophe. Nun etwas genauer. Die Verse über den unbeirrt rechtschaffenen Mann bedeuten: Wenn man die griechisch-römische Dikaiosyne-*Iustitia* als bürgerliche General-Tugend versteht, will sagen: als die Haupttugend des Bürgers in Bezug auf die Gemeinschaft, dann scheint es so, als werde diese Tugend zu Beginn genannt und ihr unbeirrbarer Befolger gepriesen, mehr zunächst nicht; man fragt sich, wohin diese bloße Nennung zielt, auch wenn sie fraglos als hohes Lob gemeint ist.

Dann die Heroen: Zunächst zwei mythische, dann der römische Augustus; auf ihn folgt noch einmal eine mythische Gestalt (Bacchus) und eine aus der römischen Königs- und Sakralgeschichte, Quirinus–Romulus. Ihre Verbindung zum rechtschaffenen Bürger ist bloß äußerlich (*hac arte*, 99; hierzu Kraggerud 64, Anm. 15), denn aus den Himmelfahrten der Heroengeschichten auf eine gleichlautende Verheißung für den *iustus vir* zu schließen, ist unzulässig, weil der Text nicht nahe legt, dass auch der sterbliche Gerechte mit dem Einzug in den Himmel rechnen dürfe. Der Übergang bleibt, so scheint es auf den ersten Blick, äußerlich und darum erstaunlich hart.

Was hat nun die Juno-Rede zum Inhalt? Zunächst die Absage an die "troischen" Untugenden; da wäre die Verletzung der *castitas* durch Paris, d.h. der Übergriff über die Grenze der Ehe; da wäre ferner die Verletzung des Eides, auch dies eine Grenzüberschreitung, denn der Eid umzieht, aufs Griechische ge-

---

[33] K. Reinhardt, RE-Artikel Poseidonios, Bd. 22, Sp. 654/ 662.

sehen, den Schwörenden (die etymologische Verwandtschaft von horkos und herkos dürfte eindeutig sein); aufs Römische geschaut, bedeutet der geschworene Eid nicht minder eine Grenzziehung. Eine heilige Grenze überschreitet dann auch der, welcher der Erde ihr Gold entreißt (49/52). Das alles bedeutet: Wenn Rom die Heiligkeit von Ehe, Eid und *sacrum* (52) achten wird, wird es glücklich (*beati*, v. 39) und Herrscherin über die Welt sein. Die Wahrung der Grenze aber, so sahen wir oben, ist *iustitia*. Gerecht aber waren die mythischen Heroen im Sinne, dass sie unentwegt dafür sorgten, dass jedem sein Teil zukomme – dem betenden Seefahrer im Sturm seine Rettung (Dioskuren); dem um Hilfe Rufenden (*hercle!*) sein Schutz vor Ungeheuern (Herakles); den hart Arbeitenden die Erholung im Rausch (Bacchus) und nicht zuletzt den Römern gute Herrschaft (Quirinus). Darum wurden sie mit dem ewigen Leben im Himmel belohnt.

Jetzt können wir versuchen die drei Teile – den *iustus vir*, die Heroen und die bedingte Verheißung Junos – zusammenzusehen. Aus den negativ formulierten Bedingungen Junos ergibt sich die positive Forderung nach Einhaltung der heiligen Grenzen, und das ist die Tugend der *iustitia*. Dass solche Tugend möglich ist, das haben die Heroen gezeigt. Sie sind nicht ausschließlich griechische Gestalten, sondern sie haben sehr wohl auch Bezug zu Rom; was Pollux und Herakles anlangt, so ist das aus ihren alten Kulten in Rom ersichtlich, was Bacchus angeht, so hat Horaz nicht umsonst seinen Triumphzug angedeutet: Bacchus ist auch nach Italien gekommen und als *Liber Pater* ist er seit dem ältesten Kalender präsent (sogar das Wort *triumphus* wird mit griech. thriambos zusammenhängen[34]). Zudem war Bacchus seit dem 5. Jahrhundert zum Heiland geworden, und in Rom glaubten viele, das ewige Leben zu erlangen, wenn sie nur Bacchus nachfolgten[35]. Kurzum: Wenn Rom ebenso unbeirrt der Tugend folgt wie der *iustus et tenax vir*, dann wird die Gottheit Rom so erhöhen, wie sie die Heroen zum Ewigen Leben erhöht hat. Zugegeben, eine harte Fügung; aber sie ist nicht härter und verlangt nicht mehr Nachdenken als der Übergang vom Leistungslob zum Mythos in Pindars oben besprochener zehnter Nemee.

Das c. 3, 3 weist mancherlei Bezüge zu den beiden voraufgegangenen Römeroden auf[36]. Die *virtus* persönlicher Bescheidung in c. 3, 1 war gewissermaßen die Grundlage für die Forderung nach sehr viel weiter gehendem Zurücktreten, sowohl dem vor dem Wohl der Gemeinschaft (bis hin zum Opfer des Lebens) als auch dem vor dem Heiligen. Eben diese Tugend, und zwar ihre unbeirrbare Befolgung "Nie wieder Troia" ist dafür der mythische Ausdruck) wird jetzt zur Bedingung für Roms Weltherrschaft gemacht.

---

[34] Otto 179; E. Walde-J. B. Hofmann, Lateinisches etymologisches Wörterbuch, 2 Bde., 4. Aufl. Heidelberg 1965, bzw. 1972; Bd. 2, 707.
[35] Verf., Dionysos von Homer bis heute 137 mit Anm. 24.
[36] H. Oppermann, Gymnasium 66, 1959, 209; Fraenkel 322; Syndikus 2, 36; K. Büchner, Studien 3, 131; Williams, Third Book 41 unten und Witke 38.

Die vierte Römer-Ode

Descende caelo et dic age tibia
regina longum Calliope melos,
seu voce nunc mavis acuta
seu fidibus citharave Phoebi.

«Steige herab vom Himmel und sage ein langes Lied, Kalliope – Königin –, ob Du es mit hallender Stimme möchtest oder lieber auf den Saiten von Phoebus' Kithara". Niemand wird sich der Kraft dieses Beginns entziehen können, es ist ein Gedichtanfang, wie er allerdings im Griechischen nicht selten war: Stesichoros (63 PMG) stimmte so eins seiner Lieder an: "Hierher, wohlan, Kalliope, hellstimmige..." (alles Weitere ist verloren)[37]. Die Herbeirufung aus dem Himmel wird daher kommen, dass Dichter die Musen die "olympischen" nannten (Hom. Il. 2, 491) und die "den Himmel bewohnenden" (Hes. Theog. 75), die Anrufung Kalliopes als *regina* mag ihren Ursprung im epischen Beiwort der Muse als "Herrin" (Pind. Nem. 3, 1), zudem in Hesiods Lobpreis dieser Muse als der "vorzüglichsten" haben[38]. Sie möge nun also ein "langes Lied" singen (*dic age*, worin *age* kein echter Imperativ mehr ist: Hofmann-Szantyr 289 Mitte); sie wird es vorsagen, der Dichter wird es weiterkünden, so ist des Dichters Tun von Homer verstanden worden (Boeder, Topologie 59). Syndikus 2, 48f. deutet die Möglichkeit an, dass für Horaz die Musen-Namen austauschbar gewesen seien; doch Clio, also griechisch Kleio, wird dort angerufen, wo es um den Ruhm (kléos, vgl. Theiler 256, Abs. 2) des Helden und Gottes geht; hier in c. 3, 4 geht es um das Schöne in weitem Sinne, da mag die "Schön-stimmige" (dies die etymologische Erklärung des Namens) herbeikommen; es ist ja auch ein "schöner" Wahn, den der Dichter gleich erleben wird (*amabilis*, v. 5). Kalliope möge also kommen und ein langes Lied auf der Flöte beginnen, oder doch lieber[39] mit ihrer hellen Stimme (das erinnert an Stesichoros), vielleicht auch mittels der "Saiten und der Kithara". In den vielfältigen Verlautbarungen zu dieser schwierigen Stelle wird zumeist übersehen, dass *fidibus citharave Phoebi*[40] eine klare Fermatengabelung in der Form eines Hendiadyoin ist; die

---

[37] Andere ähnlich klingende Liedanfänge nennen W. Theiler, Das Musengedicht des Horaz, jetzt in: Untersuchungen zur antiken Literatur, Berlin 1970, 396; Syndikus 2, 49, Anm. 7, besonders Pind. Nem. 3, 1/3.

[38] So Heinze 272; Theiler 256 und W. Marg, Zum Musengedicht des Horaz, in: Monumentum Chiloniense (Festschrift für E. Burck), Amsterdam 1975, 388/90.

[39] So könnte man versuchen, das *nunc* des v. 3 zu verstehen, vgl. Wickhams "he corrects this" im Kommentar zu 1-4. Das *nunc* scheint temporal und modal zugleich zu sein und setzt gleichsam ein zweites Nachdenken der Muse voraus.

[40] Das oft gedruckte, von Bentley und Heinze vorgezogene -*que* ist gegenüber -*ve* ganz schlecht überliefert. Es handelt sich auch nur um eine Trivialisierung des *ve*, welches hier den Wert eines "und" hat, s. Dingel zu Verg. Aen. 9, 228; Hofmann-Szantyr 503, Zusatz á. – Man erwarte keine Stellungnahme zu D.

Lesart -*que* soll dies verdeutlichen). Kalliope möge also auf der Flöte vortragen oder, wenn sie dies lieber täte, mit ihrer hallenden Stimme oder auf den Saiten der "Kithara Apolls".

> *auditis? an me ludit amabilis*
> *insania? audire et videor pios*
>   *errare per lucos, amoenae*
>   *quos et aquae subeunt et aurae.*

"Hört Ihr? Oder täuscht mich lieblicher Wahn? Ich höre, so kommt mir's vor, und wandele durch fromme Haine, wohin schöne Bäche kommen und Lüfte". Die zweite Strophe beginnt "dramatisch" (Theiler 257 mit Anm. 2) wie im Chorlied Alkmans (frg. 1, 50 PMG), worauf Theiler 258 verwiesen hatte. Mit der ersten Strophe zusammengenommen, bedeutet dies, dass Horaz sein Lied ganz griechisch beginnt (Theiler 255 oben). Er fährt in der Art eines griechischen Chorliedes fort, nämlich mit einer dramatischen Inszenierung, die der von c. 3, 1, 1ff. ähnelt: Der Abbruch in der letzten Strophe von c. 3, 3 und die dramatische Herbeirufungsszene verdeutlichen den Neubeginn und damit die Gliederung der sechs Oden in 3 + 3. Um eine "überraschend dramatische Form" (Theiler 259) handelt es sich, die wir etwas deutlicher machen müssen, als in der Übersetzung geschehen: Der Dichter wendet sich an die Umstehenden: "Hört Ihr's? Oder narrt mich lieblicher Wahn (zu *amabilis* Fraenkel 479, Anm. 1 nach Mitte), so dass es mir vorkommen will, als hörte ich (das Lied) und wanderte durch der Frommen Haine, an deren Grunde Bäche fließen und deren Wipfel ein Hauch durchzieht"? So etwa ließe sich Horazens stark verkürzende Strophe wiedergeben[41]. *Aquae* und *aurae*: Erneut eine Fermate; das bedeutet, dass die beiden

---

O. Ross´ halsbrecherischem Wagnis, in der Verbindung von Calliope und Phoebus eine Anspielung auf Vergil und Gallus zu sehen (Backgrounds 143).

[41] *Lucos, quos aquae subeunt* ist schwierig zu erklären; Haine, "durch die liebliche Wasser und Lüfte gehen" (Syndikus 2, 50) ist gewiss nicht falsch, wird aber weder dem Präfix noch den *aurae* gerecht, von denen man kaum *subeunt* sagen kann. S. Koster (Descende caelo, in: Candide iudex, Festschrift W. Wimmel, Stuttgart 1998, 149) sprach davon, dass Wasser und Lüfte dem wandernden Dichter "sozusagen heimlich nachfolgen" und auch davon, dass Wasser und Lüfte sich mit dem Dichter in den Hain "stehlen", dass der Dichter "eigentlich unbefugt an zu heiliger Stätte" sei; aber warum, wenn man an c. 1, 1, 30ff. denkt? Koster baut seine Auffassung auf die von ihm unterlegte Bedeutung des *subeunt* als "heimlich gehen". Man wird bei *subeunt* eher an Caesars *cuius collis* (Alesia ist gemeint) *radices duo ... flumina subluebant* (B.G. 7, 69, 2: sie flossen unten, von einem Unterspülen kann nicht die Rede sein) denken: Die Bäche fließen, wie natürlich, unten am Boden, und zu den *aurae* muss man sich zeugmatisch (Lateinische Dichtersprache § 130) ein Verb des Herbeikommens dazudenken (*adeunt, afflant* oder ähnliches). Es zwingt nichts, ein Heimliches in den Text zu bringen. – Zum Ort der Verzauberung Troxler-Keller 31 (der Helikon sei gemeint der Musenberg ist heute arg verschandelt), dagegen Syndikus 2, 50 (es sei an keinen bestimmten, nur eben an einen einsamen Ort zu denken, vgl. c. 1, 1, 50ff., den Hain der Musen und Satyrn). Wie man nun aber die "frommen Haine" auffassen sollte, ist schwierig zu bestimmen; Wickham dachte entweder an *pios* =

ersten Strophen voneinander gesondert werden müssen: Pause (des Lauschens) nach der ersten und Pause (des Erwachens aus der Verzückung) nach der zweiten.

Kalliope, so fassen wir zusammen, möge herabkommen und ein Lied sagen; sie ist die Herrin der Lieder, ist auch die Herrin über den Dichter, denn sie vermag ihn zu entrücken in heilige Haine. – Betrachten wir zuletzt den Bau dieser Strophen: Die ersten zwei Zeilen sind in sich geschlossen, angefügt ist eine *sive-sive* – Konstruktion, die den erregten Anruf auffängt und zur Ruhe kommen lässt, indem sie mit einer Gabelungsfermate endigt. Dramatischer ist Str. 2 gebaut: Der dreigliedrige Satz mit seinen zwei erregten Fragen und dem gespannten Zuwarten übergreift die gesamte Strophe und findet erneut in einer Gabelung seine Beruhigung.

Ohne äußere Vermittelung beginnt in Strophe 3 etwas ganz Andersartiges, nämlich der erste Mythos des Gedichtes (so Theiler 257). Der Dichter spricht nunmehr ganz entspannt von sich selbst, von seiner Kindheit. Er berichtet von einem Ereignis am Voltur, dem beherrschenden Berg in der Gegend von Venusia, und erzählt, wie er als kleiner Knabe einst sich recht weit vom Hause seiner Amme entfernt, wie er vom Spielen erschöpft sich zum Schlafen gelegt habe, und wie dann Tauben ihn mit jungem Laub bedeckt hätten, so dass er zum Staunen aller Anwohner von Forentum, Bantia und Aceruntia sicher vor Schlangen und Bären schlief mit Lorbeer- und Myrtenzweigen (vor der sengenden Sonne) geschützt, "nicht ohne die Götter mit *animus* erfüllt" (20), mit einem Geiste, der somit ganz gewiss ein Geschenk hoher Gottheiten war (treffend Syndikus 2, 52, Anm. 34). Man darf sich nicht fragen, ob sich diese Geschichte wirklich so zugetragen habe, man kann sie allein auf ihre innere Bedeutsamkeit und Glaubwürdigkeit hin befragen und mit Ulrich Knoche[42] feststellen, dass – wenn die Szene bei Venusia spielte – 25 km zwischen Venusia und dem Voltur liegen, dass ferner – wenn Bewohner von Forentum (heute Forenza), Bantia (Abbadia di Banza) und Aceruntia (Acarenza) das Geschehnis bestaunten – diese Menschen zwischen 15 und 20 km entfernt vom Orte des Geschehens gelebt haben, so dass "die reale Wirklichkeit vollständig zerspielt" ist und Horaz von einem Erlebnis aus seiner inneren, der poetischen Welt erzählt. Auch wenn man U. Knoche entgegenhält, dass ja nichts zwingt, die Amme ganz in der Nähe von Venusia oder in dem Geburtsort des Horaz leben zu lassen, dass sie sehr wohl 25 km von Venosa entfernt gelebt haben mag, dass man alles rekonstruieren könne, was Horaz sagt, das Wesentliche ist damit noch nicht getroffen. Vielmehr muss man auf die äußere Seite dieses Berichtes schauen und mit Pasquali (693) feststellen, dass er seine literarischen Vorläufer hat: Pindar er-

---

sacros, "den Gottheiten gehörig" oder daran, dass Horaz einen entrückten Ort andeuten wollte. Heinze nahm eine Übertragung der Frömmigkeit des Dichters auf den Ort an; möglich ist eine Enallagé (*pios* statt *piorum*) allemal, wichtiger aber ist, mit Syndikus 2, 50 festzuhalten, dass mit diese Bezeichnung angegeben sein sollte, dass es sich um eine erdenfernen Ort handele, einen Ort, an dem *pietas* herrscht.

[42] Erlebnis und dichterischer Ausdruck in der lateinischen Poesie (1958), jetzt in AKS 161.

zählt in Ol. 6, 27ff. die Geschichte von Euadne, die, von Apollo schwanger, Iamos gebar und ihn zurückließ, dass aber zwei Schlangen ihn genährt hätten. W. Marg (393) verweist weiterhin auf Hesiods Berufungsgeschichte (Theog. 22ff.). Man kann noch auf andere Wundererzählungen dieser Art mit Theiler 260 und Syndikus 2, 52 hinweisen und mit Koster 151 auch darauf, dass es sich ja nicht um beliebige Schutztiere und um beliebiges Laub handelt, sondern um die Tauben der Venus und den Lorbeer Apolls, also um Symbolträchtiges, und so zu dem Schluss kommen, Horaz habe seine Erzählung in die lange Reihe von Berufungsberichten gestellt, und geschehen sei derlei überhaupt nicht – aber wer will das wissen? Wer will wagen zu meinen, dass die Erzählung überhaupt keinen realen Kern habe? Und wenn sie einen solchen besitzt, dann hat, hierin werden wir Ulrich Knoche gern zustimmen, der Dichter ihn mit einem Kranz aus dem reichen Repertoire von Berufungswundern umlegt, aber die Berufung selbst, die hat er ganz sicher verspürt und empfunden.

Solches oder doch so Ähnliches geschah ihm in der Kindheit; nun aber die reiferen Jahre und die zukünftigen (21/36): Dreimal spricht der Dichter es aus, dass er (von da an) den Musen gehörte; "als der Eure, ihr Camenen, als der Eure hebt es mich hinan zu den steilen Sabinern, gleich ob mir das kühle Präneste oder das hohe Tivoli oder Baia an der See gefielen": Ein seltsamer, daher vielbesprochener Satz." Wickham schrieb: "The Muses take him, as a god snatches a hero ... and carry him up 'in montis' ", und die drei anderen Plätze verstand er als Alternativen zu den Sabinerbergen. "In eurem Dienst ... weile ich am liebsten fern von Rom, nahe der Natur", so paraphrasierte Heinze, und *tollor* erklärte er als "medial", also als "hebe ich mich hinan" etwa. Syndikus 2, 55 fasst die Gegenden allesamt als "Orte, deren Lage und Natur Eigenschaften des Musenhains haben". (Witkes "novel reading" 48ff. können wir getrost übergehen). Koster dagegen übersetzt zunächst symbolisch mit "Jetzt erhebe ich mich steil hinauf zu meinem Sabinum", das er als das Höhere, Schwierigere versteht, also doch wohl als einen Aufschwung zu poetisch "Ernsthafterem und Ehrgeizigerem" (151 unten), engt dann aber das Gesagte auf Politisches ein: Horaz "stellt sich der Herausforderung des mäzenatischen Sabinums", was doch ersichtlich eine Überfrachtung des horazischen Verses ist, weil sie im Text keinen Rückhalt findet. Also was nun? Zunächst verweist D. O. Ross, Backgrounds 150 nach R. Pfeiffer (Kallimachos Bd. 1, 11; Z. 17 des Scholions) in Bezug auf *tollor* auf das Epigramm Anth. Pal. 7, 42, wo anscheinend geschildert ist, wie der Dichter von Musen auf den Helikon "gehoben" wurde: "It is as your own poet, Camenae, that I have been transported ... on the Sabine hills". Das setzt nun aber voraus, dass die nachfolgende Reihe der *seu ... seu ... seu* in bedenklicher Weise konzessiv aufzufassen ist ("obschon mir vordem andere Orte gefielen"), wie u. a. S. Koster sie auffasst. Nötig ist dies alles nicht, denn man kann doch übersetzen: "Als der Eure, Ihr Musen, als der Eure erhebe ich mich steil zu den Sabinerhöhen", d.h. "In Eurer Hut bin ich, wenn ich mich zu den Sabinerhöhen erhebe", oder wenn mir andere Orte gefielen, das will sagen: "oder wenn ich an anderen Orten weile" oder auch: „weilte", kurzum: Überall. Man fasst den Satz am besten örtlich auf: "Wo immer ich bin, gehöre ich Euch". Damit kehren wir mit nur geringer Abweichung wieder zu Heinzes Auslegung und, unter Meidung aller Symbolismen, in eine gleichsam interpretatorische Ruhelage zurück.

Kindheit und Gegenwart; der Sinn des Zurückblickens war darzutun, dass der Dichter von klein auf im Schutze der Musen stand und dann späterhin zu denen gehörte, die sich ganz ihnen gewidmet haben. Jetzt noch ein Blick zurück auf die dreimalige Lebensgefahr, aus der sie ihn retteten (25/8) und der Ausdruck der Zuversicht immerwährender Beschützung (29/36). Wo immer er sein werde – am Bosporus, in Syrien, in Britannien, Spanien oder im Osten in der Nähe der Skythen –, d.h. gleich, ob im Norden, ob im Süden, ob Westen oder Osten (vgl. c. 3, 8, 18ff.), überall werde er in ihrem Schutze wandeln, *inviolatus*, unverletzt oder gar unverletzbar. Somit spricht der Dichter hier erneut wie in v. 21/4 von einem allgegenwärtigen Schutz. Die vielen Stämme am Rande der Welt, manche noch wild und unbefriedet, wecken Gedanken an Politisches (Theiler 263) und bilden so einen gleitenden Übergang zu Caesar (37)[43].

Der Übergang zu dem neuen Gedanken (37ff.) ist auch dadurch geglättet, dass die Anrede an die Musen fortgesetzt wird: Nach dem dreimaligen „Ihr" (*vester* in 21, in 25 *vestris*, und *vos* in 29) nun erneut ein "Ihr": "Ihr erquickt den hohen[44] Caesar, seit er seine ermüdeten Legionen entlassen und ein Ende der (Kriegs-)Mühen sucht, in der Pierischen Grotte"[45]. Gemeint ist die groß angelegte Unterbringung von ca. 120.000 Veteranen (Kienast 320ff.) und die Heimkehr des Siegers im Jahre 29. Da machte er in Atella (in Kampanien) Halt, um ein Halsleiden auszukurieren, und Vergil las ihm seine "Georgica" vor (wobei Maecenas einsprang, wenn Vergils Stimme nachließ[46]).

---

[43] Theiler 263 oben und Syndikus 2, 57f. wenden sich zu Recht gegen jede Auslegung dieser Verse über die ausländischen Stämme, die daran denkt, dass Horaz den Herrscher zu weiteren Kriegszügen auffordere; das tut er gewiss nicht, denn das widerspräche dem Folgenden (*lene consilium*, 41), aber bedrohlich bleiben diese Völkerschaften, sonst bedürfte der Dichter keines Schutzes, wenn er (in seiner Einbildung) dorthin reisen würde.

[44] *Altus Caesar* (37) zu sagen, den Herrscher "erhaben" zu nennen, das ist durch sat. 2, 5, 62 vorbereitet, wo das Beiwort Aeneas gegeben wurde; aufgebracht könnte es Cicero haben (fin. 3, 29), der es ein Menschenideal charakterisieren lässt. Vergil gibt es in der zweiten Hälfte der Aeneis dem Apoll (in 6, 9 noch "topographisch" gemeint, s. Norden) und Göttersöhnen (Dingel zu Aen. 9, 697; Harrison zu 10, 875). Zu den Musen als Spenderinnen der Erquickung vgl. Theiler 263f., wo insbesondere Lucr. 6, 94 (*Calliope, requies hominum*) genannt ist und Bacchyl. 5, 7, ein Lied der Kalliope auch dieses (v. 176), in dem Hieron, dem Herrscher über Syrakus, gesagt wird, er dürfe ruhig die Sorgen vergessen (7).

[45] Ob Cicero (nat. deor. 3, 54) bezeugt, dass römische Dichter diese griechische, u.a. bei Pindar, Py. 6, 48 belegte Bezeichnung der Musen bereits verwendeten (und nicht erst Lukrez, vgl. 1, 946; 4, 1), ist nicht deutlich. Nachweise bei Clausen zu Verg. ecl. 3, 85.

[46] Vita Donati (Appendix Vergiliana, hrsg. von Ellis, Oxford 1904, 1955 u. sp.; darin die Vitae Vergilianae Antiquae, hrsg. von C. Hardie, 1954), § 27, Z. 92ff.

Und noch einmal "Ihr": "Ihr gebt mildes Denken ein und freut Euch daran, Ihr Erhalterinnen (*almae*[47])"; danach folgt die Erwähnung von Zeus' Titanensieg. Halten wir hier ein. Diese Tage von Atella haben Horaz zutiefst beeindruckt: Da kommt der Sieger über ungeheure Mächte aus dem Osten heim, die unglaubliche Anspannung der letzten Monate und Jahre löst sich in einer Erkrankung, und der große Sieger lauscht einer Dichtung! Und dazu einer Dichtung, die wie keine andere in jenen Tagen zu einer Erneuerung alten römischen Wesens aufrief. Es war dies ein großes Zeichen: Der Herrscher gab seinen Willen kund, das Altbewährte wieder aufzurichten in Frieden und Ruhe, und nicht etwa auszugreifen, weiter zu erobern und sich selbst noch weiter zu erhöhen. Das nennt der Dichter mit seinem empfindsamen Sensorium ein *lene consilium*: *consilium*, das ist nicht nur ein einmalig gefasster Plan, das kann auch den Lebensentschluss meinen, die Entscheidung für eine bestimmte Art zu leben. Octavians Aufenthalt in Atella war für den Dichter ein weithin sichtbares Zeichen für einen solchen Entschluss[48]. Und den fasst ein Mensch nicht aus Vernünftelei, sondern den gibt eine höhere Macht ein; denn ein solcher Entschluss ist nicht "normal", normal wäre ein selbstsüchtiger Entschluss. Hier hat ein Mensch den "Normal"-Menschen überwunden, und das ist dem Dichter musische Eingebung.

Nun stellt sich die schwierige Frage, wie wohl der Gedanke an den persönlichen Schutz und die Huld, welche die Musen dem Dichter erweisen, mit dem Bilde zu vereinen sei, dass die Musen dem Herrscher in der Grotte von Atella, also in ihrem eigenen Draußen-Bereich, den Entschluss eingeben, ein Friedensherrscher zu sein. Pasquali engte das Wirken der Musen auf ihren Schutz ein und schrieb S. 693: "Esse, come lui, cosi proteggono Cesare"; H. Oppermann (Gymnasium 66, 1958, 212) weitete wie schon Heinze 682 den Gedanken auf die "Kraft" aus, die im Dichter wie im Herrscher gleichermaßen lebendig sei. W. Marg (388, besonders 393 oben) sah darin eine Nachwirkung von Hesiod (Theog. 78ff.: Kalliope, die "hervorragendste" unter den Musen, geselle sich auch den ehrwürdigen Königen, denen dann "milde" Worte entströmen: 84); Ed. Fraenkel 332f. spürte in dem Gedichte des Horaz eher die Einwirkung der ersten pythischen Ode Pindars: Genau in der Mitte des Liedes, in v. 41 (c. 3, 4 hat 80 Verse) erscheinen die Musen als Spenderinnen all' dessen, was ein guter Frieden bringt, wobei die Partie, die vom Geschützt- und Begabtsein des Dichters durch die Musen handelt, Vorbereitung (333 oben) auf die viel weiter gehende Funk-

---

[47] Es scheint, als habe Horaz *almae* und *altus* einander entsprechen lassen. Damit wäre der Komplex v. 37-41 a abgerundet und eine in sich geschlossene Einheit.

[48] Man wird diesen Entschluss ungern auf die *clementia* allein einschränken wollen, wie Lyne 53 anrät; übrigens folgt ihm darin Koster 155. W. Theiler 264f. erinnert an eine Plutarch-Stelle, die schon Heinze ins Spiel gebracht hatte (Coriolan 1, 4: Das Größte, das die Musen dem Menschen geben können, ist, dass ihre Natur durch Logos und Erziehung gemäßigt und angeleitet werde, ein Mittelmaß zu befolgen); Theiler engt den Logos auf das Politische ein (265 oben) und findet so eine Parallele zu Horazens *lene consilium*: "Horaz hat den politischen logos des Kaisers im Auge".

tion der Musen sei. Bevor wir versuchen, hier zu einem Urteil zu kommen, wollen wir die zweite Hälfte des Liedes besprechen.

Mit "Wir wissen" beginnt der zweite Mythos; das scheint (Theiler 267; Fraenkel 333, Anm. 2) eine Anknüpfungsweise der Chorlyrik zu sein, und überhaupt ist die gesamte zweite Hälfte strukturiert wie eine pindarische Ode, nämlich nach Mythenerzählung und Gnome (65/8 *vis consili expers*, usw. sprechen allgemein), wie neben anderen auch Syndikus 2, 61 zu Recht meint. Der Mythos erzählt, wie Zeus die Titanen, Aloiden und Giganten besiegte, wie Pallas Athene dabei leicht mit ihnen trotz ihrer fürchterlichen Gewalt fertig wurde, mit der Hilfe des "gierigen" *Vulcanus*[49] und des Apoll mit seinen wunderschönen Haaren, *Delius et Patareus Apollo* – Gabelungsfermate, Mythosende. Es ist beherrscht von bildhaften Gedanken (Apoll wäscht sein Haar in der schönsten Quelle und west in den schönsten Wäldern), die nichts Kriegerisches mehr enthalten. Wenn man noch an Pindars Einwirken gezweifelt hat, hier wird es bis ins Wörtliche deutlich, wenn man Py. 1, 39ff. liest: "Phoebus, Herr von Lykien und Delos, der Du die Kastalische Quelle liebst"[50]. Den Abschnitt 42 (b) bis 64 lässt Horaz, wie erwähnt, mit einer Gabelung ausklingen: *Delius et Patareus Apollo*, das zweite Epitheton nach dem Orakel Apolls im lykischen Patara. So gesellt er zur Muse ihren Gott. Die Schilderung des Kampfes der Götter gegen die Unholde endet also damit, dass ihre Wut besonders an der Schutzkraft Athenes, an der Gewalt Hephästs und an der Wachsamkeit Apolls zerschellt, der "niemals den Bogen von der Schulter nehmen wird", stets wachsam und eingreifbereit (60). Nun die Folgerung für das götterbestimmte irdische Tun:

> *vis consili expers mole ruit sua,*
> *vim temperatam di quoque provehunt*
> *in maius, idem odere viris*
> *omne nefas animo moventis.*

"Gewalt ohne *consilium*, d.h. ohne kluge und gerechte Planung stürzt unter der eigenen Last in sich zusammen, maßvolle Kraft (*vis temperata*) aber wird von den Göttern gefördert, bloße Gewalt, von unheiligen Absichten gelenkt, gehasst und vernichtet", so etwa könnte man die 17. Strophe (v. 65/8) wiedergeben. Horaz nimmt den Beweis für diese Behauptung erneut aus der griechischen Göttervorstellung und aus den Sagen über die Unwesen, die Unheiliges verbrachen und deren Strafen ewig währen.

---

[49] "Gierig" ist Vulcanus deswegen, weil er, das Feuer, rasend schnell "frisst"; noch gewagter Prop. 4, 6, 34.

[50] Wir verlassen hier Kosters Gedankengänge, denn wenn er die Gestalten des horazischen Mythos "entschlüsseln und demaskieren" will (155) und dabei alle die wilden Unholde mit historischen Gegnern Octavians identifiziert, wird man sich derlei Gedanken eher verschließen. G. Williams, Tradition 269 hatte klugerweise nur allgemein von einer "opposition" gegen Augustus' Politik gesprochen.

Aus der Mythologie leitet der Dichter, wie auch Pindar in Ol. 2, 24 (Theiler 273), jetzt auch den "Beweis" ab (Str. 18/20; v. 69ff.): Zeugen sind Gyges und Orion, die Diana Gewalt antun wollten und darum von ihr erlegt wurden; Zeugin ist auch die Erdmutter, deren wilde Söhne, die Titanen (s. Heinze), und ihr Spross Typhon, unter dem Ätna gefesselt, auch Tityos, an dessen Leber der Adler nie aufhört zu fressen, für ihre Grenzüberschreitungen bestraft werden wie Pirithous, der "Liebhaber von tausend Mädchen". Das Lied klingt, wie öfters bei Horaz (Heinze 281 und Theiler 274, Anm. 1), mit einer Unterweltszene aus; mit *amator*, der Liebe, endet das Lied aber auch geradezu ein wenig versöhnlich.

Blickt man nun zurück und fragt sich, was dieses sehr schön gedichtete Lied sagen will, dann ist gewiss der persönlichen Auslegung die Tür weit geöffnet; doch wenn man eng am Text bleibt, könnte man wohl diese Paraphrase und Auslegung wagen: Zu Beginn ruft Horaz nach griechischem Vorbild die Muse vom Himmel herab und inszeniert, wenn man dies Wort nicht allzu schnöde auffasst, eine Epiphanie: Er hört die Muse und sieht sich in ihren Hain versetzt. Das alles will sagen: Der Dichter spricht Worte und Dinge, die nicht mehr aus dem gewohnten Leben kommen. Nun spricht er jedoch erstaunlicherweise nichts Göttliches, sondern erzählt davon, wie er als Kleinkind durch höheren Willen geschützt wurde und wie er (daraufhin) von den Musen auch weiterhin behütet war und sein wird, und er nennt sich den Musen zugehörig und von ihnen erhöht (das klingt mit in *in arduos tollor Sabinos*, 21f.) und emporgehoben, gewiss zum Sang (das bedeutet wohl das *animosus* in v. 20).

Und jetzt geschieht noch Erstaunlicheres: Nach dem persönlichen Bekenntnis fährt er in engstem Übergang (Anapher des *vos*, 29 und 37) von sich zu Caesar mit dem Gedanken fort, dass die Musen sich auch dem Herrscher zugewandt haben und ihn zu Atella nach den Mühen (des großen Sieges) erquicken und ihm ein *lene consilium* eingeben – was ist das wohl? Lesen wir weiter: Zeus und die Olympier haben leicht die wilde Gewalt der Unholde besiegt, denn so ist es geordnet: Rohe Gewalt stürzt, maßvoll angewendete Kraft wird von den Göttern gefördert. Wenn man hier die Gedanken verbinden darf, dann ergibt sich: Der Herrscher steht auf der Höhe seiner Macht und nun geschah Wunderbares: Er wandte sich der Dichtung zu (wie der Sieger Thrasybulos bei Pindar, Pyth. 6, 49), er gab sich den Musen anheim, und das war für den Dichter ein großes Symbol: Der Herrscher wird sich der Gabe der Musen, d.h. dem Schönen, dem Maß und der Ordnung anheim geben und dann auch dem Gedanken an geordnetem und mildem Frieden zuwenden. Verbinden wir dies mit dem Beginn: Der Dichter hat an sich selber erfahren, dass die Macht der Musen von Menschen Besitz ergreift und sie hinaushebt über das Gewohnte zu schönem Wirken; so wird ihm Atella zum Symbol dafür, dass auch der große Herrscher sich ihnen anvertraut hat, dass die Musen auch von ihm Besitz ergriffen haben. Welch herrliche, beneidenswerte Erkenntnis, dass der Herrscher, ja: sein Herrscher sich der *vis temperata* (66) verschrieben hat. Der Schutz der Musen ähnelt den großen Dichter dem großen Sieger und Herrscher an. Wann durfte ein Dichter je zuvor (und danach) ein derart "unerhörtes Lied" (c. 3, 1, 2f.) singen?

Schauen wir jetzt zurück zum Beginn der gesamten Römer-Oden: Da wurde zunächst die von jeglicher Angst befreiende Selbstbescheidung aufs *desiderare quod satis est* (3, 1, 25) gegründet und dann in engem Anschluss das *angustam pauperiem pati* (3, 2, 1) gefordert, welches hart und unbesiegbar macht und zu einer Zurücknahme seiner selbst führt, die das Ich als unwichtig sowohl im Vergleich zum Gemeinwohl erscheinen lässt und bereit macht, ihm gar das eigene Leben zu opfern (v. 13), als auch im Vergleich zum Göttlichen und Heiligen, so dass die religiöse Scheu als hoher Wert neben die Tapferkeit tritt (25ff.). Wenn man sagen darf, dass dieses als die rechte Lebenseinstellung dargestellt wird, dann darf man auch den Übergang zu c. 3, 3 eng nennen, denn dort wird der Mann gepriesen, der an der Gerechtigkeit (d.h., wie wir sahen, der Rechtschaffenheit überhaupt) unverbrüchlich festhält, ja (wenn man die Verdienste der Heroen in v. 9ff. auf den Menschen übertragen will), ihm wird ewiger Lohn verheißen, der Lohn nämlich, dass seine Heimat die Welt regieren werde, wenn sie sich nur des trojanisch genannten Strebens nach "Gold" (darin liegt: Luxus und Egoismus) enthält. Nach der Selbstzurücknahme im Privaten (c. 3, 1), nach dem unbedingten und völligen Zurücktreten des Ich hinter die Belange des Staates und des Heiligen (c. 3, 2) die große Verheißung für den Staat, der seine Kraft schöpft aus der Rechtschaffenheit und der Bescheidung und aus der Bereitschaft seiner Bürger, ihm unter Hintansetzung des Eigenen treu zu dienen. Dann c. 3, 4: Mag Rom auch *ferox* (44) sein, wenn es um die Befriedung und Ordnung geht, Rom muss leben und beherrscht werden aus dem Geiste des *lene consilium* und mit einer *vis temperata*, kurz und gleichsam in einer Chiffre gesprochen: aus dem Geiste des Musischen[51], der dem Herrscher wie dem Dichter in gleicher Weise von der Muse geschenkt wird (vgl. Syndikus 2, 58f.).

Es kann nun nicht unsere Aufgabe sein, über solches Klären des Textes hinauszugehen; bleiben wir beim Text und gehen jetzt zu der Frage über, woher dem Dichter solche Gedanken, und da insbesondere die Gedanken des c. 3, 4 wohl gekommen sein mögen. Sagen wir es aber gleich zu Beginn mit aller Deutlichkeit: Ein Mann wie Horaz hatte keine unmittelbaren Anregungen von irgendeiner Seite nötig; wenn er dennoch zuweilen Alkaios oder Pindar anklingen lässt, dann bezeugen solche Ähnlichkeiten geistige Verwandtschaft und das Zollen höchster Anerkennung, nicht Abhängigkeiten. So eng haben Fraenkel

---

[51] Übrigens klingt das Lied in einer kurz zu erläuternden Weise aus: Der letzte in der Reihe derer, die sich gegen die göttliche Ordnung vergingen, ist der *amator Pirithous* (79f.); Fraenkel hat schön von der "Versöhnlichkeit" dieses "abschließenden Diminuendo" gesprochen, andere haben – was wäre anderes zu erwarten? – eine Anspielung auf Antonius gewittert; man muss aber sehen, dass dieser etwas zartere Klang des *amator* erneut ein "Diminuendo" ist wie c. 3, 1, 41ff. (das Sabinergütchen); 2, 25ff. ("Auch" die religiöse Scheu hat ihren Wert); 3, 3 69ff. (Abbruch und Verweis auf die *iocosa Musa*), d.h. man darf nicht übersehen, wie dieses Diminuendo die Gedichtenden ähnlich und so den Zyklus homogen machen hilft.

und andere, ähnlich Denkende auch gar nicht gesprochen, vielmehr verweisen sie auf eine Geistesverwandtschaft, die vor ihm schon oft ausgesprochen worden war[52], der von Horazens c. 3, 4 und Pindars erster pythischer Sieges-Ode. Verdeutlichen wir und zunächst die geschichtlichen Vorgänge, auf die Pindar anspielt. Auf Sizilien entstanden um 500 v. Chr. mehrere Staatsgebilde, geschaffen von harter und mächtiger "Tyrannen"-Hand, in Gela (hier herrschte Kleandros, danach Gelon, der Sohn Deinomenes' I.), dann in Rhegion und Syrakus, wo zunächst Gelon herrschte, danach von 478 an sein Bruder Hiero I; ferner in Himera (hier war Terillos Tyrann) und in Akragas, dessen Herr Theron war. Dieser vertrieb Terillos und verleibte sich dessen Land ein, der aber führte bei demjenigen Staat lebhafte Klage, dem ein Eingreifen in sizilische Verhältnisse besonders am Herzen lag, bei Karthago. Gleichzeitig plante Xerxes, der Persergroßkönig, einen Angriff gegen die Ostgriechen, anscheinend sprach man sich ab, und so erfolgte im J. 480 v. Chr. ein Zangenangriff gegen die hellenische Welt von Ost wie von West. Der Ausgang von Xerxes' Zug ist bekannt (Salamis), im Westen siegten die gemeinsamen sizilischen Kräfte unter Gelons Führung. Dann wurde Hiero I. Herr über Syrakus (478); er verfuhr rigoros in seinem Herrschaftsbereich; so siedelte er 475 die Bewohner von Catana aus und ersetzte die Bewohnerschaft durch Zuzügler aus der Peloponnes und Syrakus. Diese Neugründung nannte er Aetna. Groß war dann seine Rettung des westlichen Griechenland: Ihm gelang es, sich des etruskischen Zugriffs auf Sizilien zu erwehren, denn in der Schlacht von Cumae im J. 474 schlug er die Etrusker, verhinderte ihre Machtentfaltung im Süden und beförderte indirekt damit auch Roms Streben nach Selbstständigkeit. Alles dies müssen wir im Gedächtnis bewahren, wenn wir uns jetzt Pindars Lied zuwenden.

"Goldene Phorminx", so hebt der Dichter an, das Saiteninstrument ansprechend, "Besitz Apolls und der Musen: Dir gehorcht Schritt und Gesang des Chores; Du sänftigst aber auch Zeus, seinen Adler und sogar Ares, Du erfreust alle Götter mit der Hilfe Apolls und der Musen". Die Erwähnung Apolls und der Musen rundet den Abschnitt (1/12). Die Musik erfreut also den Kreis um Zeus; wer aber nicht dazu gehört, "wen Zeus nicht liebt" (13), den "stachelt" sie, so Typhos, das hundertköpfige Unwesen, das Zeus besiegt unter die Berge zwischen Kyme und Sizilien geworfen hatte mit dem Vulkan Aetna obenauf; der löckt wider den Stachel, speit Rauch, Felsen und Feuersbrunst, und sein Bett ist rauhes Gestein (28). Sänftigung und Strafe also wie bei Horaz. Soweit über die Macht der Musik. Nun weitet sich der Gedanke: Das Lied, so bittet der Sänger, möge Zeus gefallen, dem Herrn dieses Gebietes, das jüngst König Hiero, als

---

[52] Vgl. Ed. Fraenkel 327 und 329ff. (akzeptiert von G. Williams, Tradition 269; vgl. jetzt J. F. Miller, CQ n.s. 48, 1998, 545 zu den Pindar-Anklängen in v. 60/4). Theiler 274 und Syndikus 61 verwiesen, weniger überzeugend, auf Pindars achte Pythie. Wenn Theiler die gesamte Ode 3, 4 in 1 – 4 + 4 + 4 – 3 einteilt, wird man ihm nicht folgen wollen, da man ersichtlich die erste Strophe nicht "abziehen" kann: Sie bildet mit Str. 2 eine unlösliche Einheit. Richtiger ist es, in 2 – 3 + 4 / 3 + 4 / 3 einzuteilen; auch so ergibt sie die Ausgewogenheit, die Theiler zu Recht so bewunderte.

sein Gespann in Delphi siegte, erhöht hat: Möge dies ein gutes Vorzeichen sein für das Gelingen der Stadtgründung Aetnas, die berühmt und bekannt werden möge durch Siege und Siegesfeste (29/8).

Daraufhin wendet das Lied sich Apoll zu: Der Sänger möchte Hiero in rechter Weise loben und wünschen, dass die Zukunft ihm günstig sein möge und ihm Erfolg (wohl im Sport und auch in Bezug auf seine Neugründung) bringen als Lohn für seine Mühe. Und nun erinnert das Lied an Hieros Schlachtensieg, als ein Freund ihm schmeichelte (um ihn in den Krieg zu ziehen[53]; v. 39-57). Hier schneidet der Dichter ein und wendet sich zum Sohn des Königs: Er bittet die Muse, neben dem Sohn Deinomenes stehend, ihm vom Sportsiege des Vaters zu singen, und so will der Sänger ihm, dem (von Hiero eingesetzten) König der Stadt Aetna, ein schönes Lied anstimmen.

Hiero hat ihm die Stadt gegründet in der dorischen (61/6) Tradition; Zeus möge die (lobende) Rede der Menschen ein gutes Vorzeichen dafür werden lassen: Möge der Herrscher sein Volk wohlhabend machen und ihm Frieden schenken. Möge die Gottheit bewirken, dass die Karthager und Etrusker daheim bleiben, eingedenk der Niederlage von Kyme, welche Griechenland vor der Sklaverei rettete! Und hieran fügt der Dichter, dass man seine Lieder gern in Athen und Sparta höre, wenn er von deren Siegen singe (d.h. von Salamis und Plataiai), ebenso wie in Syrakus, wenn er den Sieg von Himera besinge (67/80). In dieser Weise parallelisiert das Gedicht die Siege in Ost und West.

Hier bricht der Dichter ab: Man muss kurz singen, sonst wird die Hörerschaft des Liedes überdrüssig, wird neidisch, wenn von Siegen Anderer die Rede ist. Aber, so fährt er fort, Neid ist besser als Mitleid (Erfolg besser als Niederlage), und so verpflichtet der Sänger den König auf Gerechtigkeit, Aufrichtigkeit und Besonnenheit, auch auf Freigebigkeit, wenn er denn immer Lob und dann, sehr anders als Phalaris, hohen Nachruhm gewinnen wolle (81/100).

Vieles webt dieses Gedicht ineinander: Zunächst den Sportsieg, doch der tritt bald weit zurück hinter anderem Äußeren: Der Neugründung der Stadt Aetna und besonders hinter den befreienden Siegen über Karthager und Etrusker; dann aber auch hinter einem Inneren, Sittlichen: den Herrschertugenden, deren wichtigste die Kraft zur Abwehr von Bedrohlichem ist und die Aufrechterhaltung guter Herrschensweise. Mit hineinverwoben ist aber auch der Part des Dichters und Sängers: Er kann Worte guter Vorbedeutung sprechen, und bei allem Takt und aller Bescheidenheit ist er es doch, der Nachruhm verschafft; mehr noch: Es ist die Musik, die alles, was Zeus liebt, sänftigt und erfreut. Die Musik, das Werk Apolls und der Musen, verklärt großes äußeres Geschehen und hebt es, um ein Wort Schillers zu verwenden, ins Idealische. Und der Gedanke des Dichters vermag das, was Kluge ersonnen (hier die Parallelisierung der Siege in Ost und West, welche Hellas vor der Unterjochung bewahrten), ins gültige Wort zu bringen.

---

[53] Gemeint ist die Stadt Kyme, die sich von Hiero im Kampf gegen die andringenden Etrusker Hilfe erbat.

Blicken wir jetzt wieder zu Horaz hinüber: Gewiss, da ist nicht von Sport die Rede, auch nicht von Stadtneugründungen[54], und nur mit äußerster Vorsicht wird man meinen, dass die Macht der Musik es war, die Hieron und Octavian zu Gerechtigkeit und hoher Sittlichkeit führte, so wie Horaz es in v. 37ff. andeutet, wenn er Octavian von den Musen erquickt sein lässt und unmittelbar danach von Juppiters Gigantensieg so erzählt, als wollte er beides parallelisieren. Ed. Fraenkel schreibt auf S. 335 dazu dies: "In beiden Gedichten erleben wir die Ausweitung des Begriffs Musik, ... bis sie zu einem universalen Prinzip der Ordnung und der Harmonie wird"[55]. Es ist deutlich, dass beide Dichter die jeweiligen Herrscher auf die höchstmögliche Herrschertugend verpflichten, und die heißt: Frieden bewahren, innen und außen. Einem Chorlieddichter wie Pindar stand dabei die alte Tradition mahnenden Singens zur Seite, man denkt an Pyth. 5, 65ff. (Apoll schenkt die Kunst der Muse und gibt so kriegsferne Gesetzlichkeit); Horaz hatte, wie E. Fraenkel (336f.) hervorhebt, keine solche Tradition in seinem Rücken, "stand für sich allein"; doch sollte man nicht vergessen, dass Vergil ersichtlich genau so dachte und dass letztlich auch Octavian selber dieser Ansicht war. Man sollte aber auch sehen, dass Horaz seinen Pindar zwar immer wieder anklingen lässt, aber die Grundidee von c. 3, 4 (dass nämlich das Musische den Herrscher zu *lenia consilia* führt), das steht in Pyth. 1 – pace Fraenkel – so nicht, das war eine Ausweitung des Römers.

Horaz und Pindar[56] sind sich nun aber darin sehr wohl ähnlich, dass sich im griechischen Chorlied der Dichter ähnlich weit in den Vordergrund zu stellen wagt wie der Römer in seinem c. 3, 4, wo ja zu Beginn eine Epiphanie und Entrückung inszeniert ist und wo ganze drei Strophen von Lebenserinnerungen des Dichters handeln. Man könnte nun leicht Pindarstellen finden, an denen der Dichter in ähnlicher Weise von sich selbst redet, z.B. Pyth. 8, 56ff.: Eben erklang die Rede des Amphiaraos mit ihrem Lob des Heroen Alkman, da erwähnt der Dichter das persönliche Detail, dass ein Alkman-Schrein in Theben neben seinem Hause stehe und dass er in diesem Schrein sein Vermögen deponiert

---

[54] Man hat ins c. 3, 4 hineinlesen wollen (Fraenkel 333), dass Octavian, wie manche damals redeten (Sueton, Aug. 7, 2: "Gewisse Senatoren schlugen vor ihn Romulus zu nennen, gleichsam als zweiten Gründer Roms"), Rom aufs neue begründet habe; aber diesen Gedanken aus dem fraglos verwandten Pindar-Gedicht in die Römerode hineinziehen zu wollen, verdient kaum Zustimmung, da er im Text selber keine Bestätigung findet.

[55] "Aus nahe liegenden Gründen sagt Horaz nichts von den Feinden, die in seiner Zeit gleich den alten Titanen und Giganten versuchten, Ordnung und Frieden zu stören", sagt Fraenkel ebendort und meint Gründe des Taktes, ein solches Gedicht sollte eben nicht in die Niederung politischer Polemik abfallen. Natürlich hat man dennoch gesagt, die Giganten symbolisierten die Kräfte der Barbarei, „in particular, when we unpack the particular relevance of the myth, they symbolize the forces of the East", also Antonius und Kleopatra (Lyne 169); da wären wir also wieder beim ganz unpoetischen "Demaskieren" angelangt.

[56] Vor einem Pan-Pindarismus warnte allerdings W. Marg 386 gewiss zu Recht, und auch wenn er schreibt: "Meines Erachtens hat Ed. Fraenkel die Bedeutung gerade von P. 1 für das Horazgedicht überzogen", werden wir beipflichten.

habe. Aber nicht minder wichtig als Horaz aus Pindar zu erklären, ist es, mit Fraenkel (337; vgl. auch Theiler 274) zu erkennen, dass die Lebenserinnerungen des Horaz die Erfahrung nachzeichnen sollen, "die im Leben des Horaz das ist, was einem Pindar sein Glaube bedeutet", wie Ed. Fraenkel schön sagte. Die Macht des Musischen hat Horaz ja nicht nur in der Form der Rettung erfahren, er hat sich ihr, als er seine endgültige Lebensentscheidung traf, ein für alle Male verschrieben; sie war für ihn die höchste Macht, die er kannte, die des Menschen würdigste. Und dass nun auch der große Sieger und Herrscher sie anerkannte, dafür waren ihm die Tage von Atella verheißungsvolles Symbol.

Die fünfte Römer-Ode

Himmel und Erde – im Himmel, „so glaubten wir schon immer", herrscht Juppiter; hier auf Erden werde Augustus die "gegenwärtige und hilfreich wirkende göttliche Erscheinung"[57] sein, wenn er erst einmal die Britannier und Parther[58] besiegt habe (1/4). Und das ist, so muss man einfügen, unumgänglich, denn: "Lebt nicht der Legionär des Crassus[59] mit einer Partherfrau seit langem bei den Feinden – o Curia, o verkehrte Welt! – , kämpft gar für sie und hat bereits alles Römische vergessen, und das, obwohl das Kapitol[60] und die Stadt Rom noch steht!" So ungefähr kann man Str. 2 und 3 wiedergeben, die aufrufen, die Schande zu tilgen, und zugleich Roms Regierung, die Curia und ihre Senatoren, als die eigentlich Schuldigen anzuklagen. "Die Schande für Rom ist das entscheidende Motiv dieser Strophen" nach dem Urteil von Syndikus (2, 72), weniger die Schuldfrage. Wie ist dann aber der Übergang zu v. 13ff. und der großen Rede des Regulus zu denken? Regulus[61] hat nach Horazens Worten da-

---

[57] So H. Hafftner, Römische Politik 100; Syndikus 2, 70, Anm. 14.
[58] Hierzu D. Timpe, WJA NF 1, 1975, 165.
[59] Angespielt ist auf die Niederlage eines römischen Heeres 53 v. Chr. bei Carrhae (Harran) in Nordmesopotamien unter der Führung des P. Licinius Crassus (vgl. Bengtson, Römische Geschichte 218).
[60] *Incolumi Jove* v. 12 bedeutet das Kapitol, Hafftner 110 wohl zu Recht; dieser verdiente Gelehrte hatte gemeint, Horaz klage weniger die Legionäre an als vielmehr den Senat (108, besonders 111), doch hat man dieser Gewichtung trotz der Zustimmung von G. Williams, Tradition 367, nicht immer zugestimmt, vgl. besonders Lyne 55, Anm. 46.
[61] M. Atilius Regulus führte 255 v. Chr. ein römisches Heer von 15.000 Mann Infanterie und 500 Reitern in Nordafrika gegen Karthago, nachdem L. Cornelius Scipio Korsika der Hand der Punier entwunden und den Krieg in deren eigenes Land getragen hatte. Nach anfänglichen Erfolgen wurde er dann doch geschlagen, und zwar mit der Hilfe des Spartaners Xanthippos, der Kampfelefanten einsetzte. Regulus wurde gefangen. Der Sage nach wurde er auf Ehrenwort von den Karthagern beurlaubt und nach Rom zu

von abgeraten, ihn selbst und die Legionäre, welche die Karthager gefangen genommen hatten, freizukaufen (vielmehr, so muss man ergänzen), den Krieg ohne Rücksicht auf die Gefangenen fortzusetzen. Der Übergang von Strophe 2f. zu 4ff. ist doch wohl dieser: Rom hat die Schande, dass in Parthien Römer unter Parther-Herrschaft leben, widerstandslos zugelassen; es hätte eigentlich nach Carrhae sofort noch einmal zu den Waffen greifen müssen, um die Schmach zu löschen. Das war der Rat des Regulus gewesen: Keine Verhandlungen mit Karthago, sondern Krieg bis zu Unterwerfung des Feindes! Daraus ergibt sich zweierlei: Erstens, dass die Ode zu einem Britannier- und besonders einem Partherkrieg aufruft (Hafftner 114f.), und zweitens, dass sie das feige Gebaren der Gefangenen von Carrhae verurteilt: Sie hätten jegliche Gnade seitens der Sieger verwerfen (d.h. tapfer von der Hand der Parther sterben) müssen (man erinnert sich an die Thermopylen).

Doch das ist nicht alles, was die Regulus-Rede enthält. Sehen wir genauer zu: Gewiss empört er sich darüber, dass Waffen, die noch lebenden Römern abgenommen wurden, an Karthagos Tempeln hängen; gewiss widerrät er jedem Loskauf, weil Tapferkeit, einmal verloren, nie wiederkomme[62]: Wer einmal feige gewesen, wird es immer sein[63] (36). Das alles ist sicherlich entsprechend einer in den Monaten vor der Abfassung von c. 3, 5, d.h. im Jahre 27 und später bis zum Jahre 20 v. Chr., dem Jahr des Wiedererhaltens jener Trophäen von Carrhae, wohl nicht selten vernommenen Ansicht gesagt. Dies und der Ruf nach einem Angriff auf Britannien und Parthien mag uns peinlich sein (Syndikus 2, 77f.); doch da wäre zu bedenken, dass ein solches Nebeneinander von schönster Geistigkeit (c. 3, 4) und fürchterlichem Durchhalte-Rat (c. 3, 5) schlicht und einfach eine Lebensrealität war und ist; zum anderen klingt c. 3, 5 mit einer tief bewegenden Szene aus:

Regulus, den sein Rat zur Rückkehr in die Gefangenschaft zwingt, ist als Gefangener kein Bürger mehr (u. a. Syndikus 2, 79, Anm. 50), er gehört nicht mehr in die Gemeinschaft, er ist gleichsam ausgelöscht. Und so geht er davon, sich

---

Verhandlungen gesandt, sprach sich jedoch vor dem Senat gegen jedes Zurückweichen Roms aus und starb, zurückgekehrt, in Karthago von Henkershand.

[62] Horaz lässt seinen Regulus dies mittels eines Färbervergleichs ausdrücken, den S. J. Harrison, CQ 36, 1986 auf Lucr. 6, 1074ff. zurückführt, was kaum überzeugt, denn bei Lukrez (wie an der vergleichbaren Stelle in Platos Staat 429 d 4ff.) verliert die gefärbte Wolle umgekehrt gerade nicht ihre Farbe, weswegen Harrison gezwungen ist, eine "conflation" anzunehmen. Sehr treffend dann aber seine Bemerkungen 506 zur Heroisierung der Regulus-Gestalt.

[63] *Iners* in v. 36 bedeutet: "Weil er feige gewesen war in der Schlacht", vgl. schon Wickhams Kommentar. Prachtvoll ist dann die 10. Strophe (v. 37ff): Wieder inszeniert Horaz, er lässt Regulus mit *hic* (v. 37 Anfang) gleichsam einen der Gefangenen vorführen: "Der Mann hier, er wusste nicht, wie Leben zu gewinnen ist (gemeint nicht nur die Rettung des Lebens in der Schlacht sondern auch das Nachleben im Ruhm, zu Ehren der Heimat gefallen zu sein), er ergab sich und vermeinte, mitten im Kriege (in der Gefangenschaft) Frieden finden zu können! O dies Karthago, das jetzt groß wurde durch den schimpflichen Fall Italias!"

von niemandem verabschiedend, dem Martertode entgegen, aber im Bewusstsein, seinen Dienst am Vaterlande geleistet zu haben; er geht so, als begebe er sich nach getaner Arbeit zur Muße an einen Urlaubsort[64], also heiter und gelassen (vgl. Campbells Würdigung auf S. 226, die zu Recht von Fraenkel und Syndikus gerühmt wurde):

> "Nicht anders bahnte er sich einen Weg durch die umstehenden
> Verwandten und die Volksmenge, die seine Rückkehr aufhielten,
> als würde er einer lange Sitzung mit seinen Klienten nach
> erfolgreich abgeschlossenem Rechtsstreit verlassen und nach
> Venafrum aufs Land streben oder nach Tarent, das die Sparter
> gegründet".

Was wir lesen, ist nicht nur ein historisches oder myth-historisches Exemplum (dazu Haffter 112ff.), es ist die Heroisierung einer Haltung, die sowohl Kepos wie auch Stoa als zum Bilde des Weisen gehörig oft genug beschrieben haben. Den Weg hatte als erster Cicero beschritten mit seinem literarischen Portrait des jüngeren Scipio als des *optimus civis*, wie er ihn im Brief an den Bruder (Ad Quint. frat. 3, 5, 1) nannte[65] und mit seinem "Cato", den er auf Bitten des M. Brutus (orat. 35) verfasste, ohne Angst vor Caesars Wut (ad Att. 12, 4, 2), die dann auch prompt ausbrach (M. Gelzer, Caesar, 6. Aufl. 1960, 279ff.). Nun geht die Regulus-Szene des Horaz nicht so weit, ein Portrait sein zu wollen, aber sie deutet wenigstens an, wie es ist, wenn ein wirklicher Mann seine Pflicht gegenüber der Gemeinschaft erfüllt, auch wenn dies sein Leben kostet (man entsinnt sich des Anfangs der 2. Römer-Ode), und wie er im Bewusstsein, das Rechte getan zu haben, gelassen und sogar heiter den letzten Gang antritt. Was Horaz mit Cicero verbindet, ist das Bestreben, das theoretische Weisen-Ideal der Griechen in römisch-historischen Gestalten verkörpert zu sehen. Aber auch dieses darf man nicht übersehen, dass nämlich Horaz diesen Schluss der Regulus-Szene milde gestaltete und so wieder eines jener "Diminuendi" ans Ende der fünften Römer-Ode stellte, auch wenn die Heiterkeit des Regulus eine fürchterliche war.

---

[64] Insbesondere Tarent in v. 55 trägt die Pointe, dass es sich um einen ausnehmend angenehmen (*mollis*) Ort handelte, vgl. Harrison (s. Anm. 62) 506.

[65] Vgl. R. Philippson im RE-Artikel M. Tullius Cicero 1115, 12ff. Es sei erwähnt, dass sich Wolfgang Schmid darum verdient gemacht hat, das Gedächtnis an diesen Magdeburger Gelehrten, der im November 1942 im Konzentrationslager starb, lebendig zu halten (vgl. Schmids Ausgewählte Kleine Schriften, 56/74).

Die sechste Römer-Ode

Das Gedicht beginnt mit der Prophezeiung, dass die Sünden der Väter nie gelöscht werden könnten, wenn nicht die alten Tempel wieder hergestellt würden:

> *dis te minorem quod geris, imperas.*
> *hinc omne principium, huc refer exitum.*

"Weil Du, Römer, Dich für geringer ansiehst als die Götter, bist Du so stark; von hier, d.h. von solcher Haltung nimmt alles Glück seinen Anfang, dorthin richte all' Dein Streben"[66] (5f.). Th. Mommsen hatte gesehen (vgl. Fraenkel 309), dass diese Forderung nach Wiederaufrichtung verfallender Heiligtümer mit Augustus' Rechenschaftsbericht (20, 4) zu verbinden ist; was Horaz also mahnend ausspricht und dann mit historischen Beispielen belegt (9/16), ist bereits Realität geworden. Der Herrscher hatte sich daran gemacht, diesen "Grundgedanken der augusteischen Zeit" (Syndikus 2, 84) zu verwirklichen. Doch noch ein anderer Gedanke konnte als Hauptthema der augusteischen Restauration gelten. Cicero hatte Caesar ermahnt (Pro Marcello 23), für die *revocanda fides, comprimendae libidines* zu sorgen[67], das umfassende Julische Ehegesetz gegen Ehebruch, Unzucht und Kuppelei (Kienast 165) wurde jedoch erst im Jahre 18 v. Chr. erlassen, aber die Klage über die verwildernde Moral dürften lange davor laut gewesen sein. Wie ist der Übergang vom Thema "Wiederherstellung der Tempel" zum Gedanken an die Verwahrlosung der Geschlechtsmoral[68] zu denken? Syndikus 2, 87 verwies auf Tacitus, Historien 1, 2 (Zeile 12f. Fisher): *pollutae caerimoniae, magna adulteria* zu Beginn von Galbas unglücklicher Regierung. Tacitus erblickte also einen Zusammenhang zwischen dem Vergessenwerden gottesdienstlicher Zeremonien (sie sind ursächlich verbunden mit unbenutzt verfallenden Tempeln) und der verfallenden Ehemoral. Und das ist leicht dadurch zu erklären, dass ja in beiden Fällen ein Heiliges verletzt wird (Treggiari 164). Ganz anders war es zur Zeit des älteren Rom; da wurde die Jugend in Härte und Enthaltsamkeit aufgezogen (33ff.), sie arbeitete den ganzen Tag und ließ die Hände vom Karst, erst

---

[66] Zur Metrik (*principium* dreisilbig, Heinze vergleicht Verg. ecl. 3, 60) Williams, Third Book 63, Anm. 1 und zur Sache ebd. 44, Anm. 1. Syndikus 2, 83, Anm. 14 verweist auf Liv. 5, 51, 5ff.: *Omnia prospera evenisse sequentibus deos*: Das Tertium Comparationis ist die *pietas*. Zum Aufbau des Gedichtes G. Williams, Tradition 614.

[67] Vgl. S. Treggiari, Roman Marriage 277. Zu den Versuchen der Moralhebung durch die Leges Juliae E. Badian, Philologus 192,1985, 82ff.

[68] Wir wollen die Szene aus einer vulgären Party (25ff.) nicht eigens besprechen (die Struktur der Strophen klärte Collinge 6). Den Unterschied zu c. 3, 24 bespricht Syndikus 2, 87.

>   *sol ubi montium*
> *mutaret umbras et iuga demeret*
>   *bobus fatigatis, amicum*
>   *tempus agens abeunte curru,*

"Wann die Sonne die Schatten wandelte (d.h. des Abends länger werden ließ), den müden Ochsen das Joch abnahm und mit sinkendem Wagen die freundliche Zeit heraufkommen ließ" (so ahmt Horaz die schöne Ausdrucksweise der Griechen nach, welche die Nacht die "Wohlgesinnte" nannten, Euphrone; so z.B. Hes. Erga 560). Hier ist alles sehr schön gesagt: Die Sonne "wechselt" die Schatten[69] und so, wenn sie den Abend anzeigt, nimmt Sol auch gleichsam selber dem Pflugochsen das Joch ab. Diese personifizierende Ausdrucksweise bereitet dann auch das Bild des in die Tiefe fahrenden Gottes vor, der dadurch der Nacht, deren Grundeigenheit ja das Dunkel ist, ihr Eigenstes wiedergibt. Die Nacht ist kühler als der brennende Tag und darum "freundlich".

Das sind wahrlich "poetische, lyrische Klänge" (Syndikus 2, 89), und man erwartet, dass auch dieses Gedicht, das seit dem Beginn so scharf getadelt hatte, versöhnlich ausklingt. Aber dieses Mal fügt der Dichter ein bitter pessimistisches Finale[70] an: Eine ererbte Sünde lässt Zeitalter nach Zeitalter schlechter werden. Angewendet auf Rom heißt dies: Das Zeitalter der Eltern, selbst schon schlechter als das der Großeltern, hat uns hervorgebracht, die wir schlechter sind als die Väter; und nur zu bald werden auch wir ein Geschlecht hervorbringen, das wiederum sündhafter sein wird als wir es sind[71]. Warum dies dunkle Ende? Man kann es kaum entschärfen, indem man auf griechische Vergleiche hinweist[72]. Fraenkel (340) bemerkte wohl zu Recht, dass Horaz wie Vergil "von der Gefahr eines leichtfertigen Optimismus überzeugt war". Aber

---

[69] Es mag sein, dass Horaz, wie OLD *muto* 10 nahe legt, an die Tatsache dachte, dass Bergschatten im Laufe des Tages von West nach Ost wechselnde Partien des Tales bedecken, also einen Ortswechsel meint; nicht auszuschließen ist aber gewiss, dass ihm auch das abendliche Längerwerden (Verg. ecl. 1, 83) vorschwebte.

[70] E. Kraggerud (SO Suppl. 26, 1984) weist mit einigem Recht darauf hin, dass ein solcher Pessimismus erstaunlich und "unprecedented in Horace" sei, sagen wir: beispiellos in den übrigen Oden, denn in den Epoden 7 und 16 fanden wir ja ähnliche Töne. Kraggerud versteht die sechste Römerode denn auch nur als Warnung und nicht als Tadel (63), denn er möchte ja gern, dass auch die sechste Ode in sein Konstrukt eines einheitlichen Programms passe. Von "Warnung" (und nicht von Pessimismus) hatte übrigens lange vor Kraggerud bereits Heinze gesprochen, nämlich S. 294 zu c. 3, 6, 45.

[71] Ed. Fraenkel vergleicht auf S. 339 diesen Passus mit epo.16, 63ff.: Horaz wende gleichsam das, was in der 16. Epode mythisch-allgemein gesagt war, hier auf Rom an und seinen Sittenverfall (hierzu U. Knoche, Der Beginn des römischen Sittenverfalls vom Jahre 1938, abgedruckt in: Gymnasium Beiheft 2, 99ff.); G. Williams, Tradition 615 stimmte zu.

[72] Im Hintergrunde steht naturgemäß der hesiodeische Weltaltermythos (Erga 90ff.); neu gestaltet hat ihn dann Arat (Phaen. 100ff., vgl. Germanicus 103ff.). Witke 76 versteht die Schluss-Strophe als "ablösbaren Epilog", wie die erste Strophe von c. 3, 1 ein ablösbares Proömium sei.

womöglich liegt diesem Finale noch ein anderer Gedanke zugrunde, den aber können wir erst in einer Übersicht über alle sechs Römer-Oden herausarbeiten.

Der Zyklus der Römer-Oden insgesamt

Dass es sich bei diesen sechs Gedichten, die alle im selben Versmaß stehen, deren Hauptteile alle in dem gleichen hohen Tonfall geschrieben sind, von denen fünf mit einer allgemeinen Aussage beginnen und die fast alle (3, 6 bildet eine Ausnahme) mit einem milderen Tone enden und von denen keine die sonst übliche Anrede aufweist, dass es sich hierbei also um eine geschlossene Gruppe handelt, ist deutlich, und die Beobachtung, dass diese äußerlich so homogenen Gebilde voller Querverbindungen[73] einen wohlbedachten Zyklus bilden, ist heute unbestritten[74]. Ebenso ist unbezweifelt, dass diese Gedichte nicht von Anfang an als Zyklus verfasst, sondern innerhalb der Jahre 29 bis 26 etwa geschrieben und dann erst zusammengefügt worden sind (Syndikus 2, 4); ob Horaz bei der Zusammensetzung viel oder überhaupt etwas geändert hat, wissen wir nicht (dazu Fraenkel 340). Lesen wir also diesen Zyklus so, wie er vor uns steht: Er ist von Horaz so gutgeheißen worden.

Jetzt wollen wir zusehen, ob nicht ein ethisches Prinzip in sämtlichen Römer-Oden wirksam und als einigendes Band angelegt ist, vielleicht der Grundgedanke, dass der Mensch, um wirklich Mensch zu werden, sich abscheiden müsse von seinem Lusttrieb, als Einzelner wie als Staat. Fort also vom Immer-Mehr (3, 1), fort vom unbefragten Trieb, unbedingt am Leben zu bleiben, fort vom Drauf-Los, z.B. in Bezug auf die Arcana (3, 2); aufgeben muss das Individuum den Gedanken, dass eigenes Lebendigbleiben mehr wert ist als eine hohe moralische Erfordernis (3, 3, Strophe 1 und 2), und das Staatswesen muss den falschen Gedanken fahren lassen, immer grösser, immer reicher zu werden, koste, welche

---

[73] Vgl. besonders Fraenkel 308 mit Anm. 2; 315f. und 322; ferner Solmsen 259; Haffter 95 und 117; Ross 139, Anm. 4; Witke 37 mit der wichtigen Anm. 1 über handschriftliche Hinweise darauf, dass schon in der Antike die sechs Römeroden als eine Einheit gelesen wurden.

[74] Besonders eindringlich hat K. Büchner, Studien 3, 125ff. über die Einheit der sechs Oden gehandelt. Dies Urteil gilt, auch wenn wir ihm nicht ganz zuzustimmen bereit sind, wenn er das einigende Band er in der Spannung zwischen Notwendigkeit und Freiheit erblickt. Der Versuch, ein Tugend-Schema im Bau der sechs Oden zu aufzudecken (so Theiler 274; Syndikus 2, 6, Anm. 13 gibt weitere Literaturhinweise), dürfte als gescheitert gelten. Über den Bau des Zyklus ist oben bereits gesprochen worden, es genügt, daran zu erinnern, dass er aus 3 + 3 Gedichten besteht, dass die Schluss-Strophe von c. 3, 3 ebenso deutlich den Einschnitt bezeichnet wie die nach der Anfangsstrophe von c. 3, 1 erneute "Szene" zu Beginn von 3, 4 und dass es sowohl eine den ganzen Zyklus einleitende Proömium-Strophe wie eine alles abschließende Finalstrophe gibt.

Tugend es auch wolle (3, 3; Strophe 3ff.); man kann 3, 4 so interpretieren, dass ein "Musisches" in der Form bedachten Planens (*lene consilium, vis temperata*) über alles bisher an Ethischem Vorgetragene gesetzt ist und dass 3, 5 wieder auf 3, 2 (*dulce et decorum pro patria mori*) zurückgreife, c. 3, 6 auf 3, 3, weil 3, 2 und 5, bzw. 3, 3 und 3, 6 dieselbe ethische Grundforderung enthalten. Ein solches einigendes Band um das Ganze zu legen, ist also nicht schwer; aber dieser Versuch dürfte die starken Spannungen nicht übertünchen. Es ist gewiss berechtigt, die genannten ethischen Einzelprinzipien aus den Gedichten herauszuheben. C. 3, 4 als das Gesamt- oder übergeordnete Prinzip enthaltend hinzustellen, wäre aber sicherlich ein Missgriff, weil dann vergessen wäre, dass c. 3, 4 von der Muse spricht: Die ersichtliche Anspielung auf die Dichtung in 3, 4, 20/22 wäre um des Systems willen unterdrückt. Und noch etwas:

Ist es nicht so, dass allen sechs Gedichten mehr oder weniger unverhüllte Entscheidungssituationen zu Grunde liegen? Entscheidungssituationen nun aber, die sich teilen in solche des Individuums[75] und solche des Gesamtstaates, bzw. seiner Lenker. Dies ist die Sachlage, um die es dem Dichter geht, und ihr muss sich Individuum und Staat je nach der vorliegenden Situation stellen. Dem Dichter, der ein Wissender ist (*Musarum sacerdos*, c. 3, 1, 3), obliegt, diese harten Entscheidungsforderungen vorzutragen. Er muss sie in kein System bringen, er muss sie bewusst machen und er tut das in noch nie gehörter Weise[76]. Das war ein ungeheures Wagnis[77] – welches? Ethische Grundforderungen in die römische Politik zu tragen, ethische Prinzipien als in der römischen Geschichte und in römischen historischen Gestalten verwirklicht zu bezeichnen und darüber hinaus dem Individuum in römischem Gewande harte[78] und härteste Forderungen zu stellen, ihm vor Augen zu führen, wie es im Idealfall sein muss und zu sein hat, ganz gleich, was mit dem Individuum geschieht. Dies in höchstem Tone, in gewaltigem Aufschwung aus der freundlichen Ebene der Liebeslieder und "scherzenden Muse"(c. 3, 3, 69ff.) auf die Bergeshöhen eines heroischen Stils und einer extremen Ethik vorzutragen, war für den Dichter eine höchste Schwierigkeit. Aber er durfte sich dessen sicher sein, dass Vergil sich der gleiche Schwierigkeit stellte; auch er hat sie gemeistert.

---

[75] Auch Horaz hatte sich in einer solchen Entscheidungssituation befunden, in der er sich dann für das Leben allein für die Dichtung entschied. Er ist gut damit gefahren, so deutet c. 3, 4, 21ff. an.

[76] Es war, wie oben gesagt, äußerst subaltern, Horaz zum übelnehmenden Gekränkten zu degradieren, indem man die *carmina non prius audita* (c. 3, 1, 2f.) als "bislang nicht ernst genommen" auffasste; auch "von mir bisher nie gesungen" würde zu kurz greifen. Der Ausdruck scheint zu meinen, dass derlei Lieder in Rom bisher noch nie gedichtet wurden, und dies bedeutet: Jeder, die Römisches mit Philosophischem verbinden, sind bis auf Horazens Tage in Rom noch nicht erklungen.

[77] In dem Passus c. 3, 6, 25/32, der eher an Epoden und Satiren gemahnt, scheint es auch misslungen.

[78] Es ist auffällig, dass bis auf c. 3, 6, 41/44 sich in den Römeroden nichts Zartes oder Angenehmes findet: Es sind durchwegs harte Gedichte.

Ob es ein "Quälen" für Horaz war[79], die Römer-Oden zu schreiben, das wissen wir nicht; aber es ist an jeder einzelnen abzulesen, dass er sich zu einem für ihn neuen Wagnis aufschwingen musste. Er, der sonst die Vielfalt von Metren so liebte wie die Wandfresko-Maler die varietà damals in Pompeji (Rumpf 358), verzichtete auf die bunte Vielfalt von Stoff und Versmaß, um etwas Strengeres zu erreichen; er, der so gern heitere Ironie aufblitzen ließ, wollte hier fast überall tiefernst sprechen[80], und er wagte es, die Mahnungen, die er schon viel früher hatte an Rom ergehen lassen (epo. 7 und 16, ferner nicht sehr viel später c. 3, 24), nunmehr mit Roms Anspruch auf Weltherrschaft, gegründet allerdings auf eine moralische Erneuerung, zu verbinden und dazu noch mit dem Namen des großen Siegers und Herrschers: Er wagte die höchstmöglichen Gegenstände, er wagte eine Rom-Ethik aus dem Geiste des Musischen. Diese Auffassung der Römer-Oden trägt dem Umstand Rechnung, dass im Zentrum der sechs Gedichte das Musen-Lied steht. Wir stimmen daher nicht mit E. Kraggerud (66) überein, der diese Oden als "deft indirect homage to Augustus for his practical piety", d.h. für sein moralpolitisches Erneuerungsprogramm versteht. Wir möchten alle Politisierung von diesen sehr viel eher idealischen Gedichten fernhalten.

Horaz spricht in diesen sechs Gedichten nirgends jemanden an, aber sie sind darum keineswegs unpersönlich. Man wird das weniger aus den Schlüssen des ersten und dritten Liedes ableiten, als vielmehr daraus, dass Horaz im Unterschied zu Livius (4, 4, 4; 5, 7, 10), Vergil (Aen. 12, 839, wo Roms angekündigte Grösse auf *pietas* gegründet erscheint) und Tibull (2, 5, 82[81]) aus seiner tiefsten Überzeugung heraus die moralische Restauration Roms weder allein auf die Frömmigkeit gründete noch auf einen Tugendkanon, sondern dass Rom, und das will sagen: seine Besten, sich unterordnen unter die Götter und – erstaunlicherweise – unter das Musische. Das im Gedicht zu verlangen, wagte Horaz, und er wagte es aus dem Bewusstsein, *vates* zu sein (c. 2, 20, 3) und *Musarum sacerdos* (c. 3, 1, 3). Hieraus leitete er die Autorität seines Mahnens ab.

Horaz hat mit seinen „Römer-Oden" ein mächtiges Gebäude errichtet, ein Gebäude aus Verheißungen aus dem Munde des Sehers, der sogar die Gedanken Junos kennt, und aus dem Munde des Menschen, der aus dem Wissen um die Art der Menschen die Bedingungen verkündet, unter denen solche Verheißungen Wirklichkeit werden können. Diese Bedingungen gipfeln alle in der einen, großen und schwersten Aufgabe: Dass der verantwortliche Mensch sich abscheide von seiner Lust, von seinem Wahn, dass der Einzelne mehr wert sei als das Ganze und die Befriedigung der Triebe das Natürliche und darum Erstrebenswerte. Erst, wenn statt der Lust die hohe Freude zum Ziel wird, einem

---

[79] A. Rumpf, Gnomon 26, 1954, 357.
[80] Nur leichteren Gewichtes, aber keineswegs heiter oder ironisch sind nur wenige Stellen, z.B. 3, 1, 45ff. und 3, 3, 69ff. Zur Stilhöhe auch F. Solmsen 251ff. (Kontrast zu den Satiren).
[81] Tibulls Verkündung eines wiedererstandenen Troia (2, 5, 61; vgl. Prop. 4, 1, 53 und 87) lag Horaz allerdings ganz fern: c. 3, 3, 37ff.

Größeren zu dienen, als das Individuum es ist, erst wenn aus der Lust das geworden, was Seneca dann mit *verum gaudium – res severa* bezeichnen wird, dann ist der Sinn geöffnet für das, was dieses horazische Gedankengebäude beherrscht: Das Wort der Muse.

KAPITEL XI : PHILOSOPHISCHES MAHNEN: DIE WEISHEITSODEN

Wir hörten früher, was Horaz über die Erziehung berichtet, die sein Vater ihm hatte angedeihen lassen: Dass er ihn durch die Straßen führte und ihm gute und minder gute Menschen zeigte, ihn anhand solcher Beispiele ermahnte, dieses zu tun, jenes zu lassen (sat. 1, 4, 105ff.), und dass er ihm verhieß, ein Philosoph werde ihm späterhin die theoretische Begründung für solcherlei praktische Hinweise aufzeigen. Solches Lehren des Rechten war dem Sohn also von früh an geläufig, Athen vertiefte seine philosophische Kenntnis, aber dieses Athen des 1. Jahrhunderts v. Chr. lehrte vorwiegend praktische Philosophie, und so bestand die philosophische Bildung des Horaz aus begründeter Morallehre. Sie gab er in den Satiren weiter, und zwar ähnlich der Art des Vaters, indem er von schlechten Beispielen ausging, denen er dann (in sat. 1, 5 und 9 z.B.) indirekt in den Gestalten der Freunde und auch seiner selbst bessere Verhaltensbilder gegenüberstellte. Es ist also kein Wunder, wenn er auch in den Oden dieser ihm zutiefst eingepflanzten Freude am Zeigen und Gestalten des Rechten sowohl wie des Falschen frönte. Nur tut er dies jetzt nicht mehr, indem er ungute Gesellen verspottet, alberne Szenen verlacht und lucilisch schimpft, sondern poetisch, vielleicht darf man sogar sagen: lyrisch.

Man könnte nun meinen, Lyrik und ethisches Mahnen schlössen einander aus. Für die Antike galt dies jedoch keinesfalls, wie schon eines der frühesten Lieder, das Partheneion Alkmans zeigt (PMG frg. 1). Hier liest man auf einem Papyrus die Reste einer Warnung vor dem Übermaß und vor der Rache der Götter: „Der ist glücklich, der frohgemut den Tag ohne Tränen zuende bringt". So dichtete dann auch Horaz; wie er dies tat, sollen jetzt zwei Beispiele zeigen.

Carmen 2, 10 (*Rectius vives, Licini*)

Rectius vives, Licini, neque altum
semper urgendo neque, dum procellas
cautus horrescis, nimium premendo
litus iniquum.

"Besser wirst Du leben, Licinius, wenn Du weder die hohe See unentwegt bedrängst, noch, die Stürme misstrauisch fürchtend, die Küste allzu sehr drückst".

Rectius – Wickham sprach wegen der beiden maritimen Bilder von einem "wise sailor"; Heinze verwahrte sich gegen jede moralische Auslegung des Wortes und meinte, Horaz spreche von einem sachgerechten Leben, das Glück verschaffe; Nisbet-Hubbard vermuten, Wickham nicht unähnlich, es handele sich um einen "straight course", und Syndikus 1, 393 verwendet mehrfach den neutralen Ausdruck "recht": Dieses Florilegium zeigt, dass der Ausdruck *recte vivere* kaum spezifisch aufgefasst werden sollte, sondern vielmehr recht allgemein: "Es wird Dir gut gehen, wenn ..." wie in epi. 1, 6, 29: "Du willst, dass es Dir gut gehe?", usw. Es bleibt jedoch nicht beim Abstrakten, ein zweifaches Bild vom Befahren des Meeres schließt sich an, um dem wohlbekannten[1] Gedanken neue Farbe zu geben: "Wenn es gut gehen soll, sollte man weder die hohe See zu sehr bedrängen noch auch, aus Angst vor den Stürmen, zu sehr die gefährliche Küste drücken", wobei Horaz See und Küste gleichsam als lebende Wesen denkt, die der Schiffer drückt und drängt[2]. Auf diese Weise gewinnt die belehrende Strophe eine starke Anschaulichkeit, wobei aber nicht die Natur veranschaulicht wird, sondern das Fehlverhalten des Menschen, der da drückt und drängt: Das Bildhafte ist in den Gedanken hineingenommen.

Und nun das berühmte Fazit: *auream quisquis mediocritatem diligit*, d.h.: "Wer immer die goldene Mitte über alles andere schätzt, der wird, wenn er sicher gehen will, die Armut eines alten, zerfallenden Hauses meiden[3], wird aber auch, nüchtern bleibend, keinen prunkvollen Festsaal haben wollen, der doch nur Neid erweckt". Wieder setzt Horaz mit einem Abstraktum ein ("Goldene Mitte"), um dann in einem doppelten Bilde dem Gedanken Anschaulichkeit zu

---

[1] Vgl. Syndikus 1, 393 mit Anm. 11, wo Parallelen aus Cicero und Properz genannt sind.

[2] Zum Leben als einer Schiffsfahrt bringen Nisbet-Hubbard reiche Literaturangaben bei. Zu einem späten Ableger bei Ennodius s. Verf. in: Martin Gosebruch zu Ehren, Festschrift für M. Gosebruch, München 1984, 38f. Zur hohen See und Uferklippe s. Syndikus 1, 393, Anm. 11.

[3] Zu *sordes* als Armut vgl. OLD s. v. 3 b; *obsolescere* bedeutet alt und zu alt werden, von da aus dann auch das Verfallen. Eine gute Parallele bietet Cic. Sest. 60: Der Glanz, der M. Cato umgibt, könne niemals "im Dunkel vergehen" (*sordibus obsolescit*).

verleihen. Was ist damit gesagt? Vom Besonderen des Wohnens ausgehend verdeutlicht Horaz das Allgemeine der Goldenen Mitte[4]: Man soll es nicht so weit kommen lassen, dass man arm wird im Sinne der Verkommenheit oder reich im Sinne des übermäßigen Luxus. Der "Beweis", dass diese Regel richtig ist, wird in ein uraltes Bild gekleidet[5]: Eine besonders hoch ragende Pinie wird stärker[6] bewegt, besonders hohe Türme fallen schwerer (etwa bei Erdbeben), und der Blitz trifft eher die Spitzen der Berge. Dieser Gedanke, dieses Mal in dreifacher Veranschaulichung ausgedrückt, schließt sich an die "umneidete Prachthalle" (7f.) an: "Ja nicht zu hoch hinaus!" Insgesamt war bis hierher gesagt worden: "Sicher" lebt man, wenn man im Äußerlichen die Goldene Mitte beherzigt. Jetzt lenkt Horaz den Gang des Gedichtes in eine andere Richtung.

In v. 13ff. heißt es: Im Unglück nicht die Hoffnung verlieren, im Glück den Umschlag des Schicksals misstrauisch in Rechnung stellen, das ist das Kennzeichen eines "wohlgerüsteten Gemütes". Das heißt: Wer das Leben kennt, weiß, dass die Glücks- oder Unglücksumstände wechseln, ohne dass man sie beeinflussen könnte. Sache des Menschen ist, dieses zu wissen und sich von vornherein darauf einzustellen. Das ist wieder eine uralte Lehre, seit Archilochos (frg. 67 a Diehl[7]) ist so gesprochen worden: Angesichts des ungewissen Schicksals ist es also in der Tat Sache des Menschen, dieses Auf und Nieder zu erkennen, es als Gegebenheit hinzunehmen und wissend sich darauf einzustellen, mehr noch: Der Mensch muss sich aus dem Wissen um Einzelfälle eine feste Haltung für immer schaffen. Insbesondere die Stoa hatte daraus ein Prinzip gemacht[8]. Horaz bleibt aber erneut nicht im Abstrakten, sondern schließt an die wunderbar gedrungene abstrakte Formulierung wieder ein Bild aus der Natur: An die ungute Schicksalslage anschließend erinnert er an den hässlichen Winter, den Juppiter nach einem schönen Sommer gewisslich wieder herbeiführen und den er dann auch wieder fortschicken wird[9]. So auch im Geschick des Men-

---

[4] Reiche Literaturangaben zur Goldenen Mitte bei Nisbet-Hubbard 160 unten. "Das Maß ist immer das Beste", lehrte bereits Homer (Od. 15, 71).

[5] Herodot 7, 10, 5; vgl. außer Nisbet-Hubbard auch Baileys Kommentar zu Lucr. 5, 1125 seiner Zählung, Töchterles Kommentar zu Sen. Oed. 8ff.

[6] In v. 9 ist *saepius* eindeutig überliefert; mehrere Editoren folgten der Konjektur *saevius*, die sich in einer Ausgabe des 18. Jh. findet und die sich durch eine Stelle bei Fronto, der Horaz zu imitieren und dabei an ein "stärker" anzuspielen scheint, stützen ließe. Wenn man sich jedoch einen Pinienwald vorstellt, ist es wahrscheinlich, dass ein besonders hoher Baum "öfter" gezaust wird als die niedrigeren? Bei Sturm werden doch wohl alle bewegt, der hohe aber besonders, also *saevius*.

[7] "Erkenne, welcher Rhythmus das Leben der Menschen beherrscht" (frg. 76 a, 7 Diehl; vgl. B. Snell, Entdeckung des Geistes, Hamburg ³1955 u. sp., S. 99).

[8] Nisbet-Hubbard bieten S. 163f. zahlreiche Verweise (Sen. epi. 76, 33ff. fehlt); man sollte jedoch vermeiden, diese Lehre als spezifisch stoisch anzusehen, denn der Epikureer wird ganz ähnlich gedacht haben (vgl. Sen. epi. 18, 9). Zur Prämeditation vgl. auch M. Pohlenz, Stoa 2, 82.

[9] Nicht uninteressant ist, dass dieser Gedanke in dem c. 2, 10 unmittelbar voraufgehenden Gedicht am Anfang zu lesen ist: Kontinuitätsherstellung?

schen: Wenn es jetzt schlecht geht, muss es morgen nicht ebenso gehen. Und wieder wird das Abstrakte anschaulich gefasst: Apoll weckt ja zuweilen, seine Kithara anschlagend, die Muse, die da ruht und schweigt, zum Liede, und spannt nicht immer nur den Bogen (zum rächenden Todesschuss).

Zum Schlusse das Ganze noch einmal, eng gedrängt und auf den Anfang, der ein nautisches Bild brachte, mit einer Seefahrtsvorstellung zurücklenkend: Geht es schlecht[10], habe guten Mut und zeige Deine Seelenstärke; geht es gut und bläst der Wind "allzu günstig"[11], dann reffe aus gutem Wissen klug Deine (allzu) geblähten Segel!

Dieses Gedicht bedarf keiner Berücksichtigung des Adressaten[12], es genügt sich selber vollauf. Man wird sich freuen an der herrlichen Gedrungenheit der Sprache, an dem wohlüberlegten Wechsel von Abstraktem und Bildlichem und an der Ordnung des Gedankenablaufs: Auf das abstrakte *rectius* (v. 1) folgen zwei Meeresbilder; auf die zweite abstrakte Forderung (5: *auream quisquis*) folgen erneut zwei Bilder, diesmal solche vom Hausen. Dann gibt der Dichter eine Begründung für seine Warnung vor dem Luxus, aber diese lässt er aus drei Bildern "herausleuchten" (Syndikus 1, 392). Hernach lässt er diese numerische Abfolge wechseln: Zwei Verben bestimmen das Tun des "wohlvorbereiteten Brust" (13f.), dreimal zwei tröstende Hinweise folgen (13/20). Und die letzte Strophe gibt dem Du zwei Attribute und bestimmt seine Einstellung erneut mittels zweier maritimer Bilder. Eine große Harmonie spricht hieraus; allein die Gefährdung des Zuviel wird in der Mitte des Gedichtes mittels dreier Bilder veranschaulicht, sonst bewegt es sich in Zweiergruppen. Im Ganzen ist es, wenn man auf die Strophen schaut, nach 2 + 1 / 2 + 1 geordnet.

Beim Befahren der See also nicht zu weit hinaus und nicht zu nahe der Küste; beim Wohnen nicht armselig und nicht üppig, das will sagen: Im Äußerlichen gehe man den Weg des Maßes, insbesondere dann, wenn es scheinbar sehr gut geht (auch der Historiker Thukydides hatte 3, 39, 4ff. mancherlei dazu zu

---

[10] Zur Wortbedeutung von *rebus angustis* Syndikus 1, 395, Anm. 18.
[11] Zu dieser Art des Oxymoron vgl. C. J. Reagan, RSC 18, 1970, 177ff.
[12] Der Adressat Licinius in v. 1 ist nur durch einen einzigen Namen bestimmt, also so wortkarg genannt, dass eine Identifizierung schier unmöglich ist. Entweder handelt es sich um einen uns völlig unbekannten Licinier oder um A. Terentius Varro Licinius Murena (so Syme, Roman Revolution 326, Anm. 5 am Ende), den Bruder von Maecens Gattin, der einst im Senat während einer gerichtlichen Untersuchung so heftig dem Princeps widersprach, dass er – der Konsul! – seines Amtes enthoben wurde; Schlimmeres drohte, und so ließ Maecenas seine Gattin etwas von der drohenden Gefahr wissen, woraufhin der Bruder floh (er floh vergebens) und Maecenas selber in Ungnade fiel (die Umstände bei Nisbet-Hubbard 1, 151ff.). Dass der Adressat eben dieser Licinius gewesen, behaupten die Gedichttitel in der Psi-Gruppe unserer Handschriften, aber wir sind ja nicht gezwungen, ihr zu folgen (s. Heinze 198). Das ist eine Frage, die den Historiker und Prosopographen angeht; der Philologe wird anmerken, dass nichts in dem Gedicht auf eine bestimmte Lebenslage hindeutet, und wenn man Strophe 3 so auslegen will, dann deutet diese eher auf eine glückliche Lage. Wir besprechen das Lied hier also ohne Rücksicht auf die Adressatenproblematik.

sagen). Ein solches Maß-Halten und Maß-Wissen kommt aus der Kenntnis des Lebens, das immer aus einem Auf und Ab und aus mancherlei Umschwüngen besteht; darum gehört zum Maß-Halten die innere Vorbereitung auf den Umschwung, auf dass er uns nicht allzu hart treffe (so schon Archilochos in dem genannten Gedicht)[13]. Noch abstrakter: Das rechte Verhalten zum Äußeren gründet sich auf eine rechte Einstellung, diese aber auf ein Wissen. Das ist ebenso wahr wie es hier eben dürr gesagt wurde; Horaz dagegen wusste das Abstrakte sich mit Anschaulichem abwechseln zu lassen und den Gedanken in klare Bilder zu fassen.

Ein einziges Wort fehlt noch: *Diligit* in v. 6 ist bisher unerläutert geblieben. Nisbet-Hubbard kommentieren nüchtern: "The word suggests the philosopher's choice (Prohairesis)"; Heinze hatte geschrieben: "*diligit*, das mehr auf Wertschätzung als auf innere Zuneigung geht"; Syndikus lässt das Wort selbst unbesprochen, bezeichnet aber den ganzen Komplex als einen, der mehr Wärme spüren lässt (392 unten), und doch scheint dieses Wort eminent gewichtig: "*Mediocritatem sequi, eligere, praeferre* wären möglich gewesen, warum *diligere*, das offenbar nicht kühl-sachlich klang, sondern ein 'Schätzen' meint, das zwar weniger Herzlichkeit enthält als *amare* (Cic. ad Brut. 1, 1, 1; Catull 72, 3f.), aber doch innere Wärme und Anteilnahme ausdrückt?", so in "Methoden der Latinistik" 15. Die Antwort muss lauten: Wer die Mitte "liebt" (in der Weise, wie wir davon sprechen, dass, wer sein Leben "liebt", langsam fährt), ist gesichert, und dieses Gefühl des Gesichertseins "liebt" der Weise und freut sich daran. Das genügt vielleicht noch nicht; denn welchen Sinn hat das *tutus caret* (6)? Bedeuten diese Worte, dass derjenige, welcher die Goldene Mitte liebt, dann auch wie selbstverständlich niemals sich verkommen oder in das Übermaß wird treiben lassen? Wahrscheinlich müssen wir übersetzen: "Wer die Goldene Mitte liebend in sein Inneres aufgenommen hat, der wird dann auch im Äußeren vor jeglichem Sich-Gehenlassen gesichert sein", und zwar durch die souveräne Einstellung zu den Dingen.

Statt weiterer erbaulicher Worte lieber Seneca (epi. 23, 4): *Verum gaudium res severa est*, denn es entspringt langer Arbeit an sich und an der Abscheidung des Unbedacht-Natürlichen, schenkt dann aber den *animus alacer, fidus et supra omnia erectus* (ebd. § 3 Ende). Dieses *diligit* gibt dem ganzen Gedicht seine Tiefe: Die anbefohlene Einstellung zu dem, was von außen kommt, muss hochgeschätzt und freudig erarbeitet werden über alle anderen Anreize hinaus. *Diligit*, das Auswählen aus vielen Möglichkeiten ist, wenn man scharf zufassen will, eine Weise, das *summum bonum* auszudrücken, dessen Anstreben nach Seneca (ib. § 3) ein *discere gaudere* ist.

Ist so das Gedankliche dieses Carmen beschrieben, bleibt zweierlei: Erstens wäre nach dem Ästhetischen zu fragen und dann zweitens nach der interessanten

---

[13] Somit scheint das Gedicht aus drei plus drei Strophen aufgebaut, aus Gruppen, die, wie erwähnt, in sich zu 2 + 1 geordnet sind, Syndikus 1, 394, Anm. 15 hat da klarer gesehen als Collinge 70ff.

Stellung dieses Gedichtes im Buchganzen. Dass es schön gelungen ist, indem es auf Abstraktes kräftige und überraschend formulierte Bilder folgen lässt, das wurde bereits gesagt. Er tut das, indem er statt zu beweisen, abzuleiten oder zu predigen uralte, daher um so überzeugende Bilder einsetzt und um den Hauptbegriff des *bene praeparatum pectus* (14f.) stellt. Nun wäre aber des weiteren zu bedenken, dass Horaz ans Ende des ersten Buchteiles nach neun Oden dieses Lied vom Maßhalten gestellt und ans Ende des ganzen Buches, nach weiteren neun Carmina, das Lied vom Ruhm angeordnet hat: Bescheidung im Äusseren und Hochleistung im Geistigen – die beiden Grundstrebungen seiner Lebensphilosophie bestimmen also den Bau des Buches[14].

Carmen 2, 16 (*Otium divos rogat*)

Als zweites und letztes der Lehr-Gedichte sei dies gedanklich nicht eben schwierige, philologisch jedoch heftig umstrittene Gedicht besprochen. Welchen Weg nimmt der Gedanke? *Otium* – bedeutet es Ruhe? Oder Stille? Oder etwa Friede? Man wird abwarten müssen. *Otium* erbittet derjenige, der auf hoher See, auf dem weiten ägäischen Meer (die Ufer sind nicht zu sehen) vom Sturm nachts überrascht wird, die Wolken verhüllen den Mond und die Sterne, diese sonst so sicheren Lenker und Orientierungshilfen, sind verschwunden: Da sehnt sich der Schiffer nach dem Frieden vor dem Unwetter. *Otium,* so beginnt auch die zweite Strophe, erbittet auch Thracien, obschon es die Heimat des Kriegsgottes Ares ist (Hom. Il. 13, 298ff.), *otium* auch die Meder, obwohl sie schöne Köcher lieben (also Waffen und Kampf: "Their very adornment belies their prayer", Wickham[15]), und dieses *otium* kann man nicht mit Edelsteinen, nicht mit Purpur oder Gold erkaufen, so schließt die Strophe, einen Grosphus anredend[16], mit einer Dreiheit eindrucksvoll. Man kann sich über die eindrucksreichen Formulierungen freuen, muss aber auch sehen, dass natürlich Friede, wenn man ihn als den Zustand eines Landes nach dem Kriege fasst, käuflich ist (man denkt an Vertrags- oder Reparationszahlungen, usw.). *Otium* dürfte also auch in v. 6ff.

---

[14] So auch schon Kap. 7 am Ende zu c. 1, 38. Zur Ordnung von Carm. Buch II vgl. W. Ludwig, Hermes 85, 1957, 336ff. und jüngst E. Lefèvre in: Horaz und Celtis, Festschrift für W. Ludwig, Tübingen 2000, 202: c. 2, 10 und 2, 11 seien ein "Doppelpaar".
[15] Ebenso K. Büchner, Humanitas Romana, Heidelberg 1957, 176; H. Womble, AJP 88, 1967, 388; zu den bunten Köchern vgl. Bömer zu Ov. met. 2, 421.
[16] Es handelt sich bei den *Grosphi* um reiche Landeigentümer auf Sizilien (Nisbet-Hubbard 2, 252f.), aber das hat für das Verständnis der Ode wenig Bedeutung. Nisbet-Hubbard merken an, dass grosphos im Griechischen den Speer bedeutet und verbinden das mit *iaculamur* in v. 17 als Namensspiel – vielleicht haben sie recht, aber nur vielleicht, denn wer weiß, ob Horaz so spielte?

etwas anderes sein als der politische Friede, denn der ist sehr wohl erkaufbar: *otium* meint gewiss ein Innerliches, also eher die innere Haltung der Friedfertigkeit. Dann, mit der Namensnennung Grosphus, beginnt, ohne dass man es sogleich und sehr deutlich merke, ein neuer Gedanke, nämlich der an einen anderen als den politischen Frieden. Der politische mag zu erkaufen sein, der andere, der innere, niemals.

Otium, so wollen wir wiederholen, das ist die sturmfreie Sicherheit auf dem Festland und auch der Friede und Friedfertigkeit fern vom wilden Krieg[17]. *Otium* ist also das Ruhe-Halten und Ruhehalten-Dürfen. Die dreifache Anapher hat man als Catull-Anklang gewertet (vgl. bei Catull c. 51, 13ff.[18]), aber das ist nicht wahrscheinlich; mit größerer Sicherheit wird man sagen dürfen, dass Horaz hier nachdrücklich-wiederholend spricht und dass die formale Ähnlichkeit mit Catull, also die Tripelanapher, eher derselben Absicht entsprang als einem Nachahmen. Horaz spricht von einem Ruhe-Halten, das die Menschen gern erbitten und lauthals wünschen (sat. 1, 1, 1ff.), aber doch eigentlich nicht haben wollen; die Gebete auch der kriegerischen Völker zeigen das. Horaz zielt jedoch weniger auf das Ruhe-Halten von Kauffahrer oder Krieger allein, als vielmehr auf eine sehr viel weiter zu fassende Ruhe; das zeigt, wie angedeutet, die dritte Strophe, wo es heißt, dass weder gewaltige Reichtümer noch die zwölf eindrucksvoll den Konsul begleitenden Liktoren[19] die schlimmen Aufregungen und Sorgen aus dem Wege zu schaffen vermögen, die Sorgen, die sogar die Paläste der Reichen umflattern[20]. Von der Meeresstille bewegte sich also das Gedicht über die Ruhe des Friedens zur Ruhe der Seele.

Jetzt folgen ganz besonders schöne Strophen: Man lebt, so heißt es da im Tone von Sentenzen und Maximen (13ff.), mit Wenigem gut. Z.B. wird derjenige gut leben, dem auf kleinem Tische das Salzfass steht, das noch der Vater benutzte, und ihm werden auch Angst und Gier den leichten, beschwerdelosen Schlummer nicht rauben.

---

[17] Der aristotelische Gedanke, dass man Kriege führt um des Friedens willen (NE 1177 b 4ff.), ist hier wohl fernzuhalten.
[18] Fraenkel 250ff. nach anderen, die er S. 250, Anm. 3 nennt; Syndikus 1, 440; doch richtig bemerkt er: "Die Bedeutung des Wortes *otium* hier und dort ist unvergleichbar".
[19] E. Meyer, Römischer Staat und Staatsgedanke 142.
[20] Zu den *tumultus mentis* (10f.) sammelt Töchterle zu Sen. Oed. 329 Parallelen. Beim "Umflattern" hat man (Nisbet-Hubbard 2, 260 oben) an das Bild von Fledermäusen gedacht, die abends ums Haus jagen (Verg. Aen. 6, 866; Ov. met. 4, 414).

> *Vivitur parvo bene, cui paternum*
> *splendet in mensa tenui salinum*
> *nec levis somnos timor aut cupido*
> *sordidus aufert.*

Das Wenige, das zufrieden macht, wenn man sich mit ihm begnügt, das wird exemplifiziert durch den mäßigen Tisch und durch das ererbte Salzfass – der Mann ehrt und achtet das Erbgut und verwirft es nicht um eines neuen, luxuriöseren willen[21]. Eben hatte es geheißen, inneren Frieden oder Friedfertigkeit könne man nicht erkaufen (v. 7) oder erzwingen (v. 9f.); jetzt ist deutlich geworden, wie man ihn erreicht: Durch Bescheidung im Äußeren. Eben hatte Horaz von *tumultus mentis* und von *curae* geschrieben (v. 10f.); jetzt sagt er ausdrücklich, welche er meinte: Die üblichen, oft genannten und besprochenen Komplementäraffekte: Angst und Gier[22]. In der nächsten Strophe (18ff.) wird zunächst die Gier noch einmal angesprochen: Kurzlebig wie wir sind, wollen wir doch optimistisch (*fortes*) vieles erreichen; dann aber lenkt Horaz in eine andere Richtung (die Anapher mildert den Übergang): Warum reisen wir[23]? Um „zu sich selbst zu kommen", wie wir heute sagen? Aber wer ist schon durch solches Reisen wirklich zu sich selber gekommen, besser: sich selbst entkommen? Das bedeutet: Voller Gier leben wir dahin, die Gier aber (und die komplementäre Angst um den Besitz) macht uns unruhig und besorgt, wirft uns in den *tumultus mentis*, und da meinen wir, wir könnten ihm durch zerstreuendes Reisen, das doch nur eine Art der Selbstverbannung ist, entkommen – weit gefehlt.

Um nun im Text weiterzukommen, bedarf es im Folgenden sehr genauer Betrachtung der Sätze und Wörter, denn die v. 21/4 sind von vielen und namhaften Gelehrten für unecht erklärt worden[24]. Die Frage "Wozu zielen wir, allzu optimistisch angesichts unseres kurzen Lebens, nach so vielem?" schließt sich an den *cupido* aus v. 15 an. Die Frage aber "Wozu wechseln wir ein heißes Land für ein anderes genau so heißes?"[25], sie handelt nicht mehr vom Streben, sondern

---

[21] So sagte U. Knoche in dem vom Verf. postum veröffentlichten Hamburger Vortrag vom Jahre 1956 (AClass 13, 1970, 31 mit Anm. 8).

[22] Nisbet-Hubbard 2, 261f.; AClass (a. O.) 31, Anm. 10 (mit Hinweis auf Descartes); vgl. Lucr. 6, 25. Interessant ist, wie Horaz zweimal einen nach Heinze ganz ungewöhnlichen Akkusativ wagt, den nach *iaculari* (17) und den nach *mutare* (19); das fällt unter die Rubrik des "Zweimal das Gute" (Glotta 53, 1975, 244ff.).

[23] Zur Thematik des Reisens vgl. besonders Hor. epi. 1, 11 und Sen. epi. 28, der Horaz anklingen lässt.

[24] Eine kleine Namenssammlung: Für die Unechtheit sprachen sich aus zuerst C. Prien (1885), dann u. a. F. Klingner, H. Fuchs, U. Knoche, S. Borzsák; für die Echtheit z.B. Ed. Fraenkel, V. Pöschl, D. R. Shackleton Bailey; H. P. Syndikus 1, 446, ohne die in Anm. 21 genannte Arbeit Knoches zu erwähnen.

[25] Scharf zugefasst, bedeutet dies ein Reisen von einem heißen Land in ein anderes heißes Land, d.h. ein Reisen, das keine Kühlung, keinen wirklichen Klimawechsel erbringt: Es bleibt alles beim alten.

vom Reisen, wohl um der Zerstreuung willen. Man muss also so lesen: Das Streben nach Vielem macht innerlich unruhig; um diese Unrast loszuwerden, reisen wir, nur – umsonst. Und mit diesen Gedanken an zerstreuendes Reisen verbindet sich gut die folgende dritte, jetzt bis zum Paradoxalen einer Flucht vor sich selber gesteigerte Frage: "Wer hätte je mittels solchen Fluchtreisens, also mittels Selbstverbannung vor sich selber, je Zuflucht gefunden (wir interpolieren: vor seiner inneren Unruhe, vor Angst und Gier)?

Jetzt 21ff.: "Es besteigt erzbewehrte (Kriegs-)Schiffe die lasterbefallene[26] Cura". *Aeratae*, d.h. "erzbewehrt" sind Kriegsschiffe am Bug des Rammstoßes wegen, so erklären Nisbet-Hubbard hier noch richtig, um aber das Wort in Einklang zu bringen mit v. 17ff., wo nur von Privatleuten die Rede ist, von Kaufleuten und Reisenden, unterlegen die englischen Gelehrten dem Wort die Bedeutung "private schooner", was lexikalisch (und methodisch) nicht erlaubt scheint. Es muss dabei bleiben: *Cura* besteigt sogar erzbewehrte Kriegsschiffe[27] und "verlässt"[28] nicht Reiterschwadronen, hurtiger als Hirsche und Winde[29]"; was kann gemeint sein? Wahrscheinlich meint der Text ein Loslassen in dem Sinne, dass sie sich abschütteln läßt, wenn sie die Schwadronen erst einmal befallen hat: "Cura does not let go of her quarry", sie lässt ihre Beute nicht davonlaufen, so Nisbet-Hubbard. Also jagt sie mit oder nebenher und lässt nicht locker – eine ans Skurrile grenzende Bildvorstellung. Aber was will *Cura* auf dem Schiff? Ersichtlich muss man hier interpolieren, nämlich so, dass man beim Kriegsschiff an den Admiral denkt, den *Cura* auch auf seinem Kriegsschiff festhält (wenn er sie mitbringt)[30]. Also: *Cura* ist zäh und lässt sich nicht abschrecken (von gewaltig starken Kriegsschiffen und der Befehlsgewalt ihrer Admirale, so könnte man interpolieren; vielleicht ist aber auch hier schon an die Geschwindigkeit von Dreideckern gedacht – sehr klar ist das nicht formuliert); sie ist schnell und lässt sich nicht abschütteln von noch so rasend dahinpreschenden Reitern.

---

[26] *Vitiosa* kann heißen, dass die *Cura* selber ein Laster ist oder dass der Mensch, der von der Cura befallen ist, dadurch zu einem lasterbehafteten wird (s. D. Bo 2, 389; AClass a. O. 33, Abs. 3, Ende), weiterhin auch, dass dieses *vitium* etwas vereitelt (so Nisbet-Hubbards zweite Erklärung: „nullifies"). Im ersten Falle hätte man es mit einem tautologisch-faden Attribut zu tun, im zweiten wüsste man nicht, was *cura* vereitelt: Das Wort bleibt unklar.

[27] Dass solche Kriegsschiffe "Symbole der Schnelligkeit" seien (K. Barwick, RhM 93, 1950, 257; ähnlich Syndikus 1, 445: "Ein schnelleres Fortbewegungsmittel als Kriegsschiffe und Reitpferde gab es damals für den Menschen nicht") ist angesichts der Liburnae (epo. 1, 1) und der Post-Schnellsegler unverständlich).

[28] *Relinquere* mit "in Ruhe lassen" zu übersetzen, wie Pöschl es tat (Hermes 84, 1956, 77), ist nicht möglich: ACl a. O. 36, Anm. 22.

[29] Der Ausdruck ähnelt Verg. Aen. 8, 223; 12, 733: *ocior Euro*. R. Heinzes Einwand, *ocior* bedeute bei Horaz nie "geschwinder", ist angesichts der Seltenheit dieses Maskulin-Komparativs (nur in c. 1, 2, 48 kommt es noch vor, heißt dort aber "früher" oder "vorzeitiger") nicht stringent (Barwick 257f.).

[30] Diese Interpolation ist methodisch berechtigt, denn nur durch eine ganz gleiche kann c. 3, 1, 39f. verstanden werden, und diese Verse sind eindeutig echter Horaz.

Diese Zeilen sind, abgesehen von dem unklaren *vitiosa* (es ist dies das einzige grob tadelnde, überhaupt das einzige gröbliche Wort des Gedichtes), als Ausdruck dessen, dass dieser Affekt der *cura* sich nicht und abschütteln lässt, holperig, aber doch in sich verständlich. Etwas schwülstig und bombastisch (so C. Prien, RhM 13, 1858, 321) sind sie gewiss, auch teilweise unklar, und zudem, auf die rennende *Cura* gesehen, ein wenig grotesk, doch in sich selbst nicht unlogisch.

Wie aber ist diese Strophe in den Kontext eingefügt? In der Strophe davor war von Privatem die Rede und nicht von Militärischem, vor allem aber mit keinem Wort von der Schnelligkeit des Fliehens (*fugit* in v. 21 zwingt ja nicht, auch an eine Geschwindigkeit solchen Fliehens zu denken, das bemerkt U. Knoche a. O. 36 nach Vorgang von R. Heinze zu Recht). In v. 13/21 hatte Horaz von der Bescheidung gesprochen, in Bezug auf Besitzstreben und der daraus folgenden Angst (um den Besitz); er hatte dann erneut die Bescheidenheit der Zielsetzung erwähnt (18f.) und daran erinnert, dass wir, wenn wir zu viel erstreben, das Umgetriebenwerden nicht loswerden können. Die Worte *patriae quis exsul se quoque fugit?* wird man nicht ohne Berechtigung als abschließende Formulierung werten. Da scheint das erneute Eingehen auf die Unmöglichkeit, die Leidenschaften nicht loswerden zu können, überflüssig. Die starke Betonung der Schnelligkeit führt in eine falsche Richtung, ist schief und durch die Strophe davor in keiner Weise vorbereitet. Man wird auch meinen, dass *laetus in praesens animus* (v. 25) vorzüglich an v. 20f. anschließt und wird sich des Eindrucks einer gewissen Geschwätzigkeit der Zeilen 21/4 nicht erwehren können.

Nun haben alle, die sich mit diesem Gedicht befassten, auf die "unusually close parallel" (Nisbet-Hubbard) von c. 3, 1 hingewiesen[31]: Da kann ein Reicher, von *Cura* befallen, ihr nicht entfliehen, auch nicht mittels grandioser Bauten, z.B. vermöge weit hinaus ins Meer vorgetriebener Prachtgebäude auf Molen:

> *sed Timor et Minae*
> *scandunt eodem quo dominus, neque*
> *decedit aerata triremi*[32] *et*
> *post equitem sedet atra Cura,*

er kann es nicht, denn "Angst und Drohen steigen eben dorthin, wohin der Bauherr geht (nämlich u. a. hinaus auf die Mole), und die dunkle *Cura* weicht auch nicht von einem erzbewehrtren Dreidecker und sitzt fest hinter ihrem Reiter". Hier werden wir erneut den "Admiral" interpolieren, was in diesem Falle aber sehr viel leichter ist als in c. 2, 16, da ja das Wort *dominus* unmittelbar voraus

---

[31] Hier wird nicht die entferntere Ähnlichkeit der Cura-Strophe mit Lucr. 2, 37ff. besprochen: "Lucr. 2, 40ff. ... ist nicht das Vorbild unserer Stelle", urteilt richtig Syndikus 1, 446, Anm. 54 gegen Pöschl 74ff. und andere, vgl. AClass a. O. 33ff.

[32] Dazu, dass auch hier ein Kriegsschiff gemeint ist, AClass a. O. 39, Anm. 24.

geht. Admiral und Reiterführer werden ebenso unbarmherzig verfolgt wie der bauwütige Privatier: Eine klare Parallele zu c. 2, 16, so will es scheinen, nicht zuletzt wegen der notwendigen Ergänzung des Admirals zu seinem Schiff. Es handelt sich hier um eine deutliche, ja allzu[33] deutliche Wort- und Motivähnlichkeit der Strophen. Die Strophe aus c 3, 1 fügt sich glatt in den Kontext ein, die Strophe in c. 2, 16 tut dies nicht. Sie ist nach Maßgabe der Strophe aus der Römer-Ode in das Gedicht 2, 16 spielend eingefügt, wobei der Interpolator mit *vitiosa* ein unklares Wort verwendete und im Ganzen die Zielrichtung des Kontextes verfehlte. Man wird die Cura-Strophe in 2, 16 für allzu wortreich halten und meinen, dass der Gedankengang allzu hart unterbrochen werde, dass die schiefe Wiederaufnahme und Ausweitung des *se fugit*-Motivs in 21ff. stört, insbesondere nach der doch deutlich als ins Paradoxe gesteigerten Abschlussformulierung der dritten Frage in v. 19f. Kurzum: Man hält die Strophe am besten für unecht[34]

Fahren wir fort, halten aber zunächst fest, was bereits erarbeitet war: *Otium*, das ersehnen alle Menschen, doch man kann es ja nicht kaufen oder ertrotzen. Man kann Frieden, den wirklichen, inneren Frieden nur gewinnen durch Bescheidung; dann und nur dann wird man leicht und sanft schlafen, nicht aber, wenn man nach immer mehr giert. Dann wird man rastlos, versucht vielleicht, durch zerstreuendes Reisen diese Unrast loszuwerden, aber es gelingt nicht: Noch keiner ist durch solche äußerlichen Mittel, etwa durch Selbstverbannung von "sich", d.h. durch Reisen, von seiner Unruhe geheilt worden. Und nun noch einmal (vgl. v. 13ff.) der Verweis auf das Heilmittel: Ein Sinn tut not, der froh ist über das Gegenwärtige[35] und über dieses hinaus nichts anderes ersehnt[36]; der wird dann auch das Bittere, das ihm einmal zustoßen mag, mit einem

---

[33] Man wird gern Nisbet-Hubbard folgen, wenn sie verwundert von "unusually close" sprechen (S. 264 oben).

[34] Es wäre nicht sehr schwer, die Argumente, die man für die Echtheit beigebracht hat, methodisch zu entkräften (z.B. die Argumentationsweise von H. P. Syndikus 1, 446, der ohne Kenntnis von Knoches Vortrag ausschließlich Ästhetisches ins Feld führt: "poetische Logik", "unübertrefflich", "gewaltige Steigerung", "Variation in der Bildebene" auf S. 446, Anm. 55, usw.).

[35] *Laetus in praesens* (25) erklärte Heinze als Verkürzung von *laetus in praesens tempus* und verwies auf Sallust (Cat. 16, 3); dort erklärt Vretska den Ausdruck *in praesens* als gleichbedeutend mit *in praesentia*, also etwa "für den Augenblick". Das aber kann hier unmöglich gemeint sein: Das rechte Denken ist nicht "für den Augenblick freudig" (und bald anders), sondern es freut sich an dem, was da ist (und will nichts anderes). Also heißt *in praesens* hier mit eigenwilliger Verschiebung soviel wie "froh des Gegenwärtigen", wobei das in für den sonst geläufigen Ablativ gesetzt ist. Eine gute Parallele ist c. 3, 8, 26ff., wo Horaz dem Freunde Maecen für die heutige Einladung rät, "heute einmal als Privatmann (Lyne 110, Anm. 41) die allzu beschwerliche Sorge um den Staat bleiben zu lassen und die Geschenke der gegenwärtigen Stunde froh zu ergreifen".

[36] *Oderit* bedeutet, es widersteht einem solchen Gemüt alles Gieren und Ersehnen; dieser emotionale Ausdruck entspricht dem *diligit* aus c. 2, 10, 6.

"biegsamen Lächeln" (*lento risu*, 26f.) zu mildern wissen. Was mag ein biegsames Lächeln sein? Nun, natürlich ist nicht das Lächeln selbst, sondern der Mensch "biegsam", der da lächelt; aber wieso biegsam? Er hält das Bittere aus; er mag gebogen und gedrückt werden, er bleibt zäh und bricht nicht[37]. Woraus stammt solche lächelnde Überlegenheit? Aus dem Bewusstsein, dass es für den Menschen und für nichts hier auf Erden Vollkommenheit zu erreichen gibt: *Nihil est ab omni parte beatum*, Glücklichsein ist ein Kompromisse-Schließen, ist Dankbarkeit für das Gute, das dem Menschen zufällt und die Bereitschaft, es auch ohne Jammern wieder zu entlassen (c. 3, 29, 41 ff.).

Das ist ja immer so: Der gewaltige Achill musste früh sterben, Tithonus lebte zwar lange, aber bis zum Nichts reduziert, und was den Besitz angeht, so wird mir vielleicht einmal zuteil, was Dir versagt bleibt (man erinnert sich erneut an c. 3, 29, jetzt an v. 52): "Du bist auf Sizilien begütert, also freue Dich daran (so darf man wohl interpolieren); mir wurde nur ein kleines Gütchen zuteil, aber dafür (so muss man das *et* in v. 37 auffassen) gab mir die Schicksalsgöttin die Dichtergabe[38], die Gabe, Griechenlands Kunst römisch zu singen. Diese meine Dichtergabe ist zwar klein (*tenuem*, 38 gemeint ist, dass die Kraft des Horaz weder zum Epen- noch zum Schreiben von Kaiserpanegyrik ausreicht), aber die Parze geizt nicht (s. Nisbet-Hubbard zu v. 39 am Ende) und sie schenkt mir auch die Möglichkeit (dank auch der Gabe Maecens), mich vom gewöhnlichen Volke, das so gern in den Schmutz zieht[39], fernzuhalten". Hiermit hat das Gedicht sich ein wenig vom Kerngedanken entfernt, der da lautete: Was immer einem zustößt, man ertrage es – wie Ofellus (sat. 2, 2, 126ff.) – lächelnd und wisse: Nichts ist vollkommen, also auch nicht das jetzige Gute; es muss weichen, aber man darf es genießen *laetus in praesens*; unvollkommen und daher variabel bleiben auch die Gaben: Der eine erhält dies in die Wiege gelegt, der andere jenes. Jeder Mensch aber, so kann man weiter denken, hat in seinem Gemüt die ausbildbare Fähigkeit, diesen "Rhythmus" des Lebens zu erkennen, anzunehmen und sich nach ihm zu richten, ohne zu jammern und sich nach anderem und nach mehr zu sehnen. Ausbildbar ist diese Fähigkeit der menschlichen Seele, und zu ihrer Ausbildung beizutragen, das war schon immer die Aufgabe dessen, der da weiß, seit alters besonders des Dichters.

So liegt denn dieses schöne Gedicht gereinigt vor uns. In dreimal drei Strophen spricht es eine große Wahrheit aus. Seit Urzeiten, seit Homer wusste der

---

[37] Vgl. außer dem bei Nisbet-Hubbard Genannten auch K. Latte, Philologus 90, 1935, jetzt in: Kleine Schriften, München 1968, 888, Anm. 2 und Sen. tranqu. an. 15, 3 : *Humanius est deridere vitam quam deplorare*.

[38] *Spiritum* in v. 36 haben Nisbet-Hubbard nach E. R. Schwinges klärendem Aufsatz (Philol. 107, 1963, 95f.) vorzüglich kommentiert.

[39] *Malignum* in 39 lässt sich mit c. 2, 20, 4 vergleichen, wo Nisbet-Hubbard eine erschöpfende Erklärung beisteuern.

Dichter, dass er berufen sei, den Hörern Wahrheit zu sagen, auch die Wahrheit über Leben und Tod und über das, was ist und das, was zu sein hat. Das ist seine Sache. "Die Sache selbst zur Anwesenheit zu bringen, so dass die Hörer dabei sind, sich von dem Gehörten einnehmen lassen. Das gewährt nur die Muse", schreibt Heribert Boeder[40]. Homer dichtete aus solch eingegebenem, d.h. aus Übermenschlichem stammenden Wissen im 24. Buche der Ilias, wo er singt, wie Apoll, der Gott der Einsicht und des Maßes, die Götter schilt: Sie erbarmten sich nicht des frommen Hektor, ließen den harten, den "unbeugsamen" (man erinnert sich des *lentus*) Achill sich an des Troers Leiche vergehen. Der Mensch, wie er ist und wie er sein soll, klage über einen Verlust; dann aber wendet er sich anderem zu (vgl. v. 602) in seinem duldsamen Mute, den die Moiren ihm gegeben. Achill aber lasse nicht ab von seinem rächenden Wüten, so beschwert sich Apoll. Hier lesen wir bereits vom biegsamen Sinn des Menschen, vom Wechsel des Geschickes, den der Mensch erdulden müsse im Bewältigen des Augenblickes. "Im besonderen lehrt dieser Iliastext und lehren weitere Aussagen Homers die frühe Stufe einer Ethik des Maßes"[41]. Dieser Text steht am Anfang einer langen Reihe solcher Lehren, in der Archilochos steht, Solon und Pindar. Uralte Weisheit lehrt also auch Horazens Gedicht von der Ruhe: Sie kommt, von allen ersehnt, aber fälschlicherweise immer nur im Äußeren angesiedelt, von innen, sie kommt aus der freudigen Bescheidung in dem Wissen um die Unvollkommenheit hienieden und um den Wechsel, der Gutes und Schlimmes schickt (auch hiervon spricht ja das 24. Buch der Ilias (v. 527ff.).

In dieser langen Reihe steht nun auch das Lehren des Horaz. Es ist dies nicht allein das Erbe des Vaters, es ist etwas, das der Dichter, der da die griechische Muse wieder erwecken will, leisten muss. Und ihm gelingt dies in einer Weise und in einem Gedicht, das in der Weltliteratur kaum seines gleichen hat: Gedrungen, voll von schöner und aussagestarker Bildhaftigkeit, vollendet gebaut (fern auch aller betulichen Geschwätzigkeit, wie sie die inkriminierte Strophe gleichsam als erhellendes Gegenbeispiel bietet). Eduard Fraenkel schrieb zu diesem Gedicht etwas sehr Schönes, das man hier doch lieber in dem Englisch zitiert, in dem der große Gelehrte und feine Erspürer geschrieben hatte[42]: "Among the readers who seriously care for the odes of Horace there may be

---

[40] Topologie der Metaphysik, S. 59.
[41] F. Dirlmeier, Kommentar zu Aristoteles Nikomachischer Ethik, Darmstadt 1956, 245.
[42] In seinem "Horace" S. 211 (deutsch 250) verwendete Fraenkel das Wort „care", das mit "sich bemühen" nicht in seiner emotionalen Gefülltheit wiederzugeben ist. Schwerer noch wiegt des Übersetzers Auslassung des englischen Artikels vor "man's": Fraenkel sprach von Horaz, der Übersetzer vom allgemein Menschenhaften, was nicht gemeint war.

more than one who would place in the first rank II 16 and would see in its concluding sentence the quintessence of the man's discretion and the poet's modesty and pride".

KAPITEL XII: DIE GÖTTER-LIEDER

Vorbemerkung

Horaz hatte c. 3, 29 mit dem Ausdruck seiner Zuversicht beschlossen, Castor und Pollux würden ihn sicher von der stürmischen See ans rettende Land bringen. Das muss man vielleicht nicht gleich so verstehen, als habe Horaz sich stets und überall im besonderen Schutze der Dioskuren, der Schützer der Seefahrer, gefühlt; denn weder war Horaz Seefahrer noch spricht er sonst von den Zeussöhnen als ihm besonders nahen Gottheiten. Die Nennung der Ledasöhne gehörte, so könnte man sagen, seit langem ins Bild des Seesturmes, weiter nichts. Aber dass andererseits der Dichter von c. 3, 29 den Schutz seitens freundlicher Gottheiten überhaupt gespürt habe, diese Möglichkeit ist wegen des Dankes an Faunus in c. 1, 17, wegen der Rettung durch Merkur in c. 2, 7, 13 (der Gott rettete Horaz bei Philippi, ihn heimlich "im Nebel" durch die Feinde entführend) und wegen c. 2, 17, 28 (Faunus bewahrt Horaz vor dem fallenden Baum) nicht allsogleich von der Hand zu weisen, denn da wären ja auch noch die Bacchus-Gedichte, die anscheinend von hohem Ernste bestimmt sind.

Aber machen wir uns zunächst klar, dass die genuin römische Religion bei Horaz, abgesehen von Juppiter und Faunus, abgesehen auch von Metaphern wie "Silvanus" für den Wald (z.B. 3, 29, 23) keine erhebliche Rolle spielt: Seine Götter sind weitgehend die griechischen, und da auch nur die der großen Literatur. Sie sind seit Homer vorwiegend Gestaltungen der Dichter. Denn allein die Tatsache, dass Ilias und Odyssee in Dingen der Religion deutliche Unterschiede aufweisen[1], zeigt, dass die Götter dieser Epen dem Formungswillen ihrer Dichter entsprangen. Die Namen eben dieser überwiegend homerischen Gottheiten übernahm Horaz, und mit den Namen vielfach auch die mit ihnen verbundenen Vorstellungen; vielfach, jedoch nicht immer. Was aber bedeuteten diese Namen und Vorstellungen für ihn? Bloße literarische Übernahmen, Anspielungen und

---

[1] Herodot 2, 53; vgl. A. Lesky, Geschichte der griechischen Literatur 90f.; RE "Homeros", Sonderdruck Stuttgart 1967, 44, 51ff.; W. Schadewaldt, Von Homers Welt und Werk, Stuttgart, ²1944, 201; W. Burkert 197.

bequeme Metaphern? Oder waren sie ihm so, wie er sie vorfand, oder so, wie er sie abwandelte, irgend Realitäten? Was fühlte er, wenn er Merkur für seine Errettung dankte? Nur literarischen Reiz? Auskunft können nur die Gedichte geben, es gibt keine Sekundärüberlieferung hierüber. Und die Gedichte, sie sind offene Gebilde, mancherlei Auslegungen zugänglich; und darum der moderne Streit um Horazens Religion. Letztlich geht er von dem Bestreben aus, über die Texte hinaus ins Herz ihres Verfertigers zu blicken. Ein schwieriges Unterfangen; aber betrachten wir zunächst die Texte, und da als erstes einen veritablen Hymnus[2], das Lied 1, 10 an Merkur.

Carmen 1, 10 (*Mercuri, facunde nepos*)

Das Lied beginnt mit einer direkten Anrede des Gottes Mercurius[3], des "beredten Nachfahrn des Atlas"; des Atlas vielleicht deswegen, weil dieser als Lehrer der Musik galt (Austin zu Verg. Aen. 1, 741) oder weil auch er wie Merkur ein Wesen zwischen Himmel und Erde war, oder auch beides – wer will das heute noch entscheiden? Jedenfalls gehörte die Nennung hoher Vorfahrn stets zum Stil des Hymnus (Nisbet-Hubbard 1, 128 unten). Und nun eine weitere Prädikation: Dieser Gott war es, der den Menschen nach der Sintflut Kultur schenkte, und zwar vermittels ihrer Stimme, die er, selber redegewandt, zu Worten formte, und vermittels der Regeln der Palaestra, die schön macht[4]. Schon hier können wir erkennen, dass Horaz Vorstellungen verwendet, die wahrhaftig nicht direkt für ihn verbindlich waren, nicht im platten Wortsinn: Mit der Palaestra hatte Horaz gewiss nichts zu schaffen, wohl aber mit dem Geiste, den er hier beschwört. Es war eine schöne Vorstellung, dass der von den Göttern begünstigte Sieger in seinem Äusseren und seinem Gehabe dieser Gunst entsprechen sollte.

Nach der Gabe des Worts und der Schönheit durch maßvoll geregelten Sport (falls mit der Palaestra allein der Sport gemeint ist) – es sind dies die Gaben des

---

[2] Die hymnische Ansprache an die Laute (c. 1, 32), die Quelle (c. 3, 13) und an den Weinkrug (c. 3, 21) sind nur Ableger der großen Hymnus-Form, wie auch Plaut. Curc. 99ff. einer ist.

[3] *Mercurius* ist ein italischer Gott nach G. Radke, Altitalische Götter 213 und 216, dessen Name mit *merx*, also mit "Einkunft" und "Gewinn" zusammenhängt; Horaz verwandelt ihn sofort in den griechischen Hermes, der Gott mit dem Geldbeutel in der Hand sagte ihm nicht zu (Abbildungen bei E. Simon, Götter der Römer 159).

[4] Dies war wohl ein Gedanke aus der hohen Zeit Pindars, vgl. Ol. 8, 14; Nem. 3, 19ff.; Burkert 247. Diesem Gedanken verdanken wir so herrliche Bildwerke wie den Doryphoros, den Westmacott-Athleten oder den schönen Jünglingskopf aus der Münchener Glyptothek (Saal 3, Nr. 9).

Hermes Logios und Enagonios – will der Dichter nun Merkur als Götterboten im Sange preisen[5] und als den Erfinder der Lyra, dann auch als den Schlauen, der, was immer ihm gefallen mag, im Scherz zu verbergen weiß, und der, während Apoll ihn damals noch drohend schreckte für den Fall, dass er ihm die ränkevoll entwendeten Rinder nicht wiedergeben sollte, ihm auch noch den Köcher stibitzt hatte – und da lachte der mächtige Gott. Ja, so fährt der Dichter, nun wieder ernster werdend[6], fort, auch vorüber an den siegesgewissen griechischen Heerkönigen, an Achills Lagerfeuer und durch das Lager der Griechen überhaupt[7] gelangte unter seiner Führung Priamos, weit entfernt von seinem Troja, unbemerkt zu Achill (Hom. Il. 24, 437ff.). Er auch bringt die Seelen der Frommen zu den Seligen Gefilden und hält dabei das leichte, weil körperlose Völkchen mit goldenem Stabe zusammen und lässt sie nicht verweht werden, er, der allen Göttern lieb, denen droben und denen drunten.

Merkur – aus der Wildheit der neuentstandenen Menschen machte er geistige Bildung mittels des Worts und der die rohe Kraft zur Schönheit bändigenden Regel, mittels des Logos also und des Nomos; er trägt das Herrscherwort Juppiters hinaus und schenkt den Menschen das Gerät, das ihnen erlaubt, das Wort mit dem Klang zu vereinen. Und er hat seine Freude an List und Dieberei, nie an bösartiger. Das belegt Horaz mit zwei Szenen, einer köstlich heiteren und einer ergreifend freundlichen. Zuletzt sehen wir, wie der Gott die frommen Seelen sicher geleitet und vor dem Zerstieben bewahrt: Das Wort, die Musik, das Schenken und das Bergen, zuletzt das Geleiten – wozu schrieb Horaz das? Was wollte er sagen?

Die bisher gegebenen Antworten lassen sich kaum miteinander vereinen. R. Heinze stand noch 1929 zu dem Satz (S. 52 seines Kommentars): "Horaz ... fühlt sich in besonders nahem Verhältnis zu dem Gott, der ihn einst bei Philipppi beschirmt hat (II 7, 13)". H. Hommel (36 unten) übernahm diese Ansicht noch im Jahre 1950. Derlei war gegen C. Wickham gesagt, der 1904 (S. 28) gedruckt hatte, die Ode sei eine Studie ("The ode is a study"), also ein Versuch, in einem hymnischen Stile zu schreiben. Wickham hätte das Ansinnen abgelehnt, aus c. 1, 10 ein persönliches Bekenntnis, also ein biographisches Detail nach der Art Heinzes zu entnehmen, der Horaz das Credo zugemutet hatte, "Gott werde auch seine *pia anima* dereinst zu den *sedes beatae* geleiten". Gegen solche Auslegung schoss dann Ed. Fraenkel nur wenige Jahre nach H. Hommel eine volle Breitseite: Was Horaz in c. 2, 7 und sat. 2, 6, 5ff. über Merkur sage, sei lediglich Scherz, und anders zu interpretieren, sei aussichtslos (196).

Wenn c. 1, 10 also nicht Ausdruck persönlicher Religiosität ist, ist es dann ein rein "literarisches Gebilde" (Syndikus 1, 129)? Das würde bedeuten, dass

---

[5] Zu *canam* vgl. Nisbet-Hubbard 1, 127 nach Mitte; zu Hermes als Götterboten Hom. Od. 1, 85; Aesch. Choeph. 165.
[6] Schön versteht G. Williams, Tradition and Originality 761 oben diesen Übergang.
[7] Verspielt nennt Horaz gegen den natürlichen Zeitablauf an erster Stelle die Atriden, dann die Feuer der Krieger Achills, des Thessaliers, danach erst allgemein das Lager der Troja feindlichen Griechen. Es ist dies aber vielleicht eine Abfolge der äußeren Ranghöhen.

Horaz wenigstens der "geistigen Hermesgestalt" des griechischen Mythos, dem Gedanken hinter der Sagenfigur Rang und Verbindlichkeit zuerkannt hätte, um den "humanen Werten" dieses griechischen Mythos "neues Leben" zu verleihen (Syndikus, ebd.). Oder wollte Horaz nur "vorgeben, dass er eine Nähe zu dem Gott empfand" (Nisbet-Hubbard 1, 128)? Aber warum solches Theaterspielen? Oder hat Horaz die griechische Göttergestalt nur dazu benutzt, um sein eigenes "geistiges Ideal in die mythische Hermesgestalt hineinzuprojizieren" (so nimmt Syndikus 1, 128, Anm. 27 die Ansicht A. Y. Campbells aus dem Jahre 1945 auf)? Ganz ähnlich argumentierte auch V. Pöschl (Kl. Schriften 1, 231: "fast seine Extrapolation"). Empfand Horaz den griechischen Merkur also als ein verwandtes Wesen, das er sich zu eigen machte als "Symbol", und zwar der "eigenen Art"[8]? Von hier war es dann nicht mehr weit, Merkur als "Medium poetischer Selbstdarstellung" aufzufassen, wie H. Krasser seine Position definiert hat (S. 99), als "Denkfigur", die "für ein ganzes Ensemble von Vorstellungen" des Autors steht (S. 35). Somit wäre der große alte Gott dann restlos subjektiviert und zur Chiffre degradiert: Meisterleistung moderner Selbstüberhebung.

Um aus dem Dickicht so widersprüchlicher Auffassungen einen Weg ins Freie zu finden, bedarf es zunächst einer eigenen Auslegung des Gedichtes 1, 10 und dann einer Betrachtung auch der anderen Göttergedichte, vornehmlich der Bacchus-Oden. Nicht, dass wir nun doch wieder versuchen wollten, zu der Annahme einer persönlichen Götterfrömmigkeit des Horaz zurückzukehren; das nicht, aber zu bedenken wäre zunächst doch wohl dieses: Geht es in Gedichten um den Schutz und den Frieden auf dem Sabinum, um Errettung vor einem stürzenden Baum irgendwo draußen (2, 13), spricht Horaz von "Faunus"; geht es um Rettung auf See, spricht er von den Dioskuren (c. 3, 29, 64) oder den Musen (c. 3, 4, 28; vgl. c. 1, 22); er spricht von Merkur als dem Geleiter aus der Schlacht (c. 2, 7, 13) oder als dem Schenker seines Gütchens (sat. 2, 6, 6). Ist es angesichts dieser Äußerungen vermessen zu sagen, dass er sich geschützt fühlte, ganz gleich von welcher Macht? Obschon die Namensnennungen nicht insignifikant scheinen, soll es einstweilen bei diesem "ganz gleich von welcher Macht" bleiben. In c. 3, 4, 9ff. ließen, so schrieb er, die Musen ihn als Kleinkind nicht zu Schaden kommen, und als Freund und Folger der Musen weiß er sich sicher (c. 1, 22: geschützt als Sänger). Die Namen mögen verschieden sein, das Gefühl des Geschütztseins wird zu oft ausgedrückt, als dass man kurzerhand von Fiktion reden möchte (man lese c. 1, 17, 1–14). Wir leugnen gar nicht, dass in c. 1, 10 vielerlei Anspielungen auf griechische Literatur und Mythen eingearbeitet

---

[8] C. Neumeister, A & A 22, 1976, 194. Er sucht möglichst alle Eigenschaften Merkurs aus c. 1, 10 in Horazens Eigenart in Oden und Satiren wiederzufinden (so die Überredungskraft und die Vermittelung von Göttlichem und Menschlichem, sowie auch die Erziehung des Menschen); natürlich entzog sich die Palästra diesem Unterfangen. Ob Horaz übrigens bei der Palästra allein an den Sport gedacht hat, ist ungewiss, denn in seiner Zeit war sie längst zum Hörsaal der Professoren geworden (H. Mielsch AA 1995, 770ff.; J. Delorme, Gymnasium, Paris 1960, 316ff., 476ff.).

sind, vergessen auch nicht, dass manche Züge des Merkurbildes dort nicht mit Horaz' eigenem Wesen übereinstimmen (die Palaestra z.B.), möchten aber nicht in die Voreiligkeit verfallen, das Sprechen des Dichters über das Göttliche hier und sonst auf literarisches Spiel oder Selbstdarstellung und Selbstprojizierung zurückzuschrauben. Vielmehr wollen wir uns für die Möglichkeit offen halten, dass ihm die vielen Namen und Mythenanspielungen dazu dienten, die Erfahrung von Mächten und ihren Auswirkungen auf ihn zu konkretisieren und bildhaft, darum auch verstehbar zu machen. Wir stehen damit der Ansicht V. Pöschls nicht fern, der in seiner "Horazischen Lyrik" 236f. von "Manifestationen des Göttlichen" gesprochen hatte. Aber was hilft das ins Bezug auf c. 1,10? Blicken wir noch einmal auf dies unendlich zarte und heiter-freundliche Gebilde zurück.

In einem der tiefstsinnigen Kapitel seines Werkes hatte W. Burkert Hermes als den Gott der Schranke und Grenze verstanden, als Vermittler zwischen Himmel und Erde und zwischen Leben und Tod (S. 243/7). Wie Atlas, der Träger des Himmels, zwischen Himmel und Erde steht, steht auch Merkur zwischen Droben und Hier: Den "jungen" Menschen, denen Juppiter eine neue Chance bot, gibt er klug Kultur, und zwar durch Wort und Satzung, und bewirkt so ihre Schönheit; Hermes bringt die Worte des höchsten und jedes anderen Gottes herab zu ihnen (und was wären die Menschen, so darf man fragen, ohne Gabe und Weisung von "oben"?). Er schuf dann auch das Saiteninstrument; das ist nicht der Sang allein, sondern es ist die Mäßigung und Regelung der Stimme und des Klanges nach Maßgabe der Gesetze von Saite und Harmonie. Er bändigte auch die rohe Kraft durch die Regeln des Sports. Er tat das als *catus* (v. 3), und *catus* bedeutet auch die Schläue, und schlau weiß er zu täuschen als "trickster" (Burkert 244, Anm. 8), schlau weiß er aber auch zu schützen und zu geleiten. Er wirkt also im Gesetzesunterworfenen wie im Zufälligen, erwartbar und immer wieder unerwartet zugleich. Und noch im Tode lässt er die körperlos flatternden Seelen nicht zerstieben, sondern geleitet sie, sofern sie fromm, sicher zum Elysium. Unter all' dem mythischen Erinnern an längst Gesagtes und Geformtes lässt der Dichter also nicht allein die Macht spüren, die gerade für ihn so wichtig ist, die Macht unter und hinter der Lyra und im geformten und zugleich auch formenden Wort, sondern die Gewissheit, dass ein freundliches Ineinander von Übermenschlichem und Menschlichem möglich und immer aufs neue erfahrbar ist. Diese Gewissheit nennt er Merkur, und gerade dieser Gott war ihm besonders deshalb nahe, weil auch er, der Dichter, zwischen Himmel und Erde wirkt. Hiervon soll nun ein späterer Abschnitt handeln.

Der Weg, den die Erklärung bisher eingeschlagen hat, könnte so beschrieben werden: Gewiss ist die Merkur-Gestalt aus c. 1, 10 ein Bild, das Horaz aus solchen Einzelzügen zusammensetzt, die er bei Homer und Späteren vorfand und die er aus der Vielzahl von Charakteristika des Gottes, wie lange Tradition sie erfunden, auswählte; er wählte sie ebenso gewiss nach seiner Grund-Idee von dieser Gottheit aus. Insofern haben diejenigen Recht, welche sagten, Horaz habe die Merkur-Gestalt so geformt, wie sie ihm selber entsprach. Aber keiner derjenigen hat Recht, die da meinten, diese Gestalt sei nun nichts anderes mehr als ein literarisches Spiel oder gar eine Selbst-Projektion. Nein, dem Bilde, das er malt, unterliegt sehr wohl Ehrfurcht, Ehrfurcht vor der Macht, die er "Merkur" nennt und als einen "Merkur" malt. Diese Macht war für ihn eine geleitende und rettende auf der einen Seite, auf der anderen eine spielende und auch beschenkende, hier vor allem diejenige, welche das Wort und die Regel schenkt, durch die alle Kraft (auch die des Worts) erst schön wird.

Dieser hier angedeutete doppelte, oder besser: zweispurige Erklärungsweg ist keineswegs ganz neu, Viktor Pöschl hatte ihn bereits beschritten. Sein Vorteil ist, dass er die Überhebung vermeidet, die darin liegt, die Gottheit aller Macht zu entkleiden und zu einer bloßen "Extrapolation" oder auch zu einer "Denkfigur" herabzuwürdigen.

Die drei Bacchus-Gedichte

Carmen 1, 18 (*Nullam, Vare, sacra*)

Sehr vielgestaltig und verwirrend ist auch Dionysos[9], "Erzieher-Betrüger, Vernichter und Schöpfer" nannte ihn Nietzsche, und eben noch, in c. 1, 17, 22ff. war er als bedrohende Macht genannt worden. Hier nun wird ein Freund mit den Worten des Alkaios (frg. 342 L.-P.) aufgefordert, nichts eher beim Anlegen von Baumkulturen zu pflanzen als die (sich der Ulme anschmiegende) Rebe, weil der Wein Sorgen und Kummer vertreibe und von nichts anderem sprechen mache, als vom Vater Wein und von Venus, der Liebe[10]; seine schlimmen Auswirkungen, wenn im Unmaß genossen, werde man vermeiden, wenn man sich der Thraker erinnere (v. 8ff.). Die Grenze von Recht und Unrecht ist allerdings eng und rasch überschritten, der "maßvolle Bacchus" (7) bald verlassen. Mitten im v. 11 wendet sich das Ich zu sich selber und verspricht, ihn,

---

[9] Wer wissen will, wie und wie vielgestaltig dieser Gott im Kultus verehrt wurde, kann dies nirgends besser lernen als in den Büchern von G. Casadio (Storia del culto di Dioniso in Argolide, Rom 1994 und: Il vino dell' anima, Storia del culto di Dioniso a Corinto, Sicione, Trezene, Rom 1999). Die folgenden Ausführungen stellen eine überarbeitete Kurzfassung dar des Aufsatzes: Horazens Bacchusoden, Philologus 138, 1994,83/100 [künftig: Horazens Bacchusoden]; dort auch die neuere Literatur bis auf die gleichzeitige Arbeit von H. Krasser, Horazische Denkfiguren 92ff.

[10] Zu dieser Verbindung Verf., Dionysos von Homer bis heute 136, Anm. 19, ferner § 32 und Anm. 48, wo Anacr. frg. 12 Page fehlt. Zu Tizians Gemälde in Alfonso d'Estes Camerino jetzt L. Lamberti in Casadio, Il vino 181ff.

den Schönen, nicht gegen seinen Willen "aufzuschütteln"[11], nicht seine Geheimnisse ans Tageslicht zu lassen: Huldige man dem Bacchus, so bleibe der Wahnsinn fern, Bacchus möge ihn (angedeutet durch die orgiastische Musik in v. 13) bei sich halten, denn aus ihm folge Schlimmes: Die Selbst-Liebe, die dumme Selbst-Überschätzung und die Unzuverlässigkeit dessen, der da Anvertrautes ausplappert, "durchsichtiger als Glas", so zitiert Horaz Alkaios (frg. 333 L.-P.) hier am Ende so, wie er alkäisch begonnen hatte (frg. 342). Vor all' diesem, d.h. vor dem Hinaustreten aus den Schranken der gesitteten Gesellschaft, möge der Gott das Ich verschonen.

Aus dem freundlichen Rat an Varus (der Rat enthielt allerdings bereits die Warnung davor, den Gott durch Vernachlässigung zu verletzen) und dem dankbaren Lob des Gottes wird – so leicht peitscht der Gott das Gemüt auf – das Bild des Wütenden, der, wenn beleidigt und wenn das Maß verlassen wird, den Unbedachten furchtbar heimsucht und hinaustreibt aus den sichernden Grenzen der Gesittung. Aus dem Rat wird eine angstvolle, dreifache Bitte. Dieser Gott ist ein eifernder Gott, freundlich und gefährlich zugleich.

Helmut Krasser hatte ganz Recht, als er jegliche historisierende Auslegung, etwa die, dass Horaz hier gegen M. Antonius polemisiere, von sich wies; er hatte auch das richtig beurteilt, dass es hier unter Hintansetzung des Adressaten allein um ein Zwiegespräch zwischen dem Gott und dem Ich gehe. Natürlich ist dies Zwiegespräch von der eigenen Art des Ich (oder sagen wir mutig: des Horaz) bestimmt, aber wohl auch der des Gottes. Uns genügt es nicht zu sagen, dass es "um die Konstruktion eines für den Dichter bedeutsamen Zeichens" (Krasser 108) geht und darum, sich "unabhängig und selbstbewusst" dem Maecenas gegenüber zu erweisen (ebd.). Denn erneut möchten wir die Macht der Gottheit nicht unterbewertet sehen. Dieser Gott ist keineswegs nur Mittel, das lyrische Selbstverständnis (Krasser 137) zu formulieren, sondern sehr viel eher "Paränese für eine bestimmte Lebensform" (schön sagt Krasser dies auf S.106) oder für ein bestimmtes Verhältnis zu der Kraft, die im Weine wohnt. Wein nun nicht als labende Flüssigkeit verstanden, sondern als Gabe einer Gottheit, die vom Beschenkten ein genau angebbares Verhältnis zur Gabe fordert: Das Maß einzuhalten; nur dann labt er und regt an zu Freude und Liebe und zur Dichtung, so fügen wir gemäß c. 2, 19 hinzu.

Carmen 2, 19 (*Bacchum in remotis*)

In entlegener Felsengegend, also einer dem Bacchus lieben Gegend (Horazens Bacchus-Oden 87, Anm. 20), hat das Ich des Gedichtes eine Epi-

---

[11] Zu den Schwierigkeiten dieses Ausdrucks vgl. "Horazens Bacchusoden" 85, Anm. 17.

phanie erlebt: Es hat Bacchus gesehen, wirklich gesehen[12], wie er Lieder lehrte vor Nymphen und bocksbeinigen Satyrn, welche die "Ohren spitzten" – *credite posteri!* So wendet der Dichter sich an Hörer außerhalb des Gedichtes, doch an welche? Die der "Nachwelt", meinte Pöschl 213 und sprach ernsthaft darüber, dass eine solche Hinwendung an Spätere in der antiken Literatur ganz selten sei, und Syndikus 1, 469 folgte ihm; man könnte allerdings auch daran denken, dass Horaz hier der Gattungsregel folgt, eine solche Glaubhaftmachung in Mirakelverkündigungen einzufügen. Jedenfalls ist die Szene nicht ohne Humor gemalt. Sie ist zudem sehr kunstvoll gestaltet: Wie mit einem Fanfarenklang setzt das Lied ein, nämlich mit der Nennung des großen Namens im allererst Wort. Bacchus und sein Tun ist durch die Parenthese vom Folgenden wirkungsvoll abgesetzt, doch über die Klammer hinweg reicht die Entsprechung *docentem – discentes*: Der Gott lehrt, die Nymphen "lernen". Dieses Paar von Präsenspartizipien wägt dann in leichter Gegenbewegung der Chor der Satyrn auf, bei denen kein Tun genannt wird, sondern es werden nur ihre spitzen Ohren erwähnt. Also *vidi* mit zwei komplementären Partizipien, dann ein einfaches Akkusativ-Objekt: Eine schön ausgewogene Strophe, und doch auch, wie gesagt, nicht ohne Humor: Die Ohren von Satyrn sind immer spitz, doch Horaz sieht darin, so Nisbet und Hubbard wohl zu Recht, ein Ohrenspitzen des aufmerksamen Zuhörerchores. Also Lehren, Lernen und ein launig und leicht dargestelltes, aufmerksames Zuhören.

Aber diese Leichtigkeit währt nicht lange, urplötzlich fühlt das Ich sich ergriffen, bricht in den kultischen Bacchus-Ruf "Euhoe" aus, erzittert und empfindet Erschütterung und Lust zugleich (*turbidum laetatur*) – durcheinandergewirbelt bittet es, nunmehr den Gott direkt ansprechend, flehentlich[13] um Verschonung vor Wirrsinn und Rasen. Furcht also (*metu*), dann die Besitzergreifung durch den Gott, eine Erfüllung (*pleno*), die keinen anderen Gedanken zulässt und das Herz in widersprüchlichste Wallung versetzt (Wirrnis und Lust zugleich), und am Ende die Ursache: Der Thyrsus, den das Ich hier fürchtet, trägt ja magische Kraft in sich, auch Feuer (Eur. Ba. 146ff.) und ursprünglich wohl den Gott selbst (E. R. Dodds, Euripides Bacchae, Oxford ²1960, 82 Mitte). Auch diese Strophe ist wohlbedacht gebaut: Die Wörter für die Furcht rahmen sie (*metu – metuende*), und ihre beiden Teile (Beschreibung des eigenen Zustandes

---

[12] Wenn man sagt, dass Horaz mit dieser Formel ein Element der "Aretalogie", also des Preisens von Göttern und Heroen, verwendet (vgl. Horazens Bacchusoden 87, Anm. 21), dann ist damit noch nicht entschieden, ob dies eine ernstgemeinte Bekräftigung oder aber eine distanzierende Literaturanspielung nicht ohne einen Anflug von Heiterkeit ist. Natürlich konnte heutzutage eine allegorische Ausdeutung nicht ausbleiben; derlei gibt J. A. Stevens, Phoenix 53, 1999, 284ff. zum besten, wo z.B. die v. 30f. modern-geschmacklos sexuell erklärt werden. Zu Dionysos als Musizierendem V. Pöschl, Kl. Schriften 1, 212 mit. Anm. 8; vgl. auch die Schale des Meleager-Malers, auf der ein trunkener Dionysos mit Leier abgebildet ist (K. Schefold, Die Göttersage in der klassischen und hellenistischen Kunst, München 1981, 268).

[13] Das Flehentliche liegt in der Doppelung, die Nisbet-Hubbard reich belegen; erwähnenswert auch "Erbarme, Herr, erbarme Dich" in Anth. Pal. 12, 158, 7.

und dann die flehende Anrede) werden durch den wiederholten Ruf sowohl gesondert als auch zusammengefügt.

War es ein Bruch des Tabus, den Gott zu schauen? *Fas*, also rechtens, ist es jedenfalls, als Reaktion auf das Erschauern dem Gotte ein Preislied zu singen. Es erklingt also ein Lied auf die Wunder, die der Gott wirkt. In zwei Strophen geschieht dies. Sie sind zusammengehalten nicht nur dadurch, dass sie beide von den Menschen sprechen (zunächst von den Mänaden und dem Wunder ihrer Labung, danach von der Erhöhung und der Vernichtung dreier Heroengestalten), sondern auch äußerlich sowohl durch die Anapher von *fas* wie auch dadurch, dass sie beide ein gemeinsames Verb (*cantare*) haben. Die Unermüdbarkeit der den Gott umtanzenden Mänaden wird begleitet von dem dreifachen Wunder ihrer Nahrung (Wein, Milch und Honig). Die zweite Strophe dieser Dyade spricht dann von der Verstirnung Ariadnes[14] und der Vernichtung des Pentheus und des Lykurg.

Es folgen nun vier Strophen, die äußerlich durch das im Hymnus übliche Polyptoton (Lateinische Dichtersprache § 34) von *tu* und *te* zusammengehalten werden. Schaut man auf den Gehalt, so sondern sich die vier Strophen zu der Abfolge 1 – 2 – 1: Zunächst wird des Gottes Macht über die Natur, über Strom und Meer gedacht[15]; auf das *tu flectis* (17) folgt *tu coerces* (19): Der Gott selber, nicht wie sonst die Mänaden, bindet Schlangen zu Gürteln – eine ganz unerhörte Mythenabänderung des Dichters (Syndikus 468). Danach schildern die v. 21/9 seinen Sieg über die Giganten, der beweist, dass er, von dem man sagt, dass er eigentlich den Reigen und Lustbarkeiten näher sei, dennoch "Mittelpunkt des Friedens wie auch des Kampfes" sein kann (*pacis ... mediusque belli*, 28). Bemerkenswert ist es, dass die drei letzten Strophen wieder auch äußerlich zusammengeschlossen sind: Dreimal findet sich ein "Apo Koinou" (in der Form der "Spätsetzung": Lateinische Dichtersprache § 28) am Strophenende, wie Nisbet-Hubbard festgestellt haben. So sind die Strophen äußerlich fest verbunden, auch wenn sie sich inhaltlich deutlich unterscheiden. Nach dem Kampf steht am Ende der Friede, wie v. 28 bereits vorangedeutet hatte (*pacis*). Ein Wunder war es ja auch, dass der Gott den Kerberus so zu besänftigen wusste, dass der Höllenhund, als Bacchus in der schönen Gestalt eines Stiers mit goldenen Hörnern auf dem Rückweg aus dem Tartarus an ihm vorüberging, ihn leicht mit dem Schweife berührte und ihm mit seinem dreizüngigen, d.h. dreiköpfigen Maul über Fuß und Wade strich. Seltsam genau, ja übergenau wird

---

[14] Zu ihr G. Casadio, Storia (s. oben Anm. 9) 143; Verf., Ariadne in Antike und Neuzeit, Abh. der Braunschw. Wiss. Ges. 46, 1995, 141ff. *Honorem* in v. 14 meint wohl ihr Diadem, das als Gestirn den Sternen "hinzugefügt" (*additum*, 13) wurde (Verf. hätte in seinem "Germanicus und sein Arat" zu v. 72 Nisbet-Hubbard zu Hor. c. 2, 19, S. 323 oben zitieren müssen).

[15] *Flectis* wird kaum wörtlich zu nehmen sein, wie Nisbet-Hubbard meinen, sondern es wird "regieren" bedeuten wie bei Lucr. 5, 1187: Die frühen Menschengeschlechter "ließen alles durch der Götter Willen (*nutu*) regiert sein": *illorum nutu facere omnia flecti* (Bailey im Kommentar übersetzt mit "guided").

beschrieben, wie der heimkehrende Gott an dem Tier, das mit dem Kopfe aus dem Höllentor hinausschaut, so vorüber- und entlanggeht, dass er zuerst am Schwanz und danach am Maul vorbeikommt. Kurzum: Das fürchterliche Höllentier benahm sich wie ein schmeichelnder Haushund.

Was will dieses Gedicht, das "schönste Dionysosgedicht des Horaz", wie V. Pöschl es genannt hat (Horazische Lyrik 245), uns sagen? C. Wickham nannte das Gedicht wieder "a mere study" (S. 135); R. Heinze las es als "stark persönliches Bekenntnis des Dichters, der ... in dem Vollgefühl der Macht schwelgt, die solche göttliche Begnadung dem Inspirierten verleiht" (S. 239). V. Pöschl hatte (Kl. Schriften 229) in der siebenten Strophe, wo von Scherz und Krieg die Rede ist, "beinahe" ein "verstecktes Selbstportrait des Horaz" entdecken und die Ode als "Symbol der Idee der horazischen Dichtung" (230) verstehen wollen, und H. Krasser versteht das Lied als "Aussage über die Odendichtung" überhaupt und darüber hinaus auch noch als "programmatische Äußerung zur Augustuslyrik" (S. 126): Damit hätte man sich sehr weit von Ed. Fraenkels dagegen geradezu naiv wirkender Auffassung entfernt, der darauf bestand, dass Horaz "den Dionysos gesehen" habe: "Er brauchte nur die Augen zu schließen, um den Gott vor sich zu sehen" (238). H. P. Syndikus 469f. entfernte sich nicht allzu weit von dieser Auffassung. Nisbet-Hubbard dagegen wandten sich voll und ganz gegen eine solche Auslegung, sprachen von "a display of stylistic virtuosity" (316) und von "his essential detachment" (317) – wer hat Recht? Diejenigen, die in c. 2, 19 die distanzierte Artistik bewundern oder diejenigen die von einer Schilderung wirklicher dichterischer Inspiration sprechen? Hat H. Krasser S. 125f. Recht, wenn er in den Spuren V. Pöschls gehend in der Zuschreibung von sowohl Gigantensieg als auch Chortanz, Scherz und Spiel (v. 25f.) an Bacchus die Vorbereitung einer Augustuslyrik (den Sieg über die Giganten hatte man ja oft mit dem Sieg des Augustus über Antonius verglichen) und zugleich die Charakterisierung der eigenen Begabung (c. 2, 12, 17ff.[16]) erblickt?

Müssen wir uns aber auf eine dieser Ansichten festlegen? Der Philologe hat den Text zu klären, hat die sprachlichen Lumina aufleuchten zu lassen, die Form und Bewegung nachzuzeichnen und so dem Leser ins Bewusstsein zu bringen, und er muss die literarischen Provenienzen, zugleich ihre Verwendung und Verwandlung seitens des Dichters aufzeigen; und er sollte die verschiedenen Möglichkeiten, den Text zu interpretieren, darlegen. Das ist seines Amtes, nicht mehr. Im Falle von c. 2, 19 bedeutet dies das Folgende: Wir freuen uns an dem nicht ohne Humor gegebenen Bacchus-Bilde in Str. 1, spüren die Erschütterung der Str. 2 und dann die Lösung in der bedacht komponierten Sequenz von Bildern aus dem Wirken des Gottes, das sich steigert bis hin zum Gigantenkampf und wieder absenkt zu Scherz, Spiel und Frieden, einem Frieden, der des Gottes

---

[16] Der Bezug auf c. 2, 12 ist ebenso evident wie der von c. 1, 18 auf 2, 19 und 3, 25 Damit ist Ed. Fraenkels Edikt (247), dass "Horazoden in sich vollständig" seien, zwar nicht ganz außer Kraft gesetzt, aber doch so relativiert, wie auch in "Horazens Bacchusoden" 92 angedeutet.

Macht auch im Tartarus offenbart. Wir verstehen das Gedicht als Stufe einer Abfolge von c. 1, 18 hin zu 2, 12 und zuletzt 3, 25, d.h. einer Reihe von Liedern, die hinaufstrebt zum größten Thema, dem des Augustus. Aber welches Erleben des Dichters selbst hinter all' dem steht, darüber kann der Philologe nicht befinden. Tut er es dennoch, nimmt er Stellung zu den (oben vorgetragenen) Auslegungen, so überschreitet er seine Grenze und gerät ins Engagement, ins Geschmackliche; und das steht ihm nicht zu.

Bedenken wir einen Augenblick die oben genannten Interpretationswege. Wenn Artistik, sind dann c. 1, 18 und besonders 3, 25 auch nur distanzierte Literaturspiele? Ist dann nicht die Bitte um Verschonung (*parce, Liber, parce*), die an c. 1, 18,13 (*tene*) erinnert, unterbewertet? Man sollte H. Krasser eine längere Wegstrecke lang folgen, der nach Vorgang von H. Erbse den kallimacheischen Apollo-Hymnus so versteht, dass die "Lektüre des Textes die Begegnung mit der Epiphanie" ist (119): Beim Lesen erlebe also der Mitempfindende das einst Geschehene, die Erscheinung des Gottes. So beginnt Krasser auch die Deutung von c. 2, 19, und wir meinen, dass er damit recht tat, aber dass er es dabei hätte bewenden lassen sollen. Denn der Satz, dass *idem pacis eras mediusque belli* "auf der Ebene der Selbstdarstellung" meine, dass Horaz "stets er selbst bleibt", ist methodisch nicht zu halten, weil das *medius pacis et belli* auf Horaz nicht direkt übertragbar ist. (Wo war Horaz je Friedensvermittler oder Hauptlastträger in der Schlacht? Und Krieg und Frieden allegorisch deuten zu wollen, das führt unweigerlich ins Dornengestrüpp.) Was die Selbstdarstellung angeht, so darf auch der Philologe meinen, dass Horaz hier "nicht unbeteiligt" spricht und mehr gibt als eine "mere study" (wäre dann c. 1, 17, 1-14 auch nur „a mere study"?). Das Lied 2, 19 ist ja nicht mehr nur ein Sprechen über den Gott in seiner Form als Wein, an das sich die Bitte um Verschonung vor der Trunkenheit schloss, sondern die Schilderung des Ergriffenwerdens vom dichterischen Schaffensrausch, der ausgelöst wird vom Erblicken des Gottes, der den Schauenden erfüllt, durchschüttelt und eine Antwort erheischt: Horaz gibt sie in der Form eines preisenden Hymnus, hier noch auf Bacchus. Das ist eine größere Macht als die der Rebe. Auch hier bittet das Ich um Verschonung, und es gelingt ihm, den erschütternden Rausch zu bändigen im preisenden Liede, das ausklingt mit dem denkbar friedlichsten Bilde. Die Auseinandersetzung mit der quälenden Lust des Schaffens[17] ist für einen Dichter wichtig genug. Auch und gerade der Philologe weiß da, dass Dichter seit eh und je der Vision nahe waren; aber in welcher Weise der Dichter Horaz solche erlebte und ob überhaupt, darüber kann er nichts wissen. Er liest das Gedicht als einen wundervoll gelungenen Ausdruck einer inspiratorischen Vision, autark und doch auch eingelassen in eine Steigerungsreihe (von 1, 18 bis 3, 35), welche die dionysische Macht in sehr eigener Weise spüren lässt. Viel mehr zu sagen, ist nicht seine Aufgabe.

---

[17] Die Bemerkungen in "Horazens Bacchusoden" 91f. bringen Äußerungen hierzu, u.a. von Fraenkel 238 und Syndikus 1, 471, aber auch G. Benn. Man sollte nicht außer Acht lassen, dass der bedrängende Schaffensrausch ein uraltes und immer noch erlebtes Phänomen ist.

Carmen 3, 25 (*Quo me, Bacche, rapis*)

Das Gedicht beginnt mit einer direkten, mit einer erschreckten Anrede: "Wohin entführst Du mich, Bacchus?", wobei *rapis* ein heftiges, gewaltsames Dahinreißen meint. "Voll" des Gottes ist das Ich wie in c. 2, 19, 6, und der Ort, wohin es geführt wird, liegt erneut (2, 19, 1f.) fernab. Wohin es geht, ist ungewiss (Wald oder Höhle), doch dass der Sprechende verwandelt ist (*mente nova*), das spürt er. Und er weiß auch, was dies bedeutet: Dass er nun Caesars ewigen Preis anstimmt, wie er unter den Sternen seinen Ort haben wird. Ewig wird das Lied währen, es wird großartig sein und neu, so von niemandem vordem gesungen.

Wie die nächtelang dahinstürmende Mänade auf einmal, zur Besinnung gekommen, eine gewaltige winterliche[18] Landschaft erblickt und sie wie gebannt anstaunt, so ergeht es dem Ich, da es den gewohnten Weg verlassen hat (v. 12) und nun Flussgestade und einsame Haine verwundert betrachtet. Und nun folgt, dem c. 2, 19 nicht unähnlich, nach dem Hingerissenwerden die Reaktion, nun nicht mehr in der Form eines Bacchus-Hymnus, sondern in der Weise eines Dichtungsversprechens; dort folgte allsogleich ein Hymnus, hier folgt das Versprechen, nichts Geringes zu singen, nichts Gewöhnliches, nichts Sterbliches. Solches Versprechen ist selber übermenschlich, und so nennt das Ich es eine "süße Gefahr", wenn einer dem Gotte folgt, "die Stirn mit immergrünem Efeu bekränzend".

Seiner biographischen Tendenz getreu, fasste R. Heinze das Gedicht so auf, als sei das "Bewusstsein von Caesars Göttlichkeit" ganz "plötzlich aufgetreten" (S. 359). Ed. Fraenkel (308) sprach von "Tönen überwältigender innerer Bewegung und echtester Aufrichtigkeit", er "glaubte ihm". Mehr poetologisch las H. P. Syndikus die Ode als "Durchbruch zur großen Form, zum erhabenen Stil" (2, 211). Schön weist H. Krasser 135 darauf hin, dass Augustus ob seiner Taten einst bei den Sternen weilen werde, so wie Bacchus zum Himmel aufstieg und er auch Ariadne verstirnte; und der Dichter Horaz, der Kraft genug habe, dies zu singen, werde mit Augustus zusammen durch seine Dichtung Unsterblichkeit erringen. Dann aber glaubt Krasser, dass die "Vergöttlichung des Augustus als Werk des Dichters erscheint" und dass Bacchus nur eine "Denkfigur" sei, eine Möglichkeit, den eigenen Unsterblichkeitsanspruch zu formulieren und sein "poetisches Vermögen ... gleichberechtigt neben die Leistung des Herrschers zu stellen" (136).

Wieder die Frage: Wer hat Recht? Davon, dass diese Gedankenwelt dem Dichter "plötzlich aufgetreten" sei, wie Heinze sagte, ist im Text keine Rede; es

---

[18] Zu den Winterriten des Dionysos E. R. Dodds in der Einleitung zu seinem Kommentar zu Euripides' Bacchen XI; M. P. Nilsson, The Dionysiac Mysteries of the Hellenistic and Roman Age, Lund 1957, 40: Man pflegte früher den Gott von den Toten am Parnass heraufzurufen (vgl. Soph. Antig. 1126ff.).

scheint vielmehr, als sei dieses Thema und das Hinausgerissenwerden ein und dasselbe und als liege ein solches Rauscherleben dem wahren Dichter stets nahe. Ob dieser Enthusiasmus verwässert und ins Poetologische ausgeweitet werden darf zu einem "Durchbruch zur großen Form", das vermag strenge Philologie ebenfalls dem Text nicht zu entnehmen. Dass die Vergöttlichung des Herrschers ein "Werk des Dichters" sei, ist in dieser Verengung kaum historisch haltbar[19], jedenfalls dem Text ebenfalls nicht zu entnehmen. Was ihm zu entnehmen ist, das ist, dass die Göttlichkeit des Herrschers für den Dichter weniger neu als vielmehr ungemein groß, fernab von allem Sterblich-Gewöhnlichen und darum so staunenswert erscheint, und dass ein Lied dieses Inhalts unerhört ist und voller Gefahr (gewiss voll der Gefahr, dem Gegenstande nicht gerecht werden zu können). Aus dem Text ist ferner abzuleiten, dass der Dichter nur "abseits seines Weges" (*devio*, 12) und fern von allem Gewöhnlichen solches erwägen und entwerfen kann (*meditans*, 5) und mit gewandeltem Bewusstsein. Das alles weist darauf hin, dass der Dichter erschüttert über diese seine Wandlung, über sein Emporgerissenwerden staunt ("Horazens Bacchus-Oden" 94 mit Belegen).

Der Philologe wird erneut der Bewegung folgen, der Bewegung nämlich von der Anrede des Bacchus als demjenigen, der den Dichter "davonreißt", zu einem Agens-losen "ich werde geführt", geführt zu fernen Grotten (Sinnbild des allem Gewöhnlichen Entrückten) und zum Sang von Augustus' Göttlichkeit. Prachtvoll dann der Vergleich des Staunens hierüber mit dem Staunen der Mänade vor dem Hebrus, vor dem verschneiten Thrakien und vor dem Rhodopemassiv. So oder so ähnlich, jedenfalls übergewaltig wie ein ragendes Gebirge, muss Horaz den großen Kaiser gesehen haben (mit dem Menschen Octavian ging er anders um, und der mit ihm). Aufschlussreich ist dann auch der Anruf an Najaden und Mänaden: So wie sie übermenschliche Kräfte zeigen, bedarf auch der Dichter von Augustus' Verstirnung übermenschlicher Kräfte. Und am Ende rundet die Gnome als Fermate und die erneute Anrede des Lenaeus dieses ganze Gedicht des Erstaunens. Auch der Philologe wird sich für die Möglichkeit offen halten, dass der Dichter hier ebenfalls "nicht unbeteiligt" war, vielmehr aus dichterischer Erfahrung sprach, welcher die Gefahr des Absturzes immer gegenwärtig ist ("Horazens Bacchus-Oden" 94, Anm. 38 mit Belegen; vgl. M. Fuhrmann, 119); er wird auch aus genauer Beobachtung des Textes keinen Hinweis darauf ableiten können, dass Horaz hier irgendetwas ironisch meine und dass er "lügt" (Fraenkel 308 wies dergleichen schroff ab), ebenso wenig darauf, dass der Dichter dieses Lied zur Selbsterhöhung oder als Weise der "Darstellung poetischer Autarkie" (Krasser 136) geschrieben habe. Er wird es vorziehen, gleichsam naiv das c. 3, 25 als Ausdruck großartiger und (im eigentlichen Sinn) auch ungeheurer Dichtererfahrung zu lesen, als Ausdruck des Überwältigtseins von

---

[19] Vielleicht war Vergil der erste, der von Octavian als einer göttlichen Erscheinung dichtete; im übrigen ließ Augustus es nur sehr allmählich zu, dass der im Osten sehr bald aufkommende Herrscherkult nach dem Westen und dann auch nach Rom übertragen wurde (Kienast 249ff. und 255).

dem damals größtmöglichen Gegenstand, wird sich aber hüten, mehr als dies zu sagen oder gar c. 3, 25 biographisch auszuwerten.

Betrachtet man jetzt zurückblickend noch einmal c. 1,10 und die Sequenz c. 1, 18; 2, 19 und 3, 35, so ergibt sich aus dem zu diesen Liedern Gesagten für die Philologie im engen Sinne zweierlei. Erstens scheint es nicht völlig richtig zu sagen, die Götternamen seien für Horaz so wenig belangreich, dass sie auswechselbar scheinen (z.B. Syndikus 2, 48). Gewiss, spricht Horaz von Rettung, dann nennt er einmal Merkur, ein andermal die Musen als seine Schützer. Man wird vielleicht unter die Namen schauen und sich fragen, ob im Grunde nicht dasselbe gemeint sei: Eine Macht, die das reine und götternahe Herz des Dichters günstig gesinnt glaubte. Aber wenn Horaz vom Rausche spricht, dem entgrenzenden Wein- oder dem überwältigenden und von Grund auf verwandelnden Inspirationsrausch, dann nennt er stets und ausschließlich Bacchus; das war so ungewöhnlich (Fuhrmann 119), dass man hier sehr wohl von einer eigenen Überzeugung des Horaz sprechen könnte.

Schaut man weiter und auf das Ganze dieses Kapitels, so zeigen sich deutliche Unterschiede zwischen den Götterliedern, zwischen c. 1, 10 und denen jener dionysischen Sequenz. Auch wenn keines der vier Gedichte Spuren des Frühstils zeigt, auch wenn sie alle der reifen Zeit des Dichters, der vielleicht erst recht spät Götterdichtungen wagte, anzugehören scheinen, so sind sie keineswegs gleich. C. 1, 10 ist ein ganz mildes, zartes Gebilde, das nichts direkt und aufdringlich Bekenntnishaftes an sich hat; es ist der Lobpreis einer freundlich gesinnten Macht, welcher der Dichter zwar traditionelle Züge verleiht, aber diese nach seiner ganz persönlichen Auswahl. Wie stark Horaz diese Macht am eigenen Leibe gespürt hat, das lässt sich nicht mehr ermessen. Anders sind die drei Bacchus-Oden. Sie zeichnen sich zunächst dadurch aus, dass sie alle drei mit dem Auftreten und Anreden des Gottes beginnen, dann aber die Reaktion auf seine Übermacht darstellen. Schon diese Strukturähnlichkeit schließt die drei Gedichte zusammen. Ferner bilden die drei Gedichte eine sich steigernde Sequenz: Vom Weinrausch zu einer Vision, über deren Erschütterung der Dichter mittels eines Hymnus noch Herr zu werden vermag, bis hin zu einer mentalen Verwandlung angesichts des übergewaltigen Themas "Augustus". Diese drei Gedichte bilden ersichtlich eine aufsteigende Stufung.

Dass Horaz sein Dichten so empfand, dass manchmal in ekstatischen Augenblicken etwas in ihn hineindrang, das gleichsam von oben herkommend dem Menschen nicht verfügbar, nicht in seiner Gewalt war, das sagt er selber indirekt dadurch, dass er sich als *vates* sah, als Prophet und Wahrsager. Der Dichter als Dolmetsch der Musen[20], das war eine uralte Vorstellung (Pind. pae.

---

[20] Zum *vates*-Begriff vgl. H. Dahlmann, Philologus 97, 1948, 352ff.; E. Bickel, RhM 94, 1948, 337ff.; W. Wili 239f.; F. Solmsen, Kl. Schriften 2, Hildesheim 1968, 263ff.; M. Fuhrmann, Dichtungstheorie 117.– Falsch war es, die Muse als nichts als ein "emblem of the poet's own creative power" zu bezeichnen, wie M. Santirocco, Maecenas-Odes 252 es

6,6; Plat. Io 534 e), die Vergil aufgenommen hatte (buc. 7, 25ff.; 9, 32ff.). *Vate me*, also "Das sage ich Dir voraus", so konnte jeder reden; doch sein Dichten als Wahrsagung hinzustellen, das war Vergil und Horaz vorbehalten[21]. Darin liegt ein hoher Anspruch an sich und an die Hörer (so etwa G. Williams, Third Book of Horace's Odes 10), darin liegt aber auch die Gewissheit, dass die Worte, die dem Munde des *vates* entströmen, nicht von ihm stammen, sondern von den Göttern, und dass er sie nur formt (vgl. M. Fuhrmann, Dichtungstheorie 118).

Hieraus ergibt sich, dass man der Ansicht, dass c. 1, 10 und die Bacchus-Oden nur dazu dienen, "persönliche Anliegen, politische Programme oder einfach das Image einer bestimmten Person" zu vermitteln, Misstrauen entgegenbringen sollte. Man sollte sich vielmehr für die Möglichkeit offen halten, dass Horaz "in hohem Maße für Visionen, für unmittelbar von der Seele Besitz ergreifende Bilder zugänglich" war und dass "Bacchus" für ihn Chiffre für seine "dichterische Inspiration" war, die er "echt und überzeugend" zur Sprache zu bringen wusste (so Fuhrmann).

Carmen 3, 21 (*O nata mecum*)

Eine Besprechung der horazischen Götterlieder wäre nicht vollständig ohne einen Blick auf das Lied zu Ehren einer seltsamen Gottheit, nämlich des Weingefäßes, d.h. eines Fasses oder einer Amphore, gefüllt mit dem Gotte Bacchus.

"O Du, die Du mit mir zugleich geboren wardst, als nämlich Manlius Konsul war (d.h. 65 v. Chr.[22]), – gleich, ob Du Klagen oder Scherzen enthältst[23], ob Streit oder ausgelassene Liebeslust, oder aber auch milden Schlummer, Du getreuer Ton – Du birgst Massikerwein, zu welchem Zeck auch immer gelesenen, und Du bist würdig, heute, an glückhaftem Tage, bewegt[24] zu werden. Komm'

---

tat und "own" auch noch durch Kursive hervorhob: Eine vom Text nicht nahe gelegte Einengung.

[21] Der *vates*-Begriff ist nicht, wie es zuweilen geschieht, mit dem des "Musen-Priesters" gleichzusetzen, das betont Lyne 185 zu Recht.

[22] Der Wein in ihr, wenn er mit dem Gefäß gleichen Alters, müsste dann über 30 Jahre alt sein; der aus c. 3, 8, 12 ist noch älter. Das wären dann außergewöhnliche Weine, vgl. Marquardt-Mau 458; E. A. Schmidt A & A 26, 1980, zu c. 3, 21 auf S. 20 (was dort über den Genius steht, braucht nicht allzu ernst genommen zu werden) und BICS Suppl. 51, 1988, 180.

[23] *Geris* in v. 2 bedeutet "enthältst"; warum unsere Stelle im Thes. Ling. Lat. nicht gleich unter "continere" 1935, 78 eingeordnet wurde, ist unverständlich.

[24] *Moveri* bedeutet ein "ceremonial movement of sacred implements", G. Williams, Tradition 133; Syndikus 2, 183, Anm. 16.

also herab[25], da Corvin älteren, weicheren Wein wünscht. Er wird[26] Dich, obschon getränkt mit sokratischen Erörterungen[27], nicht garstig missachten (man erzählt sich ja, dass sogar der alte Cato trotz all' seiner Tugend sich oft vom ungemischten Wein erwärmen ließ).

Du übst sanften Druck auf sonst verschlossene Gemüter aus, Du enthüllst auch der Weisen Sorgen und geheimgehaltene Gedanken[28] mit der Hilfe des aufheiternden Bacchus, des Lösers. Du gibst den Bedrückten wieder Hoffen und Kraft, dem Armen kecken Mut, so dass er nach dem Trunk aus Dir weder Kronen zornwütiger Könige noch die Waffen von Soldaten fürchtet.

Dich werden Bacchus und, wenn sie kommt, Venus und auch die Grazien, die nur ungern ihren Bund zerlösen, dazu die noch lange lebendigen Lampen tätig halten[29], bis dass am Ende Phoebus wiederkehrend die Sterne verjagt".

So ungefähr könnte man dieses Carmen wiedergeben, das wie ein Götterhymnus klingt[30]: Da ist eine Art Geburtsgeschichte, statt der üblichen vielfachen Namensnennung lesen wir eine vielfache Nutzanwendung, wir erkennen die Herbeirufung mit der Versicherung, man habe nach der Amphore verlangt und der weiteren, dass die Herbeigerufene geachtet werden würde, auch von dem philosophisch so interessierten Gast. Und dann folgt die Aretalogie des Gefäßes, die hier mit einem scherzenden „Pars pro Toto" *testa* genannt wird, "Scherbe": Sie erschließt mit der Hilfe des von ihr umschlossenen Löser-Gottes Geheimes, gar der Weisen verborgene Sorgen und Wünsche (die sie ja als Weise eigentlich gar nicht hegen sollten). Soweit der Wein als Enthüller der *veritas*; nun der Kräftiger: Er gibt den Bedrängten und den Armen Hoffnung und Mut, ja Übermut.

Und was geschieht mit der *testa* selbst (21ff.)? Bacchus und Venus, wenn sie denn erscheint, werden gemäß der Art des mäßigen und zurückhaltenden Gastes weniger Streit und "ausgelassene Liebeslust" bringen, sondern die andere Seite

---

[25] Zur Epiphanie der Aphrodite s. D. Page, Sappho and Alcaeus 40ff. Woher die Amphore oder das Fass "herabsteigen" soll, bleibt unklar. Etwa aus der Apotheke (H. Blümner, Römische Privataltertümer 71; Syndikus 2, 183, Anm. 14; Williams, Tradition 133) über dem Bad, wo der durchziehende Rauch, wie man meinte, das Altern des Weins förderte? Aber dorthin legte man doch nur jungen Wein?

[26] Das Futurum *negleget* dürfte vorzuziehen sein; gewiss missachtet Corvinus nicht Wein überhaupt (richtig Syndikus 2, 186, Anm. 26), sonst hätte er nicht eine bestimmte Sorte erbeten; aber diese besondere Amphore wird er zuvor nicht gekannt haben, doch wenn sie dann kommt, wird er ihr die gebührende Achtung erweisen (so G. Williams, Third Book 116, Anm. 2).

[27] Corvinus war also an der Philosophie, und zwar an der Morallehre interessiert, und war, wie hier scherzend gesagt wird, so "voll" von ihr wie ein Trunkener.

[28] Eigentlich sollte der wahre Weise derlei nicht hegen: Der Dichter kennt halt die Welt.

[29] *Producere*, "verlängern", kann man das Leben, eine Gastmahl, eine Rede, usw. Hier ist gemeint, dass die Gäste das Gefäß lange im Dienst halten, beschäftigen und auf diese Weise "verlängern" werden (Williams, Tradition 135; Third Book 115; OLD *produco* 10 a; Thes. Ling. Lat. 10, 2; 1639,14f.).

[30] Ed. Norden, Agnostos Theos 143ff.

von Venus walten lassen, die Schönheit, welche auch Feste schmückt. Dazu die drei Grazien, die weder ihren eigenen Bund noch den (so darf man wohl interpolieren) von Freunden, d.h. auch den der drei Gäste gerne lösen; und auch die Lampen werden nicht vergessen: Die Gottheiten werden sie am Leben erhalten – bis der grauende Tag dieses traumgleiche Ineinander von Mensch, Gott und durch seinen göttlichen Gehalt erhobenem und geheiligten Gefäß zerspellen lassen wird (*fugat* in v. 24 ist ja ein hartes Wort).

Dieses Lied auf die seltsame Gottheit "*Testa*" wirkt auf uns wie ein Traumbild; man hat es eine Blasphemie genannt (so G. Williams, Tradition 133). Es gibt kein zweites Gedicht aus alter Zeit, dem es in vergleichbarer Weise gelingt, die teils doch immer noch der Religion nahe stehende Gestimmtheit eines bewusst milde[31]genossenen, nicht wild ausgekosteten Gastmahls, bei dem sich Scherz, Öffnung und Maß verbinden, spürbar zu machen. In einer solchen Nacht verwandeln sich die Menschen und die Dinge, die Zeit, das Wort und das Licht, und bleiben verwandelt eine lange Zeit, bis auf einmal der Tag alles wieder in die Helle des Nüchternen und Gewohnten zurückwirft.

---

[31] Hat man genügend bedacht, dass Messalla auch als Redner *Cicerone mitior et dulcior et in verbis magis elaboratus* war (Tac. dial. 18, 2, Ende), dazu *nitidus et candidus et quodammodo praeferens nobilitatem suam, viribus minor* (Quint. inst. 10, 113), ein Mann also der "cultivated harmony" (R. Syme, Roman Revolution 246), dass also das freundlich-gemäßigte Gastmahl hier seiner Art entsprach?

Die ersten drei Oden-Bücher insgesamt

> *Alcaeus ...*
> *hunc ego, non alio dictum prius ore, Latinus*
> *volgavi fidicen,*

"Ihn, Alkaios, den noch kein Römer vor mir gesungen, machte ich (in unserer Sprache) bekannt, ich, der latinische Sänger" (epi. 1, 19, 29/32). Hiervon ist auszugehen. Fragen wir, was von den uralten äolischen Themen Horaz nach so langen Jahrhunderten wieder ins Bewusstsein hob, was nicht, und vor allem: Wie er es getan. Dann sind aber auch die Unterschiede festzustellen und auch das ist zu klären, was er zu den Alten hinzugetan hat, kurz: Wie er ein äolischer Dichter moderner Art geworden ist.

Alkaios, um mit ihm zu beginnen, weil Horaz vornehmlich an ihn in der 19. Epistel erinnerte, Alkaios sang vom Krieg zwischen Lesbos und Athen, von Waffen[32], Kampf, Sieg und Niederlage; er verdammt den Verrat ihres früheren Führers, dichtete eine Schiffs-Allegorie auf das gefährdete Gemeinwesen (Horaz scheint ihm in c. 1, 14 gefolgt zu sein), dichtete vom Exil; doch nicht nur dies, er sang Götterhymnen, übrigens auf die großen Olympier wie auf die kleineren, die Dioskuren und Eros, goss homerische Szenen um in äolische Sanges- und Denkweise, und er pries die Liebe, einmal auch in einer dem Römer nicht unähnlichen Weise[33], und selbstverständlich den Wein, wovon wir etliche Fragmente besitzen (Page 299ff.).

Horaz hatte in epi. 1, 19 auch Sappho genannt, und so erhebt sich die Frage, was er ihr verdanke. Wir übertreiben wahrscheinlich nicht allzu sehr, wenn wir vermuten, dass sie stärker als ihr männlicher Dichterfreund[34] die ganz persönlichen Empfindungen von Liebe und Abschiedsschmerz, von herzlichen Wünschen für die geliebten Mädchen bei der Hochzeit sowie von heißer Eifersucht[35] ausgedrückt hat; was hingegen die Fragmente für Sappho, nicht aber für Alkaios belegen, das ist die Zuversicht, dass ihre Dichtung nie vergessen sein werde (Page 137).

---

[32] Frg. Z 34; Verf., Hermes 96, 1968, 15ff.
[33] Frg. A 10, dazu Z 57, s. D. Page, Sappho and Alcaeus 291ff. und Hor. c. 3, 12.
[34] Frg. Z 61; Page 296. Man betrachte dazu die Vase des Brygosmalers (Simon, Die griechischen Vasen, Abb. 150).
[35] Es erübrigt sich fast, auf ihr frg. 31 hinzuweisen, das Catull eine Strecke weit nachdichtete (c. 51) und das Horaz in c. 1, 13 wohl anklingen ließ, was die Direktheit der Selbstaussage anlangt.

Worin unterscheidet sich nun der spät dichtende Römer von diesen um 600 v. Chr. gesungenen Liedern? Die Äoler sangen von Selbsterlebtem, die Zerwürfnisse und Kämpfe sind historisch belegt und auch die Namen sind historisch, und wenn Alkaios oder Sappho "Ich" sagen, ist ihr historisches Ich gemeint. So wie Horaz in Athen zum uralten, darum noch so kraftvollen Archilochos fand und zu Pindar, so wagte er es, die Äoler nachzudichten wegen ihrer Kraft und, bei all' ihrer Verwandlung des Erlebten in schöne Dichtung, wegen ihrer unverstellten Direktheit. Aber aus den eher peripheren Kämpfen von Inselbewohnern wurden die Schlachten um ein Weltreich; aus der Klage über die Untreue irgend eines Inselfürsten (Alc. G 1, 13ff.) wird die Klage über Erbfluch und Verwahrlosung eines riesigen Staates und die Sehnsucht nach moralischer Erneuerung der Welthauptstadt. Und all' dies kann der späte Dichter nach der Dichtung des 5. Jahrhunderts zu Athen und nach der hellenistischen Dichtung nun nicht mehr so unmittelbar und persönlich sagen wie jene Dichter um 600 v. Chr. Aus den großen Göttern war der Tyche-Kult geworden und aus des Archilochos noch zaghaftem Nachdenken über den "Rhythmus des Lebens" war die Philosophie entstanden. Hinzu kam, dass besonders die Säulen der horazischen Odenbücher, die großen Lieder auf Staat und Herrscher, in pindarischen Fügungen am würdigsten klangen; kurzum: Horaz erhöhte, vertiefte und bereicherte das äolische Erbe, das rein nur noch in den Metren wiedererstand. Er musste ihm dabei seine Unmittelbarkeit nehmen.

Gewiss dichtete Horaz noch Lieder auf seine Kampfgefährten von Philippi, c. 2, 7 z.B.; aber auch sein Dichten von Freundschaft hat sich gewandelt: Er sang von Maecenas, dessen *convictor* er war, und er dichtete von Octavian, der (modern ausgedrückt) als Alleinherrscher über allen stand; auch das war ein gründlich anderes Empfinden von Freundschaft und Achtung als das der Mytilenäer.

Für uns kommt zu dem, was wir in den Fragmenten Sapphos und des Alkaios lesen, bei Horaz noch eine weitere, grundsätzliche Verschiedenheit hinzu: Wir können das gesamte Werk dieses Dichters, in diesem Falle die gesamte erste Odendichtung überblicken (allein die verwunderlich schiefe Zahl 38 der Lieder im ersten Buche macht nachdenklich); wir können daher vorsichtig versuchen, eine Wandlung seiner Dichtweise und Dichttechnik nachzuzeichnen. Wir vermögen ferner zu sagen, dass Horaz sehr bald nach dem Beginn der Satiren-Dichtung in drei Gattungen zugleich arbeitete und können noch gegenseitige Beeinflussungen und Vorformen der Carmina feststellen (epo. 1, 13 z.B.), können z.B. noch verfolgen, wie aus Moralpredigten (c. 2, 18; 3, 24) dann so herrliche Gebilde wurden wie c. 3, 29.

Wir können auch noch den Weg angeben, auf dem die normsetzenden Römer Vergil und Horaz zu ihrer neuen Sprache fanden: Fort von den *sesquipedalia verba* eines Ennius oder, schlimmer noch, eines Pacuvius, erarbeiteten sie sich das Einfache, also diejenige Sprechweise, welche allein das Zarte und Feine auszudrücken vermag. Wenn catal. 5 und 8 auch nicht direkt von Vergils Hand stammen, so empfinden sie aufs klarste nach, welchen Weg Vergil fand, um zu den streckenweise unerhört zarten Versen seiner "Bucolica" zu kommen. Diesen Weg brauchte Horaz nur nachzuverfolgen. Kurzum: Im Unterschied zu Sappho und Alkaios können wir das Werden der horazischen Hochdichtung wenn nicht genau beobachten, so doch wenigstens erahnen.

Sappho und Alkaios haben, das legen die Reste nahe, nicht daran gedacht, dass ihre Dichtung Hochdichtung war, dass sie zu Normfindern und poetischen Gesetzgebern wurden. Die beiden Augusteer dagegen waren sich dessen bewusst, zumindest spricht Horaz dies aufs deutlichste aus, in den späten Großepisteln ebenso wie schon in epi. 1, 19 und c. 3, 30. Dies und gewiss auch noch anderes führte zunächst dazu, dass er nun nicht mehr von sich als einem historisch festlegbaren Ich dichtete; Norm und Individualität schließen einander aus[36]. Doch gibt es da Schattierungen und Grade; sie reichen von doch sehr individuellen Gebilden wie c. 1, 17 zu so unpersönlichen Ich-Gedichten wie c. 1, 23 oder 3, 21, von c. 3, 1-6 zu schweigen. Immer wieder werden uralte Themen jetzt mit einer Schicht aus der Philosophie unterfangen, ja ganze Gedichte poetisieren Philosopheme (c. 2, 10 z.B.), und wir dürfen kurz und bündig sagen: Der Grad an gedanklicher und normativer Bewusstheit übersteigt den der Vorbilder und Vorläufer schier unendlich. Das macht dann das aus, was wir gern die Klassik nennen.

Dazu stimmt, dass die Augusteer nun auch die Buchordnung wechseln: War sie früher eine metrische (zu Sappho s. D. Page 114f.) wie noch vorwiegend bei Catull[37], so wird bei Vergil und Horaz daraus eine sehr viel reichere, nämlich die Ordnung nach der Grundregel der Varietà im Inneren, im Äusseren die der sinnträchtigen Zuordnung der Buchschlüsse, von Paaren und fernbezogenen Gedichten; hinzu kommt die versteckte Kontinuitätsherstellung mittels Wortanklänge. Die Variation aber ist vor allem die von Schwer und Leicht. Auch dies ein grundlegender Unterschied zu Horazens uralten Vorgängern und Vorbildern. Aus dem Einzellied wird, das sei mit aller Vorsicht formuliert, das primär selbstständige, sekundär aber auch bezogene Gedicht.

---

[36] Hiermit ist dieses gemeint: Will ein Dichter, der sich an die Allgemeinheit wenden möchte, aus seiner Verantwortung für sie mit einer Aussage andere erreichen, wird er kein gänzlich einmaliges, weitgehend nur ihm allein verständliches Gedicht hinausgehen lassen (man denkt an Benns Chiffren „Blau" oder „Wiesenhang"), sondern er wird das von ihm selbst Erlebte umschaffen in eine Bildlichkeit, von der er sich erhoffen darf, dass sie anschaulich genug ist, um dem Hörer die Möglichkeit zu geben, sich in sie hineinzuversetzen und dann zu ahnen, was sie verbergend darbietet; er wird ein Sprechen vermeiden, das nur ihm allein verständlich ist oder denen, die ihn genau kennen, sondern eine Bildlichkeit wählen, die auf das Gemeinte klar hinführt. Gewiss ist Horaz „individuell", wenn man auf seine Stellung innerhalb seiner Gattungen sieht, er mag sogar als unverwechselbar gelten; doch was er meint, sagen zu sollen, ist fast immer etwas, das über das Individuum Horaz hinaus gilt. Zu solchen Überlegungen vgl. „Individualität", Akademievorlesungen der Brandenburgischen Akademie der Wissenschaften, Berlin 2000, bes. 274ff.

[37] Zu den Büchern von Neoterikern K. Deichgräber, Hermes 99, 1971, 46ff.; zu Catull vgl. J.-W. Beck, Hypomn. 111, Göttingen 1996.

All' dies führt zu der Einsicht, dass bei Horaz ein kaum mehr zu überbietender Grad von poetologischer Bewusstheit herrscht, von ebenso gewollter wie gekonnter Ineinanderfugung verschiedener Vorbilder und Vorlagen, und zudem ist ein lebhaftes Interesse des Späten am Normativen zu verspüren und daher auch daran, Dichtung über Dichtung zu schreiben. Sicherlich, man übertreibt heute beim Stöbern nach gedichteter Reflexion über Dichtung gewaltig; das Faktum aber ist unleugbar gegeben und macht einen scharf bestimmbaren Unterschied zur griechischen Archaik und zur vor-augusteischen römischen Dichtung aus.

Je nach Denkart des modernen Interpreten wird nun auch der letzte Unterschied zu den Früheren bewertet werden, nämlich der Unterschied in der Selbst-Sicht: Keiner der antiken Dichter vor Horaz bestimmt in seiner lyrischen Dichtung (diese im weitesten Sinne genommen) sein eigenes Ich so scharfsichtig wie Horaz; keiner spricht so klar von seiner gesellschaftlichen Stellung und von seiner Lebensentscheidung so deutlich wie der Venusiner. Doch auch das Nahebringen dieser Lebensausrichtung bleibt nicht im eng Persönlichen, sie ist vielmehr auch als allgemein und immer gültige Maxime gemeint. Aber natürlich hat diese Allgemeingültigkeit dort ihre Wirkungsgrenzen, wo sich die Lebenslage des Horaz von der modernen unterscheidet. Dazu eine Anmerkung.

Die zuhörbereite Sympathie, die der Leser auch heute noch gern aufbringt, kommt noch von einem Anderen: Von der Bescheidenheit des Dichters. So gut wie nirgends ist er, obschon fast immer aus der Distanz sprechend, ein fader Besserwisser, auch wenn er zu Beginn kräftig belehrt (im frühen c. 3, 24 z.B.). Wenn er lächelt oder gar ein wenig spottet, erhebt er sich nicht himmelhoch über die Erwähnten; immer vermeint man herauszuhören, dass er von etwas dichtet, das ihm wie jedem anderen widerfahren könnte und vielleicht auch widerfahren ist. Und doch täte jeder Horazleser gut daran, ihn niemals als einen Menschen "wie Du und Ich" anzusehen. Wir haben uns daran gewöhnen müssen, dass sogar gelehrte Köpfe dieses tun, so zeiht R. O. A. M. Lyne ihn (S. 73) einer "wild ambition", redet von "Image-Pflege" und anderem, was zur heutigen Art und Unart gehört. Große Dichter wie Horaz, Vergil und auch neuere große Künstler sind nur ganz Wenigen bis zu einem gewissen Grade erreichbar im Sinne des Begreifens dessen, was sie wollten, was in ihnen an Gedanken und Bildern lebendig war, und das reicht dann in viel tiefere Schichten, als in uns Gewöhnlichen vorhanden sind. Was sie dann aber bilden und was sie sagen, ist dann doch oft von großer Einfachheit und immer so "schlagend", dass sie dennoch begreifbar bleiben, weil sie das individuell Durchlebte oder Geschaute zu einem Immer-Gültigen aufs lebendigste umzuschaffen wissen. Wir dürfen hier z.B. an das Vasenbild erinnern, das wir in "Methoden der Latinistik" auf S. 13f. vorgeführt haben; auf ihm ist die ganze Übergewalt der Gottheit auf eine kleine Handbewegung zusammengezogen. Aber dies "Schlagende", oder ernster gesprochen: die Vollendung ist doch nur ganz Wenigen gelungen, und wir Gewöhnlichen sollten das bedenken und nimmer vermeinen, wir könnten sie mit unseren Alltagsreden erreichen.

Man bedenke also, dass "wild ambition" voraussetzt, der echte Künstler habe das, was er hervorbringt, in seiner Verfügung, als stünde es in seinem Belieben und als setze er es um eines vorteilhaften Effektes willen wie ein Instrument willkürlich ein; das aber ist eine ganz verkehrte Annahme.

Worauf diese wenigen Worte vorbereiten wollen, das sind die beiden Ruhmes-Oden c. 2, 20 und 3, 30. In dem seltsamen Schluss-Gedicht des zweiten Odenbuches stellt Horaz sich vor, dass "er, der Dichter, mit keiner gewöhnlichen oder leichten Schwinge, dereinst verklärt[38], durch den Äther dahinflügeln werde", aller Beneidung überlegen (vgl. Kallimachos, Epigr. 21, 4: Kallimachos "sang, was stärker war als der Neid"). "Armer Eltern Sohn, dann dein, Maecenas, Speisegenosse[39], werde ich – d.h. das Beste an mir – dem Untergange nicht verfallen. Schon wandle ich mich zu einem Schwan[40] und werde, bekannter als Ikarus, über die Länder fliegen. Fern seien daher Klage und Trauer, erweise meinem Grabe keine überflüssigen Ehren!" Um zu begreifen was hier geschah, muss man zweierlei bedenken. Zum einen war der Gedanke, dass der Ruhm durch die Welt fliegt wie ein Vogel, längst gedacht (Nisbet-Hubbard 333 zitieren denn auch Theognis 237ff.), und ebenso der, dass Dichter "unsterblich" sind, weil sie in ihrem Werke lebendig bleiben, die Belege bei Nisbet-Hubbard 336; besonders sei auf das Epigramm auf Ennius verwiesen: *nemo me dacrumis decoret nec funera fletu faxit. cur? volito vivos per ora virum* (var. 17 Vahl.); was Horaz also tat, war, dass er diese beiden Gedanken in Eins brachte: "Horace follows the Ennian epigram by combining a rejection of mourning with a claim to immortality through his writings" (Nisbet-Hubbard 336). Erneuerung alter Gedanken durch eine neuartige Verbindung. In vergleichbarer Weise hatte Horaz ja auch das äolische Erbe "erneuert".

Dies wäre das Eine; das Andere ist, dass man die so oft getadelte dritte Strophe (v. 9ff.: "Bald schon, bald legt sich um meine Schenkel rauhere Haut und ich verwandle mich in einen weißen Vogel", usw.) als ein Beispiel für die in hellenistischer Zeit beliebte, oft sehr drastisch beschreibende Metamorphosen-Literatur lesen und sie daher nicht absolut, sondern vor dem Hintergrund einer Gattung verstehen sollte. Aber trotz all' dem, es bleibt uns unbenommen, diese

---

[38] So verstand R. Reitzenstein das *biformis* in v. 2, s. Fraenkel, Horaz 356, Anm. 5 von 355 am Ende: Es meine einen, der "nach der ersten eine zweite Gestalt erhält, ein zweites Leben".

[39] *Quem vocas* in v. 6 ist durch Fraenkel, 353f. und mit der Hilfe von sat. 1, 6, 46ff. (*tibi, Maecenas, convictor*) endgültig geklärt.

[40] Die Vorbilder für die Metamorphose zu einem Vogel überhaupt, dann insbesondere zu einem Schwan haben Nisbet-Hubbard in reichlichem Maße benannt (die Bemerkungen von E. Norden zu Vergils Aeneis 6, 273ff., S. 217 oben, wo Plato, Staat 10, 620 a 4 zitiert wird, hätte mehr Beachtung verdient); gewichtiger aber ist die Frage, ob diese krude-realistische Verwandlungsszene in v. 9/12 von gutem Geschmack sei. Fraenkel (hier muss man sein Englisch lesen) schrieb (Horace 299, bzw. 301), das Gedicht sei "a less happy product", die Verwandlung sei "repulsive or ridiculous, or both".

Verse zu denen zu stellen, die wir weniger gern lesen[41], weil sie dann doch zu Zeit- und literaturbedingt scheinen; diese Verse sind also nur von der Tradition her zu goutieren, also bloß intellektuell erfassbar, nie liebenswert. Sie stehen dem Vorwurf jedes einzelnen Lesers offen, nicht gelungen zu sein. Fraenkel 301 gab denn auch sofort zu, dass sein Tadel ("Du sublime au ridicule ce n'est qu' un pas") ganz persönlicher Art sei: "I can of course speak only for myself" (Horace, 301, Anm. 2). Wenden wir uns Grösserem zu.

"Der Epilog des dritten Buches, *Exegi monumentum,* ist ein Gedicht sehr hohen Ranges", schrieb Fraenkel (Horaz 357) ganz zu Recht. Er verweist allein durch das Metrum auf das Einleitungsgedicht c. 1, 1; aber auch im Inhaltlichen. In dem nicht ohne Humor und mit einer stellenweise heiteren Leichtigkeit geschriebenen c. 1, 1 erhoffte sich der Dichter, wenn die Musen ihm nur weiter ihre Gunst erweisen, von Maecenas zu ewigem Ruhm unter die Klassiker gerechnet zu werden. Dass die Eingebung von höheren Kräften herkommt, darüber war der Dichter sich klar (man erinnere sich des c. 3, 25); die Anerkennung im römisch-irdischen Bereich aber hing, auch dies war ihm deutlich, vom großen Gönner ab. In c. 3, 30 ist von Maecenas nicht mehr die Rede. Dieses Gedicht ist nicht mehr heiter und leicht, es ist – man muss es zugeben – von gewaltiger Wucht: "Aufgeführt habe ich ein Bauwerk, das dauernder ist als Erz, höher als die königlichen Pyramiden, das nicht Sturm noch Regen zerstören können und auch nicht die Reihe der Jahre. Mein Leib mag sterben, aber der bessere Teil wird leben, und im Lobe der Menschen werde ich wachsen, solange Rom steht, es wird von mir die Rede sein am heimatlichen[42] Aufidus – von mir, der ich aus Niederem zur Kraftfülle kam[43] und als erster äolisches Lied in römische Musik fasste. Sei stolz, Melpomene, und bekränze willig mein Haupt mit dem Lorbeer aus Apollons Delphi!". Kein Maecenas, das Irdische scheint verlassen, allein der

---

[41] Bevor der Philologe die Verse 9/12 endgültig der Lächerlichkeit preisgibt, sollte er eine Kleinigkeit nicht gänzlich außer Acht lassen: In v. 9f. heißt es, dass "bereits" oder "sehr bald" die Haut an den Schenkeln schrumpft und rau wird", wobei *asperae* proleptisch zu fassen ist, wie Nisbet-Hubbard richtig andeuten. Danach steht: "Ich wandle mich zu einem weißen Vogel oben und glatte Federn wachsen an Fingern und Schultern". Das raue Bein aller drei europäischen Schwanenarten ist wahrlich nicht das Schönste an ihnen, wie überhaupt dieser Vogel auf dem Lande keinen besonders eleganten Eindruck macht; nun aber der schöne Rücken und die eindrucksvollen Schwingen! Wiederholt sich hier nicht der Gegensatz zwischen irdisch-leiblichem Körper, der seine Mängel hat (Fraenkel erinnert drastisch an epist. 1, 20, 24f.), und dem gleichsam verklärten Leib des dahinflügelnden Dichters, also an den Unterschied, der im *biformis* (v. 2) schon gleich zu Beginn angedeutet war? Man denkt hier vielleicht an Baudelaires „Albatros".
[42] Dazu, dass die Vorstellung, daheim berühmt zu sein, Horaz viel bedeutete, hat Ed. Fraenkel 360 Schönes gesagt. Was der Dichter aus sich und seiner eigenen Macht tut, das ist das feine "Spinnen" der Fäden, die ihm die Muse gleichsam in die Hand gibt (*deduxisse*, c. 3, 30, 14); hierüber schrieb V. Pöschl in seiner Büchlein "Lyrik des Horaz" am Ende der Interpretation von c. 3, 30 ganz Ausgezeichnetes.
[43] Horaz mag darauf anspielen, dass der Dichter die Macht hat, im Gedächtnis zu bewahren oder dem Vergessen anheim zu geben, s. c. 4, 8, worauf schon Heinze hingewiesen hatte.

Dichter, seine Muse und das Werk stehen da, und in stolzer Demut (wenn man dies Oxymoron wagen darf) bittet der Dichter die Muse, der er ja alles verdankt, ihm den Kranz aufzusetzen: "The attitude of prayer and thanksgiving is a perfect antidote to the expression of personal pride", sagte G. Williams (Third Book 152). In diesem Zwiegespräch des Dichters mit der Macht, die er Muse nannte, und zwar in Sphären, die nicht mehr die des gewöhnlichen Menschen sind, hat der Mensch Maecenas und der Dichter als menschliches Wesen keinen Ort mehr.

Können wir c. 3, 30 „nachvollziehen"? Wer hat schon Vergleichbares geleistet? Das Individuelle und ganz persönliche, das Unwiederholbare an der Leistung des historischen Horaz ist schwerlich nachempfindbar. Aber das allgemeine Empfinden eines großen Gelingens, das können wir sehr wohl nachfühlen und mitempfinden, ungestört von schuppig-rauhen Vogelbeinen.

Und dass Horaz sich dessen bewusst war, dass seine Worte nicht in des Dichters Verfügung und Belieben stehen, sondern letztlich "vom Himmel" kommen (wie Fraenkel 362 sagte), das zeigt sein großes Wort, das er in c. 4, 3, 24 an eben diese Muse Melpomene richtet:

quod spiro et placeo, si placeo, tuum est,

"Was immer an Geist in mir ist, was an Gefallen ich erringe, wenn ich denn gefalle, es ist alles Dein". Mit diesem Zitat schloss Eduard Fraenkel seine Behandlung der Oden ab, einen würdigeren Abschluss werden auch wir nicht finden.

KAPITEL XIII : DIE EPISTELN

Biographische Vorbemerkung

Bisher hat noch niemand Genaueres über das Datum der Veröffentlichung der ersten drei Odenbücher, die doch wohl als Ganzes erschienen, herausgefunden als "the latter half of 23", so Nisbet-Hubbard Bd. 1, xxxvii. "No letter contains a clear reference to a later date", nämlich später als 20 v. Chr., so R. Mayer im Episteln-Kommentar 10, unten. Wenn dies richtig ist, dann hat Horaz – vorausgesetzt, die Epistelproduktion setzte erst nach den Oden ein – nur drei Jahre gebraucht, um die 20 Briefe seines "Buches der Briefe", wie Heinze die Sammlung nannte, fertigzustellen. Wie viele Jahre es auch gewesen sein mögen, es waren unruhige Jahre.

Im Juni 23 legte Augustus auf dem Albanerberge bei der Feier der Feriae Latinae sein elftes Konsulat nieder, Lucius Sestius, ein Republikaner, wird sein Nachfolger; der andere Konsul, Cn. Calpurnius Piso, war ebenfalls ein solcher: Die Gruppierung der so Gesinnten war stark; um ihr entgegenzukommen, tat der Herrscher einen weiten Schritt auf eine Wiederherstellung alter Formen zu. Gewiss erhielt Augustus zum Ausgleich die volle tribunizische Gewalt, aber das Recht, die Wahl der höheren Beamten zu leiten und Stadtpräfekten zu ernennen, gab er auf. Außenpolitisch wurden seine Befugnisse allerdings erweitert, indem man ihm ein *imperium proconsulare maius* übertrug (Kienast 106). Dennoch handelte es sich bei der Zeremonie auf dem Albanerberg um einen echten Verzicht. Die Verschwörung des Murena hatte zu deutlich gezeigt, dass eine starke Gruppe von Senatoren sich noch immer nicht mit der faktischen Autokratie Octavians abgefunden hatte. Und auch im engsten Kreise gab es Schwierigkeiten, so die Tat des Maecenas, der, wie erwähnt, seiner Frau einen Hinweis auf die bevorstehende Verhaftung ihres Bruders Murena gegeben hatte; so auch der Unmut Agrippas darüber, dass der blutjunge Marcellus zum Nachfolger Caesars erwählt worden war und nicht er selber.

Dann die Versorgungsengpässe und die Seuche des Jahres 22; Augustus meisterte das Kornproblem rasch und ging auf eine politische Reise in den Osten. Doch die Lage in der Hauptstadt wurde so unruhig, dass der Herrscher sich gezwungen sah, Agrippa, der sich in den Provinzen aufhielt, zurückzubeordern. Die Ursache waren die Wahlumtriebe eines erfolgreichen und sehr populären Ädils, der sogleich auch Konsul werden wollte, was der Wahlleiter zurückwies. Augustus kam im Oktober 19 v. Chr. aus dem Osten zurück. Mit sich brachte er die Ehrenrettung des römischen Volkes: Die Feldzeichen, die Crassus einst an die Parther verloren hatte, waren ihm nach langen Vorverhandlungen zurückgegeben worden. Die Beendigung der Versorgungsschwierigkeiten und die Heimbringung der Feldzeichen bedeuteten für den Herrscher eine willkommene Stärkung seines Ansehens. Eine der Folgen war, dass er zum *curator legum et morum* erwählt wurde (Tatenbericht § 6).

Und Horaz? Wir wissen so gut wie nichts über sein Leben in diesen Jahren, außer dass er hart gearbeitet hat. Wir dürfen aber annehmen, dass ihn die Unsicherheit in der Hauptstadt, insbesondere die Unsicherheit betreffs des Freundes Maecen nicht unberührt ließ. Nicht unberührt wird ihn auch gelassen haben, dass Augustus das Theater zu einer Stätte machte, an der das Volk seinen Willen kundgeben konnte. Damit war das Bühnenspiel selbst wenn nicht entwertet, so doch von der Hauptsache zu einer künstlerisch nicht mehr ganz so wichtigen Angelegenheit, nämlich der politischen Willensäußerung geworden; kurzum: Die Dichtung erlitt hier eine empfindliche Einbuße (das wird bei der Besprechung der "Ars Poetica" wichtig werden). Im Gegensatz dazu stand, dass der Prinzeps die ihm wohlgesonnenen Dichter reich belohnte und damit dann doch deutlich in den Literaturbetrieb eingriff; so beschenkte er den Freund des Horaz, Varius Rufus, aufs freigebigste (Suet. Aug. 53, 1). Gern wüssten wir genau und belegbar, ob Horaz den Unruhen entging, indem er sich auf sein Sabinum zurückzog, und wann er dem Herrscher näher trat[1]; doch wir können da nur aus den Episteln Vermutungen ziehen, wie überhaupt die wichtigste Quelle über Horazens Leben dieser Jahre die Briefe sind.

Diese Briefe sind ein in sich geschlossenes Buch, denn auch dieses Werk ist, wie die Oden (in denen c. 1, 1 und 3, 30 einen Ring bildeten), kreisförmig umschlossen: Ep. 1 und 19, dann ep. 2 und 18 sind jeweils an die gleichen Empfänger gerichtet; ep. 1 und 19 an Maecen, ep. 2 und 18 an Lollius[2]. Diesem Werk war Erfolg beschieden: M. Montaigne nannte es einst "le plus accomply ouvrage de sa poésie", A. Y. Campbell (Horace 257) hat es als "the

---

[1] Die Literatur zum Thema "Horaz und Augustus" ist mächtig angeschwollen, vgl. E. Doblhofer, Horaz 36ff. und Sherwin-White zu Plin. ep. 1, 17, 1; S. 125 mit der Vermutung, Augustus habe den Dichter erst nach Abschluss der Epistel-Dichtung aufgefordert, sein *ab epistulis* zu sein, was dann eine Erfolgsbescheinigung seitens des Herrschers wäre, wenn diese Vermutung zuträfe; vgl. ferner Fraenkel 21 und P. A. Miller, AJPh 112, 1991, 365ff. zur Frage nach des Dichters Verhältnis zum Prinzeps.

[2] W. Port, Philologus 81, 1926, 305ff.; O. A. W. Dilke in: Horace, hrsg. von C. D. N. Costa, 106f. hat die Strukturanalyse noch verfeinert. Verf. hatte in "Der Grundriss von Horazens erstem Epistelbuch", ACl 18, 1968, 76ff. [künftig: Grundriss] einen ganz anderen Weg eingeschlagen, um die Struktur des Buches zu erkennen; das hier vorliegende Buch wird prüfen, was daran richtig, was falsch war.

consummation of Horace's poetical development" gepriesen und Ed. Fraenkel[3] als "the most harmonious of Horace's books" bewundert. Diesem Werk wenden wir uns jetzt zu.

Die einzelnen Episteln

Epistel 1

Der Brief hebt an mit einer hochgestimmten Widmung: "Du, den meine erste Muse gesungen, den meine letzte singen soll, Maecenas ...": "Singen" (*dicere*) und "Muse" (*Camena*) gehören dem hohen Stil ebenso an wie die Form der Anrede. In ihr hat Horaz zwei Anfangsformen gemischt, die Form, welche einen großen Namen sagt (z.B. Zeus) und betont, dass mit ihm begonnen werden soll[4], mit der anderen, scheinbar unschlüssigen Anfangsformel "Womit soll ich beginnen, womit schließen[5]?". Feierlichster Beginn, und doch verspielt die Formen mischend, wozu dann die launig-überraschende Fortsetzung stimmt, die das Gedicht ins Gladiatorenmilieu abstürzen lässt: "Einen Gladiator, dem man oft genug zugesehen hat und der ehrenvoll verabschiedet wurde, Maecenas, den willst Du erneut in die alte Kaserne sperren?" (Womit das Dichten gemeint ist, das Dichten als Gladiatorendasein!) Dann, nach dem hohen Ernst der ersten Zeile und dem Scherzen der nächsten, ein ernstes Wort:

non eadem est aetas, non mens,

"Ich bin nicht mehr so jung und mein Sinn hat sich gewandelt" (4). Was ist mit "Sinn", mit der mens wohl gemeint? Die Einstellung zum Dichten oder die Einstellung zu den Lebenszielen? Man erinnert sich vielleicht an einen der schönsten, oder besser: erschütterndsten Briefe Ciceros (Att. 9, 10), wo er im Jahre 49 berichtet, wie er vordem über Pompeius gedacht hatte und wie er jetzt über ihn denkt: Die Lage habe sich (durch den Übergang des Pompeius nach Griechenland) verändert und ebenso auch seine *mens*. Das meint ersichtlich den Wandel

---

[3] Horace 309 unten (Horaz 364 unten); dazu E. J. Kenney, Illinois Classical Studies 2, 1977, 230). C. Becker, Das Spätwerk des Horaz, Göttingen 1963 [künftig: Becker, Spätwerk], 10 meinte, die Briefe seien "die Krönung des Horazischen Werkes".

[4] Hom. Il. 9, 97 (Lyne 72, Anm. 24), Alcman (Frg. 29 PMG) oder Arat, Phaen. 1, Theokr. 17, 1 (vgl. Gows Kommentar), dementsprechend Germanicus, Aratea 1 (vgl. Verf., Die Aratea des Germanicus, S. 23).

[5] Hom. Od. 9, 14; Sen. Ag. 649f.; noch Sadoleto, Laoc. 7 (WJA 18, 1992, 254).

von Hoffnung zu Verzweiflung (§ 3, Ende). Horaz spricht ebenfalls oft[6] von dem, was nicht mehr ist, was er nicht mehr will; doch was genau gemeint ist, müsste eigentlich die Fortsetzung zeigen.

Da lebt nun ein alter, erfolggekrönter Gladiator draußen irgendwo auf dem Lande, er will nicht mehr immer nur gegen andere kämpfen, immer sich durchsetzen müssen, von der launischen Gunst der Zuschauer abhängig – was soll das? Offenbar sah Horaz, oder sagen wir vorsichtig: das Ich des Briefes das Dichten, wenn man es als Publikumsunterhaltung versteht, als einen Kampf an, als ein ständiges Sich-Durchsetzen-Müssen, abhängig von der Laune der Leser. Dessen ist er nun müde. In die gleiche Richtung deutet das Rennpferd-Beispiel: Eine innere Stimme, sein "Daimonion", flüstert ihm zu: "Spann das alternde Rennpferd aus, bevor ihm die Luft ausgeht und man es verlacht!" (8f.). Was ist also die Kaserne, in die Maecenas ihn wieder einsperren will[7], wie der Dichter scherzend formuliert? Werfen wir, bevor wir antworten, noch einen raschen Blick auf die V. 10/12:

> *nunc itaque et versus et cetera ludicra pono.*
> *quid verum atque decens, curo et rogo et omnis in hoc sum;*
> *condo et compono, quae mox depromere possim,*

"Daher lege ich nunmehr sowohl die Verse als auch alles andere Verspielte ab; was wahr ist und passend, darum sorge ich mich, frage danach und bin ganz darein versenkt. Ich bringe ein und lege zurecht[8], was ich dann bald einmal hervorholen kann". Also das, was jetzt zu ihm passt und ihm Ehre macht und was wahr ist und echt im Unterschied zu Versen und Spiel früher, das fährt er ein wie der Bauer den Vorrat, denn bald wird er es nötig haben – was ist wohl das Spiel, das er aufgeben will? Es ist sein bisheriges Leben, also auch das Dichten von „Verslein", von Oden, wie sie dem Publikum gefallen oder missfallen, und dazu das Leben im Spiel, in der Liebe, in Gastmahl, in Jubel und Trauer über jetzt unerheblich Scheinendes. Anders: Das Ich nimmt Abschied von einem Leben, das nach außen[9] gekehrt ist, dem Publikumserfolg und der Lust zugekehrt. Jetzt, in seinem Alter, wird anderes wichtig; es wird, so erkennt das Ich, Zeit,

---

[6] In "Grundriss" 84, Anm. 3 sind die Stellen gesammelt, vgl. bes. epi. 7, 25ff.

[7] Kein Mensch wird sich das Verhältnis der beiden Männer so vorstellen, dass Maecenas im Ernst von Horaz verlangt habe, er solle weiter Oden schreiben, vielleicht weil er's doch so gut könne. Horaz war einem solchen Patronatsverhältnis entwachsen (vgl. Mynors im Kommentar zu Verg. Georg. 3, 40-1, S. 187 oben, dazu Lynes bedachtsame Zeilen S. 29 unten).

[8] Zur Wortbedeutung "Grundriss" 84, Anm. 31; R. Mayer, Horace. Epistles Book I, Cambridge 1994 [künftig: Mayer], 90 zu v. 12 übersetzt gut mit "organize".

[9] Wenn man *versus* in dieser Weise im Lichte von v. 6 versteht, braucht man nicht in die endlose Diskussion zu tauchen, ob Horaz mit diesem Wort die Dichtung überhaupt meint oder nur diejenige, die Spiel ist (so z.B. Morris 84; vgl. E. A. Schmidts kenntnisreichen Aufsatz in DVjs 56, 1982, 518), insbesondere entkommt man der Gefahr, hier einen albernen Scherz anzunehmen: Er sagt, er will nicht dichten, und schreibt doch Epistelverse.

sich eine *mens*, eine Einstellung zu den Dingen des Lebens zu gewinnen, die in der Notzeit des Alterns die Unbilden bewältigen, dazu Wesentliches von Unwichtigem unterscheiden und die Adiaphora aufgeben hilft. Eine Wendung nach innen also, zum Echten und zu dem, was zu seinem Alter und auch zum Menschen als Menschen passt[10]. Dies alles werde das Ich, so sagt das *mox* in v. 12, "bald" vonnöten haben; bald, also steht das Ich in der Übergangsphase des Unbehagens; es sieht, dass alles Bisherige nicht wesentlich war, dass eine Zeit kommen wird, für die das Bisherige nicht ausreichend ist, und nun sucht es und fragt mit aller Energie (*omnis in hoc sum*) nach einer neuen Einstellung[11].

So zu sprechen, ist nicht ganz neu im Werke des Horaz. Schon in der frühen Satire 1, 2 las man in v. 113, dass die *natura* lehre, *inane abscindere soldo* ("Das Leere, Nichtige vom Festen, Echten zu trennen"); in der etwas späteren Einleitungssatire hörte man von einem, der "innerhalb der Grenzen des Natürlichen lebt" (50). An diesen Stellen ist noch von einigermaßen untergeordneten Dingen die Rede, von der Sinnenlust und der Besitzgier, und hierzu hatte eben diese erste Satire etwas Schönes zu sagen (106f.):

> *est modus in rebus, sunt certi denique fines,*
> *quod ultra citraque nequit consistere rectum,*

"Es gibt ein Maß in den Dingen, es gibt feste Grenzen, und wenn man über sie hinaus geht oder sie nicht erreicht, ist es nicht recht getan". Weiter griffen einige Oden. Wer das vor der Hand Liegende in Ruhe erntet (c. 1, 11, 8) und nicht darüber hinaus nach mehr giert, der wird unabhängig vom Spiel der Fortuna (c. 1, 34, 16), er hüllt sich in seine eigene, ihm unentreißbare *virtus* (c. 3, 29, 54f.) und wird so *potens sui* (ebd. 41), Herr über sich selbst. Solche Beschränkung befreit von Furcht und Gier (c. 2, 16, 15) und schenkt innere Ruhe. Das alles will sagen: Die Oden legen an manchen Stellen eine Veränderung der Einstellung nahe, eine Veränderung der Wertevorstellungen. Vom Altern war, wenigstens in derlei popularphilosophischen Zusammenhängen nirgends die Rede. Wohl aber hörte man auch schon in den Oden eine leise Klage über das Schwinden der Kraft. Ein Fest soll es geben, der Hausherr schickt Boten auch zu Neaera (c. 3, 14, 21ff.), "und wenn der widerliche Türhüter zögert – dann geht lieber fort: Das weiße Haar beruhigt den Zornmut, der bisher gern bereit war zu Streit und Kampf". "Auf Liebeskämpfe kommt es ihm jetzt weniger an als in

---

[10] Noch immer scheint das, was in der "Geschichte der römischen Philosophie" S. 90 gesagt wurde, zutreffend. Zum *decens* Cic. off. 1, 93ff., wo er das griechische philosophische Grundwort "prepon" behandelt (dazu H. A. Gärtner, Cicero und Panaitios, SB Heidelberg 1974, 5; 26ff.).

[11] Zur modernen Psychologie der Lebensmitte hat Verf. in den GGA 233, 1981, 96, Anm.88 Literatur genannt; vgl. ferner G. Mecke, in: Psyche (Zeitschrift für Psychoanalyse), 29, 1975 316ff. und 421ff. zum sog. „Ligurinus-Schock".

seiner Jugend"¹², schrieb Hegel einmal zu diesen Versen – worauf kam es ihm dann wohl an? Jedes Alter hat seine zu ihm passenden Dinge, das sagte schon Epode 13, 5. Und jetzt in der Eröffnungsepistel schießt beides zusammen, die stete Suche nach der rechten Werteinstellung und das Bewusstsein, dass nicht alles zu einem jeden Alter gehöre und dass, so muss man einen Schritt weiter gehen, das Ich nunmehr die Jahre erreicht hat, wo es besser ist, von außen nach innen zu schauen.

Es scheint nicht verkehrt, hier eine Zwischenfrage einzuschalten, nämlich die nach der Authentizität dieser Aussage: Spricht hier Horaz, der historische Horaz, über sich selbst oder haben wir es mit einer Fiktion zu tun? Liegt vor uns das "Bild seiner Seele", wie Richard Heinze schrieb¹³ oder ein Werk, das "verschiedene Facetten des Hauptthemas vorführt" (nämlich das der Lebens-Philosophie), wie M. J. McGann meinte¹⁴? Es scheint unangebracht, hier die Besprechung der ersten Epistel schroff zu unterbrechen und eine längere Auseinandersetzung mit den skizzierten Ansichten einzuschieben; aber das Problem sollte schon früh genannt werden.

Das Ich, so v. 10/12, fährt also ein, was es "bald" wird brauchen können – was ist das? Diese Frage, das legt v. 13 nahe: "Und damit Du nicht fragst, wen ich mir zum Führer gewählt habe: Ich habe mich keiner Schule anvertraut und lasse mich treiben, wie der Wind gerade weht". Die Antwort: Was das Ich da einbringt, ist das, was man die Lebens-Philosophie nennen mag, also die Lehre von der Weise, das Leben allgemein und das Alter im besonderen zu bestehen. Damit haben sich alle philosophischen Schulen des Hellenismus befasst; die Unterschiede beschreibt Horaz in zwei Bildern: "Einmal werde ich ungemein aktiv und springe in die wogenden Fluten bürgerlichen Lebens, bin ein Wächter echter Tugend und ihr aufrechter Schützer", d.h. er wird zum unbeugsamen Stoiker. "Und dann falle ich heimlich zurück in die Lehren des Aristipp (des Kyrenaikers und Vorläufers Epikurs) und passe die Dinge mir an, nicht mich den Dingen" (wie die Stoa forderte, wenn sie "Folge der Natur!" rief; v. 13/19). Das will sagen: Da waren die beiden Grundlehren der Lebensphilosophie: "Richte Dich nach dem Geschehen und passe Dich ihm an!" und "Betrachte Dich als der Dinge Maß und richte alles um Dich nach Deinem Dafürhalten ein!" Das Ich der Epistel folgt einmal dieser, einmal jener, es schwankt, ist unsicher und unentschlossen. Bequemer und populärer ist allemal die Lehre des Aristipp, daher sagt Horaz "heimlich" fiele er "zurück" ins Gewöhnliche¹⁵.

---

[12] G. W. F. Hegel, Vorlesungen über Ästhetik, Werke Bd. 15, Frankfurt/M. bei Suhrkamp 1970, 441. Vgl. ferner F. Klingner, Römische Geisteswelt, 395ff.

[13] In: Horazens Buch der Briefe, aus dem Jahre 1919, abgedruckt im Kommentar von Kiessling-Heinze zu den Episteln, Berlin ⁵1957, 371.

[14] Studies in Horace's First Book of Epistles, 97. Die ausführlichste Abwägung beider Standpunkte, von denen aus man die Episteln bisher gelesen, gibt H. J. Hirth, Horaz, der Dichter der Briefe, Hildesheim 1985.

[15] Zum alliterierten *virtus vera* s. Jocelyn zu Ennius, Scaenica S. 390 nach Mitte: Lieblings-Wortverbindung des "Roman public moralizing"; zu *re-labor* Mayer: Rückfall in das, was

Scheußliche Unentschiedenheit also, und die kennzeichnet das folgende dreifache Bild.

Wie einem Verliebten, wenn er auf die ausbleibende Geliebte wartet, die Nacht; wie dem Fronarbeiter der Tag, wie das Jahr den Halbwaisen[16] lang wird, die unter der Fuchtel der Mutter leben, "so fließt auch mir die Zeit zäh dahin und nicht so, wie ich es möchte (*ingrata*, 23): Sie enttäuscht die Hoffnung und hemmt den entscheidenden Entschluss, endlich energisch[17] das zu tun, was Arm und Reich nützt und, wenn außer Acht gelassen, Jung und Alt schadet[18]: Geschlossener Vers, Abschnittsende. So ist also die Lage: Schwanken, wie er sein Leben in Zukunft einrichten soll; so unsicheres, immer wieder enttäuschtes Hoffen und Planen, dass die Tage zäh und hässlich werden: Der Aufschwung zum hochgestimmten, zum anspruchsvollen, einen großen Entschluss fordernden Stoizismus will nicht gelingen, darum immer wieder der beschämende Rückfall. Der hohe Stoizismus verlangt ja auch eine radikale Denkänderung, geradezu eine Bekehrung[19]: Die kann das Ich dieses Briefes noch nicht leisten, obschon es weiß, dass es sie zu leisten hat und obgleich die *mens* gewandelt scheint.

Was also bleibt zu tun? Sich mit dem zu "trösten", was zu Gebote steht, mag es auch "elementar" sein (27): Die kleinen Schritte. Wenn man nicht so gut sehen kann wie der sagenhafte Lynkeus, soll man darum seine Augen vernachlässigen? Wenn man nicht so stark sein kann wie ein berühmter Sportsmann, muss man seinen Körper darum verkommen lassen? Man kann doch ein paar Schritte auf das Ideal zu versuchen. Und wenn sich einem der Kopf dreht vor lauter unerfüllbaren Wünschen, die Begier und Begehren eingeben, da gibt es Heil- und Sühnsprüche[20]; die muss man dreimal lesen, dann wird einem besser

---

"more congenial" sei (was eine wörtliche Übernahme aus Heinzes Note ist); er hätte zum Ausdruck Sen. brev. vit. 6, 3 *ad consuetudinem relabi* und zur Sache Sen. epi. 62, 1; 71, 16 zitieren können.

[16] Zur "Fuchtel" vgl. RE 7 A, 1527, 23ff.; M. Kaser, Römisches Privatrecht 1, 78 (III 1): Gemeint ist nicht etwa die *tutela* (die nur freie Männer wahrnehmen konnten), sondern nur die *custodia*, eine rechtlich nicht definierte Form der Aufsicht (Sen. ad Marc. 24, 1).

[17] V. 24 *agendi naviter; naviter* bedeutet, wie Ter. Eun. 51 zeigt, "resolutely" (Barsby im Kommentar dazu); das Wort tritt nach dem alten Latein erst wieder hier und bei Livius auf, ist also ein altes Wort, das sich in der Volkssprache erhalten hat und vom Dichter wieder belebt wurde, wie F. Ruckdeschel, Archaismen und Vulgarismen in der Sprache des Horaz, Diss. Erlangen 1911 [künftig: Ruckdeschel], 14 schrieb.

[18] Gemeint ist der Entschluss, die Wert- und Zielvorstellungen nach der "echten Wahrheit" auszurichten. Es liegt in v. 25f. ein Trikolon vor (dreimal *aeque*) und somit ist dieser Abschluss technisch perfekt gebaut: Chiasmus in v. 25, Endstellung des Verbs in 26 und abschließende Gabelung. *Nocebit* am exponierten Versende lässt den Grundgedanken dieser Verse hervortreten, die Klage übers Misslingen.

[19] Vgl. Sen. ep. 6, 1 *transfigurari*; dazu Verf., Der Bau von Senecas Epistulae Morales 41, Anm. 58 (wo der Verweis auf Fraenkels Horazbuch unpassend war).

[20] *Verba et voces*, 34. Horaz spielt auf den uralten Brauch des Besprechens an (noch heute kann man sich Ausschläge und Warzen „besprechen" lassen); Heinze verglich Eur. Hipp. 478, Mayer verweist auf Plat. Charm.157 a. Zur *cultura* verglich Heinze Cic. Tusc. 2, 13:

zumute. Keiner, wäre er auch von noch so vielen Lastern besessen, ist unheilbar; er muss nur auf die heilsame Belehrung hinzuhören bereit sein (28/40). Und nun folgen solche Grund-Sätze ethischer Belehrung: "Tugend ist Flucht vor Lastern" und "Der Anfang aller Weisheit ist, der Dummheit zu entraten", womit die "Dummheit" falscher Wertvorstellungen gemeint ist, nicht die "ignorance of moral behaviour" (Mayer), sondern die Unbelehrtheit, das Unwissen bezüglich des rechten Einschätzens von Wert und Unwert der Dinge. Das wird durch die folgenden Verse ganz deutlich gemacht: "Schau Dich nur an," – so könnte man v.42 frei wiedergeben – "Schau, unter welchen Gefahren[21] Du das, was Du für das Schlimmste ansiehst, das Dir widerfahren kann (Armut und politischen Misserfolg), zu vermeiden suchst: Willst Du da nicht lernen, hören und Dich einem Erfahrenen anvertrauen, um die Angst davor zu verlieren?" (42/48). Das geht dann so rasch, lässt Horaz das Ich der Epistel anpreisen, wie wenn ein Vorstadtsportler plötzlich die Möglichkeit geboten bekäme, nach Olympia zu fahren und dort ohne Gegner den Kranz zu gewinnen[22]. Man muss nur, so darf man interpolieren, weisen Worten zuhören und sie ernst nehmen, Worten wie

vilius argentum est auro, virtutibus aurum,

("Nichtiger als Gold ist Silber, Gold aber nichtiger als die Tugend"). V. 52 ist ein in sich geschlossener Vers, also Anzeichen für einen Absatzschluss[23].

Nun aber Volkes Stimme, die Stimme der Gewöhnlichen und um sich Unbesorgten: "Bürger, liebe Bürger – Geld müsst Ihr machen, das ist das Erste; Tugend kann nachher kommen", so Janus, der Gott der Financiers, straßauf, straßab, und Jung und Alt sprechen es ihm nach[24]. "Hast Du nichts, bist Du nichts", so sagen alle, auch wenn einer noch so klug und anständig ist; aber die

---

"Wie ein Acker, sei er noch so fruchtbar, ohne Bearbeitung (*cultura*) nicht Frucht zu tragen vermag, so auch nicht der Geist (*animus*)".

[21] Die *extremi Indi*, zu denen der Kauffahrer vorstößt auf der Suche nach Gewinn, sie tauchen in epi. 1, 6, 6 wieder auf und bei Seneca (Oed.114), herkommend von Catull 11, 2 (s. Töchterles Kommentar zur Senecastelle).

[22] Hierzu E. Rawson, Roman Culture and Society, Oxford 1991, 479, Anm. 51.

[23] Bei Plato, Staat 336 e 7 heißt es, die Gerechtigkeit sei wertvoller als Gold (Mayer zitiert diese Stelle), und, unserem Text noch näher, in den Gesetzen (728 a: "Alles Gold, das auf und unter der Erde ist, wiegt nicht die Tugend auf"; zitiert von Heinze). Der Vers ist geschlossen durch die Wiederholung von *aurum,* durch die Antithese und dadurch dass Satz und Vers in eins fallen. Der Satz-Vers schließt den Abschnitt 41/51.

[24] "Straßauf, straßab" ahmt *Ianus summus ab imo (prodocet)* nach, womit Horaz wohl den kleinen Platz am Janus Medius meinte, wo die *argentarii* (zu ihnen Kolb 216) ihre Geschäfte tätigten (Mayers tentativer Kommentar gibt alles Weitere). Der v. 56, identisch mit sat. 1, 6, 74, wurde von Guyet und Jachmann (s. den Apparat von Borzsák) getilgt, auch Knoche hielt ihn für unecht (im Handexemplar athetiert), ebenso Shackleton Bailey. Dass die beiden nächsten Verse in fast allen Handschriften in falscher Reihenfolge überliefert sind, deutet darauf, dass hier ein kritisches Zeichen zu einem Umstellungsindikator verlesen wurde. Der Vers ist sicher erst in der späteren Antike hier eingeschoben worden.

Kinder, die singen: "Machst Du's recht, bist Du König", d.h. "gewinnst Du"[25]. "Es recht machen", d.h. den rechten Weg gehen, das muss in der Tat zu einer Burg werden, umzogen von ehernen Mauern[26], nämlich so zu handeln, dass man es nicht nötig hat, ein schlechtes Gewissen zu haben und angesichts eines Schuldigwerdens zu erbleichen (60f.). Was ist besser, so fragt das Ich, Reichsein oder der uralte Singsang der Knaben? Das Vorrecht, als Reicher und Prominenter ganz vorn im Theater zu sitzen (um das weinerliche Zeug des Pupius anzuhören[27] – ein prächtiger Ausfall im Satirenstil!) – oder der Fortuna unerschüttert ins Gesicht zu sehen? (62/9). Das Ich zögert; und wenn man es fragt, warum es nicht tut, was das Volk, was alle tun, antwortet es mit der alten Fabel (Babrius 103; Lucil. 980f. Marx) vom schlauen Füchslein, das viele Spuren sah, die in die Höhle des Löwen hinein-, aber keine, die wieder herausführten, und darum sich von ihr fern hielt. Das "Volk", das ist ein vielköpfiges Wesen: Wem von all' dem, was es tut, soll das Ich sich anschließen? Und wenn die Leute etwas tun, tun sie es nicht lange, springen ab zu etwas anderem (76/89), also

quo teneam voltus mutantem Protea nodo?,

"Wie soll ich den Proteus, der ständig seine Gestalt ändert, bloß fesseln?"[28]. Und so flatterhaft sind nicht nur die Reichen, so sind auch die Armen (eine schlimme Krankheit, so werden wir wegen des folgenden interpolieren).

"Wenn ich", so redet der Dichter nun wieder Maecenas an, "zu Dir schlecht frisiert komme, dann lachst Du; wenn meine Untertoga schon abgetragen, nur die obere neu ist[29], oder wenn die Toga im Ganzen nicht recht sitzt, auch dann lachst Du. Aber wenn meine Ansichten und Absichten einander ständig widersprechen, dann hältst Du das für eine ganz normale Verrücktheit und lachst nicht, meinst nicht, ich bräuchte einen Arzt oder Vormund, obschon Du doch mein einziger und alleiniger Schutz bist und Dich ereiferst, wenn man Deinem

---

[25] Die Erläuterung Mayers ist hier besonders hübsch, in der auf mehrere Fälle hingewiesen wird, wo Kindermund das Rechte und Förderliche aussprach. Horaz spielte vielleicht auf ein Ballspiel an: Wer am wenigsten Fehler machte, gewann; aber das ist ungewiss.

[26] Die "eherne Mauer" meint nach Heinze einen "Bau aus Erz" wie in c. 3, 3, 65 (*murus aeneus* von der trojanischen Mauer). Bei Seneca (epi. 82, 5, einer besonders eindrucksvollen Stelle) aber lesen wir, dass die Philosophie eine Mauer ist, ja eine Burg: *In insuperabili loco stat animus, qui externa deseruit et arce se sua vindicat.* (Auf diese Stelle verwies U. Knoche in seinem Handexemplar des Horaz).

[27] Wir wissen über diesen Dichterling nicht viel, vgl. RE 23, 1985, Nr. 2.

[28] Das Fesseln mag auf Verg. georg. 4, 439 (von Heinze angeführt) weisen; *voltus* meint hier wohl wie bei Lucr. 4, 1213 das gesamte Aussehen, nicht nur die Gesichtszüge, wie sonst zumeist.

[29] Die untere Toga hieß *subucula* (95), s. Blümner, Römische Privataltertümer 208 und 213; Woytek zu Plaut. Pers.363; im übrigen ist Heinzes Kommentar ausreichend.

Freunde, der doch ganz von Dir abhängt, nur Dich im Auge hat, wenn man dem bei der Maniküre einen Nagel falsch schneidet[30]?"

Kurz und gut, so schließt die Epistel (106/8): Der Weise hat nur noch Einen über sich, Juppiter selbst. Im übrigen ist er allein reich, frei, geehrt, schön und der eigentliche "König der Könige"[31], vor allem: Er ist der einzig Gesunde (man höre den Doppelsinn!) – wenn ihn nicht gerade ein Schnupfen plagt. Was mag dieser Schluss bedeuten? Redet Horaz so, "als sei er schon ein waschechter Stoiker" (Heinze)? Ist die Vollkommenheit des Weisen "ironisch verspottet als ein unerreichbares Ideal" (Mayer)? Wozu diese "caricatura" (La Penna, Orazio 42)? Schauen wir zurück: Das Ich, so zeigte die Einleitung (1/27), befindet sich in der Phase der Unzufriedenheit mit sich selbst, im Unbehagen; es ist allen Strebens nach Anerkennung von außen satt, geht nach innen, aber die Kraft, das sehr wohl gewusste Richtige energisch und ohne Rückfall in die Tat umzusetzen, die fehlt noch. Aber es weiß, dass auch kleine Schritte helfen; dass allein die Freiheit von Lastern schon ein Erfolg ist; dass ein Erfolg auch darin zu sehen ist, wenn man bei seinem Entschluss verharrt (und nicht wechselhaft wie die meisten hin und her schwankt). Und so bittet er Maecenas um Verständnis, wenn ihm Äußerliches weniger wichtig ist als die Ausrichtung seiner *sententia*[32]. Und dann das Weisenideal und der Schnupfen – wozu? Das Ich kennt die großen Worte über *virtus vera* (17) und *liber et erectus* (freien Sinnes sein und erhaben über alle Unbilden), aber dann kommt der "Schnupfen", d.h. eine unangenehme Kleinigkeit, und schon ist "die ganze Herrlichkeit vorbei" (Heinze). Aber um die Kleinigkeiten geht es in dieser Phase der kleinen Schritte: Man beginne mit den Kleinigkeiten, man beherrsche erst einmal diese, mache sich über sie überlegen! Das Ideal ist noch weit, und ob es erreichbar, das weiß man nicht. Aber hier und jetzt die Kleinigkeiten, an denen erweist es sich, ob man richtig begonnen oder nur groß dahergeredet hat.[33]

Wenn wir diese erste Epistel des Horaz auch nur annähernd richtig verstanden haben, dann erheben sich zwei Fragen: Was ist sie an und in sich?, und: Welche Stellung hat sie in der Abfolge der übrigen neunzehn Episteln? Doch bevor wir versuchen, solche Fragen zu beantworten, müssen wir Material zusammenbringen. Zunächst also die übrigen Episteln.

---

[30] Nägelschneiden war und ist eine belanglose Kleinigkeit, Nisbet-Hubbard Bd. 2, 126, im 2. Absatz.

[31] Horaz parodiert die orientalische Formel der Ehrerbietung vor dem Herrscher, s. Mayer; Nisbet-Hubbard zu c. 2, 2, 21.

[32] *Sententia* in 97 bedeutet die feste Absicht, vgl. Verf., Der Bau von Senecas Epistulae Morales 119, Anm. 163; Dionigi zu Sen. de ot. S. 170; zur Unstetigkeit z.B. im Falle der Bauwut (v. 83ff.) s. Vretska zu Sall. Cat. 20, 12.

[33] Diese erste Phase des Unbehagens und der ersten Schritte ist in der "Geschichte der römischen Philosophie" S. 111f. anhand von Senecas Episteln dargestellt. Es mag sein, dass epi. 1, 1 reifer ist als manche anderen in der Sammlung; die letztverfasste braucht sie darum nicht zu sein (G. Williams, Tradition 5f.).

Epistel 2

Sie ist an einen Lollius gerichtet, über den wir nichts Genaues wissen[34]. Während Lollius in Rom die Redekunst übt, hat Horaz im kühlen (weil hoch gelegenen) Praeneste (heute: Palestrina) Homer gelesen, wie er in zwei außerordentlich ausgefeilten Einleitungsversen berichtet: Homer habe schönes und hässliches Handeln, das Nutzbringende und das Schadende klarer und (darum) besser gesungen[35] als die kynischen und stoischen Schulphilosophen darüber sprachen. Lollius möge sich den Beweis anhören, wenn ihn nicht Wichtiges abhält. Im Folgenden wird die Ilias als von Liebesglut und Zornmut der Helden beherrscht hingestellt, den die Kleinen ausbaden müssen,

quidquid delirant reges, plectuntur Achivi,

"was alles die Könige in ihrem Wahnsinn verursachen, dafür müssen die Achäer (das Fußvolk) büßen"[36], kurzum: Die Ilias zeigt die bösen Auswirkungen der Leidenschaften (15/6). Die Odyssee dagegen preist *virtus* und *sapientia* in der Gestalt des Ulyss[37], den die Wogen des Leides nicht zum Sinken bringen konnten: *adversis rerum immersabilis undis,* 22. "Wir aber", so wendet Horaz sich dem Menschen seiner Zeit und sich selber zu, "wir sind nur gering ('Nummern' sagt Horaz[38]) und solche, welche 'die Frucht des Feldes verzehren' (Hom. Il. 6,

---

[34] R. Syme, History in Ovid 185, Anm. 4; Mayer: "Seine Identität ist unklar". Wichtig ist nur, dass er ein junger Mann ist (Heinze S. 22 unten, Mayer 124).

[35] *Dicit,* v. 4: Homer konnte "als Dichter" (Heinze) Ethisches klarer ausdrücken, d.h. dadurch, dass er es gleichsam "in actu" an seinen Gestalten wirkend zeigen konnte und nicht abstrakt definieren musste, wie der Schulphilosoph. Gut sagt Mayer, dass Horazens Präsens andeutet, dass Homer immer noch spricht, immer noch gilt.

[36] *Delirant* nennt nur den Wahnsinn, der Akkusativ *quidquid* aber steht für die Folgen; *plecto* bedeutet eigentlich "schlagen" (E. Courbaud, Horace ... à l' époque des épîtres, Paris 1914 [künftig: Courbaud], 211, Anm. 1 verweist auf Phaedr. 1, 32, 1), hier wird es ausgeweitet zu "bestrafen" (Mayer).

[37] Zur ethischen Interpretation des Odysseus s. außer dem, was Heinze und Mayer beibringen, auch Epict. 3, 26, 33; ein ferner Nachklang bei Gmelin zu Dante, Inf. 26, S. 389f. Zu *immersabilis* J. F. d'Alton, Horace and His Age. A Study in Historical Background, New York 1962, 133, Anm. 2. Wenn Horaz vom Dulder Odysseus sagt, er habe *multorum providus urbes et mores hominum inspexit,* dann wird er in seinem Text, wie Heinze anmerkte, die Lesart "nomon" gefunden haben, vgl. z.B. P. von der Mühll im Apparat zu Hom. Od. 1, 3.

[38] Nummern in v. 27 meint wohl Menschen, die bloße "Ziffern" und Stellenfüller ohne Eigenwert sind (Heinze, Mayer); vgl. Bailey zu Lucr. 5, 180; Wistrand, Eranos 76, 1978, 103ff. Der Text in v. 31 ist noch nicht geklärt; Heinze hatte das überlieferte *cessatum ducere somnum* verteidigt, Klingner setzte es in seinen Text; vgl. aber Campbell, CR 48, 51ff. (*cessantes ducere cenam,* akzeptiert von Luschnat 143, Anm. 2); *cessantem ducere somnum* verteidigt Mayer, *cessanti inducere somnum* W. S. Watt in: Eranos 79, 1981, 81: Sicherheit ist nicht mehr zu gewinnen.

142), nur solche wie die nichtsnutzigen Freier der Penelope oder die lustbesessenen Phäaken".

Was ist zu tun, um sich einem moralisch Großen wie Odysseus anzunähern? Prachtvoll ist der scherzhaft-ernste Gegensatz: "Um einen Menschen umzubringen, dafür stehen die Mörder noch in der Nacht auf – um Dich zu retten, willst Du dazu nicht endlich aufwachen?" (32f.). Aufwachen[39], schon früh morgens Heilsames lesen und die Selbst-Heilung nicht aufschieben[40]:

sapere aude: incipe,

"Wag' es endlich, klug zu werden: Fang' an!" (40). Wer den Sprung hin zu einer richtigen Lebensführung aufschiebt, der ist wie einer vom Lande, der nur Bäche kennt und keine Flüsse, und vor einem solchen dasteht und wartet, dass er abschwelle wie ein Bach nach dem Regen; der aber gleitet und gleitet weiter noch lange... . die Wiederholung des "*l*" malt das Gleiten des Wassers[41]. Also nicht warten, sondern augenblicklich übersetzen über den Fluss zum rettenden Ufer. Was aber ist dies "rettende Ufer"? Worin besteht das Weisesein?

Da sucht man sich eine Frau, um eine Familie zu gründen – reich muss sie natürlich auch sein – , man rodet unermüdlich, um neues Ackerland zu gewinnen, d.h.: man müht sich unaufhörlich; doch wer sich dazu entschließen könnte, nur so viel haben zu wollen, wie genug ist, der wird sich nicht weiter sehnen und mühen (44/6), der wird seine Freude daran haben, den Besitz sinnvoll zu nutzen (*bene uti*, 50) der wird nicht immer streben und Angst haben (um den Besitz). Kurzum: Ein schöner Besitz macht nur dann Freude, wenn man ihn ohne die Störung durch Gier und Angst genießt:

sincerum est nisi vas, quodcumque infundis, acescit,

"Wenn das Gefäß nicht sauber ist, verdirbt alles, was Du hineingießt" (54, der Schluss ist markiert durch Satz-Vers), d.h. jeder noch so schöne Besitz ist nicht zu genießen, wenn das Gemüt leidenschaftsbesessen und daher krank ist.

Nun folgt bis v. 63 eine Reihe solcher Sätze, die man als "Heilsames lesen" (man erinnert sich an 35f.) und beherzigen sollte[42], wenn man den Naturzustand

---

[39] Die Metapher des Aufwachens erklärte Heinze gut mit dem platonischen Clitopho (408 c 2) und Sen. epi. 53, 8; weiteres in "Grundriss" 88, Anm. 47.

[40] Es ist nicht uninteressant zu beobachten, wie Horaz den Stil der Episteln in einer gegenüber der Prosa nur leicht angehobenen Lage hält; hier in 39 (*differre tempus*) verwendet er einen bis Ovid ganz prosaischen Ausdruck, Bömer zu Ov. met. 1, 724.

[41] Hier ist die Erklärung von Heinze, die Mayer übernahm, wiederholt; auch hier mag ein später Nachklang interessieren: Adelhard von Bath zitiert Horaz (Quaest. Nat. S. 52, 28 in Müllers Ausgabe).

[42] Diese Reihe kurzer Belehrungen kann man "Hypothekai" nennen, vgl. K. Bielohlawek, Hypotheke und Gnome, in: Philologus Suppl. 32, 3; 1940; Verf., Der Bau von Senecas Epistulae Morales 194, Anm. 100; J. Dalfen, Formgeschichtliche Untersuchungen zu den

seines Gemütes zügeln will (62f.). Und damit muss man wie im Falle eines Pferdes[43] und Jagdhundes früh beginnen:

> *nunc adbibe puro*
> *pectore verba, puer, nunc te melioribus offer,*

"Jetzt sauge auf mit reinem Herzen, solange Du noch jung bist, die heilsamen Worte; jetzt höre auf die Erfahrenen (und schon 'besser' Gewordenen)"[44]. Und was ein neuer Tonkrug aufsaugt, dessen Geschmack bewahrt er noch lange, d.h.: Wenn man jung Gutes lernt, vergisst man es nicht so leicht.

"So, nun habe ich dir genug ins Gewissen geredet: Tue jetzt, was du nicht lassen kannst; ich jedenfalls gehe meinen Schritt fürbass, ohne ihn nur deswegen zu verlangsamen, weil andere noch weiter zurück sind", so ungefähr paraphrasierte Heinze, der darauf hinweist, dass Horazens Ich mit diesen Worten andeutet, dass auch es selbst noch auf dem Wege und kein weitaus "Besserer" ist.

Was sagt nun diese Epistel? Am Anfang stand Homer, er liefert Exempla für schlechte (Ilias) und gute (Odysseus) Lebensführung, sowie für unsere eigene, nämlich die von lustbesessenen Nullen mit falschen Wertvorstellungen[45]. Was daran zu bessern ist? Aufwachen, sich (lesend) orientieren und das so Vernommene dann auch tun (*sapere aude, incipe!*, 40f.): Der Übergang zum anderen Ufer muss gewagt und nicht aufgeschoben werden. Worin besteht das *sapere*? Darin, dass man sich mit dem, was man hat[46], begnügt und es sinn- und maßvoll (*bene*, 50) auch benutzt. Die Gier nach mehr bringt Angst und Unruhe. Und was soll man lesen und beherzigen? Hypothekarische Sprüche wie sie in den griechischen Gymnasien zu lesen waren: Sie laufen alle aufs Beherrschen des *animus* hinaus, also des gesamten Begehr- und Angstpotentials. Und all' das muss man in jungen Jahren beginnen, dann nämlich, wenn man noch unverdorben aufnahmefähig ist.

Selbstbetrachtungen Marc Aurels, Dissertation München 1967, 34f. Was ist es anderes, das Polonius dem Sohne mit auf die Reise gibt (Shakespeare, Hamlet I 3, 59ff.)?

[43] Die Technik des "Gleitenden Überganges" ist hier besonders deutlich: Der Abschnitt 55/63 endete mit dem Bilde des Zügelns; der Abschnitt 64ff. beginnt mit dem Bilde des Zureitens.

[44] *Pectus purum* ist ein uralter Ausdruck: Enn. scaen. 256 (Jocelyn); Lucil. 610 Marx. Seneca (epi. 59, 9) erklärt richtig mit "offen", denn "rein", *purum*, bedeutet, dass die Brust noch rein und noch nicht verdorben ist durch falsche Wertvorstellungen und somit empfänglich für Heilsames. Zu den *melioribus* vgl. P. Boyancé, Lucrèce et l'épicurisme, Paris 1963, 40 (vgl. REG 55, 1942, 217ff.).

[45] Für uns sei es "schön" (vgl. v. 3!), bis zum Mittag zu schlafen und nachts mit dem Trinken nicht aufhören zu können (30f.), d.h. unsere Vorstellung von dem, was schön ist, muss als verkehrt gelten.

[46] Es versteht sich von selbst, dass nicht die Rede von Bettelarmen ist, sondern von einem Maß an Besitz, das ein Auskommen ermöglicht.

Wenn wir dies mit der epi. 1, 1 vergleichen, springt freilich gleich in die Augen, dass hier nicht mehr vom Ich und einem Großen wie Maecenas die Rede ist, sondern dass dieses Ich zu einem anderen, zu einem zu Belehrenden spricht, der jünger ist, und dass epi. 2 zur Eile mahnt[47]. Aber nun muss Wichtigeres ins Spiel gebracht werden: Epi. 1 handelte von der Inkonstanz des Ich, welche es dazu bringt, sich zu besinnen, von außen nach innen zu schauen, die eigene Fehlerhaftigkeit zu erkennen und nach Besserungsmöglichkeiten Ausschau zu halten. In epi. 2 ist von einer früheren Phase auf dem Wege zur rechten Lebensführung die Rede, von der nämlich, auf der man seine Defizienzen noch nicht als solche erkannt hat. Darum hält der Verfasser der Lehr-Epistel dem Jüngeren, noch Unerweckten Homer und die in ihm enthaltenen Exempla vor Augen, weil der Jüngere sich ihrer Bedeutung noch nicht bewusst ist.

Wie in epi. 1 geht der Weg über eine Absetzung des Ich vom Du: In epi. 1 setzte sich das Ich von Maecenas und dessen Gedanken an erneutes Odendichten und sein Aufmerken auf geringfügige Äußerlichkeiten ab; hier scheidet das Ich sich mit seiner ethischen Lektüre von Lollius' ganz äußerlichem Üben bei der Deklamation ab. Dazu bringt epi. 2 über die erste Epistel hinausgehend den Gedanken an das Genügen und den rechten Gebrauch des Vorhandenen und auch den ganz wichtigen Rat, früh zu beginnen[48]. Beide Briefe bieten einen Lasterkatalog, der erste Brief zielte dabei auf den bescheidenen Beginn der bereits fortschreitenden Besserung, auf die "kleinen Schritte", der zweite auf den noch frühen Zeitpunkt, den sofortigen Beginn. Bei allen Unterschieden wird man aber nicht bestreiten, dass man es mit einem Brief-Paar zu tun hat, bei dem der zweite den ersten ergänzt und dabei auf eine Phase auf dem Weg zur Besserung zurückgeht, die der in epi. 1, 1 bezeichneten noch vorausliegt. Und auch die Sprechsituation ist eine andere: Hatte in epi. 1, 1 das Ich über sich selbst, zuweilen gar bitterlich geklagt, so steht es in epi. 2 zu einem Jüngeren im Verhältnis eines Mannes, der um einen kleinen, aber entscheidenden Schritt weiter ist: Um den Schritt des Begonnenhabens.

---

[47] Beides ganz richtig von Heinze 22 und Macleod, Horace. The Epistles 8 festgestellt, ebenso natürlich von McGann 37 und 39 oben und anderen Interpreten; McGann 38 sagt auch zutreffend, dass Horazens Absicht ist, "Lollius aufzurufen, zur Philosophie aufzuwachen". Man muss diese Selbstverständlichkeiten erwähnen, da andere ohne jegliche Berechtigung die Epistel lasen als einen "protreptic to poetry" (Mayer nach G. Kennedy).

[48] Dass der Bezug von epi. 2 auf die erste Epistel vom Dichter so gewollt war, zeigen die wörtlichen Entsprechungen, die in „Grundriss" 89, Anm. 49 gesammelt sind.

Epistel 3

Zwar steht ganz am Beginn der Name des Julius Florus[49], das Hauptgewicht aber liegt auf dem Namen des Tiberius Claudius Nero: *Claudius Augusti privignus*, "Claudius, der Stiefsohn des Erhabenen" (2). Wo "in aller Welt"[50] dieser auf seinem Kriegszug steht, das möchte das Ich überaus gern wissen (*laboro*, vgl. Ov. Met. 10, 413). Danach die Erkundigung nach dem Tun der eifrigen *cohors*, der gleichsam literarischen Begleiter eines Feldherrn, die teils für gut geschriebene Tatenberichte[51] zuständig waren, teils der Entspannung des Feldmarschalls dienten[52]. Das Ich der Epistel erkundigt sich danach, ob jemand die Taten des Augustus schriebe (Doblhofer, Augustuspanegyrik 25)? Ob Titius (wir kennen ihn nicht) Pindar nachahme[53], wie es ihm gehe[54], ob er sich des Ich dieser Epistel erinnere, ob er wohl pindarische Themen (oder in pindarischen Metren, so Hubbard 220) dichte[55] oder Tragödien? Dann Celsus (auch er ist uns unbekannt, Mayer zu epi. 1, 8, Einleitung), der leider gern weniger ämuliert als imitiert, und zuletzt Florus selbst: Welche Blumen umschwirrt er (als fleißige Biene[56])? Treibt er forensische Rhetorik oder Rechtsberatung, oder dichtet er Liebliches[57]? Aber "Schade, dass Dich noch irdische Sorgen um Ehre, Ruhm,

---

[49] Von ihm wissen wir nur durch die Notiz bei Porphyrio, dass er *scriba* war, also Sekretär hochgestellter Persönlichkeiten (Mayer zu epi. 1, 8, 2) und dass er Satiren verfasst hat.

[50] *Quibus terrarum oris* ist poetisch gesagt, Verg. Aen. 1, 331. Auch die folgenden Verse 3/6 sind hoch stilisiert (*Thraca*, gräzisierend für *Thracia*; der Singular *compede* wird von Nisbet-Hubbard zu c. 1, 33, 14; S. 375, Abs. 2 als poetisch bezeichnet; dazu die Periphrase des Hellesponts bei Sestos und Abydos).

[51] E. Doblhofer, Augustuspanegyrik 25 zeigt, dass v. 8 (*bella* und *paces*) die Hauptpunkte jeglichen Herrscherlobes enthalten sind.

[52] Derlei Begleitung ist zuerst bei Ter. Eun. 3, 1 bezeugt (vgl. Verf., in: Vir Bonus Dicendi Peritus, Festschrift für A. Weische, Wiesbaden 1997, 299ff.), dann bei Ennius (ann. 268ff. Skutsch), vgl. Heinze zu v. 6 und K. F. Smith zu Tib. 1, 3, 2.

[53] Vgl. Fraenkel, Horaz 400, Anm. 5: "... es ist nicht schwer zu vermuten, was er über den jugendlichen Amateur ... dachte". Zu der einem unberührten Boden entspringenden Quelle, den "künstlichen Wasserbehältern" (Heinze 38 rechts, unten mit Verweis auf sat. 1, 4, 37) und den Bächen des Helikon vgl. A. Kambylis, Die Dichterweihe und ihre Symbolik, Heidelberg 1965, 71ff., M. Hubbard 220 identifiziert die Quelle besser mit der Dirke.

[54] *Ut valet* in v. 12 hat Ruckdeschel 38 wohl zu Recht als umgangssprachlich bezeichnet, er hätte aber statt Cic. ad Quint. fratr. 2, 3, 7 Ende besser Plaut. Epid. 9 (heute können wir auf Duckworths reichen Kommentar verweisen) zitiert. Zu solchen Fragen in Briefen s. H. Koskenniemi, Studien zur Idee und Phraseologie des griechischen Briefes, Ann. Ac. Scient. Fenn., Ser. B, vol.102, 2; 1956, 130 und 145.

[55] *Fidibus Latinis Thebanos aptare modos* ("Latinischen Saiten Thebanische Weisen anzupassen") fasst M. Hubbard in: Homage to Horace 220 als Anpassung der pindarischen Metren an lateinische Gegebenheiten.

[56] Man erinnert sich an die *apis matina* aus c. 4, 2, 27.

[57] Hierin spürt M. Hubbard 222 einen Anklang an das pindarische "eratós".

Besitz fesseln: Du hättest bei so reicher Begabung das Zeug dazu, den Weg der *sapientia* zu gehen" (Heinze), den Weg der "himmlischen Weisheit (27). "Dieser Tätigkeit, dieses Eifers (damit ist auf *studiosa*, auf die "eifrige" *cohors* aus 6 rückverweisend angespielt) sollten wir alle uns 'beizeiten' (dies hört Heinze fein aus *properemus* heraus, es erinnert an epi. 2, 78 mit dem wiederholten, Eile gebietenden "jetzt") befleißigen, wenn wir der Heimat und uns selber lieb[58] sein wollen".

Was mag diese "himmlische Weisheit" wohl sein? M. Hubbard 224 sah in diesen Zeilen die Aufforderung ausgedrückt, irdischem Ruhmstreben zu entsagen, und J. Neumann O'Neill (Phoenix 53, 1999) stimmte zu: Was Florus plage, das sei ein ganz äußerlicher, unbändiger und egozentrischer Ehrgeiz (88); der habe ihn darum auch dem Freunde Munatius entfremdet. Könnte er diesem vermeintlichen, in Wahrheit aber wirkungslosen Mittel gegen seine Gier (*frigida fomenta curarum* mit Genetivus Obiectivus) entsagen, würde er den "Direktiven einer Weisheit folgen können, die ihn von seiner Besorgnis (wir verstehen: dass er nicht weit genug in seiner Karriere kommen könnte) befreien und zu einem höheren Ansehen unter den Kameraden führen würde" (93). Neumann O'Neill formuliert hier eine attraktive Ansicht und unterbaut sie mittels Ciceros Pflichtenschrift (82/4), ihre Ansicht bleibt dennoch unbefriedigend. Denn in 26/8 steht doch: "Du würdest gehen können, wohin Dich die himmlische Weisheit führen würde", und das wird man in "more exalted place among his fellows" nicht wiederfinden. Ferner sieht Neumann O'Neill sich S. 92 gezwungen, *caelestis* eine Doppelbedeutung beizulegen: "Evocative of an elevated detachment from human ambition as well as of the fulfilment of human ambition", und das ist vollends unglaubwürdig. Nein, was Horaz andeutet, ist vielmehr dieses: Wenn Du Deinen äußerlichen Ehrgeiz aufgäbest, würdest Du einen hohen inneren Wert erreichen, nämlich die Weisheit, über Äußeres überlegen zu sein", und eine solche Weisheit ist in der Tat "himmlisch", sie kommt daher und führt dorthin, und sie macht auch so souverän, dass man sich gut und gern mit einem Munatius vertragen kann. Sprechen wir es aus: Eine solche Überlegenheit führt über das Normal-Menschliche hinaus, denn einen auf das Außen gerichteten, an und für sich natürlichen Ehrgeiz aufzugeben, bedeutet ein Überlegenwerden über das Menschlich-Allzumenschliche, einen Sieg über sich selbst. Und solche Menschen sind dann auch für die Gemeinschaft (als Führer und Vorbilder) eminent wichtig (v. 9:*patriae*).

Aus einem "Was tut Ihr?" wird so ein "Was man am besten tun sollte", aus der sich verbeugenden Erkundigung nach Tiberius und der panegyrischen Erwähnung von Augustus' Taten wird dann ein Fragen nach den Freunden, geordnet nach der Besorgnis, dass da einer allzu hoch hinaus wollen, dass da jemand die Werte nicht bei sich selbst suchen und dass Florus auf Nebenwege geraten könnte, kurzum: Die Bewegung des poetischen Briefes zielt und führt deutlich

---

[58] *Nobis cari* variiert das *nobis amici* oder ähnliche Ausdrücke, vgl. epi. 1, 18, 101; Sen. epi. 6, 7 ("Grundriss" 90, Anm. 54; K. Gantar, AAntHung 12, 1964, 129ff.).

genug vom Übermaß und Uneigenen zur Zerstreuung, um bei der Mahnung zum allein Heilsamen zu enden. Mit anderen Worten: Das Gedicht führt von außen nach innen. An die allgemeine Mahnung zur "himmlischen Weisheit" schließt sich die spezielle, über sein "heißes Blut" Herr zu werden (33), um nicht aus Unkenntnis der wesentlichen Dinge[59] mit dem Freunde Munatius in dem Unfrieden zu leben, von dem der Epistelschreiber offenbar gehört hatte. Er machte die beiden jungen Männer zu "wilden" (34), machte sie gleichsam zu zwei rivalisierenden Jungbullen, wie M. Hubbard scherzte (227, Neuman O'Neill 94 stimmte zu).

Es sei sofort zugegeben, dass dieses Referat jeglichen Charmes entbehrt und die reizvolle Einkleidung des von Horaz Gemeinten in gar keiner Weise hinreichend würdigt; aber es sollte ja auch nicht mit den guten Kommentaren von Heinze und Mayer konkurrieren, sondern etwas gezeigt werden, was sehr zum Schaden des Horazverständnisses unterblieb. Da wäre zunächst auf die thematische Verwandtschaft mit epi. 1 und 2 hinzuweisen: In allen dreien geht es um die *sapientia*; doch wie epi. 2 nimmt auch dieser Brief einen langen Anlauf. Er ist zudem erneut gleichsam von oben geschrieben, von der Warte eines Lebensklugen, der guten Rat gibt, dieses Mal jedoch ohne die Selbstanklage (s. epi. 2, 27ff. *nos numerus*, usw.). Und auch diese Epistel ist auf die Zukunft ausgerichtet: Sie fragt, was bei den literarischen Bemühungen herauskommen werde und rät zu Besserem, rät auch zur Verträglichkeit und stellt ein Heimkehrgastmahl in angenehme Aussicht[60]. Und nicht zuletzt sei erwähnt, dass auch dieser Brief von außen nach innen führt, vom Hochstreben (Pindarnachahmung) und Streben hinaus nach "fremden Federn" (v. 17f.), von der Zerstreuung ins Unwesentliche zum allein Wichtigen, der Überwindung seiner selbst; dies ist die "Himmelsgabe". Ganz vorsichtig wird hier das, was in epi. 1, 11f., 27 und 107 (in parodierter Form) angedeutet, was in epi. 1, 2, 17 und 36ff. bereits *sapientia* und *sapere* genannt worden war, als höchster Wert hingestellt: Als "himmlische" kann Philosophie zu den *sublimia* (epi. 1, 12, 15) führen, man denkt an Ciceros "Somnium Scipionis" und manches andere[61].

---

[59] *Rerum inscitia* in 33 ist selbstverständlich nicht irgendein "Missverständnis", dem Florus in Bezug auf den Freund anheim gefallen sein könnte, sondern Unkenntnis von Weltlauf und Menschenleben (so Heinze), mehr noch: Kenntnis der Welt mittels philosophischer Durchdringung (Cic. de or. 1, 9 zur *scientia*; Stoic. Vet. Fragm. 1, 86, 4 u. ö.; Sen. epi. 90, 46, was Mayer zitiert, ist besser fernzuhalten). Neumann O'Neill spricht zutreffend von *doctrina* im philosophischen Sinn (94). Es war übrigens ganz verkehrt von Morris 99, die Einführung der *sapientia caelestis* "abrupt" zu nennen, denn auf sie zielt, wie gesagt, seit v. 9 alles hin.

[60] Sehr zu Recht verweist McGann 41 auf die wörtliche Entsprechung von 2, 64f. und 3, 34 (*cervix*) und von 1, 39 zu 3, 34 (*ferus*): Kontinuitätsherstellung.

[61] Dass mit der *caelestis sapientia* weder Weisheit noch Philosophie gemeint sei, sondern "understanding (in order) to succeed as a man and a poet", wie Mayer zu *caelestis* meint, ist angesichts der festen Anbindung von epi. 2 an die protreptischen Briefe 1 und 2 und angesichts der klaren Hinführung innerhalb der Epistel auf die *sapientia* ebenso falsch wie seine Gesamtdarstellung S. 132. Viel besser Becker, Spätwerk 42: Horaz "beschwört

Epi. 1, 3 ordnet sich demnach der in ep. 1 und 2 angelegten Thematik ein, ist ebenfalls eine Mahnung zum Wesentlich-Werden mittels einer reiferen, détachierteren Einstellung zu den Dingen, nur heiterer, lockerer und am Ende freundlicher als epi. 2. Vor allem aber darf man nicht daran vorbeisehen, dass im Unterschied zu den noch sehr zurückhaltenden Erwähnungen des *sapere* und der *sapientia* hier alles bisherige übersteigend von der "himmlischen Weisheit" die Rede ist: Die Aufwärtsbewegung ist unübersehbar; unübersehbar ist aber auch das zunehmend freundliche Zugehen auf den Adressaten: Auffüllung und Erhöhung der philosophischen Gedankenwelt und Forderungshöhe, zugleich ein Milderwerden in der Art des Zusprechens – ein schöner Kontrast.

Epistel 4

Angesprochen ist ein Albius; es gab viele dieses Namens, z.B. einen Albius in c. 1, 33, 3, der Elegien schreibt; dort haben Nisbet-Hubbard keinen Zweifel, dass es sich um Albius Tibullus handelt; hier dagegen ist man mit solcher Gleichsetzung oft vorsichtiger (so Mayer 133 nach Postgate), manchmal aber auch zuversichtlich (Heinze 43; Fraenkel, Horaz 380, Anm. 2). Für uns kommt nicht allzu viel auf die Identifikation an; wichtiger ist, dass hier kaum mehr von einem "Ich" gesprochen werden kann, sondern von Horaz selbst; denn wer soll sonst wohl hinter dem Verfasser von sermones (*nostrorum sermonum candide iudex*) stehen? Nun gut; ein Erstaunen wird laut: "Was machst Du bloß in der bergigen Gegend von Pedum?"[62] Schreiben, was die Kleinigkeiten des Cassius aus Parma[63] übertrifft oder durch den heilsamen Wald streifen[64], an solchen Dingen interessiert, die eines klugen und rechten Mannes würdig sind (*dignum*

Florus, alles Niedere fahren zu lassen und ... zur *caelestis sapientia* zu streben"; McGann 41: Dichtung und Jura seien "inferior to the pursuit of 'heavenly wisdom'".

[62] Diese Gegend lag im Osten von Rom, nahe Palestrina. Die nachdrückliche Umschreibung *quid dicam* ist seit Plautus (Lindsay zu Capt. 268) geläufig, in der Komödie ebenso wie in der Tragödie, s. Jocelyn, Ennius Scaen. 423 oben, so wie ihr griechisches Pendant (Xenophon, Euripides). Die Kommentatoren haben jedoch zu wenig auf die horazische Variation mittels *nunc* geachtet, welche das Geläufige dann doch wieder auffällig macht, und versäumen daher auch, auf J. B. Hofmann, Lateinische Umgangssprache 42 zu verweisen.

[63] Es handelt sich um den Caesar-Mörder, der später in Athen verhaftet und getötet wurde; seine *opuscula* (v. 3) werden Elegien gewesen sein, vermutet Heinze.

[64] Vgl. Cic. off. 3, 1, Ende: *urbe relicta rura peragrantes saepe soli sumus*. Man genieße die kleine Parallelstelle, auf die Heinze und Mayer hinweisen: Plin. epi. 1, 24, 4. Vgl. auch Westendorp-Boerma zu Vergils Catalepton, Bd. 1, 146, Anm. 2.

*sapiente bonoque)*⁶⁵?" In dieser Weise erkundigt sich Horaz erstaunt und besorgt; und bereits im vierten Vers wird mit "heilsam" die Möglichkeit angedeutet, der Aufenthalt weit vor den Toren Roms könnte mit einer Art Erkrankung zusammenhängen.

Um dem Freunde zu helfen, verweist ihn Horaz nun auf dessen eigene günstigste Voraussetzungen für Heilung oder Lebensfreude:

> *non tu corpus eras sine pectore; di tibi formam,*
> *di tibi divitias dederunt artemque fruendi (6f.),*

"Nicht warst Du je⁶⁶ ein Körper ohne Verstand, und die Götter gaben Dir Schönheit, sie gaben Dir auch Wohlstand und den Sinn für rechtes⁶⁷ Genießen". Man möge beachten, wie die Textur zweimal von außen nach innen führt: Vom Körper zum Verstand und von Schönheit und Wohlstand zum Geschmack. Und was könnte eine liebevolle Amme ihrem Zögling denn Besseres anwünschen, ihm⁶⁸, der klug ist und zu sagen weiß, was er fühlt und meint, und der Einfluss besitzt, Ansehen und Gesundheit in reichem Maße, und dazu ein hübsches Auskommen mit einem Konto, das ihn nie im Stich lässt?", so wendet sich der Ton ins Scherzhafte. (Der Gedanke geht hier, verglichen mit v. 6f., in der Gegenrichtung, nämlich von innen nach außen⁶⁹.) Aber das ist nur eine Aufheiterung kurz vor den schwergewichtigen Versen, auf die alles Bisherige hinzielte:

---

⁶⁵ Das Material des Thes. Ling. Lat. 2, 2084, 21ff. legt nahe, bei diesem Ausdruck nicht gleich an philosophische Qualitäten zu denken.

⁶⁶ Zum Imperfekt in präsentischer Bedeutung *corpus eras* s. Heinze (wo nur beschrieben wird), Hofmann-Szantyr 316 Mitte ("anscheinend dichterischer Typus"); Nisbet-Hubbard zu c. 1, 27, 19 (ähnelt einem griechischen Syntagma, s. Kühner-Gerth 1, 146f.); vorzüglich Fraenkel, Horaz 382 mit Anm. 2 ("Entlehnung aus der griechischen Syntax"), vgl. Theokr. 10, 23. Mayer schließt sich Nisbet-Hubbard an.

⁶⁷ *Ars fruendi* meint natürlich, ein rechtes, ein geschmackvolles Genießen und erinnert an epi. 2, 50.

⁶⁸ Den Relativsatz erklärt Mayer gut S. 135 oben. Die Amme kann also nur wünschen, dass ihm bleibe, was er hat. Die Aufzählung erinnert an eine Seligpreisung, Heinze zu epo. 2, 1.

⁶⁹ Das ist eine schon sehr früh bei Horaz feststellbare Gedichtbewegung, s. K. J. Reckford, AJPh 120, 1999, 530 zu sat. 1, 5f.

> *inter spem curamque, timores inter et iras*
> *omnem crede diem tibi diluxisse supremum:*
> *grata superveniet, quae non sperabitur hora,*

"Inmitten von Hoffen und Sorgen, inmitten von Ängsten und Zorn betrachte einen jeden Sonnenaufgang als den letzten; dann wirst Du die Stunde, auf die Du nicht gehofft, als schöne Zugabe willkommen heißen" (12/14: *grata*, das erinnert wahrscheinlich an *ingrata* in 1, 13). Da hofft vielleicht einer, verlässt sich gierend ganz aufs Morgen, um das er sich dennoch Sorgen macht; Angst hat er (irgendetwas könnte misslingen oder verloren gehen), Wut[70] packt ihn (ob eines Verlustes oder zerschlagenen Planes), kurzum: Der Mensch verfällt jagender Nervosität. Was ist zu tun? Der uralte Ratschlag weiß es: "Wer vom Morgen gänzlich unabhängig ist, dem kommt das Morgen am süßesten" und was dergleichen mehr ist; Heinze 47 links nennt die Stellen: *Carpe diem quam minimum credula postero*, riet Horaz schon in c. 1, 11, 8, "pflücke den Tag, ganz ohne Dich aufs Morgen zu verlassen"[71]. Doch der Ernst wandelt sich rasch wieder in Scherz: Albius möge doch kommen und Horaz besuchen: Er werde über ihn lachen, denn er sei zu einem fetten und wohlgepflegten epikurischen Ferkelchen geworden[72]! Der Freund soll lachen – dann wäre er geheilt, wie E. Courbaud schön bemerkt (S. 81).

Im Rühmen muss man freilich Maß halten, um nicht ins Peinliche zu verfallen; hier aber geht einem leicht der Mund über. Welch ein Takt, den Fraenkel, Horaz 381 schön gespürt hat! Da weiß Horaz und sieht, dass dem Freunde etwas Heilsames fehlt. Er hat alles, außen wie innen, und er weiß auch, wie man all' dieses genießen könnte und müsste – aber er tut's nicht. Und warum nicht? Offenbar, weil ihn Sorge und Hoffen, Befürchtung und Zorn plagen und ihm den Genuss des Vorhandenen vergällen. So äußert Horaz zunächst amüsiertes Erstaunen: "Was tust Du bloß in Hinterwinkelshausen?" Dann die Vermutung, er schriebe etwas Schönes (er kann's ja) oder er suche heilende Einsamkeit voll schöner Gedanken. Er besitzt ja alles, was zum Glück nötig ist und das Wissen, wie es zu genießen. Nun noch einmal: Was kann man ihm denn Größeres wünschen als das, was er hat? Aber da fehlt etwas: Er weiß zwar, wie er all' das, was er besitzt, genießen könnte, aber er kann aus dem Wissen keine Tat machen, weil sein Inneres belastet ist. Und nun der heilsame Rat: *Ille beatissimus et securus sui possessor, qui crastinum sine sollicitudine exspectat; quisquis dixit*

---

[70] Vielleicht sollte man auch berücksichtigen, dass *ira* ein Leitthema des ganzen Buches darstellt ("Grundriss" 92f.) und daher nicht allzu forsch und einseitig auf Albius bezogen werden sollte.

[71] In "Grundriss" 92, Anm. 60 ist auf P. Rabbow, Seelenführung, München 1964, 119 verwiesen. Was diese Verse so schwergewichtig macht, ist nicht zuletzt die Anapher des *inter*, wobei die Präposition im zweiten Glied auch noch nachgestellt ist, s. dazu Hofmann-Szantyr 216 Mitte; Mayer verweist auf Thes. Ling. Lat. 7, 1; 2147, 28ff.

[72] *Bene curata cute* erinnert an die *curata membra* in sat. 2, 2, 80 (wo Heinze gut kommentiert). Zum epikurischen "Ferkel" vgl. kontrastehalber das grobe Geschimpf bei Cic. in Pis. 37 (epikurischer Schweinestall).

'vixi', cottidie ad lucrum surgit, "Der allein ist vollkommen glücklich und Herr über sich selbst, der das Morgen ohne Sorge auf sich zukommen lässt; wer immer sagen kann 'Ich habe gelebt', der steht jeden Morgen auf und heimst unverhofften Gewinn ein" (Sen. epi. 12, 9)[73]. Und was dabei herauskommt, könnte Horaz an sich selber zeigen: Ein fröhliches Ferkelchen aus der Herde Epikurs könnte Albius sehen und sich amüsieren: So löst sich alles am Ende auf in ein gemeinsames Lachen. Wunderbar, wie die Gewichte verteilt sind: Heiterkeit bis zu v. 5f., wo mit Ernst gesprochen wird; dann die Amme[74] und der Geldbeutel, die nie versiegt, alles ganz heiter und im Umgangston gehalten. Jetzt aber in schweren Worten die Wahrheit des Sinnspruches[75], auf den dann das Heiterste der Epistel folgt: Horaz als Ferkelchen.

Das kann jeder für sich genießen; weniger selbstverständlich ist die Einordnung ins Buchganze. Es ist wahr, was Mayer 136 (nach Morris 93, der aber davor warnt, epi. 4 als nichts als eine Einladung anzusehen) sagt, dass nämlich epi. 4 wie epi. 5 eine Art Einladung darstellt, und dass sie mit epi. 3 dadurch verbunden ist, dass sie ebenfalls an einen Dichter gerichtet ist. Wahr ist auch, was McGann S. 44 herausstellt, dass nämlich epi. 4, 15f. an epi. 2, 29 erinnert, wobei das *cutem curare* gar eine wörtliche Entsprechung bildet. Aber das sind unwesentliche Äußerlichkeiten. Viel wichtiger ist, dass in epi. 4, 6f. wie in epi. 3, 21ff. der Adressat auf die in ihm liegenden Fähigkeiten verwiesen wird, die zwar das Dichten und anderes mit einschließen, im Grunde aber zum Philosophieren befähigen, was größer ist als alles andere und heilsamer[76].

Besuch und Lachen – das ähnelt der fröhlichen Aussicht am Ende von epi. 3 auf ein gemeinsames Wiedersehensmahl: In beiden Briefen klingt am Ende Heiteres an, und das wird sich dann in epi. 5 fortsetzen. Doch ebenso genau muss man darauf achten, dass epi. 4 das im ersten Brief nur eben Angedeutete ("Ich lagere, was ich bald werde hervorholen müssen"), im zweiten etwas genauer Bezeichnete (*sapere* und *uti*), im dritten gar als "himmlisch" Gepriesene weiter verdeutlicht und bereichert wird, nämlich um das Lehrstück der Konzentration auf das Heute.

---

[73] Der Brief ist in "Der Bau von Senecas Epistulae Morales" 66 erklärt.
[74] Vgl. Men. Dysk. 386.
[75] Wer will, kann Sen. Phdr. 440-43 als Motto über die Epistel setzen.
[76] Für den Bau des "Buches der Briefe" ist zudem nicht unwichtig, dass auch epi. 4 wie schon der dritte Brief lange präludiert, ehe er zum Eigentlichen kommt. Eine weitere Parallele von epi. 4 zum dritten Brief nennt Fraenkel, Horaz 381, Anm. 1. W. Wili 295 betrachtete epi. 4 als Überhöhung alles Bisherigen, weil sie nicht mehr nur theoretisch spreche, sondern das "Bild gegenwärtiger Lebenskunst" gebe; Wili will damit anscheinend sagen: Das Bild des glücklichen Ich dieser Epistel.

Epistel 5

Nach den heiteren Schlüssen von epi. 3 und 4 nun gar die Einladung zu Gastmahl und Trunk: "Wenn Du meinst, Du könntest[77] als mein Gast auch auf einer engeren Couchette aus der Werkstatt des Archias[78] Platz nehmen, und nichts dagegen hast, auf bescheidener Schüssel nichts als[79] Salate zu essen zu bekommen, dann erwarte ich Dich, Torquatus, gegen Sonnenuntergang bei mir". Torquatus, das war in Rom ein großer Name. In c. 4, 7, 23 hört man von des Torquatus *genus*, seiner hohen Abstammung, und nach R. G. M. Nisbet war sein Vorfahr jener Manlius Imperiosus Torquatus, der 347 Konsul war[80]. Was das Ich der Epistel vorbringt, klingt alles sehr bescheiden, der Große ist zu einem Bescheidenen eingeladen (Syndikus 1, 210, Anm. 7 nennt Vergleichbares). Jetzt der Wein: Mit einer umgangssprachlichen Verkürzung (*iterum Tauro* für *Tauro iterum consule*) wird ein Wein des Jahrgangs 26 angeboten, er ist also etwa 5 Jahre alt, das ging an; und die Lage um das heutige Sessa Aurunca ist nicht schlecht, übrigens hatte dort der genannte Vorfahr des Torquatus die Latiner geschlagen: Ein Kompliment also. Aber Horaz hätte nichts dagegen, wenn Torquatus, im Falle, dass ihm der Wein nicht gut genug scheine, Besseres bringen ließe. Andernfalls möge er sich der Anordnung des Gastgebers beugen: *imperium fer*; das hat man als Anspielung auf den *Imperiosus* interpretiert[81], was aber nicht unumgänglich scheint: Der Einladende treibt Scherz mit seinem "Befehlsrecht", wie Heinze gemeint hat. Ähnlich auch Macleod, Horace. The Epistles 15: Horaz überspiele den Standesunterschied ebenso leichthin wie die Grenzen maßvollen Trinkens.

Nun, in v. 7ff., macht der Hausherr seine Einladung schmackhaft, indem er auf die lange Erwartung hinweist (alles im Hause glänzt seit langem) und darauf, dass der Eingeladene einmal "heraus" muss aus dem ständigen Eingebundensein ins Planen (seiner Klienten) und (ihr) Hoffen von Unwesentlichem, d.h. in die Prozesse, die doch nur Wettstreit der Reichen sind (um noch reicher zu werden); vergiss (für kurze Zeit) die Sache mit Moschus" – es war dies ein

---

[77] Damit ist *(si) potes* wiedergegeben, das u.a. von Woytek zu Plaut. Pers. 30 a erklärt ist: Ein Kolloquialismus, Horaz hält den Stil auf Gesprächsebene.

[78] Wir wissen nicht, was für Betten oder Speisesofas Archias herstellte; dass sie nicht sehr luxuriös waren, lässt sich erschließen.

[79] Es ist schwer zu entscheiden, was *omne* heißen sollte: "allerhand Gemüse", wie Heinze meinte, oder "nothing but", wie Mayer nach Sonnenschein zu Plaut. Rud. 500 erklärt; aber die Auslegung Sonnenscheins ist nicht über alle Zweifel erhaben. Hier gibt "nichts anderes als" sehr viel besseren Sinn als "allerhand", denn Horaz preist hier das, was er zu bieten hat, noch nicht an.

[80] CQ n. s. 9, 1959, 73; akzeptiert u. a. von Dilke 102; F. Cairns, Mnemos. 28, 1975, 28 und J. S. C. Eidinow, CQ 45, 1995, 191ff.

[81] Mayer ("may refer", usw.); bei Eidinow 192 wird diese Ansicht als unausweichlich behandelt.

wichtiger Mordprozess – und komm': Morgen ist Augustus' Geburtstag, also Feiertag, da kann man ausschlafen. Ohne böse Folgen können wir daher die Sommernacht mit guten Gesprächen hinziehen" (7/11).

Nun wendet sich Horaz für einen Augenblick zu sich selbst, so als schreibe er gar kein "Einladungsbillett" (Heinze). „Lass' uns genießen, denn) wozu ist das Geld da, wenn man's nicht brauchen darf? Wer um des Erben willen spart, ist verrückt. Nein, trinken will ich jetzt und Blumen streuen, meinetwegen soll man mich für unzurechnungsfähig[82] halten. (Trinken ist schön), es bringt ja allerhand zuwege, Verborgenes lässt es uns aussprechen, unsere Hoffnung erscheinen uns auf einmal erfüllt, ein allzu Zurückhaltender wird auf einmal angriffslustig, Besorgte werden erleichtert, und man meint zu können, wovon man nüchtern nicht einmal träumt (so könnte man *addocet artes* erklären: Auf einmal, beschwipst, tanzt man z.B. und singt los). Volle Becher füllen den Mund mit Beredsamkeit ("Voll" und "füllen" könnte man das Klangspiel *fecundi fecere* in v. 19 nachahmen) und wen die Armut beengt, der kommt sich frei und gelöst vor.

Das sind die "Taten des Weins", so Heinze; ihr Lob ähnelt c. 3, 21, 13ff. :

> Sanfte Spannkraft näherst Du oft einem starren Gemüt,
> Du eröffnest die Gedanken und verborgenen Pläne der
> Neunmalklugen mit scherzender Lösung (durch Bacchus
> Lyaeus, den "Löser"); verzweifelndem Sinn gibst Du Hoffnung
> zurück, Kraft und Energie verdoppelst Du den Armen, die
> nach Deinem Genuss weder die Kronen der Könige noch die
> Waffen der Soldaten mehr fürchten.

Als ob Torquatus davon nie gehört hätte, schwärmte das Ich des "Billetts" von der auf- und anregenden Kraft des Trunks und der Trunkenheit. Nun aber macht er weiterhin dem eingeladenen Großen die Einladung schmackhaft: Alles werde peinlich sauber geputzt und drei gut passende Bekannte werden dazugeladen (wenn nicht ein Mädchen einen von ihnen abhält, da kann man dann nichts machen), und wenn Torquatus wolle, könne er weitere mitbringen, also seine "Schatten", aber ja nicht zu viele: *nimis arta premunt olidae convivia caprae*, "Ziegengeruch[83] belästigt das Gastmahl, wenn es zu eng wird". Am Ende bittet Horaz um eine schriftliche Nachricht darüber, mit wie vielen "Schatten" er kommen werde, und dann der frivole Rat: "Spiel' dem Klienten, der da im Atrium auf Dich wartet, einen Streich und lass alle Geschäfte fahren!"

Was will dieser Brief? Heinze 48 hatte gemeint, gerade das lyrische Lob des Weins, das O. Ribbeck hatte athetieren wollen, also das Lyrische inmitten der "ehrbaren Sermonenverse", das sei die "Pointe des Briefes", er las also die

---

[82] *Inconsultus* "evokes legal terminology", Mayer nach Heinze, was zum eingeladenen Anwalt passt.
[83] Den Achselgeruch, der sonst "Ziegenbock" heißt, mit einem Femininum zu bezeichnen, ist wohl ebenfalls umgangssprachlich, s. Mayer. Was D. R. Langslow, CQ 45, 1995, 258 aus *caprae* heraushört, wird ihn allein zufrieden stellen.

Epistel als stilistisches Bravourstück (nicht unähnlich Wili 295). McGann 45 las sie als "comment on Ep. 4 since it shows how a busy man may secure some hours during which he can follow the precept of Epicurus", er las den Brief also im Kontext der Umgebung philosophisch. R. S. Kilpatrick[84] nahm das Billett für ein Kennzeichnung des "Verhältnisses zweier enger Freunde". Mayer 142 wies darauf hin, dass Horaz hier das, was er in epi. 4 dem Freunde ans Herz legte, das Genießen, anhand einer Einladung zu genussvollem Trunk gleichsam in actu vorführe; er betrachtete die Epistel also wie McGann im Kontext.

Der Brief an sich und losgelöst vom Kontext stilisiert eine schriftliche (vgl. *rescribe*, 30) Einladung, gewiss; aber die Partie über die "Taten des Weins" heben es weit über ein bloßes Einladen hinaus: So als spreche der Einladende einen Augenblick zu sich selber, schwärmt er von der lösenden Kraft des Weins, den man sich gönnen muss: Wozu sonst hat man sein Vermögen, wenn nicht zum Genießen? Das Spiel mit *imperium* in Gegenwart des Nachkommens eines Manlius Imperiosus, die Nennung einer Lage an des Imperiosus Tatenort (wenn Nisbets Identifikation des Torquatus zutrifft), die Anspielung auf juristischen Wortgebrauch in einem Billett an einen Juristen, dazu die sprachlichen Auffälligkeiten und Klangspiele – all' das macht diese Epistel zu einem meisterlichen Stilspiel.

Der Brief, in seinem Kontext gelesen, führt allerdings auf ganz andere "Pointen". Da wäre zunächst die Verwandtschaft mit epi. 4, mit der epi. 5 verbunden ist durch das Leitmotiv des *uti* (v. 12): Horaz wird in epi. 5 zum "model" (Mayer 143). Weiter führt epi. 5 ja aus, was in epi. 4 gegen Ende nur eben angedeutet war: Nach der Erwähnung eines "Lachens, wenn Du kommst" nun wirklich[85] ein Besuch bei Horaz. Nach Eidinow 192 läge der Sinn des Briefs darin, etwas von der epikureischen Lebensart zu zeigen, die in epi. 4 angeklungen war (so nach R. Syme, Augustan Aristocracy 393, 396; was Eidinow sonst noch vorbringt, verdient keine Aufmerksamkeit). Verf. hatte ganz anders angesetzt: Verglichen mit der Strenge nicht ohne Selbstanklage in epi. 1f. löste sich die Härte der Forderungen bereits in epi. 3, in epi. 4 sah Horaz sich gar als "epikurisches Ferkelchen", und hier will er sich sogar betrinken ("Grundriss"

---

[84] The Poetry of Friendship. Horace, Epistles I, University of Alberta Press 1986 [künftig: Kilpatrick], 64.

[85] Schwierigkeiten bereitet die Frage, ob es sich um eine "wirkliche" Einladung handeln könne. Wo ist *domi* (3)? "Natürlich in seiner Wohnung in der Stadt", so Heinze, Kilpatrick 61 und Mayer, der aber zu Recht auch auf die Septemberhitze verweist: "The month would suggest that Horace is in the country". D.h., es ist September und heiß in Rom; sollte Horaz da nicht draußen auf seinem Sabinum sein? So fragt G. Williams, Tradition 9; aber wie soll ein Mann aus Rom rasch einmal die rund 100 km hin und zurück zu Horazens Gut reisen? "If so, it must be that Horace has no actual occasion in mind" (Williams a. O., wie auch Morris 93f.), sehr im Unterschied zu Kilpatrick 61f. ("The epistle appears to be a reply to a hasty note from Torquatus", als ob darin der Preis des Weines einen Platz hätte!). Die Datierung in den September geht aus der Bemerkung hervor, "morgen" sei Caesars Geburtstag (9), d.h. nach A. E. Housman zu Manil. 5, S. 112f.; W. Allen, SPh 67, 1970, 264 genauer auf den 22. September.

92f.). Gewiss bleibt alles in Maßen, *ebrietas* in v. 16 ist ja auch keine Volltrunkenheit (Heinze zu v. 16), aber deutlich genug ist, dass epi. 4 und 5 einen jener "Rückfälle" darstellen, von denen Horaz in epi. 1 gesprochen hatte (v. 18): "Man erkennt, wie jenes Schwanken, das die erste Epistel erwähnte, dort als ein die Briefe beherrschender Gedanke, ja: als Baugedanke ausgesprochen war" ("Grundriss" 93f.). Das wird die Besprechung von epi. 6 verdeutlichen.

Epistel 6

Nil admirari (vgl. "Grundriss" 94, Anm. 68) – wenn man gleich hier im ersten Vers falsch versteht, ist alles verloren. *Admirari*, das ist oft ein Anstaunen im Sinne des Bewunderns, ohne es gleich haben zu wollen; es ist ein Staunen über Großartigkeit und Gewaltigkeit, ohne sich zu entsetzen. Aber *admirari* sollte das griechische "thauma" und "thambos" wiedergeben, und diese Wörter bedeuten sowohl das Staunen über etwas Schönes, das man selber gern haben würde, als auch das erschreckte Staunen über etwas Übergewaltiges, vor dem man sich fürchten muss. "Idolize" übersetzte Mayer treffend, aber das ist ein Wort, welches wir im Deutschen nicht haben. Lassen wir uns also die Wortbedeutung des *admirari* und *mirari* vom Kontext verdeutlichen.

Nil admirari, das sei so ungefähr[86] das einzige, das glücklich machen und so auch bewahren kann. Das ist der Kopfsatz, nun die Ausfaltung. Wer die Läufe der Gestirne ohne Angst betrachtet (Lukrez nannte Gegenbeispiele)[87], der wird auch die sogenannten Schätze der Erde und des Meeres gelassen betrachten, ebenso wird er Ehrenbezeigungen und Beifall über sich ergehen lassen, ohne beeindruckt zu sein und seine Miene zu verändern (1/8). Wer dagegen fürchtet, derlei könnte einmal ausbleiben, der legt diesen Dingen zu viel Wert bei, überbewertet sie ebenso wie der, der nach ihnen giert. Wer diesen Dingen mit Zittern und Hecheln verfallen ist, den erschreckt dann alles Unvorhergesehene: Es könnte ihn solcher Dinge, wenn er sie besitzt, berauben, oder es könnte, wenn er danach giert, sie plötzlich in greifbare Nähe rücken, in beiden Fällen entsteht die lähmende (13f.) Nervosität der Obsession. Ja, sogar die Sucht nach *virtus*, nach rechtem Benehmen und moralisch anstoßfreiem Leben, selbst das Weise-Sein-Wollen kann zu krankhafter Übersteigerung, d.h. in den Fanatismus führen, was römisch-praktisch, kaum griechisch gedacht ist (K. Büchner, Virtus 399f.). Mit

---

[86] *Prope* relativiert nicht, wie Kilpatrick 69 unten andeutet, sondern ist die urbane Ausdrucksweise dessen, der nicht mit Stentorstimme Moral predigt (gut kommentiert Mayer).

[87] Die Gestirnsläufe geschehen *certis momentis*, "in festen, gleich bleibenden Schritten" ("degrees", Mayer); der Grund dafür, dass man keine Furcht empfinden muss, liegt im Gleichbleiben: Keine Götterwillkür waltet dort.

diesen beiden Versen (14f.) wendet Horaz den Blick vom befallenen Individuum und seiner quälenden Obsession bezüglich äußerer Dinge fort und hin zu einem, der nach inneren Qualitäten strebt, aber dabei ebenso die maßvolle Gelassenheit vermissen lässt wie derjenige, der nach Äußerem rennt und hastet. Das Eifern verdirbt, was mit Maßen betrieben, gut ist (Cic. Tusc. 4, 62 nach Mitte). Diese Steigerung in der Argumentation beschließt den Abschnitt (1/16).

Man mag, so wendet der Dichter-Denker die Überlegungen und Belehrungen in eine neue Richtung, so vieles Schöne und Begehrenswerte anstaunen (*mirare* in v. 18 lässt das Leitthema anklingen) und für groß und herrlich halten[88] – es vergeht ja doch alles, und Du selbst, eben noch von allen an der Portikus Agrippas[89] und auf der Via Appia bestaunt, stirbst und musst in die Unterwelt[90]. (Wozu also all das Gieren und Hasten?)

Nun folgt eine Passage, die den Kommentatoren Mühe bereitet hat: Wenn Du erkrankst, suchst Du medizinische Abhilfe; wenn Du glücklich leben willst[91], und allein *virtus* dies ermöglichen kann, dann folge energisch der *virtus*. "Wenn[92] Du aber *virtus* für bloßes Gerede hältst (wie Du einen heiligen Hain für bloßes Holz hältst), dann pass auf, dass Dich niemand überholt". Das will sagen: Wenn einer meint, die ethische Forderung, aus der Erkenntnis des wahren Wertes und Unwertes der Dinge zu leben, in den Wind schlagen zu dürfen (was dasselbe wäre, wie wenn man in einem heiligen Hain nichts als Festmeter Holz sieht), wenn einer also nur die Ebene der Erwerbskonkurrenz kennt, dann soll er halt hasten und rennen, auf dass niemand ihn übertreffe. Das ist an sich klar und einfach; aber Kilpatrick z.B. (S. 67) meinte, dass es sich hier um eine wirkliche "rejection of the stern idea of an uncompromising Stoic virtus" handele, ebenso S.70: "Virtus wird als passendes Heilmittel vorgeschlagen; aber es muss zurückgewiesen werden, da Numicius es als bloßes Gerede betrachtet". McGann 47 und Mayer zu *virtus* in v. 30-1 rechnen mit der gleichen Möglichkeit und letzterer kritisiert denn auch: "Some commentators believe that it (gemeint: virtue) is not one of the implicitly rejected options" und meint auf S. 157, dass Horaz *virtus* als Allheilmittel möglicherweise herabsetze. Heinze dagegen hatte

---

[88] In 22 finden wir erneut einen "Seitenhieb": Da strengt sich einer furchtbar an, nur damit Herr Mutus nicht mehr besitze – Mutus, der doch aus kleineren Verhältnissen stammt: Diese Nebenbemerkung ist ein Überschuss wie in epi. 1, 2, 44; aber damit nicht genug, er zeigt die ganze Irrationalität des Konkurrenzkampfes.

[89] Es handelt sich um eine Portikus, die Agrippa aufführen und mit Darstellungen aus der Argonautensage schmücken ließ (s. Mayer und Kolb 350).

[90] Wenn Horaz die Unterwelt als den Ort kennzeichnet, wohin sogar König Numa und Ancus gehen mussten, und er dieses Namenspaar in c. 4, 7, 15 erneut verwendet, braucht man kein Selbstzitat anzunehmen: Lukrez 3, 1025 hat dasselbe Paar, so dass man auch annehmen kann, dass es sich um eine sprichwörtliche Ausdrucksweise handelte.

[91] Horaz formuliert den Konditionalsatz so: "Du willst glücklich leben (wer wollte das nicht?) – wenn *virtus*", usw., d.h. statt eines konditionalen Nebensatzes schrieb er einen Hauptsatz so, als müsste man lesen: "Angenommen, Du willst glücklich leben"; d.h. man sollte nach "(*quis non*)" einen Gedankenstrich drucken.

[92] Erneut ein Hauptsatz statt eines konditionalen Nebensatzes.

zu v. 30 die *virtus* jenem *nil admirari*, also der distanzierten Gelassenheit allem Äußeren gegenüber angenähert (vgl. S. 56 oben), was besser in das Gesamt der Epistel passt. Da war es ganz falsch, die Aufforderung *fortis hoc age* (31) im Lichte der Warnung vor Übereifer in v. 15f. zu lesen: Die v. 15f. werfen keinen Schatten auf die klare Forderung von v. 30, Äußeres distanziert zu sehen, man sollte die früheren Verse nicht voreilig zur Erklärung der späteren heranziehen, sondern anerkennen, dass v. 30/2 eindeutig der Abweisung derer dienen, welche *virtus* für nichts als Gerede ansehen.

Der gesamte verbleibende Epistelteil, also 28-66 spottet über das Eilen und Gieren nach Besitz (31/48), nach Anerkennung (49/55) und Lust (56/64), und dies voller Witz und Charme, z.B. 45/8: "Du hast ein Haus, das Dir zu ärmlich scheint, weil darin nicht viel Überflüssiges enthalten ist, nicht viel, was dem Hausherrn entgeht (der Reiche weiß gar nicht, was er alles hat), also auch nicht viel, was den Dieben angenehm ist – also, wenn denn reicher Besitz allein den Menschen glücklich machen und ihn darin bewahren kann (so zitiert Horaz ironisch v.1f.), dann los!, dann muss das Geldmachen von früh bis spät Dein Hauptanliegen sein".

Nehmen wir diese scherzhafte Umkehrung der Eingangsverse zum Anlass, das Ganze zu überschauen. Das Thema ist nicht neu, R. Heinzes Kommentar nennt eine Fülle von Parallelen aus der hellenistischen Philosophie; doch seine Behandlung in dieser scherzenden, den ernsten Untergrund doch niemals verdeckenden Art, zudem in einer Art, die nicht abstoßend laut und aufdringlich predigt, ist einmalig und ist es geblieben, trotz Montaigne, trotz Pascal. Charmant sind auch die eingestreuten Anekdoten, z.B. die vom erfolgreichen Jäger Gargilius (57ff.), der gern als echter Nimrod gelten wollte, sich mit großem Gepränge und jagdlichem Gefolge übers Forum tragen ließ, dann einen Eber kaufte, und ebenso großtuerisch heimkam, seine frisch erlegte Beute stolz präsentierend[93].

Man kann gewiss diese Epistel allein für sich goutieren, sie ist trotz ihrem herben Thema ein Genuss; man darf aber nicht den Kontext vergessen. Hart reißt ja epi. 6 den durch epi. 3 bis 5 heiter Gestimmten, am Ende gar wie zu einem fröhlichen Bankett Eingeladenen (epi. 5) zur Strenge der epi. 1,47 (*stulte miraris*) und zur Forderung des *quod satis est* aus epi. 2, 46ff. zurück. Es ist deutlich genug, dass epi. 6 die Suche nach dem *verum* aus epi. 1, 11 und nach der *sapientia* aus epi. 2, 17 fortsetzt, vergleichbar energisch und streng, ganz anders im Ton als epi. 3 und 4, von 5 ganz zu schweigen. Nach den immer lockerer und heiterer werdenden Briefen 3-5 führt epi. 6 nun wieder auf die Höhe der *vera virtus* hinauf. Was epi. 6 verlangt, ist, die Dinge zu durchschauen, ihren Wert und Unwert zu erkennen, und dieses mittels der Einsicht, dass alles außer dem *recte vivere* im Sinne des Glückes, das aus der Beschränkung auf das

---

[93] Zur Szenerie und den Zeitverhältnissen s. Heinze und Mayer, der Bentleys Ansicht referiert: Ganz früher Aufbruch, um noch vor dem mittäglichen Geschäftsschluss heimkehrend mit der Beute prunken zu können.

Nötige fließt, nur sehr bedingten Wert besitzt. "Hinter" den Dingen, die man so gern angafft, liegt Größeres, Wichtigeres und Heilsameres ebenso wie hinter den Baumstämmen eines Hains Größeres verborgen ist: die Gegenwart des Heiligen. Es ist nicht so, wie Mayer vorgibt (156 unten), dass der Fehler sei: "A single-minded attachment to any thing as an ideal possession or goal is bound to prove partial and so deny the many-faceted quality of life"; es geht nicht um die Rettung des facettenreichen Lebens vor einseitiger Bevorzugung einer der Facetten; nein, es geht um die grundsätzliche Loslösung von aller Hochschätzung äußerlicher Dinge, wie die Philosophie es seit Jahrhunderten verlangt hatte und verlangt.

Epistel 7

Biographische Notiz

Es ist, bei einer Biographie, gewiss nicht damit getan, wenn man die äußerlichen Lebensdaten aufzählt, also Geburt, Militärdienst, Publikationsdaten, u. dgl.; machen wir uns, wenn wir an Horaz denken, auch dieses klar: Mit den politischen Epoden hervorzutreten, war ein Wagnis, eine nicht minder kritische Prüfung war auch bezüglich der Satiren zu erwarten, machte ihr Verfasser sich doch anheischig, es nicht nur mit Lucilius aufzunehmen, sondern auch mit mancherlei liebgewonnenen Bräuchen und Missbräuchen seiner Umgebung. Vollends die Oden, und da besonders die "Römer-Oden" mit ihrem hohen, ja mächtigen Ton stellten ein gewagtes Spiel dar. Man vergesse auch nicht, dass Horaz solches schrieb als Klient des Maecenas, auf den als den Patron naturgemäß das Licht oder auch der Schatten des literarischen Erfolges oder auch Misserfolges seiner Freunde fallen musste. Horaz wagte und gewann, sein Selbstvertrauen stieg, und dann trat er mit Episteln hervor, mit Episteln, in denen der Dichter und sein literarisches Ich ins Zentrum gestellt waren. Man mache sich ferner klar, dass diese Arbeit auf höchstem Niveau, dass diese unerhörte Anstrengung nur in Zeiten und an Orten der Ruhe möglich waren (der Florus-Brief epi. 2, 2 wird davon sprechen). Daraus ergab sich zwangsläufig, gepaart mit unausweichlichem Älterwerden das Bedürfnis nach Zurückgezogenheit. Nun also epi. 1, 7.

Der sechste Brief sprach nicht vom Dichter noch auch von seinem literarischen Ich; der siebente hingegen spricht allein von diesem aus. "Ein paar Tage nur, so hatte ich Dir versprochen, wollte ich auf dem Lande sein (um etwas

Ruhe zu finden); nun vermisst Du mich Wortbrüchigen schon den ganzen August. (Du musst sehr enttäuscht sein,) aber Du wirst mir, der ich mich fürchte, (in dieser Jahreszeit) zu erkranken, sicherlich die gleiche fürsorgliche Rücksicht angedeihen lassen, die Du mir erweist, wenn ich wirklich einmal krank bin". Es ist die Zeit (5ff.), da die ersten reifen Feigen und die Hitze dem Leichenzugführer Gelegenheit geben, mit allen Zeichen seiner Würde einherzustolzieren zusamt seinen schwarzen Liktoren[94]; es ist die Zeit, welche die Testamente öffnet, d.h. ohne die Verkürzung der horazischen Ausdrucksweise gesprochen: Es ist die Wetterlage, die viele sterben lässt, so dass viele Testamente geöffnet werden. (Es ist also eine gefährliche Zeit,) "und so, wenn der Winter dann die Albaner Berghänge weiß färbt" – nun folgt nicht etwa: "dann komme ich wieder nach Rom", nein, es folgt: "Dann wird Dein Dichter sich ans Meer begeben, sich's gut sein lassen und ganz für sich[95] lesen – Dich, mein süßer Freund, wird er, wenn Du es erlaubst, mit dem Zephyr und den ersten Schwalben wieder aufsuchen", also im warmen Frühling[96]; *cum Zephyris* und *hirundine prima*: Gabelung, Abschnittsende.

Die Heiterkeit des Bildes, wie da Maecens Dichter an die Küste reist und sich ganz in sich zurückzieht, ist nicht ohne scherzende Dreistigkeit, nicht ohne eine sehr selbstgewisse Eigenwilligkeit, auch wenn sie durch *dulcis amice* entschärft scheint. Diese Entschärfung setzt sich fort, dann aber, nach kurzer, heiterer Einleitung spricht das Ich ohne Scherzhaftigkeit, sondern, wenigstens zu Beginn, tiefernst: Zunächst hören wir noch eine Anekdote, die vom Kalabrier, der zu viele Birnen hatte und sie einem Besucher aufdrängte, dann aber, als der sie nicht haben will, in Aussicht stellte, er würde sie den Schweinen verfüttern. Das war kein Geschenk, der Gast war nur eine bessere Müllkippe. Was will die Anekdote nahe legen? Ersichtlich e contrario den Gedanken, dass Maecenas seine Gaben nicht bloß loswerden, sondern mit großem Bedacht jemandem, den er schätzte, angedeihen lassen wollte. Ein Wegwerf-Geschenk erbringt keine Dankbarkeit (21), ein kluger Mensch zeigt sich bereit zum Geben dann, wenn er weiß, dass der Empfangende würdig ist (der Gaben sowie des Gebers[97]), und dieses Geben ist kein Hin- und Wegwerfen, sondern der Gebende wie der Beschenkte weiß um den Wert der Gabe (Fraenkel 388 Ende). Dieser wohlge-

---

[94] Sie trugen die Faszes, vgl. E. Meyer, Römischer Staat 143 unten; Mayer zitiert Cic. Leg. 2, 61.

[95] *Contractus* (12) heißt doch wohl nach Sen. tranq. an. 3, 7 "auf sich" oder "in sich selbst zurückgezogen" (Heinze; "Grundriss" 96, Anm. 76); anders Thes. Ling. Lat. 4,758, 66 und Mayer ("huddled up"), aber wahrscheinlich darf man hier im körperlichen Eingeigeltsein Seelisches heraushören.

[96] Die Schwalbe kündigt den Frühling an (Ov. fast. 2, 853 mit Bömers reichem Kommentar), dazu die Schwalben-Vase (E. Simon, Griechische Vasen Abb. 116). In unseren Breiten kommen die ersten vereinzelten Schwalben bereits im März vor.

[97] Heinze bietet einen reichen Kommentar, gestützt auf Philosophen-Stellen seit Aristoteles, Mayer übernimmt sie teilweise. *Vir bonus ait esse paratus* ist ein syntaktischer Gräzismus, den Catull als erster wagte, s. Heinze 73, links unten. Zur Symmetrie der Ausdrucksweise vgl. Fraenkel, Horaz 388.

formte Abschnitt 20/4 verläuft in 2 + 2 + 1 Distichen, wobei das letzte ein schließender Satz-Vers ist und, für sich allein stehend, volles und besonderes Gewicht trägt:

dignum praestabo me etiam pro laude merentis,

"Ich werde mich würdig erweisen (nicht nur der Gabe, sondern) auch des Ansehens dessen, der gegeben hat". Horaz verspricht das auf sehr eindrückliche Weise, nur: Was ist es, das er verspricht? Nirgends in epi. 7 gibt er eine Antwort; wir können nur vermuten: Was er als Gegenleistung verspricht, ist nicht zuletzt eine Gegengabe, die nur er geben kann: Seine Dichtung, *prima dicte mihi, summa dicende Camena.*

So weit ist der Gedanke wohl geklärt; doch wie muss man sich den Übergang zu *quodsi me noles usquam discedere* ("Und wenn Du nicht willst, dass ich Dich allein lasse") denken? Wohl so, dass Horaz auf *desideror* (v. 2) zurückgeht: Maecen hatte ihn schmerzlich vermisst, er hoffte, in Horaz für immer einen ständigen Begleiter bei sich zu haben. Doch mit einem "Ton sehnsüchtigen Verlangens nach der verlorenen Jugend" (Fraenkel 392) erinnert Horaz – wir werden hier nicht von seinem vorgeschobenen Ich sprechen – den Freund daran, dass seither manches Jahr ins Land gegangen und er älter und auch etwas schwächer geworden ist[98].

Horaz verfolgt diese Entschuldigung nicht weiter; er lässt den Leser spüren, dass der Freund natürlicherweise enttäuscht ist, vielleicht gar verdrossen; das will sagen: Jetzt erst kommt diese so kritische Situation voll in Sicht, die Situation nämlich, dass die Interessen möglicherweise unausgleichbar gegeneinander stehen, hier die Forderung des Patrons, dort die Forderung des Dichters, ihm Freiheit zu lassen. Daher die folgende Fabel: Einem Füchslein gelang es einst, in eine Vorratskammer zu schlüpfen; es mästete sich ein Bäuchlein an und kam nicht mehr heraus. Ein Wiesel gab ihm den Rat: Wenn es nicht wieder so mager würde wie vorher, sei es aus. "Wenn diese Fabel "mich anklagt" (Mayer) oder "mahnt" (Heinze), d.h. warnend (Fraenkel 393 oben) auf mich zutrifft, dann gebe ich alles auf, auch "meinen teuersten Besitz" (Fraenkel a. O.). Das bedeutet: Wenn Horaz frei sein kann nur um den Preis, sich von aller Gabe des Maecen zu lösen, so dass Maecen keinen Anspruch mehr an ihn hat – gut, dann ist er dazu bereit (vgl. c. 3, 29, 49/57). Und er gehört nicht zu denen, die von fetten Wachteln nicht lassen (und daher nicht schlafen) können, aber leer daherreden, dass sie gern wieder wie der einfache Mann gut schlummern würden. Und das, was für ihn unabdingbar ist, ganz freie Muße (*liberrima otia*, 36), das will er sich nicht einmal für den "Reichtum Arabiens", abkaufen lassen. Und

---

[98] Dass Maecen dem Ich *forte latus* wiedergeben möge, das hat A. Kiessling so verstanden, dass Horaz ein Brustleiden gehabt habe; Heinze übernahm das, und das trug dazu bei, die Episteln als Selbstporträt aufzufassen (s. S. Borzsák, Philologus 113, 1969, 228).

Maecen weiß, dass Horaz nie so daherredet[99]; er würde sehen, dass Horaz alles Geschenkte gern hergeben würde (um frei zu sein).

Selbstverständlich lesen wir hier nicht die erste Formulierung dieses Freiheitswillens, die Horaz dem Maecenas zukommen ließ. Dass Horaz, nun so gut wie ganz Dichter, Freiraum brauchte, obschon dies für Maecenas schmerzlich war, das war mit Sicherheit längst und oft besprochen, gewiss auch nicht ohne Bedauern auf beiden Seiten. Wenn man diesen Brief als Reflex langer Gespräche und Auseinandersetzungen auffassen will, kann man sagen: Überwunden die Krise (24/39), nun der Nachhall. Wozu? Um zu zeigen, wessen eine geistig schaffende Persönlichkeit bedarf.

Cuncta (34) und *donata* (39): Was ist das? R. Heinze (76 rechts oben) und ihm folgend K. Büchner und R. Mayer (zu v. 39) dachten wohl richtig an "das Leben im großen Stil" und "die soziale Stellung", und so erzählt Horaz die köstliche Szene in Argos nach, in der Telemach das Geschenk des Menelaos ausschlägt, und erklärt:

> *parvum parva decent (44),*

"Zum kleinen Mann passt nur ein Kleines", was Fraenkel, Horaz 394f. und Mayer besonders gut erklären. Und dass jenes "Leben im großen Stil" zumindest mitgemeint ist, dazu das Leben im lärmigen Rom mit all' den Besuchen, Festen und sonstigen Zerstreuungen, das zeigt, die Fortsetzung von v. 44:

> *mihi iam non regia Roma placet,*

"Mir gefällt nicht mehr das königlich-großartige Rom", die "Beherrscherin der Welt" (Heinze); es ist zu laut, zu gewaltig, zu Zeit- und Energie-raubend für den früh alternden und doch zunehmend für sein geistiges Tun lebenden Dichter. Und so erzählt Horaz ein "exemplum ex contrario" (McGann 55):

Da war ein kleiner Trödelhändler Mena, der billige Gebrauchtwaren verkaufte (65), Herr seiner Zeit und glücklich; und da war ein vornehmer und reicher Philippus[100]. Dieser erblickte einst den Klein-Auktionator, wie er gemächlich in einem Barbierladen seine Muße genoss, zog ihn an sich wie einem Fisch den Haken auslegend (74) und zeigte ihm die Umgebung Roms, die Mena sicht-

---

[99] Diese Versgruppe ist nach dem Prinzip der variierten Wiederholung gebaut; v. 36f.: "Ich rede nicht daher, die Freiheit ist mir nicht feil!" und: "Ich rede nicht daher, ich kann alles Erhaltene zurückerstatten, und zwar gern". Das heißt, dass hier die Wiederholung größten Nachdruck erzeugen soll. Kilpatricks Übersetzung von *cuncta resigno* (34) mit "I refute it all" (12) bedarf keiner weiteren Besprechung, ebenso wenig wie seine Auffassung von 35f. (Horaz "seems to affirm his moderation in life"). Zu den *liberrima otia* s. "Grundriss" 97, Anm. 83 mit Literaturangaben.

[100] Zur Identität des Mena vgl. O. Hiltbrunner, Gymnasium 67, 1960, 293ff., bes. 297; McGann 52, Anm. 2; zu der des L. Marcius Philippus s. Fraenkel, Horaz 396, Anm. 1, worin der RE-Artikel F. Münzers (14, 1562ff.) und die Kennzeichnung als einer "anziehenden Persönlichkeit" zitiert sind.

lich genoss (78), woraufhin Philippus ihm Geld gab für ein kleines Höfchen und ihm weiteren Kredit versprach (damit der Mann überhaupt wirtschaften konnte), und all' dies, weil er sich ein Erlebnis gönnen wollte, das ihm etwas Erholung (*requiem*, 79) und Spaß verschaffen sollte: "Lustig zu sehen, was der Mann da draußen so macht", so könnte man interpolieren. Der aber, der Landarbeit ungewohnt und auf recht unfruchtbarem Boden arbeitend, kam bei allem Schuften (83/5) nicht voran, er verkam vielmehr, und eines Nachts (man kann sich vorstellen, wie er sich verzweifelt auf seiner Lagerstatt gewälzt hatte, bevor er zu einem Entschluss kam) nahm er sein Pferd und jagte zu Philippus, und der spöttelte noch: "Abgearbeitet und allzu angestrengt kommst Du mir vor" (91f.). Mena aber antwortet mit verzweifelnd-nachdrücklichem Ton: "Elend müsstest Du mich nennen. So flehe ich Dich denn an[101]: Gib mich meinem früheren Leben zurück!"

Was will diese Anekdote sagen? Fraenkel (Horaz 397f.) charakterisiert Philippus als "distinguierten Mann des öffentlichen Lebens, der er war, und als echten gentleman. Er ist nicht unfreundlich. ... Er denkt nichts Böses, er ist nur nicht vertraut genug mit dem Leben", und die "tiefe Sympathie, mit der die Figur des Mena gestaltet ist", führt er, selber begreiflicherweise voller Sympathie für die "beneidenswerte, selige Muße des römischen popolano" (396), "wenigstens teilweise" auf die Erinnerung an Horazens Vater zurück, der ja einem vergleichbaren Beruf nachgegangen war. Und die Moral der Geschichte? Sie liegt für Fraenkel (398) darin, dass jeder Mensch die Grenzen seiner Natur zu kennen und zu wissen hat, was für ihn unerlässlich ist. R. Heinze hatte anders geurteilt: Philippus hoffte, den ergötzlichen Gesellschafter "näher an seine Person fesseln zu können", indem er ihn von seinen beruflichen Verpflichtungen in der Stadt befreite; er konnte den Ausgang nicht voraussehen, "wohl aber konnte er nebenbei sich allerhand Scherz von den agrarischen Unternehmungen des neugebackenen Gutsbesitzers versprechen" (81 rechts). Nach Fraenkel hätte Mena sich auf das Abenteuer nicht einlassen dürfen, und zwar aus Selbstkenntnis, bzw. aus dem Wissen um die "Grenzen seiner Natur"; Fraenkel lässt die Anekdote allein den Empfangenden betreffen, Heinze (70) eher den Gebenden: Die Geschichte zeige, "dass man jeden auf seine Manier glücklich sein lassen möge". Becker 35 unten zieht die Bilanz, dass "der eine nicht in der rechten Weise zu schenken, der andere nicht in der rechten Weise zu empfangen (oder abzulehnen) versteht". O. Hiltbrunner (300) ordnet die Anekdote dem Haupt-Sinn der ganzen Epistel ein, wenn er sagt, dass der Brief insgesamt zeige, "wie Freundschaft und innere Freiheit sich nicht ausschließen", die Mena-Geschichte aber führe vor Augen, dass hier keine "edle Harmonie" gewaltet habe. Kilpatrick (122, Anm. 35 Ende) nähert die Mena-Anekdote der

---

[101] Die Rede vom richtigen Namen verglich Fr. Leo, Plautinische Forschungen, Berlin, ²1912 (Darmstadt 1966), 134, Anm. 3 mit Stellen aus Euripides und Mayer erweitert das; das *quod* in v. 94, von Mayer ebenfalls gut erklärt ("introduces a wish or adjuration ... esp. in poetry"), hat auch P. J. Enk im Kommentar zu Prop. 1, 7, 6 besprochen.

des Kalabriers, in welcher der Empfänger richtig gehandelt habe, als er höflich ablehnte; in der Mena-Episode dagegen "both parties are responsible for the debacle" (13 Mitte), ähnlich urteilte McGann 55 unten: "An unfavourable verdict on Philippus is demanded", denn er erlaubte sich "laughter at Mena's expense", wobei er Menas Fehler ebenso übersieht wie Mayer (174): Die Geschichte konzentriere sich "on the patron's obligation to keep an eye on the client's best interests".

Alles Vorgeführte kommentiert zunächst nur Horazens Schlusszeilen: Sobald man erkenne, dass dasjenige, was man neu angefangen, schlechter ist als das vorher Ausgeübte, muss man rasch zurück, denn:

metiri se quemque suo modulo ac pede verum est,

"Das einzig Richtig ist, dass ein jeder sich mit dem ihm entsprechenden Maß-Stab und mit seiner eigenen Fußlänge messe", also: Das Urteil darüber, was man tut, ist Sache der Messkunst; jeder Mensch muss sein Maß kennen, und wenn ihm etwas angetragen wird, das dieses Maß überschreitet, muss er ablehnen, und auch der, der da etwas anträgt, muss vorher das Maß des anderen zu erkennen suchen. Dann entsteht die Harmonie, von der O. Hiltbrunner sprach. Für Horaz ist, seinem gesellschaftlichen Zuschnitt und seiner inneren Verfassung nach, das "königliche Rom" jetzt (*iam*, 44, d.h. auf dieser Lebensstufe) unangemessen geworden und darum unzuträglich. Aufs Ganze dieses "Meisterwerks" (Fraenkel 395) gesehen, enthält es keine "Drohung" oder "Warnung" (dazu "Grundriss" 97, Anm. 86), es gestaltet die vielen und eingehenden Besprechungen der beiden Freunde nach; Freunde sind sie geblieben, obschon der eine zunehmenden Freiraum für sein geistiges Werk in Anspruch nehmen musste. Dass der Dichter tiefen Ernst mit heiterster Laune mischen durfte, zeigt, dass diese Freundschaft derlei vertrug. Doch die Überlegungen über die wirklichen Lebensverhältnisse sind nicht alles, was man bei dieser Epistel zu bedenken hat.

Denn vergessen wir doch über all' dem nicht, dass epi. 1, 7 einen Kontext hat. Epi. 1, 6 sprach, wie wir eingangs sagten, ganz unpersönlich, epi. 7 spricht allein von den beiden Hauptpersonen der Sammlung, Horaz und Maecen. Epi. 6 brach die Reihe der immer lockerer und lebenslustiger werdenden Gedanken schroff ab und erinnerte barsch an den Grundsatz aller Lebensweisheit: *Nil admirari*, an nichts dürfe man ganz sein Herz hängen. Und nun epi. 7: Sie spricht nicht von den Dingen der Welt, sondern von der menschlichen Gesellschaft und von einer ganz besonders wertvollen Art unter den Menschen: den Freunden, besser: dem Freund; sie zeigt, wie der angemessene Ort in der Gesellschaft sich nach den "Grenzen der eigenen Natur" und dem Lebenszuschnitt zu richten habe, hinzu kommt die jeweilige Veranlagung und Verfassung; er bestimmt sich gemäß der Selbsterkenntnis. Und in diesem siebenten Briefe spricht Horaz von seiner inneren Lage während des Lebensabschnittes, den er gerade durchläuft. Und der verlangt Beschränkung, eine Beschränkung im Äußeren, auch bezüglich der gesellschaftlichen Rolle, und mehr noch: Auch bezüglich der Rolle innerhalb der *amicitia* mit Maecenas.

Wir wissen über diese Jahre im Leben des Horaz und des Maecen nichts. Darum kann man wagen, diese siebente Epistel auch ganz anders als (bedingt) autobiographisch zu lesen. Es könnte ja auch sein, dass der Dichter den Akzent gar nicht so stark auf das Convictor-Leben gelegt hat, sondern auf das Freiheitsbedürfnis des geistig wirkenden Menschen, wenn er altert. Das Convictor-Leben könnte daher auch nur Exempel sein für die Muße, deren das Dichten bedarf (ähnlich G. Williams, Tradition 21 f.).

So gesehen – und man muss unzweifelhaft die Episteln auch aus dem Kontext heraus verstehen – ergänzen sich epi. 1, 6 und 1, 7 zu einem Paar (was in "Grundriss" 98 gesagt war, scheint im Großen und Ganzen auch heute noch richtig). Der eine Brief handelt von den äußeren Dingen, der andere von den Menschen und da besonders vom Freunde. Beide geben zu verstehen, wie auf dieser Altersstufe Beschränkung nötig wird. Insofern sprechen beide letztlich und im Grunde von Horaz und Maecen, doch so, dass eine allgemein gültige Erkenntnis nahe gelegt wird.

Diese über weite Strecken heiter klingende Epistel zielt auf etwas sehr Schwieriges und sehr schwer zu Leistendes; sie verlangt, dass der nachdenkliche Mensch es über sich bringt, sich gleichsam von sich selber wegzustellen, auf dass er sich prüfen und messen könne: "Entspricht dieses Streben oder dieser Mensch mir, ist es oder er mir angemessen?", sei es, dass es sich um ein Zu-Klein oder ein Zu-Groß handelt. Eine solche Selbst-Bemessung ist schon an sich schwer durchzuführen und verlangt viel Souveränität; aber nach ihr dann zu handeln, auch wenn es – auf beiden Seiten – weh tut[102], ein Bestreben oder eine Bindung aufzugeben, das ist hart; ob die Entscheidung richtig war, weiß man ja nicht gleich, aber spürt man, dass man danach *laetus* ist (das Wort steht sehr exponiert in v. 39), glücklich über die Befreiung, dann war die Entscheidung wohl richtig. Kurzum: Epi. 1, 7 spricht von nichts Geringerem als von der oftmals schwierig zu erringenden Autarkie des geistig-freien Menschen.

Epistel 8

Die Epistel ist an einen Albinovanus Celsus gerichtet, vielleicht an den Celsus aus epi. 1, 3, 15, der literarisch tätig war, dabei aber allzu wenig aus sich

---

[102] Hiermit ist angedeutet, dass selbstverständlich ein solcher Prozess der Loslösung zwischen dem historischen Maecen und Horaz stattgefunden hat und stattfinden musste, sonst wäre eine Fiktion von der Art der epi. 7 takt- und geschmacklos (vgl. auch die besonnenen Ausführungen von Th. Berres in Hermes 120, 1992, 236f.).

und allzu viel aus seinen Vorgängern nahm. Er wird als zur *cohors* Neros[103] gehörig gekennzeichnet und als *scriba*[104], zudem wird er mit einem griechischen Gruß angeredet, doch wir wissen nicht mehr, ob dies geschah, weil Celsus gern Griechisch sprach oder ob man in Neros Umgebung sich gern dieser Sprache bediente. Aber dass es hier die Muse ist, die solchen Gruß überbringt und dass sie den Wunsch, der junge Mann möge gut vorankommen, weitergeben soll, das ist auffällig, es mag mit der Eigenart des Celsus zusammenhängen, doch wie, wissen wir nicht mehr.

Also zu Beginn Gruß und Wohlergehenswunsch in zwei Versen, dann folgt plötzlich ein Bekenntnis: "Sollte er nach mir fragen, sag' ihm, dass ich, der ich eben noch Schönes versprochen[105], weder recht noch angenehm lebe, und dies nicht aus äußerlichen Gründen, sondern weil ich innen krank bin, nichts hören will, nichts annehmen, was Erleichterung bringen könnte, meine Ärzte kränke, auf die Freunde böse bin und frage, warum sie mich bloß von solcher Melancholie[106] heilen wollen, obschon ich weiß, dass sie tödlich ist. Ich gehe dem nach, was mir schadet, halte mich fern von allem, was mir vermutlich helfen würde, bin ganz und gar unstet":

Romae Tibur amem, ventosus Tibure Romam (12),

"Bin ich in Rom, so will ich lieber nach Tivoli; bin ich in Tivoli, will ich Wetterfahne wieder nach Rom" wie der Reiche bei Lukrez (3, 1060ff.).

Eine bittere Selbstanklage soll die Muse also dem Freunde übermitteln, danach aber soll sie nach seiner Gesundheit fragen, nach seinen Erfolgen und seinem Benehmen, ob er dem mächtigen jungen Mann (Tiberius war damals noch nicht 30 Jahre alt) gut gefalle und auch den übrigen Mitgliedern der Kohors. Sollte er mit "Gut" antworten, dann träufele ihm allsogleich[107] den fol-

---

[103] Es handelt sich um den späteren Kaiser Tiberius, den Sohn des Ti. Claudius Nero, der im Jahre 20 v. Chr. im Osten war und mit den Parthern über die Rückgabe der Feldzeichen von Carrhae verhandelte.

[104] *Scriba* war ein Titel, vgl. C. Cichorius, Römische Studien (Leipzig und Berlin 1922), Nachdruck 1961, 379; er bezeichnete den persönlichen Sekretär einer hochgestellten Persönlichkeit, vgl. Mayers ausführlichen Kommentar.

[105] Im Text steht *multa et pulcra minantem* (3); das erinnert, und sollte wohl auch erinnern an sat. 2, 3, 9; es klingt gräzisierend, s. Mayer. Horaz spricht also noch einmal wie die Griechen zu Celsus, und er nimmt seine Formulierung aus schon einmal Gesagtem, auch dies der Art des Celsus, wie epi. 1, 3 sie andeutete, nicht unähnlich.

[106] *Veternus* steht im Text (10); die Römer betrachteten dies nicht nur als Indolenz (Heinze), sondern als schwere Depression, der man sofort entgegenwirken musste, vgl. G. Bruno, Atene e Roma, N. S. 30, 1985, 17ff.

[107] J. Préaux, Qu. Horatius Flaccus. Epistulae Liber Primus, Paris 1968 [künftig: Préaux] z. St. verstand das betont ans Ende der Zeile gestellte *subinde* in v. 15 als "dann" (*deinde*), Heinze gar als "allmählich"; W. R. Johnson, Horace and the Dialectic of Freedom, Cornell UP 1993, 134 übersetzte mit "immediately" wohl richtig; aber warum "sogleich"? Meinte Horaz, man müsse die Überhebung (zu der Celsus etwa neigte), sofort im Keime

genden Rat ins Ohr: "Wie Du Deinem Glück begegnest, so werden wir Dir begegnen",

ut tu fortunam, sic nos te Celse feremus (17).

Am Anfang also scherzte Horaz noch mit Celsus ganz nach dessen Art (Horaz schrieb nie vorher und nie nachher wieder so gräzisierend), dann aber folgte eine herbe Selbstanklage und ein Rat nicht ohne Schärfe. Was der Dichter gibt, ist also ein Umschlagen der Stimmung in Galligkeit, und dazu passt, dass die Muse sofort, wenn Celsus sagt, es gehe mit ihm gut, den galligen Rat geben soll. Gewiss kann man seine Freude daran haben, wie Horaz zu Beginn in seinen Formulierungen auf Celsus eingeht, wie er priamelartig über ein "Nicht dies und nicht das" zur eigentlichen Ursache seines Übelbefindens geht, mit welcher sprachlichen Meisterschaft er seine "Windigkeit" in v. 12 formuliert, usw. Man kann auch die Präzision der Krankheitsbeschreibung bewundern – *video meliora proboque, deteriora sequor* (Ov. met. 7, 20) –, dazu die Aggressivität (vgl. Sen. vita beata 17ff.) dessen, der machtlos seiner Laune ausgeliefert ist[108]; aber das alles erklärt noch nicht, warum Horaz hier eine solch niederschmetternde Selbstbezichtigung eingefügt hat[109]. Setzen wir noch einmal an: Eben noch hatte das Ich sich als vielversprechend und auf gutem Wege dargestellt, hatte in epi. 1 zwar ähnlich wie hier gesprochen[110], aber in epi. 2 bereits gleichsam von höherer Warte aus geschrieben, sich dann in epi. 4 und 5 geradezu gehen lassen, sich aber in epi. 6 zurückgerissen und in dem Paar epi. 6 und 7 einen unabhängigen Standort gewonnen – und nun dieses. Warum?

Mit Bemerkungen zum "literarischen Selbstportrait" (Heinze) oder zum "geistigen Selbstportrait" (K. Abel, AuA 15, 1968,42), mit Hinweisen auf das Formspiel (Morris 112) ist es nicht getan; wichtiger war McGanns Bemerkung auf S. 57 über dieses "picture of a proficiens". Bei aller Pflichterfüllung gegenüber den jüngeren Freunden (er meint gewiss den guten Rat am Briefende, der allerdings recht borstig ausgefallen ist), im Vordergrunde steht das Ungenügen des Briefschreibers an sich selbst. Doch auch hier darf man den Kontext nicht vergessen: Nach all' dem Ermutigenden der Einbruch wie in epi. 5, und diese Anordnung entspricht ziemlich genau der des Seneca[111], der in epi. 1, 4 nach einigen Sätzen an den Freund auf sich zu sprechen kommt und zugeben muss,

---

ersticken? Es ist manches in diesem Brief, was wir nicht mehr erklären können und was dieser Epistel den Charakter eines doch wohl nur scheinbar "echten" Briefes gibt.

[108] Vgl. Verf., Zu Hor. epi. 1, 8, in: Candide Iudex, Festschrift für W. Wimmel, Stuttgart 1998, 215, Anm. 21.

[109] E. Lefèvre 259 lenkt zu M. Wieland, dem er die Fiktion entlehnt, epi. 8 antworte auf einen vorangegangenen Brief des Celsus; damit wäre man wieder bei der biographischen Erklärung angelangt.

[110] Man beachte, dass *audire* und *discere* (8) die Themen der epi. 1 (v. 48) waren, auch der epi. 2 (68).

[111] Verf., Seneca 175 oben. Gut charakterisiert Johnson die innere Lage von epi. 1, 8: "neurotic volatility" (135).

dass auch er nicht sehr weit vorangekommen sei, ja dass er "im selben Krankenhause liege" (27, 1). Offenbar gehörte es zur ethischen Unterweisung im späteren Hellenismus, zwar gute Ratschläge und Lehren wohldosiert zu verabreichen, aber eine Gemeinsamkeit dadurch herzustellen, dass man nicht von oben herab lehrte, sondern als der nur wenig Fortgeschrittenere, vielmehr immer noch selbst Anfällige. Die Besprechung von epi. 15 wird diese Ansicht noch befestigen.

Epistel 9

Epistel 6 und 7 waren beide so geschrieben, dass man den Eindruck gewinnen konnte, hier spräche einer, der seinen Stand gefunden, der eine Haltung schöner Selbstgewissheit gefunden habe; dann der Niederbruch in epi. 8: Jetzt muss man den Eindruck gewinnen, als gestalte der Dichter, ohne dabei autobiographisch zu werden, dennoch unter dem literarischen Ich (man denke an epi. 7) nicht völlig und gänzlich sich selbst verbergend, ein Seelendrama, das Drama des zwar Voranschreitenden in den Dingen der Lebenskunst, aber noch nicht zur Gänze gefestigten, kurzum: des *proficiens*, wie McGann richtig schrieb. Dieses "Drama" findet in epi. 9 sein (vorläufiges) Ende. – "Septimius"[112], so spricht der Dichter Tiberius an (den er eben gerade in epi. 1, 8, 2 erwähnt hatte), "der weiß 'natürlich' als einziger, wie sehr Du mich schätzt". Das "natürlich" (*nimirum*) ist ironisch gesagt, wie Heinze und Mayer zutreffend kommentieren. Damit ist eine dem Scherz nicht ferne Stimmung zwischen Verfasser und Adressat hergestellt, die sehr bald erlauben wird, mit dem eigentlichen Anliegen herauszurücken: "Denn wenn er mich bittet und mich gar mit seinem Wunsche bestürmt[113]"; und nun folgt der Inhalt der Bitte, bescheidentlich versteckt in einem weit untergeordneten Erklärungssatz: "Ich möchte doch wenigstens den Versuch machen (*coner*, 3), ihn Dir gegenüber mit Lob zu erwähnen und ihn Dir anzuempfehlen". Wir lesen also ein Empfehlungsschreiben. Ein solches zu schreiben, war in einer Gesellschaft, die keine Beamten- oder ähnlich geregelte Karrieren kannte, ein überaus wichtiges Unterfangen, das vieles zu bedenken gab[114]: Die

---

[112] Um wen es sich handelt, wissen wir nicht genau; natürlich denkt man an c. 2, 6, aber das ist nichts als ein Einfall. Man hat, s. Mayer 178, an den Septimius aus einem Brief des Augustus an Horaz (S. 2*, 15 in Klingners Horaz-Ausgabe) erinnert, aber auch hieraus ist nichts Genaueres zu erfahren.

[113] *Prece cogit* verwendet den alten, in der Umgangssprache aufbewahrten Singular (Ruckdeschel 8). Der Empfehlende äußert seine Bitte so, dass der Gebetene kaum umhin kann, sie zu erfüllen, vgl. W. Richter im Kommentar zu Vergils Georgica S. 269 unten: "Unausweichlichkeit der Bitte".

[114] Man darf auf Fr. Lossmann, Cicero und Caesar im Jahre 54, Hermes Einzelschriften 17, 1962, Kap. 1; Verf., Catalepton 8 and Hellenistic Poetry, ACl 12, 1969, 37/40 und auf H.

Würdigkeit des zu Empfehlenden, den Rang, den er im Umkreis des Empfehlenden einnahm (woraus sich das Gewicht der Empfehlung ergab), und das Verhältnis, das sich möglicherweise zwischen dem Empfohlenen und demjenigen ergeben würde, dem die Empfehlung vorgetragen wird. Darum jetzt die Kennzeichnung des Septimius als eines Mannes, der sehr wohl der Einstellung und des Ranges eines Tiberius würdig wäre, der bekanntlich nur Ehrenwertes sich aussucht[115]. Wenn Septimius also das Ich dieses Briefes um einen so wichtigen Gefallen bittet, dann, so kann man paraphrasieren, "mutet er mir zu[116], die Aufgabe eines Dir nahe stehenden Freundes zu übernehmen: Er kennt den Grad meines Einflusses also wohl besser[117] als ich selber". Mit diesem aus v. 1 wiederholten ironischen Verweis darauf, dass Septimius das Ich besser kenne als es sich selber, rundet Horaz diesen ersten Abschnitt ab. Es ist in ihm alles gesagt, was zu einer echten Empfehlung gehört, doch bis auf das *tradere* (vgl. Cic. fam. 13, 1, 2 Ende) und das *quanti me facias* (ebd. 13, 8, 1) ist die übliche Fachterminologie vermieden; es fehlen z.B. die Bezeichnungen für die Dauer und den Grad der Bekanntschaft. All' dies ist gemieden, um das Gedicht nicht zu sachlich werden zu lassen. Das Anliegen ist zudem gleichsam indirekt vorgetragen, als Bericht über des Septimius Gespräch mit dem Ich, zudem scheint der Dichter den Eindruck unsicheren, zögerlichen Sprechens nahe legen zu wollen.

Wenn das Ich zögerlich spricht, warum hat es dann überhaupt die Sache des Septimius zu seiner eigenen gemacht? Es wollte nicht so dastehen, als würde er nur so tun, als ob sein Wort kein Gewicht[118] bei Tiberius hätte, als verberge und verhehle es seinen Einfluss und bewahre ihn nur für solche Gelegenheiten auf, bei denen für es selber etwas herausspringen könnte. Das Ich verlässt sich darauf, dass Tiberius die versuchte Empfehlung ihm nicht verübeln werde, weil sie um des guten Rufes willen geschah und aus Erfüllung einer sozialen Pflicht. Es hofft, dass Tiberius sie nicht als Dreistigkeit, sondern als erzwungen betrachten wird.

Das sagen die Schlussverse denn auch deutlich: Um dem schweren Vorwurf, Freunden nicht zu helfen, vielmehr nur an den eigenen Vorteil zu denken, zu entgehen, stieg das Ich hinab bis zum Vorteil einer „städtisch" dreisten (also

---

Cotton, Documentary Letters of Recommendation, Beiträge zur klassischen Philologie 132, 1981 hinweisen.

[115] Cicero verbindet im Brief an Atticus 4, 5 1 *honesta consilia* mit *recta* und *vera*. Man wird gewiss auch heraushören dürfen, dass ein Mann, den Tiberius sich erwählt, ihm selber *honor* bringen muss, Ansehen und guten Ruf.

[116] So erklärt Heinze, OLD *censeo* 5 unterstützen diese Auffassung, dass in *censet* Wunsch und Bitte liegt; Kilpatrick 41 übersetzt also nicht ohne guten Grund mit "urging".

[117] Nicht nur die umgangssprachliche Form *valdius*, sondern auch die stolpernde Metrik des v. 4 (Crusius-Rubenbauer 49 unten, Mayer zu v. 4 am Ende) geben diesen Sätzen etwas niedrig Gestimmtes, wohl um des Eindruckes der Bescheidenheit willen.

[118] *Mea* in 8 bedeutet "my power" (so O. Skutsch zu Enn. ann. 232; Mayer kommentiert ähnlich).

einer vulgären) Miene[119], der offenbar darin besteht, dass man mehr sagen darf, als ein zurückhaltender und vornehmer Mensch sich herausnehmen würde. Wenn Tiberius also loben könnte, dass das Ego der Epistel nur um eines Freundes willen so gehandelt habe, dann, so beschleunigt sich jetzt das Tempo – möge er ihn in seinen Kreis aufnehmen, ihn als recht und ehrenhaft betrachten (eigentlich kommt das zweite als erstes).

Wozu dieser Brief? Wird hier ein "Konflikt zwischen zwei Formen von 'Schuld'...vorgeführt", der "in ethische Erörterungen hineingehört", wie C. Becker 24 meinte, weil er nur zu gern sämtliche Episteln (auch epi. 19!) der Ethik zurechnen wollte, oder "enthält der Brief keine Philosophie", wie Morris 94 schrieb? Handelt es sich um einen Kunstbrief, der eine Funktion innerhalb des Kreises der anderen Kunstbriefe hat (wenn ja, welche?) oder lesen wir ein echtes Empfehlungsschreiben, so Heinze S. 88? Verf. ("Grundriss" 100f.) hatte ganz anders argumentiert: Nach der Reihe der acht eher ethisch orientierten Episteln folgt mit der scheinbar ganz "echten" Empfehlung ein unterbrechender, auflockernder, weil ethik-armer und somit themafremder Brief, der zudem Tiberius nach der kurzen Erwähnung im Vorübergehen (epi. 8, 2) nun ausführlich huldigt. Mayer 181 will epi. 9 auf epi. 17 vorausweisen lassen ("This letter thus opens up the theme of associating with the socially superior"), E. J. Kenney (bei Mayer 181) meinte gar, die Epistel enthalte eine Lehre für die jungen Karrieristen. Beides scheint auch heute noch weniger überzeugend als die Auffassung, epi. 9 stelle einen Trennbrief dar. Auch heute noch scheint also die strukturelle Auslegung[120] berechtigt, die zudem den Vorteil hat, dass sie eine gewisse Anbindung an die Großen der horazischen Welt enthält, die sich in epi. 13 wiederholen wird.

Bevor wir uns dem nächsten Brief zuwenden, müssen noch zwei sich aufdrängende Fragen beantwortet werden: Handelt es sich um ein echtes Empfehlungsschreiben, das sich von denen in Ciceros Korrespondenz (fam. 13) nur durch die gedichtete Form unterscheidet? Warum ist diese Epistel an Tiberius, den Stiefsohn des Prinzeps, gerichtet? Die erste Frage zu beantworten, ist nicht schwer: Heute nimmt wohl niemand mehr an, dass Horaz, nur weil er Dichter war, ein echtes Empfehlungsschreiben (dem übrigens, wie wir sahen, manches, was zu einem solchen gehört, abgeht), in Hexameterform abgeschickt hätte; niemand würde ihm heute noch eine solche Alberei zumuten. Was die zweite

---

[119] Eine *urbana frons* (11) ist nicht die "Miene" (*vultus*) frecher Stadt- und Straßenmenschen (wie Töchterle im Kommentar zu Sen. Ocd. 7 meint), sondern es darf ruhig bei der "Stirn" bleiben, unserem "Er hatte die Stirn zu..." vergleichbar. S. auch "Grundriss" 100, Anm. 92.

[120] Das ergäbe eine Abfolge von 8 ethischen, einem Huldigungsbrief, drei wieder eher ethischen, einem zweiten Huldigungsbrief, und dann sieben weiteren, Episteln, die allerdings nur vorwiegend, nicht stets und immer Ethischem gewidmet sind: 8 – (1) – 3 – (1) – 7. Nur eben angemerkt sei, dass später Seneca genau so seine Episteln anordnen wird, auch bei ihm ist z.B. ep. 10 ein themafremder, also gliedernder Brief, s. Verf., Der Bau von Senecas Epistulae Morales 64; E. A. Schmidt, Sabinum akzeptierte diese strukturelle Auslegung auf S. 142 (Anm. 250) anscheinend.

Frage angeht, so wäre zu sagen, dass Horaz wohl von Anfang an vorgehabt hatte, die Epistelsammlung dem Kaiserhaus zu widmen; warum er da mit Tiberius begann (epi. 13 wird dann dem Prinzeps selber gewidmet sein), dem jungen, so überaus erfolgreichen Feldherrn und Organisator (Sueton, Tiberius 9, Anf.; Syme, Roman Revolution 388 unten), und sich nicht an dessen Bruder wandte, ist schwer zu sagen. Warum er es in dieser verspielten Form tat, ist leichter zu sehen: Der Dichter erreichte damit zwei Ziele: Zum einen sagte er dem Septimius Freundliches und zum anderen brauchte er den Großen nicht plump und direkt anzureden, sondern konnte, die Huldigung in einer Empfehlung verbergend, *verecundia*[121] walten lassen.

Epistel 10

M. Cicero Imperator salutem dicit C. Curioni Tribuno Plebis, "Cicero, der Imperator, grüßt den Volkstribunen C. Curio" (Cic. fam. 2, 7): So formell und gespielt gravitätisch klingt auch der Beginn der 10. Epistel:

> *urbis amatorem Fuscum salvere iubemus*
> *ruris amatores,*

"den Liebhaber des Stadtlebens Fuscus[122] heißen wir gesund zu sein, wir, die Liebhaber des Landlebens", wobei das "wir" das ganze Haus miteinschließt wie bei Terenz (Ad. 80f.): *salvom te advenire, Demea, gaudemus* ("Wir freuen uns, dass Du gesund zu uns kommst"). Nun die Fortsetzung: "In dieser Sache, aber auch nur in ihr, sind wir ganz verschieden, sonst aber wie Zwillingsbrüder"; das wird ausgeführt: "Aufgrund unserer brüderlichen Gesinnung will der eine nicht, was der andere ablehnt und zustimmen tun wir auch immer zum selben. Jedoch, obschon wir zwei Täuberiche sind, die sich seit langem kennen, bleibst Du gern beim Nest, ich dagegen – ", und nun verlässt der Dichter die Welt der Tauben, "liebe in der schönen Natur die Bäche mit ihren moosbewachsenen Felsen und die Wälder"[123].

---

[121] Wili 285 sprach von einem "Neckspiel" zwischen Horaz und Tiberius – "neckte" man in einem zu veröffentlichenden Werk einen Tiberius?

[122] Zu seiner Identität G. Williams, Tradition 11 (nach Nisbet): Vielleicht ein Schullehrer und womöglich der Fuscus aus sat. 1, 9.

[123] Umstritten ist in diesen Versen die Interpunktion; hier wurde nach *gemelli* (3) gleichsam ein Doppelpunkt gesetzt, v. 4 als Ausführung gefasst, wobei nach *pariter* tiefer eingeschnitten wurde. Nach *columbi* sollte man nicht interpungieren, da die Identifizierung oder Verwandlung (zum Unterschied vom Vergleich s. Lateinische Dichtersprache 147f.) sich ja in v. 6 ("Nest") bruchlos glatt fortsetzt. Die zweite Hälfte des 6. Verses bringt dann die Wiederaufnahme des Hauptthemas aus v. 2 (*rus*, das Land und

"Und wieso?", so könnte man das *quid quaeris?* aus v. 8 als rhetorische Frage wiedergeben, und dann fortfahren: "Schau, dort lebe ich wirklich, bin mein eigener Herr[124], sobald hinter meinem Rücken ist, was Ihr so höchlich preist"[125]. Es folgt eine prachtvolle Parodie: "Wenn man denn der Natur entsprechend leben soll, und wenn man, bevor man ein Haus baut, erst einmal einen passenden Bauplatz finden muss – nun, wisst Ihr Stadtmenschen einen besseren Platz als das schöne Land?" Wieso Parodie? Man kennt die stoische Formel "Entsprechend der Natur"[126], hier aber wird aus der hohen *natura* das *rus beatum*, das Land, das glücklich macht: Wie kann es das?

Die Temperatur ist winters angenehmer als in der Stadt (man denkt an den wärmenden Herd in einem Bauernhof), man schläft besser (dort draußen hat man keine Sorgen, so gibt der Landliebhaber vor), die einem die Ruhe neiden, und das Gras: Es duftet schöner als die parfümierten Luxusböden in Stadthäusern und es glitzert reizvoller (man denkt an die Tauperlen an Grashalmen im Gegenlicht), und das Wasser ist klarer als das städtischer Wasserleitungen[127], wenn es – und nun kommt eine wundervolle Beschreibung eines Feldbaches auf kürzestem Raum – "über ein leicht abgesenktes Bachbett murmelnd dahinperlt":

quae per pronum trepidat cum murmure rivum (21).

Horaz hatte die ganze Kaskade von Lobeserhebungen in die Form von Fragen gekleidet: "Gibt es einen Ort, wo...?", wobei die Antwort natürlich ein "Nein" sein sollte: "Nein, denn wir selber lassen ja die Natur im Haus walten" (22/5), nämlich in der Form des Peristylgartens[128]: *natura* in v. 24 ist hier

---

die freie Natur), oder trocken gesprochen: die genauere Ausführung in Form eines abschließenden Trikolons. Schöner gesagt, handelt es sich um ein Plätzchen, das besonders einem Südländer im Sommer äußerst willkommen sein muss, nämlich der lukrezische (5, 949/51) Waldbach mit seinen Moosfelsen; vgl. dazu Syndikus zu Catull 68, 58; S. 266, Anm. 118.

[124] *Vivo* fasste Heinze als prägnant "ich lebe auf", Mayer als emphatisches "Dort lebe ich wirklich"; beides unterscheidet sich kaum. *Regno* meint die Unabhängigkeit, d.h. das Thema der epi. 1, 3 und 107; man sollte auf Verg. buc. 1, 69 (Clausen nennt einen weiteren Beleg) und catal. 8, 2 (*domino*, s. Verf., ACl 12, 1969, 33, Anm. 25) verweisen.

[125] Mit dieser altertümelnden Wendung ist das Altertümeln des Horaz wiedergegeben, der in *rumore secundo* an Enn. ann. 240 Skutsch erinnert, vgl. Eden zu Verg. 8, 90.

[126] Es genügt, auf M. Pohlenz, Stoa 1, 117 (2, 67) und Cic. off. 3, 13 (*convenienter naturae vivere*) zu verweisen, um zu erkennen, dass hier unter *natura* weder die eigene Geist-Natur noch die Physis des Kosmos gemeint ist, sondern eher etwas dem Locus Amoenus Gleiches (Heinze sprach geradezu von einer epikureischen Umwandlung des Wortes).

[127] Marquardt-Mau 716f. zu den Bleirohren, die gern Haarrisse bekamen, wenn unter starkem Druck, s. Sen. nat. qu. 1, 3, 2. Vgl. auch Kolb 213ff.

[128] Heinze zu c. 3, 10, 5; P. Grimal, Les Jardins Romains, Paris 1943, 133; L. Farrar 17/20. – Zu bestimmen, was Horaz hier und in v. 12 unter *natura* verstand, ist nicht einfach. Es stehen sich zwei Auffassungen gegenüber: R. Heinze dachte an den "Trieb" der menschlichen Natur und verwies auf Sen. epi. 119, 2f., wo in der Tat *natura* als *desiderium* verstanden ist; D. Bo 2, 68 links ordnete epi. 10 unter "in universum" ein im

womöglich das, was wir unter Natur verstehen, nämlich die freie Natur von Feld, Wald, Bach und Berg; aber für einen solchen Gebrauch liefern die Lexika anscheinend keine Belege; darum hat man gemeint, es handele sich um die *natura* des Menschen, um den Grundtrieb nämlich, draußen zu sein und sich nicht in der Stadt einpferchen zu lassen (so etwa kommentierte Heinze). Diesem Trieb verdankte man jedenfalls die Gärten im Stadthaus. Wie dem auch sei, es siegt am Ende dann doch (das betont *victrix* am Ende von v. 25) die „Natur".

Der Peristyl-Garten ist, so muss man jetzt interpolieren, nur nachgemachte, unechte Natur wie, so vergleicht Horaz, unechter Purpur, etwa der aus Aquinum, wo "man mit einem billigen Pflanzensaft, als Surrogat des Purpurs, Wollzeuge gefärbt" hat (Heinze); den muss man vom echten unterscheiden können, viel wichtiger aber ist es, das Wahre überhaupt vom Falschen trennen zu können, *vero distinguere falsum*[129]. Warum? Nur wer dies zu unterscheiden weiß, wird sich nicht an falsche Wert klammern; und das ist vom Übel, denn wer Falsches gierend angafft (*mirabere* in 31 erinnert an epi. 6, 1 und 18), der wird nur schwer davon loskommen, also: *fuge magna*; "Fliehe das (scheinbar) Großartige, ziehe Dich aufs bescheidene Land zurück, dort wirst Du die Könige und ihre Satelliten (oder auch: die Großen und ihre Klienten, wenn man es ins Stadtrömische übersetzt wie Mayer) an Glück übertreffen.

Gegen dieses Bild vom unabhängigen, freien "König" draußen auf dem Lande stellt Horaz jetzt das Bild des Versklavten: Wie das Pferd einst, das mit einem Hirschen zusammen weidete und von ihm tyrannisiert wurde, sich den Menschen zu Hilfe rief, den Hirschen dann besiegte[130], aber für immer den Reiter tragen musste und so zum Sklaven wurde, ebenso wird, wer die Armut scheut, unfrei werden, weil er schwach ist (*improbus*, 40), zu schwach, um "das Geringe anzuwenden", d.h. sich auch an dem zu freuen und daran sein Genüge zu haben, was bescheiden ist, vgl. c. 2, 16, 13: *vivitur parvo bene*, "auch mit

---

Unterschied zur menschlichen Natur und dachte daher eher an etwas wie die Natur, d.h. die Gegebenheiten der Dinge, also nicht an etwas im Menschen, sondern an etwas in den Dingen. G. Williams, Tradition 596 oben paraphrasierte mit "natural features of landscape – trees, grass, rivers", doch ohne Belege; McGann 59 beachtete diese Problematik ebenso wenig wie Mayer, wohl aber besprach sie kurz Kilpatrick 73, er paraphrasierte mit "*divina natura* of the country" und "Nature's trees"; ähnlich dann auch jüngst E. A. Schmidt, Sabinum 149: Der stoische Naturbegriff "verwandelt sich unversehens ... in Natur als Land und Landschaft", doch auch er nennt keine Belege. Was tun? Da diejenigen, welche *natura* als von den Dingen gesagt verstehen, keine Belege beibringen, scheint es ratsam, an die Natur des Menschen zu denken, die u. a. darin besteht, sich mit Einfachem zufrieden zu geben, und solches Einfache findet man draußen, nicht in den Städten; s. aber A. 126: Die Frage ist noch nicht geklärt.

[129] Mit *verum* ist auf epi. 1, 11 (vgl. 7, 98) verwiesen.

[130] Man hat Horaz das *victor violens* in v. 37 nicht glauben wollen, doch es ist ganz leicht zu verstehen: "Eben noch kraftvoller Sieger", muss es jetzt dienen. Die temporale Prägnanz des *violens* ist durch die Belege in "Lateinische Dichtersprache" 108 verständlich (man füge hinzu: epo. 7, 2 und 7; c. 2, 7, 11 und Syndikus' Kommentar S. 378: "vorher so stolz").

Bescheidenem lebt man gut". Wer sich mit dem, was er hat und was zu ihm passt, nicht abfinden mag (und nach mehr strebt), der wird, wenn er sich andere Schuhe besorgen will als diejenigen, die er hat, sich entweder einen Schuh anziehen, der ihm zu groß ist und auf die Nase fallen und dann ebenso jammern, wie er über die Blasen jammern wird, wenn der Schuh zu eng ist. (Man trage also den Schuh, den man hat und der einem passt).

Laetus sorte tua vives sapienter, Aristi (44),

"Klug und weise wirst Du sein, wenn Du mit dem, was das Geschick Dir gegeben, zufrieden bist", und, so fügt der Dichter an, wenn ich einmal zuviel haben will und nicht rechtzeitig aufhöre (mit dem Weiterkommen-Wollen[131]), sag's mir". Wer sich dessen, was er hat, bedient, der macht es richtig; wer giert, wird selber zum Diener (des Geldes) wie der Bauer, der ein Tier nicht (als Beherrscher) führt, sondern von dem Tier (das wild ist und sich nicht gängeln lässt) gezerrt wird (47f.).

"Dies alles diktierte ich", so berichtet das Ich abschließend, "(meinem Schreiber-Diener) im Schatten hinter der Ruine eines zerfallenden Vacuna[132]-Tempels und war ganz glücklich, mit der Ausnahme, dass Du nicht bei mir warst".

Der Grundgedanke des Briefes ist ein antithetischer: Stadt gegen Land, Versklavtsein gegen Freiheit[133], Reichtum gegen Bescheidung, Glück gegen Unglücklichsein. Die Glieder dieser Antithesen lassen sich bündeln: Land, darunter fällt Freisein, Bescheidenheit, Glück, es ist der Ort des *verum*[134], des wahren Wertes, nämlich des Freiseins, und der Ort solchen Freiseins ist das Land, nicht die Stadt, unter welchen Sammelbegriff alles hier Getadelte fällt. Die beiden Linien, die längst im Briefbuch angelegt waren, *paupertas* und *libertas*[135], wer-

---

[131] Vgl. epi. 7, 57: "Es gut sein lassen" kommt dem Verb vielleicht am nächsten (vgl. OLD cesso 4). Anscheinend verweist Horaz hier ein weiteres Mal auf epi. 7 zurück.

[132] *Vacuna* war eine im Sabinerlande verehrte Gottheit, wie Inschriften beweisen (Radke, Götter Altitaliens 305); die schon antike etymologische Verbindung zum Verbum *vacare* ist zwar streng wissenschaftlich vielleicht nicht haltbar, aber wer will behaupten, dass Horaz nicht an sie dachte? Sie passt nahtlos zum Kontext. Zur *Vacuna* s. auch "Grundriss" 103, Anm. 105 und jetzt Schmidt, Sabinum 154, wo Dumézils Auffassung referiert wird ("glückliche Beendigung einer räumlichen Abwesenheit"), die allerdings schwer mit dem Text vereinbar scheint. Kilpatrick 75 unten nennt einen neueren Versuch, die Örtlichkeit wiederzufinden (Rocca Giovane, s. S. Ardito, A Piedi nel Lazio 1, Rom 1988, S. 53 oben), doch seine Fußnote ist verwirrend.

[133] Klar und treffend grenzt E. A. Schmidt, Sabinum 140 den Freiheitsbegriff der Satiren ("freimütig") von dem der Briefe ab (Freiheit von Zwängen).

[134] Auch hier muss man Schmidts Sabinum zu Rate ziehen (139, Anm. 247). In v. 29 bedeutet *verum* gewiss nicht einfach und ohne nähere Bestimmung das Wahre oder die Wahrheit, sondern den echten Wert, und zwar den der Freiheit (dem Äußeren gegenüber nach Maßgabe des 6. Briefes), weil es doch wohl zum *regnare sub paupere tecto* gehört.

[135] Der Begriff der Bescheidung kam bereits in epi. 2, 46 und 7, 44 vor, der des Freiseins schon in epi. 1, Anfang und besonders in epi. 6 und 7 (Zur Verbindung der zehnten mit

den hier zum ersten Male verknüpft zu einem für die Episteln neuen Gedanken: Freiheit durch bescheidenen Rückzug auf das Land, um glücklich leben zu können. Doch welchen Wert hat das Land für Horaz? War es richtig zu sagen: "Das Land ist auch hier nicht nur – wie in sat. 2, 6 – die Stätte, auf der Horaz unbeschwert und frei ... leben kann, sondern es vertritt selbst das *naturae convenienter vivere*" (so Becker 20, wodurch dann allerdings das Land in seinem Eigenwert geschmälert erscheint)? Sind also "Land und Stadt im Grunde nur Symbole" (Heinze S. 91 oben, was Becker in Anm. 11 zur Bestätigung seiner Ansicht zitiert; ähnlich d'Alton 134, Anm. 6)? E. A. Schmidt, Sabinum 150 war anderer Ansicht: Es werde "hier der Naturbegriff der hellenistischen Moralphilosophie ästhetisiert", und damit ist man einen Schritt weiter auf dem Wege zu einem besseren Verständnis der Notiz in der Donat-Vita (S. 3*, 18 Klingner): *vixit plurimum in secessu ruris*: Das Land war ihm wie eine Heilquelle und weder Symbol noch Vertretung von irgendetwas anderem. Das Empfinden, auf eigenem Grund und Boden im schönen Draußen einfach[136] lebend sein eigener Herr zu sein, weitet, wenn man so sagen darf, die Brust, damals wie heute.

Dieser Brief ist in sich schön geschrieben, wenige abstrakte, aber sehr klare Gedanken wechseln mit einer Fülle von zuweilen schönen, zuweilen reizvollen Bildern; er ist von großer Freude erfüllt, hat einen weiten Atem und nichts Beklemmendes kommt in ihm vor. Auf die Sammlung insgesamt gesehen, führt er von langer Hand angelegte Gedankenstränge zusammen unter dem neuen Begriff des rechten Ortes. Nach dem Trennbrief (epi. 9) treten alle wesentlichen Begriffe der früheren Briefe wieder auf (s. dazu "Grundriss" 102, Anm. 99), werden aber zusammengeführt unter einem neuen, dem örtlichen Aspekt, dem der heilenden und glücklich machenden, weil richtigen Umgebung, dem Lande.

Epistel 11

Es versteht sich von selbst, dass man Horaz nun nicht darauf festlegen darf, dass er immer nur auf dem Lande glücklich war und dem Leben in der Stadt überhaupt nichts abgewinnen konnte: Man hüte sich, vorschnell auf den historischen Horaz rückschließen zu wollen. Die Briefe stellen, so könnte man vereinfachend sagen, vorwiegend Positionen dar oder Etappen auf einem Wege, den ein jeder zurücklegen könnte oder gar sollte. Recht persönliche Nebenmotive wie das Sabinum sind davon nicht ausgeschlossen. Darum korrigiert epi. 11, der Brief

---

der siebten Epistel vgl. McGann 59, zu der mit epi. 6 s. Mayer zu 31-2.) Auch der Begriff des *verum* war seit langem angelegt, McGann 60.

[136] R. Vischer, das einfache Leben, Göttingen 1965 mit Gnomon 39, 1967, 412.

übers Reisen um der Zerstreuung von Sorgen willen, auch sofort den Eindruck, Glücklichsein hinge ganz und gar von einem *locus amoenus*[137] ab: Dort entstand der Eindruck, als sei das Land schier unabdingbare Voraussetzung des rechten, glücklichen Lebens; hier wird das eingeschränkt[138], denn nicht das Land erweist sich als Voraussetzung eines gesunden *animus*, sondern die rechte Nutzung dessen, was zuhanden ist, mit Gleichmut (v. 30). In dieser Epistel werden gleich drei neue Begriffe eingeführt, die zu den wichtigsten gehören:

> *nam si ratio et prudentia curas,*
> *non locus, effusi lati maris arbiter, aufert,*
> *caelum, non animum mutant, qui trans mare currunt* (25/7),

"Denn wenn unterscheidendes Denken und gesichertes Wissen und nicht irgend eine Örtlichkeit die Sorgen fortschafft, dann wechseln die Fluchtreisenden nur die Gegend, aber nicht ihren Sinn". *Ratio*, das scheint eine der Natur des Menschen angehörige, angeborene Fähigkeit zu sein, die als Hauptaufgabe das Erkennen der kosmischen und irdischen Zusammenhänge hat und die Unterscheidung von Wahr und Falsch, d.h. von wahren Werten und falschen; *prudentia* dagegen scheint eher ein Wissen aufgrund philosophischer Erkenntnis (und Unterweisung) zu sein, vgl. "Grundriss" 105, Anm. 110; und *qui trans mare currunt* sind diejenigen, die auf der Flucht vor ihren *curae* davonstieben, um irgendwo Zerstreuung und Abhilfe durch Ablenkung zu finden (vgl. Lucr. 3, 1059). Dabei ist das doch nur zappelnde Indolenz, *strenua inertia* (28)[139].

---

[137] G. Schönbeck, Der *locus amoenus* von Homer bis Horaz, Diss. Heidelberg 1962, gedruckt 1964.

[138] Verf. hatte in "Grundriss" 104, bzw. 105 geschrieben, das Land sei in epi. 10 die "conditio sine qua ein Gesunden unmöglich ist" und das Land sei "unabdingbare Voraussetzung des Gesundens"; R. Mayer 195 widersprach, in epi. 10 "Horace nowhere says that anyone has to live in the country to be happy". Er hat Recht; in epi. 10 heißt es in v. 14 lediglich, es gebe keinen besseren Ort zum wirklichen Leben (*vivo*, 8). Wollen wir uns also selbst korrigieren und so sagen: In epi. 10 erscheint das in jeder Hinsicht gesunde, bescheidene Leben auf dem Lande als der vorzügliche und jedem anderen vorzuziehende Ort, was epi. 11 dahingehend korrigiert, dass man letztlich überall glücklich sein kann, sofern man einen ausgeglichenen *animus* hat; technisch gesprochen: Das Land ist ein *accidens praeferabile*, jedoch nicht *necessarium*.

[139] G. Bruno, A&R 30, 1985, 21 vergleicht Sen., de tranqu. an. 12, 3 und epist. 56, 8 (*quies inquieta*), verfällt dann aber in die biographistische Erklärungsweise, wenn er zu erkennen glaubt, dass Horaz doch nicht immer der "imperturbabile" sei (S. 24), wie ihn z.B. Hagedorn sah ("Wann werd' ich einst, in unbelauschter Ruh' / nicht so berühmt, nur so vergnügt wie Du?"). Zu Horaz und Hagedorn vgl. W. J. Pietsch, Fr. von Hagedorn und Horaz, Hildesheim 1988.– Die Formulierung *caelum, non animum mutant* hat später Seneca angeregt (epist. 28, 1 ist bis ins Wörtliche vergleichbar).

Epistel 12 und Carmen 1, 29

Beide Gedichte sind an einen Iccius gerichtet, dessen Familie möglicherweise aus der Narbonensis stammte (Nisbet-Hubbard I, 337) und der in den Jahren 26/25 v. Chr. sich der Militärexpedition des Aelius Gallus in den Yemen anschloss, später dann Prokurator der sizilischen Güter Agrippas wurde.

Carmen 1, 29

"Iccius", so beginnt das launige Gedichtchen gleich mit dem Namen, jetzt schaust Du gierig nach den Reichtümern der Araber und bereitest 'trutzigen Heerzug'[140] gegen die bisher noch unbesiegten Könige von Saba, und dem schrecklichen Parther schmiedest Du Ketten?" Nun, so weit sollte der Zug nie führen, Horaz übertreibt also gewaltig, so wie er den Stil spöttisch (Syndikus 1, 265) hochschraubte und diese erste Frage in einen komplizierten Chiasmus fasste. Die zweite Frage, eine Doppelfrage, ist nicht minder hochgeschraubt: "Welche der Jungfrauen, eine Barbarin[141], wird Dich, wenn ihr Verlobter gefallen, bedienen? Welcher Knabe aus königlichem Geblüt ("Palast", sagt Horaz) wird gesalbten Haares an den Weinschank gestellt sein, eigentlich dazu erzogen, chinesische Pfeile[142] mit dem Bogen des Vaters zu schießen?" Eigentlich war der Knabe ebenso wie das Mädchen zu anderem erzogen worden, als der Lust eines jungen römischen Gecken zu dienen: Pathoserregende Einsprengsel, wie Horazens Lyrik sie liebt.

Nunc in v. 1 hatte darauf vorbereitet, dass irgend ein Umschwung geschehen ist; der wird nun in grandios-spöttischem Stil anvisiert: "Wer wird da noch für unmöglich halten, dass Flüsse, eigentlich abwärts eilend, steile Berge hinauf fließen könnten oder dass der Tiber sich umkehrte, wenn Du, der Du eben noch Dir von überall her die Werke des großen Panaetius (über die Pflichten) beschafftest, sie und die ganze Schule des Sokrates herzugeben für teure spanische Kettenpanzer Dich anstrengst[143] – Du, der Du doch einst Besseres versprochen?"

---

[140] So könnte man das hochstilisierte *acrem militiam* wiedergeben, das an den Hochton aus c. 3, 2, 2 gemahnt, s. Nisbet-Hubbard 340: "grandiose".

[141] *Barbara* im Singular zum Fragepronomen und nicht, wie es natürlich gewesen wäre, zum Plural *virginum* zu stellen, "makes the style still more mannered" (Nisbet-Hubbard 340, letzte Zeile).

[142] *Sagittas tendere arcu* kehrt den Sachverhalt um: Man spannt den Bogen, nicht die Pfeile; so aber schrieb auch Vergil, Aen. 9, 590 (allerdings mit *in-tendere*), zu welchem Vers Dingel anmerkt, dass auch Cicero *intendere* so verwendete; Horaz poetisiert also durch das Simplex statt des Kompositums. Zu den chinesischen Pfeilen s. Nisbet-Hubbard: Eine im lateinischen Bereich unbelegte, also wohl sehr ausgefallene und auch teure Pfeilsorte.

[143] *Tendis*, sachlich ganz zu trennen von *tendere* in v. 9, steht, aufs Sprachliche gesehen, wohl ebenfalls für *intendis* (OLD *intendo* 11 b).

Ein Spottlied, nicht ohne eingestreutes Pathos, aber im Ganzen doch eher archilochisch-jambisch gehalten; ein Spott gegen den "complete reversal of behaviour"[144] des jungen Iccius, der eben noch sich als Freund und Verehrer der stoischen Philosophie gab, nun aber, als die Gelegenheit sich bot, sich entlarvte und als dem Reichtum nachgierend entpuppte. In den Jahren 26/25, also sehr wohl in der Nähe des "philosophischen" Carmen 2, 2 und lange nach c. 2, 16 geschrieben, hat der Spott zum Thema das Auseinanderklaffen von Gehabe ("behaviour") und Wirklichkeit im Sinne der wahren Beweggründe, die offenkundig werden, wenn sich eine Gelegenheit offeriert. Das Jüngelchen wird so in seinen Prätentionen zur Schau gestellt, Prätentionen, denen der hochgeschraubte Stil durchaus entspricht.

Epistel 12

Die Ode erhielt ihren Charme aus dem epigrammatischen Charakter, der sich daran zeigte, dass in spöttisch-überhöhtem Stil und Bildreichtum ein Erstaunen aufgebaut wurde, das jäh mit der Demaskierung endete. Epistel 12 ist nicht ebenso angelegt, was Wright vermutete, denn der Brief rät, er demaskiert nicht.
Eine klare Feststellung leitet ein: "Wenn Du von den Einkünften Agrippas aus Sizilien, die Du einbringst, rechtmäßigen[145] Gebrauch machst, kann nicht einmal Juppiter Dir mehr schenken: Höre also auf, Dich zu beklagen. Arm ist ja nicht, wer genug für seinen Gebrauch hat". Eine Sentenz schließt eindrucksvoll diese Einleitung ab, bei der wir heute nicht mehr wissen können, welcher Art die Klagen des Iccius waren; aber vermuten darf man, dass er wohl oft über zu geringen Profit jammerte (Heinze malte sich noch mehr aus, aber bei aller Wahrscheinlichkeit ist es nicht zu beweisen).
Das Bisherige wird nun in Anlehnung an Solon (frg. 14, 4 in Diehls dritter Auflage) ausgeführt: Ist man am Körper ganz gesund, nichts – das *nil* ist betont gestellt – können dann sogar Königsschätze zum Glück hinzutun. Und wenn einer dann (bei bester Gesundheit, wie eben gesagt) auch noch inmitten des Überflusses sich (in einem Falle) zu bescheiden vermag (aufgrund einer guten Naturanlage, so kann man hinzufügen), dann wird er auch in weiteren Fällen so leben können, auch wenn Fortuna ihn einmal mit äußerem Wohlstand überschütten sollte, sei es, weil Geld die Naturanlage nicht zu ändern vermag, sei es, weil er sich (durch ernst gemeinte philosophische Studien) eine Einstellung (*putas*, 11) und "Überzeugung" (Heinze) gewonnen hat, dass alles geringerwertig sei als die Tugend (7/11). Wir brauchen uns über Demokrit, der sein Hab und Gut vernachlässigte, weil er immer mit seinem Geiste in höheren Sphären

---

[144] J. R. G. Wright, Mnemosyne IV 27;1974, 49; statt "behaviour" könnte man auch "intentions" sagen.
[145] Zu *recte* in v. 3 und seinem juristischen Klang vgl. Mayer: "The legal right to use another's property in allowing a right to receive profits from it as well".

weilte (vgl. Aristoph. Equ. 1120; Cic. Tu. 5, 114), gar nicht zu verwundern: "Du, Iccius, denkst inmitten der Verführung groß und betrachtest das Hohe[146], die Ursachen der Bewegungen sowohl des Wassers als auch die der Erde mit ihren Jahreszeiten, der Planeten und des Mondes, und ob des Empedokles ‚Liebe und Widerstreit'[147] eine genügende Antwort liefert oder das stoisierende Gefasel eines Stertinius"[148]. Damit fällt der hohe Ton in sich zusammen, das folgende Geplänkel ist vorbereitet.

"Gleich, ob Du Fische oder Gemüse 'mordest' (so spielt Horaz auf die Seelenwanderungslehre an, die auch in niederen Tieren und Pflanzen Seelen Verstorbener vermutete), nimm Grosphus zum Freunde und hilf ihm bereitwillig: Er wird nichts Unrechtes erbitten, und der Erweis solcher Gefälligkeiten ist, wenn ein Rechtschaffener bittet, ja billig". Es mag sein, dass diese erneute Abschluss-Sentenz auf des Iccius Verhältnis zum Gelde anspielt (21/4).

Am Ende dann, in bester Epistolographen-Manier (*novi tibi quidnam scribam?*, Cic. Att. 1, 13, 6 z.B.), die neuesten Nachrichten: Agrippa schlug die Kantabrer (20/19 v. Chr.; Kienast 353, Mayer 11 oben rechnet mit einer Anspielung aufs Jahr 19), den Armenier Tiberius (20 v. Chr.; Kienast 343) und Phraates empfing Caesars Regelungen auf den Knieen (s. Mayers guten Kommentar), und *Copia* hat Italien aus vollem Horn Frucht beschert[149].

Was will dieser Brief sagen? "Neckt" Horaz Iccius "mit seiner Lebensweise und seinem naturwissenschaftlichen Enthusiasmus" (Heinze 106)? Oder soll man mit C. Becker 25 sagen, Horaz rate "zu bescheidenem Leben, zu theoretischen Studien, zur rechten Wertschätzung der Freunde", so als stünde dies alles gleichberechtigt nebeneinander? Oder soll man McGann 63 Recht geben, der den Brief im Lichte von c. 1, 29 auslegte und meinte, dass Horaz den Iccius, der schon vordem seine philosophischen Studien zugunsten der Raffgier ("excessive interest in money") aufgegeben habe, doch nur in ironischer Weise ob seines naturkundlichen Interesses loben könne ("The central portion of the epistle ... must in large measure be ironic"), doch ein "kann" und ein "must" weckt stets Argwohn[150]. R. Mayer 196 zog sich auf die einfache Feststellung zurück, dass Iccius nicht anerkenne, dass er es gut getroffen habe.

---

[146] Zu Sache und Wortwahl vgl. Sen. epist. 65, 18: der Weise *optima sui parte abest et cogitationes suas ad sublimia intendit*.– Auf die Geschlossenheit der Verse 14/20 (ohne Enjambement) macht K. Büchner, Studien 3, 49f. aufmerksam und rechnet mit einem stilistischen Lukrez-Anklang.

[147] Zu Formulierung (*concordia discors*, 19) und zur Sache vgl. Bömer zu Ov. met. 1, 418.

[148] Zu ihm sat. 2, 3; die umschreibende Formulierung ist hoher Stil und gerät so in scherzenden Kontrast zum Inhalt (Stertinius schwatzte Unsinn).

[149] Das war nach dem dürren Jahr 22 eine gute Nachricht. *Copia* dürfte Horaz als göttliches Wesen empfunden haben, s. Bömer zu Ov. met. 9, S. 277 unten.

[150] Auch Kilpatrick 86 nimmt die zentrale Partie über die Naturkunde als Spaßerei: "After poking fun at his interest in natural philosophy". Iccius, unzufrieden trotz reichlicher Fülle, "is discontented and aggravating his mempsimoiria by withdrawing into vain speculation. What he needs is a friend close at hand" (87 unten). Für Kilpatrick ist, seiner

Etwas anders hatte Verf., "Grundriss" 107 argumentiert: Es sei evident, dass, "hält man sich das stoische System vor Augen, ep. 12 durch die Einführung der Himmelskunde die *ratio* und *prudentia* des 11. Briefes und damit den *aequus animus* der Bullatius-Epistel fundiert". Er hatte dabei darauf verwiesen (107, Anm. 115), dass auch Seneca die Himmelskunde erst spät in sein Epistel-Werk eingeführt habe, heiße es doch in epist. 65, 15: *me prius scrutor, deinde hunc mundum*. Nun wird man skeptisch gegenüber der Ansicht sein, Horaz schreibe seine Episteln, um ein versifiziertes System der Stoa zu geben; setzen wir also noch einmal an.

Es geht Iccius gut dort in Sizilien, und doch klagt er (warum, wissen wir, wie gesagt, nicht genau). Nun der erste Protest: Er ist körperlich rundum gesund – was gibt es Besseres? (Damit wäre ein erster etwaiger Grund zur Klage aus dem Wege geschafft). Zweiter Schritt, ein Trainingsschritt: Wenn man einmal (*forte*, 7) inmitten des Überflusses sich beherrscht hat, kann man es auch weiterhin, wobei eine Naturveranlagung (zur Bescheidung) hilft oder aber das Nachdenken (das, wenn verfestigt, zur Einstellung wird, v. 11). Das ist ein Rat zur Einübung aufgrund des Nachdenkens (dies liegt in *putare*, das der *opinio* nahe kommt). Und nun folgt etwas, das wir aus epi. 4 an Albius kennen: Der Hinweis auf bereits Vorhandenes (vorbereitet durch *natura*, 10): "Du bist doch schon so weit gekommen, dass Du nicht kleinen Geistes[151] bist (und nur ans Einkommen denkst), sondern an Hohes, an *sublimia*". Da solches Denken bereits vorhanden ist und geübt wird, kann es mit der Überlegenheit über das äußere Besitzverlangen nicht mehr so schwer sein; anders gewendet: Das *sublimia curare* ist, wie die philosophischen Schriften allüberall lehren, Voraussetzung für das rechte *putare*. Ein Beispiel für derlei *cogitationes* ist das naturphilosophische Interesse, das sich letztlich auf die letzten kosmischen Bewegungsursachen richtet. Erst am Ende dieser Passage senkt sich der Ton wieder dem Scherzen zu.

Man kann diese Epistel für sich nehmen und gesondert vom Kontext lesen; man wird sich freuen an der verborgenen Strenge des Baues[152], am Aufstieg von Kleinem zu Hohem (von der Körpergesundheit zu der des Geistes aufgrund der rechten Einstellung und der Souveränität des Gedankens) und wieder hinab ins

---

Ansicht entsprechend, dass die Briefe vorwiegend "Poetry of Friendship" seien, die Anempfehlung des Grosphus die Hauptsache, was C. Becker schon über zwanzig Jahre vor Kilpatrick genau umgekehrt gesehen hatte (25). Ähnlich wie Kilpatrick verstand die Epistel auch MacLeod (Horace. The Epistles 32): Ihr Hauptanliegen sei die Lebenskunst, und die werde so nahe gelegt: "Respectful friendship between men is contrasted with the clash between rambling disorder and over-mastering order in nature, and with the follies of its students" – eine seltsame Gewichtung.

[151] Schön erinnert Heinze an Ciceros wundervolle Worte in fin. 5, 57: *Quo studio* (der Philosophie) *cum satiari non possint, omnium ceterarum rerum obliti nihil abiectum, nihil humile cogitant*.

[152] Sentenzenschluss bei v. 4, bei 10/11 Gabelung (*vel – vel*), bei 20 Gabelung ("entweder – oder"), Sentenzenschluss bei 24. Zahlenentsprechungen gibt es nicht.

freundschaftliche Scherzen und weiter ins versteckte Huldigen (25/28)[153]; man wird den Wechsel der Tonlagen reizvoll finden, reizvoll auch die eine oder andere Wendung[154]. Aber man kann den Brief auch ins Gesamt des Buches einordnen. Epi. 11 sprach vom *aequus animus* und nannte *ratio* und *prudentia* als Voraussetzungen zu seiner Gewinnung; damit bewegt Horaz sich, wenigstens den Fachtermini nach, auf dem Gleis der (stoischen) Philosophie; kann man da wirklich über das Auftauchen der "hohen Gedanken" ans Weltganze und die letzten Ursachen seiner Bewegungen hinweglesen? Oder wird man nicht auch an Stellen wie Senecas epist. 66, 6 denken, wo aufs deutlichste die Erkenntnis der kosmischen Zusammenhänge als die Voraussetzung zur Erkenntnis des Menschlichen gefeiert wird? Niemand wird aus Horazens Episteln ein Lehrbuch der Stoa machen; wohl aber wird man sich der Einsicht nicht verschließen, dass hier mit unübertrefflicher Meisterschaft zwar in sich geschlossene, für sich goutierbare Einzelgedichte geschaffen wurden, aber dass sie, da sie sich mit einer auf Philosophie gegründeten Lebenskunst befassen, von einem Gedankengerüst gehalten werden, das allmählich und schrittweise verdeutlicht wird.

Verfolgen wir diesen Gedanken nicht weiter und wenden uns dem Charakter und der Strategie dieses Zuspruches an Iccius zu. Es bleibt da nicht viel zu sagen, da das Wichtigste bereits ausgesprochen wurde. Es handelt sich wie in epi. 4 um das Eingehen auf einen Zustand des Unbehagens, gegen das der Briefschreiber angeht, indem er dem sich unbehaglich und unzufrieden Fühlenden klar macht, dass er ja schon seit langem sich auf dem Wege zur Überwindung der Unbilden befindet. Der Freundschaftsdienst besteht also darin, dass der Verfasser des Briefes dem Freunde etwas am Empfänger verdeutlicht, das dem Empfänger selbst bisher nicht klar gewesen war, epi. 4 nicht unähnlich.

Epistel 13

Horaz erinnert, so gibt er vor, einen Vinnius an den Tag, an dem der Dichter ihm das verschnürte und versiegelte Paket (*signata volumina*, 2) mit den fertigen

---

[153] La Penna, Orazio 35 erinnert an die Epoden 7 und 16, wo Horaz anders als hier klang, wo er noch nicht huldigt, und findet bittere Worte über die Depravation von Ideologien, damals wie heute; er muss aber S. 68, Anm. 1 zugeben, dass derlei Gedanken an die Weltherrschaft doch schon sehr früh bei Horaz zu finden seien (epo. 9).
[154] Z.B. *trucidare* in 21 mit all' den Obertönen, welche R. Mayer heraushört (betreffs der Seelenwanderung), wobei die "matter-of-fact butchery" (Austin zu Verg. Aen. 2, 494), welche dieses Wort nahe legt, die gedankenlose Verspeisung köstlich verdeutlicht.

Oden[155] überreicht und ihm Verhaltensmaßregeln für den Augenblick des Überreichens der Carmina an den Prinzeps angelegentlich und eindringlich mit auf den Weg gegeben hatte: Nur wenn der Kaiser gesund, wenn er bei guter Laune sei und wenn er von selbst um die Überreichung bäte, solle er ihm die Rollen geben, nicht im Übereifer schon früher, das würde nur schaden (1/5)[156].

Um das Folgende recht zu verstehen, muss man sich den Namen des Beauftragten in Erinnerung halten: V. 8 belegt, dass sein Vater den Beinamen *Asina* trug, "Esel". Nun wird, für den Fall, dass die Last die Schulter reiben und "brennen" (6), sollte, gemahnt, sie dann lieber abzuwerfen, als den aufmüpfigen „Esel" zu spielen und die Bücher wie einen links und rechts herabhängenden Packsattel (*clitellae*, 8) wütend gegen Mauer und Torpfosten zu stoßen, um sie loszuwerden: Damit würde er vielleicht dem väterlichen Beinamen Ehre machen, sonst aber doch nur Spott ernten.

Also nicht störrisch werden, obschon es anstrengend sein wird, über "Hügel, Flüsse und Sümpfe[157]" zum Kaiser vorzudringen (der sich damals, also 23 v. Chr., in Italien befand: McGann 65, Anm. 2). Wenn er dann jedoch als "Sieger über alle Mühsal", so poetisch feiert der Dichter das erhoffte Gelingen[158], dorthin vorgedrungen sein werde, solle er die Last erst einmal absetzen und bei sich behalten und nicht mit sich herumtragen. Und nun folgt ein dreifacher (Mayer vergleicht epi. 1, 20ff.) Vergleich: Nicht wie ein Bauer das Lamm unterm Arm trägt oder wie die weinselige Komödienmagd *Pirria*[159] ein Wollknäuel an der gleichen Stelle hält, oder wie ein Stadtteil-Bekannter niederen Standes, der keinen Sklaven hat, seine Straßenschuhe selber unterm Arm hereinträgt[160], soll er so die Buchrollen mit sich umhertragen. Allen drei Vergleichen ist das Ordinäre gemeinsam: *rusticus*, *vinosa* und *tribulis* zeigen, dass Vinnius sich nicht wie ein Hinterwäldler aufführen solle. Zugleich gliedert das Trikolon scharf ab: Jetzt kommt das Eigentliche.

---

[155] Dies geht aus v. 17 hervor, wo davon die Rede ist, der Überbringer solle nicht überall herumposaunen, er trüge großartige Carmina bei sich; McGann 65 dachte gar an so etwas wie eine "pre-publication copy".

[156] Diese Epistel kann gut und gerne als eine Schule des Taktes gelesen werden; Ed. Fraenkel hatte Vergleichbares aus Sophokles (413, Anm. 1: Trach. 616f.) und Cicero (fam. 11, 16, 1) beigebracht, Beispiele des Takts also beim Überreichen, ähnlich wie Seneca ein ganzes Werk dem Takt des Schenkens gewidmet hat (*De beneficiis*).

[157] *Lamae* ist ein Ausdruck aus dem südlichen Latein (vgl. Mayers Kommentar); doch warum Horaz einen solchen zwar bei Ennius belegten, sonst aber außer Gebrauch gekommenen südlichen Ausdruck verwendete, bleibt unklar; wir könnten an "Moos" statt "Moor" denken.

[158] Vgl. Heinze 114 rechts oben: "Poetisch". Man kann bereits Plaut. Amp. 647 (*victor belli*) vergleichen, dazu WJA 14, 1988, 144.

[159] Alle scheinen sich darin einig zu sein, dass es sich bei der Frau wirklich um eine Komödienfigur handelt, wie ein Scholion zu berichten weiß. Nur über die Schreibung ist man sich nicht einig (*Pyrria* oder *Pirria*, was Heinze für möglich, Mayer für "impossible" hielt, was aber glücklicherweise völlig einerlei ist).

[160] Vielleicht ist an den *pero* gedacht, s. Marquardt-Mau 590; Blümner, Römische Privataltertümer 226 f.

Und dass er ja nicht überall herumerzähle, er habe so geschwitzt (über Hügel, Flüsse und Moose), weil er ganz außerordentliche Dichtwerke mit sich führe, die sehr wohl dazu angetan seien, des Kaisers Auge und Ohr zu fesseln! Das alles möge er sich gesagt sein lassen: Nur keine Taktlosigkeiten! Nun gehe er und dass er ja nicht stürze und die wertvolle Last zerbreche!

Gewiss würde, wenn sie verlässlich wäre, die Nachricht mehr Witz ins Ganze bringen, dass Vinnius ein Zenturio der Prätorianergarde und von außergewöhnlicher Kraft[161] gewesen sei (Plin. nat. hist. 7, 82; vgl. Kilpatrick 17); aber man kommt ohne sie aus: Ein Mann von einem Rang, der ihm Zugang zum Kaiser verschaffte (Kilpatrick 16 Mitte), trägt den Namen "Asina" (vgl. Fraenkel 23, Anm. 5 und Kilpatrick 17, Anm. 48 zu weiteren Vermutungen), wird vom Dichter beauftragt, taktvoll die Sammlung der Oden[162] zu überreichen, geschnürt und versiegelt und erst an Ort und Stelle zum Überreichen bereit zu machen (aus *signata volumina* und *sarcina* wird dann in v. 13 ein *fasciculum*). Um diesen an sich sehr bedeutungsvollen Auftrag nun nicht langweilig-ernsthaft zu lassen, umkleidet der Dichter ihn mit einem bunten Mantel aus mancherlei Scherzen, solchen mit dem Wort (*lama* in 10 und *glomus* in 14 sind ungebräuchliche, wahrscheinlich umgangssprachliche Ausdrücke) und mit dem Namen des Mannes, der da nicht den störrischen *asinus* spielen soll. Hübscher noch ist, wie der Dichter sein Werk scheinbar allzu deutlich anpreist (v. 16f.), aber diese Anpreisung durch das Feuerwerk aus Scherz und Spiel palatabel gestaltet. Das hat gewiss sehr wenig mit "philosophic detachment", mit weiser Distanzierung von der eigenen Leistung zu tun, wie Macleod, Horace 35 vermutete; sehr viel eher wird zutreffen, was Kilpatrick 14 bespricht: Die "joking relationship" zwischen dem Kaiser und Horaz; die Witzchen des Prinzeps, wie Sueton sie aufbewahrt (Kligner 2*, 18f.), klingen ja authentisch (D. R. Shackleton Bailey, Profile of Horace, Plymouth 1982, 42), und so schreibt Horaz seine fingierte Erinnerung an den einstigen Auftrag in einer Art, die dem Humor des Prinzeps entsprach[163].

Aber man sollte über all' dem nicht die Stellung des Briefes im Buche vergessen. Man kann mit McGann 66 darauf hinweisen, dass diese lustige Epistel eine angenehme Unterbrechung in dem sonst nicht allzu heiteren Werk darstellt, aber man muss auch bemerken, dass nach der Widmung an Maecenas und der Anrede an Tiberius in epi. 9 nun endlich auch der Größte zur Sprache kommt,

---

[161] Dazu R. G. M. Nisbet, CQ N. S. 9, 1959, 73ff. G. Williams, Tradition 13 akzeptiert diese Geschichte. – Philosophisches als das Grundthema des Briefes schoben in den Vordergrund u. a. C. Becker 40ff. und Macleod, Horace 35; doch ganz offensichtlich stellt das von diesen Interpreten so stark betonte Thema des *decorum* nur einen Nebengedanken, wenn auch einen für das Gelingen des Unternehmens gewichtigen dar.

[162] M. L. Clarke, CR N. S. 22, 1972, 157ff. dachte ans Epistelbuch; E. J. Kenney, ICS 2, 1977, 239 mit Anm. 37 scheint zuzustimmen.

[163] Zu Horaz und Augustus vgl. u. a. R. Gelsomino, RhM 101, 1958, 328ff.; F.-H. Mutschler, JAC. 4, 1989, 81ff.; P. M. Miller, AJPh 112, 1991, 365ff.

Augustus[164], bevor dann die Reihe der Adressaten mit einem scharfen Bruch hinabfällt zu einem bloßen *villicus* in epi. 14, was ja in sich selbst nicht des Humors entbehrt. Somit ergibt sich eine Art "Rhythmus" des gesamten Werkes: Nach der Maecenas-Widmung in epi. 1 folgen sieben (oder, wenn epi. 1 eingerechnet wird, acht) ethische Briefe, auf die – nach der Anrede an Tiberius in epi. 9 – wieder drei ethische und, nach der Anrede des Kaisers in epi. 13, wieder fünf ethische Episteln folgen, bevor mit epi. 19 wieder Maecenas angesprochen wird: 8 – 3 – 6 Gedichte also vor der Sphragis. Das ist nicht more geometrico zu einer gleichförmigen Symmetrie abgezirkelt, aber doch ausgewogen.

Epistel 14

"Mein lieber Verwalter, Verwalter der Waldungen und meines Gütchens, das mich zu mir selber kommen lässt[165], das Du aber nicht leiden magst, obschon es doch fünf Bauernstellen trägt und fünf Familienväter regelmäßig nach Varia, in die nächste Stadt, auf den Markt schickt", obschon es also ein nicht ganz kleines Gut ist. Warum der Verwalter ein solches Gut nicht mag, wird noch nicht gesagt; wohl aber wird angedeutet, was mit Horaz dort draußen vorgeht: Er fordert den *villicus* zu einem Wettstreit auf, wer erfolgreicher sei beim Herausziehen von Dornen: Der Verwalter beim Roden von Dorngewächsen aus dem Acker oder sein Herr beim Ziehen von "Dornen" aus seinem Gemüt[166]. Das will sagen, der Herr leide an "Dornen der Seele", womit gewiss allerhand Leidenschaften, Sorgen und sehr unphilosophische Gemütsverfassungen gemeint sind. Angesprochen ist, wenn wir es einen Augenblick lang abstrakt formulieren sollen, das Auseinanderklaffen des theoretischen Wissens davon, wie es zu sein hat, und

---

[164] Behutsam war durch epi. 12, 28 (*Caesaris*) auf ihn vorbereitet worden, s. "Grundriss" 109.
[165] *Mihi me reddentis* in v. 1 meint nicht allein, dass er sich dort wohl fühlt, weil er dort sein eigener Herr ist (so Mayer, der epi. 10, 8 *vivo et regno* vergleicht; man hätte auch auf Verg. catal. 8, 1 verweisen können), sondern weil er meint, nur dort er selbst zu sein (Heinze 118 links; vgl. epi. 18, 101 *te tibi reddat amicum*; "Grundriss" 109, Anm. 120). *Agelli* zeigt eine gewisse Zuneigung, vgl. Bailey zu Lucr. 5, 1367.
[166] Wenn der Dichter hinzufügt: "Und wir wollen sehen, was besser ist, ein 'gereinigter Horaz' oder ein entdornter Acker" (zu lesen ist wohl *rus* nach Heinsius, nicht das *res* der Handschriften), dann ist das nicht mehr Teil des vorgeschlagenen Wettkampfs, sondern eher eine Nachbemerkung des Sprechenden zu sich selber: Es wäre doch schön, wenn bei der Dornauszieherei eine gereinigte Seele herauskäme, so dass Harmonie zwischen Leben und Denken (oder wie immer man diese Coincidentia Oppositorum benennen möchte) herauskäme, womit dann die Harmonie des *se sibi reddere* geleistet wäre.– Das Bild des Dornausziehens führt S. Borzsák, ACD 7, 1971, 55ff. auf die Diatribe zurück; E. Maróti, Act. Ant. Acad. Scient. Hungaricae 20, 1972, 54ff. erklärt die Metaphorik eingehend; Wili 289 verwies auf Cic. Tu. 2, 13.

des Bewusstseins, dass das tägliche Tun noch weit von dem, wie es zu sein hat, entfernt ist.

Die nächsten Verse sind sehr seltsam: "Obwohl mich die Freundschaft zu Lamia[167] und die Sorge um ihn, der um seinen Bruder trauert und untröstlichen Schmerz empfindet[168], in Rom festhält, so sehne ich mich (*avet* ist mit Bentley zu lesen, s. Fraenkel 366, Anm. 2) doch hinaus und danach, das „Torschloss zu durchbrechen", wie Horaz, so hat man gemeint[169], in v. 9 mit einem Anklang an Lucr. 1, 71 schreibt. Also: Zwar fühlt das Ich die Pflicht, in Rom zu verweilen, aber eigentlich möchte es hinaus, denn es ist sich ganz klar darüber, dass dort sein "Biotop" ist. Die Seltsamkeit liegt darin, dass Horaz zwar von einem gern erfüllten Freundschaftsdienst spricht, zugleich sich aber fortsehnt. Man wird nicht annehmen, dass Horaz taktlos diesen Dienst bedauert; er leistet ihn gern, aber die Stadt um ihn herum macht ihn nicht froh. Daher sagt der Dichter: Er sei, momentan in der Stadt eingeschlossen, allein auf dem Lande glücklich; der Verwalter, mit seiner ländlichen Tätigkeit unzufrieden, der behauptet dagegen, er könne es nur in der Stadt sein. Daraus ergibt sich die folgende Erörterung: Wem eines anderen Leben gefällt, der ist mit dem seinen unzufrieden; wer davon schwärmt, dass es auf dem Lande, bzw. oder in der Stadt besser sei, der beschuldigt den Lebensort, dies aber ganz ohne Grund, denn der Grund für die Unzufriedenheit kann ja nicht der Ort sein, der kann nichts dafür; der Grund ist vielmehr der *animus*, der nicht von sich fortkommt – was mag das heißen? Heinze (119, rechts nach Mitte): "*animus*, ... d.h. der Mensch"; andere verwiesen auf epi. 11, 27: *caelum, non animum mutant, qui trans mare currunt*; das ist gewiss ein treffender Verweis, aber er klärt noch nicht recht die Bedeutung von *animus*. Wenn er nicht von sich selber fortkommt, ist das erneut der Zwiespalt

---

[167] Zu seiner Identität K. Kraft, Ztschr. Numism. 16, 1966, 23ff.; Syme, Roman Revolution 83, wo der Aelii Lamiae Urahnenstolz (Hor. c. 3, 17, 1) in einen weiten Kontext eingeordnet wird.

[168] Aus der Wiederholung des Wortes "Bruder" sowie in der gleichen Endung von *maerentis* und *dolentis* (7) wollte Heinze einen Nachklang der Trauerrufe heraushören und Mayer spricht es ihm nach; man sollte auch Catull (c. 101, v. 2, 6 und 10, ferner c. 68, 19f.) nicht vergessen.

[169] Vgl. Kenney 234, der das lukrezische Kolorit allerdings als zu dick aufgetragen zu tadeln geneigt war; doch wieso soll es dick aufgetragen sein, da das Zitat keineswegs wörtlich oder besonders ausgedehnt ist? Wenn Kenney 236 zu dem Schluss kommt, es handele sich gar nicht um einen Todesfall, sondern darum, dass der Bruder einem verführerischen Mädchen anheim gefallen sei (weil in c. 2, 9, 9f., d.h. in: *tu semper urges flebilibus modis Mysten ademptum* bezüglich eines solchen Falles eine ganz ähnliche Ausdrucksweise gebraucht sei), dann wird man darauf hinweisen, dass *raptus* und *ademptus* doch wohl Verschiedenes meinen können. Kenneys Konstruktion verdient auch wegen der anzunehmenden Ironie keinen Glauben: Wegen einer so trivialen Familienaffäre würde der Dichter oder sein Ich kaum lange in Rom geblieben, oder gar nicht erst dorthin gereist sein, wenn es sein Land schon so liebt. Die Lukrez-Reminiszenz darf nicht dazu verführen, hier gleich an Naturkunde zu denken, wie Kenney es tut; vielmehr geht es letztlich allein um das "Selbstwerden", wozu man, wie oben bemerkt, "Grundriss" 109, Anm. 120 vergleiche.

aus v. 4: Man weiß, wie der *animus* gleichsam "auszusehen", wie er zu sein hat (ruhig, und diese Ruhe kommt dem Nachdenklichen aus dem Wissen um das viel Größere als das, was man gemeinhin in seinem Herzen bewegt), aber man kommt von den Leidenschaften, den Begehrlich- und Ängstlichkeiten nicht weg, auch im Falle von vulgären Menschen, wie der *villicus* einer ist. Das Beneiden des Anderen kommt also daher, dass man sich einbildet, der Andere hätte es – im Äußerlichen, z.B. bezüglich des Aufenthaltsortes – besser; in Wirklichkeit wäre eben dies zu ändern, die Einbildung und die Lebensausrichtung.

Der Gutsverwalter beneidet also jetzt die Städter, nachdem er früher die Landleute beneidet hatte; Horaz aber bleibt konstant (16), er liebt nur einen Ort: Das Landgütchen[170] draußen. Und nun folgt ein köstliches Bild vom Leben eines nicht ganz mittellosen Stadtsklaven (21/6), dem das Lebensbild des älter und reifer gewordenen Ich entgegengesetzt wird: Gewiss, dieses Ich (es wird in nicht geringem Maße dem Dichter selbst entsprochen haben), es hat gespielt, geliebt und getrunken; nun aber lebt es gern bescheiden, denn

nec lusisse pudet, sed non incidere ludum,

"Nicht, dass man gespielt hat, beschämt späterhin, sondern wenn man dann mit dem Spielen nicht mehr aufhören kann" (36). Dort draußen ist das anders, im richtigen "Biotop" lebt man gern von wenigem und ruht sommers am Bachrand (35)[171]; dort herrscht Ruhe, da schaut man den Dichter nicht scheel an (weil er einen so hochgestellten Freund hat); nein, höchstens lächelt ein Nachbar, wenn er den doch so bedeutenden Mann graben und Ackersteine beiseite tragen sieht (39); der Verwalter aber will wieder zu den schmalen (s. Mayers guten Kommentar) Tagesrationen[172], wobei er sich vor Augen halten sollte, dass Stadtsklaven nur zu gern mit ihm, dem Verwalter draußen tauschen würden, mit seinem reichlichen Maß an Holz, Fleisch und Gemüse. "Kurzum, mein Lieber", so schließt die Epistel, „der Ochs, wenn er müde, will lieber ein Reitpferd sein; der Gaul lieber pflügen"[173] – aber ein jeder lebe nach seiner eigenen Fasson. Dort, wo man hingestellt ist, dort soll man auch ohne Klagen gerne leben. Das bedeutet: Wenn das Ich überzeugt ist, allein auf dem Lande fände es den rechten Ort, dann soll es dort auch gern leben, ohne zurück zur Stadt zu schielen; und wer nun mal ein Stadtmensch ist, der soll da auch bleiben, ebenso gern und ohne neidvolles Schielen nach anderen, so heißt es in v. 44 nicht ohne einige Brüskheit (Kenney 235f. empfand das ganz richtig).

---

[170] Sehr schön bemerkt O. Hiltgruber, Gymnasium 74, 1967, 299, dass es die Schönheit jenes Landstriches sei, die Horaz so gefalle.
[171] Vgl. Coffey-Mayer zu Sen. Phdr. 5o8ff., wo die Ruhe des Landes gepriesen wird.
[172] Zu *horum in numerum voto ruis* vgl. OLD *ruo* 2 Anfang; zu *invidere* mit dem Akkusativ s. Ruckdeschel 25: es "fehlt in der klassischen Latinität", ist also stark umgangssprachlich, ebenso *optat* mit Infinitiv in v. 43.
[173] Das Bild geht auf Pindar zurück, frg. 234 Sn.-M., wie schon Heinze bemerkte.

Diese Epistel ist, für sich allein genommen und nur auf seine Oberfläche hin betrachtet, in der Tat "eine der hübschesten Schöpfungen des Horaz", um mit Gordon Williams (Tradition 13) zu reden: Wie da die Tätigkeit des Gutsarbeiters geschildert wird (26ff.), im Unterschied dazu die Freuden eines Stadtsklaven, der etwas anlegen kann (21ff.), und überhaupt, wie der Dichter auf den kleinen Mann einzugehen weiß, das ist mit dem gleichen Genuss zu lesen wie die Charakteristik des Gutseigentümers, der sich da mit Landarbeit erholt und erfreut (39[174]). Nun ist aber die Arbeit weder des Herrn noch des Dieners das eigentliche Thema (u. a. Morris 102, Becker 22[175]); Hauptgegenstand ist vielmehr das Bei-Sich-Sein, auch in der Weise der Konstanz (16). Es geht um etwas ganz leicht zu Sagendes, aber schwer zu Tuendes, nämlich darum, dass man seinem Wesen gemäß leben muss, um nicht neidisch nach der Lebensweise anderer zu schielen[176], sondern um zufrieden zu werden. Dazu bedarf es der Erkenntnis dieses Wesens, einer felsenfesten Einstellung zu den äußeren Dingen und, wenn man so will, des rechten Ortes. Um dies darzutun, bedient Horaz sich des *villicus*, aber, wie gesagt, in einer höchst lebendigen Weise, die einem wirklichen Brief schon sehr nahe kommt. Dazu gehört, dass Horaz seine Abhaltung in Rom dadurch motiviert, dass er einen schmerzlichen Trauerfall des Freundes Aelius Lamia nennt; das mag den "Stempel des wirklichen Lebens" tragen (Fraenkel 365f. hielt epi. 14 darum für ein echtes Schreiben[177]), passt aber doch auch in das Gesamtgefüge dieser "poetry of friendship" (Kilpatricks Buchtitel). Und damit wären wir bei der Frage, wie wohl diese Epistel in das Gesamt eingefügt sei.

Sie beginnt fast ganz so wie epi. 10, die ja ebenfalls vom Lande als dem rechten "Biotop" des durch philosophische Bemühung Gesundenden gesprochen hatte[178]. Dort sprach Horaz von der *natura* (12 und 24) und meinte wohl auch die freie und frei machende Natur; hier ist das Draußen schön (20) und es macht glücklich (10), es hilft zudem, die "Dornen des Gemütes" zu ziehen. Dieses Leben muss man "gern" leben (14, 44 entspricht dabei 10, 44, *libens* dem *laetus*); das geringere Speisevergnügen wird gern in Kauf genommen (10, 41 und 14,

---

[174] Zu *saxa movere* s. Bömer zu Ov. met. 3, 102; zur eigenhändigen Landarbeit des Besitzers Tib. 1, 1, 7 und 29; Prop. 3, 17, 15ff.

[175] Vgl. J. Dingel, Gymnasium 86, 1979, 130.

[176] Wenn Horaz in v. 37 vom "schiefen Auge" spricht (*obliquo oculo*), lässt er Kallimachos anklingen (Aet. frg. 1, 37; Bd. 1, 8 Pfeiffer).

[177] Sehr schön dagegen ist Fraenkels Beobachtung, dass die Epistel anders als z.B. sat. 1, 1 nicht mit einem Allgemeinen beginnt, sondern auf ein solches hinführt (367f.). Im "Grundriss" 110, Anm. 123 wird zudem darauf hingewiesen, dass dieser Brief mit einem *villicus* als Adressaten zu Lamia passt, von dem wir wissen, dass er gern im Kreise seiner Diener war (c. 3, 17, 14ff.); so war ja auch epi. 13 auf den Humor des Kaisers abgestimmt: Horaz nähert sich der lebendigen, weil den Adressaten angepassten Schreibart. Hier in epi. 14 gehört zur angepassten Schreibart auch, dass am Ende der Sklave zu gehorchen hat (Kilpatrick 93; Kenney 235f.).

[178] Der ganz und gar rigorose stoische Weise würde auch noch den Ort als etwas Unwesentliches abgetan haben, s. Hiltbrunner 303.

35), denn – und hierin geht epi. 14 über die zehnte hinaus – dies führt zur inneren Konstanz, zu einem "dornenfreien" *animus*.

Es ist sehr deutlich, dass epi. 14 auf epi. 10 bezogen ist, was allein durch das Thema "Land" und durch den Gleichklang der Maximen 10, 44 und 14, 11 nahe gelegt wird: *laetus sorte tua vives sapienter* entspricht *cui placet alterius sua nimirum est odio sors*. Ferner ist zu beobachten, wie Horaz auf den themafremden, Tiberius ehrenden Trennbrief epi. 9 einen Brief vom Lande folgen lässt, ebenso wie er hier nach dem erneut themafremden Ehren-Brief an Augustus eine Epistel über das Landgut anordnet. Die Bemühung um Ordnung und Anähnelung der beiden Briefe ist also sehr deutlich. Sehr deutlich ist aber auch, wie der Dichter scheinbar ganz auf den Adressaten bezogen schreibt, zugleich aber auch so, dass der Leser, der sich ihm anvertraut, wichtige Lebensregeln liest: Diese Doppelnatur der horazischen Epistel hat niemand so treffend gekennzeichnet wie Ed. Fraenkel (369).

Über sein Pendant epi. 10[179] hinaus bringt epi. 14 einen gegenüber allem Früheren neuen Grundsatz bei, den der Konstanz. Sie wird auf eine gleich bleibende Grundentscheidung zurückgeführt, die hier mit "Dornausziehen" bezeichnet wird, was u. a. im Aufgeben so äußerlicher Reize wie Trunk und Liebesaffären besteht, also kurz: Im Loswerden von Sinnesaufreizungen. Wenn diese Haltung fix und fest wird (Sen. epi. 16), dann ist die Konstanz erreicht. Glück ist hier als das Bei-Sich-Sein gesehen, als Ende des Auseinanderklaffens von Reizausgesetztsein und Wissen, wie es zu sein hat, als Ende der inneren Zerklüftung. Da ist es dann gut, wenn der rechte Ort aufgesucht werden kann, der natürlich nicht die aufreizende Stadt ist, sondern das ruhige Draußen in seiner Schönheit. Das ist keine „conditio sine qua non", wohl aber etwas, das man ruhig vorziehen darf.

Epistel 15

Völlig verschieden von der Form des 14. Briefes ist nun epi. 15, wie schon E. Courbaud 189f. beschrieben hat. Verschieden ist auch das Bild, das der Dichter hier von sich entwirft: Zuhause, auf seinem Gute, da ist das Ich zufrieden (so wird an epi. 14 angeknüpft), da ist es anspruchslos. Kommt es aber in ein mondänes Bad, da vertreibt ihm erlesener Wein[180] die Grillen, nicht mehr die Philo-

---

[179] Wie eng die beiden Briefe aufeinander bezogen sind, geht allein aus der Sprechsituation hervor, die u.a. so angelegt ist, dass in beiden Episteln das Ich dem Gegenüber aufzeigt, worin sie sich unterscheiden: 10, 2/5 entspricht 14, 31.

[180] Zum *vinum generosum* (18, „aus guter Familie", d. von gutem Alter und aus guter Lage) vgl. Bömer zu Ov. met. 4, 765 (S.219); zum *nil moror* aus v. 16 vgl. Thes. Ling. Lat. 8,

sophie. Man fühlt sich an epi. 5 erinnert, die ja ebenfalls nach einer Reihe anspruchsvoller Briefe als Aufforderung zu Trunk und Geselligkeit als ein Abfall ins Lustleben konzipiert war. Verwunderlich, dass nach epi. 14 nun doch noch "Sorgen" und gar die Hoffnung, einmal reich zu sein (*spe divite* in v. 19 erinnert deutlich an epi. 5, 17) das Ich heimsuchen. Ja, eine *Lucana amica* rückt in den Bereich der Möglichkeiten – war das Ich denn nicht schon über derlei *ludicra* erhaben? Und am Ende des Briefes wird das Ich sich vollends untreu: *tuta et parvola* (vgl. epi. 10, 41) *laudo, cum res deficiunt, satis inter vilia fortis*, d.h.: Wenn es nichts Besseres gibt, dann stellen sich die starken Worte über die Selbstbescheidung leicht ein; kommt aber Besseres in den Bereich des Möglichen, dann öffnen sich gleich wieder alle Poren den äußeren Reizen, und das Ich preist neidisch das Glück der Reichen, will selber *pinguis* werden und "Phäake" (24)[181].

Epi. 15 ist also, wie Courbaud 190 treffend sagt, das "fundamentale" Gegenteil zu epi. 14 (Macleod 40 und viele andere stimmten zu). Sie widerspricht der Versicherung aus epi. 14, 16 (*scis*), es lebe konstant, und bezeugt ein Unbehagen an sich selbst. Epi. 15 gestaltet also, wie schon epi. 8, einen "Rückfall". Man soll nicht sagen, epi. 15 stamme aus einer Zeit vor der Bekehrung, oder dass epi. 15 eine "little one-act comedy" sei (Morris 96) und "founded upon a definite event in Horace's experience": Horaz gestaltet mit den hedonistischen An- und Rückfällen genau das, was in epi. 1, 1, als seine Inkonstanz bezeichnet worden war (so McGann 73). Das ist nicht Bekenntnis (wieviel selbst erlebt ist, weiß niemand mehr zu sagen), sondern – wie zu epi. 8 gezeigt – Teil der Belehrung und Erziehung, die das Ich des Belehrenden miteinbezieht, indem sie es als selbst den Schwankungen unterworfen zeigt, die es im Freunde bekämpfen möchte. Diese Schilderung eines Zurückgleitens steht an kompositorisch nicht unerheblicher Stelle: Wie nach der strengen Epistel 7 der "Rückfall" zu lesen war, auf den dann der themafremde Ehrenbrief an Tiberius folgte, so findet sich hier nach dem ehrenden Brief 13 mit epi. 14 das Bekenntnis, glücklich zu sein, auf das prompt der Rückfall folgt. Diese Anordnung zu "Kontrasten" (Heinze 125) scheint beabsichtigt.

1499, 70ff.: Nach Plautus und Terenz erst wieder Hor. sat. 1, 4, 13; Verg. Aen. 5,400, dann erst wieder Symmachus: Ein wiederbelebtes, weil handliches Ausdrucksmittel.

[181] Der Ton der Epistel nähert sich zuweilen dem der Satiren, wie Courbaud 195 und Kenney 238 fein gespürt haben.

Epistel 16

Diese Epistel hat ihren Interpreten besondere Schwierigkeiten bereitet, gehen wir also behutsam vor und teilen die Erklärung in zwei Teile, dem Themawechsel bei v. 16 entsprechend.

Daß der Brief mit Tagesnachrichten beginnt und mit einer Antwort auf eine alltägliche Nachfrage („Was macht wohl Dein Gut?"), erweckt Briefatmosphäre wie etwa Sen. epi. 18, 1 *December est mensis*, usw. Dazu, dass Horaz sehr bald zu Ethischem übergeht (v. 16f.), liefert wieder Seneca eine Parallele (epi. 23).

Vers 1-16

"Damit Du, lieber Quinctius[182], gar nicht erst fragst, ob mein Gut durch Ackerfrucht oder mittels Olivenernten, mittels Apfel, Wiese (Vieh) oder Wein seinen Herrn 'erreichert'[183], soll es Dir ausführlich nach Anlage und nach Ortsbeschaffenheit beschrieben werden" – ein Versprechen, das nicht ganz eingehalten wird, denn von Erträgen und Einkünften wird keine Rede sein; vielmehr beschreibt Horaz, von Norden her schauend, das schattige Tal, das aber doch so verläuft, dass es den Gang des Sonnenlichts vom rechten zum linken Talhang ermöglicht und die Temperatur angenehm sein lässt, erwähnt auch die Eichen, die den Schweinen viel Mast, dem Herrn viel Schatten spenden – kurzum: Ein Ort, angenehm wie Tarent (11). Dazu eine Quelle, die so kräftig und schön ist (so muss man interpolieren), dass man gut und gerne den Bach (Digentia, nach Heinze) nach ihr benennen durfte, kühler und reiner sind auch die berühmten Quellen in Thrakien und am Hebrus nicht! Sie vertreibt zudem auch Kopfschmerzen und Bauchbeschwerden, aber auf die Nützlichkeit kommt es dem Dichter nicht an: Dort ist er verborgen (*latebrae*, 15 erinnert an Epikurisches), dies Land ist ihm "süß" und, so fügt er hinzu, "es ist sogar – Du kannst es ruhig glauben – schön[184], und auch in den schlimmen Septemberzeiten erhält es mich Dir gesund". *Incolumem* (16) ist doppeldeutig: Das schöne Gütchen erhält dem Ich die körperliche, aber auch die seelische Gesundheit (so Becker 18, McGann

---

[182] Der Adressat ist uns unbekannt (Spekulationen bei Heinze); immerhin ist er *optimus*, mit welchem Wort Horaz sparsam umgeht (besonders Kilpatrick 152, Anm. 197; auch L. Voit, Gymnasium 82, 1975, 425, Anm. 38).

[183] Der ungewöhnliche deutsche Ausdruck soll *opulentet* (2) wiedergeben, ein nicht minder ungebräuchliches, vielleicht von Horaz geschaffenes Wort (Heinze, Mayer). Zu den horazischen Neologismen S. Viparelli, BStudLat 14, 1984, 39ff.

[184] Es mag sein, dass diese Betonung (Hofmann, Lateinische Umgangssprache, Nachtrag S. 199, Zeile 17) nötig war, weil man sonst einer mittelitalischen Hügellandschaft dieses Epitheton gewöhnlich versagte; es mag aber auch sein, dass mit der Schönheit das genaue Gegenteil der Nützlichkeit gebührend hervorgehoben werden sollte.

74, besonders Kilpatrick 98). Hiermit verabschiedet Horaz, auf die Episteln gesehen, das Thema seines Landgutes, nur ganz am Ende von epi. 18 wird es noch einmal anklingen. Von hier an wird ein recht anderes Thema besprochen.

Vers 17-79

"Du wirst recht[185] leben, wenn Du das zu sein strebst, was man an Gutem von Dir sagt" – bedeutet das an die erste Stelle gesetzte *tu* etwa: "So, wie beschrieben, lebe ich für meine Person (richtig und gesund); wenn ich jetzt an Dich denke, so meine ich, wirst auch Du richtig leben, wenn Du Deiner Reputation nachlebst"? Wir werden darauf zurückkommen.

Man spricht ja gut von Quinctius, nennt ihn "glücklich" (*beatus*, 18), aber was will solches Reden schon besagen? Man muss sich selber beurteilen, sich nicht auf das Reden anderer verlassen (und sich darum schon für gelungen halten), und solche Selbstbeurteilung darf nicht diese oder jene Bedeutung von *beatus* anzielen (etwa die des Reichseins), sondern allein danach fragen, ob man glücklich ist durch Vollbesitz der Qualität *sapiens bonusque*, weise (im Wissen) und rechtschaffen (im Tun). Worum es geht, das hat E. A. Schmidt treffend mit "sittliches Selbstbewusstsein" bezeichnet (Sabinum 168; vgl. "Grundriss" 112; Sen. epi. 29, 12).

Damit ist Quinctius – und mit ihm jeglicher Leser – auf die Ehrlichkeit sich selber gegenüber verwiesen und damit zusammen auch auf die Ehrlichkeit zu anderen (21ff.), denn nur zu gern erhalten wir ein (günstiges) Bild, das man sich von uns gemacht hat, am Leben, auch wenn wir in Wirklichkeit ihm nicht mehr entsprechen; gern gelten wir für kerngesund, auch wenn eine Krankheit längst die Hand zittern macht (21/4). Und nur zu gern hören wir Lobesworte in Bezug auf unsere Taten (auch wenn das Lob so hoch geschraubt ist, dass es eigentlich nur für den Kaiser passt: v. 29[186]) oder in Bezug auf unsere moralischen Qualitäten, zum Beispiel: dass wir *boni* und *prudentes* seien ("rechtschaffen und klug", 32), wobei das doch nur Gerede ist, Gerede wie Ruferhöhung oder Rufmord (35/40 a). Wer ist nun aber wirklich und wahrhaftig *bonus*, d.h. "gut"?

Etwa der, welcher da gesetzestreu ist und, auf die äußere Erscheinung geschaut, ein gewichtigster Anwalt[187], innerlich aber faul und verdorben (41/5)?

---

[185] Natürlich hat man hier auf c. 2, 10, 1 hingewiesen, s. Heinze und Syndikus 391, Anm. 1. Zu *audis* vgl. Austin zu Verg. Aen. 2, S. 67 oben; Kroll zu Cat. 68, 112; Mayer zu epi. 7, 38.

[186] E. Doblhofer, Augustuspanegyrik 52ff. zeigt in einem langen Abschnitt, dass Fraenkel mit seiner Auffassung, es spreche sich hier verächtlichmachende Parodie aus, kaum Recht haben wird, dass Horaz vielmehr einen Gemeinplatz der Herrscherverehrung zitiert (65).

[187] Interessant ist der Ausdruck *lites secare*, den Heinze mit epi. 1, 7, 59 (*secare negotia* im Sinne des Durchführens) vergleicht, Mayer aber mit sat. 1, 10, 15 (*secare res* im juristischen Sinne), was glücklicher scheint. Jedenfalls liegt ein metaphorischer Ausdruck fürs Abschneiden im Sinne des Beendens vor.

Eine Antwort erübrigt sich. Auch der Sklave – so springt der Dichter vom großen Mann zum niedersten – ist nicht bloß deswegen "gut", weil er nichts Böses getan hat (v. 63; das ähnelt sat. 2, 7, 72ff.: Becker 18, Anm. 7; McGann 74, Anm. 4); man erinnert sich an die "eherne Mauer" aus epi. 1, 1, 60f.: *nil conscire sibi* und an v. 41 ebendort, ans *vitium fugere*: Das genügt nun nicht mehr für das Lob, *bonus* und *frugi* zu sein (49), weil das ja nur aus Angst vor Strafe geschah, nicht aus Liebe zur *virtus* (52). Würde keine Strafe drohen, dann würde der Mann das Unterste zuoberst kehren. "Gut" ist auch der nicht, der da laut zu den großen Göttern betet, im Inneren aber die Laverna (die Göttin der Maske, so könnte man sagen) anfleht, ihm den Schein zu belassen und seine trickreich ergaunerten Gewinne (57/62), denn der ist ja auch nicht besser als ein Sklave, ist er doch innerlich versklavt und der Profitgier verfallen (63 *avarus*[188]), denn wer giert, der fürchtet auch und ist somit den Leidenschaften ausgeliefert und darum unfrei (66), der ist ein (Kriegs-) Gefangener, den soll man – Horaz malt das Bild breit aus – ruhig leben, dafür aber schuften lassen als Hirt, beim Pflügen oder als Warentransportschiffer[189], das tut dem Haushaltsgeld gut, wenn er Kost heranschafft. "Solche Züge, in denen H. dem Fluge seiner Phantasie die Zügel schießen lässt, sind in den 'sermones humi repentes' seiner 'Musa pedestris' nicht allzu häufig", bemerkte Heinze mit feinem Stilgespür (wir werden uns dies später zunutze machen).

Nein, ein wirklicher *vir bonus et sapiens* (73) ist wie der Gefangene in Euripides' "Bakchen": Frei und furchtlos antwortet er auf die Drohungen des rasenden Königs:

ipse deus, simul atque volam, me solvet,

"Der Gott selber wird mich, sobald ich es wünsche, befrein" (498), was Horaz so kommentiert:

opinor,
hoc sentit: 'moriar': mors ultima linea rerum est.

"Ich denke, er meint dieses: ‚Ich werde also sterben'. Nun gut, dann ist das Endziel[190] erreicht" (v. 79). Vorzüglich sagt E. A. Schmidt, Sabinum 175: "Im

---

[188] Auch hier (vgl. oben zu v. 63) wäre sat. 2, 7 zu vergleichen, und zwar v. 70 und 80, wie McGann 74, Anm. 5 nach Becker 18 richtig bemerkt.
[189] Der umständliche Ausdruck soll das Wort "Kauffahrer" o. dgl. vermeiden, denn Horaz gebrauchte *mercator*, was eine niedere Tätigkeit bezeichnet (Clausen zu Verg. Eklogen, S. 139 oben).
[190] Der Fremde in den "Bakchen" ließ die Bedeutung der Worte offen, E. R. Dodds in der 2. Auflage seines Kommentars verwies dabei auf eine Legende, der zufolge Dionysos Lysios schon einmal Gefangene befreite. Horaz aber will auf anderes hinaus, darum fügt er seinen Kommentar hinzu, der auf ein freiwilliges Sterben abzielt, bzw. auf eine Bitte an den Gott, ein Ende zu schenken; denn der Tod, so sagt Horaz im letzten Vers der Epistel gut stoisch einerseits, andererseits der Wahrheit gemäß, ist ja aller Dinge Ende, das willig auf sich ge-

Überqueren jener Grenzlinie bewährt sich die höchste Freiheit", wenn damit das freiwillige Überqueren gemeint ist[191].

Was war es nun, womit dieses Gedicht seinen Interpreten so viel Mühe bescherte[192]? Es war und ist der Übergang oder Über-Sprung (so Scaliger bei Schmidt, Sabinum 167, Anm. 272: *exilit*) vom Thema "*Sabinum*" zum Thema "*Quis est bonus?*" zwischen v. 16 und 17. Doch bevor wir auf diese Schwierigkeit eingehen, sollten wir uns ein klares Bild von den beiden Gedichtteilen machen[193].

Was v. 1-16 angeht, so ist das nicht schwer: "Geschwätzig" will der Dichter beschreiben, womit das Gut seinen Eigner reich macht, er beschreibt aber nur den inneren Reichtum, den es schenkt (abgesehen von der Gesundheit), dass es ihn vor der Welt verbirgt und dass es im Gegensatz zu allem Profitdenken einfach nur schön bis zur Verklärtheit (Becker 18[194]) ist. *Incolumis* ist das Wort, auf das alles hinzielt, "heil".

Was v. 17-79 betrifft, so ist die Antwort auf die Frage, worum es gehe, schwieriger, dann aber ebenso klar zu beantworten. R. Heinze schrieb auf S. 134, "der Bestimmung des *vir bonus* dient der Hauptteil". C. Becker hatte auf S. 18f. gesehen, dass es zwischen Teil I und Teil II den "großen Kontrast" zwischen Land und Stadt gibt, zwischen Sabinum und Rom "mit all seinen Versuchungen"; das sind allgemein gültige Dinge; Kilpatrick 102 dagegen vermeint, die Hauptabsicht der Epistel liege in der Zuwendung zum Freunde: "We are meant to see Horace's serious concern for a friend who has need of genuine *cultura animi*"; ähnlich stark hatte McGann 74 den Brief auf den Adressaten bezogen[195] ("disapproval of Quinctius' values"). Mayer bedient sich in der Schlussüberlegung 231 ganz ähnlicher Farben: "The civic code is not undermined (scil. by Horace), but shown to fall short of completeness", und

---

nommen werden muss. *Linea* lässt ans Rennen denken, s. Denniston zu Eur. El. 954-6; Hardie zu Verg. Aen. 9, 275-6, wozu Dingel weiteres beibringt.

[191] Gemeinhin wird das Ende der Epistel auf die von den Stoikern zugestandene Selbsttötung hin erklärt (so zuletzt Mayer, vgl. auch Coffey-Mayer zu Sen. Phdr. 139); Kilpatrick 101 wehrt sich nicht ohne Berechtigung gegen diese Einschränkung des Freiwilligen (im Annehmen des Todes).

[192] Eine kleine Stimmensammlung hierzu bei Kilpatrick 97 und 152, Anm. 195 und bei Schmidt, Sabinum 167, Anm. 272.

[193] Dass diese Epistel nicht einfach auseinanderfällt oder auseinanderklafft, sieht man schon daran, dass die Teile, was die Versmengen anbetrifft, aufeinander abgestimmt sind; Schmidt, Sabinum 168 hat gezeigt, dass genau in der Mitte die entscheidende Frage fällt: *vir bonus est quis?* (v. 40) und dass alles, was folgt, genau so lang ist wie das was voranging (ca. 39 + 39 Verse). Hier ist also mit Bedacht geordnet worden.

[194] Daher meinte L. Voit, Gymnasium 82, 1975, 412 für die Annahme aus, die Situation der Epistel sei rein fiktiv.

[195] C. Becker hatte energisch davor gewarnt, den ganzen Brief auf den Adressaten hin auszulegen: Das "Du" werde im Verlauf der Epistel zu einem allgemeinen "der Mensch überhaupt".

Horaz vervollständige ihn in epi. 1, 2 durch Homer, hier durch Euripides – eine bizarre Verkennung. E. A. Schmidt 169 spricht, sehr viel tiefer in den Brief hineinhorchend, vom Gegensatz zwischen Fremdbestimmtheit des Urteils über ein Individuum und seiner eigenen, unvoreingenommenen Beurteilung, der "wahren Selbsterkenntnis" (bezogen auf v. 19). Wovon handelt nun also epi. 1, 16, 17/79?

Nach der befürchtenden Mahnung: *ne cui de te plus quam tibi credas*, womit Lob aus dem Munde anderer gemeint ist, setzt eine lange Reihe von Fällen "fremdbestimmter Selbstliebe" (Schmidt 169) ein, die alle darauf hinauslaufen, dass man gern bei seiner Umwelt ein Bild von sich schafft und, wenn die Umwelt, diesem Bilde entsprechend, zu einem lobend spricht, das dann nur zu gern glaubt; das sind meist Fälle von falschem Lob, und dazu gehört dann auch der verlogene Anwalt, der tadelsfreie Sklave, der in Wirklichkeit am liebsten alles durcheinander brächte, der ehrenwert erscheinende Politiker mit seinen dunklen Geschäften, die ihn versklaven. Von v. 20 an

neve putes alium sapiente bonoque beatum

bis hin zu vir *bonus et sapiens* in v. 73 geht es um die Bestimmung des *vir bonus*, des "aufrechten Mannes", wie R. Heinze geschrieben hatte; dies aber so, dass mit diesem Weg auf die Definition zu aufs engste verbunden war ein anderer Gedanke, der nämlich, dass man selbst doch gern hört, man sei ein solcher *vir bonus*, dabei aber aus Selbstliebe und Eingebildetheit die Frage vergisst, wer denn ein solches Urteil ausspricht: Irgendeiner oder das eigene Gewissen? Wann bin ich am Ziel aller Arbeit an meinem eigenen Wert angekommen? Zunächst einmal dann, wenn ich unabhängig geworden bin vom Gerede anderer und nur auf mich selber sehe und mich selber beurteile, und dies nach strengsten Maßgaben. Und was wäre diese Maßgabe? Die Freiheit. Die Freiheit nicht zuletzt von aller Begehrlichkeit (*avarus*, 63), von aller Gier nach Lob und Gewinn. Und wann ist diese innere Freiheit, die eine Freiheit von allem Äußeren ist, vollkommen? Dann, wenn jemand sagen kann: "Ich muss nichts Äußeres besitzen, ich muss keine äußere Geltung vor der Welt genießen, ja – ich muss nicht einmal lebendig sein". Und damit wären wir am Ende des Briefes angelangt, bei der Euripides-Adaption, welche lehrt: Die freiwillige Aufgabe des tiefsten und natürlichsten Strebens alles Lebendigen, am Leben zu bleiben, diese freiwillige Aufgabe, oder: die Bereitschaft, auch diese Versklavung aufzugeben, das ist die "höchste Freiheit" (Schmidt 175)[196].

Wenn man annimmt, dass es dieses war, was Horaz nahe legen wollte, dann können wir nun endlich nach dem Bau des ganzen Briefes fragen. E. P. Morris

---

[196] Bis auf die nicht unumgängliche Einengung der letzten Verse auf den Freitod ist Schmidts Auffassung der Epistel die klügste, die bisher vorgetragen worden ist. Im "Grundriss" 112f. und 119 war allerdings dreißig Jahre vor Schmidts schönem Buch bereits ganz ähnlich argumentiert worden, was Schmidt offensichtlich entging, denn er zitiert den "Grundriss" hier nicht.

hatte den Bau getadelt, Horaz habe einen *sermo* geschrieben, eine Moralpredigt, und dann hinterher ein paar Verse davorgeschaltet, damit der *sermo* ins Epistelbuch passe. Man kann darüber lächeln, dass hier einem Dichter wie Horaz Flickschusterei angehängt wird, sollte über dieses Urteil aber, wenn die Gelegenheit kommt, genau nachdenken. Spätere wie Frühere verwiesen darauf, dass Horaz sich in 1/16 "als Beispiel eines Mannes" gebe, dem es auf das wirkliche "Gesund"-Sein ankomme, nicht auf den Schein (Heinze); Horaz geniesse "health and peace (im Text: piece) of mind" wirklich, wohingegen Quinctius "more concerned with seeming" sei, urteilte Kilpatrick 98. E. A. Schmidt 167 oben sah das Verbindende darin, dass Horaz "implicite ein Bild seiner Lebensführung gegeben und ebenfalls implicite den Quinctius 'korrigiert'" habe, also etwa so (wenn wir dies hinzufügen dürfen), dass Horaz sein Leben auf dem Lande als eine "echte" Freiheit im Kleineren geschildert und dann eine Reihe unechter "*beati*" beschrieben habe, um am Ende – weit über v. 1-16 hinaus das Bild wahrer Freiheit zu geben.

Man darf sich also aussuchen: Tiefsinn oder Flickschusterei, die auf eine satirenähnliche Predigt ein Epistelhäubchen setzte (Morris). Diese zweite Erklärung ist nicht gar so absurd, wie sie klingen mag; schon immer hat man auf die Nähe des 16. Briefes zu den Satiren, besonders zu sat. 2, 7 verwiesen. Zudem würde die Adaption eines großen Passus aus der Klassiker-Literatur (vgl. sat. 2, 3, 269ff.: Terenz) eine frühe Abfassungszeit noch in der Nähe der Satiren nahe legen, und so wohl auch die Lust am "Furioso-Schluss" (v. 67/72), der ebenfalls Kennzeichen der Satirendichtung gewesen war. Ob man die Frage nach der Entstehungszeit also ganz ungestellt lassen darf? Zur satirischen Gesprächsführung, wie U. Knoche sie genannt hat, stimmt auch, dass der Übergang vom ersten zum zweiten Teil mittels der Mehrdeutigkeit eines Wortes gemeistert wird, wie Knoche das gezeigt hat (AKS 251ff.). Doch bleibt diese philologische Sonderfrage nebensächlich gegenüber der viel gewichtigeren Erkenntnis, dass hier vom Thema "Sabinum" endgültig Abschied genommen wird und dass mit der absoluten Freiheit (auch dem Leben gegenüber) die Strenge der Forderungen ihre absolute Spitze erreicht hat (Grundriss 118f.).

Epistel 17 und 18

Beide Briefe handeln vom Gesellschafter- oder *Convictor*-Leben. Seit E. Courbaud (244ff.) verweist man auf das römische Klientenwesen, so auch Heinze 146f., Lyne 150, um nur wenige zu nennen. Hier sollte man jedoch unterscheiden: Mit dem üblichen Klientenwesen hatte Horazens *amicitia* zu Maecenas nicht viel zu tun. Die übliche Klientel eines Mächtigen wurde erworben durch alle erdenklichen Arten von Förderung, Hilfe und Unterstützung, die der Mächtige direkt oder indirekt dem weniger Hochgestellten verschaffte in seinem Fortkommen im Leben, durch Unterstützung in Rechtsfällen und Rechtsberatung, durch seine Wirksamkeit in Ämtern, militärischen Kommandos und im Senat (nach E. Meyer, Römischer Staat und Staatsgedanke 146). Hiervon unterschied sich die Aufnahme in den literarischen *Convictor*-Kreis einerseits dadurch, dass der Geltungsbereich erheblich enger, andererseits dadurch, dass die innere Verbindung der Geister sehr viel fester geknüpft war[197]. Martial (1, 107, 3f.) wusste, dass eines der Hauptgeschenke Maecens die Muße war, die der geistig Schaffende nötig hat.

Unterscheiden wir noch etwas: Noch vor hundert Jahren musste auch in Europa ein junger Mann ohne ausreichende Mittel, aber mit Begabung und hochfliegenden Plänen sich nach dem umsehen, was man heute einen Sponsor nennt; nur dass der Unterschied zwischen einem Sponsor und einem Höhergestellten, der einen Gesellschafter (oder eine Gesellschafterin) zu sich nimmt, der ist, dass der Sponsor aus der Ferne auf Leistung erpicht ist, der Gesellschafter dagegen in der Nähe des Höhergestellten zu leben, ihn zu unterhalten, zu begleiten und in mancherlei Weise auch zu bedienen hatte. Hierbei muss man sich sogleich vor Augen führen, dass ein solches Verhältnis das eines besseren Dieners zu seinem Herrn sein konnte oder das eines lediglich im ganz Äußerlichen dem Größeren gegenüber Niedrigeren und Schwächeren, sonst jedoch, im Innerlichen, Gleichen; das wäre ein Verhältnis wie dem zu einem wirklichen Freunde, der Förderer und Schützer, sonst aber ein Hochachtender bis hin zum Liebenden sein konnte.

Epistel 17 wird nun gleich von dem ersten Fall sprechen, von einem bis zur Erniedrigung ungleichen Verhältnis, epi. 18 dagegen wird von einem sehr viel stärker auf Achtung und Freiheit gegründeten *convictor*-Leben handeln; epi. 17 wird, wie natürlich, vorwiegend davon schreiben, ob man überhaupt ein solches Verhältnis eingehen sollte, wohingegen epi. 18 sehr viel mehr vom Wie bestimmt sein wird.

Epistel 17

Der Brief beginnt so, dass man die ersten fünf Verse als Einleitung zu beiden, zu dem Paar 17-18 lesen kann: "Obschon Du, Scaeva[198], sehr wohl Dein eigener Berater sein kannst in der Frage, wie man mit den Mächtigeren umgehen sollte,

---

[197] Besonders geschmackvoll spricht K. Hönn über diese Freundschaft und ihre Auswirkungen in: Das Rom des Horaz, Wien 1951, 31, d.h. in einer sehr zu Unrecht so gut wie unbekannt gebliebenen Schrift.

[198] Über seine Person ist nichts bekannt (RE 2 A, 343, 15ff.); ob an das Linkische (scaevitas) gedacht werden könnte, bleibt völlig offen.

höre und lerne von einem, der allerdings selber noch der Unterweisung bedarf, ob er etwas zu sagen habe, das Du Dir aneignen könntest"."

Nun aber die Überlegungen zum Ob: Wer Ruhe und Stille sucht, der muss irgendwo ins Landesinnere ziehen, dorthin, wo er nicht auffällt, wo ihn niemand kennt (10); wer den Seinen etwas zukommen lassen möchte und selber auch etwas besser leben, der muss halt als leerer Krug zum vollen, oder wie immer man *accedes siccus ad unctum* (12) wiedergeben möchte.

Soll man also in den Dienst eines Mächtigen treten oder nicht? Nicht, wenn man sich so bescheiden kann, wie es Aristipp gelang, der in jeder Lage zufrieden war, der sehr wohl einen gewissen Aufwärtsdrang besaß, aber stets mit dem sich abzufinden wusste, was der Tag ihm brachte (23f.). Das beurteilt das Ich der Epistel sehr viel günstiger als die Bettelei des nur in dummer Weise freiwillig Armen, des Kynikers (32). Will man aber höher hinaus, dann gilt: Große Taten im Felde zu tun, das erwirbt unstreitig hohen Ruhm; einem solchermaßen Großen sich anzuschließen, ist darum keine Schande[199]. Doch das geht nicht gleichsam von selbst, man muss Seelenstärke besitzen, nicht kleinmütig sein (*parvis animis*, 40), denn die Begleitung der Großen ist eine schwere Bürde (*onus*, 39). Eine der Lasten ist zweifellos das Wartenmüssen und die Zurückhaltung (44f.). Das sind gute Eigenschaften; hässlich dagegen das Bild dessen, der da eine Gabe hinnimmt, sie schweigend und unauffällig verbraucht, um ja nicht andere in gleicher Lage auf sich aufmerksam und dadurch gierig zu machen (50f.), hässlich auch das Jammern des wenig taktvollen *convictor* auf Reisen, wenn er Verluste erleidet und sie ersetzt haben will; und wenn er dies Spiel zu oft treibt, verliert er seine Glaubwürdigkeit und geht leer aus (61f.).

Damit wäre man schon bei der Frage danach, wie man mit dem Mächtigen umzugehen habe: Taktvoll, zurückhaltend, niemals so sich benehmend, dass eine Zuwendung zwar unumgänglich erscheint, aber erzwungen. Die Bilder und Vergleiche, die Horaz anwendet, sind in der Tat "humiliantes" (Courbaud 255). Jedem Leser kommt das Bedenken, dass diese Behandlung des Gesellschafter-Lebens nicht das letzte Wort sein kann. Epistel 17 betrachtet ja auch nur das Äußerliche, die materielle Abhängigkeit und Zuwendung, und sie anempfiehlt, wenn man derlei vermeiden möchte, die ungerührte Haltung eines Aristipp, der nur sich selber diente. Warum diese "Bitterkeit" (Fraenkel 379), diese grelle Behandlung des Themas, ob man sich anschließen solle und welche Erniedrigungen man erleiden könne? Man hat den Gedanken zu Recht abgelehnt (Courbaud 253, Fraenkel 379f. stimmte zu), Horaz habe bei der Abfassung von epi. 17 bereits den folgenden Brief vorausplanend im Sinn gehabt; zu Recht, denn epi. 17 steht ganz für sich allein da. Fraenkel 379 spielte mit einem an-

---

[199] Man darf hier an Terenz, Ad. 18/ 21 erinnern, wo (nach Donats Worten) der junge Dichter ausspricht, dass seine Arbeit einigen der Großen gefalle, was auf eine Art der Klientelschaft deutet. Vgl. jüngst J. Barsby im Kommentar zu Terenzens "Eunuchus" S. 2 mit Anm. 8.

deren Gedanken, mit dem nämlich, dass die Bitterkeit aus einem Zorn des Horaz hergekommen sei, dem Zorn über Scaeva, der den Dichter "offenbar sehr selbstgefällig" davon in Kenntnis gesetzt habe, "sich einem großen Mann zu verpflichten". Diese Haltung habe Horaz als typisch angesehen und, "wenn er sich lebhaft der Demütigungen entsann, zu denen die Habgier die Menschen oft zwingt", sei er zornig geworden und bitter. Wenn man den Brief in dieser Weise als ganz auf Scaeva abgestimmt, d.h. ihn psychologisierend liest, könnte man wirklich daran denken, dass der Name des "Linkischen" Bedeutung habe. Wir wollen, wenn wir epi. 18 besprochen haben werden, auf diese Fragen zurückkommen.

Epistel 18

"Ich kenne Dich gut genug, um zu wissen, dass Du, Lollius[200], der Du die Freiheit so sehr liebst (*liberrime*, 1), dass Du es weit von Dir weisen würdest, als Freund den Clown zu spielen"[201]. Denn auf einen, der nur Spässe machend umspielt und umschwänzelt, ist ja kein Verlass (*infido scurrae*, 3). Aber es gibt, so fährt Horaz fort, eine andere unangenehme Charakterart, und die ist noch schlimmer: Bäurische Grobheit, die, wenn unangebracht, auf die Nerven fällt[202]: Der Mann trägt Glatze, nun gut; aber er putzt sich nicht die Zähne und verlangt, dass man diese Manierenlosigkeit auch noch als Eigenschaften eines freien und rechtschaffenen Mannes anerkenne. Aber Rechtschaffenheit (*virtus*, 9) ist immer ein Mittleres zwischen Extremen, sagt Horaz mit Aristoteles (Nikomachische Ethik II 6, 15; 1106 b 36ff.). Sich frei geben mag also seinen Wert haben, aber es muss nicht zur Vernachlässigung führen, die anstößig wirkt.

Ein anderer gibt sich dagegen als Schmeichler; bei jedem Wort des Gönners fährt er zusammen[203], tritt auch die kleinste Bemerkung des Gastgebers breit und

---

[200] Er ist der Adressat von epi. 1, 2 (angesprochen als *Maxime Lolli*); mehr wissen wir über ihn nicht.
[201] *Scurrantis speciem*, 2; das Wort verbindet epi. 18 mit epi. 17, 19. Ebenso erinnert der Vergleich mit der Dirne in 18, 3 an 17, 55.
[202] Die Kennzeichnung der *asperitas* in v. 6 ist nicht einfach zu deuten: *inconcinna* übersetzte Heinze mit "widerborstig" und verwies auf sat. 1, 3, 50 (*ineptus et iactantior hic paulo est concinnus amicis postulat ut videatur*); da ist einer *ineptus*, "unangepasst", denn er ist vorlaut, nimmt anderen das Wort, kaum begonnen, aus dem Munde, weil er *concinnus* sein will, offenbar so etwas wie "sich anfügend" und verständnisvoll. Cicero (de orat. 2, 17) bespricht diese Art des *ineptum* als *non aptum* ausführlich und deutet es so, dass einer, der sich so benimmt, taktlos auf die jeweilige Situation keine Rücksicht nimmt. Von einem Mangel an "adaptability" spricht daher Mayer zu Recht.
[203] *Imi derisor lecti* in v. 10f. scheint sinnlos; Nisbet (CR 33, 1983, 26) dachte an *adrisor*, was sehr attraktiv und bei Seneca (epi. 27, 7) belegt ist.

wiederholt sie ehrerbietig, wie ein Schüler das, was der Lehrer vorspricht, nachplappert. Und wieder das Gegenstück: Andere streiten sich über Nichtigkeiten wie wild, fordern gereizt, dass man ihnen glaubt, und geben dadurch Quisquilien des "small talk" übermäßiges und peinliches Gewicht (15/20).

All' dies wird das Ich der Epistel sicher vermeiden: Das peinliche und charakterlos herumscharwenzelnde Possenreißen und sein Gegenteil, die nur zum Schein frei-denkende Selbstvernachlässigung; das Schmeicheln und als Gegenteil die insistierende Aggressivität im Nichtigen. Warum erwähnt Horaz das alles? Offenbar geht er von einer ganz bestimmten Lage aus, nämlich, der dass Lollius sich überlegt, ob und wie er sich bei aller Freisinnigkeit (*liberrime*) und Freiheitsliebe einem Mächtigen und Reichen anschließen soll. Dies ist der "Aufhänger" für Horaz, hieran fügt er Charakteristiken des unangenehmen Gastes, die es zu vermeiden gilt, und geht dabei gewiss recht weit von Lollius fort ins Allgemeine. So weit die Nehmenden, jetzt auch ein Blick auf die Gebenden und besonders auf die Wirkung ihrer Gabe; auch da gibt es Typen, die wenig taugen: Wer sein Geld vertut mit Frauengeschichten, mit Glücksspielen, die in den Ruin stürzen (*praeceps*, 21), wer stutzerhaft sich über seine Verhältnisse ausstaffiert, wen daher die Geldnot und -sucht zwackt und die Angst, zu den Armen zu gehören, den wird ein Reicher (als erfolgreicher money-maker verstanden), nicht mögen (er hätte ja, so könnte man interpolieren, ein Zerrbild seiner selbst vor Augen); oder, falls er einen solchen Mann an sich heranlässt, wird er ihn erniedrigend bevormunden (21/ 31 Anfang), wenn er (so darf man wieder einfügen) ihm Geld gibt. Und da wir schon beim Einfügen sind, fügen wir auch die Verbindung zum Folgenden ein: Wenn ein solcher charakterschwacher Mensch dann Geld in den Händen hat, gibt er "seinem Affen Zucker" und treibt es um so schlimmer. Beweis: Da war ja Eutrapelus[204]; der gab Leuten, denen er einen Tort antun wollte, schöne Kleider; und flugs wuchsen bei denen Wünsche und Hoffnungen, sie verließen den Pfad sorgsamer Pflichterfüllung und endeten als Gladiatoren oder als Hilfsarbeiter auf dem Gemüsemarkt (36; man kann diesen Berufsstand noch heute auf dem Campo di fiori beobachten).

Soweit die Horrorschau; nun lenkt Horaz zurück zu Lollius. Du wirst ganz sicher kein Geheimnis erfragen wollen noch ein solches ausplaudern (37f.); Du wirst das, was Dich persönlich interessiert, nicht überbetonen und das, was andere tun, bekritteln, wirst Dich auch so anpassen, dass Du, wenn Dein Gönner auf Jagd gehen will, nicht zuhause bleibst, um Verse zu schmieden (40). Das zerstört Freundschaften, wie man an Amphion und Zethus[205] sieht: Am Ende gab

---

[204] P. Volumnius Eutrapelus ist uns gut bekannt: Er war Freund des Atticus, Vertrauter des Antonius, liebte einen guten Witz (Cic. Phil. 13, 3) und verkehrte als Gönner und Schützer im Schauspielerinnen-Milieu, vgl. Heinze 165, rechts.

[205] Sie gelten als Zwillingssöhne des Zeus und der Antiope, der thebanischen Königstochter, und gemeinsame Herrscher von Theben, die mit je verschiedenen Mitteln der Stadt eine neue Mauer bauten: Der eine arbeitete mit Muskelkraft, der andere, Amphion, spielte so schön auf seiner Leier, dass die Steine sich von selber fügten. Horaz wendet diese Sage nach Euripides' "Antiope"-Tragödie ins Agonale: Der ganz praktisch veranlagte Zethus

Amphion der Abneigung des ganz auf Kraft setzenden Bruders gegen die Musik klug nach, wie die Sage geht (43). So soll auch Lollius, wenn der Gönner in angenehmer Weise einen Wunsch äußert (*lenibus imperiis*, 45), z.B. auf die Jagd zu gehen, nachgeben und das Dichten, das ja Abgeschiedenheit verlangt und darum geselligkeitsfeindlich wirkt (*inhumanae senium Camenae*, 47), für dieses Mal bleiben lassen. Jagd, das ist altrömischer Brauch[206], und Lollius sei ja kerngesund, blitzschnell und bärenstark; und niemand mache so guten Eindruck, wenn er mit Waffen umgehe und trainiere, wie Lollius (52), das bezeuge der Beifall der Zuschauer (offenbar gab es öffentliches Waffentraining und Kampfübungen als eine Art von Show). "Und zuletzt: Du, ein noch so junger Mensch, hast in Spanien unter dem Feldherrn gefochten, der zu Roms Tempeln die Feldzeichen zurückbrachte, welche die Parther einst erobert hatten[207], und der jetzt alles, was noch nicht erobert ist, dem römischen Weltreich zurechnen darf" (so waffenstark hat Augustus Rom gemacht).

Die Wünsche des Gönners – auch wenn er zuweilen etwas will, das wie ein Spiel anmutet (die Jagd als "Sport" würde hierher gehören), denke daran, wenn es Dir nicht ganz gefällt, dass auch Du zuweilen spielst und auf Deinem Gut Naumachien veranstaltest; und zudem: Wer sieht, dass der Andere mit ihm mitgeht, wird auch mit ihm mitgehen (65f.; zwei allgemein gehaltene Verse gliedern ab).

Ferner (*protinus*, 67 leitet etwas Neues ein) achte auf Deine Worte in Gegenwart anderer: Lasse Dich nicht aushorchen, sie plappern das Gehörte ja rasch aus, und

et semel emissum volat irrevocabile verbum,

"Ist ein Wort erst einmal aus dem Munde entlassen, fliegt es unrückrufbar davon" (71); der herrliche Vers ist es wert, ausgeschrieben zu werden[208]. Zum Achten auf sein Reden gehört das Achten auf taktvolles Tun: Lasse Dich nicht

---

konnte das scheinbar wertlose Spiel des Bruders nicht ertragen (s. E. R. Dodds zu Plat. Gorg. 485 e 3ff.).

[206] Mayer macht treffend darauf aufmerksam, dass die Jagd erst im 2. Jahrhundert v. Chr. nach Rom eingeführt wurde, und zwar aus Griechenland!

[207] Angespielt ist auf den Feldzug gegen die Kantabrer (Kienast 352f.) der Jahre 27/25 v. Chr. und die auf diplomatischem Wege erreichte Rückgabe der Feldzeichen von Carrhae (Kienast 342f.) im Jahre 20.– Umstritten ist die Bedeutung von *refigit* in v. 56: von einem "Losheften" von parthischen Tempeln hatte Heinze nach Maßgabe von c. 1, 28, 11 gesprochen; *templis* hielt Mayer für einen Dativ, nahm *refigere* also als "Wiederanbringen". Mann sollte daran denken, dass Augustus die heimgekehrten Feldzeichen in einem Tempel des Mars Ultor (auf dem Kapitol, vgl. Kolb 362 oben) aufbewahren ließ; das *re-* bedeutet dann so etwas wie "dorthin, wo sie hingehören", s. Lucr. 2, 1113 z.B.

[208] *Irrevocabile* mag von Lucr. 1, 468 gebildet worden sein (zu Neologismen mit *in-* vgl. Lateinische Dichtersprache 83 unten, 88 unten).

zu Liebschaften[209] in den Mächtigen Hause hinter seinem Rücken hinreißen: Es kommt nur zu Peinlichkeiten. Ebenso im Falle falscher Empfehlung anderer: Hast Du Dich geirrt, lass den Ungeeigneten fallen; wird einer, den Du genau (als Anständigen) kennst, angegriffen, stehe zu ihm, denn die Neider, die jetzt ihn umzingeln, könnten auch bald sich Dir selber zuwenden. "Denn es geht um Deine Sache, wenn das Nachbarhaus brennt, und wenn man den ersten Flammen nicht wehrt, gewinnt das Feuer an Stärke" (84f.; erneut gliedert ein allgemein gehaltenes Distichon).

Süß scheint, einem mächtigen Gönner das Leben in den geschilderten Weisen angenehm zu machen (zu dieser ungewöhnlichen Bedeutung von *cultura* in v. 86 vgl. OLD *cultura* 4); so scheint es dem zu sein, der das noch nicht aus langer Erfahrung kennt; wer es kennt, der tut es nicht ohne "Bangen und Sorgen" (Heinze)[210], so spricht Horaz, sich an Pind. frg.110 Sn.-M. erinnernd: "Süß ist für einen, der ihn nicht kennt, der Krieg; wer ihn kennen gelernt, zittert in seinem Herzen, wenn er naht". Die Launen springen ja doch gar so leicht um; darum muss der Gesellschafter stets die Stimmung des *potens amicus* richtig einzuschätzen wissen und niemals Missbilligung spürbar werden lassen: "Entwölke Deine Stirn", so könnte man nach bekanntem Vorbild den Ausdruck des Euripides wiedergeben[211], ein solches Dreinschauen erzeugt zu viele Missverständnisse (94f.; wieder ein gliederndes Verspaar, diesmal aber nicht ganz allgemein formuliert).

Der nun folgende Einschnitt ist sehr tief: *Inter cuncta leges et percontabere doctos* ("Währenddessen wirst Du gut daran tun zu lesen und Dich bei Kennern[212] zu erkundigen", wie Du am besten Dein Leben in Ruhe (*leniter*) zu

---

[209] Horaz spricht vom Sich-Verlieben als einem Angegriffenwerden der Leber (dazu Syndikus zu c. 1, 25; S. 244, Anm. 28 und c. 1, 13; Nisbet-Hubbard zu c. 1, 13, 4. Dieser Abschnitt ist in "Methoden der Latinistik" 69f. und 173f. genauer besprochen).

[210] Die Lesart *metuet* in v. 87 legt den Gedanken nahe, dass ein Mann bangen werde, wenn er erst einmal die *cultura potentis amici* angefangen hat; ein Anfangen widerspräche jedoch dem *expertus* (die Erfahrung eines langen *Convictor*-Lebens).

[211] Hippol. 172, von Wilamowitz nach 180 gestellt und von Barrett auch an dieser Stelle kommentiert, S. 195f. – Der v. 92 verlangt nach einem Subjekt, das nachts beim Trunk dem Gesellschafter noch sehr spät einen Becher reichen lässt; irgend jemand hat nach c. 1, 14, 34 einen äußerst schlecht bezeugten Vers mit einem solchen Subjekt hinzuerfunden. Vollmer dachte an eine Lücke, in der einst ein Vers mit dem erforderlichen Subjekt gestanden habe. Aber vielleicht ist der ganze v. 91 dennoch entbehrlich und womöglich enthält schon die Situation des Becherreichens die zum Verständnis des *nocturnos* (93) nötige Nuance des nächtlich späten Anbietens. Immerhin möchte man gern das anaphorische *oderunt* nicht missen und käme dann auf den Gedanken, eine andere Art der Vertauschung anzunehmen: *oderunt bibuli*, etc. und *potores porrecta*, etc. Siehe aber C. Gnilka, Prudentiana 1, München-Leipzig 2000, 35f.

[212] Heinze ging davon aus, dass die *docti* aus v. 96 die klassischen Philosophen seien, die "Philosophen der Vorzeit"; Mayer dagegen hält den Gebrauch von *doctus* hier für unspezifisch und weist richtig darauf hin, dass Horaz seinem Lollius ja einmal ans Herz gelegt hatte (epi. 1, 2), Homer und seine moralischen Typengestalten zu lesen. Einigen wir uns dahingehend, dass, ganz gleich welche Gattungen gemeint sind, Lollius nicht

einem guten Ende hinführen könntest. Lies (und prüfe Dich dann anhand des Gelesenen), ob Dich Begehrlichkeit beherrscht, ob Furcht (den Besitz gemindert zu sehen oder zu verlieren) oder Hoffnung auf Unwichtiges beherrscht; ob Rechtschaffenheit Naturanlage ist oder erlernbar[213] (offenbar legt Horaz nahe, dass sie erlernbar sei, denn wozu sonst die Selbstprüfung, bei der es kaum bleiben wird, weil nach ihr die eigentliche Arbeit allererst beginnt). Dieser Satz-Vers mitten zwischen den Anaphern gliedert; was folgt, ist die Frage nach dem, was nach der Selbstkritik zu tun sei: Was ist es, das die Leidenschaften mindert und den Menschen mit sich selbst einig macht (vgl. epi. 1, 14, 1). Plato ließ seinen Staat" mit diesen Worten endigen (621 c 4ff.): "Wir wollen immer den Weg nach oben verfolgen und Gerechtigkeit mit vernünftiger Einsicht in jeglichem Falle üben, auf dass wir uns selber freund seien und den Göttern". Was ist es, so fährt Horaz fort, was wirklich und in Wahrheit stille macht: Ehrungen, die von außen kommen, und ein gefüllter Beutel, oder aber ein Pfad abseits der Menge und ein Lebensweg, der im Unauffälligen verläuft[214]?

Und an dieses Letztgenannte fügt Horaz ein Bekenntnis und ein Gebet, das wir gewiss als aus Horazens eigenem Herzen gesprochen lesen dürfen: "Wann immer", so beginnt dieser Passus in hohem, geradezu epischem Stil, der auch einen Anflug von "Ekphrasis", von epischer Landschaftsbeschreibung aufweist, "mich der kühle Bach, die Digentia[215], welche das Dorf Mandela trinkt[216] – eine von der Kälte runzlige Gemeinde – endlich wiederherstellt (nach dem hitzigen Getümmel der Groß-Stadt Rom), was meinst Du, ist dann wohl mein Gedanke, was mein Gebet?" Und nun folgen Verse, die zu den schönsten des ganzen Horaz zählen:

Sit mihi, quod nunc est (etiam minus), ut[217] mihi vivam,
quod superest aevi, si quid superesse volunt di;
sit bona librorum et provisae frugis in annum
copia, neu fluitem dubiae spe pendulus horae (107/9),

Schöngeistiges, sondern solche Texte lesen sollte, die mit den in epi. 1, 18 behandelten Themen zu tun haben.

[213] Xenophon war der Ansicht, Tugend könne man bei guten Menschen lernen (Sympos. 2, 4 und 2, 12), Plato meinte, sehr im Unterschied zu dem von ihm zitierten Theognis, sie sei nicht erlernbar (Meno 96 c 10; vgl. Protag. 323 c 5ff.). Die Frage des Horaz formulierte Seneca (de otio 4, 2) ganz ähnlich.

[214] Auch dieser Gedanke erinnert an epi. 1, 17, nämlich an v. 10 *fefellit*.

[215] Trefflich macht Mayer auf die verzwickte und raffinierte Wortstellung aufmerksam: *gelidus – Digentia – rivus* und vergleicht Verg. georg. 2, 146f.

[216] Wie hoch der Stil hier emporgehoben ist, zeigt c. 2, 20, 20; so zu sprechen, ist uralte Dichtersprache, vgl. Hom. Il. 2, 825, wozu Kirk S. 254 oben.

[217] Klingner, Borzsák und andere lesen in v. 107 mit (grob gerechnet) der Hälfte der Überlieferung *ut mihi vivam*; man wird ja nicht gern die Ausführung des Wunsches, für sich zu leben, ganz in die Verfügung des Subjektes legen, was der Fall wäre, läse man *et* und nicht ein *ut*. *Et* würde bedeuten: "Und ich werde dann schon für mich leben", wobei zumindest bis zu einem gewissen Grade offen bliebe, wem das zu verdanken sein werde.

"Möge mir bleiben, was da ist (meinetwegen auch etwas weniger), auf dass ich für mich selber das verleben kann, was an Leben noch übrig ist, falls die Götter mir noch etwas Zeit gönnen; möge mir bleiben eine gute Fülle an Büchern und Speise für das Jahr, und möge ich nicht schwanken in Hoffnung auf kommende Stunden, die es vielleicht gar nicht mehr geben wird".

Doch bricht Horaz hier das Gebet um eher Äußerliches, um Besitz, Bücher, Essen und Lebensjahre ab mit den Worten: "(Was solches Äußere angeht,) genügt es, Juppiter zu bitten: Er gibt und nimmt ja Lebenszeit und Eigentum; aber ein stilles Gemüt, das werde ich mir selber verschaffen" (112)[218].

Epistel 17 war vornehmlich auf die Frage ausgerichtet, ob ein junger Mann sich einem Großen anschließen solle. Dabei war der in Aussicht gestellte Vorteil ein materieller (11f.; 43ff.) und die Voraussetzung dafür war die Kraft, die Last der Abhängigkeit ertragen zu können (39/42). Epi. 18 spricht zwar auch vom Anschluss, aber nun nicht mehr in so scharfer Schwarz-Weiß-Manier. Bereits die Kennzeichnung des Lollius unterscheidet sich von der des Scaeva: War Scaeva ein junger Mann ohne besondere Qualitäten, dem man das Gemeinte in recht groben Strichen darstellen konnte, so ist Lollius zwar noch ein *puer*, ein junger Mensch, aber doch einer, der sich bereits bewährt und der sehr wohl Qualitäten zu erkennen gegeben hat: Er hat sich im Felde bewährt und scheint der Dichtung nicht abgeneigt und er insistiert auf einem hohen Maß an persönlicher Freiheit (*liberrime*, v. 1)[219]. Mit ihm spricht der Dichter ganz anders[220]: Er spricht zunächst vom Maßhalten, von Takt und Zurückhaltung, dann aber von dem, was ihm selber das Wichtigste scheint, von der inneren Stille, die zu einer Übereinstimmung mit sich selbst führt (*te tibi reddat amicum*, 101). Diese Stille kommt aus gern geleistetem Verzicht auf das Prominent- und Reich-Sein, aus der Hinnahme dessen, was kommt, sei es auch ein baldiges Ende, wenn nur der Gleichmut erreicht ist, und das ist des Menschen ganz eigene Sache.

Epi. 17 sprach vom *maioribus uti* (2, vgl. 14 *regibus uti*) und stellte Aristipps Einstellung als erstrebenswert dar (*temptantem maiora, fere praesentibus aequum*, 24), "der nach oben strebte, dabei doch stets mit dem Vorhandenen gleichmütig zufrieden war"; der Brief hielt Scaeva vor Augen, dass der Anschluss eine Last sei, auch wenn *decus et pretium* (42), "Ansehen und Entlohnung" winke. Diese sehr simplen, sehr herzlosen Bemerkungen fallen in

---

[218] Zum Futur vgl. H. Kleinknecht, Hermes 74, 1939, 334. Zum Gedanken, dass man sich ein "stilles Gemüt" selber verschaffe und verschaffen müsse, vgl. Cicero, nat. deor. 3, 88 (dazu Chr. Gnilka, Chresis II: Kultur und Conversion, Basel 1993, 120, Anm. 130). Ein Menschenalter nach Horaz wird ein anderer römischer Philosoph schreiben: *Perseveras ire ad bonam mentem, quam stultum est optare, cum possis a te impetrare* (Sen. epi. 41, 1).

[219] Eine kurze Kennzeichnung des Mannes bei Fraenkel 375 vor Mitte; die weiter gehende bei Kilpatrick 54 ist doch wohl zu sehr auf Vermutungen aufgebaut.

[220] McGann 81 macht treffend darauf aufmerksam, dass Horaz den jungen Mann *amicus* nennt, eine im "Buch der Briefe" einmalige, herzliche Anrede.

epi. 18 nicht mehr. Hier wird einerseits das, was der Große erwarten mag, als *lenia imperia* (45) bezeichnet, also von einem Verhältnis zum Gesellschafter gesprochen, das nicht zu viel verlangt, andererseits von Lollius sehr viel Feineres erwartet, als von Scaeva. Wenn man einmal von den Besonderheiten des Individuums Lollius (Kriegsdienst, Sportlichkeit, Interesse an Dichtung) absieht, zeichnet epi. 18 ein Bild der Freundschaft (*amicum*, 2), das sehr wohl auch über das besondere Verhältnis eines Prominenten zum Gesellschafter hinaus allgemeine Geltung hat. Takt, Zurückhaltung, Eingehen auf den anderen[221] und maßvolles Vorschlagen von Unternehmungen und das Vermeiden von Launenhaftigkeit (*deme supercilio nubem*, 94), das alles gilt immer und für jegliche Freundschaft, es gilt sogar für die Ehe. Und dass ein Leben in Freundschaft letztlich nur ein Teil des Lebens überhaupt ist[222], dass der wesentliche Teil des Lebens sich im Inneren abspielen sollte, in der Suche nach dem, was *pure tranquillet* (102), auf dass man sich selber Freund werde und mit und für sich selber lebe (107), das geht weit über epi. 17 hinaus[223].

Zur Gruppe epi. 1, 16 – 1, 18

Es ist an der Zeit, einen Blick auf die Gruppe[224] der drei Briefe zu werfen, die nach dem "Niederbruch" von epi. 15 und vor dem Literatur-Brief epi. 19 ihren Platz erhalten haben. Epi. 16 sprach zunächst vom Lande, das Horaz und äußerlich gesund erhalte. Das Land war keine unabdingbare Voraussetzung, aber, wie Seneca sagen sollte[225] (epi. 28, 7), doch heilsamer als andere, unruhi-

---

[221] Diese Eigenschaft, von Mayer "compliance" genannt, ist das einzige, was er in dieser Epistel behandelt sieht (258); ungleich differenzierter ist Ed. Fraenkels Nachzeichnung (373/8) und auch die von McGann (77ff.), wo auch ein besonders guter Vergleich von epi. 17 mit 18 steht (78/82).

[222] Auch Fraenkel 378 sprach von epi. 18 so, dass jenes Gesellschafterleben nicht das Ziel einer Lebensplanung sein könne: "Die Unbequemlichkeiten, die ertragen, die Opfer, die gebracht werden müssen, wenn ein Leben mit unseren Mitmenschen überhaupt möglich sein soll, (sind) alle notwendig, um unsere Selbsterziehung zu vollenden".

[223] Es sei betont, dass auch Ed. Fraenkel immer wieder in seiner Auslegung des Briefes 18 hervorhebt, dass Horaz in ihm weit über das Individuelle des Lollius hinaus ins Allgemeingültige geht (z.B. 376 zu v. 97-103).

[224] McGann 78ff. bemüht sich überzeugend um den Nachweis, dass Horaz offenkundig die beiden Gesellschafter-Briefe zu einem Paar zusammengeschlossen hat: "Ep. 17 and 18 are more closely connected than any other pair of juxtaposed epistles in the book" (78). Er versäumt es allerdings, epi. 16 einzubeziehen.

[225] Epi. 28, 7; es ist wohl nicht richtig, mit Kilpatrick 55 zu sagen, *vivere naturae convenienter* und mit einem *aequus animus* seien "possible for him only in his country retreat".

gere Umgebungen. Diese Gesundheit ist, aufs Äußere gesehen, der Verzicht auf Reichtum und Wohlleben; sie ist auf Freiheit allem Nicht-Inneren gegenüber gegründet, und so kommt Horaz am Ende des Briefes auf die absolute Freiheit zu sprechen, auf die zum Lebendigsein. Die Doppeldeutigkeit des Wortes *incolumis*, der "Gesundheit" und Unbeschadetheit, eröffnete – darüber hatte ja U. Knoche belehrt – die Möglichkeit, glatt von 1-16 zu 17ff. hinüberzugleiten. Als krasses Gegenbild erscheint dann mit epi. 17 das Thema des Gesellschafterlebens. Es erhebt sich die Frage, wie Autarkie (ihre höchste Stufe wäre die Freiheit zum Tode) und Bindung, wie Für-sich-Leben und ein Leben in der Gesellschaft (ein besonders schöner Fall hiervon ist das Leben als Freund) zusammenkommen könnten. In epi. 17 wird das Leben des abhängigen Gesellschafters mit dem Ziel des äußerlichen Gewinns geradezu grob und hässlich abgewiesen; in epi. 18 wird das Leben des Gesellschafters als *amicus* sehr wohl empfohlen, wenn es auf beiden Seiten auf Takt und Rücksichtnahme gebaut, auf Seiten des Mächtigen auf maßvolles Bestimmen (*lene imperium*) und auf Seiten des Empfangenden auf höchste moralische Qualitäten gegründet ist. Die wichtigste ist dabei die harmonische Übereinstimmung mit sich selber[226], die aus der Stille des Verzichtes kommt und letztlich jegliches Schwanken verhindert (*neu fluitem*, 110). Erinnert man sich an epi. 1[227], an die Klage des Ich über das Schwanken (v. 15) und an das Lesen hilfreicher Bücher (36f.) und schaut man dann auf das Ende von epi. 18 (96 *inter cuncta leges* und 110: *neu fluitem*), dann erkennt man leicht, dass nicht nur die Gruppe 16-18 geschlossen ist, sondern nun auch das ganze Buch – bis auf epi. 19.

Epistel 19

Der 19. Brief spricht, an Maecenas gerichtet wie der erste, vom Range des Horaz in der römischen Literatur, doch wie? Heinze S. 177 hatte gemeint, "die Aufnahme, welche die im Sommer 23 veröffentlichten Oden fanden, entsprach in keiner Weise den hochgespannten (s. od. III 30) Erwartungen ihres Verfassers. ... Aber sagen wollte er doch wenigstens einmal seinen Gegnern, wie sehr er sie verachte". Ed. Fraenkel (399) schrieb nicht viel anders, die "hohen Erwartungen, mit denen Horaz im Jahre 23 v. Chr. seine drei Bücher Carmina heraus-

---

[226] Diese Übereinstimmung mit sich selbst ist ein Leitmotiv des ganzes Briefwerkes („Grundriss" 109f. mit Anm. 120); es freut, wenn E. A. Schmidt, Sabinum 155 dieser Auffassung zustimmen konnte.

[227] McGann 79 mit Anm. 3 und 4 zeigt die Linien, welche zu epi. 1 zurückführen. Gern stimmen wir Kilpatrick 55 zu, wenn er über das Verhältnis von epi. 18 zu epi. 1 hinaus auch auf epi. 2 verweist: "This epistle is actually a sequel to Epistle 1. 2 and a restatement of his exhortation to Lollius to study philosophy".

gab, haben sich erfüllt (Fraenkel meint: Nach seinem Tode bis heute). Aber die unmittelbare Wirkung der Veröffentlichung war ganz anders, ... war tief enttäuschend. Horaz machte seinem Verdruss in einem Brief an Maecenas Luft". Seine Besprechung des Briefes schloss er mit den Worten: "Ohne ein Lächeln werden wir am Ende dieses Briefs entlassen, der einzigen durch und durch bitteren Aussage, die wir in den Werken des Horaz finden" (411). C. Becker dagegen rückte das Thema der Dichtung aus dem Zentrum der Epistel an den Rand: "Das Dichten ist ein Beispiel, nicht der Hauptgegenstand" des Briefes, "denn die *imitatio* im Dichten ist nur ein Sonderfall der *imitatio* im ganzen Leben" (45), eine Behauptung, die Becker verständlicherweise nicht erläutert, denn der Satz sagt nichts. Nun denn: Wovon handelt epi. 19 also?

"Maecenas", so beginnt die Epistel, "wenn Du, ein Kenner[228], dem Wort des alten Kratinos in seiner ‚Pytine' (A. Lesky 475) Glauben schenkst, dann kann keine Dichtung lange Geltung behalten, wenn sie von der Hand von Wassertrinkern kommt". (Und in der Tat:) "Seit dem Augenblick, an dem Bacchus die Dichter als im Rausche Schaffende seinen Satyrn und Faunen zugeschrieben hatte (so parodiert Horaz den Gedanken aus seinem c. 2, 19, 1/8), riechen die sonst so süßen Musen schon am frühen Morgen nach Wein"; auch Homer, da er den Wein preist[229], entpuppt sich als dem Weine ergeben, ja auch Ennius beschrieb nie eine Heldentat (in seinen "Annales"), ohne vorher sich mit Wein gestärkt zu haben. Und Horaz selbst hatte irgendwann einmal verlauten lassen, so sagt er in v. 8, er überlasse Forum und Puteal Libonis[230] gern den Trockenen, und die Nüchternen sollten das Singen bleiben lassen; kaum hatte er das gesagt, tranken die Dichterlinge nachts um die Wette und pflegten tags den Kater (1/11). Weiter und weiter zieht dieser Briefteil über die Nachäffer her, um mit dem Ausruf zu enden:

> *o imitatores, servum pecus, ut mihi saepe*
> *bilem, saepe iocum vestri movere tumultus!*

"O Ihr Nachtreter, sklavisches Viehzeug, wie oft habt ihr mir die Galle, wie oft das Lachen erregt mit Eurem Getue" (19f.). Das ist nun in der Tat starker Tobak und wirklich "ohne ein Lächeln" aus tiefer Verachtung hinausgeschrieen. Seine Dichtung war also so bekannt und so berühmt unter Kennern und Einflussreichen geworden, dass sie Nachäffer hervorbrachte, die dem Dichter in heute nicht mehr deutlicher, aber leicht vorstellbarer Weise auf die Nerven gingen.

---

[228] Kenner wovon? Heinze meinte, beider Sprachen (c. 3, 8, 5); Mayer dachte eher an das Gebildetsein, das ihm das genaue Verständnis der Epistel ermögliche. Man wird hier letztlich keinen scharfen Unterschied sehen.

[229] Im anonymen "Agon zwischen Homer und Hesiod" (T. W. Allens Homer-Ausgabe, Bd. 5, 225ff.; vgl. A. Lesky 115).

[230] "Vor der Basilica Aemilia", Kolb 216; L. Richardson, A New Topographical Dictionary of Ancient Rome, Baltimore und London 1992, 322ff.

Von dieser dunklen, übelriechenden Kriechermasse hebt sich nun der freie Schritt des originalen Genies durchs unbestellte Land aufs schärfste ab:

> *libera per vacuum posui vestigia princeps.*
> *non aliena meo pressi pede: qui sibi fidet,*
> *dux reget examen,*

"Freien Schrittes ging ich über niemandes Land als erster, trat nicht in anderer Fußspuren[231]: Wer seine Kraft kennt, der herrscht als Weisel über den Schwarm" (21f.)[232]. Diese seine Kraft wurde zum ersten Male spürbar, als er die "parischen Jamben" des Archilochos in Latium vorführte, "Metrum und Gestimmtheit des Archilochos befolgend, nicht aber seine Themen und Worte, die einem Lykambes das Leben kosteten" (23ff.). Wir sahen oben, dass in Horazens Buch der Jamben sehr wohl einige aggressive, "archilochische" Stücke vorkamen, und schon die frühesten, epo. 7 und 16 trugen diesen Charakter.

Was nun folgt, gehört zu dem Umstrittensten im horazischen Text überhaupt. Wir können nicht darüber hinweghuschen, sondern müssen uns den Schwierigkeiten geduldig stellen, sonst verfehlen wir Wesentliches.– "Man schmücke mich nicht", so fährt Horaz fort, "mit einem Kranz von kürzeren Lorbeerblättern (als gewöhnlich)", das will sagen: "Man tadle mich nicht" (als schwach und Nachäffer), etwa deswegen, "weil ich mich scheute[233], Versmaß und Kunstfertigkeit (des Archilochos) von Grund auf zu ändern[234]. (Ich hatte dafür die besten Vorbilder, denn:) Es ändert ja auch die männlich-großartige Sappho die Dichtkunst des Archilochos (nur wenig) ab[235], es ändert ja auch Alkaios nur ab, grundverschieden allein in den Themen und der Komposition". Wer so paraphrasiert, hat bereits eine Stellung eingenommen im Streit der Meinungen über die Bezüge in diesem Vers. R. Heinze hatte *temperat musam* zusammengenommen mit *Archilochi pede*: "So hat Sappho in metrischer Hinsicht die Taktformen des Archilochos, *pede Archilochi*, verwandt, um ihr

---

[231] Zu *aliena* ergänze man *vestigia*; das Bild wird aus Kallimachos (Aetia, frg. 1, 26) genommen sein, wo der Dichter den Gott Apoll mahnen lässt, dort zu wandeln, wo nicht die Wagen fahren, wo nicht "anderer Fußstapfen" sind (der Text ist lückenhaft). Schon R. Pfeiffer (Bd. 1, 5 im Apparat) erinnerte an Horazens Epistel.

[232] C. Becker 44, Anm. 15 verglich sehr passend Lucr. 1, 926ff. Ob Horaz mit dem Worte *princeps* auf sein c. 3, 30, 13 verweisen wollte, auf (*dicar*) *princeps Aeolium carmen ad Italos deduxisse modos*?

[233] *Timui* (27) ist zunächst soviel wie *nolui* (Heinze), trägt aber doch wohl auch die Nuance des *pudor*, vgl. C. W. Macleod, Class. Quart. 27, 1977, 362, Anm. 44; T. Woodman, MH 40, 1983, 78, Anm. 9.

[234] Dass *mutare* "auswechseln" und "von Grund auf umstürzen" bedeutet, hat Mayer 264 ("change completely") richtig kommentiert; vgl. A. Cucchiarelli, Hermes 127, 1999, 329 unten: "una vera e propria sostituzione".

[235] *Temperare* "non interessa la sostanza dell' oggetto, ma le sue qualità", schreibt Cucchiarelli 330; Heinze wies auf Eigenarten der sapphischen Metrik hin, die aus Archilochos zu stammen scheinen, was auf eine Ableitung äolischer Formen aus parischer Technik deutet, vgl. B. Snell, Griechische Metrik 39.

eigenes Lied, *musam*, künstlerisch zu gestalten". Ed. Fraenkel 404 wandte ein: "Ich habe alle Satiren und Episteln des Horaz geprüft und habe keinen einzigen Fall gefunden, in dem ein Genitiv nicht von dem Substantiv regiert wird, das unmittelbar folgt, sondern von einem anderen, das später im Satz vorkommt". Nach Untersuchung von *temperare* bei Horaz kommt er auf S. 405 zu dieser Paraphrase: "Sappho mildert (sänftigt, schwächt ab und dergleichen) durch ihr Metrum die Poesie des Archilochos". Er sagt von der Poesie des Archilochos, sie zeige "Herbheit und Strenge", und somit machte es Sinn zu sagen, Sappho habe sie gemildert. Sappho hat also (S. 406) die *musa Archilochi* übernommen und dann gemildert, also genau das getan, was auch Horaz bekennt, mit der Dichtung des Archilochos getan zu haben: In v. 24 und v. 27 sagt er, er sei den *numeri* und *animi* des Pariers gefolgt, habe sie lediglich gemildert (*temperare*), habe sich aber gescheut, dessen *modi* und *carminis ars* zu ändern (das bedeutet das *mutare*, das Horaz verwendet: ein Verwandeln von Grund auf). Also habe er den Grundcharakter der archilochischen Kunst gewahrt (aber sehr wohl in Maßen abgewandelt), so wie Sappho die Muse des Archilochos auch nur "mildernd" abgewandelt (das ist *temperare*), also gemäßigt habe.

Das hat man Fraenkel dann nicht immer geglaubt. Nisbet-Hubbard zu c. 1, 35, 6 (S. 390 Mitte) verbinden *pede*, allerdings nicht ohne einige Vorsicht, mit *Archilochi* ("pede probably goes with Archilochi") und nennen Fraenkels Ansicht "nicht überzeugend"; C. Macleod 369 übernahm Fraenkels Deutung ("Sappho modifies Archilochos with her metre"), ändert nur seine Auffassung von *temperare* zu "control" oder "master"[236]. Dagegen weicht A. J. Woodman, 78 weit von Fraenkel ab: Ausgehend von v. 27 (*timui mutare*), d.h. dem Eingeständnis, Archilochos im Versmaß gefolgt zu sein und dies nicht als einen Fehler betrachtet zu haben, schreibt er: "Horace defends his Epodes against the criticism of l. 27 by choosing Sappho and Alcaeus to demonstrate what happens when would-be Archilochian poetry *is* deprived of its metre" (Woodman hebt "is" stark hervor: "Wenn wirklich einmal jemand von Archilochos abweicht"). Sappho und Alkaios hätten, so Woodmans Ansicht, für Horaz nur verwässerten Archilochos produziert und hätten so seinen "spirit" verfehlt (78f.). Nach Woodmans Meinung beziehe sich dieses alles auf den vornehmsten Vorzug des parischen Dichters, auf seine tadelnd-aggressive Art ("vituperative"), die Sappho verwässert hätte; und dass auch sie Jamben geschrieben habe, sei bezeugt (79f.). Damit lenkt Woodman die Diskussion auf ein Nebengleis, auf die Nachfolge im Aggressiven, was nun weiß Gott nicht für Sappho charakteristisch ist, und er lenkt sie in eine Richtung, die Horaz nie gegangen war: Für ihn war Sappho ein großes Vorbild und schrieb nie und nimmer eine "would-be Archilochian poetry".

---

[236] Nach R. Heinze, Die lyrischen Verse des Horaz (1918), jetzt in: Vom Geist des Römertums, Darmstadt 1960, 245, Anm. 38: "ordnend beherrschen".

Ernster zu nehmen ist da gewiss Mayers Kommentar. Er bezieht *musam* nun wieder auf Sappho und kommt so zu der Paraphrase: "Sappho regulates[237] her poetry with the metre of Archilochus". Mayer verbindet also – entgegen Fraenkels präzisem Untersuchungsergebnis ("Ich habe alle Satiren und Episteln des Horaz geprüft") – *pede* mit *Archilochi* und versteht *musam* als *suam musam*. Das also ist der Stand der Dinge.

Mayer muss sich nun aber fragen lassen, ob man wirklich sagen könne, "there can be no question of any change in the metrical form", sowohl im Verhältnis Sapphos zu Archilochos als auch in dem des Horaz zu ihm. Archilochos rückte doch "in den Epoden und Asynarteten nach bestimmten Regeln gebildete Sprechvers-Teile, daktylische und jambische, aneinander. ... Die einander fremden Teile bleiben also einander fremd", schrieb B. Snell 39 oben und fuhr weiter unten fort: (Aufgrund der Erweiterungstechnik "ergibt sich, dass die Perioden bei Sappho und Alkaios zugleich variationsreicher und einheitlicher sind als bei Archilochos". Es fällt daher schwer, Mayer zu glauben, wenn er in den Horazversen die Ansicht ausgedrückt findet, dass im Metrischen keiner der drei Archilochos-Nachfolger etwas an der Technik des Altmeisters geändert habe. Wenn man mit A. Cucchiarelli einen deutlichen Unterschied zwischen *mutare* und *temperare* annimmt, muss man viel eher zu der oben bereits angedeuteten Paraphrase kommen: Horaz wehrt sich gegen den Vorwurf, selber (wie das "sklavische Vieh") sklavisch imitiert zu haben; die Metren des Archilochos nicht von Grund auf umgestürzt, vielmehr in ihrem Grundcharakter beibehalten zu haben, ist nicht Schwäche, denn auch die männlich-großartige[238] Sappho hat ja nur wenig abgeändert, und so auch Archilochos; grundverschieden waren nur ihre Themata und deren Anordnung. Denn Alkaios hat ja keinen Lycambes verfolgt (wohl aber Tyrannen: Quint. inst. 10, 1, 63) und keine Lykambes-Tochter zum Selbstmord getrieben. Man darf ja doch getrost *temperat pede* auch auf Alkaios, und *rebus et ordine dispar* auch auf Sappho beziehen.

Nun weiter: Diesen, nämlich Alkaios hat Horaz in Rom in lateinischen Versen wiedererstehen lassen:

> *hunc ego, non alio dictum prius ore, Latinus*
> *volgavi fidicen. iuvat immemorata ferentem*
> *ingenuis oculisque legi manibusque teneri,*

---

[237] "Regulates" kommt von Nisbet-Hubbards Kommentar zu c. 1, 12, 16, die Juppiters Tun, das "Meer und Erde durch die wechselnden Jahreszeiten lenkt (*temperat*)", so kommentieren: Juppiter schenkt "just the right mixture"; also "regeln" durch die "rechte Mischung". Zu c. 2, 16, 27 (*amara lento temperet risu* vom weisen Mann) allerdings nehmen auch Nisbet-Hubbard die Bedeutung "tone down", also "abmildern" an.

[238] *Mascula Sappho* versteht Fraenkel 407 so: "Horaz meint, es sei etwas Ungewöhnliches für eine Frau, in die Fußstapfen des männlichsten aller Dichter, Archilochos, zu treten"; so etwa auch Mayer.

"Ihn, den niemandes Mund vor mir (in lateinischer Sprache) gesungen, habe ich, ein lateinischer Dichter, unter die Menschen gebracht. Mit Freude erfüllt es den, der Ungesungenes vorträgt, wenn er von den Augen freier Menschen gelesen, in ihren Händen gehalten wird" (32/4). Hier klingt erneut der hohe Stolz des originalen Wieder-Schöpfers an, der schon in dem Ausbruch gegen die sklavischen Nachtreter hörbar gewesen war.

Nun aber das gewöhnliche Volk, im Unterschied zu den "freien Menschen", den *ingenui oculi* (34); es mag Horaz ja zu Hause gern lesen, draußen aber schmäht es ihn (d.h. man passt sein Urteil den wenigen Kritikastern an, wie das so üblich ist bei Leuten, die nicht auffallen wollen). Und wieso schmäht es ihn? Nicht wegen irgendeinem poetischen Defizit, sondern deshalb, weil der Dichter dem gemeinen, ach so wetterwendischen Volk nicht "um den Bart geht" und weil er die Dichter unter den Prominenten[239] weder unter ständigem Herumrennen bei den *grammatici*, den über Literatur Disserierenden, unterstützt noch durch Gegengeschrei sich an deren Kritikern rächt. Das hält der frei dahin flügelnde (vgl. c. 2, 20) Dichter für unter seiner Würde (40).

Der Ärger (*lacrimae*, 41) über die Missgunst der Vielen kommt[240] also aus dem Eindruck, den eine auf so hohem Niveau sich bewegende Dichtkunst auf die Masse machen muss, aus dem Eindruck der Arroganz. Dagegen der Dichter: "Vor dem Volk zu rezitieren, schäme ich mich, denn das würde meinen Kleinigkeiten (*nugae*) zu viel Gewicht geben". Dieses understatement wird natürlich nicht akzeptiert; da man ja unbedingt schaden und dem Dichter eins auswischen will, lacht man: "Ja, Du sparst Dein Zeug für die Ohren des Augustus, Deines Juppiter, auf; glaubst, nur Du allein könntest den Honigseim der Dichtung tröpfeln, bist in Dich selber verliebt (und wir sind Dir – das übliche Gerede in solchen Fällen – nicht gut genug)". Der so Angegriffene ist derart "verdattert", dass er nicht einmal wagt, verächtlich (s. Heinze) die Nase zu rümpfen, um nicht noch schärfer angefasst zu werden und ruft: "Nicht hier (wollen wir über derlei diskutieren)!" und bittet um "Spielverlegung" (wie man nach heutigen Sportgebrauch *diludia* wiedergeben könnte)[241].

---

[239] Man wird doch wohl in v. 39 wegen des Gegensatzes *ventosa plebs* und *nobiles* bei *nobilium* bleiben und nicht mit J. Ebert (WJA 7, 1981,151) *mobilium* lesen, wird aber mit G. D. Gilbert (CQ 26, 1976,110) statt *auditor* eher *adiutor* für richtig halten, obschon es sehr viel schlechter bezeugt ist (der paläographische Unterschied ist minimal, vgl. Gilberts Anm. 4).

[240] *Hinc illae lacrimae* zitiert wörtlich Terenz, Andria 126: Der Anfang des Senars lässt sich auch daktylisch lesen; zu *hic*, mit *ille* kombiniert, vgl. Cic. Cato Mai. 72; Verg. Aen. 4, 675 und Page zu Eur. Med. 98.

[241] Die *gradatio* 48f. hielt schon L. Mueller (s. „Grundriss" 81, Anm. 27) und dann auch U. Knoche (Die römische Satire 115 nach Mitte) für unecht, auch wenn sie auf eine so ehrwürdige Vorlage zurückgeht wie Epicharm (frg. 148 Kaibel, S. 118; Arist. gen. anim. 724 a 28); Fraenkel kanzelte (Horace 350, Horaz 411) die Verse mit "hackneyed", bzw. (in G. und E. Bayers Übersetzung) "ziemlich abgedroschen" hinreichend deutlich ab. *Diludia* war ironisch genug, *ludus* nimmt den Ausdruck dann wieder wörtlich: Was für ein *ludus* soll das wohl sein, wenn die *plebs* den Edlen mit "Fingernägeln" angeht? Und welcher Art

Vergegenwärtigen wir uns den Gedankengang dieses Briefes. Wie in vielen Satiren[242] beginnt Horaz mit einem Gedanken, der später nicht mehr auftreten wird, mit dem an die Wasser- und Weintrinker. Er biegt von diesem Wege bald ab, verwendet diesen Kontrast nur, um sagen zu können: „Irgendwann habe ich gesagt, das Dichten sei Sache nicht von Wasser-, sondern von Weintrinkern, und prompt trinken die Poetaster unaufhörlich". Dieser Gedanke der sklavischen Nachtreterei bildet die satirische Folie zu dem Oden-gleich vorgetragenen Gefühl hohen Stolzes auf seine, aufs Lateinische gesehen, erstmalige und große Leistung (21/34). Das Kritteln war schon in 21 angedeutet, tragend wird der Gedanke daran in 35ff.: Seine sehr elitäre, keineswegs "volksnahe" Dichtung[243] brachte ihm bei den Vielen den Ruf des Arroganten ein, doch dagegen wehrt er sich nicht (wie sollte er auch? Er müsste denn von dem Unterschied von ganzen Welten reden), er fordert "Spielverlegung".

Wenn dies der Hauptgedanke ist, der Gedanke an seine stolze Leistung, dann fällt es schwer, Ed. Fraenkel zu glauben, der da von einem "thoroughly bitter document" sprach, was übrigens auch G. Williams, Tradition 27 ablehnte, oder C. Becker zuzustimmen, der geschrieben hatte (45), epi. 19 gehöre "mehr zur ethischen als zur litcrarischen Thematik"[244]. Blicken wir lieber auf die vorangegangenen Briefe zurück. Dort war seit epi. 16 die Freiheit des Geistes das Hauptthema, eine Freiheit, die durch Verzicht auf Äußeres erreicht wird, durch Verzicht sogar auf das Leben. Gegen diesen für den Menschen, der sein Werk im Geistigen sieht, absolut notwendige Verzicht steht nun der hohe Stolz der Epistel 19. Man könnte auch sagen: Epi. 19 nennt das, *wofür* der geistig schaffende Mensch verzichtet, die voraufgehenden Briefe dagegen sprächen davon, *worauf* er zu verzichten bereit ist. Die Stellung von epi. 19 nach epi. 18 (mit ihrer Schlussformulierung der Bescheidung) entspricht somit genau der Stellung des c. 3, 30 mit seinem hohen Stolz nach c. 3, 29 mit ihrer Bescheidung (Grundriss 120)[245].

"Krieg" soll da wohl herauskommen? Das Ganze ist nichts als ein rhetorisches Prunkstück, verständnislos an *di-ludia* angeklebt.

[242] Spätestens seit Courbaud (S. 318) fühlte mancher Interpret sich bei der Lektüre von epi. 19 an die Satiren erinnert, s. Fraenkel 399, der den Beginn mit einem "allgemein bekannten Grundsatz" als Satiren-ähnlich empfand.

[243] Auch G. Highet AJPh 94, 1973, 277 war der Auffassung, es spräche sich in epi. 19 eine tiefe Verachtung für die übliche Leserschaft aus.

[244] Es ist zu wenig, wenn Dilke (Horace, ed. Costa) 101 schreibt, epi. 19 "is in effect a defence of Odes I – III against two contradictory tendencies ... namely servile imitation and hostile criticism": Das Wichtigste, der freudige Stolz, ist dabei aus dem Blick geraten.

[245] Es hätte wahrscheinlich nicht geschadet, wenn Mayer S. 269 auf diesen Gedanken, den er sowohl im "Grundriss" als auch in "Horazens 'Buch der Briefe'" 82 hätte finden können, eingegangen wäre, statt sich auf die eher mechanisch zu nennende Korrespondenz der Widmung von epi. 1 und 19 an Maecenas zurückzuziehen; er war ja auf S. 50 schon ganz in die Nähe der oben formulierten Einsicht in die innere Struktur des Buchendes gekommen.

Epistel 20

Mit dieser Anrede an sein Buch, mit dem der Dichter wie mit einem Knaben spricht, der aus seiner Hut und Erziehung entlaufen ist[246], siegelt und entlässt er sein Epistel-Werk in eine unsichere Welt, die mit ihm je nach ihrer Weise grob oder zart verfahren wird. Das Buch wird beim Buchhändler sich gleichsam "prostituieren" (2) müssen; aber wenn dann die Sonne warm herabscheint und zum Spazierengehen einlädt, wenn Neugierige zu dem Buchladen kommen werden, dann mag das Buch erzählen, von wem es stammt: "Mein Herr, Ihr wißt's, war vor vielen Jahren ein schöner Mann, und ein großer Dichter dazu. Er kam aus einer sehr niederen Familie und doch pflegten ihn – werdet Ihr das glauben? – die besten Männer Roms zum Essen einzuladen, Maecenas sehr oft, und manchmal sogar der Kaiser Caesar Augustus", so Ed. Fraenkels hübsche Paraphrase von v. 20/3 (S. 423); "klein[247] war er", so können wir ergänzen, "früh ergraut[248], liebte die (wärmende) Sonne, wurde schnell zornig, war aber stets versöhnungsbereit. Und wenn einer wissen will, wie alt er jetzt ist: Im Dezember[249] des Jahres 21 war er vierundvierzig Jahre alt".

---

[246] Macleod, Horace. The Epistles xvi verweist auf Arrians Vorwort zu seiner Epiktet-Sammlung (s. Stoa und Stoiker 3: Epiktet, Zürich 1948, 77). Macleod macht auf S. 57 gut darauf aufmerksam, dass Horaz sich hier als keineswegs frei von Fehlern darstellt, sehr im Unterschied zu der hochgestimmten Epistel 19 unmittelbar davor. So ähnlich dann auch S. J. Harrison, CQ 38, 1988, 476.

[247] *Habitu corporis fuit brevis atque obesus* ("Von Körpergestalt war er klein und rundlich") weiß auch die Vita Donats zu berichten (S. 3*, 7 bei Klingner).

[248] Man wird an Pindar erinnert, an Ol. 4, 26f.: "Auch bei jungen Männern ist das Haar oft grau noch bevor das dazu passende Alter eintritt".

[249] Horaz schreibt so, weil er in einem Dezember geboren war, am 8. Dezember 65: "Am 8. Dez. 21 hatte er somit 44 Jahre vollendet", Heinze.

Das Epistel-Buch insgesamt

Woher mag es wohl kommen, dass die Briefe des Horaz so hoch geschätzt wurden? Um nur wenige Stimmen aus neuerer Zeit zu Gehör zu bringen: Ed. Norden[250] glaubte, sie seien "vielleicht die reifsten Schöpfungen in lateinischer Sprache", und wenn einer über Sprache und Stil genau zu urteilen wusste, dann war es Norden. Und E. Wickham[251] urteilte, Horaz habe in ihnen "the perfection of his own style and the most finished grace of which Latin writing is capable" erreicht. Wodurch? U. Knoche sah den Grund in ihrer Reife: Die Episteln, so schrieb er (Römische Satire 57), "gehören zum reifsten was uns überhaupt von Horaz überliefert ist". Wir werden noch weiter fragen und uns danach erkundigen, wie es zu dieser Reife kam; doch zunächst wollen wir fragen, was diese Briefe oder Episteln eigentlich sind – Konfession oder Fiktion?

"Horaz hat, wenn ich ihn recht verstehe, ein Bild seiner Seele oder sagen wir seiner Persönlichkeit dargeboten", schrieb R. Heinze im Jahre 1919[252], denn er las diese Werke als "literarisches Selbstportrait" (a. O. 301), als Portrait eines mit sich selber Ringenden, denn Horaz "empfand sein Ich als gespalten ... in ein rationales Ich ... und ein irrationales", und der Leser wohnt, so glaubte Heinze, der Arbeit des Horaz an der Überwindung solcher Gespaltenheit in den Episteln bei (372), deren lebendige Details Heinze wundervoll naiv als Erlebnisse des historischen Horaz zu begreifen bereit war. In Frankreich hatte E. Courbaud[253] etwa gleichzeitig ein ähnliches Bild entworfen, und dieses Bild eines Horaz, das aus naiver Lektüre der Episteln mit viel Geschmack und Einfühlung gewonnen war, blieb lange gültig, so bei H. Hommel, W. Wili (z.B. S. 300) und zu einem gewissen Teil auch noch bei Fraenkel, obschon er bereits deutlich die Verschiebung des künstlerischen Interessen und auch das Streben nach Allgemeingültigkeit in Anschlag brachte (vgl. sein "Horaz", S. 363).

---

[250] Einleitung in die Altertumswissenschaft Bd. 1, 4; Leipzig-Berlin 1923, 69. Wer einen Überblick über die Erforschung der Episteln lesen möchte, sei auf W. Kissels Bericht im ANRW II, Prinzipat 31, 3 (1981), 1403ff. und Verf., "Horazens 'Buch der Briefe'" verwiesen.

[251] The Works of Horace Bd. 2, Oxford, ³1896, 210.

[252] Abgedruckt als Anhang zu seinem Epistel-Kommentar und auch in: Vom Geist des Römertums, dieser Satz auf S. 298.

[253] Vgl. dazu E. Burcks Bemerkungen im Nachwort zum Kommentar der Briefe von Kiessling-Heinze, S. 388. Wie sehr Ed. Fraenkel das Buch Courbauds schätzte, ist bekannt. Zum eben angesprochenen Gedanken an ein inneres Ringen mit sich selbst als Fundament von Interpretationen vgl. C. Echinger-Maurach, Studien zu Michelangelos Juliusgrabmal, Hildesheim 1991, 47, 59 u.ö.

Es dauerte jedoch nicht lange, bis man begann, die literarische Form dieser Episteln, die Heinze noch als "Vorwand" für die Selbstmitteilung empfand (368) und unterbewertete, genauer zu untersuchen und ihr dann auch größeres Gewicht beizumessen. Es war die Form, die man dafür verantwortlich zu machen begann, dass für ein "literarisches Selbstportrait" denn doch zu wenige individuelle Züge und Erlebnisse des historischen Horaz zutage traten: Das Brief-Buch spiele vielmehr die verschiedenen Sorten der literarischen Epistel durch, und aus dem Brief werde so die literarische Epistel, meinte E. P. Morris im Jahre 1931[254]. Bald schlug das Pendel daraufhin ganz stark in die Heinze entgegengesetzte Richtung aus, und man leugnete so gut wie jegliche Persönlichkeitsmitteilung; alles scheinbar Individuelle diene nur der Erweckung der Illusion, als handele es sich um echte Briefe (Morris 83); eine Wiedergewinnung von Horazens Biographie aus den Episteln erklärte McGann 5 für unmöglich, "poetic constructs" nannte Kilpatrick[255] sie. C. Becker fügte einen wichtigen Gedanken hinzu (46), als er darauf hinwies, dass ja kein einziger Brief je in das Leben des Empfängers eingriffe oder ihn zu einer konkreten Handlung veranlasse. Daraus schloss er, es sei Horaz weder um ein Selbstportrait gegangen (48) noch darum, Individuen anzusprechen und einwirkend zu beraten, sondern – so ergänzt er den Gedanken von Morris an das "Durchspielen" von Epistelformen – "alle Briefe umspielen und variieren die gleichen ethischen Grundforderungen" (46) in allgemein gültiger Weise. Damit war das Interesse auf das Gebiet einer gleichsam angewandten Philosophie hin verschoben und der historische Horaz recht weit aus der Mitte seines Werkes hinausgerückt.

Eigentlich aber ist der Unterschied zwischen Konfession und Fiktion kein echter: Ein "faux problème" nannte J. Préaux[256] diesen Unterschied. U. Knoche sprach (a. O. 56) davon, dass es sich gewiss um Fiktionen handele, die "allerdings auf Grund tatsächlicher Verhältnisse erlebt" gewesen seien, und auch hier stimmte Becker vorsichtig zu (46), wenn er schrieb, Horaz habe "aus dem Kreis seines Daseins mannigfache (erlebte und erfundene) Konstellationen zugrunde gelegt". Besonders schön sprach E. Zinn[257] davon, dass Horaz alles Erlebte zu einer höheren Bedeutsamkeit erhebe, wobei die Faktizität doch bis zu einem gewissen Grade erhalten bleibe – bis zu einem gewissen Grade, bis zu welchem, das dürfte schlechterdings nicht mehr zu ermessen sein. Nun wird man fragen, worin denn diese Bedeutsamkeit liege? In der Ethik, antwortete

---

[254] The Form of the Epistles in Horace, 81ff. Zum Unterschied der Epistel zum Brief G. Luck, Altertum 7, 1961, 77ff. Dass die Episteln vorwiegend Kunstbriefe, nebenher vermischt auch mit realen Details seien, betont auch G. Williams, Tradition 9ff. und 24.

[255] CP 68, 1973, 48f.; wieviel Selbsterlebtes eingeflossen sei, das sei unerfindlich. G. Williams, Tradition 459 sprach davon, dass Horaz bereit sei "to imagine himself in any situation", und die Adressaten erhielten nach Kilpatrick 68 lediglich „Rollen" zugewiesen.

[256] Qu. Horatius Flaccus, Epist. I, 1; Becker 47, Anm. 3 stimmte zu.

[257] Wege der Forschung 99, Wege zu Horaz 384.

McGann[258], und – um zurückzukehren zu R. Heinze – somit präsentieren sich uns die Episteln als der Versuch, "das eigene Ich ... darzustellen, weil dies Ich als solches darstellenswert und wirkungsfähig ist" (377), und zwar wirkungsfähig als Vorbild und Beispiel. Verwandelt aber ein bedeutender Mensch sein ganz individuelles Ich in ein allgemein verbindliches und vorbildhaftes, so wird er sehr vieles beiseite lassen und zu einem literarischen Ich gelangen, das stilisierend die Wirksamkeit des philosophischen Gedankens an sich selber aufzeigt, an einem Ich, das sich selbst in den Episteln formt und in die Verbindlichkeit hebt: Das, was für ihn Vorbild und Forderung war, gestaltet Horaz zu einer Lebendigkeit, die bei aller Fülle der Details in nachvollziehbarer Allgemeinheit die Rettung vor der Unwesentlichkeit und den Weg hinauf zur Souveränität nahe legt, einer Souveränität, die durch Verzicht sichert und die Freiheit schenkt, in und aus der eine geistige Leistung möglich wird. Aber das ist viel zu abstrakt gesagt; fragen wir zunächst, welche Themen in den Episteln behandelt wurden, um dann zu Form und Quellen der Episteln, zum Anstoß zu ihrer Abfassung und zu ihrer Stellung im Gesamtwerk fortzuschreiten.

Die Themen, die Horaz in den Briefen behandelt, sind nach O. A. W. Dilke (Horace. The Epistles Kap. 2) Philosophie, Literatur (besonders in epi. 19) und das Autobiographische. Diese Einteilung ist nun aber nicht nur wegen des Titels "Autobiographisches" wenig förderlich, sondern auch wegen der Unausgewogenheit: Nur ein einziger Brief handelt von Literarischem, und "Philosophie" ist zu abstrakt. Erinnern wir uns lieber an die oben gegebene Strukturanalyse: Zu Beginn sehen wir ein Briefpaar, das vom Ausgeliefertsein an emotionale Impulse spricht; das Ich möchte fort vom Spiel (epi. 1, 10) zu Wesentlicherem, doch wem soll es folgen? Es versucht, der Stoa zu folgen, doch es will nicht gelingen, und so muss es sich mit Einfachem, mit der Vermeidung von schlechten Handlungen (41) begnügen, um der Unruhe und des Schwankens Herr zu werden (77ff.). Diese selbe Problematik legt Horaz in epi. 2 von sich selbst fort nach außen, rät seinem jüngeren Freund Lollius, nicht zuzuwarten, sondern rasch sich auf den Weg zu machen der *virtus* und *sapientia* entgegen, indem er nach Leitsätzen lebt und die Leidenschaften zügelt (1, 2 55ff.). Jetzt lernen, jetzt sich Erfahrenen anvertrauen! Die nächste Epistel spricht nicht mehr so streng, spricht von literarischen Unternehmungen der *cohors praetoria* des Tiberius, mahnt dann aber den jungen Florus, sich um die *caelestis sapientia* (27) zu bemühen und ein erstes Zeichen durch eine Aussöhnung zu setzen. Epi. 4 stellt das Ich in vollends gelöster Haltung dar: Es rät zu heiterem, wenn auch besonnenem Genuss des Vorhandenen, und stellt sich selbst als "Ferkelchen aus Epikurs Herde" hin, dick und rund und wohlgenährt; epi. 5 lädt denn auch zu einem lustigen Gelage. Mit derlei Unbeschwertheit ist es in epi. 6 vorbei: *Nil admirari* und die Befreiung von jeglicher Überbewertung des Äußeren ist nun

---

[258] Studies in Horace's First Book of Epistles, 9 und 97ff.: "Horace's concentration on philosophy in the Epistles is the culmination of his long involvement in poetry with ethics".

auf einmal das oberste Gebot, verboten sei es, ein Hedonist zu werden, wie es die kopflosen Gefährten des Odysseus einst waren (63). Und zu solcher Befreiung[259] gehört dann, so schmerzlich es auch sein mag, die Lösung vom einengenden Convictor-Leben[260]: *Otia liberrima* (ep. 1, 7, 36) sind für den nicht mehr ganz Jungen das nunmehr Passende, ebenso wie der Verzicht auf versklavende Besitzgier: *parvum parva decent* (44, vgl. 98): Zurück zu dem Lebenszuschnitt, der für das Ich, das von sich aus ja nicht in den großen Lebensstil gehört, angemessen ist.

Große Worte, epi. 8 zeigt, dass der Weg des "Prokopton"[261] dornig ist, zeigt das Ich im Zusammenbruch des *veternus* (10) und der Launen. Dann der themafremde[262] Empfehlungsbrief epi. 9 mit seinem indirekten Rühmen des Tiberius, bevor die philosophischen Überlegungen sich fortsetzen. Epi. 1, 6 und 7 sprachen vom Angemessenen, epi. 10 nennt den dafür richtigen "Biotop", das Land überhaupt und das Landgut im besonderen: Dort ist das Ich sein eigener Herr (epi. 7 klingt nach), dort in der Bescheidenheit erwächst das Glück des Freiseins und des angemessenen Genusses des Vorhandenen (man erinnert sich an epi. 4), erwächst das Frohsein (zweimal genannt: 44 und 50). Dieser "Biotop" ist richtig, er ist stets der Stadt vorzuziehen, ist aber nicht unabdingbar[263]: Der Brief vom Reisen zeigt das (epi. 11): Ein Leben aus kraftvoller Selbstbeherrschung ist auch im letzten Kuhdorf möglich, wenn nur der Gleichmut nicht verloren geht (30), wenn man nur nicht ins Kleinliche verfällt und stets nur das Große im Sinn hat (epi. 12). Epi. 1, 13 ist erneut ein themafremder Gliederungsbrief (die Reise des Vinnius, um Augustus die Oden-Edition zu übergeben). Epi. 14 dagegen erinnert mit seinem Thema "Stadt – Land" an epi. 10, nimmt den Gegensatz jedoch zum Vorwande für eine Mahnung zur Konstanz des Wünschens (16), und da gibt das Ich sich als gefestigt, was epi. 15 schmählich desavouiert: Es schwankt zwischen großem Wort und beschämendem Tun.

---

[259] Zur Freiheit bei Horaz vgl. La Penna SIFC 27/8, 1956, 199f., wo (nach Heinze 376f.) die Verinnerlichung des Horaz mit der Selbstbefreiung durch das Naturstudium bei Lukrez verglichen wird.

[260] Zur Freiheit bei Horaz vgl. besonders Heinze, Horazens Buch der Briefe 373; zur Lösung von Maecen s. Morris 49 über die *dignitas* (epi. 7, 24); U. Knoche, Römische Satire 57: "Die Absicht des ersten Buches der Episteln ist es auf den Wert aufmerksam zu machen, der dem Menschen aus der Beschäftigung mit den Dingen des Geistes erwächst"; G. Highet, AJPh 94, 1973, 281 zur Freiheit im Verkehr mit dem Freunde; Fr. Klingner, Römische Geisteswelt 324: Zum Freisein gehört auch die Freiheit gegenüber den einengenden philosophischen Schulen.

[261] Es war McGann, der den Begriff des Prokopton oder *proficiens* in die Diskussion erfolgreich einbrachte (S. 10f., 57, 97).

[262] Natürlich kann diese Kennzeichnung nur als cum grano salis gültig genommen werden, denn *fortis* und *bonus* ist der Empfohlene, d.h. es geht um eine innere Qualität, die ihn empfiehlt und nicht etwa um seine Reit- oder Wurfkünste; insofern hat C. Becker 46 indirekt Recht, wenn er sagt, "alle Briefe" hätten es mit Ethik zu tun; dasselbe gilt dann auch für epi. 13, denn der Takt, der in ihr die Hauptrolle spielt, ist vom *recte vivere* (Mayer 39) nicht sehr weit entfernt.

[263] Vgl. Mayer 46 mit Anm. 142.

Demgegenüber spricht epi. 16 zwar liebevoll vom Sabinergut, schwingt sich dann aber auf zum Bekenntnis zur absoluten Freiheit (sie übersteigt noch epi. 6), die bis zur Freiheit dem Leben gegenüber reicht. An dieses hohe Bekenntnis fügt sich dann das Schlusspaar, das von der Freiheit im *Convictor*-Leben handelt und mit einer Mahnung und einem bekenntnishaften Gebet ausklingt: Mit der Mahnung, stets etwas Aufbauendes zu lesen und sich daraufhin selber zu prüfen, und mit dem Gebet um Erhalt dessen, was da ist, um genügend gute Bücher und genügendes Auskommen, dazu – und vor allem – um ein schwankensfreies Gemüt; das Auskommen wird der Gunst Juppiters anheim gegeben, den Gleichmut muss man sich schon selber schaffen (112).

Am Ende dann der Literaturbrief epi. 19, der Satirisches mit odenhaftem Jubel über das Gelungene verbindet und den bisherigen Gedanken über die Freiheit den letzten hinzufügt, die Freiheit des stolzen Genies, das allerdings – so darf man interpolieren – seine Leistung nur in dem Freiraum, den Maecenas schenkte, und gestützt auf den Gleichmut erbringen kann, den die Philosophie schafft.

Worum also geht es? Zunächst kann man Dilkes ersten Hauptpunkt "Philosophie" jetzt differenzieren: Es geht um das, was man "Lebenskunst" genannt hat[264]; sie wird vor den Augen des Lesers breit und gleichsam Kapitel nach Kapitel dargelegt, mit Kleinem beginnend (Sich-Befreien von *vitia* und falschen Handlungen, falschen Wertschätzungen) über die Begründung eines freien Lebens mittels des Verzichts auf (unnötiges) Äußeres um der Freude an der inneren Souveränität[265] willen. Ein solches Leben ist die Würde des freien Menschen; von der *dignitas* sprach ja epi. 7. Hierher führt also der schwierige, nie rückfallfreie Prozess der Selbsterziehung, an welcher Arbeit – nach Heinze a. O. 372 – Horaz den Leser beiwohnen lässt[266]. Dadurch wird das Buch der Briefe auch zu einer "Fremderziehung", die Lehre der Episteln "était donnée – à ses amis de toujours", schrieb Préaux auf S. 8 sehr schön. Denn das Wort von der "Fremd-Erziehung" scheint nicht glücklich gewählt: Es sind ja keine "Fremden", denen Horaz seinen Rat zukommen lässt, sondern seine "amis", seine Freunde[267]. Bemerkt sei, dass die "Freundschaft" in den Episteln einen

---

[264] Préaux S. 5; Dilke, Horace and Verse Letter, in: Horace, ed. Costa 108 betont die Häufigkeit des Wortes *vivere* in den Episteln und schließt daraus, dass dieses Thema Horaz besonders am Herzen lag (E. A. Schmidt, Sabinum 129 stimmt zu); vgl. auch Mayer 39.

[265] Fr. Klingner, Römische Geisteswelt 321 sprach in diesem Zusammenhang treffend von einer "elementaren Freude an sich selbst". Sie könnte man dem *sapere* zurechnen (zu diesem M. Massaro, SIFC 46, 1974, 85ff.).

[266] Die Episteln seien das Bild eines "proficiens in wisdom", schrieb McGann 97 unten und U. Knoche gab dieser Selbsterziehung das Epitheton die "letzte" vor dem endgültigen Altern; sie muss also "beizeiten einen Vorrat von Lebenskunst und Lebensweisheit sammeln" (Klingner 321 oben).

[267] Ihnen widmete W. Allen Jr., in SPh 67, 1970, 253ff. seine Aufmerksamkeit (wo schön betont ist, dass die Widmung an Maecen, der damals keineswegs mehr der mächtige Berater des Kaisers war, einigen Mut und sehr viel Treue beweist); R. S. Kilpatrick schrieb dann

weiten Geltungsbereich hat: Sie reicht vom jüngeren, noch recht unbedarften Freund (epi. 1, 17) bis hinauf zu Kaiser und Kaiserneffen.

Doch wenn wir aus den Episteln so hohe Gehalte abstrahieren, wie steht es mit dem Ende von epi. 12 z.B., wo nun wirklich nichts Innerliches und nichts Philosophisches erwähnt wird, sondern Außenpolitisches und Ernteerträge? Was ist mit der Einleitung zu epi. 3, wo das Ich des Briefschreibers sich nach dem erkundigt, was die in der Ferne weilende Cohors betreibt? Nun, damit ist die Frage nach der Form der Briefe aufgeworfen, d.h. nach den Teilen dieses Buches, die dazu angetan sind, die Atmosphäre eines echten, abgeschickten Briefes zu erwecken. Dazu gehört auch, dass Horaz gern mit einem "Leb' wohl!" endet, mit der Bitte um Antwort oder mit einem Scherz[268], was ebenfalls dazu beiträgt, die Episteln als echte Briefe erscheinen zu lassen. Wichtiger aber ist anderes. Wichtig ist die Frage danach, wie der Gedankengang geführt wird. Beginnen wir am besten mit dem Wichtigsten, und da mit den Gedanken zur Ethik, man kann auch sagen: mit den philosophischen. Mayer 32f. schreibt zur Ordnung der ethischen Gedanken in den Episteln dies: "The moral topics out of which the poem is made all exist at the same time and in no particular or necessary relation". Das ist so zu verstehen, dass diese Gedanken in den Briefen nirgends systematisch abgeleitet, systematisch bewiesen oder in ihren systematischen Weiterungen verfolgt werden. Das will sagen: Horaz nimmt die "moral topics", die alle einmal integrale Teile ganz festgefügter Systematiken, etwa des stoischen, gewesen waren, gleichsam auseinander und zerlegt sie in Teile, die er der jeweiligen Situation anpasst und die er auch zumeist nicht mehr mit den Fachtermini benennt, sondern umschreibt (wir werden dergleichen im *Carmen Saeculare* wiederfinden). Nehmen wir ein Beispiel, die Verse 49/51 aus der ersten Epistel.

Horaz hatte das allgemeine Du darauf hingewiesen, dass die Meidung der Armut, oder sagen wir besser: des bescheidenen Lebens, das den meisten als schimpflich gilt, mit ungeheuren Mühen und Gefahren verbunden sei (46). Es kommt also darauf an, solches Meinen und Glauben loszuwerden; das kann man auch, und zwar durch Lernen (was das Lesen, vgl. 37) einschließt, Zuhören und überhaupt dadurch, dass man sich einem Erfahrenen anvertraut (*credere meliori*, 48). Und nun der Vorstadt-Boxer: Würde der nicht, wenn man ihm anböte, in Olympia ohne Gegner, ohne Konkurrenz und "ohne Staub" zu siegen, sofort annehmen? Und dann folgt: "wertloser als Gold sind die Tugenden" (52). Was soll das alles wohl heißen? "Es bedarf bloß eines energischen Entschlusses, den

---

ein ganzes Buch über Horazens "Poetry on Friendship", worin er auf S. 108 treffend sagt, dass diese Art der Freundschaft und ihre Mitteilung in der Epistel über alles Unwesentliche erhaben sei, denn "true friendship is too closely dependent upon virtus", denn, so kann man hinzufügen, wirkliche Freundschaft muss stets ein Prüfen seiner selbst und des Wertes von Freundschaft sein, eines Wertes, der nicht zuletzt in der gegenseitigen Hilfe, auch und besonders in den wichtigsten, inneren Angelegenheiten beruht (sehr gut spricht hierüber Mayer 40 nach Mitte).

[268] Einzelnachweise bei Mayer 35.

das *credere meliori* erzeugt, so ist auch schon die *prima sapientia* oder *virtus* erreicht", schrieb R. Heinze (Mayer bringt nichts Erhellendes bei), und er hatte gewiss Recht, aber was er sagte, genügt nicht. Der Boxer hat sich lange abgemüht, hat verstohlen gewiss an Olympia gedacht, aber das war fern von ihm. Und nun braucht er nur dorthin zu wandern, und schon wird er Sieger. Das ist ein Bild für die Entscheidung eines Menschen für das sittlich Gute[269], und nach stoischer Lehre ist schon der Wille soviel wie die Tat, woraus sich ergibt, dass eine solche Entscheidung – oder sagen wir: die Abscheidung des rationalen Menschen vom Triebgefüge – auf der Stelle wirkt[270]. Für den stoischen Denker bedeutet ja die Willensentscheidung nicht eine Absicht, sondern bereits den Vollzug einer Umkehr. Man könnte hierzu noch mancherlei sagen, aber soviel ist für unser Thema deutlich: Dies kleine, unscheinbare Bild illustriert ein Philosophem von außerordentlich voraussetzungsreicher Bedeutsamkeit und zugleich von grundlegender Bedeutung; es ist eingebettet in die Psychologie der sittlichen Entscheidung mit all' ihrer Begründungen und Ableitungen. Und aus diesem weitgespannten Geflecht löst Horaz ein Teilchen heraus und verwandelt es in ein lebendiges Bild. Horaz ist eben Dichter, ein schauender Mensch von außerordentlichem Bilderreichtum.

Die Form der Episteln: Da wäre über die Eigentümlichkeit zu sprechen, dass hier Gedanken, die eigentlich in die philosophische Prosa gehören, in Hexameter gefasst werden. Dies zu erklären, hilft kein Rückgriff auf irgendwelche Griechen, die das auch schon getan; es mag genügen, auf den letzten Satz des voraufgehenden Abschnittes zurückzuweisen. Sinnbild für irgendeine Gespaltenheit im Wesen des Dichters (so etwa Hirth, s. Doblhofer 120) ist das gewiss nicht, vielmehr Zeugnis für die "illustrative technique" (Dilke, Horace 100ff.)[271]. Da wäre auch von den überraschenden Übergängen, die vom Leser verlangen, die logischen Zwischenglieder selbst zu finden, um ihn in Aufmerksamkeit zu halten (sehr gut Mayer 34), vom ständigen Wechseln in Ton ("infinitely varying tone", G. Williams, Tradition 457) und Thema zu sprechen, von den jüngeren Adressaten im Wechsel mit gestandenen Männern als Empfänger (Préaux 3; Kilpatrick hat so sein Buch geordnet), von Spiel und Ernst, die sich gegenseitig ablösen (G. Williams, Tradition 4); aber sprechen wir lieber von dem Epistel-Buch als Ganzem.

---

[269] Woher diese Entscheidung kommt, beschreibt Seneca z.B. am Anfang von De Tranquillitate: Es ist das Unbehagen am eigenen Tun, in das sich ja leicht falsche Wertvorstellungen als Motive einschleichen (F. H. Sandbach, The Stoics, London 1975, 106). Der Entschluss, sein Handeln – nach vorhergehender (böser) Erfahrung oder Belehrung – ist für den Stoiker bedingt frei (J. B. Gould, The Philosophy of Chrysippus, Leiden 1970,180; M. Forschner, Die stoische Ethik, Stuttgart 1981, 139).

[270] E. Zeller, Die Philosophie der Griechen, Bd. 3, 1; ^{5}Leipzig 1923, 250f. und auch 261 mit Anm. 5.

[271] Dilke klagt, dass dieser Bilderreichtum "detracts from the course of pure philosophical inquiry", aber wer erwartet denn "pure philosophical inquiry" vom Dichter?

Spätestens durch W. Ports Hinweis darauf, dass epi. 1 und 2 und dann epi. 18 und 19 an jeweils dieselben Adressaten, an Lollius und Maecenas gerichtet sind, hat man erkannt, dass man es hier mit einem abgerundeten Werk zu tun hat. Ob man nun gleich sagen sollte, es handele sich bei den einzelnen Episteln um Teile eines präkonzipierten Werkes, wie Morris 108 aus- und McGann 93, Abs. 3 nachgesprochen hat, ist allerdings nicht mehr erkennbar; genug, dass nach welchen Anfängen auch immer ein harmonisches Ganzes entstanden ist. McGann wies nämlich auch im Inneren zahlreiche Querverbindungen unter den einzelnen Briefen auf, und das bedeutete das Ende der Fraenkelschen Auffassung von der Epistel als eines "spontan niedergeschriebenen", also echten Briefes. O. A. W. Dilke (Horace, ed. Costa 106) wollte noch weiter kommen und gab zu dem Zweck jedem Brief eine Kurz-Kennzeichnung, z.B. der ep. 1, 5 und 1, 15 die Bezeichnung "eating and drinking", und kam so, über Fraenkel (z.B. S. 370) hinausgehend, zu allerhand Fern- Entsprechungen und auf diesem Wege zu einer feingesponnenen Ringe-Komposition. Nun muss man aber derlei Spielchen ablehnen: Nichts ist leichter, als einem Werk ein ziemlich beliebiges Etikett aufzukleben, dann die Etiketts zu vergleichen, um am Ende dann jubilierend festzustellen, alles sei in Ringen angelegt[272]. Daran wollen wir lieber nicht festhalten, wohl aber werden wir McGanns Ansicht unterstützen, dass "manifold and subtle relationships" (93) hin und her laufen, wollen auch die Ansicht aufrecht erhalten, dass ein "linear progression of the thought" bis hin zum Schluss von Ep. 18 nachweisbar sei[273]. Das war ein gutes Ergebnis, aber ganz und gar verfehlt ist, was Mayer 50f. über die "Organisation" des gesamten Buches unter Einschluss auch des Literatur-Briefes epi. 19 zu sagen hat. Hier hätte die Lektüre des kleinen Kapitelchens X auf S. 120 des "Grundrisses" oder der S. 82 in "Horazens Buch der Briefe" geholfen. Dort war geklärt, dass aufs genaueste das Verhältnis von epi. 18 (Bescheidung) zu epi. 19 (Stolz des Dichtergenies) dem von c. 3, 29 zu 3, 30 entspricht, wie das oben schon dargelegt worden ist[274]. Hinzufügen muss man aber, was Macleod (Horace. The Epistles 57) aufgewiesen hat, dass unser Epistel-Buch nicht mit dem Ausdruck hohen Stolzes endet, sondern in epi. 20 mit einem bescheidenen Blick auf den Dichter als ein sehr menschliches, weil fehlerbehaftetes Wesen.

---

[272] Vgl. zu dieser Pseudo-Methode Verf., Der Bau von Senecas Epistulae Morales 20f.
[273] So referiert Mayer 51 des Verfassers Ergebnis in "Grundriss", dass nach und nach der Kreis der tragenden Begriffe, bis hin zum *aequus animus* (18, 112), erfüllt und vervollständigt wird, wie ja auch das Schluss-Gebet von epi. 18 auf epi. 1 Bezug nimmt: Das dort beklagte Schwanken findet in der Zuversicht, sich einen Gleichmut selber zu erarbeiten, seine Antwort. Die einzelnen Bezüge sind im "Grundriss" z.B. 89, Anm. 49; 95, Anm. 71 und 75; 99, Anm. 91; 102, Anm. 99 und 102 zusammengestellt.
[274] Eine Geschichte der Brief-Corpora, wie das des Horaz eines ist, in Verf., Der Bau 188ff. Die Zusammenstellungen von Dilke, Horace, ed. Costa , Kap. 1 und von Macleod, Horace. The Epistles XVIf. sind nicht vollständig, nennen auch nicht des Verf. ausführlichere Hinweise.

Was nun die Quellen des Horaz angeht, so muss man sich klar darüber sein, dass Philosophisches seit langem Gemeingut römischer Gebildeter war[275]. Hinzu kommen dann genauere Hinweise darauf, dass Panaitios eine Quelle für Horaz war, in geringerem Maße Athenodor (McGann 31f.); auch Aristipp (Mayer 44[276]) und die Kyniker hat man genannt[277], vor allen anderen aber ist Epikur zu nennen[278]. Doch wichtiger scheint die Frage, woher dem Dichter der literarische Anstoß zur Abfassung solcher Kunst-Briefe gekommen sein mochte. Man hat gemeint, der Dichter hätte bemerkt, wie seine lyrische Begeisterung und der Fluss der Bilder und Gesänge, kurz: seine poetische Inspiration versiegt sei (Fraenkel 363 unten). Aber der köstliche Bilder- und Szenenreichtum dieser Gebilde straft eine solche Meinung Lügen. Muss man aber fragen, woher der Anstoß gekommen sein mag? Muss er von außen hergekommen sein? Die Szenen, die er in den Briefen gestaltet, unterscheiden sich ja doch nicht grundsätzlich von denen, die er z.B. in seinen Liebes-Oden gezeichnet hatte. Man kann, um wieder zum philosophischen Gehalt zurückzukommen, vermuten, dass eine "personal inclination" (McGann 32) ihn angetrieben habe. Wir werden, wenn wir uns an seine Jugend erinnern, auch nicht vergessen, dass der Vater ihm Erziehung und Selbsterziehung nahe ans Herz gelegt hatte, wie Athen die Morallehren des Vaters vertieft und systematisch unterfangen hatte und wie er gleich nach Philippi es gewagt hatte, als Mahner und Aufrüttler vor die Römer hinzutreten, jedenfalls vor die, welche ein politisches Kraftwort in feinstem Dicht-Gewande zu goutieren wussten. Das Aufzeigen von Nützlichem in gedichteter, also besonders eindrücklicher und schöner Form war ihm von früh auf eine beliebte Dichtform.

Den Blick in dieser Weise auf Horazens Lebenswerk zu richten, bedeutet aber etwas sehr Schwieriges, nämlich den Versuch, die Stellung der Episteln in Horazens Gesamtwerk bis zum Jahre 20 v. Chr. zu beschreiben. Ulrich Knoche schrieb 1949 in seiner "Römischen Satire", die Episteln gehörten zur selben künstlerischen Gattung wie die Satiren (in der 4. Auflage S. 56), Ed. Fraenkel sekundierte: "Die Episteln sind eine organische Weiterbildung der Satiren" (365). Einen gradweisen Unterschied spürten Fr. Klingner (Römische Geisteswelt 320), C. Becker 49 und Macleod (Horace. The Epistles XVII) und meinten damit, dass in den Briefen die früheren Obszönitäten fehlten und die persönlichen Attacken, und Becker 48 urteilte allgemein, dass nun alles Drastische fortgelassen sei. Und was wäre die Ursache hiervon? Zweierlei, der ihm angeborene Drang, die ihm von Geburt mitgegebene, durch den Vater verstärkte Freude am Helfen und Führen mittels des treffenden Worts, und zudem drängte "sein ganzes Dichten von Jugend an nicht so sehr darauf, die Außenwelt zu erfassen

---

[275] Vgl. G. Williams, Tradition 28; Verf., Geschichte der römischen Philosophie 19/89.

[276] Ausführlich J. Préaux in der ehrwürdigen Festschrift für L. S. Senghor, Dakar 1977, 395ff. (vgl. REL 55, 1977, 614f.).

[277] J. Moles, Papers of the Liverpool Latin Seminar 5, 1985/6, 33ff.

[278] Nach R. Heinze, Horazens Buch der Briefe 370 W. Schmid, RAC 5, 1961, 766f.; A. Grilli, Helmantica 34, 1983, 267ff.

und künstlerisch zu gestalten, als darauf, das eigene Ich unmittelbar zu manifestieren" (R. Heinze, Horazens Buch der Briefe 378f.). In den Satiren suchte er einer gewissen Führerrolle durch scharfes Kritisieren allgemeiner Übelstände gerecht zu werden (wie auch schon in epo. 7 und 16); in den Briefen durch freundlich-verständnisvollen Zuspruch zu ihm Nahen (doch immer so, dass auch jeder andere, der einem Horaz-Freunde ähnelt, sich angesprochen fühlen kann), und dazu passen weder Schärfen noch Abstoßendes. Da spricht Horaz nun aber nicht als hoch überlegener, zutiefst erfahrener Philosoph, sondern als selber fehlbarer, aber doch mit der Hilfe der Philosophie[279] ein paar Schritte weiter gekommener Freund, und seine Ausdrucksweise ist nun auch vom überschwänglichen Jubel (sat. 1, 5, 39ff.) befreit und vom Sprechen aus der Position des *Convictor*[280]. Daher fehlt jedes Drastische, Outrierte und von einem bestimmten Gesellschaftsstand Bedingte, denn der Leser soll sich identifizieren können, sonst ist das Wort des Dichters vielleicht ergötzlich, nicht aber nützlich (*utile*, ars poet. 333). Eine heitere Gelöst- und Gelassenheit durchzieht jetzt die Episteln nach den Satiren, d.h. ein Ton, in dem jedermann gern mit sich sprechen lässt. Von einem veritablen Bruch zwischen Satiren und Episteln wird man allerdings nicht sprechen (richtig A.-M. Lathière, REL 75, 1997, 154).

Worin liegt nun aber der Unterschied zu den Oden? C. Macleod (Horace. The Epistles XVf.) meinte, dass in den Oden die Philosophie zu dienen hatte, in den Episteln dagegen herrschen durfte; das mag auf einen kleinen Bereich der Oden zutreffen. Kennzeichnender aber ist doch wohl, dass der Bereich der Episteln sehr viel eingeschränkter[281] ist (Klingner, Römische Geisteswelt 319) und im Tone sehr viel niedriger, Horaz verzichtet darauf, "die *mens divinior* (s. 1, 4, 43) zu betätigen, seine Worte mit dem Göttlichen, das dem eigentlichen Dichter von der Muse geschenkt wird, zusammenschwingen zu lassen" (ebd. 320 oben). Der Musenhain und ähnliches ist nicht mehr der Ort des Dichtens (Mayer 47), und von Bacchus ist keine Rede mehr. Dafür sehr viel mehr vom Ich; kann man sagen, dass in den *Carmina* das Ich manches Mal als ein Beispiel diente, dass es in den Briefen aber Vorbild und Exempel ist? Nicht im Sinne des Verbindlichen und der Überlegenheit, wohl aber in dem Sinne, dass alles das, was der Dichter den Freunden an Defiziten und Schwierigkeiten zuschreibt, so beschrieben wird, dass man den Eindruck gewinnt, das Brief-Ich habe all' das ebenfalls durch-

---

[279] Über die Eigenart dieser seiner Philosophie ist viel nachgedacht worden, so besonders von O. Gigon, in: Die antike Philosophie als Maßstab und Realität, Zürich-München 1977, 437 ff., dann von P. Grimal (VL 72, 1978, 2ff.), von R. Mayer, AJPh 107, 1986, 55ff.; in seinem Kommentar S. 40 spricht er mit hübschem Oxymoron "von praktischer Weisheit"; vgl. Verf., Geschichte der römischen Philosophie 83ff., zusammengefasst auf S. 99/105.

[280] Kennzeichnend für das Ich der Episteln ist das Anderssein: "Wir begreifen es durchaus, wie das immer wieder stimulierende Gefühl des Andersseins danach drängt, einmal das Fazit zu ziehen, das eigene Ich als Ganzes heraus- und den anderen gegenüberzustellen", schrieb R. Heinze a. O. 379, lange vor J. Hirth, der im Grunde dies alles nur wiederholte.

[281] R. Mayer 45 bemerkt sehr richtig, dass in den Episteln – sehr im Unterschied zu den Oden – keine Rede mehr von der Liebe ist.

gemacht, dann aber auch besiegt (bis hin zu den argen Rückschlägen). Aber das alles dringt noch nicht zum Kern vor: In den Oden trat das lyrische Ich aus dem Umkreis seines Alltags weit hinaus, ergriff alles, was das Leben an Erregendem bot und sang, man möchte sagen: in glockenreiner Klar- und Schönheit die Fülle des Daseins, der Emotionen und der Grösse, bis hin zu der schier unerreichbaren Höhe des göttlichen Kaisers, selber zurücktretend in die Rolle des Staunenden, Preisenden, des Beobachtenden und sich Freuenden, zuweilen auch des Warnenden, und wenn er warnte, dann stellte er sein eigenes Erleben als warnendes Beispiel hin. Doch immer war die Ode ein Schauen hinaus ins Weite und zu den Anderen. In den Episteln bleibt das Schauen nur in zweiter Linie nach außen gerichtet, zu den Anderen, sie sind nicht mehr das Wichtigste. Im Zentrum steht nun das Ich, das nach dem Spiel des Singens sich jetzt endlich zu einem wesentlichen und ernstlichen gestalten möchte.

Aber es grenzt an Vermessenheit, wenn man es wagt, den Unterschied von Satiren, Oden und Episteln in eine kurze Formel zu fassen; aber versucht soll wenigstens eine einzige doch sein. Man sollte die Empfindungen von "Schön" und "Reizvoll" so klar wie möglich auseinander halten. Es mag sein, dass man von "schön" sprechen wird, wenn ein Vers durch Klangfülle erfreut, wenn ein kraftvolles Wort beeindruckt und sich ein hoher und großer Gedanke erhebt, wenn ein tiefes Wort und ein Bild tief in uns Gelagertes heraufholt und auf diese Weise erschüttert oder beglückt. Es mag auch sein, dass man von "reizvoll" spricht, wenn eine feine Lautmalerei das Gemeinte eines Verses untermalt, wenn launige, angenehm laszive oder witzige Formulierungen fesseln oder prickeln, wenn Verse den Leser zum Zeugen und Mitbetrachter von Fehlverhalten und Abirrung machen, solange sie raffiniert formuliert sind, und so, das Peinliche meidend, die Schicht des Ästhetischen zwischen Sache und Leser legen. Und man spricht wohl von wahrer Dichtung, wenn sie etwas, das uns nicht gänzlich unbekannt ist, in helles Licht stellt, so dass wir zustimmen können; oder wenn es uns durch schonungsloses Aufdecken zu aufgebrachter Ablehnung bringt; oder aber wenn es etwas uns Unbekanntes, aber Wesentliches und Großartiges aufdeckt und uns so zum Staunen zwingt, unsere Einsicht vertieft und bereichert.

Es soll nun keineswegs behauptet werden, dass diese Bemerkungen die angesprochenen Themen erschöpfend definiert hätten; aber wenn die angesprochenen Themata auch nur annähernd verdeutlicht wurden, dann wird der Hauptunterschied zwischen Satire, Ode und Epistel ein wenig klarer: Den Satiren ging es hauptsächlich und überwiegend um das Wahre, vermischt mit dem Reizvollen (das Schöne war nicht ihr Ziel); der Ode ging es in erster Linie um das Schöne, naturgemäß vermischt zuweilen auch mit dem Reizvollen und Wahren; die Episteln engen ihre Zielsetzung so ein, dass sie vornehmlich auf das Wahre abzielen, das angenehm gemacht wird durch eine kräftige Zumischung an Reizvollem (im eigentlichen Sinne Schönes wird man wohl nur am Ende der Epistel 18 und im Mittelteil von epi. 19 finden).

Und wozu schrieb Horaz seine Kunstbriefe? Er spricht nicht selten davon, dass sein Brief-Partner nicht das Lesen vergessen möge (1, 37; 2, 35; 7, 12; 18, 96, vgl. 18, 109), das Lesen von ethisch Förderlichem, versteht sich. Die Menge und wohl auch den Rang solcher Schriften wollte nun auch Horaz mehren, indem er den epikurischen Brief ins Römische übertrug, nur unterlegt und eingängiger gemacht durch seine Kunst (dem Unterfangen eines Lukrez nicht unähnlich, vgl. bei diesem 1, 936ff.). Da führt er zunächst vor Augen, wie der Mensch ins Schwanken gerät, und zeigt dann am Beispiel eines (nicht überall: seines) Ich, wie der Weg zu einer Denkweise aussehen könnte, die frei macht und festigt, ja über das Zuteilen des Äußeren durch die Götter vermittels des *aequus animus* überlegen:

> *sed satis est orare Jovem, quae ponit et aufert:*
> *det vitam, det opes – aequum mi animum ipse parabo.*

KAPITEL XIV : CARMEN SAECULARE UND CARMEN 4, 6

Biographische Vorbemerkung

Horaz beschloss seine Odensammlung im Jahre 23 oder 22 (diese Datierung hängt von Unsicherheiten ab, die Kienast 101, Anm. 72 behandelt). Es war dies, wie oben angedeutet, keine geruhsame Zeit: Im J. 27 musste M. Licinius Crassus in seine Schranken gewiesen werden (C. M. Danov, ANRW 2, 7, 1; 123ff.), es zerbrach die Freundschaft des Herrschers mit dem Dichter und Politiker Cornelius Gallus (Sueton, Aug. 66), legte Messala Corvinus seine Stadtpräfektur unter Protest nieder (Tac. ann. 6, 11, 3) und musste Augustus nach Spanien in den Krieg ziehen, kehrte erst 24 zurück, mehr oder weniger unverrichteter Dinge, und traf auf eine Verschwörung gegen sein Leben, in die Maecenas' Schwager, A. Terentius Varro Murena, verwickelt war, was die erwähnte Indiskretion des Maecenas nach sich zog und die Entfremdung zwischen ihm und Augustus[1]. Dann erkrankte der Prinzeps schwer, was nicht geringe Unruhe hervorrief; genesen, definierte er seine Stellung im Staate neu, und auch dies war nicht unumstritten. In diese Zeit fiel die Überreichung der *Carmina* (vgl. epi. 1, 13). Es blieb unruhig in Rom; eine Getreidekrise ließ sich zwar rasch beilegen, doch dann störten Wahlunruhen (Kienast 111). Der Umschwung kam erst mit der Heimkehr des Herrschers von einer Ostreise: Er brachte die Feldzeichen von Carrhae heim. Diesen Erfolg wendete der Prinzeps nun nach innen, er ließ sich zum "Ordner der Sitten" bestallen, erließ demzufolge ein Sittengesetz (S. Treggiari 277ff.) und eines, das die Eheschließung der oberen Schichten betraf, deren Nachkommenschaft besorgniserregend schrumpfte[2]. Dann, nach all' diesen Bemühungen um eine Rückführung Roms in eine altrepublikanisch scheinende Ruhelage das große Zeichen: Augustus begann, beraten von namhaften Juristen und unter Mitwirkung des zuständigen Fünfzehnmänner-Kollegiums (Wissowa

---

[1] Die Datierung ist umstritten, vgl. in der Zeitschrift Historia die Nummern 9, 1960, 440ff. (22 v. C.); 14, 1965, 18ff. (23 v. C.) und auch 27, 1978, 83ff.

[2] Vgl. R. Syme, Roman Revolution 444ff.; H. Last, Cambrige Ancient History 10, 441ff. und P. A. Brunt, Italian Manpower, Oxford 1971, 558ff.; S. Treggiari, 60ff.

534ff.), die Erneuerung der Säkularfeiern (die erste hatte 249 v. C. stattgefunden, die letzte vor Augustus 146 v. C., s. Wissowa 430f.). Er berief sich dabei auf einen Passus in den sibyllinischen Sprüchen, einen Passus, den man sicherlich für diese Gelegenheit erfand. Zeichen sollte die Feier dafür sein, dass alles Unheil nunmehr vorüber und ein neues, glücklicheres Säkulum, das in fremdländischer Zählung auf 110 Jahre festgesetzt wurde, zu erhoffen sei.

Das *Carmen Saeculare*

Wie dieses Säkularfest des Augustus ablief, wissen wir dank einem Marmorblock, den man 1890 am sog. Tarentum, "nahe dem Tiberknie, am äußersten Rande des Marsfeldes" (Kolb 127), aufgefunden und den man dem nun schon greisen Theodor Mommsen[3] zur Bearbeitung überlassen hat: Der Block trug auf einer Seite den offiziellen, zeitgenössischen Bericht über die Feier. Ihm zufolge sollte sie in griechischem Ritus gehalten werden, den man naturgemäß dem Römischen anpasste, und so opferte Augustus am 31. Mai 17 den Moeren (das sind die Moirai, die griechischen Schicksalsgöttinnen) nachts und betete um Kriegsglück und Staatswohl; es folgte Theaterspiel und Sesselaufstellung für Apoll und Diana. Am darauffolgenden Tage opferte und betete der Kaiser zu Juppiter, es folgten *Ludi Latini*, also Aufführungen in lateinischer Sprache (Wissowa 463), nachts sprach dann der Kaiser ein Gebet an die Geburtshelferinnen, die Ilithyiae, worin er erneut um Heil und Segen flehte. Der nächste Tag sah Opfer auf dem Kapitol für Juno, worauf ein Festakt von 110 Matronen folgte, an dem der Herrscher selber teilnahm und wiederum um göttliche Beihilfe betete. In der folgenden Nacht opferte und betete Augustus am Tiber zur Mutter Erde.

Am folgenden Tage nun opferte Augustus, zusammen mit Agrippa, dem Apoll und der Diana unter Gebeten, dieses Mal auf dem Palatin, also vor dem neuen Apollo-Tempel, dessen Giebel ein Bild des Sonnengottes auf seinem Wagen zierte (Prop. 2, 31, 11) und in dem das Kultbild des Apollo Kitharoedus[4] stand. Dies alles geschah in unmittelbarer Nähe des Herrscher-Hauses. Nach dem Opfer sangen dann 27 Knaben und 27 Mädchen ein Kultlied; es war dies ein Standlied, kein Prozessionslied, woran Th. Mommsen gedacht hatte[5]. Der Marmorblock nennt auch den Namen des Dichters: *Carmen composuit Qu.*

---

[3] Fraenkel 430f. spricht über die Stufen der Erforschung in höchst anschaulicher Weise.

[4] Zum Apollo Palatinus vgl. E. Simon, Augustus 24; zur Nachwirkung der Idee eines Apollo Kitharoedus bei Raffael s. C. Echinger-Maurach, Mitteilungen des kunsthistorischen Instituts in Florenz 43, 1999, 420ff.

[5] Man folgt heute ausnahmslos der Ansicht von J. Vahlen hierüber in seinen Gesammelten philologischen Schriften 2 (1923; Hildesheim 1970), 383.

Horatius Flaccus[6]. Es war dies "der größte Triumph der horazischen Leistung als lyrischer Dichter" (E. Fraenkel, Horace 381f.; die Übersetzung im „Horaz" ist fehlerhaft).

Bevor wir überlegen, was hiermit geschehen war, müssen wir uns Inhalt und Stil des Liedes vergegenwärtigen. Was den bloßen Gehalt angeht, so können wir in fast allem R. Heinze (S. 471) folgen: "Phoebus und Diana, erhöret die Gebete unseres Chores am heutigen, durch das Orakel bestimmten heiligen Tage: Mögest Du, Sonne, auf Deinem ewig sich erneuernden Gang nicht Größeres sehen können als Rom (Str. 1-3). Du, Ilithyia, schütze die Mütter in ihrer schweren Stunde und führe den Nachwuchs ans Licht; segne die Wirkung des Ehegesetzes, auf dass die Wiederkehr dieses Tages nach 110 Jahren von einem zahlreichen Geschlecht gefeiert werde (Str. 4-6); Ihr Parzen spinnt, wie Ihr es verheißen habt, dem römischen Volk glückliches Geschick wie bisher; mögen die Saaten und die Herden gedeihen: Höre Du, Apollo, freundlich die Gebete der Knaben, Du, Luna, das Flehen der Mädchen (Str. 7-9).

So wahr Rom Euer Werk ist, Ihr Götter, und Ihr die Überlebenden von Troja glücklich an den latinischen Strand geführt habt, schenkt gute Sitte der Jugend, Ruhe dem Alter und dem gesamten Volke wie Wohlstand und Nachwuchs, so auch jegliche Zier (Str. 10-12); möge dem Augustus, der Euch weiße Rinder opfert, gewährt sein, worum er Euch bittet, ist doch schon jetzt nach außen wie daheim Herrliches durch ihn erreicht (Str. 13-15); der hehre Apollo spendet, so wahr er gnädig auf die Altäre vor seinem palatinischen Tempel schaut, ein neues, glückliches Säkulum, und Diana hört freundlich die Gebete der Fünfzehnmänner und das Flehen der Knaben (Str. 16-18).

So ist, des sind wir gewiss, Juppiters und aller Götter Ratschluss, und freudig kehren wir nun heim, nachdem wir Apollo und Diana im Lied gepriesen haben" (Str. 19).

Das Lied ist in "sapphischen" Strophen geschrieben, s. Klingners "Conspectus Metrorum" S. 318. Man wird nicht sagen können, dass Horaz dies Maß immer nur bei hohen Gegenständen gebraucht hat, wohl aber ist deutlich, dass er es in Hymnen oder bei Hymnusähnlichem bevorzugte. Gewiss war auch der Hymnenvers des Kallimachos, also der daktylische Hexameter denkbar. Aber dieses Fest sollte wohl in einem noch älteren, einem altehrwürdigen Hymnenmaß stehen, in dem nämlich, in welchem des Alkaios Hymnen oder auch der Rufhymnus der Sappho (frg. 1) gehalten waren. Wir kennen die erste Zeile von Alkaios' Apoll-Hymnus (Page S. 245), sie ist ein Elfsilbler, also mit "jambischem" Zeilenbeginn[7]. Sein Hermes-Hymnus (Page S. 265) dagegen ist

---

[6] Ein Photo dieser Stelle der Inschrift bei E. Simon, Augustus S. 15; der vollständige Text im CIL 6, 32323 und Dessau 2, 282 (Nr. 5050).

[7] K. Rupprecht, Einführung in die griechische Metrik, München 1950, 77. Nr. 122; oder nach Snell (Metrik 36): Jambus mit akephalem Glykoniker.- Natürlich konnte man auch an Pindars Hymnen als Vorbild denken, doch scheinen sie alle in Daktyloepitriten geschrieben, einem Maß, das Horaz ganz fern lag.

im sapphischen Maß geschrieben wie auch der Merkur-Hymnus (c. 1, 10) und das Säkularlied des Horaz, also mit "trochäischem" Zeilenbeginn (Rupprecht 61, Nr. 91). Diese äolische, altehrwürdige Strophe war also das Vorbild des Horaz.

Es ist nun an der Zeit, den Stil dieses Liedes kennen zu lernen. Beginnen wir mit v. 1-12:

> *Phoebe silvarumque potens Diana,*
> *lucidum caeli decus, o colendi*
> *semper et culti, date, quae precamur*
> *tempore sacro,*
> *quo Sibyllini monuere versus*
> *virgines lectas puerosque castos*
> *dis, quibus septem placuere colles,*
> *dicere carmen.*
> *Alme Sol, curru nitido diem qui*
> *promis et celas aliusque et idem*
> *nasceris, possis nihil urbe Roma*
> *visere maius.*

"Phoebus und Du, herrschend in den Wäldern, Diana, strahlende Zier des Himmels, o Ihr zu verehrenden und immer schon verehrten, gebt, worum wir beten zu der heiligen Zeit, zu welcher die Sibyllinischen Verse auftrugen, dass ausgesuchte Mädchen und reine[8] Knaben den Göttern, welchen die Sieben Hügel gefallen, ein Lied sängen. Nährende Sonne, die Du auf strahlendem Wagen den Tag hervorholst und (wieder) verbirgst und (täglich) als eine andere und doch immer als dieselbe erscheinst, mögest Du nichts Größeres als Rom schauen!"

Zu Beginn also der große Name: Phoebus; dann die Herrin der Wälder und der "ewigfernen Wildnis", wie W. F. Otto (Die Götter Griechenlands, Frankfurt, [4]1956, 83) Diana – Artemis genannt hat, hier zusammen[9] mit Apoll die "Zierde des Himmels". Ein griechischer und ein lateinischer Name rahmen also die erste Zeile. Dann ein tief eingerücktes, sehr auffälliges *o* (wie in c. 1, 1, 2; 3, 14, 10) vor der Hinwendung zu dem menschlichem Tun, dem Verehren. Die Wortwahl ist äußerst einfach, kein oratorischer Schmuck durch Umschreibung oder Metaphorik. Nur die Fügung und Bedeutsamkeit dieser so einfachen Worte, sie ist sehr fein ausgeklügelt: So gehört das Lob, strahlende Himmelzier zu sein, der Stellung nach allein zu Diana, dem Sinn nach natürlich beiden Gottheiten; der Ausdruck "immer schon verehrte" erinnert an das Verdienst der Menschen, so wie Vergils *colui vestros si semper honores* in Aen. 12, 778, und in "zu der Zeit,

---

[8] Es ist nicht die geschlechtliche Reinheit gemeint, sondern verlangt wird laut Z. 145 des Steins, dass beide Elternteile der Kinder noch am Leben sein müssen, d.h. dass der Tod sie nicht "verunreinigt" hat.

[9] Man folgt heute nicht mehr Heinzes Ansicht (S. 427 links), dass Phoebus unqualifiziert einsam am Strophenbeginn steht, sondern Fraenkels Meinung (435), dass beide zusammen die Zier des Himmels bilden.

zu welcher" verbirgt sich ein "weil": Heilig ist die Zeit, weil die Sibyllinen von ihr sprechen.

Ein Spruch in diesem hexametrischen Text[10] (Heinze 467ff. druckt den Sibyllinen-Text ab) mahnte zu einem Liede

virgines lectas puerosque castos,

"ausgewählte Mädchen und reine Knaben", rein in dem oben angegebenen Sinne. Das heißt nun nicht, dass die Knaben nicht ausgewählt wären und die Mädchen nicht auch rein, sondern die Attribute beziehen sich gekreuzt jeweils auch auf das andere Substantiv: Es liegt das "Schema Horatianum" vor, das in der Lateinischen Dichtersprache 206 unten besprochen ist. Anders gewendet: Horaz setzt ganz einfache Wörter in scheinbar altertümlicher Geradheit, aber in modernster Fügung.

Dann in der dritten Strophe die Anrede an die Sonne, halb Sonnenball, halb Gottheit (nur halb, denn *nasceris* in v. 11 ließe sich vom Gott nicht sagen). *Almus* ist *Sol*, also "nährend"; ein uraltes Beiwort, denn schon bei Ennius spricht jemand im Schwur die *Fides* so an (scaen. 350 Joc.) und auch bei Lukrez 1, 2 ist Venus im Eröffnungshymnus so angeredet. Sol bringt also den Tag herauf und birgt ihn dann wieder; er kommt täglich neu und bleibt doch immer derselbe. Das Verbergen wiederholt ein Wort der Sibylle (v. 7), der "strahlende Wagen" lässt zum Giebel des Apollo-Tempels hinaufblicken, vor dem das Lied ja gesungen wurde und wo hoch droben Helios in goldenem Wagen stand. Das Heraufholen und Bergen kennzeichnet die Macht der Gottheit, das astronomische Detail beschreibt das Wunder eines Wechsels des Selbigen. Angeschlossen der Wunsch, Sol, der dem Phoebus nahe (Fraenkel 436f.), möge (immer) ein Rom schauen können, das alle anderen Städte und Reiche überragt. Garanten hierfür sind ja die Götter in v. 6, weil sie auf den "Sieben Hügeln" ihren Wohnsitz nahmen[11]; Garanten sind nun aber auch die Römer selbst, als fruchtbare (Str. 4-9) und rechtschaffene (Str. 10-15).

Die Kunst, einfachste Wörter in feiner Fügung und bedeutungsvoller Beziehung zu verwenden, setzt sich in Str. 4 fort: "Du, mild (wie ja Deines Wesens ist[12]) reife Frucht ans Licht bringend, Ilithyia, schütze die Mütter!" Einfachere Wörter konnte Horaz nicht wählen; aber *lenis* mit dem Infinitiv zu verwenden,

---

[10] Er ist bei Phlegon von Tralles, einem Freigelassenen Hadrians, in seinem Buch "Wunder und Langlebige Menschen" erhalten (Makrob. 4) und in des Zosimus Kaisergeschichte 2, 6 (5. Jh. n. C.) erhalten, s. auch Fraenkel 429, Anm. 1 (zur "ad hoc"-Abfassung) und des weiteren seine Anm. 2.

[11] Dies ihr Gefallen-Finden ist also nicht bloßer Schmuck oder aus dem Wunsche geboren, "Orakelstil" nachzuahmen (Heinze zu v. 7), sondern verpflichtender Hinweis auf eine Art von Vorentscheidung der Gottheiten für diese Stadt, eine Vorgabe, aus der jener Wunsch in v. 11f. folgt.

[12] *Rite* wurde schon von Orelli-Baiter-Hirschfelder so erklärt, vgl. auch Harrison zu Verg. Aen. 10, 254.

das ist moderne Syntax[13]. *(Producas) subolem* ist altertümlich wie *proles* (Cic. de or. 3, 153); *prosperes* ist hoher Gebetsstil[14], also altehrwürdige Ausdrucksweise. Doch *super* mit Gerundiv ist eine ebenso unerhörte Neuerung (LHS 281 Mitte) wie das *ut* an der siebenten Stelle im Satz (nur noch Verg. buc. 1, 2). Also wieder Einfaches, zuweilen Althergebrachtes, aber in moderner Syntaxe.

Blicken wir nun auf das Widerspiel von Anschauung und Abstraktem. Die Mittelstrophe enthält nur ein Anschauliches: Die "Sieben Hügel"; es ist das eine Schau-Anregung (Lateinische Dichtersprache S. 20), sie lädt ein, sich die sieben Hügel Roms ins Gedächtnis zu rufen, aber ohne jede Besonderheit. Anders die Umgebung: Sie ist völlig abstrakt (v. 5f. und 8). In v. 1 mag *silvarum potens* den inneren Blick hinausschweifen lassen; v. 2 wird jeden an das Strahlen von Sonne und Mond[15] denken lassen: Also auch hier der Wechsel von Abstraktem und ein wenig Anschaulichem. Aber zu voller Bildhaftigkeit kommt es erst in v. 9: Worauf deutet *curru nitido*? Gewiss auf das gleißende Strahlen der Sonne an einem wolkenlosen Tage; aber der Wagen gemahnt an den Lauf der Sonne und damit an den Lauf der Zeit. Sicherlich hätte man auch die Pferde nennen können (z.B. N. Poussin auf seinem Flora-Bilde hat sie ja eindrücklich daherspringen lassen), aber da würde man eher an die herrliche Wildheit gedacht haben; beim Wagen jedoch denkt man an den stetigen Lauf der Sonne. Gleißen und stete Bewegung – das Gleißen erinnert an *lucidum decus* in v. 2, die Bewegung bereitet auf *promis et celas* vor, und überhaupt auf den Gedanken an die Dauer, die sich in 11 andeutet (denn natürlich ist ein "Nie" mitgemeint: "Mögest Du niemals eine Stadt sehen, die größer ist als Rom") und die im Folgenden, besonders in v. 17/20 breit ausgeführt wird.

Noch eine Bemerkung zum Stil. Wir stellten fest, dass Horaz einfache Wörter in moderne syntaktische Verbindungen brachte; jetzt müssen wir aber auch darauf achten, dass neben der Syntax (z.B. Adjektive mit unerhörten Infinitiv-Konstruktionen) auch durch ungewöhnliche Verkürzungen Satzteile zu Verknüpfungen zusammengestellt sind, die weit über Prosaisches hinaus ins "Knifflige" reichen. Z.B. in v. 25ff. heißt es:

Vosque veraces cecinisse Parcae,
quod semel dictum est stabilisque rerum
terminus servet, bona iam peractis
iungite fata.

---

[13] Wickham in der Appendix zu seinem Odenkommentar, § 2; Heinze zu c. 1, 24, 17; Lateinische Dichtersprache § 87 (im Thes. Ling. Lat. ist nur die Horazstelle und Ov. am. 2, 13, 21 als Beleg genannt).
[14] Köstermann zu Tac. ann. 3, 56, 3 (S.530 nach Mitte); Marx zu Lucil. 656 bringt die Belege bei.
[15] Es war eine sehr erhellende Bemerkung von Wissowa (431, Anm. 2), dass in den Tagen der Säkularfeier Vollmondnächte waren.

Vor jeder Übersetzung muss hier eine eingehende Analyse stehen, die dem Übersetzen den Weg bereitet. Die Schicksalsgöttinnen sind *veraces cecinisse*, "wahrhaftig in Bezug aufs Gesungenhaben": Wie wäre das zu verstehen? Fraenkel 204, Anm. 4 und 440, Anm. 1 bezeichnet nach Vorgang anderer den Relativsatz *quod semel*, etc. als "Objekt zu *cecinisse*"; gut, aber was ist *cecinisse*? LHS 351f. klären darüber auf, dass der Perfekt-Infinitiv im alten Latein den (aoristisch-tempuslosen) Charakter des "Ein-für-alle-Male" haben konnte, so in Verboten, und dass Lukrez und Catull diese Möglichkeit, die längst außer Gebrauch gekommen war, wieder aufleben ließen, was die Augusteer dann erweiterten. *Cecinisse* also "wahrhaftig und verlässlich in dem, was ihr ein für alle Male gesungen habt". Dann wäre der *quod*-Satz so aufzufassen: "Was ein für alle Male (das ist *semel*: Heinze 476 rechts unten) gesagt ist und was der unverrückbare Grenzpfeiler der Dinge festhalten möge", gemeint ist also ein *(id) quod*, eine Epexegese und kein einfaches Objekt. Mit anderen Worten: Ausweitung der Infinitivkonstruktion nach Adjektiven (*verax* mit Infinitiv nur hier), dazu ein Perfekt-Infinitiv statt eines präsentischen, und dazu noch ein wegen der Verkürzung schwierig einzuordnender Relativsatz: Man erkennt, wie gewagt hier alles ist, wie verkürzt bei ganz einfacher Wortwahl.

Ähnlich 37ff.; eine Übersetzung mag die Verkürzungen durch Klammereinfügungen verdeutlichen: "Rom, wenn es denn[16] Euer Werk ist (gemeint sind die Götter von v. 45f., d.h. Juppiter und Juno) und (wenn durch Euer Zutun) troische Scharen etruskischen Strand einnahmen (OLD *teneo* 5 a), (nämlich) der Teil der Bevölkerung, dem (von Euch) aufgetragen ward, die Behausung zu wechseln in einer (durch Euch) glücklichen Fahrt, und dem ohne Schaden – Kreusa, Aeneas' Weib, die verloren ging, wird nicht erwähnt – durchs brennende Troja der keusche Aeneas, der (brennenden) Vaterstadt entkommen, den Weg bahnte, einst mehr gebend als das Verlassene es war[17], – Ihr Götter: gute Sitten einer belehrbaren Jugend, dem gesänftigten Alter Ruhe (ein perfekter Chiasmus), und dem gesamten Römervolk gebt Wohlstand und Nachkommen und aller Art Glanz!" Man sieht, wie viel da kürzend fortgelassen wurde.

Es folgt nun die Fürbitte für Augustus, der die Götter ja eben gerade vor diesem Standlied um Sieg und Wohlergehen angefleht hatte, für Augustus also, der ja schon (*iam* in 53 und 57: Schon zeigt sich der Götterbeistand) im Felde überlegen, im Siege mild ist (wie Vergil Aen. 6, 851 es dem Römer aufgetragen hatte), den die Welt fürchtet, aber auch um die Zuteilung von Recht und Gesetz bittet (Fraenkel 441, Anm. 4), aus welchem Grunde die Tugenden schon wieder wagen[18], heimzukehren nach Rom – sie waren während der Bürgerkriege aus der Stadt geflohen – , und *Copia*, die Gottheit reicher Fülle, schon wieder mit vollem Gabenhorn herbeikommt: Im wiederholten "schon" und im Wechsel vom

---

[16] Oder: "So wahr...", s. J. Vahlen 379, Anm. zu Z. 28.
[17] Das Partizip gliedert ab (Lateinische Dichtersprache 204, 4 c) und lässt so den Götteranruf hervortreten.
[18] Angespielt ist natürlich auf die Sittengesetzgebung des Augustus, deren Erfolg die *Virtus* zurückkehren lassen soll und wird.

Konjunktiv (in v. 51 hiess es noch "möge er erlangen") zum Indikativ (54f., 59f.) offenbart sich ein dramatischer Wechsel, der vom Bitten zur Zuversicht, und diese setzt sich in den nachfolgenden Indikativ-Sätzen fort[19]: Das Gebet ist erhört worden[20], und so kann der Chor, nachdem er den Kultteil seines Liedes beschlossen hat, persönlich in der 1. Pers. Sing. sagen, er gehe nun heim in sicherer Hoffnung, dass die Götter den Willen haben, dem die Kinder eben singend Ausdruck gaben.

War das Herz des Horaz in diesem Liede? Warum nicht? Von epo. 7 an hatte er sich als Fürsprech eines besseren Rom verstanden und den Mut gehabt, bis hin zu den Römer-Oden, hierfür seine Stimme zu erheben (vgl. Syndikus 2, 329). Aber man dachte und denkt vielfach auch heute anders: Sueton, so gab man zu bedenken, schrieb in seiner Horaz-Biographie (Klingner 2*, Z. 20), Augustus habe dem Dichter die Abfassung des *Carmen Saeculare* "auferlegt" (*iniunxerit*), was ein schweres Wort ist, wenn man an Caes. BG 7, 77, 15 denkt ("enjoined"; Lyne 194), und das einem Befehl gleichkommt. Aber da seine Ansicht, die er gleich danach vorträgt, dass der Kaiser den Dichter "gezwungen" habe (*coegerit*), die Siegeslieder für Tiberius und Drusus (also c. 4, 4 und 14) zu schreiben, wodurch Horaz dazu gebracht worden sei, das vierte Odenbuch zu schreiben, falsch ist, weil zumindest c. 4, 6 noch vor den Siegen des Tiberius und Drusus liegt, hat man an Suetons Zuverlässigkeit gezweifelt (Wickham, Pasquali, Fraenkel 427f.). Andere jedoch nahmen Sueton dennoch wörtlich, so Becker 114 ("Geheiß) und Lyne 194f., der sich einen Horaz daraus konstruierte, der solche Enkomia innerlich abgelehnt habe, sie dann aber gezwungenermaßen doch schrieb, weil er inzwischen zum Hofdichter gemacht war. Es ist wohl am besten, die Ausdrücke des Sueton nicht auf die Goldwaage zu legen und anzunehmen, dass Augustus selbstverständlich den entsprechenden Wunsch geäußert habe, einen Wunsch, der, mag er auch noch so freundschaftlich vorgetragen gewesen sein, naturgemäß bindend war. Und wer anders hätte auch ein solches Lied wie das *Carmen Saeculare* schreiben können oder sollen?

Ein Passus im *Carmen Saeculare* allerdings war in der Tat unumgänglich, der nämlich über des Herrschers Sitten- und Ehegesetzgebung (18/20). Diese Verse sind immer wieder abfällig beurteilt worden (Fraenkel 437f.). Von irgendeiner Reserve des Dichters selbst ist jedoch nichts zu spüren, er dichtet hierüber wie über den Wunsch nach Dauer von Roms Vorherrschaft, nach moralischem Hochstand und nach Fruchtbarkeit. Horaz schreibt so, als bete auch er mit allen

---

[19] Sie sind nicht einhellig überliefert, aber *curat* in v. 71 zwingt zu *prorogat* in 68. Die uneinheitlich überlieferten Konjunktive sind entschieden die "Lectio facilior" und darum abzulehnen.

[20] Jedoch keinesfalls in dem in neuerer Zeit oft angenommenen Sinne einer Wiederkehr des Goldenen Zeitalters, von der Vergil (buc. 4) gesungen hatte. Wenn u. a. P. Zanker (noch in: The Power of Images in the Age of Augustus Ann Arbor 1988, 167) so nach Putnam und Commager schreibt, tat er das ohne Rückhalt im Text (D. Barker CQ n. s. 46, 1996, 435f., 444).– Dramatische Wechsel wie hier kennt man bei Horaz aus den Epoden (5, 7 und 16).

anderen um diese Dinge und den Fortbestand der führenden Schicht. Und wer möchte glauben, dass der Dichter von Römerode 6 das, was hier erbeten wird, nicht ebenso wie der Herrscher für unumgänglich hielt? Augustus hatte ja auch seinen Versuch einer moralischen Erneuerung nicht allein aus sich und ohne Präzedenz begonnen. So hat er dem Senat die Rede des Qu. Metellus, Censor 131 v. C., vorgelesen (Suet. Aug. 89, 2). Derlei lag schon immer auch den griechischen Dichtern am Herzen, Fraenkel nennt auf einer besonders heiteren Seite seines Buches (438) die Belege[21].

Was also ließ Horaz seinen Chor singen? Ein Bitt- und am Ende ein Danklied in besonders strengen[22] sapphischen Elfsilblern, ein Standlied[23] voller altehrwürdiger, dabei aber ganz einfacher Wörter in ganz moderner Syntaxe und gedrängter Fügung, ohne jegliches Hervortreten der eigenen Person, aber in ganz eigenem Stil. Es drückt tiefe Frömmigkeit aus und sicheren Verlass auf die gegebenen Zeichen göttlicher Gunst, früher und jüngst; früher, das will sagen: zu Beginn der Geschichte Roms; jüngst, das heißt hier: in der Gestalt des starken und milden um die Rechtschaffenheit besorgten Herrschers. Es besteht kein Grund, an der vollen Aufrichtigkeit des Dichters, der schon vordem epo. 5 und 7, später die Römeroden in diesem Geiste gedichtet hatte, jetzt auf einmal zu zweifeln. In hoher Idealisierung stützt Horaz die Feier (Fraenkel 448) mit einem Lied, das ganz Augustus[24] und ganz Horaz war.

Carmen 4, 6

Im Dienste seiner Heimat, der Weltbeherrscherin Rom sprach Horaz zu der Zeit des *Carmen Saeculare* noch ein weiteres Mal, nämlich in dem Parallelgedicht c. 4, 6.

Zu Beginn die Anrede an den Gott – welcher es ist, wird zwar aus dem Gehalt der folgenden Zeilen deutlich, genannt wird er nach dem Mythos, dessen

---

[21] Was Fraenkel dann 439 über die Empfindungen der singenden Kinder errät, gehört in ein liebenswürdigstes Kapitel eines Horaz-Romans; aber er ruft sich ja auch gleich wieder zu höherem Ernst zurück.

[22] Es findet sich kein Hiat. Die Synaloephen in 47 und c. 4, 2, 23 sind nur Zeichen dafür, dass der abschließende "Adoneus" nicht als eigenständiger Vers angesehen wurde (Snell, Griechische Metrik 35, Anm. 5).

[23] Im Jahre 207 sangen die Mädchen des Chors *euntes* (Liv. 27, 37, 7), auch bei einer späteren Gelegenheit dieser Art schritten Mädchen singend einher (ebd. § 13).

[24] Auch J. Vahlen schrieb auf S. 385, das Lied "entsprach den Intentionen des Augustus"; über die Versuche, hier einen Zwang eines totalitären Diktators zu spüren, hat schon A. Wlosok (nach Vorgang von V. Pöschl, Act. Ant. Hungar. 37, 1996/7, 242) im RhMus 2000 besonnen geurteilt. Soll man überdies vergessen, welches Verhältnis zwischen den beiden waltete (Klingner 2*, Z. 8f.)?

Dahinströmen über fünf Strophen man pindarisch genannt hat (s. Syndikus 330), erst in v. 25: Ein gewaltiger Bogen umspannt diesen ersten Gedichtteil an Apoll. Der Gott wird gekennzeichnet dadurch, dass diejenigen genannt werden, die seine Kraft zu spüren bekamen: Er rächte zu große Worte Niobes an ihrer Nachkommenschaft (Niobe hatte gegenüber Apolls Mutter Leto, die bekanntlich nur zwei Kinder geboren hatte, mit ihren zahlreichen Kindern geprahlt), er rächte des Tityos Versuch, Leto zu vergewaltigen, indem er ihn in der Unterwelt festband und seine stets nachwachsende Leber von Geiern zerfressen ließ, und seine Übermacht spürte auch Achill, der beinahe das hohe Troja erobert hätte: Allen Menschen überlegen, unterlegen jedoch dem Gotte Apoll, obschon auch er göttlichen Ursprunges war, hätte er die Türme des Dardanos (dieser Zeus-Sohn soll der Gründer der Stadt gewesen sein) umgestürzt, er, er lag aber wie eine gefällte oder sturmgestürzte Zypresse weit hingestreckt im Staube der Teukrer (der ältesten Bewohner der Troas); er, er hätte es nicht nötig gehabt, heimlich vom Hölzernen Pferde her die Stadt im Schlaf zu erobern, er hätte offen die Eroberten vernichtet und – oh welcher Frevel! – auch ihre Kinder, ja die Ungeborenen (und hätte, so muss man einfügen, damit das Fortleben Trojas in Gestalt von Alba Longa und endlich Roms verhindert), "wenn nicht Juppiter", so lauten die Verse 22/4, "durch Deine Bitten und die der Venus bestimmt, dem Aeneas glücklichere Mauern zugenickt hätte – Du, der Sänger, der die Musen lehrt, Phoebus, der Du im Xanthos (vgl. c. 3, 4, 61) das Haar wäschst, schütze Du den Glanz Daunischer (also apulischer) Camene, schöner Agyieus"[25]. Seltsam mutet an, dass nach dem grandiosen Beginn und der Erwähnung der römischen Urgeschichte es nun nicht um Rom geht, sondern um die Daunische Camene. Und noch seltsamer ist, dass nach der Anrede des Phoebus im Vokativ nun Phoebus im Nominativ folgt, nach der Ansprache also eine Mitteilung. Warum das? Man wird später danach fragen müssen; einstweilen aber die Strophen 8-11.

"Die Begabung gab Phoebus mir, Phoebus die Kunstfertigkeit[26] und den Namen des Dichters", d.h. Geist und Kunst kamen von Apoll und auch der Erfolg, der den Namen in aller Mund brachte. Und nun die Wendung zu den Chor-Kindern: "Ihr edlen Mädchen und Knaben, im Schutz der Diana, die Luchse und Hirsche beherrscht, achtet auf das lesbische Versmaß und den Klang meines Daumens (auf dem Saiteninstrument)!" Nicht, dass man sich den Horaz vorstellen sollte, wie er da vor dem Chor steht und auf einem Saiteninstrument Takt

---

[25] Als Polyneikes in den "Phoenikerinnen" des Euripides (631) seine Vaterstadt verlassen muss, betet er zu "Phoebus, dem Herrn, dem Agyieus", d.h. dem Gott, der die Wege und Straßen sichert.– Die "Daunische Camene", nicht griechisch „Muse" genannt, ist die apulische, also die horazische (so Heinze, Fraenkel 471 unten, Becker 119 unten, anders, aber sicher ungerechtfertigt Syndikus 2, 334, Anm. 35. Darum wird die Gottheit auch römisch mit *Camena* bezeichnet. Man kann ja auch nicht c. 3, 30, 10f. vergessen.

[26] Ein perfekter Chiasmus. Fraenkel sagt sehr zu Recht auf S. 471f., dass Horaz die Anapher niemals unbedacht verwendet, sondern nur dort, wo er starken Nachdruck legt. Der Vers klingt stark wie der in c. 1, 17, 13 und 3, 4, 21.

oder Rhythmus vorgibt (Fraenkel 472f. warnte zu Recht); der Dichter wendet sich als Sänger, wie im heiligen Sang seit alters nicht unüblich, an den Chor, der die Musik, die des Dichters „Daumen" vorgab, getreulich wiederholen soll. Das hatte schon Pindar getan, man verweist üblicherweise auf seinen Päan 6 (v. 121 Snell). "Wie es recht ist, singt Ihr von Phoebus, singt Ihr von Diana, der Göttin des Mondes, welche die Früchte gedeihen lässt (*prosperam* in 39 erinnert an *prosperes* im C. S. 19) und die Monate rasch dahineilen lässt. Und wie im Säkularlied v. 75 wendet sich der Dichter am Ende an den Chor als junge Menschen, genauer: junge Mädchen[27] und sagt: "Noch als Matrone wirst Du sagen: 'Ich war es, die ein den Göttern liebes Lied sang, als das Jahrhundert sich rundete und ich die Melodie lernte des Dichters Horaz'".

Was bedeutet dies alles? Sechs lange Strophen nimmt der Preis Apolls als Ermöglichers der Stadtgründung Roms ein; dann folgt in sachtem Übergang die Wendung zu Horaz selbst. Von *fidicen* in 25 gleitet die Rede zu Phoebus, der nunmehr als der Schirmherr des Sanges angesprochen wird, und zwar des italischen, des apulischen und damit des horazischen Gesanges. Und nicht nur als dessen Schirmherr, sondern als dessen Geber. Danach dann die Zuwendung zum Chor, er möge sorgsam das Preislied auf Apoll und Diana singen, auf Apoll, der den Dichter schirmt, und auf Diana, die den Chor schützt. Sorgsam, denn diese Gottheiten geben das Wohlergehen. Welches ist der Gedanke des Liedes? Doch wohl dieser: So wie Apoll die Verwirklichung des gottbestimmten Planes, Rom erstehen zu lassen, durch die Vernichtung Achills ermöglichte, so wahr ihm also Roms Überdauern am Herzen lag und liegt, so möge er denjenigen schützen, der Roms Dichter ist, der Roms Geschichte weiß und (im Säkularlied) das große Gebet spricht, und er möge mit Diana, seiner Schwester, diejenigen beschirmen, die um Roms Überdauern und Wohlergehen beten und dereinst dann auch die Nachkommenschaft gebären werden, die Roms Dauer ermöglicht. Horaz stellt sich und sein Dichtertum zur Gänze in den Rom-Gedanken hinein.

Aber noch ist die Seltsamkeit nicht erklärt, warum Horaz in v. 29 auf einmal nicht mehr Apoll im Vokativ anspricht, sondern von und über ihn im Nominativ gleichsam nur berichtet. Nach der Ansprache an den Gott wendet er sich zu den Menschen; da er der Gabe und des Schutzes der Gottheit gewiss ist, kann er sich nun dem Chor zuwenden und ihm etwas über die Götter sagen, dann nämlich, wenn er "recht" (*rite* in 37 und auch 38) singe, werde er ein Lied singen, das den Göttern lieb und das der Garant dafür ist, dass die Mädchen noch ihren Kindern und Kindeskindern von ihrem Singen werden berichten können; anders gewendet: Dass Rom Bestand haben wird. So schließt sich der Kreis: Scheinbar ganz ins Persönliche und Gemüthafte abgleitend, ist der Schluss in Wirklichkeit

---

[27] Liebenswert spricht Heinze und auch Syndikus 2, 337 davon, dass es besonders den Mädchen viel bedeutet haben mochte, so angesprochen zu werden. Man muss aber zu bedenken geben, dass hiermit kein herzbewegendes Detail intendiert war, sondern dass es sich um eine nicht allzu persönliche (Becker 120 mit Anm. 15) Hinleitung des Gedankens zum Wichtigsten dieser Strophen handelt, zum *vates Horatius*.

Ausdruck der Hoffnung oder gar der Gewissheit, dass Rom dauern werde (vgl. *Carmen Saeculare* 21ff.).

Spätestens seit Heinze und Pasquali (s. Syndikus 330f.) vergleicht man die Achill-Erzählung in c. 4, 6 mit dem Achill-Mythos in Pindars sechstem Paian[28]. Dieses Lied verfasste Pindar für die Theoxenie-Feier in Delphi. Zu Beginn bittet der Dichter, ihn, der selber die Ehre der Prohedrie in Delphi genoss (Z. 11), freundlich aufzunehmen, komme er doch mit "liebendem Herzen wie das Kind zur freundlichen Mutter" (12f.). Dann wendet er sich an die alles wissenden Musen, bittet sie, ihm zuzuhören, und erbietet sich, ein Honig-süßes Lied zu singen (58f.). Der Papyrus erlaubt nicht, das Folgende genau zu verstehen, aber soviel ist deutlich, dass, mit Z. 73 beginnend, von Achill die Rede ist, den Odysseus vor Troja brachte und den Apoll in der Gestalt des Paris erschoss, wodurch er die Eroberung Trojas hinauszögerte (81f.). Ein bitterer Zwist brach da aus zwischen Apoll und Hera sowie Athene (die gern Troja von Achill erobert gesehen hätten). Und wirklich hätte Achill die Stadt niedergebrannt, wenn Apoll es nicht verhindert hätte (89/91), doch Zeus scheute sich, dem Fatum zuwiderzuhandeln. Das Fatum hatte ja eine spätere Eroberung geplant, von der Pindar in Z. 100ff. erzählt. Was dann folgt, nämlich die Eroberung Trojas durch Neoptolemos und dessen Tod (hier spricht der Dichter die Chorsänger mit einem "Wehklagt, ihr Knaben!" an), ferner die Geschichte der Aegina und die Geburt und Tätigkeit des Aiakos, der Achills Großvater wurde, das alles geht uns hier nichts mehr an.

Wenn Horaz den Beginn seines Liedes von Str. 2 an in einer langen Periode dahinrollen lässt, so hat man darin ein Pindarisieren gesehen, und dies gewiss zu Recht, man lese etwa den herrlichen Beginn von Ol. 7. An den Paian klingt nun auch der "Hauptgedanke" des Horaz an (so Syndikus 330), nämlich der, dass Apoll durch die Tötung des Achill Trojas Fall hinauszögerte; an ihn erinnert auch der Nebengedanke, dass Achill fiel, obwohl er Sohn einer Gottheit war (Pind. Z. 83; Hor. v. 6), dann auch die irreale Periode, in welcher der Hauptgedanke ausgedrückt ist (Hor. 16, 19 und 22; Pind. 91), und, besonders auffällig, die Anrede an den Chor (Hor. 35f.; Pind. 121f.). Syndikus 331 hat natürlich Recht, wenn er betont, dass Horaz sehr viel konzentrierter erzählt. Horaz wollte gewiss den für ihn wichtigen Abschnitt des 6. Paians anklingen lassen, doch nicht im bunten, wechselreichen Stil des alten Thebaners, sondern in seinem eigenen, den man mit der Errichtung einer strengen Architektur vergleichen kann. Wir erkennen hier das, was auch Catull mit Sapphos Lied in seinem Carmen 51 gemacht hatte: Er nahm, um seinem Gedanken eine altehrwürdige Form zu geben, ein Stück altgriechischer Dichtung, verlieh seinen eigenen Strophen dadurch eine hohe Weihe, formte jedoch eine moderne Dichtung von geradezu klassizistischer Strenge daraus. Was Horaz aber nun ganz und gar von Catull trennt, das ist, dass er dem Ganzen einen großen, politischen Gedanken unterlegte. Der ist nun gewiss nicht nur, Apoll als Schirmer Roms zu preisen und zu-

---

[28] Zitiert wird nach: Pindarus, ed. Br. Snell, Pars Altera, Leipzig 1964, 26ff.

gleich auch als Schützer von Dichtung (wenn schon dieses, dann schützt er die Dichtung des Horaz[29]), sondern etwa dieser: Horaz dichtet ein Gebet, das Rom – vertreten durch den Chor – an Apoll und Diana richtet und worin es um Heil und Segen fleht; Horaz und der Chor tragen somit die große und schwere Aufgabe, Fürchsprech Roms zu sein; und nun: So wie Apoll Schützer Roms ist und zugleich Lehrer der Musen und Verleiher des Dichtertums an die Menschen seines Wohlgefallens, so möge er – denn das ist seines Amtes (zweimal fällt der Hinweis aufs *rite*) – auch diesem Liede seine Huld schenken. Zum ersten Male bewegt sich Horaz in c. 4, 6 auf dem Felde der römischen Gesamtgeschichte, des göttlichen Heilsplanes (in der früheren Odensammlung hatte er das noch nicht gewagt), und da fand er an Pindar eine starke Stütze.

---

[29] Wir sind sicher, dass die "daunische Camene" die Dichtung des Horaz ist, anders, wie erwähnt, als Syndikus 234, Anm. 36.

KAPITEL XV: DAS VIERTE ODEN-BUCH

Historische und biographische Notizen

Was das Geschichtliche angeht, so ist "das Werk des Augustus im wesentlichen ein Werk des Friedens" (H. Bengtson 267); man wird hinzufügen: Für Rom, denn für die betroffenen Völker bedeutete die quantitativ zwar beschränkte, was aber den Zugriff anlangt, harte Expansion vorwiegend wohl Elend und Vernichtung. In Spanien waren die Provinzen Tarraconensis von West bis Südost längst befriedet, nur im äußersten Nordwesten befand sich ein Unruheherd, Augustus und Agrippa unterwarfen von 27 bis 19 v. Chr. diese kampfstarken Völkerschaften und romanisierten so das gesamte Spanien, nicht zuletzt um der Goldminen im Nordwesten willen. Im Norden Italiens bildeten die Alpenvölker einen Unsicherheitsfaktor, sie konnten, wenn sie wollten, die Verbindungswege stören. Zudem gab es auch dort wirtschaftlich interessante Minen. So wurde das Volk der Salasser 25. v. Chr. teils umgesiedelt, teils ausgerottet, es entstand das römische Aosta-Gebiet. Die Stiefsöhne des Herrschers, Drusus und Tiberius unterwarfen die Alpenstämme und verdienten sich hier nicht nur hohes Lob, erwarben nicht nur gründliche Erfahrung, sie bildeten nunmehr Stützpfeiler der augusteischen Monarchie. Die Adoptivsöhne Caius und Lucius Caesares schienen die Erbfolge zu garantieren. "Zu keiner Zeit war das Haus des Augustus so mächtig", schrieb D. Kienast 120f. Zu keiner Zeit, so darf man hinzufügen, war das römische Reich unter Octavianus Augustus so stark und nach den Alpenkriegen so friedevoll. Prachtvolle Bauten verkündeten dann die Großartigkeit dieses Regimes auch in der Kunst, das Pantheon Agrippas war 25 v. Chr. vollendet, und über allem stand der Geist Apolls, wie der Herrscher nach allerhand Spielereien seiner Jugend (Kienast 231) ihn nunmehr verstand: Apoll nicht mehr als der Sieger von Actium, sondern als Gott des musischen Geistes (Horaz, 4. Römerode), denn in seinem Tempel auf dem Palatin stand er als Kitharoedus; auf dem Dache stand er als alles überschauender, alles erleuchtender Sonnenherrscher, nur auf den Türen war er als Rächer[1] dargestellt.

---

[1] E. Simon, Augustus 20; dies., Die Portlandvase, Mainz 1957, 36ff.

Nach der Rückkehr des Kaisers aus Gallien beschloss der Senat denn auch die Errichtung eines Friedensaltares, es wurde daraus die Ara Pacis, die im J. 9 v. Chr. geweiht wurde. Vor aller Welt wurde somit deutlich gemacht, dass die Werke des Augustus Werke des Friedens waren.

Was die Biographie des Horaz betrifft, so riss der Auftrag des Augustus, das *Carmen Saeculare* zu schreiben, "ihn nicht aus seiner Bahn, er erreichte ihn zur glücklichsten Stunde" (C. Becker 112). Sie war augenscheinlich reif, reif für eine erneute Anstrengung, für die Vollendung seiner Lyrik. Es wird so gewesen sein, wie Sueton (Klingner 2*, Z. 22f.) berichtet, dass nämlich Augustus dem größten Dichter jener Jahre die nicht abschlagbare Bitte vortrug, auf die Siege seiner Stiefsöhne Epinikien zu verfassen, und dass dies für Horaz der Anlass war, doch noch einmal das äolische Maß erklingen zu lassen, jetzt allerdings in pindarischen Epinikien, und weiterhin noch einmal ein Buch mit Gedichten zu schreiben. Von 16 bis 13 v. Chr. arbeitete er daran, wenige Jahre, und dies mag dann auch die Ursache davon sein, dass dieses Buch in sich so gedrungen ist. Ob ihm die Arbeit Freude gemacht hat? Einerseits liegt über dem Werk viel auch an verhangener Trauer, auf der anderen Seite sieht man, wie verwegen Horaz Worte, Syntax und Motive behandelt: Die Lust an der immer noch vorhandenen eigenen Meisterschaft wird nicht unerheblich zu dem Entschlusse beigetragen haben.

Das Buch enthält nur einen einzigen Hinweis auf Maecen (c. 4, 11, 19); gewiss, zwischen Maecenas und Augustus muss es nach der gezielten, sehr mutigen und selbstlosen Indiskretion Maecens zu Gunsten seiner Gattin und deren Bruder keine geringe Verstimmung gegeben haben; wie sie wieder zusammenkamen, wissen wir nicht; doch lesen wir mit Bedacht die Notiz bei Sueton (Klingner 2*, Z. 2), dass Maecenas an sein dem Kaiser zu überreichendes Testament einen persönlichen Zusatz anfügte: *Horati Flacci ut mei esto memor.* Nach den offiziellen Testamentsbestimmungen der ganz persönliche Zusatz, und der ist voller Zuneigung zu Horaz geschrieben, das betonte *mei* zeigt das an; und er ist voller Vertrauen zum Herrscher abgefasst. Dass Horaz des Freundes nicht öfter erwähnt, mag auch auf diesen selbst zurückgehen; wie aber diese drei noblen Männer zueinander standen, das wird aus dem testamentarischen Zusatz deutlich genug. Zudem nannte Augustus ihn nicht nur seinen Quasi-Konviktor (Klingner 2*, Z. 11f.: *tamquam si convictor mihi*), seinen *familiaris* (ebd. 3*, Z. 1), er belegte ihn auch scherzend mit allerhand anzüglich-freundlichen Beinamen (Suet., a. O. 2*, Z. 17ff.).

Kurzum: In einer Zeit größter Stärke, deren Auswirkung auf Rom tiefer Frieden war, herrschte zwischen Kaiser, dem Dichter und dem früheren politischen "Rechten Arm" des Herrschers ein in den Grenzen monarchischer Etikette vollkommen harmonisches Verhältnis; es herrschte zudem seitens des kunstkennenden Augustus sicheres Vertrauen, dass seines Dichter-Freundes großes Werk ewig dauern würde (Suet., Klingner 2*, Z. 21) und dass es noch nicht abgeschlossen sei. Dies und die eigene neu erwachte und durch das *Carmen*

Saeculare gestärkte Schaffenslust genügten, um den großen, wenn auch mählich alternden Mann noch einmal an den Griffel zu führen.

Carmen 4, 1

"Nach langer Friedenszeit", so spricht das Gedicht Venus, die Göttin der Liebe, nicht ohne Entsetzen an, "nach langer Friedenszeit rührst Du doch wieder Kämpfe auf? Schone mein, ich flehe, ich flehe! Ich bin nicht mehr, der ich war unterm Regiment der lieben Cinara. Lass also ab, süßer Begierden wilde Mutter, den Fünfziger zu beugen, der schon zu starr für Deine zärtlichen Ansprüche! Geh' dorthin, wohin verlangende Gebete der Jungen Dich rufen[2]!"

So etwa beginnt das vierte Odenbuch des Horaz. Die Liebe als Kampf, das ist eine verbreitete Metapher[3], und die wieder auflebende Liebe ist ein uraltes Thema (Ibyk. fr. 6; Nr. 287 PMG), ebenso die Verwunderung über die wieder aufblühende Liebe im Alter[4]. Und nicht nur die Themen sind althergebracht oder verbreitet, auch die Darbietungsform ist es: Das Flehen um Verschonung belegt Ed. Fraenkel 481, Anm. 2; die Sprechweise des Abweisens und Weiterschickens (Apopompé genannt) ist ebenfalls gut belegbar (Fraenkel 482) – aber dies alles bleibt ganz im Äußerlichen. Es ist ja keine echte Apopompé (richtig E. Lefèvre, RhM 111, 1968, 166ff.), und schon gar nicht eine platte, wie später noch zu zeigen sein wird. Einstweilen wollen wir einen ganz anderen Aspekt dieser Zeilen eröffnen, den kompositorischen: Es kann ja nicht Zufall sein, dass Horaz in v. 5 an c. 1, 19, 1 (*Mater saeva Cupidinum*) erinnert: Er knüpft also deutlich an die frühere Odendichtung an (Fraenkel 484, Syndikus 2, 270) und zugleich verspricht er auch, dass in diesem Odenbuch sich Liebeslieder, Lieder allerdings eines Alternden finden werden (Fraenkel a. O.).

Dieses Reden über c. 4, 1 blieb noch arg im Dürren; später wird sich Schöneres sagen lassen, aber einstweilen ist es geraten, sich des Textes zu versichern.– "Zeitlich passender", so wollen wir weiter dürr, aber möglichst genau

---

[2] Re- in *revocant* v. 8 deutet auf einen Ort, wo etwas hingehört und hinpasst, vgl. zum Beispiel Lucr. 2, 1113.

[3] In der älteren griechischen Literatur wird eher die Metapher des Zwingens verwendet (Hom. Il. 14, 198 z.B.), Sophokles (Ant. 800) sagt dann von ihr, sie sei "unbesiegbar" (amachos), worin sich etwas von der Kriegsmetaphorik andeutet (Hor. c. 3, 26, 2; breit ausgeführt z.B. von Ovid, am. 2, 21ff.; vgl. am. 1, 9, 1 *militat omnis amans*).

[4] Syndikus 2, 271, Anm. 10; ungebührlich oft wird Pindar vergessen, der in dem späten frg. 123 Snell dichtete: "Die Früchte der Liebe muss man zur rechten Zeit pflücken, aber wer kann schon dem Strahlen eines Theoxenos widerstehen? Ich jedenfalls schmelze immer beim Anblick schöner Knabenkörper". Zur Datierung des Fragments s. C. M. Bowra, Pindar (Oxford 1964), 274.

fortfahren, "zeitgerechter" (*tempestivius*, 9) wäre es, ins Haus des Paulus Fabius Maximus (zu ihm Fraenkel 483) zu gehen", und nicht nur zu gehen: Venus mag auf einem Wagen kommen, den gleißende[5] Schwäne ziehen, und dies mit einer *comissatio*, mit einer lärmenden, jubelnden, ausgelassenen Begleitung einherfahren. Paulus ist geeigneter, sich "die Leber dörren" (12) zu lassen. So sprach man gern vom Brennen der Liebe (Syndikus 2, 274, Anm. 23). Paulus – er ist viel geeigneter, Venus aufzunehmen, denn er ist von Adel, ist schön, beredt setzt er sich für Angeklagte ein und als Besitzer von vielen Tugenden und Fähigkeiten wird er die Feldzeichen der Venus gerne tragen[6]. "Und wenn er dann irgendwann einen freigebig spendenden Rivalen ausgestochen haben wird, dann wird er als der Stärkere Dir, Venus, einen kostbaren Schrein am Albanersee bauen". Die Liebe wäre für Paulus kaum ein "zusätzlicher Glanz in seinem reichen, bewundernswerten Leben" (Syndikus 274), sondern vielmehr ist Paulus viel attraktiver als Horaz: Jung, schön, ein beredter Anwalt, reich und ein freigebiger Bewunderer der Macht der Liebe. Venus würde hier nicht zusätzlich wohnen, also Nebensache sein, sondern in diesem Hause glanzvoll im Mittelpunkt wohnen, wenn nicht gar herrschen. Man sage nämlich nicht, dass Beredsamkeit nicht attraktiv wäre, in der Liebe bewanderte Frauen versichern das Gegenteil; aber seltsam bleibt, dass nicht das feine, reich und schön fließende Wort überhaupt in seinem Zauber bewundert wird, sondern ausgerechnet das Wort des Strafverteidigers (*reis*, 14). Auch Ed. Fraenkel 484 erstaunte über dieses "Porträt" eines jungen Mannes, das ihn schwerlich als gefühlvollen Diener der Venus hinstellt. Fraenkel erklärte dies so, dass Horaz in seinem Vierten Odenbuch eine ganze "gallery of portraits"[7] zu geben beabsichtigte, zu der auch dieses erste gehört. A. Kiessling und in jüngerer Zeit Bradshaw, CQ 20, 1970, 148 dagegen hatten an die Hochzeit des Paulus Fabius Maximus mit Marcia, der Verwandten des Kaisers gedacht: Auf diese spiele dieses Lob des Maximus vorbereitend an. T. N. Habinek, AJPh 107, 1986, 407ff. empfand ebenfalls, dass Maximus nicht als besonders erotisch angepriesen werde, sondern als idealer römischer Ehemann, und er belegt das mit einer interessanten Reihe von ähnlichen Listen guter Eigenschaften. Aber: Auch Syndikus in der ersten Auflage 2, 291, Anm. 28 betont (was er in der 3. Auflage unterließ), dass ein "Beweis natürlich nicht zu führen" sei, da wir das Datum der Hochzeit nicht kennen. Und vor allem: Wäre es taktvoll gewesen, einen jungen Mann als Gatten einer Kaiserverwandten zu empfehlen und des

---

[5] "Purpurne" Schwäne (*purpureis oloribus*, 10) gibt es nicht; *purpureus* kann auch nicht "rosy" sein (Wickham zu c. 3, 3, 12, sondern bedeutet "gleißend" (OLD 3 a "sheen rather than colour"): vgl. Anacr. 2, 3; Nr. 357, 3 PMG: "purpurne" Aphrodite. Von "strahlenden Schwänen" spricht richtig Syndikus 2, 275 Mitte.

[6] In v. 16 bietet die Überlieferung den Gedanken, dass Paulus die Feldzeichen auch in weite Fernen (*late*) tragen werde; aber geht es denn um die Weite, das Quantitative? H. Jacobsen, CQ 46, 1996, 582 schlug sehr sinnvoll vor, lieber *laete* als *late* zu lesen.

[7] Horace 413; die Übersetzung unterschlägt diesen hübschen Ausdruck auf S. 485.

längeren hervorzuheben, er werde über jeden Rivalen siegen? Rivalensiege als Ehevorzug?

Und nun häuft das Ich ein Versprechen (im Namen des Fabius, versteht sich) auf das andere, damit Venus ja weiterziehe: Weihrauch wird ihre Nase dort zu riechen[8] bekommen und reich instrumentierte Musik wird dort erklingen, dazu zweimal täglich Lieder aus dem Munde eines gemischten Chores, der Isis-Tänze im Dreitakt (vgl. c. 3, 18, 16) aufführen wird. Also hohe Reize der Sinne, des Riech-, des Hör-, dann wieder des Hör- und zuletzt des Schau-Sinnes werden versprochen, nicht ohne lächelnde Häufung.

So wird es "dort" sein (*illic*, 21 und 25); dort wird alles zur Venus passen, wird alles sie erfreuen, doch bei Horaz, was ist da? Er kennt keine freudige Erregung mehr (fünfmal wird das *iuvat* aus v. 31 verneint): Weder Frau noch Knabe (so heißt es ganz äußerlich in Bezug auf die Reizursachen), noch auch die Hoffnung, die an eine Gegenliebe glaubt (so wird auch das eigene, innere Zutun verneint), auch kein Wett-Trinken und keine Kränze aus jungen, frischen Blumen (so geht der Text wieder nach außen) erregen ihn mehr. Die "jungen, frischen Blumen" mögen das Grünen und Blühen junger Liebe symbolisieren – sie ist vorüber. Horaz malt das Porträt eines Ausgeglühten.

Und doch: "Warum nur, warum stiehlt sich zuweilen (*rara*, 34) eine Träne über meine Wange?", so spricht er Ligurinus an, gewiss einen jungen, schönen Knaben. "Warum verstummt meine sonst so beredte Zunge mitten im Redefluss so hässlich?" Und nun das Bekenntnis: Im Traume hält er den Knaben einmal im Arm gefangen, dann hascht er nach dem Fliehenden über das grasige Marsfeld dahin oder auch im strömenden Fluss. Die frischen Blumen in 32 mögen die grünende Liebe symbolisieren, ganz gewiss symbolisiert das fließende Wasser in einem dem Psychologen wohlbekannten Bilde das Vergebliche einer nur noch ersehnbaren Liebe.

Sicherlich knüpft das Liebesthema, und insbesondere das Zitat von c. 1, 19, 1 an die erotischen Oden der ersten Sammlung an, das hat man oft gesagt; und ebenso deutlich weist es voraus auf die Liebesgedichte dieses vierten Odenbuches. Doch das kann nicht der alleinige Sinn dieses Carmen sein. Es handelt sich auch nicht um eine simple Fortweisung der Venus anderswohin. Wohin wird sie denn gewiesen und welche Venus ist sie? Sie wird zu jemandem fortgeschickt, der Venus im Äußerlichen vollkommen entspricht; edel, schön, einsatzfreudiger Anwalt und talentiert, dazu reich, so reich, dass Venus "dort" geehrt und erfreut werden wird durch Schrein und Fest. Das bleibt alles recht im Äußeren. Demgegenüber hat Horaz, so schreibt er, nichts zu bieten: Nicht mehr reizbar, fern aller Liebeshoffnung, ohne die Lust an Trunk und Fest sei er – und

---

[8] Das Wort für Nase, *nares*, verwendet Horaz in den Oden nur noch in c. 2, 15, 6, und dort "wirkt es verlachend" (Nisbet-Hubbard) und ist zugleich in unerhörter Weise metonymisch gesetzt. Hier wirkt das Wort ebenfalls scherzhaft; es ist, als lächle das Ich über die Ansprüche der Venus und ihres lärmigen Gefolges.

doch: Venus, eine andere, ganz innen verborgene, die kann er gar nicht mehr fortsenden, sie ist ja doch bereits bis in sein Inneres gedrungen, lockt die Träne hervor und lässt die Zunge verstummen; nur, es ist das alles nur Traum, vergeblicher Traum, ohne Hoffnung auf Gegenliebe, d.h. auf Verwirklichung des Geträumten. Das quält und lässt ihn spüren, was alles verloren, vorüber.

Wir wollen uns jeglichen Versuches enthalten, irgendeinen Anlass zu diesem Gedicht zu rekonstruieren, wollen uns ganz auf das Gedicht selbst konzentrieren. Wir lasen eine erregte Bitte um Verschonung in "fast stammelndem Tonfall", wie Syndikus 272 es nennt, der auch gut auf die Gemination und die unregelmäßigen Kola und das ungewöhnlich gesetzte *abi* in v. 7 aufmerksam macht und treffend feststellt, in der ersten Sammlung "fehlt dieses Bestreben, die leidenschaftliche Bewegung derart mimetisch in der Sprache nachzuzeichnen". Ebenso in den letzten beiden Strophen, wohingegen die eigentliche Fort- und Weiterweisung der Venus in eher heiterem Tone gedichtet ist, man beachte das "Schnuppern" der Gottheit in v. 21, dazu das Überhäufen mit Versprechungen – im Namen eines anderen.

Nicht uninteressant ist auch die Frage, ob mit dem Wechsel von "dort" zum Ich in v. 29 nicht auch eine Struktur der ersten Odensammlung aufgenommen wird, wie sie z.B. in dem Umbrechen von c. 1, 4 deutlich zutage tritt. Doch ist in c. 4, 1 kein solch scharfer Um- und Abbruch festzustellen. Gewiss geht der Text von Fabius zum Ich unvermittelt über, aber vorbereitet ist dies längst durch die ersten beiden Strophen mit ihrem Entsetzen vor neuerlicher Liebesleidenschaft. Wir lesen also einen scharfen Wechsel, doch einen von langer Hand vorbereiteten; dieser Unterschied zu Gedichten des ersten Odencorpus wird bei der Besprechung von späteren Gedichten wichtig werden.

Fassen wir zusammen: Nicht einfach ein Liebeslied, keine gewöhnliche Apopompé, nicht bloß ein Einleitungsgedicht, das zugleich anknüpfen soll, sondern ein Lied über späte, zu späte Liebe. Und wenn mit ihm irgendetwas angekündigt werden sollte, dann der Charakter dieses vierten Odenbuches als eines Alters- und Abschiedswerkes.

Carmen 4, 2

Bevor wir fragen, welche Rolle in diesem vielbehandelten[9] Gedicht wohl Pindar spielt, geben wir eine kurze Übersicht: Wer mit Pindar wettzueifern[10]

---

[9] Die jüngere Literatur findet sich in H.-G. Günthers umsichtigem Aufsatz "Pindar, Kallimachos und Horaz", SIFC 92 (17), 1999, 145ff.

[10] Zu *aemulari* vgl. A. Reiff, Interpretatio, Imitatio, Aemulatio, Diss. Köln 1959; zu unserem Gedicht dort S. 54ff. (mit der Korrektur Beckers 133, Anm. 19).

strebt, so spricht Horaz den Iullus Antonius[11] an, der will mit Wachsflügeln auffliegen, aber, mögen sie auch von Daedalus gefertigt sein, er muss doch herabstürzen und wird einem der Meere seinen Namen geben, wie Horaz in Erinnerung an das Ikarische Meer scherzend hinzufügt. Die partizipiale Erweiterung (v. 3f.) trennt die erste Strophe von der langen Reihe von fünf zusammenhängenden Strophen über Pindars Grösse. Warum muss ein solcher Versuch scheitern? Weil Pindar von elementarer, nie zu imitierender Kraft ist und in all' den Gattungen, in denen er schrieb, unübertreffbar. Denn wie ein Strom, der aus den Bergen kommt und, vom Wolkenbruch über die Ufer getrieben, dahintobt, so "rauscht aus des Sängers Mund unergründlich tief die unermessliche Flut" (Heinze). Also die Kraft ist unerreichbar und die Kunst, in all' seinen Gattungen apollinischen Lorbeers würdig (9): In den Dithyramben wälzt er unerhörte Wörter und strömt dahin in Versarten, die frei sind von der Einengung durch Regeln; wenn er Götter und ihre Abkömmlinge, die Heroen, singt oder vom Wettkampf "himmelsgroß" heimkehrende Sportsieger, also einen Boxer oder ein Rennpferd[12] in Epinikien preist, die "wertvoller sind als hundert Statuen"[13], oder ob er um einen Jüngling trauert, der, im Kriege gefallen, seiner weinenden Braut entrissen ward[14], und wenn er – das *et*-Kolon in 22ff. scheint alles Gesagte zusammenzufassen – überall Kraft, Mut und Gesittung zu golden-vorbildlichen in den Himmel hebt[15] und so dem dunklen Orkus (und dem Vergessen) entreißt – immer ist er des Lorbeers würdig. Die fünf ununterbrochen dahinströmenden Strophen wetteifern dann doch mit Pindars Sprechweise, wie man immer wieder hervorgehoben hat (z.B. Syndikus 285), wenigstens eine ihrer vielfachen Erscheinungsweisen nachschaffend.

So schwingt er sich in die Lüfte, von starkem Aufwind emporgetragen, wann immer er zu den dahinziehenden Wolken aufflliegt; Horaz aber ist nur eine kleine Biene vom Berge Matinus[16], die mühsam Thymianhonig sammelt, aber

---

[11] Die Schwester des Augustus, Octavia, hatte aus ihrer ersten Ehe mit C. Claudius Marcellus (Konsul 50 v. Chr.) einen Sohn und zwei Töchter, deren ältere zuerst mit M. Vipsanius Agrippa, dann mit Iullus Antonius verheiratet war, dem Sohn des Triumvirs und Fulvia, der von Octavia erzogen worden war (Heinze 391 unten).

[12] Beim Rennpferd denkt man an den Pherenikos, den "Siegbringer" des Hieron (Pind. Ol. 1, 18); bei den Heroen, dem "Blut der Götter", erinnert man sich auch an Horaz selbst, an die sog. Ars Poetica 83f.: *Musa dedit fidibus divos puerosque deorum et pugilem victorem et equum certamine primum ... referre*. Zu weiteren Anklängen s. Becker 129, Anm. 11.

[13] Ob Horaz hier wirklich Pind. Nem. 5, 1f. im Sinn hatte, wie vielfach behauptet wird (Wickham, Heinze u. a.), ist nicht erweisbar; Pindar hatte vom Unterschied der festgebannten Statue und dem hinauseilenden Siegeslied gesprochen, also von Stillstehen und Bewegung, was bei Horaz, der vom Wert spricht, keine Rolle spielt.

[14] Nach P. Maas, RE 6 A, 596 spricht Horaz dabei über Pindars Threnoi in ganz römischer Weise.

[15] Horaz verwendet *educo* in v. 23 in neuer Weise (Thes. L. L. 5, 2; 122, 27); erst Seneca wird es wieder so brauchen.

[16] Er liegt in Apulien oder Kalabrien (Heinze S. 122 zu c. 1, 28, 3), jedenfalls nahe der Heimat des Dichters.

dieser ist "angenehm" (*grata*, 29); Horaz also, er formt, ein geringer Mann (*parvos*, 31), beim Hain und dem Ufer des feuchtenden Tibur mühevolle Gedichte. Also nicht in hohem Aufflug, sondern drunten in einsamer Landschaft. Wieder (vgl. c. 4, 1, 29ff.) stellt Horaz, sich scheinbar selbst verkleinernd, hinter oder unter einen Stärkeren. Das ist kein Verzichtstopos (richtig Becker 127), sondern bescheidene Einordnung hinter eine elementare Übergewalt.

Wohin strebt nun diese Kennzeichnung Pindars? Zunächst heißt es (33ff.), "Du, Jullus, wirst als Dichter von grösserem Plektron", also von stärkerer Stimme im Sinne einer schwerergewichtigen Dichtart, „Caesars Triumph über die Sugambrer besingen". Nun, dieser germanische Volksstamm, der im Jahre 16 v. Chr. nach Gallien einbrach, schien dem Herrscher so gefährlich, dass er selber mit großem Truppenaufgebot an die Grenze gegangen war; doch die Germanen zogen sich vor aller Feindberührung in ihre unangreifbaren Wälder zurück, und Augustus blieb ohne Triumph[17]. Unser Lied war also im Jahre 16 nach dem Eintreffen der ersten günstigen Nachrichten abgefasst worden; und als Horaz die Carmina zu Buch IV zusammenstellte, beließ er c. 4, 2 so wie es war, trotz der historischen Überholtheit. Nach dem Sieg nun der Preis des Herrschers überhaupt: Nichts Größeres und nichts Besseres haben die Götter der Erde schenken können und werden es nie können, auch wenn das Zeitalter wieder zu einem Goldenen werden sollte (39f.; Vergil hatte so gesprochen: Aen. 6, 792). Du wirst auch singen (so lässt Horaz das *concines* in 41 auf das in 33 zurückweisen) "frohe Tage", was sich dann ausfaltet zu öffentlichen Spielen und gerichtsfreien Feiertagen zu Ehren des heimgekehrten Augustus, wie man es von den Göttern erfleht hatte (dies liegt in *impetrato*, 42). Dies also das imaginierte Lied des Jullus.

Dann werde auch Horaz seine Stimme erheben, wenn er denn etwas Sagenswertes vorzubringen haben werde (vgl. Becker 131 zur ähnlichen Selbsteinschränkung in c. 4, 3 24), und er werde mitrufen "O schöne Sonne, O Preisenswerter"[18]; und dann bricht, so will der Text es erscheinen lassen, aus dem Begeisterten eine direkte Anrede an den Triumphus als Gottheit hervor: Immer wieder werde er, ein Bürger unter Bürgern, dem Triumphus sein *Io Triumphe* zurufen und mit den anderen zusammen Weihrauch entzünden (49/52)[19].

---

[17] Vgl. D. Timpe, Monumentum Chiloniense (1975) 136. Zum Ablauf des Triumphs im allgemeinen s. Bömer zu Ov. met. 1, 560.

[18] Heinze hatte darauf aufmerksam gemacht, dass dieser Lobesruf der Anfang eines Versus Quadratus ist, wie er beim Triumph von den siegreichen Legionären angestimmt wurde (Fraenkel 514, Anm. 2 stimmt zu; vgl. Crusius-Rubenbauer, Römische Metrik 74 oben); zum *o* vgl. Fraenkel 200, Anm. 5; der Hiat vor dem zweiten Ausruf (wenn man *o sol pulcher, o laudande* als zwei doppeltrochäische Versglieder liest, ist auch der Hiat in der Versfuge und vor der Interjektion perfekt (ACl 14, 1971, 51 unten); zur Art des Preisens als Sonne vgl. Doblhofer, Augustuspanegyrik 88ff., der in diesem Septenarbeginn ein "echtes Bekenntnis zum Herrscher" spürt (89 unten).

[19] Man sollte heute trotz Shackleton Baileys Kreuzen nicht mehr an der Richtigkeit der handschriftlichen Überlieferung *teque dum procedis* (v. 49) zweifeln.

Nach diesem Ausbruch dann die herabstimmende Beruhigung: Jullus wird zehn Stiere und zehn Kühe anlässlich der Rückkehr des Augustus opfern, Horaz nur ein zartes Kälbchen, aber ein besonders schönes; und nun verweilt des Dichters Auge liebevoll auf einem imaginierten Kalb mit einer hübschen Stirnzeichung: Eine feine Sichel, wie der Mond sie zeigt, "wenn er den dritten Aufgang (nach Neumond) zurückbringt": Eine solche Sichel "ahmt" das Kalb dort nach, wo es wie andere Kälber eine *nota*, ein Zeichen trägt (an der Stirn also), sonst aber ist es ganz bräunlich. Eine genau und liebevoll breit ausgeführte, von Homer über Moschos übernommene[20] Beschreibung beschließt das so hochtonig begonnene Gedicht zart und auch liebenswerter als das nur kurz genannte Opfer des Jullus (so Putnam 60). Das Ende klingt also so, wie Horaz es liebte, was schon Wickham zu c. 3, 5, 56 feststellte, ein "quiet ending" (vgl. auch Nisbet-Hubbard zu c. 2, 1, 37).

Worum geht es in diesem Gedicht? Der Aufbau der Ode vollziehe sich in drei Antithesen, schreibt Syndikus 282 nach v. Wilamowitz, und das ist gewiss richtig: Pindars machtvolle Dichtung steht gegen die Biene vom Matinus (ihr Bild wird eingeleitet mit scharf kontrastierendem *ego*, 27); dann Jullus, der Dichter kraftvolleren "Plektrons", im Gegensatz zum Ich, das unter *io Triumphe*-Rufen zurücktreten wird in die Menge (33/52), und zuletzt, symbolisch gemeint, das gewaltige Opfer des Jullus und das kleine, aber liebliche des Horaz. Syndikus versteht das Gedicht (294) als die Ankündigung, Horaz werde kein hochoffizielles Preislied auf den heimkehrenden Kaiser verfassen, "auf eine stillere Weise wird Horaz den Kaiser feiern, als es in einem prunkvollen Siegeslied geschehen könnte". Diesen Gedanken nahm Syndikus aus Fraenkels Buch (514): "Er wollte in dieser Art nicht Augustus verherrlichen. Alles, was er für ihn zu empfinden gelernt hatte, Dankbarkeit, Bewunderung, und schließlich Zuneigung, passte nicht dazu, in den Purpur einer großartigen künstlerischen Konvention gekleidet zu werden" – ein schöner Gedanke, aber doch nicht aus dem Text selbst gewonnen und darum nicht unumgänglich und verbindlich[21].

Besinnen wir uns und fragen, ob C. 4, 2 wirklich ein Absage-Lied ist[22]. Welches ist denn der verbindende Gedanke zwischen Pindar-Preis und Ich-Darstellung als Biene auf der einen, Jullus als Dichter stärkeren Plektrons und Horaz als einer von Tausenden, die da freudig rufen, auf der anderen Seite? Es kommt viel

---

[20] W. Bühler, Die Europa des Moschos (Hermes Einzelschr. 13, 1960) 21.
[21] Wir werden uns nicht mit der in den Text hineingetragenen Rekonstruktion eines Anlasses auseinandersetzen: Ein "großer Teil der Missverständnisse", so schreibt H.-G. Günther, SIFC 92 (17), 1999, 147, geht "auf die unbegründete Annahme zurück, dieses Gedicht stelle Horazens Antwort auf eine tatsächliche Aufforderung dar, die kriegerischen Heldentaten des Princeps in einer pindarischen Ode zu verherrlichen", was gegen Fraenkel 507ff. gerichtet ist, sich aber schon bei Heinze 391 ausführlich dargelegt findet, darum aber noch nicht richtig zu sein braucht, denn es hat keinen Widerhalt im Text (daher warnt auch Syndikus 2, 281, Anm. 7 am Ende zu Recht).
[22] Es ist mittlerweile langweilig geworden, immer wieder die *recusatio* diskutiert zu finden; darum ist es gut, wenn differenziert und auf die interessante Geschichte dieser Dichtform hingewiesen wird, wie H.-G. Günther 146f. es tut.

darauf an, das Wort *aemulari* in v. 1 richtig zu verstehen: Es bedeutet den Wettstreit darum, wer der bessere sei, hier also den "Dichterwettstreit" (Günther 150 mit Belegen in Anm. 21 und 24). Wer also mit Pindar sich in einen Wettstreit einlassen sollte, der werde abstürzen; Pindar trage ein Sturm hinan gen Himmel, Horaz dagegen bleibe in der Nähe des Bodens, arbeitsam nur Kleines, aber Willkommenes zusammensuchend. Und nun, trotz deutlicher Kontrastierung, kein "Du aber"; warum nicht? Weil dann alles Gewicht auf die Entgegensetzung von "Ich" und "Du" fiele, das aber wäre nicht im Sinne des Dichters. Ihm lag im Sinn, vom großen Thema "Augustus" zu sprechen, und ein Kontrast von "Du, ich dagegen" hätte sich zu stark ablenkend vor das Augustus-Thema geschoben. Den Preis des Augustus, den müsse ein Dichter singen, der es wagt, lauter in die Saiten zu greifen, als es Horaz möglich ist; ihn müsste ein Dichter anstimmen, der sich näher zu Pindars Höhen (ohne mit ihm gleich in einen Wettstreit einzutreten) hinaufwagt, denn die Heimkehr des Siegers zu singen, das ist ein gewaltiges, ein pindarisches Thema und gehe über die geringen Kräfte der "Biene". Horaz werde mit der Menge froh "O schöne Sonne" rufen[23], "O Preiswürdiger!" "Nicht dass Jullus ein neuer Pindar ist (oder es sein will), wohl aber, dass das Geschehen so ist, wie Pindar es besingen könnte, soll heraustreten", schrieb C. Becker 130 unten, und wir stimmen ihm gern zu.

C. 4, 2 ist, aufs Ganze gesehen, ein prachtvoll gebautes Gebilde, das in sich von einem wundervollen Schwingen beseelt ist: Der machtvolle Preis Pindars schwingt aus, und einen Augenblick lang schauen wir der feinen, emsig sammelnden Biene zu[24]. Dann das hohe Kompliment an Jullus, das aber nicht in den Vordergrund gerückt ist; im Vordergrunde sehen wir vielmehr Caesars Triumph, der die fürchterlich Gedemütigten vorführt, zugleich für Rom Gutes und Frohes heimbringt; wir sehen den drängenden, lärmenden Zug, wie Mantegna ihn dargestellt hat, vorüberstampfen, in der Menge aber ruft auch der Dichter seinen Versus Quadratus, als wäre er einer der siegreichen Soldaten, was dem Betrachter ein stilles Lächeln entlockt. Und lächelnd registrieren wir, wie das Ich noch einmal Jullus den Vortritt lässt und sein wertvolles Opfer preist: Zwanzig Stiere und Kühe! Das Ich aber opfert ein Kalb, aber was für ein schönes: Eine stille Freude, gemischt mit leisem Bedauern durchzieht die Zeilen, welche die schöne Stirnzeichnung beschreiben. Diese Zeilen sind einer jener "zarten horazischen

---

[23] Wie ungewöhnlich dieser Ruf aus v. 47f., auf die Form gesehen, ist, das hat E. Doblhofer 90f. gezeigt: Keiner der üblichen Komparative ("Du bist schöner als alle Sonnen"), hellenistisch in der Formulierung, römisch in der Versform (Anfang, wie gesagt, eines Triumphe begleitenden Septenars).

[24] Natürlich hat man hier ein Bekenntnis zum kallimacheischen Dichten gespürt (u. a. Putnam 55; Syndikus 287), nötig ist es nicht, das Bild gleich wieder mit einem literaturtheoretischen Dunst zu überziehen. Es ist auch nicht glücklich, wenn H.-G. Günther unentwegt vom "Handwerklichen" spricht, das Horaz dem hohen Schwunge Pindars gegenüberstelle, denn von Handwerklichem steht nichts im Text: Lassen wir es doch beim Schauen der Bilder.

Ausklänge", die Wickham z. St. und Becker (132) treffend zu rühmen wussten, "a quiet ending", das c. 2, 19, 31 ähnelt. Horaz wird bald anders sprechen!

Carmen 4, 3

Diese Ode, ein Dank an die Muse, sei durch das Erlebnis des Horaz hervorgerufen worden, als Dichter Roms während der Säkularfeier anerkannt worden zu sein, meinte R. Heinze 399, und Ed. Fraenkel 477 nahm diesen Gedanken auf. War es so? Genügt dies? Bevor wir darauf eingehen, machen wir uns auf den Weg durch die reizvolle Vorhalle hin zum Eigentlichen, dem Schrein der letzten Verse.

Melpomene – in c. 3, 30, 16, also nahe diesem Liede, wenn man an die Sammlungen, d.h. an die Oden-Bücher denkt, wagte Horaz, sie aufzufordern, ihn zu bekränzen; nun dankt er ihr: Wen sie erst einmal bei der Geburt mit freundlichem Auge angeblickt (Heinze erinnert an Kallimachos frg. 1, 37; S. 8 in Pfeiffers 1. Band), den wird nicht harte Sportarbeit am Isthmos von Korinth bei den dortigen Spielen z.B. als Boxer berühmt machen, den wird auch nicht ein unermüdbares Pferd auf griechischem Wagen zum Siege führen, den wird auch nicht kriegerische Tat, geschmückt mit apollinischem Lorbeer als siegreichen (römischen) Feldherrn, weil er überheblich drohende Könige vernichtete, dem Kapitole zeigen, nein: Ihn werden die Wasser, die am fruchtbaren Tibur vorüberfließen und das dichte Laub der Haine (dort) durch äolisches Lied allbekannt werden lassen.

Eine viergliedrige Priamel[25] sagt also, Griechisches mit Römischem mischend, was der Blick der Melpomene nicht bewirkt (Sport- und Militärsieg) und was er sehr wohl schenkt, nämlich Dichtertum und Dichterruhm. Horaz sagt es noch genauer: Nicht Ruhm allgemein, sondern seinen Ruhm, den des Horaz, denn selbstverständlich weist Tivoli und alkäisches Lied auf ihn. Man möchte sagen: Melpomene gab neben all' den vielen Griechen auch ihm, dem Römer, Dichtertum, allerdings mit äolischem Singen, also auch hier die Vereinigung der Sphären. Und es ist nun nicht mehr eine griechische Quelle, die das ihre dazutat, und kein griechischer Musenberg, sondern italisches Land[26] (1/12).

---

[25] Lateinische Dichtersprache § 33 mit Anm. 43 zu dieser Form, die in c. 1, 7 besonders breit angewendet ist..
[26] E. A. Schmidt, A&A 23, 1977, 111. Hervorzuheben ist vielleicht weniger die Stille, die Tivoli und seine Landschaft gibt (so Heinze 400 rechts), sondern der Stolz des Italikers, dass auch sein Land begnadet wurde.

Und nun noch mehr: Die Jugend Roms, der Hauptstadt also der Welt, gab ihm die Würde, ihn dem Chor der liebreizenden[27] Dichter einzureihen, ähnlich der Hoffnung am Ende von c. 1, 1, und dies bewirkte, dass der Neid nun schon weniger an ihm frisst (13/16)[28]. Und jetzt bricht ein heißer Dank aus den Worten des Ich hervor: "O Du, die Du allen Sang lenkst, die Du gar stummen Tieren Stimme zu geben vermagst – es ist Dein Werk, dass die Finger der Vorübergehenden auf mich deuten als den Dichter von Roms Liedern", so heißt es, und: "Alles, was ich dichte und dass ich gefalle (wenn ich denn gefalle), es ist Deins!"

Ein stolzes Danklied, doch getragen von dem Bewusstsein, aus sich selbst nichts zu sein, alles aus der Hand der Gottheit. Es ist ein leicht verständliches, weil im Grunde schlichtes Lied, und doch müssen noch zwei Bemerkungen gemacht werden; eine zum Verhältnis zu c. 4, 2 und eine zum Buchanfang überhaupt.– Es ist leicht zu erkennen, dass c. 4, 3 sich überaus oft auf c. 4, 2 bezieht. Um nur weniges zu nennen: Boxer und Pferd (*pugilis* und *equus*) in 4, 3, 4 lässt Boxer und Pferd (*pugilemve equumve*) in 4, 2, 18 anklingen; an die "Blätter" des Olivenkranzes des Triumphators in 4, 2, 36 (*fronde*) wird in 4, 3, 8 (*foliis*) erinnert; Hain und Gewässer von Tivoli spielen in 4, 2, 30f. und in 4, 3, 10f. die gleiche Rolle, usw. Das will sagen: c. 4, 3 ist vom Dichter selbst auf 4, 2 bezogen. Vom bescheidenen *si quid loquar audiendum* in 4, 2, 45 steigt der Flug des Gedankens bewusst auf zur Einordnung in die Dichterchöre (4, 3, 15); das gefallende Wort, zuversichtlicher benannt als in c. 4, 2, 45f., wird auf die Eingebung der Muse zurückgeführt; und diese Rückführung des Dichterwortes auf die Muse, die ja nicht Geringes schenkt, ebnet dann den Weg hinauf zu den Triumphliedern c. 4, 4 und 5.

---

[27] Dass *amabilis* von Horaz ein gern für die Dichtung gebrauchtes Attribut ist, zeigte Fraenkel 479, Anm. 1 gegen Ende; man kann hinzufügen, dass es mit *grata* in c. 4, 2, 29 gut zusammenpasst und diese Art des Dichtens von der schweren, ganz andere Wirkung als *amabilitas* erzeugenden Epik oder Tragödie abhebt.

[28] *Vatum* ist in v. 15 eindeutig überliefert, dennoch hat man es gern zu *vatem* geändert (u.a. F. Buecheler und Heinze), weil man davon ausging, dass Horaz als Chorodidaskalos inmitten der singenden Knaben und Mädchen zu denken sei, die ihn "als Dichter", als den Dichter des Liedes, das sie singen, gern unter sich sahen. Diese gleichsam malerische, aber vom Text nicht gestützte Auffassung hat Fraenkel 479, A. 1 endgültig widerlegt (vgl. auch Becker 181, Anm. 15). Syndikus 300, Anm. 22 möchte *suboles* (14) gern auf die gesamte römische Jugend ausdehnen, weil, "wenn ihn nur sein Festchor anerkannt hätte, es um den Ruhm des Horaz schlecht bestellt gewesen" wäre; aber dieser Chor ist gleichsam der Exponent der römischen Jugend, und das Erlebnis und die Ehrung jener Aufführung des Säkularliedes sollte man nicht ohne Not einebnen zu "Roms Jugend überhaupt", wie es auch C. Becker tat (181), allerdings in einer recht gewundenen Argumentation (man lese S. 182). Schön aber spricht Becker 184 davon, wie hier der Dichter aus der Exklusivität früherer Jahre heraus in die gern genossene Anerkennung tritt.– Zum Motiv des Neides Syndikus 300, Anm. 24, wo er richtig darauf hinweist, dass dies nicht nur Topos ist, sondern einen "realen Lebenshintergrund" hatte (epi. 2, 1, 21f. und 89).

Nun verdient auch der Anfang des vierten Odenbuches überhaupt Beachtung. Wir erinnern uns, dass es mit einem leise trauernden Liebeslied begann, einem Liede, das nicht ohne feinen Humor blieb, am Ende aber doch ein bedauerndes "Nicht mehr" sagte: Noch toben die Träume, aber in der Wirklichkeit ist die Zeit hoffenden Haschens vorüber. Dann kam der Hymnus auf Pindars Übermacht und die Bescheidung des zurück in die begeisterte Menge Tretenden, der aus ihr heraus dem großen Kaiser sein *io Triumphe* zurief und sein *o sol pulcher*, womit er spürbar machte, was er auch als Dichter sehr wohl an Würdigem hätte singen können. Wenn er es konnte, dann – so c. 4, 3 – allein durch die Begnadung der Muse. Und so sind wir vorbereitet darauf, dass in c. 4, 4 der Dichter seine Stimme nun doch zu einem Triumphlied erheben wird. Mit anderen Worten: Es scheint, als sei dieser Buchbeginn gleichsam als eine kontinuierliche Aufwärtsbewegung angelegt. Dem wird fernerhin nachzugehen sein.

Verlassen wir nun dieses schöne, weil ebenso stolze wie bescheidene[29], ja geradezu an einer Stelle freundlich naive Lied: Denn ganz naiv scheint es, wenn Horaz vom Finger der Vorübergehenden spricht, der auf ihn weist: "Da, schau – Horaz, der Dichter!" Ganz "ohne Bedenken spricht er von dem Vergnügen, dem ungebrochenen Vergnügen eines gesunden Menschen, das ihm der neu erworbene Ruhm bereitet", schreibt Fraenkel 480 und meint den Ruhm, den er nun nach der Säkularlied-Aufführung auch bei der Menge genießt; denn Ruhm, ja höchsten Ruhm, den genoss er bei den Kennern schon lange.

Carmina 4, 4 und 4, 5

Wir wollen uns, was die Lieder 4 und 5 des vierten Buches angeht, kurz fassen, denn wir gehen hier einem übergreifenden Gedanken nach, und das erlaubt es, diese großartigen Preislieder raffend darzustellen.– C. 4, 4 feiert die Bezwingung der Vindeliker und der Raeter durch die blutjungen Stiefsöhne des Herrschers, durch Nero Claudius Drusus und dessen Bruder Tiberius Claudius Nero im Jahre 15 v. Chr.; c. 4, 5 preist dann den Herrscher selbst und drückt die Sehnsucht des Volkes nach seiner Heimkehr hymnisch aus, und zwar spricht Horaz hier im Namen des Vaterlandes (5). Am Ende dieses fünften Liedes (29ff.) schildert Horaz den Frieden, welchen der Kaiser schafft, indem er nach der Frage, wer denn jetzt noch Angst vor den Feinden rund um das Reich haben muss (25ff.), den Winzer vor Augen stellt, wie er da den Tag in seinen Rebhügeln zubringt, am Abend dann, heimgekehrt, friedevoll isst und trinkt und beim Nachtisch dem Genius des Kaisers spendet (32) wie die Griechen dem Castor

---

[29] Syndikus 2, 297 spricht gut auch über den schlichten Sprachton und die Einfachheit des Aufbaus dieses Liedes.

und Herakles. Das ist ein "verkürzter Heroenkatalog" (Doblhofer 125), der es erlaubt, Augustus ebenso zu ehren wie die Griechen ihre hilfreichen Halbgötter. Dann aber geht der Dichter über zu allen Römern und Italikern und, in sie eingeschlossen, auch zu sich (*dicimus*, 38): "Lange Friedenszeit, guter Führer, mögest Du Hesperien[30] schenken", so sprechen die dankbaren Römer unentwegt.

Hier ordnet sich das Ich des Dichters erneut (vgl. 4, 2, 45) in die Menge ein und zurück, nachdem es eben noch für die gesamte *patria* gesprochen hatte. Dieses Zurücktreten und die Wir-Form bereitet auf c. 4, 6 vor, worin Horaz, wie zu Beginn der Behandlung von c. IV dargelegt, nach einem langen Gebet an Phoebus auf sich selbst (*mihi*, 29) zu sprechen kommt und auf die Säkularfeier, wo er sogar die jugendlichen Chorsänger in ganz persönlicher Weise anspricht.

In großangelegter Bewegung schwingt der Dichter sich also von der Bescheidung in c. 4, 2 über den Dank an die Muse, die ihm bedeutenden Sang schenkt, auf zum Preis der Stiefsöhne des Kaisers und dann weiter zu ihm selber, indem er zunächst in einer Gegenbewegung erneut vor dem Herrscher zurücktritt (4, 5, 38), dann aber wieder hinanstrebt, sprechend im Namen des Vaterlandes und als der Dichter, dem es vergönnt gewesen, das Jahrhundertlied (c. 4, 6) zu verfassen. Es scheint, als sei hiermit ein unübertreffbarer Gipfel erreicht.

Carmen 4, 7

"Zerstoben die Schneedecke, schon kehrt den Wiesen das Gras und den Bäumen das Haar: Es wechselt die Krume die Wandelgestalt, und abschwellende Flüsse ziehen an Ufern entlang". "Zerstieben", *diffugere*: Geschlagene Feinde zerstieben in alle Richtungen oder auch der Duft des Parfums kann *diffugere* (bei Lukrez): Ein gutes, bildkräftiges Verb für die Schneeschmelze, bei der die Schneeflecken immer rarer werden als flöhen sie irgendwohin. Das "Haar" der Bäume: Eine uralte Metapher, seit Hom. Od. 23, 195 geläufig, von Catull 4, 2 und Vergil (Aen. 2, 629) im Lateinischen heimisch gemacht. Nach diesen Einzelheiten (Schnee, Laub) nun ein Abstraktes: *Mutat terra vices* ist so gebildet, dass dem Verb ein Objekt gegeben wird, das eigentlich das Resultat des Vorganges ist wie in unserem "Mehl mahlen" (so Heinze zu c. 1, 33, 16) oder "ein Tor schießen" statt "den Ball ins Tor schießen"; daher die gewundene Wiedergabe durch die "Wandelgestalt". Wichtiger ist, wie sich zeigen wird, dass hier inmitten der besonderen Vorgänge ein Allgemeines gleichsam zusammenfassend auftaucht. Und am Ende *praetereunt*, ein Verb, das den Fluss der Jahres-

---

[30] So nannte Ennius (ann. 20 Skutsch) einst Italien; mit einem Ennius-Zitat hatte Horaz sein Gedicht begonnen (*custos gentis* in v. 2 erinnert an *patriae custos* in ann. 107 Skutsch): Der Kreis ist geschlossen.

Phasen aufzunehmen scheint. Man beachte, dass nirgends ein freundlich malendes Attribut zum Verweilen einlädt[31].

"Grazie mit den Nymphen und beiden Schwestern[32] wagt, ist sie doch nackt, draußen den Chortanz. Ewiges erhoffe nicht, mahnt das Jahr und[33] die Stunde, die den fruchtbaren Tag dahinrafft". Im Frühjahr, wenn es wieder warm wird, tanzen Grazien und Nymphen, davon hatte Horaz in c. 1, 4, 6 (wo auch Venus selbst mittat) gedichtet; hier sondert er die eine Grazie von den Schwestern wie in c. 3, 19, 16, vielleicht auch, weil das kretische *Gratiae* nicht in einen daktylischen Vers passte. Gleichsam auf der Haut spürbar ist es, wenn Horaz sie den Tanz wagen lässt, denn nackt sind sie immer, also auf die Wärme menschengleich angewiesen (darum ist *nuda* nicht malendes Beiwort, sondern prägnant). Das einzige malende Beiwort ist das des Tages oder der Tageshelle: *almus*, "fruchtbar" oder "fruchtbringend". Grausam hart ist das Verb *rapit*. Was aber bezweckt das "Ewiges erhoffe nicht"? Die Gottheiten kommen Frühjahr für Frühjahr zurück, Jahr für Jahr wandelt sich die Erde in nie unterbrochenem Wechselgang, der Mensch aber, der sterbliche, er darf solch Unsterblich-Ewiges für sich nicht erhoffen, und das harsche Wort *rapit* lässt spüren, was den Menschen erwartet. Übrigens steht diese allgemeine Mahnung an genau der Stelle, an der in der Strophe zuvor das generelle *mutat terra vices* gestanden hatte: So sorgsam baut der Dichter.

Nun noch einmal: Kälte mildert sich unter der Einwirkung lauen Windes, der Sommer aber "zertritt" den schönen Frühling, als wär's ein böser Feind[34], selber nur zu bald dem Untergang geweiht, sobald nämlich der Herbst seine Äpfel[35] ausgeschüttet hat, und dann eilt auch schon der starre Winter (*bruma iners*) herbei. Diese bedauernde Schilderung des Jahresablaufs, endend mit dem kaltstarrenden Winter, nimmt entfaltend *annus* aus v. 7 auf. Jetzt aber folgt Schwieriges (v. 13ff.):

damna tamen celeres reparant caelestia lunae,
nos ubi decidimus ... pulvis et umbra sumus,

---

[31] Hierauf machte Becker 148, 157 aufmerksam, Syndikus 338f. sekundierte.

[32] Für gewöhnlich werden die drei Grazien zusammen dargestellt, z.B. bei A. Stewart, Greek Sculpture II, New Haven und London 1990, Abb. 809 (als Verdreifachung einer praxitelischen Aphrodite verstanden in Bd. I, 224 rechts); sonst F. Marx, Der Dichter Lucretius, NJb 3, 1899, 544.

[33] Wahrscheinlich bedeutet das *et* in v. 7 (*annus et hora*) soviel wie "der Jahresablauf und sogar jede einzelne Stunde": Der Jahresablauf lässt die vier Jahreszeiten wechseln, aber wir werden nicht nur diese vier Male im Jahr an unsere Sterblichkeit erinnert; nein, täglich mahnt der Abend, der das Licht raubt, an die Vergänglichkeit.

[34] *Proterere* vom Feind: Caes. b. c. 2, 41, 5 ("niederreiten", Meusel) und bell. Afr. 83, 2 fin.; *contero* ist seit langem so gebraucht, vgl. des Verf. Kommentar zu Plaut. Poen. 537: Der Ausdruck ist nicht schwächer als *rapit* in v. 7.

[35] *Pomifer* in 11 ist das einzige Adjektiv auf *-fer* bei Horaz (Heinze zu c. 3, 23, 8); zu solchen Bildungen, die Vergil sehr schätzte, vgl. Lateinische Dichtersprache 83 unten; 88 unten; Hirschberg zu Sen. Phoen. 83.

was sind *damna caelestia*? In einem Artikel des Museum Helveticum (22, 1965, 67) sprach sich Ed. Fraenkel dezidiert für "Schäden des Mondes selbst" aus, Schäden also des phasenweisen Kleinerwerdens, welche der Mond selber wieder gutmacht, indem er nach Neumond von Tag zu Tag wieder zunimmt. Kiessling hatte *damna* als "den Tod der Natur durch die Wiederkehr der *bruma*" erklärt; Heinze hatte das zunächst lange geglaubt, zuletzt aber doch abgelehnt, "da ja der Jahreszeiten irdische Erscheinung soeben geschildert war", und Fraenkel stimmte ihm zu. C. Becker 150 glaubte nun wieder A. Kiessling: Wer hat Recht?

Man sollte vom *tamen* in 13 ausgehen: Eben war von den Jahreszeiten die Rede, in deren Ablauf immer das Schöne vernichtet und "zertrampelt" wird; nun das scharfe "Aber", doch was ist der Gegensatz zu *nos*, zum sterblichen Menschen? Offenbar ein Unsterbliches (wie in *immortalia*, 7). Unsterblich aber ist der Lauf der Jahreszeiten. Sind diese aber "himmlisch", *caelestia*? Sie sind es in unseren Zeilen nicht dadurch, dass die Jahreszeiten von der Sonne bewirkt werden, denn von der Sonne ist hier keine Rede. Wohl aber ist Kälte (9 und 12) und Hitze (*aestas*) eine "Erscheinung" (wie Heinze es nannte) der "Meteora", der Atmosphäre. Wenn wir *caelestia* auffassen als "in der Atmosphäre geschehend" und damit zugleich als "über alles Menschliche, d.h. über allen menschlichen Zugriff erhoben", dann könnte man freilich sagen, dass solche "Schäden" und Vernichtungen durch die rasch laufenden Monde geheilt werden. Aber warum der Plural "Monde"? Fraenkel 68: "Bekanntlich bezeichnen die Römer die Monde in den Nächten nach dem Neumond als *prima*, *secunda*, *tertia* usw. *luna*" (vgl. OLD *luna* 2 b). Dann würden die Jahreszeiten (sie kommen uns zuweilen als Schäden und als Vernichtungen vor) durch die rasch dahineilenden Phasen des Mondes, dessen Sichel nach dem Neumond grösser, nach dem Vollmond wieder schmaler wird, "repariert" (hierzu Bömer zu Ov. met. 1, 11)? Warum sollen da die *lunae* nicht die Monate[36] sein?

Am natürlichsten scheint es, Horaz so zu verstehen: Die Jahreszeiten wechseln nicht nur, der klimatische Wechsel (hervorgerufen durch die atmosphärischen Bedingungen: *caelestia*) vernichtet auch die schönsten; solche Vernichtungen über uns heilen die Monde rasch, wir aber, wenn wir gegangen, wohin auch die Besten gehen mussten, sind nichts als Staub nur und Schatten. Damit wäre ausführlicher und eindringlicher wiederholt, was in Str. 1 und 2 einmal durch die Schilderung der Erde und zum zweiten durch das erneute Wagen der Grazien e contrario angedeutet war, nämlich *immortalia ne speres*. Das wird jetzt (14/6) verschärft zu dem sophokleischen[37] Doppel-Ausdruck "Niederfallen zu Staub und Schatten"[38].

---

[36] *Lunae* im Plural bedeuten die Monate bei Horaz selbst in c. 2, 18, 16, wie Fraenkel selber schreibt (S. 68: "doch wohl die Monate").

[37] Elektra 1158, bemerkt spätestens von Orelli-Baiter, s. Syndikus 342, Anm. 19.

[38] Die Echtheit der v. 17/20, einhellig überliefert, ist zuweilen angezweifelt (nicht Klingner, Borszák, Shackleton Bailey und Syndikus 342f.), als Interpolament sind sie von C. Becker 151/6 erwiesen worden, nicht zuletzt aufgrund sprachlicher Kriterien (151, Anm. 15). Man beachte auch, dass *amico animo* (19f.) keineswegs ein *animus* ist, den man sich zum

"Wenn Du erst einmal niedergefallen und wenn der Unterweltsrichter Minos über Dich seinen Spruch gefällt hat, dann – mag der Spruch auch noch so ehrenvoll lauten – wird nicht Deine (großartige, Heinze zu epi. 1, 5; S. 48) Abkunft, Torquatus, noch Deine (hochberühmte, Heinze zu epi. 1, 5, 9) Beredsamkeit noch Deine (zeitlebens bewiesene) Frömmigkeit Dich in den vorigen Zustand zurückversetzen, denn nicht einmal Diana konnte ihren Hippolytos befreien und nicht Theseus seinen Freund Peirithoos"[39].

Wir sahen, dass Horaz im 4. Odenbuch auf die frühere Odensammlung zurückweist, man denke nur an das Zitat in c. 4, 1, 19 aus c. 1, 19, 1 (*Mater saeva cupidinum*) und an 4, 3, 15, wo aufs Ende von c. 1, 1 zurückgedeutet wird. Da nimmt es nicht wunder, dass Horaz mit c. 4, 7 ein ganzes Gedicht aus der ersten Sammlung neu schreibt, allerdings "um etwas Grundverschiedenes zu schaffen" (Syndikus 2, 338). In c. 1, 4 brach der Gedanke an den Tod ganz und gar unerwartet in die heiterste Frühlingsstimmung ein, so könnte man nach Syndikus 343 sagen; in c. 4, 7 dagegen klagt das Ich wie Catull in seinem fünften Lied (Syndikus a. O. Anm. 16) über den unablässigen Wandel in der Natur im Gegensatz zur Einmaligkeit des Menschenlebens, das unwiederbringlich vergeht. Uns scheint nun aber, als wäre damit noch nicht alles gesagt. Gewiss mag der alternde Horaz aus einer "zunehmenden Lebensverdüsterung" (Syndikus 344) das alte *Carpe Diem* aus c. 1, 4 nicht mehr gefallen haben; aber es mag der alte Meister wie Hofmannsthals Tizian gesagt haben, er müsse sie besser machen, "Die alten, die erbärmlichen, die bleichen mit seinem neuen, das er malt vergleichen, sehr schwere Dinge seien ihm jetzt klar": Besser machen, indem er das Kennzeichen seines Jugendstils, den harten Bruch, vermeidet, die Übergänge sanft gestaltet; aber das ist noch nicht alles, was zu diesem Lied zu sagen wäre.

Welches ist der Gedanke, dem der Dichter nachgeht? Beginnen wir einmal vom Ende her. Wenn du erst einmal niedergesunken bist, und Minos sein Urteil gesprochen hat, so hörten wir, kannst du nicht mehr in den früheren Status zurückversetzt werden (*restituere* ist, dem Adressaten, einem berühmten Anwalt, gemäß, ein Rechtsterminus, s. Heinze). Und zwar weder auf Grund hoher Abstammung (das ist ganz äußerlich) noch hinsichtlich der Beredsamkeit, bzw. der anwaltlichen Erfolge und Einsatzfreudigkeit (dies geht schon eher nach innen) noch auch als Belohnung deiner *pietas*, was ja nicht allein die *pietas erga deos* ist, sondern auch die *erga amicos aut parentes* (was nunmehr eine rein ethische Qualität darstellt). Denn – das Gedicht nimmt den Beweis aus der mythischen Religion und der Sage – Diana befreit nicht den Hippolytos, der ihretwegen

---

Freunde macht, indem man ihm Gutes zukommen lässt (so in epi. 1, 18, 101), sondern etwas füllig den "eigenen" bezeichnet (Thes. L. L. 1, 1906, 42; Becker a. O. Anm. 15 Ende) und nicht etwa "heiterer Homerismus" ist (so Syndikus 343, Anm. 25); auch im Griechischen bezeichnet "phílos" nur das Eigene, L.-Sc.- J. s. v. I 2 c. Man wird gern dieser Verse entraten, auch U. Knoche tilgte sie in seinem Handexemplar.

[39] Vgl. Shackleton Bailey, Profile 98, Anm. 17 zur "pessimistischen" Auffassung der entsprechenden Mythen, die nicht die ausschließliche war.

keusch geblieben und somit von größter *pietas* war, und der Heros-König Theseus vermag seinen Freund Peirithoos nicht von der Fessel des Todes[40] zu lösen; also auch hier versagt die *pietas*. Das ist ganz trocken hergesagt, aber was Horaz meint, geht seltsam tief: Einerseits deuten die Praesentia in 26f. auf die Vorstellung des Ich, diese Gestalten lebten noch immer und für immer in der Unterwelt unerlöst; andererseits legen seine Worte ein zweifelndes, vielleicht gar verzweifelndes Nachsinnen über den Wert solcher *virtutes* wie *pietas* und *pudicitia*, kurz: über den Wert eines rechtschaffen und liebevoll geführten Lebens angesichts des Todes nahe. Ob Horaz über die Vergeblichkeit eines so geführten Lebens getrauert, ob er an die Zeit des Vergehens in der Weise gedacht hat, dass dann die Erinnerung an ein innerlich reiches Leben hilft, das alles wissen wir nicht.

Blicken wir jetzt weiter zurück: Das Erscheinungsbild des Frühlings (Str. 1) und die entzückende Vorstellung der wagemutigen Gottheiten brach ab, und hervor trat der Gedanke, den ein alternder Mensch sehr wohl im Frühling haben mag, dass nämlich draußen und droben alles sich erneuert, der Mensch aber unentrinnbar fort muss. Dies wiederholt sich in der mit Untergangs- und Vernichtungsgedanken durchsetzten Schilderung der Jahreszeiten: Um und über uns heilt sich alles rasch, wir aber, wenn wir erst dorthin gegangen, wohin sogar Aeneas (trotz solch innerem Hochwert wie die *pietas* einer ist) und der reiche Tullus (selbstverständlich wehrt so Äußerliches nicht den Tod ab) gehen mussten, sind wir "Staub nur und Schatten", wie Horaz mit Sophokles sagt. Diese Abfolge (*pietas* und *divitiae*) kehren dann die v 23f. um, indem sie vom Äußerlichen zur *pietas* und *pudicitia* fortschreiten. Auch dieses "Sind wir Staub nur und Schatten" legt den Gedanken nahe, dass hier die Vorstellung zugrunde liegt, dass der Mensch nach dem Tode weiterlebt, aber nur als Schatten. Auch hier legt sich die Überlegung nahe, welchen Wert denn *pietas* haben könnte angesichts der Unentrinnbarkeit des Hades. Die letzten beiden Strophen werden dann diese hier nur anklingenden Gedanken auf den Adressaten Torquatus übertragen.– Auf die Komposition gesehen, kann man sagen, dass zweimal ein Motiv, das am Ende einer Doppelstrophe anklingt, gleich darauf ausgeführt wird: *immortalia* in v. 7 wird in 9/14 ausgeführt; der Gedanke an den *pius Aeneas* wird in 23ff. ausgefaltet.

In diesen eng geknüpften Kontext und in dieses ebenso leise trauernde wie verhalten fragende Sinnen soll nun die Platitüde der v. 17/20 laut und hämisch hineinplatzen? Abgesehen von den vielen sprachlichen Schwierigkeiten oder sagen wir: unhorazischen Wortgebräuchen, abgesehen auch von der Geschwätzigkeit und Hohlheit in *hodierna summa* und *crastina tempora*, dazu in *amicus animus*, soll in das nachdenkliche Vorstellen von Wert hienieden und Trostlosigkeit drüben die Schmähung des gierenden Erben und das schadenfrohe Lachen dessen hineintrampeln, der da sein "Selberessen macht lustig" ruft? Ed.

---

[40] Fraenkel 420 verwies hierzu auf c. 3, 4, 79f., Becker behandelt S. 157 den Gedanken an den Tod als Fessel.

Fraenkel schrieb (493) über diese Nebenbemerkung, dass sie in diesem Kontext reichlich konventionell klinge und man nicht glauben könne, dass sich in ihr des Dichters Herz ausspräche: Das kommt einer Athetese gleich, und wir wollen es ihm gerne glauben. Die Strophe halten allerdings für echt z.B. Wickham, Borzsák, Shackleton Bailey, Putnam; doch der, Preis den sie zahlen müssen, scheint zu hoch, und gegen Beckers solide Argumentation (S. 151f.) lässt sich kaum etwas einwenden. Lassen wir es bei diesen Bemerkungen über dieses Gedicht, das wohl die einzige Horazode ist, die bei aller Verhaltenheit des Nachgrübelns wirklich erschüttert.

Nach dem Aufstieg von der Bescheidung in c. 4, 2 hinan zu den Siegeshymnen und zu der stolzen Erinnerung, kürzlich noch der Dichter der Römer gewesen zu sein, d.h. der Dichter des Jahrhundertliedes, nach solchem Aufschwung zur Unsterblichkeit des Geistes nun der Niederbruch zur Klage über die Sterblichkeit des Fleisches. Diese Bewegung wird sich im weiteren Verlauf des Buchs wiederholen und damit zeigen, dass hier ein übergreifender Ordnungswille waltet, der nun nicht mehr Themen verbindet und trennt, Zusammengehörigkeiten variiert, sondern in sich eine Aussage enthält: Die Aussage des Bewusstseins dieses großen alternden Mannes, hoch emporgehoben worden zu sein und nunmehr doch in der Nähe des Absturzes zu stehen.

Carmen 4, 8

"Eine Verherrlichung der Poesie als Ruhmeskünderin, die dem Besungenen Unsterblichkeit, ja selbst Göttlichkeit zu verleihen vermag", so schrieb R. Heinze 428. Ein "scherzendes Gelegenheitsgedicht" nannte es H. P. Syndikus 354: Wer hat Recht?

"Ich würde ja gern meinen Freunden (*meis sodalibus*, 2) herrliche Geschenke machen, Werke des Parrhasius oder Skopas", so beginnt das Gedicht, den jungen Gaius Censorinus ansprechend, der im Jahre 8. v. Chr. Konsul werden sollte, und zwar beginnt es mit scherzender Übertreibung; denn dergleichen Kunstwerke besitzt der Dichter nicht, schon gar nicht in einer so großer Menge (*vis*, 9), dass sie es ihm erlaubte, derlei Geschenke zu überreichen. Doch Censorinus schätzt Gedichte, also schenkt der Dichter ein Gedicht und gibt mit einem kleinen Scherz auch sogleich den Wert einer solchen Gabe an (12).

Der Wert eines Gedichtes, das – so interpolieren wir – preist, ist groß, denn mag auch eine Steininschrift Geist und Leben eines Großen vor dem Vergessen retten (13/15 a[41]), heller strahlend künden den Ruhm die "kalabrischen Musen"[42],

---

[41] Die v. 15 b bis 19 a wurden von C. Lachmann getilgt, dem Shackleton Bailey und Syndikus 2, 346 und viele andere folgten. V. 17 ist metrisch fehlerhaft, weil zäsurlos, und

423

und, so wendet Horaz sich wieder Censorin zu, "Du würdest Deiner Taten Ruhm nicht ernten, wenn meine Blätter sie verschwiegen". Denn wer wäre wohl Romulus, wenn man von ihm schwiege? Vergessen wäre er, so können wir antworten. Es war sein eigener Wert, dazu die Ehre, die man ihm erwies, und die "Zunge mächtiger Künder" (*lingua potentium vatum*, 26f.)[43], was Aiakos[44] zum glückseligen Bewohner der Inseln der Seligen machte.

„Auf diese Weise", also durch eigene Leistung (*virtus*, 26), den Ruhm der Menge (*favor*, ebd.) und die Seligpreisung wortgewaltiger Dichter, ist Herakles am Tische des Zeus (man denkt an den Anfang von Pindars zehnter Nemee), retten die Dioskuren, dies hellstrahlende Gestirn[45], in Seenot Geratene und führt Bacchus Gelübde einem guten Ende zu. Das sind rätselvolle Worte. Dass Herkules „so" (*sic*, v. 29) durch eigene *virtus*, den rühmenden Dank der ganzen Menschheit und den Preis der Dichter in den Himmel kam, dass also ein allseits gepriesener Wohltäter der Menschheit seine Glorie und die Ausschmückung seines Endes und ewigen Lebens den Dichtern verdankt, das kann man glauben: Aber wieso retten die Dioskuren "auf diese Weise", also durch *virtus*, *favor* und Dichterwort Schiffbrüchige? Dass sie durch ihre *virtus*, sagen wir: durch ihre hilfsbereite Freundlichkeit retten, das kann man verstehen; aber auch durch Ruhm und Dichtung? Man muss viel interpolieren, um zu einem guten Sinn zu kommen, etwa dies: Die Schiffbrüchigen sehen im Gewittersturm das Elmsfeuer und wissen aus Erfahrung, dass nun das Gewitter bald aufhören wird. Diese natürliche Lichterscheinung sehen sie, die Dichter aber geben ihrem Ursprung einen Namen: Es wirken dies die Dioskuren, so heißt es ja bei Homer (d.h. im

---

"Stein (mit Inschrift)" und "Flucht" passen nicht zusammen; man kann nur schwer glauben, dass "Der Stein bewahrt das Gedenken" und "Rasche Flucht Hannibals bewahrt das Gedenken an Scipio Africanus" ohne weiteres, d.h. ohne die Interpolation "Rasche Flucht Hannibals (wenn aufgezeichnet im Schriftwerk)" zusammengehen könnten. Zudem war es nicht der ältere Scipio (der hier gemeint ist, wenn es heißt, er habe die Bedrohung Roms mit der Karthagos vergolten), der Karthago niederbrennen ließ: Einen solchen Schnitzer wird man Horaz kaum zutrauen. Ausführlich hierzu Syndikus 346f. und K. E. Bohnenkamp, Die horazische Strophe, Spudasmata 30, 1972, 301ff., der um Erhaltung des Überlieferten bemüht ist.

[42] Wer ist gemeint? Ennius (so Wickham und Heinze z.B.) oder Horaz (so Syndikus 353)? Wenn man mit Heinze an c. 4, 6, 27 (*Daunia Camena* für das Dichten des Horaz) denkt, läge das zweite näher.

[43] Diese drei Begriffe geben recht genau den "römischen Ruhmesgedanken" der ciceronischen Zeit wieder, wenn man unter der *gloria bonorum* auch die *gloria* versteht, welche der Dichter verleiht und aufbewahrt; vgl. U. Knoche, Der römische Ruhmesgedanke" (1934), Gymnasium Beiheft 2, 1962, 25.

[44] Plato war wohl der erste, der (Gorg. 524 a 1f.) Aiakos aus Aegina zum Unterweltsrichter machte, der auf den "Wiesen der Seligen" hauste und richtete (s. den Kommentar von E. R. Dodds S. 375). Aber vielleicht hat Heinze Recht, wenn er sein Richteramt hier als unwesentlich bezeichnet und den Ruhm des Aiakos eher auf Pindars vielfältiges Preisen zurückführt (z.B. Nem. 7, 80ff.), also auf das, was Horaz für sich selbst in c. 4, 2, 22 in Anspruch genommen hatte.

[45] Zu der seltsamen Wortstellung s. Lateinische Dichtersprache 40, Abs. 3, Anfang.

Homerischen Hymnus 33, 10f.) und Alkaios (frg. 34, 6ff. LP). Vielleicht ist dies auch der Schlüssel zu Horazens v. 34: "Auf diese Weise" führt *Liber*-Bacchus (v. 46) Gelübde zu gutem Ausgang; will sagen, Menschen beten zu den Göttern, aber wer dann geholfen, das erklärt das preisende Dichterwort, wenn es von Bacchus spricht, dem Helfer[46]; oder sollen wir sagen: Die Menschen beten zu Liber als möglichem Helfergott (CIL I, 2, 2440; Diehl, Altlateinische Inschriften Nr. 145), alles "Drum und Dran" aber liefern die Dichter, die somit zu Ausformern von Religion werden[47]?

Was will also c. 4, 8 sagen? Der pindarische (vgl. Py. 1, 92/4) Gedanke, dass lyrische Dichtung menschlichen Leistungen Unsterblichkeit verleihen kann, „fehlt in den ersten drei Odenbüchern vollständig", stellt Ed. Fraenkel 495 (wir zitieren mit leichter Verbesserung der Übersetzung) fest. Dieser neue Gedanke und der Mut, ihn zu äußern, komme, so Fraenkel, aus dem Erlebnis, dass die Säkularlieddichtung Horaz zum Dichter der Römer gemacht hatte. Der Gedanke aber, dass es die Dichtung ist, welche Naturerscheinungen einen Namen gibt und dazu auch noch übernatürlichen Hilfen[48], der ist so unerhört und dazu so wenig scherzhaft formuliert, dass wir ihn als überaus mutige und selbstbewusste Weiterbildung jenes ersten Gedankens, dass auch lyrische Dichtung unsterblich machen kann, zu betrachten wagen[49]. Wir hegen aber doch auch ein Bedenken: Konnte Horaz wirklich ernsthaft meinen, allein die Dichtung lasse große Männer und ihre Taten nicht in der Vergessenheit verschwinden, wo es doch die Historiographie gab, die sein Pindar in Py. 1, 94 sehr wohl zu würdigen wusste? Oder Herodot, spricht er nicht auch vom Ruhm? "Herodot, ein Bürger von

---

[46] Verf., Dionysos von Homer bis heute 136 mit Anm. 16; 138, Anm. 25.
[47] Zu sagen, Horaz liefere ein Beispiel solcher Ausmalung gleich mit, indem er in v. 33 ein Bild des geschmückten Gottes gibt, ist unerlaubt, da das Zitat dieses Verses aus c. 3, 25, 20 zwar (wegen c. 4, 1, 5, Zitat aus c. 1, 19, 1) nicht undenkbar ist, die Übertragung vom Dichter auf seinen Gott aber alles andere als glaubwürdig, weil albern. Der Vers ist spielende Interpolation. Ob dieser unechte Vers eine ursprüngliche Kennzeichnung des Gottes, der hier ohne jede Beifügung dasteht (dies rügten Orelli und Wickham z.B., s. Syndikus 349, Anm. 19), also einen echten Vers einst verdrängt hat?
[48] Seltsam ist auch, dass bei Herakles noch ausdrücklich erwähnt wird, dass er dank den Dichtern im Himmel zu denken sei; "bei den Dioskuren ist es in die Apposition *clarum sidus* gepresst", schreibt C. Becker 188 richtig; aber im Falle des Bacchus ist der Gedanke an einen himmlischen Aufenthalt oder überhaupt ein Leben irgendwo ganz fallen gelassen, von *caelo Musa beat* ist keine Rede mehr – warum? Vgl. das Ende der vorigen Anmerkung.
[49] Wenn Syndikus 355 oben gleich zweimal sagt, "die Dichter allein hätten Aiakos, Herakles, die Dioskuren und Dionysos auf die Inseln der Seligen versetzt", so setzt er sich über Heinzes Warnung vor der "ketzerischen Ansicht, dass die Genannten ihre 'Göttlichkeit' lediglich einer Laune der Dichter verdankten", hinweg, und zudem trifft was er sagt, auch nicht ganz zu, denn er übersieht die *virtus* und den *favor*. Syndikus spricht mehrfach von "scherzendem Übermut" u. dgl., dann aber auch davon, dass die letzten Verse des Gedichts "in dem rauschenden Klang dreier paralleler mythischer Beispiele die unglaubliche Wirkung dichterischen Rühmens" feierten, rechnet also doch mit "mehreren Ebenen", einem "wahren Kern" (356), was einen zwiespältigen Eindruck hinterlässt.

Halikarnassos, hat diese Historien aufgezeichnet, damit bei der Nachwelt nicht in Vergessenheit gerate, was unter Menschen einst geschehen ist; auch soll das Andenken an große und wunderbare Taten nicht erlöschen" (Herodot, 1, 1); aber immerhin ist da der Unterschied, dass die Geschichtsschreibung nur aufzeichnet, die Dichtung aber preist.

Ein Gedicht voller Rätsel; ob die Lektüre von c. 4, 9 weiterhilft?

Carmen 4, 9

Dieses Gedicht an M. Lollius, den Konsul des Jahres 21, einen engen Vertrauten des Herrschers[50], der es auch blieb trotz einer geringfügigen militärischen Schlappe in Gallien (Syme 429; Lyne 205)[51], zeigt mancherlei wörtliche Beziehungen zu c. 4, 8[52], und auch thematisch sind die beiden Lieder verwandt, wenn nicht gar ein Paar.

C. 4, 9 beginnt mit der Mahnung an ein noch unbezeichnetes Du, die noch nie vorher so vernommenen lyrischen Gedichte des "am Aufidus Geborenen" für ewig zu halten, denn, auch wenn Homer immer den ersten, den Ehrenplatz in der Schar der Dichter behalten wird, so bleiben doch auch Pindar, Simonides, die politischen Lieder des Alkaios oder die ernsten Musen des Stesichoros, ja auch die Spiele des Anakreon ebenso erhalten, wie die glühenden Liebeslieder des "äolischen Mädchens", also Sapphos[53]. Mit einem Sprung, der aber durch die Fortsetzung der Negationsreihe (v. 5, 9, 13, 18ff.) über den Einschnitt hinweg überbrückt wird, kommt Horaz jetzt (v. 13ff.) zu dem Komplementärgedanken: Die trojanische Geschichte kann nicht einmalig gewesen sein; gewiss, allein die homerische hat überdauert, aber derartiger Geschehnisse, die gewiss auch eines Heldensanges wert gewesen (21), hat es sicherlich viele gegeben, nur – sie fanden keinen Homer, der sie verewigte, keinen "heiligen Dichter" (*vate sacro*, 28).

---

[50] Über seine Karriere Syme, Roman Revolution 398; Lyne 204.
[51] Heinze 435 unten hatte daran gedacht, das Lied des Horaz sei der Versuch, Lollius nach seiner Niederlage gegen die Sugambrer im Jahre 17 zu rehabilitieren; Fraenkel 498 blieb skeptisch und Becker 135, Anm. 20 hat sich ausführlich dagegen ausgesprochen, ebenso Syndikus 358. Darüber wird noch zu sprechen sein.
[52] Sie hat gesammelt D. H. Porter, AJPh 107, 1986, 418ff. Er wollte durch den Aufweis solcher Beziehungen, die er auch in den für unecht gehaltenen Partien von 4, 8 entdeckt, den Gedanken nahe legen, dass diese Partien doch möglicherweise echt seien; der Leser möge sich ein Urteil bilden über "Beziehungen" wie die von *ornatus* 4, 8, 33 zu 4, 9, 31 *inornatum*.
[53] Dass der Dichter durch sein Werk selber unsterblich werde, hatte gerade Sappho gesagt: frg. 193 LP (Syndikus 359, Anm. 12 führt weitere Belege an).

Nun das Fazit: Leistungen, die ins Verborgene fallen, sind fast gleich der Unfähigkeit[54], die Leistungen nicht hervorzubringen vermag:

paulum sepultae distat inertiae
celata virtus (29f.).

Darum will Horaz auf seinen "Blättern" (*chartis*, 31[55]) den Lollius nicht "ungeschmückt" mit Schweigen übergehen, wird, wie Pindar (Pollmann 167 mit Belegen), nicht zulassen, dass "hehlendes Verhüllen"[56] seine so zahlreichen Mühen (*labores*) ungehindert (so Pollmann 174) "zerpflücke" und unterdrücke. Halten wir fest: Horaz spricht von *virtus*, von Schmuck, den Lollius offenbar verdient, von dessen Mühen und seinem eigenen, des Dichters, Willen, diese nicht ins Vergessen sinken zu lassen; und erst hier in v. 33 wird durch die jetzt erst fallende Anrede deutlich, wer der Adressat des *Carmen* ist: Offenbar sollte besonders starker Nachdruck auf eben diese Stelle fallen – warum?

Nun, der jetzt folgende Tugendkatalog ist es auch wert, als der Hauptteil des Gedichtes betrachtet zu werden, so wie in c. 4, 2 der, wenn man an das politische Umfeld denkt, wichtigste Gedanke auch erst in v. 33ff. begann. "Ein Geist ist Dein", so beginnt dieser vorletzte Gedichtteil, "der die Welt kennt und in Glück und Unglück stets aufrecht bleibt, Strafer gierigen Trugs und selber fern von der alles zu sich herabziehenden Geldgier[57]; Konsul nicht nur des einen Jahres (21 v. Chr.), sondern (einem guten Konsul immer dann gleichwertig), wenn er als guter und getreuer Richter (über die Werte) das Ehrenvolle dem Nützlichen vorzieht[58], (Bestechungs-) Geschenke von Menschen, die ihm dadurch nur schaden können, mit stolzer Miene zurückweist und seine Truppen durch die Scharen der Feinde als Sieger hindurchführt".

Horaz lässt Lollius als Person zurücktreten vor dem *animus*; der ist zwar "sein", aber der Preis des rechten Geistes tritt stark in den Vordergrund, so als käme es auf das Preisen des vollendeten, idealen *animus* mehr an als auf das

---

[54] Zu dieser Wortbedeutung von *inertia* K. Pollmann, WJA 22, 1998, 167, Anm. 35.
[55] Es ist darauf hinzuweisen, dass *chartae* ein bescheidener Ausdruck sind (Becker 142, Syndikus 354, Anm. 47 und 365, Anm. 41).
[56] So könnte man das Klangspiel *liv-idas ob-liv-iones* in 33 nachahmen (Heinze 440 links führt weitere Beispiele an).
[57] Die Kommentare lassen *ducentis ad se cuncta pecuniae* recht dunkel; gewiss erklären sie den Genetivus Separativus gut (KS 2,1; 451), aber warum "führt Geld alles zu sich"? Gemeint ist wahrscheinlich der Mensch, der, wenn von Geldgier besessen, alles, was gierlose Menschen für Gutes und Schönes ansehen, nur nach dem Geldwert taxiert und so in den Schmutz ziehend allein nach seinem Maß beurteilt und somit "auf sich bezieht".
[58] Zum *animus* als "Konsul" ist viel und viel Kontroverses geschrieben worden, s. Becker 142, Anm. 27 und 143, Anm. 28, zuletzt Pollmann 171, Anm. 51. Schon R. Bentley hatte gezeigt, dass die Möglichkeit, den Mann von seinem *animus* zu trennen, echt römisch war. Hier bedient Horaz sich dieser sprachlichen Möglichkeit, um das Idealbild des *animus* vom konkreten Träger (wie nahe er dem Idealbild immer gekommen sein mag) abzusetzen.

Individuum, den aktuellen Träger solchen Geistes (so Becker 142). Die Beschreibung des rechten Gemütes ist, so könnte man vorläufig sagen, ein "Idealbild" (Syndikus 366; Pollmann 173). Seltsamerweise vergessen die Kommentatoren die Parallele aus epi. 1, 4: Dort mahnt Horaz den Albius, all' die Schätze, die er innerlich wie äußerlich besitzt, doch in rechter Weise auch zu brauchen, und zeigt ihm, welch hohe Qualitäten er besitzt, mit dem berühmten *non tu corpus eras sine pectore* (6); so auch hier: "Du hast einen *animus*, der sehr wohl in der Lage ist, diesen oder jenen Wert zu verwirklichen", und ganz offenbar legen auch die Strophen 8 und 9 (v. 29/34) nahe, dass Lollius hohe Verdienste besitzt. Wie nahe sie an das Ideal heranreichen, lässt der mahnende Dichter offen (Pollmann 171/3). Denn eine Mahnung scheint dieses Idealbild eines römischen, ja philosophischen Geistes in der Tat zu sein[59].

Im letzten Teil des Liedes führt Horaz nun all' die genannten Eigenschaften (die Qualitäten eines guten *vindex*[60], *consul*, *iudex* und *victor*, auch in einem aufs Innere übertragenen Sinne) auf eine Grundqualität zurück, nämlich auf die Einstellung zu den Werten: Glücklich sei nicht der, welcher viel besitzt, sondern eher der, welcher das, was die Götter ihm schenken, weise nutzt, auch harte Armut zu tragen weiß und Schande für schlimmer ansieht als den Tod, immer bereit, für Freunde und Vaterland tapfer zu sterben, also *pius* zu sein. Auf sich selbst gesehen, Gleichmut aus Weisheit, Aufrichtigkeit bis in den Tod; nach außen, zu den Mitmenschen geschaut, immerwährende Treue: Das ist der *animus* der Römeroden[61], souverän, integer und treu.

Was sagt nun dieses hochgestimmte Lied 4, 9? Gehen wir geduldig noch einmal durch dieses Lied und betrachten die Hauptmotive: Zu Beginn stellt sich Horaz als lyrischen Dichter römischer Zunge neben die Großen der Griechen, deren Werke unsterblich sind, sogar die Liebesdichtung eines Anakreon und einer Sappho seien es (vom Motiv der Liebe geht der Gedanke leicht über zur Liebe der Helena). Unsterblich ist aber nicht nur das Lied, sondern auch der Mensch, der in ihm gepriesen wird, sei er groß wie Hektor oder nur ein "kleiner Kämpfer" wie Teuker (denn um das Preisen dreht sich alles, nicht um das Aufzeichnen des Historikers). Dies die Legitimation für das Folgende: Da die Dichtung des Horaz unsterblich ist und mit ihr das in ihr Gepriesene, kann der Dichter sagen, dass er auch des Lollius "Mühen" vor dem Vergessen werde retten können. Man muss es wohl weitgehend offen lassen, ob der folgende Tugendpreis wirklich "mahnend" (admonitory, Sage 568) gedacht ist, ob der Mann, der schmählich geschlagen wurde, reingewaschen werden sollte[62] oder ob

---

[59] Interessant spricht Paula W. Sage, AJPh 115, 1994, 565 von einem "admonitory reading", dessen c. 4, 9 bedürfe.
[60] Mit *vindex* ist nach OLD s. v. 1 a der Bürge gemeint.
[61] Zum Verhältnis von 4, 9 zu den Römeroden vgl. schon W. Theiler, Musengedicht 277f.; Becker 144, Anm. 30; Syndikus 384, und zum Unterschied Syndikus 366.
[62] Wir wissen allerdings nicht, ob c. 4, 9 vor oder nach der Schlappe des Lollius verfasst wurde, ob Lollius einer Rehabilitation bedurfte oder nicht (gut Syndikus 367); für die Rehabilitierungsthese spricht sich auch jüngst noch Lyne 205 aus. Es darf allerdings nicht

Lollius die "Verkörperung eines allgemeingültigen Ideals" darstellt (so Syndikus 367); doch die Sentenz, dass eine "vergrabene *virtus* so gut wie gleich ist einer verschwiegenen" (29f.) und der Ausdruck "Mühen" (*labores*, 32) für das Leben des Lollius und vor allem die Formulierung *est animus tibi* mit nachfolgendem Lob, das alles legt doch die Vermutung nahe, dass Horaz voll Bewunderung für diesen verdienten Mann gewesen ist. Und zudem ist die Wortwahl *vindex, consul, iudex* und *victor* keineswegs nur "allgemeingültig", sondern auf den Politiker und Feldherrn zugeschnitten. Aber damit ist das Hauptmotiv des zweiten Gedichtteils noch nicht beschrieben; der Hauptgedanke ist ersichtlich, die politische oder sagen wir: öffentliche *virtus* auf eine innere, oder anders gewendet: philosophische zu gründen.

Jetzt können wir sicherer urteilen: C. 4, 9 weist die Macht der großen Dichtung auf, die, selber unsterblich, auch die bedeutenden Gestalten, die sie preist (seien es Kriegshelden oder innig Liebende), dem Vergessen entreißt; eine der Kräfte solchen Dichtens ist es, aufgrund eines geradezu heiligen Wissens (*vates sacer*, 28) zu erkennen, wie große Leistung in Politik und Krieg letztlich auf eine Einstellung zu den Werten gegründet ist, die man mit der Hilfe der Philosophie beschreiben kann. Horaz vollzieht im zweiten Gedichtteil die Vereinigung der in den Römeroden gezeigten und gelobten Tugenden mit der Philosophie, von der er oft, z.B. in den Weisheitsoden, spricht.

Hatte Horaz in c. 4, 8 der Dichtung die Kraft zugewiesen, nicht nur Feldherrn (*duces*, 15), sondern sogar Rettermächte wie die der Heroen vor dem Vergessenwerden zu retten, d.h. den Menschen nicht nur die Namen derer zu nennen, von denen sie Hilfe erhalten, sondern auch ihr Wesen zu sagen, so dehnt er diese Kraft jetzt auf die Geschichte aus: Über alles Aufzeichnen (wir erinnern uns der Steininschrift aus c. 4, 8, 139) hinaus ist es die Macht des Dichters, zu preisen und dadurch zu erhöhen. Und daran lässt er auch bedeutende Menschen der Gegenwart teilhaben und verpflichtet sie auf die philosophisch zu nennende Grundhaltung, aus der ihre Tugenden fließen und aufgrund derer sie ihre "Mühen" bestehen. Es ist dies die Trias, die nach außen gerichtet ist und nach innen: Souveränität (im Urteil über Wert und Unwert), Integrität (im moralischen Sinne) und Pietät (in Hinsicht auf Freunde und Vaterland). Und mit dieser Wendung wieder zum Persönlichen ist auch der Übergang glatt geworden hinüber zu c. 4, 10ff.

---

verschwiegen werden, dass Ed. Fraenkel ein recht abschätziges Urteil über c. 4, 9 hatte, in dem Horaz sich immerhin "dieser heiklen Aufgabe mit bewundernswertem Takt entledigte" (498), was ersichtlich auf der Annahme beruht, Horaz habe nach der *clades Lolliana* geschrieben und diese sei doch als mindestens bedenklich eingestuft worden.

Die Gedichte 10-13

Carmen 4, 10

Mit der Tripeltugend des Liedes 4, 9, mit der Souveränität in der Wahl der Werte (dort v. 41), der moralischen Integrität und schließlich der Pietät gegen Freunde und Heimat war der Gedankenflug ins Private zurückgekehrt. Ins Private gehört nun auch c. 10: "O Du, der Du noch immer so grausam mich meidest und doch aller Lust mächtig bist, wenn erst einmal das jetzt noch unerwartete Federkleid[63] Deine Hoffart überzieht[64], und das Haar, das annoch bis auf Deine Schultern hinflattert, erst gefallen ist und wenn die Farbe (Deines Antlitzes), die jetzt noch schöner ist als die Blüte einer Purpurrose[65], gewandelt, sich in ein Stoppelschwarz verändert hat[66], dann wirst Du, Dein verändertes Gesicht im Spiegel betrachtend, sagen: 'Ach, warum war ich nur damals als Knabe nicht so klug wie jetzt (und noch nicht belehrt darüber, jegliche Gelegenheit zum Genießen beim Schopfe zu ergreifen) und warum kommt meiner jetzigen (diesbezüglichen) Lebenserfahrung nicht die unversehrte Wange von damals zurück?"

Eine werbende Warnung also, die zugleich eine Huldigung ist (Heinze 443), ganz bildhaft und darum vom Epigramm weit entfernt (Syndikus 368f.); ob Horaz selbst dergleichen erlebt hat, wie Fraenkel 486 vermutet und Becker vorsichtig bedenkt (166 oben), das wissen wir nicht; wohl aber erinnern wir uns des ersten Gedichtes dieser Sammlung, das, an denselben gerichtet, eine späte, zu späte Liebe mit einer spärlichen Zähre bedenkt. Was hier gesagt wird, ist halt einfach wahr; wahr scheint aber auch, dass Horaz nach dem hohen Aufschwung

---

[63] *Pluma* sagt Horaz statt *lanugo*; das ist so unerhört, dass Bentley *bruma* vorschlug, was allerdings nicht minder gewagt ist als *pluma*, das mit der Vorstellung spielt, dem Burschen überziehe die Wange ein Federkleid wie das bei Jungvögeln geschieht, wenn sie den Kükenflaum verlieren.

[64] Zu *venire* mit Dativ verglich Heinze treffend Prop. 3, 25, 12 *veniat formae ruga sinistra tuae*; man wird an einen Dativ der Richtung denken, vgl. Lateinische Dichtersprache § 69.

[65] Zu den Sprachfinessen, mit denen Horaz dieses kleine Gedichtchen anreichert, gehört ebenso das singuläre *involitare* wie die Inversion von *nunc et qui* statt *et qui nunc* (Lateinische Dichtersprache § 39 und Norden zu Verg. Aen. 6, 402f.; Austin zu Aen. 4, 33), dazu auch dies, dass die Farbbezeichnung in v. 4 nicht der Blüte, sondern dem Rosenstock gegeben wird.

[66] *Mutatus* und *verterit* ist an sich eine vermeidbare Doppelung, die hier aber den Hauptbegriff, um den es geht (die Veränderung durch die Jahre), betont. "Stoppelschwarz" deutet an, dass der Gegensatz zur rosigen Wangenfarbe des Knaben eigentlich das Schwarz des Männerbartes sein müsste, was Horaz aber so simpel nicht sagt, indem er zum Rosenrot nur die Behaarung fügt und deren Farbe als selbstverständlich voraussetzt. Diese Verkürzung nennt Heinze berechtigtermaßen "kühn".

zum Bewusstsein, Ewiges gedichtet zu haben (c. 4, 8), nun wieder herabkommt zum Bewusstsein des Alterns oder besser: des Gealtertseins. Kompositorisch gesprochen, erleben wir hier eine Wiederaufnahme des Themas aus c. 4, 1 und 4, 7, dazu eine den c. 4, 6f., wo nach dem Aufflug der Absturz folgte, ähnelnde Abfolge. Das wird später noch interessante Perspektiven eröffnen.

Carmen 4, 11

"Im Keller gibt es einen ordentlichen, gut gereiften Wein", so beginnt das Lied, "im Garten, Phyllis, gibt es Eppich für Kränze, es gibt genug Efeu, der sich in Deinem zurückgebundenen Haar so herrlich ausmacht[67]; das Haus strahlt von Tafelsilber, der Altar, bekränzt von keuschem Laub, wartet darauf, vom Blut eines Zickleins besprengt zu werden[68]; die ganze Dienerschaft eilt, hierhin und dorthin rennen die Mädchen und die Männer, ja sogar das Herdfeuer sputet sich, seine Rauchsäule emporzuschicken – aber damit Du weißt, zu welchem Freudenfest Du eingeladen seist: Die Monatsmitte des April sollst Du feiern, des Monats der meerentsprossenen Venus, die mir immer ein Fest ist und beinahe[69] heiliger als mein eigener Geburtstag, weil von diesem Tage[70] an mein lieber Maecenas[71] seine reich[72] fließenden Jahre zählt". Das Gedicht beginnt mit einem anaphorischem *est*, also mit einer reichen Fülle, wie die Kommentatoren spätestens seit Orelli zu Recht hervorheben. Das erweckt den Eindruck des vielversprechenden Werbens um Phyllis, allerdings nur bis v. 12; dann, so scheint es zunächst, zerbricht die Illusion, denn verkündet wird, dass Phyllis helfen soll, Maecens Geburtstag zu feiern. In dieser fünften Strophe legt der Dichter dabei

---

[67] Horaz kennt Phyllis also gut und bewundert sie (*fulges* ist ein schönes Kompliment, man kann es gut mit "prangen" wiedergeben, wie Heinze es tut); *religare* ist eine sehr schlichte Haartracht; der Ausdruck wird durch den Accusativus Graecus sprachlich erhöht.

[68] Alles im Hause gibt sich Mühe, ja sogar das Haus und der Altar selbst: Das Haus "lacht" (Wickham nennt Cat. 64, 284, was Kroll auf Hom. Il. 19, 362 zurückführt; vgl. Richardson zu Hymn. hom. in Dem. 13) und der Altar *avet* (das Wort scheint nicht zum hohen Stil zu gehören, die Personifikation aber wohl, Enn. scaen. 62 Joc.; vgl. Syndikus 369; ebenso ist *agnus* statt seines Blutes gewählt, Lateinische Dichtersprache 131 Mitte, wohingegen der Infinitiv auf -ier wieder, wie Heinze sagte, "lässlich" klingt· Reiches Widerspiel, das gewiss scherzend wirken soll).

[69] Vgl. zu solchen Einschränkungen Becker 141, Anm. 24.

[70] Horaz sagt in v. 19: "seit diesem Licht (*luce*)" und setzt metonymisch die Wirkung (oder die Qualität) des Tages für den Tag selbst, s. Lateinische Dichtersprache 138, Abs. 4.

[71] Sein Name fällt ziemlich genau in der Mitte des Gedichts, s. Fraenkels erhellende Bemerkung und Parallelenangabe S. 488. Zur "vertrauten Formulierung" vgl. Syndikus 377.

[72] Man wird *affluentis* hier als echtes Partizip von *affluo* verstehen und sich erinnern, dass in *affluo* ist immer die Fülle und der Reichtum mitgedacht ist (OLD s.v. 4-6).

seine ganze Empfindung auf den Namen des Freundes, nennt ihn *Maecenas meus*. "Diese vertrauliche Bezeichnung erlaubt sich Horaz nur hier", sagt Heinze dazu.

H. P. Syndikus 2, 373f. glaubt nun, die Schilderung der vielfältigen Vorbereitungen diene dazu, Phyllis zum Kommen zu überreden; sie könnte ja zögern, weil das Fest gar nicht ihr gilt. Aber das scheint eher eine Konstruktion, denn vor einer Überredung ist im Text nirgends etwas zu spüren. Phyllis wird mit hineingenommen in die Festesfreude zu Ehren des Großen, das darf man doch wohl als Ausdruck der Achtung und Zugetanheit werten, und es soll ja zudem ein Fest nicht ohne Liebesempfindung sein, das legt die sehr ausführliche Bezeichnung der April-Iden durch *qui dies mensem Veneris marinae findit* nahe und auch das Lob des schönen Haars: Sie wird vom Dichter geehrt und bewundert und wird nicht das erste Mal kommen.

So gelesen, gibt es keinen scharfen Bruch nach v. 20, aber doch wohl einen schmerzlichen Wechsel vom Hochgefühl zur Resignation[73]: Phyllis hat ihren Telephus an eine Reichere und Aufreizendere verloren, die ihn mit "einer ihm genehmen Fessel" hält (wie Horaz nach c. 1, 33, 14 sagt); aber sie hatte mit ihrer Leidenschaft auch zu hoch gegriffen. Doch diesen Tadel mildert Horaz sogleich, indem er ihr Übermaß mit dem eines Phaethon und Bellerophon vergleicht: Diese Mythengestalten lehren eben, dass Phyllis nicht übers rechte Maß, d.h. über das ihr zukommende Maß hinaus hoffen dürfe. "Aber nun gut", so tröstet der Dichter, "Du meine letzte Liebe: Hier ist ein neues Lied, schau Dir die Noten an und singe es mit Deiner lieben Stimme: Lieder mindern ja doch schwarze Gedanken".

Sie, so scheint es, wollte zuviel und muss Telephus aufgeben; das Ich des Liedes ist gealtert und muss auf die Lust der Jugend verzichten. Da heißt es, auf eine feinere, sublimere Gemeinsamkeit zurückzugreifen und sich am Liede zu freuen: So wird ihre und seine Resignation aufgefangen und kompensiert mit einer stilleren, vielleicht auch tieferen Freude, der am Sang und am gemeinschaftlichen, reich ausgestatteten Feiern von Maecens Geburtstag. "Alles ist Milde und stille Resignation", schrieb Fraenkel am Ende seiner Interpretation, und Syndikus 377 findet schöne Worte für diese stille Gemeinsamkeit, welche dem Mädchen „Anteil an seinem Persönlichsten geben" will. Von „Werbung" spürt man nichts in diesem Gedicht. Ein wenig darf man sich aber wohl auch an die Erwähnung der "meergeborenen Venus" erinnern.

Nach der den Ligurinus geradezu bestürzen sollenden Werbung in c. 4, 10 nun eine ganz zarte, aber auch sehr besondere Einladung, von der beide, das Mädchen und der alternde Dichter, sehr gut wissen, dass es um eine stille Gemeinsamkeit an einem würdigen Tage geht: Verflogen die Leidenschaft, gewonnen eine tiefere Gemeinschaft. Das folgende Gedicht wird dann aber nach den

---

[73] H. Tränkle, MH 51, 1994, 213 meint, dass die *affluentes anni* Maecens implizit auch diesen an die Vergänglichkeit erinnern sollten so wie der Dichter selber sich altern sehe; möglicherweise ist damit zu viel in den Text gelegt.

dunkleren Tönen ganz scherzhafte erklingen lassen: So sind diese drei Lieder zu Kontrasten zusammengeordnet (treffend Becker 163, Anm. 30).

Carmen 4, 12

In "höherer Stillage" (Becker 158) als das voraufgehende Lied beginnt c. 4, 12: "Schon treiben die Gefährten des Frühlings, die das Meer (nach den Winterstürmen) beruhigen, nämlich die thrakischen Lüfte, die Segel", nicht mehr starren die Wiesen (vom Rauhreif) und die Flüsse toben nicht mehr vom Schmelzwasser geschwellt (so bewegt sich das Gedicht vom stärksten Frost zur Schmelze; dann folgt gar die März-Schwalbe[74]. Aber diese "erhabene" (Becker 159) mythische Schilderung schlägt doch auch wieder einen dunkleren Ton an, wenn sie Klage um den toten Itys erwähnt. Mitten im heiteren Frühlingsanbruch also ein Gedanke an schlimmen Tod – darf man an Lukrez 2, 576ff. denken? Und die Hirten, sie singen bereits im Grase und erfreuen so Faunus, "dem das Kleinvieh und das dunkle Gebirge Arkadiens (vgl. c. 1, 17, 1f.) gefällt" – der Relativsatz gliedert. Eine recht hoch stilisierte Eingangspartie, eine schöne und zugleich vergilisch-bukolische (H. Hamar, AAntHung 38, 1998, 137) Frühlingsschilderung.

Dann aber bricht der Ton um, er senkt sich ab zu einem "jovialen Ton" (Heinze zu v. 25). Mit einem jähen Sprung entflieht das Gedicht dem Zarten und zugleich Besinnlichen, und zwar mit einem Sprung ins Banale als wolle das Ich sich nicht an die aus Weichem und Harten gemischte, jedenfalls nachdenkliche Stimmung hingeben: "Es bringt diese Zeit Durst mit sich, Vergil[75], aber wenn Du einen Bacchus aus den Pressen von Cales (heute Calvi an der Via Latina) willst – Du magst derlei feine Weine als Gast edler Jugend gewohnt sein – , dann musst Du schon ein Fässchen gegen ein gutes Parfum eintauschen: Ein Büchschen guten Parfums wird ein solches Fässchen schon aus den Lagerhallen des Sulpicius[76] hervorlocken, das neue Hoffnungen reichlich grünen lässt und die gute Wirkung hat, bittere Sorgen zu tilgen (das erinnert an c. 4, 11, 36 *minuentur atrae curae*, nur war dort der Sang das Mittel, nicht der Wein). Wenn Du hierauf wirklich Lust hast, komm' mit Deinem Mitbringsel: Ich werde Dich

---

[74] Um diese wird es sich handeln, so Heinze und auch Bömer zu Ov. fast. 2, 853. Bei uns erscheinen die frühesten Rauchschwalben bereits im März (E. Bezzel, BLV Handbuch, Vögel, München, ²1996, 41).
[75] Wer dieser Vergilius war, wissen wir nicht mehr; er scheint Geschäftsmann gewesen (C. Zintzen, GB 12/3, 1985/6, 131ff.
[76] Zur Lage Kolb 211 (Lagekarte S. 209).

doch nicht mit meinen Bechern ohne Gegengabe tränken[77] wie ein Reicher in vollem Hause! Also rasch und vergiss das Geschäft: Vergiss, solange es geht, das Ende und mische Verrücktheit in Dein (sonst immer so vernünftiges) vernünftiges Planen, so lange es noch geht: Süß ist's, wenn's an der Zeit, auch mal verrückt zu spielen!"

Das Gedicht spricht für sich: Ein Trinklied mit zwei Pointen, mit einem Stimmungswechsel nach längerem, schön gesprochenem Eingang hin zu der Frivolität der überraschenden Aufforderung, selber Trinkbares mitzubringen. Das spielt[78] mit griechischen Vorbildern, aber auch mit catullischen, ja mit horazischen: Man denkt an epi. 1, 5 (Becker 161). Einladung auch dies Lied, aber ganz anders gestimmt als c. 4, 11. Das Liedchen ist trotz dem Stimmungsumbruch gerundet, denn die Endlichkeit, die in der Schwalbenklage anklang, klingt nach in jenem „solange es noch geht". Wir lesen das Gedicht als eine Flucht ins Toben, um ja nicht nachdenken zu müssen. Möglicherweise wählte Horaz diese Pointe, damit der leichfertige Ton hinüberleite zum nächsten Gedicht, das ein (scheinbar) niedriges Thema verfolgt.

Carmen 4, 13

Spott-, oder sagen wir sogar: Vernichtungsgedichte auf alte Vetteln oder Huren waren in der Antike wohl nicht selten (Fraenkel 486, Anm. 4; Heinze S. 109 zu c. 1, 25 nennt auch Anacr. 86; 431 PMG, wo möglicherweise ein Lustknabe dadurch als in die Jahre gekommen bezeichnet wird, dass er "nicht (mehr) die Doppeltüre mit dem Balken zu verschließen (braucht), daher ruhig schläft"). Horazens eigene Gedichte dieser Art (epo. 8 und 12, c. 1, 25 und 3, 15) sind nichts als grausamer Spott, und Syndikus 2, 387f. hat wohl Recht, wenn er sagt, dass die Antike in der Darstellung des körperlichen Verfalls unempfindlicher war als wir heute, man denke nur an den Anfang von Senecas epist. 12. Er hat aber auch Recht darin, dass c. 4, 13 nicht mehr ein verspottendes und vernichtendes Gedicht ist wie die früheren, denn: „Wohin", so schlägt der Ton wie in c. 4, 12 um, „wohin nur floh Deine Schönheit, – ach! – wohin der Teint und der schöne Gang? Was hast Du jetzt noch von ihr, von ihr, die nichts als Liebe atmete, die mich mir selber entriss, die über mich nach Cinaras Tode Macht hatte, allseits bewundert und eine Erscheinung war von angenehmem Lieb-

---

[77] *Tinguere* spielt ersichtlich auf des Alkaios (Z 23) "Tränke die Lungen mit Wein!" an; Page 303 erinnert an das *tengemonas faciamus* Petrons, 73 Ende.

[78] Syndikus hatte 383, Anm. 20 ganz Recht damit, die viel zu ernste Auffassung von c. 4, 12 durch Collinge 74f. zurückzuweisen: Das Lied ist ganz gewiss nur ein "literarisches Spiel". Aber Catulls 13. Gedicht, das er auf S. 384 vergleicht, sollte man fern halten und ebenso Alc. Z 44, dessen Reste doch keine sichere Ausdeutung zulassen.

reiz"[79]. Doch Cinara starb früh, "Lyce aber soll alt werden wie eine Krähe", so fällt das Gedicht wieder in vernichtenden Spott, den diesmal aber junge, ihre Lust suchende und bei ihr nicht findende Leute über die Alternde ausschütten (*iuvenes fervidi*, 26).

Es kann nicht zweifelhaft sein, dass Horaz, wenn er der Liebe zu Cinara und zu Lyce gedenkt, sich mit hineinnimmt in die Klage über verwitternde Schönheit und über dahinschwindende Jahre. Schmerzlich klingt ja diese Klage über Cinara und die Zeiten jugendlicher Lust: Die Grausamkeit des Gedichtes wendet sich für einen Augenblick auch gegen das Ich selbst. Erschütternd dann die letzten Worte über die zur Asche zerfallende Fackel; man denkt an Figuren an Grabmälern.

Eine Übersicht

Auf das kleine werbende Gedicht c. 4, 10, das allerdings untermischt ist mit einem Beiton eigener Resignation, wenn nämlich v. 7 (*quae mens est hodie*) eine Anspielung auf die eigene, gewandelte *mens* ist, wie Horaz sie in epi. 1, 1, 4 (*non eadem est aetas, non mens*) kennzeichnet, folgt das Lied c. 4, 11, das ein Mädchen einlädt und ihr viel Schönes verspricht, vornehmlich Maecens Geburtstag, erst in zweiter Linie ein Liebesfest zu feiern, woraus sich dann Gedanken an ihrer beider Kummer ergeben, an ihren Verlust des Telephus und an sein eigenes Gealtertsein. Das 12. Lied dagegen, auch dies eine Einladung, lebt von dem witzigen Einfall, dass der Geladene selber guten Wein mitbringen müsse, und endet mit der Lust des Tobens: *dulce est desipere in loco*. Alle Grillen scheinen verjagt, aber gerade dieses Frühlingstrinklied kennt den Gedanken an das Vergehen. Dann das deprimierende Spottlied auf die Alternde, auch dieses untermischt mit der Trauer um Cinara und um die Jahre jugendlicher Lust. Die Klage über die verwitternde *facies* rahmt den Komplex (10, 5ff. und 13, 23). So gehören alle diese Lieder thematisch zusammen durch die Motive des Altwerdens, der Werbung und Einladung, kompositorisch durch die Kontrastierung von Fein und Grob, von Hochstimmung und stillem Trauern.

---

[79] Zu *facies* als Gesamterscheinung Syndikus 391, Anm. 20. Man kann sich nicht ganz der Argumentation Wickhams entziehen, der den Satz als „felix et nota et facies gratarum artium" versteht. Heinze bezog den Genetiv *artium* auf *nota* in Analogie zu Prop. 1, 16, 2 (s. Tränkle, Sprachkunst des Properz 68f.); vgl. auch Mulder zu Stat. Theb. 2, 274.

Carmen 4, 15

Das 14. Carmen preist die endgültigen Siege des Tiberius und Drusus über die starken Alpenvölker im J. 15 v. Chr. Ob sie der bloßen Grenzsicherung galten oder der Schaffung einer Aufmarschbasis zur Eroberung ganz Germaniens, das ist heute eine offene Frage (Kienast 360ff.).– Das Gedicht beginnt und endet mit einem Preis des Kaisers, denn die Stiefsöhne sind ja *seine* Feldherren, und sie siegten unter *seinen* Auspizien (16 und 33f.; Syme, Roman Revolution 326f.). Dazwischen erklingt der Ruhm des Tiberius und Drusus, jeweils mit Angabe der Leistung; angeschlossen ist – einmal davor, einmal danach – ein hoch stilisierter Naturvergleich. Der Dichter vergißt hierüber nicht den Mut und die todesbereite Tapferkeit des Gegners (v. 18). Dann aber ergießt sich in der Sprache der Götterhymnen der Preis des Augustus über fünf Strophen; insbesondere legen Str. 9f. dar, wie die Götter ein sichtbares Zeichen ihrer Gunst sandten: Genau am Jahrestag der Übergabe Alexandrias vor fünfzehn Jahren fand der Alpenkrieg sein glückliches Ende und ward der Kaiser und sein Rom dadurch zum Herrn der Welt (43f.) als „gegenwärtiger" Schirm und Schutz. Damit ist erneut (vgl. c. 3, 5, 2ff.) die Vergottung durch den Dichter vollzogen.

Äußerlich wohlgerundet, im Inneren durch den Chiasmus in der Abfolge von Leistungsbericht und Naturvergleich fest geschlossen, spricht dieses Lied vom gottgewollten Sieg und der gottgeschützten Weltherrschaft. Das folgende Lied wird nach dieser Kennzeichnung des Jetzt von der Zukunft sprechen.

Im vierten Liede dieses Odenbuches hatte Horaz, so erinnern wir uns, den Sieg des Drusus über die Alpenvölker gefeiert, nicht zuletzt als Zeugnis dafür, welch ein Geist vom Stiefvater Augustus auch auf die Stiefsöhne überströme; im Liede danach flehte er um glückliche Heimkehr des Herrschers selbst. Hier am Ende des Buches hatte er in c. 14 die kriegerischen Erfolge des Drusus und des Tiberius über die Alpenvölker in einem Liede gepriesen, das besser als Steininschriften die kriegerische Kraft Roms darzustellen wisse. Und c. 15 spricht dann, in vielem c. 5 ähnlich, wieder vom Herrscher selbst: Die architektonische Parallelität ist unverkennbar.– Nun zu c. 4, 15.

Als er sich anschickte, "Schlachten (*proelia*) und besiegte Städte" zu singen – *loqui* fürs Dichten schon in c. 3, 25, 18 – , da mahnte ihn Apoll auf seiner Lyra (zum *increpuit* Syndikus 2, 402f.), er dürfe doch nicht mit seinem kleinen Segel über das gefährliche Tyrrhenische Meer fahren! Das ist scherzhaft und leichthin gesagt, denn wer wollte wohl dem Lyriker Horaz glauben, dass er je Episches von sich geben wollte? Aber es ist auch vergilisch gesagt: Zwar stammt das Motiv, dass Apoll einem Dichter das ihm gemäße Dichten anweist, letztlich aus Kallimachos; in dem Aitien-Fragment 1, 21ff. heißt es nämlich: "Als ich die Schreibtafel zum ersten Male auf meine Knie legte, da sagte zu mir der lykische Apoll: Fett müssen nur die Opfertiere sein, das Lied aber, mein Guter, immer zart!" Aber Horaz hat den an Kallimachos anknüpfenden Beginn von Vergils buc. 6, 3 im Auge: "Als ich Könige und Schlachten (*proelia*) sang, da zupfte mich Apoll am Ohr und mahnte: 'Der Hirt, Tityrus, sollte Schafe fett weiden, aber das Lied, das er singt, muss zart sein!'" So erinnert Horaz zu Beginn an die frühe Poesie des Freundes, wie er das Ende seines Gedichtes an dessen späte wird anklingen lassen.

Und um gleichsam dramatisch die sofortige Wirkung der göttlichen Mahnung oder auch das augenblickliche Gehorchen nachzuahmen, geht er ohne logisches Zwischenglied zu dem über, was der Gott erwartet. Dabei ahmt er nicht die Metaphorik von "fett" und "zart" nach, sondern variiert zu "klein" und "groß", wie schon Properz einige Jahre zuvor getan: "Maecenas, warum schickst Du mich hinaus auf die offene See? Die dazu nötigen riesigen Segel passen nicht zu meinem kleinen Boot" (3, 9, 3). Nach diesem Beginn also das Preislied: "Dein Zeitalter, Caesar", so beginnt es mit einer ersten Kette von sechs Lobesworten, "hat sowohl den Äckern reiche Frucht zurückgebracht, als auch unserem Juppiter (andere haben andere höchste Götter) die Feldzeichen (im Jahre 20), den Tempeltür-Pfosten der hochmütigen Parther entrissen[80], zurückerstattet, als auch den Bogen des *Janus Quirini*[81], jetzt von Kriegen frei, geschlossen[82], als auch der Willkür, welche die rechte Ordnung 'ausuferte'[83], Zügel angelegt, hat frühere Schuld (gemeint ist wohl die moralische Schuld der Bürgerkriege) getilgt und die früheren Tugenden zurückgerufen, durch welche nicht nur Latium, sondern auch die Kraft ganz Italiens wuchs, sowie Ruhm und Ansehen des gesamten Reiches von der Sonne Aufgang bis zu ihrer Ruhestatt im Westen" (1/16)[84].

Diese sechs untereinander verbundenen Lobesworte bilden eine imponierende „Kette" (so bezeichnet sie Syndikus 403 treffend); das ist mehrfach hervorgehoben worden (nach Heinze zu v. 17 u. a. von Fraenkel 526), ebenso ist oft betont worden, dass die vielfachen Präfixe, die ein "Wieder" oder "Zurück" andeuten, ganz im Sinne des Herrschers waren, der ja nichts Neues anstrebte, sondern eine Restitution (Fraenkel 527; Syndikus 405, Anm. 29). Man muss aber auch beachten, dass Horaz in v. 10 das preist, was er selber in c. 3,

---

[80] Austin zu Vergil, Aen. 3, 287 und Mulder zu Stat. Theb. 2, 257 zeigen, dass Schilde u. dgl. an den hohen Türpfosten von Tempeln aufgehängt wurden. "Hochmütig" sind naturgemäß nicht diese, sondern die Parther: Enallagé, Lateinische Dichtersprache § 45.

[81] Der doppelgesichtige Gott hiess *Janus Geminus* oder *Quirinus* (Wissowa 109, wo die Anm. 1 unglücklich formuliert ist: *Quirini* ist eindeutig überliefert, durch Fehlverbesserung wurde lediglich das Übliche ungut wieder "hergestellt"; vgl. weiteren E. Simon, Götter der Römer 92 mit Anm. 19). Dieser Bogen ist heute verschwunden; er stand auf dem Argiletum, etwa dort, wo Curia und Basilica Aemilia einander gegenüberstehen. Wenn Horaz den Bogen *Quirini* statt *Quirinus* nennt, darf man diese eindeutige Überlieferung der absichtlichen Variation nicht normalisieren.

[82] Das geschah im J. 29 v. Chr., Augustus erwähnt diese Schließung im Monumentum Ancyranum § 13 (s. Kienast 223 mit Anm. 63).

[83] So etwa könnte man das sprachliche Wagnis, *evagari* transitiv zu verwenden (nur hier nach OLD 1 b), nachahmen (vgl. Lateinische Dichtersprache § 91).

[84] Zur Weltherrschaft vgl. Fraenkel 528, Anm. 1 und Vretska zu Sall. Cat. 36, 4 (S. 426 unten).

24, 29 gefordert hatte: Die *licentia*, die Willkür einzuschränken: Nun ist es endlich soweit gekommen! Hier endet die erste "Kette", der breit ausgefächerte Relativsatz beschwert das Ende und markiert die Fermate (zu 4 b auf S. 204 der Lateinischen Dichtersprache füge man u. a. Hor. c. 1, 13, 15 hinzu).

Die zweite Kette 17/24 beginnt erneut (vgl. v. 4) mit dem Namen Caesars: *custode rerum Caesare*. Einen *patriae custos* hatte schon Ennius den Romulus genannt (ann. 107 Sk.), Horaz folgte mit *custos gentis* in c. 4, 5, 2, hier mit *custos rerum*; das deutet wohl weniger auf "Imperiales"[85], als vielmehr auf Moralisches, nämlich die Bändigung allen Bürgerzwistes; es weist zurück auf die erste Kette, worin Augustus als der Wiederhersteller des gesamten Reiches, der Felder, der Ehre, des Friedens und der Moral gepriesen wurde, und solches Gesamt kann man wohl als die *res* bezeichnen. Die erste Kette mit ihrer Reihe der Kopulen war positiv formuliert und blickte aufs Vergangene und Geleistete, diese zweite reiht sechs Negationen und schaut in die Zukunft: Nicht wird fürderhin Bürger-Wahnsinn oder -Gewalt die Ruhe stören, und auch keine Wut, die Dolche spitzt und Städte verfeindet (das neugebildete *inimicare* aus v. 20 ist ein ebensolches Wagnis wie das transitive *evagari* in v. 10); so beschließt wieder ein gefächerter Relativsatz den Absatz mit dem Blick ins Innere Roms. Jetzt der Blick nach außen: Nicht wird, so setzt sich formal die Negationenreihe fort, der Anwohner der Donau die ihnen vom Rom der Julier gegebenen Gesetze brechen, nicht die Geten, die Chinesen oder die treulosen Perser, auch nicht die Skythen am Don. So rundet Horaz den Abschnitt durch die gleichgeartete Umschreibung vom Wohnort[86] her und schließt diese zweite Kette. Str. 6 erinnert mit ihrem außenpolitischen Bezug somit an die letzten beiden Strophen des 14. Carmen, die von dem bewundernden Gehorsam sprachen, welche die Welt dem römischen Herrscher entgegenbringt.

Nach dieser zweiten Lobesreihe und damit dem hochstilisierten Augustus-Preis nun die Antwort der Bürgerschaft, in die Horaz sich einreiht: "Und wir, gleich ob an Fest- oder Arbeitstagen werden beim Wein mit unseren Kindern und Hausfrauen nach den erforderlichen Gebeten an die Götter zu Flötenmusik in der zum Symposion passenden (Plat. rep. 398 e 9) lydischen Tonart singen, und zwar von denen, die da nach alter Väter Sitte tugendreich ihr Leben hingebracht haben[87], und von der Geschichte des Julischen Geschlechts, von Troia,

---

[85] Syndikus 428, Anm. 50 spricht von einer „imperialen Note" in Str. 5 und zitiert dafür Fraenkel 452 oben, der indessen dieses inzwischen abgedroschene und so oft missbrauchte Wort nicht verwendet. Wollen auch wir es lieber meiden.

[86] Die Paraphrase mittels des Gewässers, aus der ein Volk trinkt, ist so alt wie Hom. Il. 2, 825; vgl. Nisbet-Hubbard zu Hor. c. 2, 20, 20.

[87] *Virtute functos* (29) ist als Verkürzung von *vita cum virtute functos* oder ähnlichem ebenso gewagt wie das *remixto* (*carmine*), welches Verb nur noch in der Ars Poetica 151 und dann wieder bei Seneca (z.B. epist. 71, 15) vorkommt. *Virtus* ist hier ein Vielfaches: Leistung, Tapferkeit, Durchhalten und altrömische Moral, s. Büchner, Virtus 400.

Anchises und Venus und ihrem Blut, d.h. ihrem Spross[88], Augustus". Man soll nun nicht zu tifteln beginnen, wie denn ein ganzes Volk wohl tagein, tagaus Feste feiern und singen könne: Allein das Lebensgefühl ist beschrieben, das herrscht, wenn endlich Frieden ist und die für das Volk Verantwortlichen von höchstem Ethos erfüllt sind, wie wir es nach dem Zweiten Weltkrieg dankbar erleben durften.

Zu Beginn des vorletzten Liedes (v. 4) hatte Horaz wie in c. 4, 8, 13 gesagt, keine Steininschrift könne die Großen, die Roms Frieden schaffen, so preisen wie ein Lied. Die v. 9 – 24 dieses letzten Carmen sind in "einfachen Worten" und "kurzen Kola" (Syndikus 401) geschrieben, sagen wir es mit R. Reitzenstein (Aufsätze zu Horaz, Darmstadt 1963, 66): in lapidarem Stil, und "lapidar" soll andeuten, dass hier das, was in c. 4, 14 noch abgewertet wurde, der Stil der Marmorinschrift, vom Dichter selber angewendet ist: C. 4, 15 ist, wenn man so will: eine Ehreninschrift. Ihr Bau ist wundervoll klar: Nach einem scheinbar scherzenden, in Wirklichkeit ebenso literarisch voraussetzungsreichen wie liebevoll des toten Freundes gedenkenden Proöm setzt in dramatisch scharfem Übersprung eine doppelt geführte Panegyrik ein, nämlich das dankbare Lob des Erreichten und des gesicherten Zukünftigen, ein Lob, das Augustus durch die Ennius-Zitate in die Nähe des vergöttlichten Romulus bringt. Die Antwort des Volks, in das sich der Dichter erneut (4, 5, 37/40) einordnet, ist voller Festesfreude, ist laut und bacchisch, fällt jedoch nicht in ein ganz privates *desipere in loco*, sondern feiert die Geschichte Roms[89], die nämlich, welche Rom restituiert hat, und das ist die Geschichte seines Herrscherhauses, denn dieses garantiert den Fortbestand des Friedens[90]. Diese letzte lyrische Strophe, die Horaz je schrieb, sie feiert aber auch das letzte Werk des toten Freundes so wie die erste Strophe an sein frühestes erinnerte – welch eine Liebe!

Übersicht über Buch IV

Ob es wirklich einer Anregung seitens des Kaisers bedurfte, wie Sueton uns glauben macht, oder ob Horaz selber sich schon seit geraumer Zeit mit dem Ge-

---

[88] Horaz begann den zweiten Gedichtteil mit einem Ennius-Zitat, der Anrede des Romulus (*custos*, 17) und schließt ihn mit einem solchen aus der gleichen Anrede: *o pater, o genitor, o sanguen dis oriundum* (ann. 18 Sk.).

[89] Der Dichter spricht von Roms Geschichte hier so, als ruhe sie auf der des Herrscherhauses; damit erinnert er noch einmal an Vergil (an dessen Schildbeschreibung in Aen. 8).

[90] Ein Spätheimkehrer, den Dr. Adenauer vor dem sibirischen Tode bewahrte, las dem noch sehr jungen Verfasser dieses Buches eben diese Ode in tief ergriffenem und ergreifenden Tone vor, als er heimgekehrt war in den Frieden.

danken getragen hatte, noch einmal *Carmina* zu dichten, nun aber der inneren Lage des Fünfzigers und früh Alternden[91] gemäß – das alles wissen wir nicht mehr. Dass aber die Ehrung des *Carmen Saeculare* als Anstoß das ihre dazu beigetragen hat, dass der bedeutendste Dichter Roms nach, oder: mit Vergil noch einmal das lesbische Barbiton erklingen ließ, das dürfte eine sinnvolle Vermutung sein.

All' die neuen Oden sind erneut adressiert; und zwar widmete der Dichter die kleineren und leichteren Gedichte den Kleineren, die großen und gewichtigen den Großen: Die leichteren Liebeslieder 1 und 10 gibt er dem Knaben Ligurin (wer immer hinter diesem Namen stehen mag), das scherzende Trinklied 12 einem sonst unbekannten Vergilius; Mittelschwere – wenn man Gedichte über das Dichten so nennen darf – sind an den noch jungen und erst später erfolgreichen Censorin (8) und den bereits prominenteren und gewichtigeren Jullus (2) und Lollius (9) gerichtet; die großen Enkomien 4f. und 14f. aber gehören, auch wenn zwei von des Herrschers Stiefsöhnen und ihren Kriegstaten handeln, sämtlich dem Kaiser. Und viermal richtet der Dichter seinen Blick auch auf sich selber (c. IV 1, IV 7 und 10, kurz in 13) – all' dies ähnelt der früheren Sammlung. Ist Buch IV also nur Wiederholung?

Keineswegs; gewiss klagt, jubelt und mahnt auch dieses letzte lyrische Werk des Horaz, aber die Töne unbelasteten Scherzens, selbstsicheren Ratens, belustigten oder zornigen Zuschauens und schönen, erfüllenden Liebens, sie und alle Mittellagen sind verhallt, und eine scharfe Kontrastierung von hellem bis frivolem Lachen und tiefer Resignation kennzeichnet die Abfolge der Gedichte, in der sowohl das Spaßen in c. 12 wie das bittere Spotten in c. 13 nur zu bald in Wehmut umschlägt (13, 17/22). Wenn wir der Tonlage lauschen, in der das Ich von sich selber spricht, vernehmen wir nicht mehr die Zuversicht des Musen-Schutzes (3, 4, 20/36), hören kein *exegi monumentum*, vielmehr lesen wir etwas von der emsigen Biene (4, 2, 29ff.), hören eine Bitte um Schutz und zusammen damit einen Dank, gerichtet an Apoll (4, 6, 26/30), dafür, dass Horaz "nun schon weniger von neidendem Zahn benagt" werde (4, 3, 16), und man im Vorbeigehen mit dem Finger auf ihn, den Dichter zeige (ib., 22). Wo ist der Aufflug des Schwans (2, 20) geblieben? Pindar ist jetzt der Schwan (4, 2, 25), Horaz die sich mühende Biene. Töne der Bescheidung also nach dem überbordenden Jubel früher, und immer wieder auch das Zurücktreten in die Menge.

Wenn wir dagegen der Tonlage zuhören, in der die Äußerungen über den Kaiser und die Anreden an ihn gehalten sind, vernehmen wir nicht mehr jenes teils Spaßende, teils kecke, im Ganzen unausgegorene, kunstreich verspielte Dichten wie im frühen c. 1, 2[92], auch keine Verkündigung zukünftiger Vergottung (3, 5, 2f.; 3, 11) oder lobende Festlegung auf Mäßigung (3, 4, 37ff.) oder

---

[91] Vgl. c. 2, 6; 3, 14, 24ff. und 26, 1ff., dazu epi. 1, 20, 24 und epi. 1, 1, 2.
[92] Sowohl Ed. Fraenkel 297 wie auch Nisbet-Hubbard 1, 20f. geben ihrem Erstaunen über die Keckheit des Gedichtes Ausdruck ("offence against the Horatian qualities of moderation").

auf Reichserweiterung (3, 5, 3ff.) aus dem Munde eines allem Gewöhnlichen enthobenen *vates*, Priesters der Musen (3, 1, 2f.); wir lesen überhaupt bis hin zum Ende von c. 15 von nichts Künftigem mehr, sondern davon, dass alles Erhoffte geleistet (vgl. G. Pasquali 764), dass Friede und Wohlstand gesichert ist (4, 2, 23ff.; 5, 37ff.; 15, 4ff.); und wenn in die Zukunft geblickt wird (4, 15, 17ff.), dann mit der Gewissheit, dass dies alles dauern werde. Der Dichter tritt nicht mehr auf als Volksredner (wie in den Epoden) oder als Priester vor dem Tempel (3, 1), sondern er tritt gern zurück in die Menge und lässt seinen Jubelruf aus ihr erschallen, falls er überhaupt etwas beizutragen hat (4, 2, 45ff.; 4, 37; 5, 37; 15, 25 *nos*[93]). Und wenn der Dichter des vierten Buches einmal aus gesichertem Wissen heraus einen jener "Mittleren" mahnt, dann ist er weder selbst Vorbild wie in epi. 1, 4, Ende noch ein allem Irdischen überhobener Künder, sondern er preist ethisch fundierte Qualitäten politischer Art (4, 9, 34ff.), die er selber nie haben konnte, und formuliert am Ende unpersönlich ein ethisches Ideal (ib., 45ff.), ohne sich einzubeziehen. Aus der vordem so serenen Gewissheit ist etwas ganz anderes geworden, ein Aufruf zu lustigem Lebensgenuss[94] ertönt nur ein einziges Mal noch (4, 12), aber er ist nicht unvermischt und verfliegt sofort, wenn wir zu dem dann folgenden Lied kommen.

Immerhin, er ertönt, und auch dies verbindet Buch IV mit I-III; ja, das vierte Buch verweist mit Absicht und Bedacht, auf die frühere Sammlung zurück: 4, 7 erinnert bis ins Wörtliche an 1, 4; 4, 1, 5 zitiert 1, 19, 1 wörtlich; die *Venus marina* ist in 3, 26, 5 genannt und auch in 4, 11, 15, *Melpomene* in 4, 3 und 3, 30, 16 – doch mit welchem Unterschied! In 3, 30 hatte Horaz ein ewiges Monument errichtet und Melpomene soll dies Verdienst mit dem Lorbeer Apollos krönen; sein, d.h. des Dichters ist die Tat, die Muse soll sie belohnen. In 4, 3, 21ff. ist die Tat dagegen ganz die ihre. Doch gegen diese Bescheidung, was die persönliche Leistung betrifft, steht der neue, viel höhere Anspruch, was die Macht der Dichtung, nicht des Dichters, anlangt: Sie vermag besser, d.h. deutlicher und strahlender (*clarius*) als jede Steininschrift, Art und Lebensleistung der Führer (*duces*) aufzubewahren (4, 8, 13/20) und ihnen ihren Verdienst (*mercedem*) zukommen zu lassen, d.h. den Ruhm, ja überhaupt sie unvergesslich zu machen (ib., 23f.). Und noch mehr: Es ist gewiss der Männer eigene *virtus* und des Volkes Gunst, aber auch die "Zunge machtvoller Dichter", was einen Heros wie Aiakos[95] (in der Phantasie der Menschen) als "heilig" auf die "Inseln der Seligen" versetzt, oder was den Menschen sagt, wer das rettende Zeichen des Elmsfeuers gibt oder wer Stoßgebete erhört. Horaz kann seine Behauptung, dass Dichtung Menschen verewigt, auch beweisen, nämlich mittels der Ilias, die

---

[93] Fraenkel 530: "Das *nos* seiner reifsten Lyrik ist völlig verschieden von dem *nos*, das er zuvor verwendet hatte", nämlich in epo. 16 und c. 1, 2.
[94] C. 1, 11; 2, 11; eine Zwischenstufe zu c. IV: epi. 1, 18, 96/112.
[95] Die Erwähnung dieses besonders von Pindar gepriesenen Heroen fassen wir im Unterschied zu anderen, recht unnatürlichen Auslegungen mit G. Pasquali 761 als Verbeugung vor dem großen Thebaner und zugleich als Beweis dessen, was Dichtung, hier die Pindars vermag.

mächtige Helden für immer ins Gedächtnis der Menschheit gepflanzt hat; wohingegen all' die, welche ähnliches gelitten und geleistet, da sie keinen Homer fanden, dem Vergessen anheim fielen. Dass dies nicht Verdienst des Dichters als sterblichen Menschen ist, zeigt Horaz durch die Wortfügung "heiliger[96] Dichter", *vate sacro* (4, 9, 28).

Mit dem Dichter als Menschen, mit dem Fleisch um den gottbegnadeten Geist, steht es allerdings sehr anders. Gut, er ist berühmt geworden durch das *Carmen Saeculare*[97] und durch manches andere Lied; aber das Ende ist nahe und der Leib verblüht (4, 1 und 7; dazu 13, 17/22); die Liebe und auch die Gegen-Liebe schwindet (4, 1, 30), auch wenn die Sehnsucht bleibt (4, 1, 33); aber auch wenn sie noch da ist, die Liebesempfindung, sie ist mit Resignation vermischt (4, 11, 31 ff.). Die Erinnerung ist freilich noch stark, an Cinara, an Lyce und vor allen anderen an den Freund Vergil[98], doch *finis* in 4, 11, 32 spricht eine deutliche Sprache.

Dass er sich gealtert fühlt, das hatte Horaz auch schon früher gesagt (2, 14; 3, 14 und 26), aber in Buch IV hat Horaz dieses Bewusstsein dadurch sublimiert, dass er es kompositorisch fruchtbar machte, indem er den Kontrast von ewiger Dichtung als der Leistung des Geistes und baldigem Vergehen des Körpers nunmehr gar den Aufbau des Buches beherrschen ließ. Nach dem anfangs noch etwas schalkhaften, dann aber wehmütigen Liebesgedicht des Alternden (4, 1) folgte das Lied mit dem Gegensatz von Schwan und Biene und von dem, der da ein Augustus-Lied wagt und zurücktretend nur aus der Menge dem Großen zujubeln wird, d.h. es folgte das Lied 4, 2 mit seiner zweifachen Unterordnung. Dann aber folgt in 4, 3 der Dank an die Muse für die Begabung und das großartige Enkomienpaar c. 4, 4f.: Horaz wagt jetzt, was er in 4, 2 Jullus überlassen hatte, selbst und gibt in 4, 6 seinem Hochgefühl in Bezug aufs *Carmen Saeculare* dankbaren und freundlichen Ausdruck. Mit scharfem Niederbruch ertönt dann aber sogleich die Klage über die körperliche Vergänglichkeit in 4, 7, allerdings sofort aufgewogen durch die Lieder von der Macht der Dichtung (4, 8 und 9). Diese Lieder 4, 7-9 sind die zentrale Trias[99], die durch den Gegensatz von Sterblichkeit und Ewigkeit gekennzeichnet ist. Und dann erneut ein scharfer Bruch: Von der Höhe der Dichter-Macht (4, 9, 28: *vate sacro*) fällt der Gang des Buches auf eine niedere Ebene, Leichtgewichte[100] folgen, die

---

[96] *Sacer* ist jemand, der den Gottheiten gehört; das will hier dasselbe sagen, was am Ende von 4, 3 steht: Horaz weiß, dass sein Sagen von der Gottheit herkommt. Er formt also den Mund der Kinder (epi. 2, 1, 123/6) und er formt die Vorstellungen der Menschen überhaupt.

[97] Heinze zu 4, 3, 24; man stelle v. 44 dazu: *vatis Horati*.

[98] Heinze zu 4, 4, 53; 6, 6, 21 (S. 422); hinzu kommt die Erinnerung an des Freundes Frühwerk in 15, 1ff. und an seine Aeneis am Ende von c. 15.

[99] Andere wie Becker 189 und Lyne 208 nennen allein c. 4, 8 das Zentrum; wir glauben, von dieser Ansicht abweichen zu können.

[100] Mit einer Ausnahme, nämlich der herzlichen und geradezu bisher unerhört intimen Nennung des Maecenas in 4, 11, 19.

Liebe kommt zu ihrem Recht, das Fest, der Wein und der beißende Spott, doch ist all' dies umrahmt von der Klage über den Verfall (4, 10, 5ff. und 13, 17ff.), über den Verfall anderer zwar, aber nicht ohne Einschluss des Dichters selbst. Und dann der letzte Umschwung: Aus dem Tal der Klage über die Vergänglichkeit von Körper und Leidenschaft führt der Weg wieder jäh zur Höhe der gewaltigen Schluss-Enkomien. Der lyrische Dichter, sonst von Flöten umspielt, weiß sich jetzt gar von Fanfarenschall begleiten zu lassen.

In der früheren Sammlung c. I-III und in den Epist256 fanden wir den Kontrast zwischen äußerlicher Bescheidung und geistigem Höchstanspruch an sich selbst auch in der Gedicht-Zusammenstellung, also der Komposition ausgedrückt, nämlich im Fernkontrast zwischen c. 1, 1 und 1, 38, welches kleine Carmen auch im gleichen Gegensatz zu 2, 20 und 3, 30 steht, sowie im Nahkontrast zwischen c. 3, 29 und 3, 30 sowie in epi. 1, 18 und 1, 19. In c. IV macht der Dichter den Gegensatz zwischen dem körperlichen Verfall und dem Überdauern des Gedichts zum Kompositionsprinzip eines ganzen Buches; das ist für Horaz neu und gelingt überzeugend.

Die Architektur von c. IV ist jedoch von noch einem anderen bestimmt: In den Büchern I-III gab es zwei Pole, zwischen denen alles andere geschah: Horaz und Maecen. Den mächtigen Gönner und Freund umgab der Dichter mit einem Spiel aus hohem Respekt, feinem Scherz und – ganz selten und nur in Dingen der privaten Lebensführung – einer stärkenden Mahnung (c. 2, 17). In c. IV sind es erneut zwei Pole, um die alles übrige sich bewegt, nur hat die Kontergestalt zum Dichter gewechselt: Die Pole sind Horaz und das Herrscherhaus. Freilich, auch in c. I-III war Caesar Augustus des öfteren genannt; in c. 1, 2 als Sühner, als schützend und fördernd Gegenwärtiger (ib., 46) und als erhoffter Sieger über die Parther (vergleichbar 2, 9, 18); in c. 1, 12 ward er sogar als Juppiters Stellvertreter auf Erden gepriesen, und das dritte Buch sprach von ihm sei es als künftigem Sieger und Mehrer des Reiches, sei es als zukünftigem Heros oder Gott im Himmel (3, 5, 2f.); c. 3, 4, 37ff. mahnte ihn, welcher der Muse gelauscht, zur Mäßigung; kurzum: Buch III sprach mehr von Zukünftigem als von bereits Geleistetem. Dagegen preist Buch IV nicht nur sehr viel mehr das bereits Geschaffene als dass es Zukünftiges verheiße (dies tut es in 15, 17ff.), es wagt nun kein Spielen mehr und kein Mahnen, es spricht auch nicht mehr von Augustus allein, sondern es handelt vom Herrscher zusamt seinem Hause, den Stiefsöhnen. Ohne es überdeutlich und überlaut zu sagen, spricht Horaz hier vom Kaiser so, dass eingetreten sei, was c. 3, 5, 2ff. erhofft hatte: Er ist zum *praesens divus* geworden[101].

War das Lobhudelei gegenüber einem königlichen, gottgleichen Völkerhirten und Volkserretter, also so gesprochen, wie man hellenistische Herrscher ansprach (dazu Doblhofer 112)? Die Demaskierungsphilologen witterten hier

---

[101] Vgl. H. Haffter, Philologus 93, 1938, 92; 100, Anm. 23, ferner epi. 2, 1, 15.

manches dergleichen[102], aber wäre es nicht denkbar, dass hier ein Mann jubelt, der den Weg vom Chaos zur Ordnung miterlebt, nicht sofort gutgeheißen, dann aber freudig begrüßt und ein wenig auch im Wort mitgestaltet hat, der einen Freund besessen, welcher diesem Weg auf seine Weise sogar Ziel und Richtung gegeben hatte, ein Mann also, der nun, im reifen Alter, das Gute dieses Weges eingesehen und vollen Herzens begrüßt hat, eines Wegs, den auch das ganze Volk (bis auf ein paar Reaktionäre) zu Recht bejubelt? Die Weise, wie hierüber offiziell zu sprechen war[103], die war durch eine lange, vornehmlich griechische Tradition vorgegeben. Sie gab allerdings nicht auch die Grenzen guten Geschmackes vor (Maßlosigkeit war da durchaus möglich); das Decorum eingehalten zu haben, war eine der Leistungen des gereiften Horaz, der zudem auch den Besiegten ihre Ehre wahrte (4, 14, 18).

Mit dem vierten Odenbuch war alles gesagt und gesungen, was ein großer lyrischer Dichter im Rom des 1. Jh. v. Chr., gealtert und unüberbietbar geehrt, singen und sagen konnte. Als Mensch durfte er aussprechen, dass es nicht leicht sei, im Körper die Kraft und im Gemüt die Lust schwinden zu fühlen, dass aber der Dichter des dauernden Nachruhms gewiss sein könne. Der Dichter durfte noch einmal gaukeln (4, 12), sich herzlich freuen (4, 11, 1/20), noch einmal den ewig-großen Pindar rühmen, und dieses Mal ganz unverhüllt, durfte die Macht der Dichtung in überschwenglicher Weise rühmen[104]sich des wunderbaren Dichter-Freundes erinnern und auch seinen Gönner-Freund ehrenvoll erwähnen und sich der lieben Gefährtinnen entsinnen, und er durfte den schier über alles Menschliche hinaus gewaltigen Herrscher, der soviel Gutes über Italien gebracht hat, als einer der vielen Beglückten in höchstem Stil dankbar grüßen (im kleinen Kreise sprach man gelassener miteinander: Fraenkel 524), durfte Rom, noch einmal nach den Römeroden und dem *Carmen Saeculare*, auf das Fundament seiner neuen, göttergewollten Größe (4, 6, 1/24) verpflichten und ihm eine friedevolle Zukunft künden (4, 15, 17ff.) – mehr war nicht zu tun. Es war ihm alles gelungen und alles von der Muse gegeben worden – *quod spiro et placeo, si placeo, tuum est* – , jetzt schaute er dem Ende, seines Nachruhms sicher, reich beschenkt und tapfer entgegen. Der lyrische Dichter dieses Rom war nicht schwach und eingebungslos geworden, wie z.B. Campbell 126 meinte, nein: Er hatte alles gesagt, was er zu sagen hatte[105], und das war nicht wenig gewesen.

---

[102] Das reichte bis hin zum Faschismus-Verdacht bei D. P. Fowler, Homage to Horace, 258, 265 u. ö.; der Unterschied zu Hitler läge aber darin, dass der Faschist abgrundtief böse war, was man von Augustus noch nie gegen die Zeugnisse zu sagen gewagt hat.

[103] Zu den Voraussetzungen von c. 4, 15, 17ff. zum Beispiel vgl. Doblhofer 111 und auch Pasquali 180.

[104] Pindar in Pyth. 1, 94 hatte nebst dem Dichter auch den Historiker (logios) genannt (vgl. Farnells Kommentar). Horaz scheint hier womöglich zu hoch in die Saiten zu greifen.

[105] Es darf nicht verschwiegen werden, dass in einem der neuesten Bücher, dem von R. O. A. M. Lyne, diese Dinge ganz anders gesehen werden. Nennen wir die Hauptpunkte: 1. meint Lyne, dass Horaz unter Druck stand, dass er z.B. c. 4, 5 nicht ganz freiwillig geschrieben habe (S. 194) – warum nicht? Weil, so Lyne 195, Horaz früher nicht gern den Kaiser direkt ansprach (c. 1, 2 52 sei nur eine Ausnahme, welche die Regel bestätige: Anm. 8)

und es jetzt als "Hofpoet" (202) nur gezwungen tue. Das ist zu grobschlächtig argumentiert: Außer in dem kühnen c. 1, 2 spricht Horaz auch später nie den Kaiser direkt an – bis auf die beiden letzten Carmina seines Dichterlebens, die auch den Höhepunkt seiner Panegyrik in c. IV bilden. Wenn aber das Paar c. 4, 14 und 15 der beabsichtigte Höhepunkt sind, dann beruht diese direkte Anrede an dieser Stelle auf künstlerischer Absicht und braucht nicht als eine Folge irgendeines Zwanges angesehen zu werden. 2. Horaz zeige seine Ablehnung der Vergottungspanegyrik dadurch, dass er in c. 4, 8 die Unsterblichkeit der Helfer-Heroen als bloße "Redefigur" (211) entlarvt, und zwar dadurch, dass er in c. 4, 8 den üblichen Topos (dass Dichtung unsterblich macht) auf Heroen und Gottheiten anwendet, deren Unsterblichkeit als selbstverständlich gilt (z.B. Herkules und Bacchus), und somit den Gedanken nahe legt, es sei doch bloß der Dichter, der eine Art von Dichter-Unsterblichkeit verleiht: Das sei also nur Redeweise, nicht mehr. Aber erstens stimmt Lynes Übersetzung von 4, 8, 29 nicht: Er übersetzt *sic* in v. 29 (übrigens unter unverteidigter Beibehaltung von v. 28 und 33): "It is thus (through the Muse)", wo doch in v. 26 deutlich zunächst die *virtus* der Heroen selbst, dann der *favor* der Menschen und zuletzt die *lingua vatum* für die Vergottung verantwortlich gemacht werden. Wenn hier eine "Redefigur" vorliegt, dann diese: Horaz verkürzt seine Ausdrucksweise; er meint: Wenn ein Heros (wie der von Pindar so oft gelobte Aiakos) durch seine Leistung allenthalben anerkannt ist (*virtus et favor*), dann singt der Dichter, er sei in den Götterhimmel aufgenommen; so auch im Falle des Herakles, von dem alle wissen, dass er ein großer Helfer und Retter und Halbgott war; dass sein Andenken dauern und er selber nicht nach Menschenart sterben wird, das ist also klar; aber wie er fortlebt (Herakles z.B. an Juppiters Tafel und als Gatte der Hebe), das dichten die Sänger. Anders: Das Faktum ist klar, die Modalitäten erfinden die Dichter. Und das steht nicht im Widerspruch zu c. 3, 3, 9ff., wie Lyne es gern hätte (207ff.), sondern es ist genau das gleiche: Dass Pollux, Herakles, Bacchus und Romulus als allem Menschlichen überhobene Heroen nicht sterblich vergehen, ist klar; aber dass es "feurige Burgen" sind, wo sie hausen, und dass Augustus *purpureo ore* Nektar trinken wird, diese Modalität erfindet der Dichter. 3. Maecen, so schließt Lyne aus der Murena-Affäre 22 v. Chr. und der Spätstellung von Maecenasanreden in Properzgedichten nach dem Datum dieser Affäre und in Hor. c. IV (Spätstellungen, sie sehr wohl auch künstlerische Gründe haben konnten), sei dann nicht mehr Literatenpatron gewesen und nicht mehr Vermittler zwischen Horaz und dem Herrscher, der diesem z.B. klar machen konnte, dass mit Juppiter und den Giganten in 3, 4, 42ff. Augustus und seine Feinde gemeint seien – als ob Augustus derlei Verdolmetschungen nötig gehabt hätte und als ob diese Auslegung gesichert wäre! Aber sei's drum: Dass Augustus sich jetzt direkt an den Dichter wenden und auch "Druck ausüben" (192) konnte, erkläre, wieso Horaz nun "sowas wie" c. 4, 5 ("the sort of thing", 194) schrieb: Er musste. Dabei ist vergessen, dass Horaz gar nicht "musste", als Augustus ihm den Posten eines *ab epistulis* antrug. Ferner ist die Dichtung des 4.Odenbuches mit „so was" nicht zu kennzeichnen. Man sieht, wie ungesichert und ungeschützt das alles ist.

KAPITEL XVI : FLORUS-, PISONEN- UND AUGUSTUS-BRIEF

Biographische Notiz

In den Horaz-Handschriften folgt auf das erste Epistelbuch als orientierende Unterschrift nach der letzten Zeile der epi. 1, 20: "Es beginnt Buch II" oder auch "Es beginnt Buch II. An Augustus". Das deutet darauf, dass dieses "zweite Buch" mit dem Brief an den Kaiser begann, gewiss wegen der Bedeutung des Adressaten. Am Ende der Augustus-Epistel bietet die eine Hälfte der Handschriften keinerlei Hinweis darauf, das Neues beginne; die andere Hälfte notiert: "An Florus". Nach diesem Werk lassen alle Handschriften die Eintragung folgen: "Buch II der Episteln endet hier". Und so stand der dritte Lehrbrief, obschon zu Florus- und Augustus-Brief vom Thema her zugehörig, d.h. der Pisonen-Brief, den Quintilian in den Institutiones (Vorwort an Trypho und 8, 3, 60) "Ars Poetica" nennt, in den Handschriften allein da. Über die Datierung sagt das alles nichts.

Je nach dem, welche Pisonen man als Adressaten annimmt, schwanken die Zeitansätze: C. Becker 246 nahm das Jahr 18 an, N. Rudd, Horace. Epistles Bk. II, 37 das Jahr 10, wenn auch mit Fragezeichen. Alle aber sind sich darin einig, dass der Florus-Brief der früheste der drei Lehr-Episteln sein müsse. Augustus habe, in scherzend verärgertem Tone, Horaz gemahnt, er wolle, dass Horaz auch einmal mit ihm so spreche wie der Dichter der *Sermones* mit anderen tue (Klingner 2*, 27ff.). Viele Gelehrte meinten nun, mit jenen Sermonen müsse der Florus-Brief gemeint sein, der damit vor den Augustus-Brief rücken würde, mit dem Horaz dem Wunsche des Kaisers nachkam. C. Becker (61 und 245) spricht sich daher mit Th. Mommsen für das Jahr 20, das Jahr des Abschlusses der Epistelsammlung, als Abfassungszeit des Florus-Briefes aus, ebenso Rudd 97, andere dachten an 18 (Heinze z.B.), Becker 61, C. O. Brink, Horace on Poetry III, Epistles Bk. II: The Letters to Augustus and Florus [künftig: Brink III], 552, 557 und Lyne 187 an, 19 v. C. Wer mag da Recht haben? Bevor wir uns dieser Frage stellen, betrachten wir den Text.

Der Florus-Brief

In heiterster Laune beginnt die Epistel: Wenn man etwas kauft und der Verkäufer neben all' den Vorzügen beiher auch einen kleinen, ganz "normalen" (*ut fit*, 14) Fehler nennt, dann kann der Käufer, wenn dieser Fehler hernach auftritt, ihn nicht einklagen: Er war ja gewarnt. So auch Florus: Bevor er Ende 21 v. Chr. mit Tiberius nach Kleinasien aufbrach (Becker 61), muss er Horaz, der damals mit den letzten Arbeiten zu seinem ersten Briefbuch beschäftigt war, um weitere Lyrik gebeten haben; Horaz aber habe ihm deutlich gesagt (*dixi*, in v. 20 gleich zweimal gesetzt), er sei *talibus officiis prope mancum*, sei also wie einer, dem eins seiner Gliedmaßen fehle (das ist *mancus*), völlig unfähig, solchen Verpflichtungen nachzukommen. Was heißt das? Dichten, wenn wir ein wenig übertreiben dürfen, "auf Kommando" ist einem wirklichen Dichter unmöglich (er muss ja auf Eingebung, Einfälle, Muße und körperliches Bereitsein zu solcher Anstrengung warten). Florus einen Brief (*epistula*, 22) mit beigelegter Lyrik (*carmina*, v. 25) zu senden, war ihm also (wie einem Körperbehinderten das Hüpfen und Springen) einfach nicht möglich.

Lyrisches oder dergleichen dichten, warum sollte er sich eigentlich noch einmal daranmachen? In Rom habe er als Knabe die lateinische Ilias gelernt (d.h. die Elementarschulung durchgemacht), in Athen dann den Willen eingepflanzt erhalten (*vellem*, 44), sittlich richtiges und falsches Tun für sich zu unterscheiden; dann kam der Krieg und die Niederlage gegen den überstarken Octavian. Er hatte allen väterlichen Besitz verloren, und, mit gestutzten Flügeln heimgekommen, habe er halt gedichtet, um zu verdienen. Aber nun habe er alles, was man am besten sein eigen nennen sollte, und da wäre er ja verrückt, wollte er nicht lieber schlafen als dichten (51/4).

Noch einmal: Die erste Entschuldigung nahm ihren Ausgang von der Unfähigkeit, auf Bitten anderer hin zu dichten; sie führte zum Kern dichterischen Tuns, das keinem Kommando gehorcht. Die zweite führte ins Feld, dass er nicht mehr nötig habe, des Einkommens halber zu dichten; dieser zweite Entschuldigungsgrund wiegt leichter, denn er übertreibt lachend. Nun der dritte: Die Jahre entreißen viel, Scherz, Liebe, Feste und Spiel, und nun auch das Dichten: Was ist da zu machen (*quid faciam vis?*, 57). Das *faciam* wörtlich nehmend (Knoche AKS 257) fügt er an: "Machen, nun gut, aber der eine will Lyrik, der andere Jamben, der dritte Satiren mit ihrem ‚schwarz-bösen Salz'. Und erneut nimmt er "Salz" wörtlich, um zum Essen überleiten zu können: Beim Festgelage will einer dies, der andere das: Wem soll man's recht machen? Dies ist das dritte Argument, es erinnert an das Altern – ein plausibles Argument und eines nicht ohne Bitterkeit. Das vierte, das da lautete, man könne es all' den Gedichte Fordernden nicht recht machen, wiegt dann wieder leicht, denn Florus wollte ja nur Lyrik, und wenn da andere anderes wollen, könnte Horaz ja dem Freunde zuerst den Wunsch erfüllen.

Aber Horaz lebt (so sagt er wenigstens in 65) in Rom: Welch ein Lärm! Da soll man dichten?, fragt er in 76 mit gespielter Verzweiflung (fünftes Argument). Dichter lieben ja doch die Waldeseinsamkeit, den Ort des Bacchus. Und wenn er doch im quirligen, ganz extrovertierten Rom dichten wollte, d.h. introvertiert seinen Gedanken nachhängen, er würde nur verlacht werden: Soll er sich das wirklich antun (86)? Darin verbirgt sich ein schwer wiegendes Argument: Besonders lyrisches Dichten erfordert höchste Konzentration, Abgeschiedenheit, Zurückgezogenheit; es wird ihm in der Zeit der Oden schwer gefallen sein, sich das zu erkämpfen (epi. 1, 7; zur Nähe dieser Epistel zum Florus-Brief s. Büchner, Studien 8, 97): Soll er sich jetzt für Florus noch einmal in diesen Konflikt stürzen?

Dichten – das ist ja nicht ein Bestehen im Literaturbetrieb, etwa bei gegenseitigen Dichterlesungen in der neuen Bibliothek des Apoll-Tempels auf dem Palatin[1], wo einer den anderen hochlobt, um selber allerhand Ehrennamen einzuheimsen; wo einer den anderen kritisiert, um selber gut dazustehen: Da müsse man sich mancherlei gefallen lassen und immer nur schmeicheln (102f.). Aber außerhalb dieser Spiegelfechtereien und dieser entwürdigenden Beweihräucherungsunternehmungen fordert ein echtes Gedicht, das vor der Welt und den Kennern bestehen will, also ein *legitimum carmen* (109), das nicht irgendwelchen Dichterklubkollegen, sondern allein den Gesetzen der Kunst verpflichtet ist,– ein solches Gedicht verlangt (sechstes Argument) die unerbittliche Strenge eines Zensors, der es ernst meint (*animum censoris honesti*, vgl. Klingner, Studien 323). Denn (um allein auf die Wortauswahl zu kommen) was keine Kraft hat, muss gemieden werden; hervorgeholt aus dem Dunkel des Vergessens muss dagegen manches alte Gute; auch neu aufgekommene Wörter müssen geprüft und manchmal dann auch angenommen und eingefügt werden (119), denn der Gebrauch und seine Entwicklung bereichert ja die Sprache. Zurückschneiden, Glätten, Ausmerzen und Hervorholen also, und das alles muss auch noch wie spielerisch wirken: Dem Dichter geht es wie dem Ballett-Tänzer, der sich darauf verstehen muss, einmal einen Grobschlächtigen, einmal einen Zart-Feinen darzustellen[2]; das aber verlangt harte Einübungsarbeit: Man muss sich arg quälen (*torquebitur*, 124). Da wäre es doch viel angenehmer, sich wie die Poeten in der palatinischen Bibliothek einzubilden, wunder was zu können, als aufgrund klarer Selbsteinschätzung die Zähne zusammenzubeißen, um etwas den Kunstregeln Entsprechendes zustande zu bringen (*sapere et ringi*, 128). Wie gut hatte es der Mann in Argos, der da, sonst ganz richtig im Kopfe, gern ins Theater[3] ging, weil er dort Gesichte hatte und sich einbildete, Aufführungen zu

---

[1] Zur Bibliothek auf dem Palatin vgl. Nisbet-Hubbard zu c. 1, 31, 1; Kolb 335; Ausgrabungen haben noch keine nennenswerten Reste zutage gebracht.

[2] Dass Horaz mit dem Vergleich des Tänzers, der sowohl einen Kyklopen wie einen leicht beschwingten Satyrn darstellt, ein bestimmtes Pantomimenstück meinte, vermutet Heinze ansprechend.

[3] Man kann es heute noch besuchen in den Felsen über den römischen Thermen (Reiseführer Griechenland von Rossitter-Kienast, München 1982, 298).

erleben; am Ende trichterte man ihm eine genügend große Menge Schierling ein, er gesundete und war tief enttäuscht, den "so überaus lieblichen Wahn" verloren zu haben (*gratissmus error*, 140). So geht es dem Rezitationssaal-Dichter: Hold ist sein durch das Lob der Kollegen erzeugter Wahn, er sei ein begabter, erfolgreicher Mann; wie arm ist er dran, wenn die Einbildung zerstiebt.

Hier liegt ein tiefer Einschnitt, den Horaz allerdings, wie U. Knoche 259 gezeigt hat, zu überbrücken wusste. Er ließ das *sapere* in v. 141 scheinbar an 139f. anknüpfen, d.h. an das Vernünftigwerden des eingebildeten Zuschauers im Theater, das man ja als ein wiedererlangtes *sapere* bezeichnen kann; in v. 141ff., in *nimirum sapere est abiectis utile nugis* verwandelte er *sapere* dann unversehens zu einem Klug-; ja Weise-Werden (ähnlich Brink III, 357, ohne Knoche zu nennen). Das gleiche Wort, allerdings in zwei verschiedenen Bedeutungen, gibt dem Text über den Einschnitt hinweg Kontinuität.

Der Mann aus Argos tat Sinnloses; sinnvoll (*utile*, "expedient", Brink III, 358) dagegen ist es, klug zu sein und das Herumspielen (mit Einbildungen) den Knaben zu überlassen und nicht etwa nach Worten zu haschen, um sie zu latinischen Saitenklängen zu singen, sondern vielmehr "Rhythmen und Melodien" des wahren Lebens zu lernen, und darum spricht Horaz zu sich selber so (146ff.): Wenn man krank ist, muss man zum Arzt; wenn man den Rat hört, Reichsein vertreibe die Dummheit, rennt man dem Geld hinterher; aber wenn das nicht nützt, hört man dann noch immer auf die falschen Ratgeber? Wenn Besitz klug machen könnte, dann würde man der Reichste sein wollen (157). Aber macht er denn klug? Besitz, der ja nie dem Besitzenden für immer eigen ist (171f.), vergeht rasch (173). Also ist es eine Illusion, auf ihn zu bauen. Und es gibt ja Leute, die alle die Herrlichkeiten (178/81) nicht haben (sind sie darum alle dumm?), – es gibt aber auch einen, der gar nicht erst gewillt ist, sie zu haben (und der ist Horaz, 182).

So sind die Menschen von Geburtsanlage her verschieden[4]. "Ich", so schreibt Horaz in v. 190ff.), "ich will brauchen, was da ist, auch wenn es bescheiden ist; und das ohne Rücksicht auf irgendwelche Erben; aber ich will es bewusst tun und genau wissen, worin sich ein fröhliches Gemüt von einem Vergeuder unterscheidet, ein Besonnener von einem Geizkragen (193f.): Geld aus dem Fenster werfen ist ja etwas anderes als ohne ängstlich zählende Hintergedanken zu genießen (195), hinter immer mehr und mehr herrennen ist ja vom heiteren Genuss des Knaben, der ich einmal war, unterschieden, der da am Festtag in kürzester Zeit aufbrauchte, was er gerade in der Hand hatte. Eine hübsche, kurze Erinnerung.

Aber ernsthaft: Vor Armut möge man verschont bleiben; aber sonst ist es einerlei, ob man auf großem oder kleinem Schiff fährt; weder mit vollen Segeln möchte ich vor dem Winde dahinsausen (immer der Gefahr des Auflaufens nahe) noch möchte ich mühsam kreuzen müssen, möchte vielmehr an Kraft, Geist, Aussehen, Leistung, Stand und Vermögen "der letzte in der Reihe der

---

[4] Zu v. 187/ 9

Ersten, immer der erste unter den Letzten sein" (204); kurzum: Immer in der Mittellage.

Und jetzt, zum Schluss, folgt Schwieriges, das etwas Geduld erheischt. Horaz spricht jetzt mit sich selber über seine moralischen Qualitäten (so Brink III, 400 oben): Er sei nicht habgierig; das sei schon etwas, aber wie steht es mit dem albernen Ehrgeiz? Hat er vielleicht immer Angst, braust er nicht oft auf? Ist er über jeglichen Aberglauben überlegen? Zählt er dankbar die vielen ihm beschiedenen Jahre (ohne Angst vor einem baldigen Ende)? Ist er bereit, Freunden zu verzeihen? Wird er milder und besser mit den Jahren? Nein? "Wieso freust Du Dich dann am Fehlen jenes einen Lasters, wo Du so viele andere hast (205/12)? Wenn Du" – der Gang des Lebens (diese Metaphorik deutete sich in 210f. an) lässt sich als ein Weg fassen – "wenn Du also nicht richtig zu leben und zu altern weißt, dann mach denen Platz auf dem Weg[5], die es können (und gleichsam geradeaus gehen)". Und worin besteht dieses Leben-, Altern- und Geradeausgehen-Können, das richtige Leben (im Alter, vgl. 211)? Wenn man – jetzt wechselt die Metaphorik vom rechten Weg der Philosophen zum Gastmahl – am Ende (eines Festmahles) genug "gespielt" hat, genug gegessen und getrunken, dann ist's Zeit zu gehen (*abire*, 215: nach Hause zu gehen; so auch Klingner, Studien 324), damit die jüngere Generation, zu der es besser passt, ausgelassen zu sein, wenn man über Gebühr getrunken, den Alten nicht verlacht und zur Tür hinaus wirft[6].

Es ist merkwürdig, wie uneinheitlich die modernen Reaktionen auf diesen Brief lauten. R. Heinze z.B. betonte die Nähe des Florus-Briefes zum ersten Epistelbuch: "Der Brief nimmt das Thema des Widmungsgedichtes der Episteln ... auf", also das Bekenntnis, mit der Lyrik (*versus et cetera ludicra*) aufzuhören und sich ganz der Auffindung dessen zu widmen, was "echt und sich gehörend" ist, dem *verum atque decens* (S. 243). Ed. Fraenkel hat der Epistel kein eigenes Kapitel gewidmet; N. Rudd 17f. hebt die Nähe zur Gerichts- und Rechtssprache hervor, also die juridische Metaphorik, und nennt den Brief " a delightful piece of work", was nicht viel sagt. Das führt also nicht weiter; C. Becker schenkte dem Brief dafür acht Seiten, auf denen er etwas tut, was der Philologie eigentlich nicht tun sollte: Er glaubt dem Dichter nicht. Er glaubt ihm nicht, dass er "schwer von der Dichtung loskomme", obschon er das Gegenteil behaupte, und warum dies? Weil Horaz im Unterschied zu epi. 1, 1 im Florus-Brief quantitativ sehr viel mehr über Dichtung als über Moralphilosophie handele; weil er den Stolz auf seine Leistung (in 145: *fidibus Latinis*) durchblicken lasse (S. 56 oben); weil er, der als Proselyt der Philosophen doch deren Terminologie rein erhalten sollte, sie im Florus-Brief des öfteren auf Literarisches übertrage

---

[5] *Decedere* kann bedeuten, auf der Straße Platz zu machen: OLD 4 a.
[6] *Pulset* in 216 erklärt Rudd mit OLD *pulso* 8 b wohl richtig. Zum Bilde des Alten am Lebensende als eines "satten Gastes" vgl. Lucr. 3, 938; Sen. epi. 61, 4 Ende.

und somit entwerte⁷, und so "kündigt sich ein Wandel in den horazischen Neigungen" zu Gunsten neuer Lyrik an (60 unten). Aber das ist alles ganz arbiträr, dies Kapitel ist eines der schwächeren in Beckers Buch, denn es erkennt nicht, was Horaz eigentlich sagen will⁸. C. O. Brink III erklärt zunächst die Ausgangssituation (Florus soll Horaz um Lyrik gebeten haben) für eine Fiktion, denn auch wenn Florus um *carmina* gebeten haben sollte, so schreibt ihm Horaz hier bei aller Weigerung, wenn nicht *carmina*, so doch ein "highly wrought poem" (III, 266); dass der Ausgangspunkt eine Ironie enthält, nimmt dem Brief jedoch nichts von seiner Bedeutung, denn sein Hauptgedanke ist, in Anknüpfung an das erste Epistelbuch, die ausführliche Begründung dessen, dass er nun nicht mehr Lyrik zu dichten gewillt sei, weil nunmehr ein neues, ein lebensphilosophisches Interesse überwiege (511).

Das klingt schlüssig, lässt aber doch die Frage zu, warum, wenn der Akzent auf der Philosophie liegt, dann so viel, und viel mehr als von Philosophie (so Becker), von der Dichtung die Rede ist? Wir glauben, dass die Forschung die Aussagen über das Dichten unterbewertet hat. Warum? Auch wir meinen, dass der Hauptgedanke der einer Begründung dafür ist, warum jetzt nach so vielen Jahren intensivster Arbeit an lyrischer Dichtung, warum in dieser Lebensphase des Alterns (*accedente senecta*, 211), die Notwendigkeit einer neuen Lebensorientierung eingetreten ist. Daran kann kein Zweifel bestehen. Aber der Brief hat in seinem viel längeren ersten Teil (1-140) noch ein weiteres Ziel. Er will von den äußeren und inneren Bedingungen für das Gelingen von Dichtung sprechen. Die geschilderte Ausgangssituation, mag sie nun fiktiv oder (wie Lefèvre 322 annimmt: "Antwort auf einen ungeliebten Auftrag") real sein, ist eine von außen kommende Bitte, eine Art "Auftrag". Dichtung kann aber nicht auftragsweise (*officiis*, 21) geschrieben werden, das ist von der Konstitution des Dichterischen her unmöglich (*mancus*, ebd.). Anders gewendet: Dichtung entsteht spontan.

Dass Horaz, arriviert, das Dichten (für Geld) nun nicht mehr nötig habe, ist ein leichtwiegendes, ein scherzendes Argument und hat seinen Wert nur in der hübschen quasi-autobiographischen Passage (Brink III, 289 korrigiert hier Fraenkel etwas pedantisch: keine "factual autobiography"). Dann aber v. 55ff.: Das Altern nimmt uns manches, nimmt uns auch die unbedacht genießende Lebenslust. Das will sagen: Kommt die Einsicht, dass man altert, verliert das Spiel

---

[7] Beckers Behandlung des *sapere* in 128 und 141 krankt daran, dass er Knoches Entdeckung nicht nutzt; dass Horaz das "Beseitigen von stilistischen Auswüchsen" mit "ethischen Begriffen" umschreibe (nämlich in 122; Becker 59 unten), ist schlicht falsch, denn die Metaphorik des *compesco* (OLD 2 a) ist hier der Landwirtschaft, genauer: der Baumzucht entnommen: Verg. georg. 2, 370; Ov. met. 14, 630.

[8] Natürlich stößt auch Lyne in das Horn derer, die da etwas anderes herauslesen wollen, als was der Text bietet: Auf S. 188 meint Lyne, Horaz erkläre nicht "befriedigend", warum er das Dichten aufgeben wolle. Hinterfragt man dies, kommt man zu dem Schluss, dass er etwas verschweige, nämlich den Umstand, dass die politische Konstellation dem lyrischen Dichten nicht mehr günstig sei (S. 189). Wie wäre es damit, den Text genauer zu lesen?

an Wert, und zum Spiel gehört auch – für den Dichter – das Dichten (vgl. Catulls 50. Gedicht). Das deutet auf v. 141ff. voraus, und daher sollte man nicht sagen, v. 141ff. sei nicht vorbereitet (Brink 357). Wem sich die *mens* zusammen mit der *aetas* gewandelt hat (epi. 1, 1, 4) mag dann wohl von *versus et cetera ludicra ponere* sprechen (ebd., 10).

Und auch das nächste Argument (65ff.), wiegt nicht ganz leicht. Denn was soll die mythische Rede vom Musen- und Bacchus-Hain (z.B. v. 78)? Sie soll sagen, dass der Dichter ein Einsamer ist, dass er zeitweilig wenigstens "monoman" zu sein hat, um auf das lauschen zu können, was da in ihm aufsteigt, was "die Musen ihm singen". Und v. 87ff. wiegen nicht leichter: Selbstkritik statt gegenseitiger Beweihräucherung – was heißt das? Das meint, dass der wirkliche Dichter sich selbst ausgeliefert, dass er, wenn er ein feines Sensorium besitzt, der Qual (vgl. 124: *torquebitur*) der Selbstprüfung ausgesetzt ist. Lauschen, formen des Gehörten, und dann prüfen im Wissen um all' das viele Theoretische, das erarbeitet worden ist (das steckt in *legitimum*, 109), und dann hinaustreten vor die Kritik, da hört der *gratissimus error* (140) rasch auf. Was mit all' diesem gemeint ist, sagt epi. 1, 1, 8f. klar und deutlich, wenn auch im Vergleich: Das Rennpferd ist gealtert, es ist müde geworden. Man kann den Lasterkatalog leicht so lesen, als passe er zu dem Horaz dieser Lebensstufe, der nun nach all' dem Durchlebten und nach all' der Mühe sich zurückziehen möchte (und dies nicht nur, wie die v. 190ff. nahe legen, im Äußerlichen) und, milder werdend (211), den ihm nun eher angemessenen Weg gehen. Das bedeutet kein „Fort mit Dir (aus dem Leben)!", sondern Rückzug aus dem lauten Genussleben (Klingner, Studien 324).

Wovon spricht also der Florus-Brief? Von zwei Dingen, die miteinander verknüpft sind: Zunächst macht er klar, was Dichten bedeutet; er spricht von den äußeren und inneren Bedingungen des Dichtens und lässt den Laien spüren, dass sie schwer sind, dass sie ermüden und eine "Qual" darstellen, auch wenn die Resultate wie ein Spiel aussehen[9]. Dies recht bedacht und mitgespürt, versteht man den zweiten Teil besser: Jahre angespanntester Arbeit an diesem "Spiel", und dann die Ermüdung und die Erkenntnis, dass diese Jahre den Dichter haben altern lassen; nun tut die Neuordnung not. Vermutlich ist dieser Brief eines an der lyrischen Dichtung Ermüdeten sehr bald nach der Oden-Sammlung geschrieben worden.

---

[9] Es ist immer belehrend, dem tief eindringenden W. Wili zuzuhören; er schreibt auf S. 314 davon, dass Horazens Dichten "vollendetes Sprachkönnen" darstelle und ein "Geschenk höchsten Kulturgutes an die Gemeinschaft" bedeute, auch wenn "Dichtung als Spiel" erscheine. Man bedenke, wie vielen in der Weltgeschichte Derartiges wohl gelungen ist.

Ars Poetica

Gewiss wäre es von großem Wert, wenn wir wüssten, wie Horaz selber dieses späte Meisterwerk genannt hat, ob "Epistel" oder "Ars Poetica" oder ganz anders. Antike Zitate belegen, dass es später zu den Episteln gezählt oder als "Ars" bezeichnet wurde[10], aber beide Titel sagen nichts. Es wäre auch nicht unwichtig zu wissen, wann dieses ebenso lange wie gewichtige Werk verfasst wurde, ob im Jahre 10 v. Chr.[11], dem Lucius Calpurnius Piso gewidmet, wie der antike Kommentator Porphyrio nahe legt (Rudd 19f.), also als letztes Werk, oder zehn Jahre zuvor, wie einige moderne Gelehrte meinten, weil keine zwei Söhne des Piso, den Porphyrio nannte, nachweisbar seien, wohl aber solche eines älteren Piso, nämlich des Cn. Calpurnius[12]. Das wäre freilich nicht uninteressant, aber es würde ebenfalls über den Gehalt nichts aussagen, ja es ist völlig belanglos, denn Horaz spricht nicht zu Individuen, sondern zu jungen, begabten Dichtern aller Zeiten. Es wäre gewiss auch höchst willkommen, wenn wir uns, was den Inhalt angeht, kurz fassen und einfach die Ergebnisse der neueren Gelehrten rekapitulieren könnten; aber das geht nicht an, denn die neueren Kommentatoren stellen an einigen Stellen nicht die Fragen, die gestellt werden müssten. Und so bleibt uns nichts anderes übrig, als geduldig Absatz nach Absatz durchzugehen; doch am Ende wird sich zeigen, dass die Geduld belohnt wird: Es ist dies ein großartiges Werk, das ein langsames Lesen reich belohnt.

Vers 1-41

Horaz lädt auf eine Vernissage: "Wenn ein Freund", so beginnt er, "Euch, Ihr Pisonen[13], einlüde, ein sehr ernst gemeintes Gemälde von ihm zu sehen, und Ihr würdet da eine schöne Frau erblicken, die einen Pferdehals und buntes Gefieder trüge, dazu Gliedmaßen hätte, die von verschiedenen Tieren genommen wären, und zuletzt auch noch in einen hässlichen Fischschwanz ausliefe, der Maler aber würde alles dies ganz ernst meinen, – würdet Ihr da nicht in ein Gelächter ausbrechen?" Gewiss, gemalte Grotesken gab es in Horazens Zeit genug[14], aber

---

[10] Die Belege sind kurz von Rudd auf S. 19 zusammengestellt.
[11] Die Argumente hierfür bei O. A. W. Dilke, BICS 5, 1958, 49ff.
[12] A. S. Wilkins, The Epistles of Horace, London 1896, 330ff. C. O. Brink III, 557 hält das Werk im strengen Sinne für undatierbar, rechnet aber mit der Möglichkeit, dass es in des Dichters letzten vier Jahren entstanden sei.
[13] So erklärt Brink III, 88 die Wortfolge in v. 5f.: *amici ... Pisones*.
[14] Es genügt, an die spätrepublikanische "Villa della Farnesina" und da etwa an die krallenfüssigen Frauenbilder als Gemälde- oder Säulchenträgerinnen zu erinnern (La Villa della Farnesina in Palazzo Massimo delle Terme, hrsg. von M. R: Sanzi Di Mino, Mailand 1998, 64 und 100).

eben als Grotesken, nicht als ernsthafte Gemälde; die Gemälde aus Horaz' Zeit, die erhalten sind, weisen u. W. keine solchen Verirrungen auf. Es ist ja auch kein geringer Reiz, wenn auf einem Wandfresko eine groteske Figur den Rahmen eines schönen, naturgemäß gemalten Bildes trägt. Aber die selbstverständliche und „ganz unverfängliche" Kritik (so nennt sie Fr. Klingner, Studien 355) eines Malwerks dient nur zum Vergleich mit einem wirren Gedicht: Wenn ein Dichter sein Werk aus Teilen[15] zusammensetzt, die ebenso wenig logisch oder natürlich zusammengehören wie die Wahnvorstellungen eines Fieberkranken, sind sie ein wahres Un-Ding. Das Ergebnis: Solche Gedichte hätten "weder Kopf noch Fuß", und müssten doch eigentlich eine natürliche Einheit ergeben. *Uni* in v. 8 ist sehr prägnant verwendet, es steht ebenso betont am Versende wie es überraschend fällt; es soll wohl auch überraschen und auffallen, enthält es doch die erste Grundforderung, die Horaz erhebt: Ein Dichtwerk muss eine natürliche oder organische Einheit ergeben[16]. Es geht nicht an, bei aller poetischen Freiheit, dass z.B. Zahmes mit Wildem, dass Vögel mit Schlangen, Tiger mit Schafen im Ernst und mit Kunstanspruch zusammengebracht werden. Kann man sich ein derartiges Gedicht vorstellen? Man muss dem, was hier scherzend vorgebracht wird, gewiss nicht allzu ernst nachfragen; aber wenn ein Dichterling einen schönen Garten beschreibt mit allerhand Vögeln, die da herrlich singen, und lässt zugleich Schlangen durch die Bäume gleiten, dann bekommt man Angst für die singenden Tierchen und wird missmutig. Tiger und Schafe darf ein Dichter sehr wohl in einer Verherrlichung des Paradieses miteinander zur Tränke gehen lassen, aber wenn er einen Tiger die Herde eines arkadischen Schafhirten bedrohen lässt, wird man fragen, wie denn ein solches asiatisches Tier auf die Peloponnes komme. Wie gesagt, man darf das nicht allzu ernst nehmen; aber die Frage, was Horaz sich gedacht habe, dürfen wir uns doch wohl stellen, nicht zuletzt um des Folgenden willen.

Tiger mit Schäfchen oder Hirschen, der Beute der Raubkatzen, zusammenzubringen, das ergibt kein Eines im Sinne einheitlicher und durchgehender Naturentsprechung. (In Paradiesbildern wäre das gut denkbar, man erinnere sich der Würzburger Phineus-Schale.) Wenn man nun an die Gegenstände auf einem Bilde denkt, z.B. an Tiger, die einen Sprung Rehe beschleichen, dann sieht man gleichsam gleichberechtigte Teile; im Folgenden ist aber die Rede von Fehlern, die aus unnatürlicher Ungleichheit kommen. Gedacht ist an hübsche und auffällige Stoff-Stückchen auf einem Kleide (*pannus*, 16), oder, auf die Dichtung übertragen, von hübschen, aber Gleichgewicht und Natürlichkeit störenden Beschreibungen. Da windet sich durch eine Landschaft ein Fluss[17], der

---

[15] So erklärt Brink den Ausdruck *species* in v. 8; Heinze übersetzte mit "Vorstellungen", Rudd mit "shape"; das schließt sich alles nicht aus; gemeint sind die bildlichen Teile eines Dichtwerkes.

[16] Das ist eine uralte Forderung, die Plato Phaedr. 264 c 2ff. an jedweden Logos stellt (vgl. Gorg. 505 d, ferner Brink III, 78ff.).

[17] Horaz spricht in v. 18 vom Rhein; der Dichter, der den Rhein unpassend "einflickte", braucht nicht der aus sat. 1, 10, 37 zu sein, wie Brink richtig anmerkt.

da aber sachlich nichts zu suchen hat; oder ein Regenbogen erhebt sich über ihr, aber womöglich sehr unpassend[18]: Was hätte z.B. die Beschreibung des Rheins in einem Epos über Scipios Spanienfeldzug zu tun oder die des Ganges in Horazens c. 1, 12, 22? Fazit: Wenn man etwas Anspruchsvolles und Bedeutendes beginnt (14), muss man Anspruch und Bedeutung auch durchhalten und sich nicht auf ein paar Glanzlichter, die zudem nicht einmal ins Sujet passen, verlassen, im übrigen aber fad werden. Da macht sich ein Töpfer daran, eine schöne Amphore zu drehen, heraus kommt aber ein Pott – warum? Der Glanzlicht-Könner und Fetzchen-Aufnäher kann eine Kleinigkeit gut, für ein Ganzes von durchgehend hohem Niveau fehlt ihm die Kraft. Er kann kein Homogenes machen, in dem alles sachlich passt und künstlerisch stets auf gleicher Höhe bleibt. Es fehlt ihm die Kraft für ein Ganzes im Sinne der Homogenität[19], kein *simplex et unum* (23). Damit wäre die Forderung des Horaz unverstellt und unumspielt ausgesprochen (Klingner, Studien 356).

Soweit zur Einheitlichkeit der Sachen, der Sujets; nun zur Einheitlichkeit des Stils, wie Brink III, 105 unten zutreffend anmerkt: Da will einer kurz, d.h. gedrängt und prägnant schreiben, und es wird dunkel und unklar; einer will großartig schreiben und er wird schwülstig; noch ein anderer will nicht langweilig sein und möchte variieren, und was kommt heraus? Der Fehler, der schon oben getadelt wurde: Er malt einen Delphin in ein Waldstück. (So lenkt Horaz wieder zurück zu den Sujets.) Wo liegt der Fehler? Wer nicht gedrängt schreiben kann, ohne unklar zu werden, und wer einen Gegenstand nicht verfolgen kann, ohne Unpassendes hineinzubringen, dem fehlt die überlegene Beherrschung der Mittel, die Souveränität. Auch dies ein Mangel an Kraft. Wer eine Statue anzielt, aber doch nur Meister im Haarsträhnen-Bilden ist, der ist wie ein sonst ansehnlicher Mensch mit einer hässlichen Knollennase: Es fehlt dem Gebilde die homogene Ganzheit, und dem Mann die "geistige Herrschaft über das Ganze einer Arbeit" (Klingner, Studien 358). Horaz nennt das *ars* (31), und deren Mangel tritt ganz besonders dann zutage, wenn einer etwas Bedeutendes ankündigt, dem er dann doch nicht gewachsen ist (14). So leitete Horaz diesen Abschnitt ein und so fährt er nun fort.

Wenn man sich also einen poetischen Gegenstand vornimmt, sollte man seine Kraft lange prüfen, um sie genau zu kennen; und wenn ein Dichter dann etwas

---

[18] *Non erat locus* in v. 19 gibt wahrscheinlich die griechische Grundforderung des "kairos" wieder, wie W. Steidle, Studien zur Ars Poetica des Horaz, (1939), Hildesheim 1967 [künftig: Steidle], 22 vermutete, dem Brink zustimmt. Man kann mit dieser Forderung bezüglich der Dichtung gut Quintilians Forderung in Bezug auf die Rede vergleichen (4, 3, 3).

[19] Anders gesagt: Der Mann vermeint, alles "richtig" (*recti*, 25) zu machen, macht es aber doch nicht. *Rectum*: Stillschweigend wird ein Stilideal vorausgesetzt, aber es ist kein bestimmtes, darum kann es bei der Andeutung bleiben. Es handelt sich ja lediglich um die Natürlichkeit: Wer zu kurz schreibt und dunkel wird, vergeht sich gegen die natürliche Forderung nach Verständlichkeit; wer in den Schwulst verfällt, beleidigt das Ohr, usw. (Die antiken theoretischen Erörterungen nennt Brink III, 108 ausführlich).

wählt, das seinen Kräften entspricht (*potenter*, 40), dem wird es nicht an Worten fehlen und nicht an klarer Ordnung (*ordo*, 41).

Das alles sind ganz selbstverständliche Dinge, da bedarf es keiner Frage nach möglichen Vorbildern, etwa nach des Aristoteles Lehre (Poet. Kap. 7 und 8) oder nach Neoptolemos, von dem Porphyrio sagt, Horaz habe die wichtigsten seiner Lehren in sein Werk aufgenommen (Rudd 23). Aber solche Kraft, Souveränität und Beherrschung der Sachen und Stile, das ist nicht lehr- und lernbar. Man sollte hier nicht die aristotelische "Goldene Mitte" hereinziehen (Brink III, 115f.[20], Klingner 9), als läge der richtige Stil z.B. in der Mitte zwischen Weitschweifigkeit und obskurer Überkürze, denn je nach dem Gegenstand wechselt der ihm gemäße Stil. Er ist ja nicht ausrechenbar, und darum ist die *ars* hier keine Messkunst, sondern ein Gespür, letztlich eine Auswirkung der Kraft in der Begabung eines Menschen. Insofern hat Fr. Klingner (S. 9) am Anfang seines entscheidenden Satzes Recht gehabt, wenn er von "geistiger Herrschaft" sprach, und die ist keine *ars* im Sinne des Lernbaren.

Blicken wir noch einmal zurück: Das, wovon in diesen 41 Versen letztlich die Rede war, zielte auf die Wahl des Stoffes, eine Wahl, die auf Selbstprüfung, d.h. auf der Prüfung und dann der Kenntnis seiner Kraft zielt. Kraft wofür? Für die Schaffung eines überzeugend ponderierten Ganzen und Einheitlichen (*unum* und *simplex*) nach Maßgabe der Natur und für das Hinschreiben im rechten Stil, dies wohl nach Maßgabe des natürlichen Empfindens des (Normal-) Rezipienten.

Vers 42-72

Ordo gab das Stichwort, und nun folgt in 42/5 eine Bemerkung zur Anordnung der Sachen ; von "things" spricht Brink 130 (4). *Virtus* und *venus*, Kraft und Schönheit der Stoffanordnung werde dann erreicht, so lehrt Horaz, wenn man das, was gerade jetzt nötig ist, auch gerade jetzt bringt, und alles, was man noch weiter sagen könnte, fortlässt. Also die Konzentration aufs gerade jetzt Passende. Das ist Sache der Geschmackssicherheit, also letztlich nicht erlernbar; aber dem Begabten genügt es, diese so einleuchtende Forderung einmal gehört zu haben.

Von den Sachen zu den Wörtern: Wie drückt man die angezielte Sache treffend aus? Zunächst der allgemeine Rat, auch hier guten Geschmack (zu *tenuis* in 45 vgl. auch Brink III, 137: "discriminately"), also "feines Empfinden für (die) Angemessenheit" (Heinze) und Bedachtsamkeit in der Auswahl walten zu lassen, und dann praktische Anweisungen: Allzu bekannte Wörter füge man mit Wörtern zusammen, mit denen sie sonst nicht zusammenstehen (Rudd 157 gibt

---

[20] Wenn hier und im Folgenden zuweilen von Brinks Erklärungen abgewichen wird, so geschieht das stets unter Wahrung äußersten Respekts vor diesem Kommentar, den genau zu lesen, ein hohes Vergnügen bereitet und genaueste Belehrung schenkt.

Beispiele), so klingen sie neu. Es wird sich manchmal auch die Gelegenheit aufdrängen, "uralte", also altbekannte Dinge mit modernen Wörtern auszudrücken[21]; und auch behutsame Neubildungen nach griechischem Vorgang werden Kredit gewinnen (Horaz selber prägte den Ausdruck *dominantia verba* in v. 234 nach griechischem Vorbild). Denn wieso sollten eigentlich Horazens Zeitgenossen nicht in den Genuss der Wortwahlfreiheiten kommen, die man den Alten (Plautus z.B.) zugestanden hat (vgl. im Florus-Brief den v. 119)? Immer schon war es ja doch erlaubt, Wörter mit moderner Prägung auf den Markt zu bringen (und nicht immer nur altbekannte und altbackene). Horaz war also kein Anhänger eines Purismus, der konservativ gegen jegliche moderne Prägungen eingestellt ist; aber das Wichtigste war ihm die Scheu (*pudenter*, 51) und das Maß (*parce*, 53). Er behandelt nicht das schier unendliche Gebiet der Metapher, wie er überhaupt auf Vollständigkeit in diesem Brief keinen Wert legt, sondern auf die innere Einstellung und Haltung, nämlich auf Scheu und Maß, kurz: auf Geschmack. Anders gewendet: Man hat verwundert vermerkt, dass Horaz mit keinem Wort so riesige und so wichtige Techniken bedacht hat wie Metonymie, Metaphorik oder Prägnanz. Er wollte, so muss man folgerichtig schließen, nicht vollständig sein, sondern die gewöhnlichen Handwerkslehren unterfragen und nach dem forschen, was allem, was gelingt, wohl zu Grunde liegen mag: Es ist dies vor allem das Gespür für das Passende und Schickliche. Um klarer zu sehen, was gemeint ist, erinnern wir uns an den *lucidus ordo* in v. 41: Wenn die Anordnung der Sachen oder des Stoffes gelingt, dann ist sie "licht" im Sinne des Hellen und Durchsichtigen, des klar Einsichtigen, und das gibt dem *ordo* Kraft und Schönheit. Aber wie man's machen soll, davon kein Wort. Das bedeutet: Der Begabte bedarf nur dessen, was man das "Stichwort" nennen könnte, bedarf der bloßen Nennung des Ideals und der idealen Wirkung; wie er's dann erreichen kann, das wird ihn seine Begabung schon spüren lassen.

---

[21] In v. 49 ist nach *rerum* ein *et* „in einer der spätantiken Rezensionen (Psi) und außerdem im Blandinianus Vestustissimus überliefert" (so informiert F. Klingner, Studien 406). Liest man *et*, hat man zwei Möglichkeiten der Wortneuerung vor sich: 1. mit neu aufgekommenen Ausdrücken Altes zu benennen, und 2. selber Wörter neu zu bilden, die bisher unbekannt waren; dann folgt: Das werde auch gelingen und (vom Publikum) auch erlaubt werden, wenn man in beiden Fällen behutsam verfährt. Liest man den Text ohne das *et*, dann ergibt sich: Sollte es einmal nötig sein, Altes mit neu aufgekommenen Wörtern auszudrücken, wird es gelingen, vorher nie gehörte Wörter zu bilden, und man wird das auch erlauben, wenn es behutsam geschieht. Im zweiten Falle (ohne *et*) fällt der Gedanke an die eigenständige Wortneubildung fort. Da wir sie für wichtig erachten, lesen wir trotz Brink und Rudd 157 mit Klingner, Studien 406ff. *rerum et.–* Die überlieferte Versfolge 44-45-46-47 kann nur derjenige halten, der annimmt, Horaz habe das in v. 44 Gesagte gleich noch einmal gesagt; diese Überfülle vermeidet Bentleys prachtvolle Versumstellung (Brink 135 oben; Borzsák und Shackleton Bailey akzeptieren sie unbegreiflicherweise nicht; Rudds Erörterung achtet nicht auf das aufschlussreiche *etiam* in 46, das erst durch die Versumstellung seine volle Kraft gewinnt, s. J. Vahlen, Ges. philolog. Schriften 1, Leipzig 1911, 425ff., Brink III, 134 unten).

Horaz, so gehen wir jetzt zum Ganzen von v. 46/59 zurück, hatte vom Neuern der Wörter gesprochen; entweder lassen veraltete sich durch ungewöhnliche Kombinationen erneuern oder man wird moderne Wörter auch für alte und gar altertümliche Gegenstände verwenden und man wird eigene Neubildungen wagen. Und nun v. 60ff.: Derlei Neuerungen entsprechen durchaus der Natur, denn Wörter, so wendet Horaz einen uralten homerischen Vergleich neu[22], sprießen und fallen wie die Blätter, sie werden und sterben wie alles von Menschen Hervorgebrachte[23]; was einmal Küste war, wird zu Hafen, was Sumpf gewesen, wird zu Ackerland, ein Bruch zu Obstplantage, und so auch die Wörter, wenn die wechselnde Ausdrucksweise es so will.

So trennt eine breit angelegte und schöne Betrachtung über Werden und Vergehen dessen, was Menschenwille schafft, die trockeneren Partien, nämlich die Behandlung der Wortneuerung vom Folgenden, den Versmaßen und dem, was in ihnen ausdrückbar ist. Doch nicht nur das Trennen der Abschnitte ist die Aufgabe der v. 60/72, sondern auch die Begründung für die Wortwahl-Lehre: Diese Lehre wurde eingeschränkt auf das Neuern; die Erlaubnis des Neuerns wird jetzt in dem Blätter-Vergleich begründet, und zwar mittels des Hinweises auf den Grund-Modus menschlichen Existierens. Das wollen wir im Gedächtnis behalten, wenn wir jetzt zu den folgenden Abschnitten übergehen.

---

[22] Ilias 6, 146; vgl. H. Lloyd-Jones in: Maia NS 3, 19; 1967, 215. Leider ist der überlieferte Text in v. 60/2 so gut wie unverständlich. *Pronos in annos* könnte man allenfalls so verstehen, dass die Jahre rasch dahineilen, aber bedeutende Gelehrte haben darauf hingewiesen, dass *in annos* entweder kein Adjektiv oder nur ein numerisches (*singulos* etwa) verträgt und dass daher *privos* zu schreiben wäre, obschon Horaz dieses Wort sonst nur im Sinne von "eigen" verwendet; *prima* kann zudem schwerlich "junges Laub" bedeuten, was allein *nova* hergäbe; und drittens ist der Vergleich unvollständig: "Wie die Bäume sich von Jahr zu Jahr in ihrer Belaubung ändern, und die ersten (Blätter) fallen, so vergeht die alte Zeit der Wörter und wie beim Menschen reift das eben Geborene zum Manne" verlangt ersichtlich nach einem Gedanken an das Hervorkommen der Blätter (Brink 147 unten). Man muss also an einzelnen Wörtern wie am Versbestand zweifeln.

[23] Zwischen Blättervergleich und naturveränderndes Menschenwerk stellt Horaz die alte (Brink 150) Sentenz "Wir schulden dem Tode uns und das Unsere", die das Sein zur vorübergehenden Modifikation des Nichtseins erklärt: Mögen wir noch so kräftig wirken, alle Wirkung wird vergehen, und so auch unser Bemühen um neue Wörter. Übrigens warnt Brink (S. 151) mit Recht davor, die drei menschlichen Leistungen, die Horaz nennt, mit zeitgenössischen Bestrebungen in eins zu setzen; Rudd warnt nun wieder vor dieser Skepsis und meint, es sei doch wohl erlaubt, z.B. an Julius Caesars Pläne bezüglich Landgewinnung und Sumpfaustrocknung, usw. zu denken. Da in v. 65 derlei Aktivitäten "königlich" genannt werden, wird man eher an hellenistische Könige als an Caesar oder Augustus denken. Aber nichts zwingt dazu zu aktualisieren.

Vers 73-118

Die Wortwahl-Lehre der v. 46/72 war so allgemein gehalten, dass sie auch für die Prosa gelten konnte; was jetzt folgt, schränkt den Text auf die Dichtung ein: Durch und nach Homer verfestigten sich die Gattungen in der Metrik, das Epos wird im Hexameter, die Elegie im daktylischen Distichon und die Lyrik von Hymnus bis Skolion in noch anderen Maßen gedichtet. Das heißt für den Dichter, dass er (v. 86)

descriptas servare vices operumque colores[24],

d.h. dass er die eben beschriebenen Unterschiede (s. Brink III, 173, Z. 1) der Stilfärbungen zu beachten hat. Das grausige, hoch-tragische Thyestes-Mahl kann man eben nicht im niederen Tone einer Komödienszene wiedergeben (90f.): "Ein jedes muss seinen passenden Rang wahren", so könnte man mit Rudds Hilfe den oft angezweifelten v. 92 wiedergeben. Insgesamt handelt es sich um Stilhöhe und Stilfarbe (Klingner, Studien 366).

Muss also die Tragödie in jedem Vers Hoch-Stil, die Komödie durchgehend Alltagsstil aufweisen? Keinesfalls: Zuweilen wird sowohl eine Komödienfigur in hohem Zorne sprechen (man denkt an die Euclio-Arie in Plautus' Aulularia; zu diesen Versen 95/9 s. Klingner, Studien 368, Anm. 2) als auch der tragische Schauspieler sein Leid in alltäglichen (und darum um so ergreifenden) Worten aussprechen ("z.B., wenn Telephus und Peleus, beide verarmt und fern ihrer Heimat, gleichermaßen die hochtönenden Reden bleiben lassen"), wenn er mit seiner Klage das Herz des Hörers berühren will[25]. Denn, so fährt der Text fort, allerdings ohne verknüpfende Partikel, Dichtwerke sollen nicht nur in und für sich gelungen und schön gemacht sein, sie sollen auch nach außen gehen und angenehm in verschiedene Stimmungen bringen[26]. Darum muss der Schauspieler, der den schmerzgeplagten Myser-König Telephus gibt, nicht steif rezitieren,

---

[24] Das eindeutig überlieferte *describere* in v. 86 bedeutet das Festlegen, *discribere* das Zuweisen; gewiss ist die Konjektur Lambins (so Shackleton Bailey im Apparat) *discriptas* gut und Keller, Heinze, auch U. Knoche in seinem Handexemplar folgten ihm; doch entspricht das Festlegen durchaus dem Textverlauf, weswegen Klingner in seiner Ausgabe und in den Studien 368, Brink III, 172, Shackleton Bailey und Rudd doch auch mit gutem Recht am Überlieferten festhielten.– *Servare* ist das Simplex zu *observare* (Brink führt Belege an) und *operum colores* meinen den "Stil der Sprache" (Klingner, Studien 367) oder den "tone or style appropriate to different genres of poetry" (Brink III, 173). – Zu *rabies* in v. 79 für den Jambus s. Steidle 46, Anm. 1.

[25] Die hier zugrunde gelegte Interpunktion verteidigt Brink III, 181 ausführlich und überzeugend, Rudd folgte ihm.

[26] O. Immisch, Horazens Epistel über die Dichtkunst, Philologus Suppl. 24,3; 1932, 63ff. (dass 47-72 unter dem Leitwort des Schönen, 73ff. unter dem des Angenehmen stünden, das behauptet er allerdings wohl zu Unrecht); Brink III, 182f. und Rudd bringen Parallelen aus der griechischen theoretischen Literatur bei, insbesondere Aristoteles, Rhet. 3, 7.

sondern gleichsam selber in Wortklang und Gestik zu einem Telephus werden, dessen Leid selber durchleiden, um zu wirken. Warum? Wenn der Mensch einem Leid begegnet, dann ist es Erfahrungstatsache, dass er zuerst und zuvörderst von einem Geschehen in seinem Gemüt erschüttert wird und danach erst Worte findet (108/11).

Machen wir uns klar, was das bedeutet: Es bedeutet, dass Horaz den Anspruch an den tragischen Schauspieler und den Verfasser des Textbuches, dem der Schauspieler folgt, auf eine Naturgegebenheit gründet: "Hier wie bei der Betrachtung des Wandels in der Sprache (60-72) erhebt sich das Gedicht zur Anschauung der allgemeinen Gesetzmäßigkeit"[27]. Das bedeutet aber auch, dass der Verfasser der "Ars" seine Autorität nicht aus sich und der eigenen Erfahrung oder von irgendwelchen Fachleuten oder Philosophen herholt, sondern aus der Natur selbst. "So ist die Natur und so hat das Dichtwerk zu sein", könnte man verkürzend sagen.

Nehmen wir an, wir kennen das Schicksal des Telephus; und nun spricht ein Schauspieler, der ihn verkörpert, *absona* (112), etwas ihm nicht Entsprechendes: Die Diskrepanz ist nur noch komisch; und so hat jede Person der antiken Bühne (wohlgemerkt: alle sind sie mehr oder weniger typisch) ihre passende Art, bis hin zu landschaftlichen Verschiedenheiten: Ein Kolcher spricht eben anders als ein Assyrer, ein Thebaner anders als ein Athener (118), ein Friese wird anders auftreten als ein quirliger Kölner.

Was ist bisher geleistet? Horaz hat von den verschiedenen Lehr-Teilen gesprochen, von der Wortwahl und der Wahl der Stilfarbe; er hat zugleich das Gebiet von allgemeinster Wortproduktion aufs Drama eingeengt. Er hat zudem, wenn wir unter die Oberfläche schauen, in beiden Abschnitten seine Lehre auf Naturgegebenheiten gegründet. Aber wozu? Wenn wir noch weiter ins Fundament eindringen, sehen wir, dass Horaz im Abschnitt über die Wortwahl und Wortneuerung letztlich Behutsamkeit und Zurückhaltung forderte, hier im Kapitel über die Stilfärbung Natur-, und das hieß hier: Figurengemäßheit. In beiden Forderungen ging es ersichtlich um die Wirkung, die durch Fehler beim Wählen zunichte gemacht wird. Was sagt das? Horaz hatte in v. 11 von der dichterischen Freiheit gesprochen; nun zeigt sich, dass sie sehr wohl auch ihre Grenzen hat: Der Dichter, hier: der Dramendichter ist gebunden, gebunden an die Gesetzmäßigkeiten der menschlichen Natur. Anders gesprochen: Wert und Würde der Dichtung kommt von der maßvollen Befolgung des Natürlichen. Die vielen mehr oder weniger ähnlichen Stellen aus der griechischen theoretischen Literatur sind da sehr viel unwichtiger als die Kenntnis der zeitgenössischen Literatur-Produktion es wäre, weil man dann sehr deutlich erkennen würde, im Gegensatz zu wem und gegen was Horaz diese Strenge verlangt.

---

[27] So schrieb Fr. Klingner, Studien 369; vgl. auch L. Labowski, Die Ethik des Panaitios, Leipzig 1934, 85, Anm. 18; W. Steidle 69.

Es wird für das Folgende von wegweisender Wichtigkeit sein, das bisher Erarbeitete einmal abstrakt und einmal bildhaft so zu repetieren, daß wir das Prinzipielle begreifen. Man kann von drei Schichten sprechen: An der Oberfläche liegen die Lehrgegenstände wie Wortwahl und Wohlordnung, Gegenstände, die seit jeher zur "Ars" gehören, was C. O. Brink mustergültig Kapitel für Kapitel aus den griechischen Resten darlegt. Darunter liegt die Schicht der poetologischen Prinzipien wie die organische Einheit, die durchgängige Homogenität, ferner das Angemessene (worauf Klingner, Studien 367, 370 besonderen Wert legte) und Altbewährte als Maß und Norm. Und noch tiefer liegt die Schicht dessen, was man Gesinnungsprinzipien nennen könnte, z.B. Vorsicht, Bescheidung und guter Geschmack. Oder bildlich gefasst: Ein Band zeigt nacheinander die üblichen Gegenstände der Kunstlehre; hineingewebt sind aber längs zwei Fäden, sagen wir: Ein silberner, welcher die poetologischen Forderungen darstellt, und ein goldener, der die geschmacklichen oder gesinnungsmäßigen Grundsätze repräsentiert. Kein „Gewebe ... mit abgeteilten Stücken" (Klingner, Studien 369) also, sondern mit durchgehenden Längsfäden gleichsam. Mit diesem Instrumentarium versehen, wollen wir jetzt das Folgende untersuchen.

Vers 119-130

Der in sich geschlossene Vers 118 machte den Abschnittsabschluss deutlich, die Anrede in 120 (*scriptor*, s. Rudd z. St.) zeigt den Neueinsatz: Es wird jetzt um die Findung des Stoffes gehen, und da kann man die altbekannten mythischen Gestalten wieder zeigen (*reponis*, 120) oder Neues erfinden. Beim ersten gilt es, die durch den Mythos und die Literatur fest gewordenen Charakterzüge zu wahren, bei Neuerfundenem kommt es auf ganz Ähnliches an, auf die Konstanz der Charakterzeichnung. ("Charakter" im Griechischen bedeutet ja das unveränderbare Münzbild, die Prägung). Aber natürlich ist es schwierig, das, was längst wohlbekanntes Gemeingut geworden ist (die Medea-Gestalt z.B.) so darzustellen, dass es als des Dichters ganz eigene Leistung gewürdigt werden muss[28]; also lieber, wenn man ein Drama verfassen will, die Ilias dramatisieren als etwas ganz Neues herauszubringen als Erster (*primus* ist betont ans Versende gestellt).

---

[28] Man denkt an Senecas Tragödien, vgl. U. Knoche, Senecas Atreus: Ein Beispiel (1941; AKS 363ff., bes. 367; Verf., Jason und Medea bei Seneca (1966; Wege der Forschung 310, Senecas Tragödien, Darmstadt 1972, 292ff.).– Indem wir v. 119-130 als Einheit begreifen, weichen wir bewusst von anderen Einteilungen ab, z.B. von Klingner, Studien 370.

Vers 131-152

Aber wenn man nun die alten Stoffe neu gestaltet – Horaz bildet einen gleitenden Übergang, indem er die juristischen Termini aus 128 anklingen lässt[29] –, dann bitte nicht aus dem mythologischen Handbuch[30] noch auch plattes Übersetzen oder so sklavisches Nachahmen, dass die Scheu vor der großen Autorität (des uralten Mythos) dem Nachdichter verwehrt, sich frei zu bewegen. Und dann die Ökonomie: Wer gleich grandios anfängt ("Priams Geschick will ich singen und den berühmten Krieg"), wie soll der solch hohen Ton später durchhalten? Dann wird man den Eindruck haben, dass die Gebirge zu kreißen beginnen, aber heraus kommt ein Mäuslein[31], wie es in bester Satirenmanier (Klingner, Studien 3371) heißt. Besser ist es, so zu beginnen wie die Odyssee, deren erste Zeilen von "dem Mann" sprechen, der die Art und die Städte so vieler Menschen gesehen, d.h. spannend beginnt sie („Welcher Mann? Welche Städte?"), und auch die Ilias hebt nicht gleich an mit dem großen Namen des Priamos und dem grandiosen Versprechen eines *nobile bellum*. Denn nach loderndem Brand sollte nicht Qualm kommen, sondern aus einem ersten Rauch dann helles Feuer:

non fumum ex fulgore, sed ex fumo dare lucem

soll der Dichter (143)[32], nach bescheidenem Anfang kann er dann Großartiges bringen: Steigerung, nicht Abfall. Auch soll er nicht "ab ovo" (147) beginnen und weitschweifig, sondern mit strenger Zielstrebigkeit "mitten hinein" führen, *in medias res* (148; Horaz hatte den Anfang seines "*Iter Brundisinum*" so gestaltet); und wenn er meint, dass ein Motiv, dann, wenn er es behandelt haben werde, nicht recht glänzen könne, dann soll er's fortlassen. Er soll also stets "gleich gut" sein, qualitativ homogen und, so betont Horaz am Schlusse, einheitlich: Das Ende und der Anfang dürfen nicht auseinander klaffen. Das war schon in 1/23 gefordert (Immisch 100), hier wird es noch einmal eingeschärft.

---

[29] Das Problem scheint in ähnlicher Form und mit den gleichen juristischen Metaphern schon von Philodem behandelt worden zu sein, Brink III, 209.
[30] Der *vilis patulusque orbis* ist doch wohl der epische Kyklos, so Steidle 83 und Rudd z. St., also die Masse epischer Stoffe, die enger oder entfernter mit den homerischen Epen zusammenhängen.
[31] Das ist nicht quantitativ gemeint, sondern qualitativ: Ein grandioser Beginn findet, das ist die Gefahr, nur zu leicht eine nicht mehr so gloriose Fortsetzung, z.B. wenn jemand nach "Priams Geschick will ich singen" fortführe mit Episoden aus den ersten neun Jahren des Krieges. Rudds Kritik "the line ... is not well applied" scheint nicht ins Schwarze zu treffen. So wird man auch Brinks Ausführungen auf S. 215 verstehen.
[32] Auch hier folgen wir Rudd nicht ("Smoke in the case of the inferior artist; light, in the case of Homer"), vgl. Steidle 89, Anm. 48. Die hier vorgetragene Lehre gilt, darin weichen wir von einigen Kommentatoren ab, keineswegs fürs Epos allein.

Mit der Anrede *tu ... audi* („Du dagegen...", s. Klingner, Studien 375, Anm. 1) in 153 beginnt dann ein weiteres Lehrstück, auch wir wollen hier einhalten und zurückblicken. Was die Serie der Lehrgegenstände angeht, so hörten wir, dass der Dramendichter (125) am besten gleichsam vorgeformte Gegenstände behandeln sollte und nichts gänzlich Neues[33]; das Problem der Originalität und der Ökonomie sind gleichsam Kapitel der griechischen Kunstlehre (Brink III, 216). Sie werden hier recht locker aneinander gereiht. Darunter aber liegt eine Schicht von poetologischen Prinzipien: Da wären zu nennen die angemessene Einheitlichkeit der Gestalten, um die der Dichter bemüht sein muss, die Steigerung und die energische Zielstrebigkeit. Was dann die Schicht des Gesinnungsmäßigen anbetrifft, so wäre auf etwas sehr Wichtiges aufmerksam zu machen, was aber nur indirekt ausgedrückt ist: In v. 135 deutet Horaz an, dass ein allzu sklavischer Nachahmer sich viel zu stark an die Vorgabe des Vorbildtextes gebunden fühlt; drehen wir das um und sagen: Gefordert wird vom Dichter die selbstbewusste Kraft zur Übernahme des Motivs ohne sklavische Nachgestaltung. Genau so spricht Horaz in epist. 1, 19, 21f.

Vers 153-219

Bis hierher hatte Horaz manchmal vom Dramen- und manchmal auch, wenn er ein Beispiel geben wollte, vom Ependichter gesprochen (vgl. 125 mit 132). Jetzt wird es eine lange Zeit nur um das Drama gehen. Das Drama, es besteht aus Gestalten und aus Handlungen. Die Gestalten müssen, will der Dichter erfolgreich sein, ihren Altersstufen entsprechen (156/178); es ist dies die schon oft erhobene Forderung nach Naturgemäßheit[34]. Mit einer geradezu kategorischen Aufforderung (*semper*) schließt der Abschnitt.– Der neue Abschnitt beginnt bei v. 179 nicht minder energisch: Entweder man zeigt ein Geschehen auf der Bühne oder man lässt es, wenn es der Bühne nicht "würdig" (*digna*, 183) ist, hinter ihr geschehen und berichtet nur davon. Es geht jetzt also nicht mehr um

---

[33] C. O. Brink III, 203 belegt diesen Gegensatz nach Heinze (Virgils epische Technik³, 376, Anm. 2) aus einem Ilias-Scholion; man kann sich leicht vorstellen, dass er im Hellenismus vielfach diskutiert wurde. Interessant ist, dass für Horaz Achill stets gewalttätig, immer der Wut nahe war (Aristoteles hatte anscheinend differenziert geurteilt, wie frg. 168 Rose zeigt); er war dem Typus nahe gekommen, wie epist. 1, 2 am Anfang beweist.

[34] In v. 178 ist gut *morabitur*, schlechter *morabimur* überliefert. Die 1. Pers. Plur. scheidet aus, da Horaz einen solchen soziativen Plural (Notabene: im Futur) nicht kennt (Rudd zu 178). *Morabitur* lässt ein Subjekt vermissen. Heinze hatte mit dem Ausfall eines Verses gerechnet, Rudd druckt *moraberis* mit der Begründung, *morabitur* zerbräche die Sequenz der Anreden in der 2. Pers. Sing. (in 153, 154, 156, 182); nun zwingt aber nichts dazu, anzunehmen, auch 178 sei an ein Du gerichtet; aber eine Entscheidung zwischen den angebotenen Erklärungen der seltsamen Überlieferung scheint nicht möglich (ausführlich Klingner, Studien 375, Anm. 2). – Zur Wahrung der Charaktereinheit vgl. F. Solmsen, Wege der Forschung 89: Euripides, Darmstadt 1960, 332 unten.

die Gestalten, sondern um ihr Handeln auf der Bühne, und zwar um dezentes und um glaubwürdiges (187f.; Proknes Verwandlung z.B. kann ja nicht dargestellt werden). Es schließt sich eine Reihe von Kurzvorschriften an, über Länge[35], über den Deus ex machina, der nur dann eingesetzt werden sollte, wenn es unbedingt nötig sei und über den Chor, der ein integraler Teil des Dramenkörpers sein müsse[36]. Bescheidung solle er nahe legen, Gerechtigkeit und Frieden, verschwiegen sein und Fürbitte leisten:

> *ut redeat miseris, abeat Fortuna superbis* (201),

"dass den Elenden das Wohlergehen zurückkehren, den Übermäßigen schwinden möge". In diesem Vers ist nicht nur *Fortuna*, d.h. die *bona Fortuna* im zweiten wie im ersten Versteil Subjekt, sondern auch die Kola sind parallel gebaut: Ein echter, in sich geschlossener Fermatenvers.

Gleich das erste Wort des folgenden Abschnittes (*tibia*, die Flöte) nennt dessen Thema: die Musik. Er beklagt, dass durch den Zuzug vom Lande die bis dahin hohe Kultur der Stadt vergröbert, dass eine *maior licentia*, also eine Entartung den geltungssüchtigen Theaterflötisten allzu sehr in den Vordergrund brachte, die Saitenzahl der entsprechenden Instrumente und somit die Klangfülle und Lautstärke[37] vermehrte und zudem noch die Theatersprache zu einer so geschraubten machte, dass sie sich von der des Orakels nicht mehr unterscheiden ließ. Die Qualität von Musik und Sprache macht Horaz also abhängig von der Kulturstufe der Rezipienten; wichtiger aber ist der Gedanke, dass die Theatersprache differenziert bleiben muss (nicht zuletzt um der Unterscheidung der Lebensalter und Stände willen, wovon ja schon die Rede gewesen). Es ist dieser Gedanke, der den nächsten Abschnitt provoziert hat.

Vers 220-250: Das Satyrspiel

Es scheint hier nicht von großer Wichtigkeit, danach zu fragen, ob des Horaz Auffassung vom Satyrspiel historisch zutreffend sei. Er stellt das Entstehen dieser Gattung so dar, als habe der Tragöde selber die Dramenart des Satyrspieles

---

[35] Man vergleiche außer den Horaz-Kommentaren und -abhandlungen auch J. Marouzeau, Térence, Bd. 1 (Paris 1947), 30ff.

[36] Er solle Zürnende sänftigen, so ist die Überlieferung in Vers 197 (*peccare* oder *pecare*, vereinzelt paccare, auch *pacare*, aber das dürfte bereits konjiziert sein) verbessert worden (*pacare* oder *placare*); aber entweder muss man einen unerhörten Gebrauch von *pacare* annehmen oder mutig mit Rudd *firmare* konjizieren (vgl. auch Klingner, Studien 377, Anm. 1). Der Sinn dürfte indes klar sein. Zu Bentleys *pacare tumentes* s. Becker 79, Anm. 2, wo er sich dann doch für *peccare timentes* ausspricht.

[37] In v. 216 ist *severis* prägnant zu fassen also als "bisher streng und zurückhaltend" oder "eigentlich streng".– Zur Tonlage des Saiteninstruments im Unterschied zur Flöte s. Rudd S. 186, Mitte.

erfunden, um die am Festtag zu fortgeschrittener Zeit bereits angeheiterten Zuschauer mit etwas gröberer Kost im Theater zu halten. Das Thema "Erfolgreiches Theater" klang schon in 154f. (*plausor*) und 190 (*spectanda*) an; die Wiederholung schafft Kohärenz. Und nun verlangt der Dichter schwierige Balanceakte: Der Dramenpoet muss zusehen, dass, wenn eine der Figuren der eben verklungenen Tragödie nun im Satyrspiel wieder auftritt, sie nicht steil abfällt in das Tun und Sprechen der Gasse und Gosse (227/30). Das Satyrspiel darf eine Art abgesenkter Tragödie sein (Heinze zu 231), aber nie darf sie ins Vulgäre verfallen, darf nur gelegentlich sich ein wenig herabstimmen[38] und unter die ausgelassenen Gesellen treten, sie, die ja doch eigentlich schamhaft ist. Die Sprache dieser Dramengattung wird also zwischen Komödie (237f.) und Tragödie angesiedelt sein – ein Balanceakt von nicht geringer Schwierigkeit. Da muss der Dichter gehörig "schwitzen" (241), aber die schon besprochenen Hilfsmittel vgl. 47f.) von Wortverknüpfung und Anordnung werden hilfreich sein. Insgesamt wird allzu Feines und allzu Grobes das Gefallen weder der Vornehmen noch der kleinen Leute im Theater finden, nur die skizzierte Mittellage wird ohne Unbehagen und mit Anerkennung (*aequis animis*, 250) akzeptiert werden.

Das ganze Kapitel über das Satyrspiel diente also nur diesem Einen: Vom Dichter die Mühe zu verlangen, seine Sprache je nach der Gattung zu differenzieren und von den Extremen fernzuhalten (besonders fein charakterisiert diesen Abschnitt Klingner, Studien 379). Wenn man noch schärfer zugreifen will, kann man sagen: Es expliziert die Verse 217/9, die vom entarteten Wortpomp sprachen, dem Horaz dann die balancierte Sprache eines gelungenen Satyrspiels entgegensetzte.

Vers 251-308

"Eine lange Silbe, an eine kurze gefügt, das nennt man einen Jambus" – wer wüsste das nicht? Darum ging es Horaz also ganz gewiss nicht, dem Leser die Versgattungen beizubringen. Das sei ein "hurtiger Fuß", fügte Horaz an und sagt, dass von diesem Namen auch die dramatische (Sprechvers-) Zeile ihren Namen "Jambus" erhalten habe, obschon die Zeile dann eigentlich aus sechs gleich stark betonten Füssen bestehen müsste, was ja nicht der Fall ist im griechischen Trimeter aus drei Dipodien oder im Falle der vielen Spondeen an der Stelle reiner Jamben[39]. Die römischen Bühnendichter haben denn auch selten

---

[38] Gehört *paulum* in v. 233 zu *pudibunda* ("somewhat bashful", Rudd) oder zu *intererit* ("für eine kurze Zeit", Heinze S. 330, rechts)? Man wird Heinzes Erklärung vorziehen, dann die Schamhaftigkeit zu modifizieren und zu relativieren, war kaum im Sinne des Horaz.

[39] Vgl. zum griechischen Dramentrimeter B. Snell S. 13, zum lateinischen gibt es die ebenso hochinteressante wie (für den Nicht-Spezialisten) schwer lesbare Darstellung H. Drexlers, dass er immer noch zu Rubenbauer-Crusius S. 62ff. greifen wird.

reine Jamben geschrieben, insbesondere Ennius, der schwerlastige Verse voller Spondeen auf die Bühne schickte (260), sei es aus Sorglosigkeit oder aus Unkenntnis der feineren Metrik. Aber an diesem Mangel kranken ja auch die römischen Literaturkritiker, denen ein ungeschlachter[40] Vers kaum auffällt, und so gewährte man den Römern einen Pardon, der des echten Dichters unwürdig ist (264).

Diese unkritische Haltung ist nun keineswegs ein Grund, ebenfalls so "disziplinlos", wie Rudd zu v. 265 es nennt, auch weiterhin zu schreiben. Nein, so wendet er sich an die Pisonen, studiert die Griechen, nicht die unpräzisen alten Römer wie Plautus[41]. Um diese Tendenz zur Disziplinlosigkeit noch einmal darzustellen, verweist Horaz, in v. 275 scheinbar ganz woanders und neu einsetzend, auf die Entwickelung des griechischen Dramen-Chores von der Tragödie zur Komödie und ihrer persönlichen Aggressivität, die nur durch ein Gesetz eingedämmt werden konnte (283):

> *lex est accepta chorusque*
> *turpiter obticuit sublato iure nocendi* (283f.),

"Die Komödie musste das Gesetz anerkennen, und der Chor verstummte, sehr zu seiner Wertminderung, da nun ja das Recht persönlichen Angriffs aufgehoben war"[42]. Die Römer folgten der griechischen Bühnenproduktion sehr wohl in freier Weise, aber sie hätten es in der Literatur ebenso weit gebracht wie im Militärischen, wenn sie sich des geduldigen Ausfeilens (*limae labor et mora*, 291) befleißigt hätten. "Ihr", so spricht Horaz in 291 erneut die Pisonen an, "lasst kein Dichtwerk passieren, das nicht die Nagelprobe besteht", d.h. die Prüfung durch den Steinmetzen, wenn er seine Marmorquader und -platten aufeinander schichtet und dann mit dem Fingernagel den Sitz und die Lückenlosigkeit prüft (Steidle 144, Anm. 52).

Mühe? Geduldiges Ausfeilen? Ist nicht das Genie die Hauptsache, die Begabung? Hierüber scheint Horaz von v. 295 an sprechen zu wollen, beginnt er doch den neuen Abschnitt mit dem bedeutungsschweren Wort *ingenium*. Aber,

---

[40] "Neckisch bietet v. 263 gleich ein Beispiel: "Welcher Leser sieht, dass derselbe einer regelrechten Cäsur entbehrt?", schrieb Heinze 335f., dem Rudd vorsichtig zustimmt.

[41] Plautus disziplinlos zu nennen, mag hingehen; leider aber gilt er noch heute als ein Schriftsteller, der sich wenig Mühe gemacht habe. Es ist ein Märchen, dass Plautus dem altrömischen Stegreifspiel besonders stark verpflichtet gewesen sei (Literatur bei H.-D. Blume, Menander; Darmstadt 1998, 167, Anm. 26), und es ist eine Unwahrheit, dass er grobschlächtig immer nur seine griechischen Vorlagen durcheinanderwirbelte (Verf., Der Poenulus des Plautus, Heidelberg 1988, 30f., 97) und auch im Metrischen sorglos war (es genüge auf des Verf. Dissertation zu verweisen: Untersuchungen zum Aufbau plautinischer Lieder, Göttingen 1964, 83f.)

[42] Wir folgen hier der Auffassung R. Heinzes vom Sinn und Bezug des *turpiter* im Unterschied zu den neueren Kommentaren, denn in der Tat verlor die alte Komödie durch das Verstummen des Chores viel von ihrer Stoßkraft (gewann aber an Feinheit der Charakterbehandlung, dieses aber gewiss nicht durch das Ende der namentlichen Verunglimpfung, sondern unter dem Einfluss der Tragödie).

um sein eigenes Wort zu gebrauchen: *nil tantist*, "nichts da!". Er lacht über die Dichterlinge, die da den Demokrit so verstehen, dass eine Art ungepflegten Naturzustandes Genie bezeugt oder es hervorruft. Schön dumm sei er, dass er im Frühjahr eine Reinigungskur absolviert: "Kein anderer würde so schön dichten wie er", Horaz, wenn er sich so aufführte wie die Demokriteer (303). Weit gefehlt, er dichtet überhaupt nicht, will nur – und hier wird er wieder ernst – wie ein Schleifstein wirken, den Geist derer, die dichten wollen und ihm zuhören, schärfen, indem er zeigt, woher man seinen Stoff nehmen, was den Poeten "nährt" und formt (das heißt wohl: wie ihm gebändigte Kraft zuwächst dadurch, dass er sich seiner Mittel bewusst wird), was "sich gehört" im Sinne wachsender Geschmackssicherheit und überhaupt: Was gut ist, was Irrweg.

Ein Rückblick. Der Abschnitt 251-308

Drei Male nun schon begann Horaz mit einer scheinbar trockenen Belehrung über Dinge der Literaturgeschichte, und tat dies dann doch nur, um zu einem bestimmten Punkt zu kommen, auf den er langsam zusteuerte: In 74ff. diente die Geschichte der Literaturgattungen dazu, dem Leser, bzw. prospektiven Dichter das *servare descriptas vices operumque colores* (86) einzuschärfen, d.h. die Gattungsgegebenheiten unverbrüchlich einzuhalten; in 220ff. gab er eine Entstehungsgeschichte und Charakteristik des Satyrspieles nur, um die Mittel-Balance der Sprache zu fordern; die nur zum Schein ganz ernsthaft klingende Belehrung über den Jambus hatte nur zum Ziel, die allmähliche Entartung des Trimeters vorzuführen und ihre verhängnisvolle Einwirkung auf die alten römischen Dramatiker, und die Geschichte des griechischen Dramas in 275ff. sollte keineswegs eine historische Ableitung an die Hand geben, sie sollte lediglich die Entartung des Chores zeigen und so zur frührömischen Literatur hinführen, die das Unglück hatte, auf derart ausgeuferte Formen zu treffen. Soviel zur Einleitung des Kapitels 252ff. Sein Inhalt war, so wollte es scheinen, sozusagen Paragraphen aus dem kunsttheoretischen Handbuch, nämlich ein Stück Metrik und ein Stück Literaturgeschichte, die Geschichte des Chores. In Wirklichkeit will dieser Abschnitt, wenn wir auf die darunter liegende Schicht der Poetologie schauen, etwas von der Verführung zeigen, die von späteren, schon weniger strengen, wenn nicht entartenden Formen griechischer Dichtkunst auf die frührömische Literatur ausging. Und wenn wir dann zur tiefsten Schicht der Belehrung hinabblicken, zur Schicht der Kunstgesinnung, dann sehen wir, dass es Horaz um Mühe und Fleiß, um Kenntnis und Geschmacksschulung geht, die der Dichter erwerben und walten lassen muss statt sich auf sein (vielleicht vermutetes und erhofftes) Genie zu verlassen. Allein dies, Wissen und Mühe, sind des Dichters "würdig" (so kann man den v. 264 ins Positive kehren, s. Steidle 132), geschult am Vorbild der Griechen.

Vers 309-390

Horaz, so sagten die Verse 307f., will zeigen, wo die Quelle von *virtus* und *error*, Gelingen und Verfehlen liege. Damit beginnt er in v. 309[43]. "Grundsatz (abstrakt gesprochen) und Quelle (bildhaft ausgedrückt) qualitativ hochstehenden Dichtens ist das Wissen":

scribendi recte sapere est et principium et fons (309).

Welches Wissen? *Rem tibi Socraticae poterunt ostendere chartae* – den Gegenstand guter Dichtung sollen sokratische Schriften zeigen? Offenbar meint Horaz die Gegenstände des sokratischen Dialogs, also die Liebe zum Vaterland, zu den Freunden, den Eltern, Geschwistern und Bekannten, d.h. die Differenzierung des *amor*[44], der Schönheit, auch der Tapferkeit und anderer Grundtugenden, die Plato so gern seinen Sokrates diskutieren ließ. Hinzu setzt Horaz die Kenntnis von Politik, Recht und Militärwesen – soll das Gegenstand der Dichtung sein? Gewiss nicht allein und ausschließlich; gemeint ist vielmehr, dass der Dichter über klare Begriffe verfügen müsse, moralischer und sachlicher Art. Denn er soll ein *doctus imitator* sein, Nachahmer des Lebens und der Art der Menschen (317), Former lebensvoller Worte (*vivas voces*), und dies aus genauem Wissen. Das bedeutet, dass Horaz verlangt, Dichtung solle aus dem Leben schöpfen und aus genauer Kenntnis der Welt fließen. Weltferne Wortartistik wollte er nicht. Und wahrscheinlich meinte er mit den "sokratischen Büchern" auch gleich mit, dass der große Dichter sich nicht nach dem bloßen Tatbestand in der Umwelt richten solle, sondern dass er seine Muster und Gedanken aus dem Idealzustand von *amor* und *officia*, von innerer Haltung und äußerem Tun nehmen müsse (Heinze 344 rechts). Wissen, das ist hier also kaum ein bloßes Kennen, sondern das Wissen der Prinzipien und dessen, wie die Dinge sein sollen: der Normen.

Daraus ergibt sich nun das Folgende: Einen "Stoßseufzer" hatte Heinze 323ff. das genannt: So zu schreiben, sei Griechenart – ist damit gemeint, dass die Römer es nicht vermochten? Es war kaum so apodiktisch und ausschließlich gemeint, aber gewiss so, dass Horaz meinte, das Ideal sei von den Griechen deswegen gefunden worden, weil sie grundsätzlich eine idealische Denkweise besa-

---

[43] Den Zusammenhang von 307f. und 309f. betont Klingner 41, Anm. 1 zu Recht: Der Gedanke von 307f. deute "etwa in die Richtung, wo Horaz dann davon sprechen wird, was der Dichter soll und nicht soll".

[44] Hiermit wäre Lucilius (frg. 1337 Marx, s. Verf., Geschichte der römischen Philosophie 22f.) und Cic. off. 1, 58 vergleichbar.

ßen, die Römer dagegen eine des Rechnens und Ordnens. Anders gewendet: Nur derjenige Dichter wird Großes (331f.) schaffen, der von seiner Natur her nicht materiell, sondern in Ideen zu denken weiß.

Wenn eben gesagt wurde, der Dichter solle nach dem Willen des Horaz "aus dem Leben schöpfen", so ergänzt sich dies in v. 333ff. dahingehend, dass er auch fürs Leben schaffen müsse, belehrend und erfreuend:

aut prodesse volunt aut delectare poetae.

Wenn er belehrt – und in der euripideischen Tragödie z.B. kam Belehrendes nicht selten vor – , dann muss er dies kurz tun; wenn er erfreut, soll er das glaubhaft verrichten. Belehren und erfreuen, wer das zu vereinen vermag, wird einen "Bestseller" (345) auf den Markt bringen können. Gewiss, man wird ihm hier und da ein kleines Versehen nicht allzu dick ankreiden; aber schlimm ist es, wenn man mehr Fehler als Richtiges macht. Es ist halt wie mit den Gemälden:

ut pictura poesis: erit quae, si propius stes,
te capiat magis, et quaedam, si longius abstes;
haec amat obscurum, volet haec sub luce videri,
iudicis argutum quae non formidat acumen;
haec placuit semel, haec deciens repetita placebit (361).

Da diese Verse hundertfach durchdiskutiert wurden und werden[45], sei ihnen hier besondere Aufmerksamkeit gewidmet. Eine Übersetzung schon jetzt zu geben, ist nicht möglich, denn zunächst einmal muss der Sinn dieses Abschnittes geklärt werden; wir gestehen allerdings gleich, dass wir nicht in der Lage sein werden, rundum Abgesichertes anzubieten.

Man könnte die Verse so verstehen: Es gibt Bilder, die, aus der Nähe betrachtet, am besten wirken; sagen wir: Ein bis ins Kleinste fein ausgemalter, detailgefüllter Van Eyck. Es gibt aber auch Gemälde, die am besten von fern wirken, sagen wir: Ein großformatiger, schwingender Rubens. Dann gibt es Bilder, die das Dunkel lieben, sagen wir: Ein Fresko, das für einen Durchgang ohne helles Licht gemalt ist, das also in starken Farben fest zupackt; und es gibt Gemälde, die ins helle Licht gerückt sein wollen, also solche, die feinste Farbkontraste entwickeln im Verlass darauf, dass auch kleinste Nuancen einem scharfsichtigen Beurteiler durch fehlende Beleuchtung nicht entgehen werden. Und dann gibt es Bilder, die beim ersten Male gefallen (und danach fade werden), und solche, die immer wieder fesseln, so oft man ihnen auch gegenübertritt. Und was hat das mit der Dichtung zu tun?

---

[45] Literaturangaben z.B. in der Lateinischen Dichtersprache Anm. 8 und 17 (bes. H. Althaus, Laokoon, Bern-München 1968, 123); Brink III, 369f. Vgl. ferner den ausführlichen Aufsatz von R. W. Lee, Ut pictura poesis, in: The Art Bulletin 22, 1940, 197-269.

Es gibt Dichtungen, die voller feinster Details sind (man denkt zunächst, wenn schon nicht an Horaz selber, so doch an Vergils Bukolika[46]), es gibt aber auch Werke, die aus grösserem "Abstand" angeschaut werden wollen, weil sie zuweilen durch eine breite Massenszene packen sollen, bei der man nicht notwendig beim Detail verweilt. Da mag dann das eine oder andere weniger fein ausgemalt, bzw. "ausgedichtet" bleiben, ja eine etwas schwächere Stelle fällt dort nicht allzu stark auf. Manche Dichtung trägt grell auf, "liebt das Dunkel" mit seinen harten Farbkontrasten; man könnte von reißerischer Dichtung sprechen und meinen, dass hier der Tadel des Horaz an Schärfe zunehme. Dagegen gibt es Dichtwerke, die nicht wollen, dass man flüchtig einen Gesamteindruck aufschnappe, sondern verweile und das Kleine und Feingesponnene studiere, geschrieben sehr wohl auch für das scharfe Auge des Kenners. Und drittens gibt es Dichtungen, die beim ersten Hinsehen gefallen (und danach an Reiz verlieren) und solche, die man immer wieder genießen wird.

Man könnte die Verse aber auch anders lesen, und zwar so, das man davon ausgeht, dass keine der aufgeführten Möglichkeiten einen Tadel enthält und dass allein von Bildern die Rede ist, wobei das Tertium Comparationis oberhalb von "Bild" und "Dichtung" das ist, was Heinze im Kommentar so benannte: "Es kommt eben dabei durchaus auf den Standpunkt der Betrachtung an", d.h. bei der Dichtung auf den Unterschied von Detailprüfung und Wirkung im Großen, ohne dass im Horaztext Wertungen vermutet werden müssten. Genau entgegengesetzt Brink III, 371: "Horace is not discussing modes of viewing pictures but the inherent quality that makes for a repeated reading of poems (365)", was nicht recht glaubhaft klingt, da die Wiederholung nur ein Sechstel des Vergleichs ausmacht und daher kaum für alle Verse gelten kann. Wieso Rudd 209 meinen konnte, dass "the first picture is being compared with itself", ist wegen des absetzenden *et quaedam* schwer einsehbar. Wenn man annimmt, dass Horaz wirklich nur vom Bildbetrachten rede, dann ist man der Suche nach einem Dichtwerk enthoben, welches "das Dunkel liebt", und überhaupt der Fahndung nach strikten Analogien. Das würde aber doch wohl dem vergleichenden *ut* widersprechen. Und weiter sollte man überlegen, ob diese schwierigen fünf Verse wirklich ganz eng an die Ansicht angeschlossen werden müsse, dass in umfänglichen Werken, wofern sie herrlich sind, auch einmal ein kleiner Fehler verziehen werden dürfe.

Wenn man nun bedenkt, dass in v. 363 gewertet, d.h. dasjenige Werk gelobt wird, welches auch bei hellem Licht und auch vor guten Kennern keinen Grund zum Tadeln liefert, und wenn man ferner annimmt, dass in *haec placuit semel* (365) im Unterschied zu *deciens repetita placebit* etwas gemeint ist, das beim ersten Hinsehen sehr wohl gefällt, dann aber, zunächst goutiert, bei mehrfachem Besuch zum déjà vu wird, dann ergibt sich die Vermutung, dass Horaz in jedem

---

[46] Selbstverständlich ist damit nicht gesagt, dass Großwerke wie die Aeneis solch feinster Details entbehren, man lese vielleicht in der Lateinischen Dichtersprache S. 244/8.

der Paare ein Gutes einem Minderen gegenübergestellt, so dass sich folgende Paraphrase ergäbe:

"Bei einem mittelmäßigen Dichter wie Choirilos sagt man, wenn ihm einmal etwas gelungen: ‚Nun ja, aber sonst taugt er wenig'; wenn man dagegen bei Homer, der ja sonst immer gut ist, einmal einen Fehler entdeckt, reagiert man verärgert, sagt sich dann aber: ‚Nun gut, bei diesem Riesenwerk darf schon mal ein Schnitzer unterlaufen'. Das will sagen: Es geht einem da so wie beim Bildbetrachten: Bei den einen gefallen eher einige Details, aber das Gesamt ist nicht so gut; bei einem anderen, von weitem geschaut, gefällt der Gesamteindruck, die Details schaut man sich dann nicht so genau an, denn die Qualität liegt in der Gesamtwirkung. Jetzt das Gleiche noch einmal, nur in umgekehrter Abfolge: Manches Bild lässt man am besten in schummerigem Licht, wenn sein Maler es dafür bestimmt und daher die Farben und Linien kräftig, nicht detailreich gestaltet hat; der Maler eines anderen Bildes dagegen legte es darauf an, dass man in hellem Licht jede Kleinigkeit begutachten und gutheißen könne. Und drittens gibt es plakativ zu nennende Bilder, die beim ersten Hinsehen sogleich überzeugen, danach aber eher fad erscheinen; es gibt aber auch solche, die auch beim zehnten Betrachten nicht langweilig werden und immer neue Effekte und Tiefen eröffnen.

Wir lesen die v. 361/5 also als Entgegensetzung von insgesamt Tadelnswertem und insgesamt Tadelsfreiem. Nach der langen Reihe des Verzeihlichen bei sonst größter Meisterschaft (347ff., Choirilos als Gegenbild ausgenommen) jetzt das Unverzeihbare: Bilder wie Dichtwerke müssen in jedem Detail und insgesamt überzeugen, müssen auch bei genauestem Betrachten fehlerfrei bleiben und haben auch bei oftmaligem Hinsehen nicht langweilig werden. Kurzum: Ein Kunstwerk darf sich niemals mit dem Mittelmaß begnügen, oder, wie Benn es formulierte[47], in der Dichtung ist "das Mittelmäßige schlechthin unerlaubt und unerträglich". Der ältere Pisone, so spricht Horaz dieses Mal aus uns unbekannten Gründen nur den einen der Adressaten an, werde sich aber gewiss nicht in dieser Weise gegen Minerva versündigen, sei er doch ein junger Mann von gutem Urteil und der rechten Gesinnung (384; die Syntax klärt Rudd).

Zwischenbilanz

Bereits im Kapitel über das Satyrspiel klang das Motiv der Mühe an (241), des "Schwitzens" unter der Arbeit. Im Jambus-Kapitel kam dieses Motiv noch weiter in den Vordergrund, dort nämlich, wo Horaz die frühen römischen Dich-

---

[47] Probleme der Lyrik, Vortrag in Marburg 1951, in: Gesammelte Werke Bd. 1, Wiesbaden, ²1962, 505.

ter der Sorglosigkeit und Unkenntnis zieh (261f.), einer Sünde, die nur mittels der Aneignung griechischen Niveaus getilgt werden könne. In 291 trat er mit dieser Forderung noch einmal (*limae labor et mora*) auf den Plan, dann wendet er sich der Frage zu, was denn nun der Gegenstand solch anspruchsvollen Dichtens sein solle. Er nennt keine konkreten Gegenstände, er nennt vielmehr den Geist beim Namen, aus dem solch ein Werk geboren werde: den Geist begrifflich scharfen und zugleich wert- und rangbewussten Wissens[48] um die inneren Regungen (*amor* war nur ein Beispiel) und sachlichen Verhältnisse in der Welt des Menschen (309/17), den Geist, der aus dem Ideal schafft und der Ebene des rechnenden Profitstrebens enthoben ist. Dazu gehört, dass ein solcher Geist bereit ist, sich so sehr abzumühen, dass nichts Flaues und Fades mehr in seinem Werke vorkommt, nichts, was einem scharfäugigen Kritiker Anstoß erregen könnte, kurzum: dass sich in ihm nichts Mittelmäßiges finde.

Wenn wir uns erinnern, dass jenes Kapitel über den Jambus gewiss nicht der Belehrung über ein bestimmtes Metrum diente und man es unterfragen musste, dann werden wir auch hier wieder die mehrschichtige Sprechweise des Horaz vermuten: An der Oberfläche scheint es um Metrisches zu gehen, aber wenn wir auf die Ebene der Lehrstücke hinuntergehen, können wir sagen, 309ff. handele von den Voraussetzungen, einen Gegenstand nicht nur sachgerecht wiederzugeben (Wissen), sondern auch in seiner denkbar besten Form (Ideal); weiter werden wir feststellen, dass die alte Forderung, Dichtung solle das Leben nachahmen, erhoben werde, und dass sie dies tun solle, um zu belehren und zu erfreuen (die griechische Theorie in Kürze wieder bei Heinze 347, links unten). Dies werde der Dichter erreichen, wenn er sich der eindringlichen Kürze befleißigt. Soweit die Schicht der Lehrstücke.

Auf der Ebene des Gesinnungsmäßigen finden wir dies: In 322ff. fordert er griechisch-idealische Gesinnung und in 372ff. eine Selbstzucht und Selbstüberwachung bis zu dem Grade, dass man sich nichts Mittelmäßiges erlaubt. Er spricht von *iudicium* und von *mens* (386), von höchster Schärfe und „Strenge" (Klingner, Studien 388) der Selbstbeurteilung und einer Einstellung zum Werk, die weder Mühe noch Abwarten (291: *mora*) scheut. Dies alles wird nun in 391ff. noch weiter vertieft.

Vers 391-476

Wieder gibt Horaz eine Art Literaturgeschichte, diesmal eine Geschichte des Wertes und der Würdigkeit gedichteten Wortes (vgl. 396, 400: *honor et nomen*): Von der Gesetzgebung bis hin zur Lebenslehre, zur Ergötzung und Erholung: So

---

[48] Hiermit ist dieses gemeint: Der Künstler hat seine Sache nicht nur so genau zu kennen, dass er sie jederzeit auch begrifflich analysieren kann; er muss bei ihrer Darstellung im Wort oder im Bild vielmehr stets den höchsten Rang der Darstellung anstreben, sagen wir: ihre Idealform (*exemplar*, 318).

weit und so breit ist die Geltung des *carmen*. Wozu die lange Einleitung? "Ich zähle", so kann man in v. 406 ergänzen, "dies alles auf, um deutlich zu machen, dass sich kein Dichter des Dienstes an den Musen und an Apoll, dem Sänger, zu schämen brauche". Anders gewendet: Dieser Abschnitt verdeutlicht die Würde der Dichtung. Er fährt nur zum Scheine fort mit dem Lehrstück oder der Lehrfrage, ob *ars* oder *ingenium*[49] von größerem Gewicht sei; zum Scheine, denn in Wahrheit geht es ihm erneut (vgl. besonders 262) um die Forderung der Arbeit und Mühe: Sportler und Sänger müssen hart üben und trainieren, "und so genügt es nicht, sagt Horaz in 416[50], nur dreist und hochnäsig von sich zu behaupten, man dichte gut, wenn man nichts gelernt hat (418). Das alles will sagen: Begabung ist die Voraussetzung, aber hinzukommen muss als selbstverständliche, "freundschaftliche" (*amice*, 411) Ergänzung das Üben und das Training, also die Mühe. Warum? Weil die Dichtung es wert ist, weil Muse und Apoll den Dichter auf Höchstleistungen verpflichten, weil der Dichter ein "Verantwortungsgefühl" (Becker100) besitzen muss der Würde und dem Wert der uralten Dichtung, ja dem Gotte gegenüber.

Eine solche Gesinnung erwirbt der Dichter sich – wenn derlei überhaupt erwerbbar ist – in Form von *iudicium* und *mens*, "Kunstgesinnung" und "Selbstkritik". Doch noch Eines ist vonnöten: Ein kritischer, ehrlicher Freund (425), der nicht auf Profit aus ist (419/437[51]), sondern ein treuer Quintilius, der die "reine Wahrhaftigkeit" (*nuda veritas*, c. 1, 24,7) verkörpert, und der sich nicht scheut, den Freund auf ein paar fehlerhafte Kleinigkeiten aufmerksam zu machen, Kleinigkeiten, die nur scheinbar geringfügig sind, in Wirklichkeit aber über Gelingen und Misserfolg entscheiden.

Gelingt dies alles nicht, gelingt es dem Dichter nicht, ein Wissen zu erwerben, eine Erfahrung und ein Richtigkeits- und Verantwortungsgefühl der geschilderten Art, dann mag er laufen, der Wahnsinnige, in Brunnen und Gräben fallen, und niemand wird ihm helfen, weiß man doch nicht, ob er's nicht freiwillig getan. Es gab einmal einen russischen Dichter, der nicht recht aß und nie

---

[49] Hierzu außer Plat. Phdrs. 245 a besonders E.-R. Schwinge, Philologus 107, 1963, 94.

[50] In v. 416 ist im Grunde ein *nc* überliefert, woraus Handschriftenschreiber *nunc* und (seltener) *nec* gemacht haben (diesen letzten folgte Brink) und Heinze ein *non* herauszog (Shackleton Baileys *an* entspricht dem Überlieferten weniger gut). Man wird *nec* im prägnanten Sinne von "und somit auch nicht" vorziehen.

[51] Der v. 437 ist schwierig. "Könige pflegten, so hört man, diejenigen unter Alkohol zu setzen, von denen sie herausbekommen wollten, was sie von ihnen, den Königen, wirklich hielten und ob sie der Freundschaft und des Vertrauens würdig seien"; *si carmina condes* ("wenn Du dichtest"), fürchte die *animi sub vulpe latentes*, "the (malicious) intent that lies hidden within the (flattering) fox", so Rudd 222 oben. *Sub vulpe* also "unter dem verbergenden Fell eines schlau profitbedachten Fuchses". Gut, aber *numquam te fallent* (bzw. *fallant*)? Einfach zu behaupten, wenn man dichte, werde niemand den Dichter täuschen, ist reichlich stumpf und verlangt die Ergänzung: "Wenn man dichtet, wird niemand den Dichter täuschen, denn sein Lobesgeschrei (wiedergegeben in 428) wird den klugen Dichter nicht hintergehen können". Will man nicht tiefer eingreifen, müsste man *fallant* lesen im Sinne eines "Mögen Dich nie die schlauen Lober täuschen".

recht auf Verdienst und Einkommen aus war, weil er meinte, der Dichter müsse leiden, um zum wirklichen Dichter zu werden; und das ging so weit, dass man nicht wusste, sollte man helfen oder nicht. Mit einer vergleichbaren Groteske endet die Ars Poetica des Horaz.

Überschau

Zur Geschichte der Erforschung

Verfolgt man den Weg, den die neuere Erforschung der "Ars" genommen hat[52], dann bemerkt man bald, dass er zwei Hauptstrecken aufweist: Nach den etwa sieben Jahrhunderten, in denen sie gleichsam als Sammlung von praktischen Winken gelesen wurde[53], begann man im 19. Jahrhundert nach dem Aufbau des Pisonen-Briefes zu fragen und zugleich nach den Quellen. Hierbei verzweifelten schon früh einige Forscher an einer Möglichkeit, in das scheinbare Durcheinander Ordnung zu bringen; andere erzwangen sie durch mutige Versumstellungen, wie z.B. P. Hofman Peerlkamp in seiner Ausgabe von 1845, und noch heute halten namhafte Gelehrte die "Ars" für ordnungslos[54]. Hiergegen schrieb dann J. Vahlen 1867 einen behutsamen Aufsatz, in dem er die Lockerheit der Gedankenfolge aus der Gattung des Gespräches (*sermo*) ableitete. Ed. Norden glaubte dann doch (1905) eine Großgliederung durch das Vergleichen mit hellenistischen Einführungsschriften in Rhetorik, Musik und andere Künste gefunden zu haben, nämlich die Einteilung in "Technik" (1-294) und in "Dichterpersönlichkeit"[55] (295-476). Der Sinn des Ganzen sei keineswegs die Absicht gewesen, die M. Wieland ihm unterlegt hatte, nämlich durch eine Unmenge von Regeln und Spöttereien Unbegabte abzuschrecken (wogegen schon J. Vahlen protestiert hatte), sondern der Versuch, die römische Literatur vor dem Verfall zu retten.

---

[52] Reiche Literaturangaben finden sich zu diesem Thema bei E. Burck im Nachwort zu Kiessling-Heinzes Kommentar (Berlin 1957), 401ff.; C. Becker 88ff. und E. Doblhofer, Horaz, 128ff. Eine Sichtung der Forschungsgeschichte auch bei F. Klingner, Studien 353ff.
[53] C. Becker 64, Anm. 1 nennt einige Literatur zum Nachleben der Ars.
[54] L. P. Wilkinson in seiner "Golden Latin Artistry" 97ff.; Collinge in C R 15, 1965, 153.
[55] *Ars* und *artifex*, griechisch "techne" und "technites". Möglicherweise ist ein Reflex solcher Einteilungen auch in den belehrenden Werken des 12. Jahrhunderts zu finden, z.B. in Wilhelm von Conches' "Philosophia", nämlich in Buch 4, Kap. 31ff. in des Verfassers Ausgabe, Pretoria 1980), wo nach langen Unterweisungen über den geeigneten Lehrer und Schüler gesprochen wird.

Ed. Nordens Analyse fand verbreitete Anerkennung, stieß aber auch erheblichen Widerstand, zunächst (1906) seitens Vahlens, der energisch forderte, man solle das Werk aus sich und nicht mit der Hilfe von Schemata erklären, die man von außen herantrage (vgl. seine Gesammelten Schriften 2, 746ff.), dann seitens Richard Heinzes, der u. a. 1911 eine Dissertation anregte, die nachwies, dass derlei Gliederungen in *ars* und *artifex* nicht vor Quintilian bezeugt seien.

Dann aber entzifferte Chr. Jensen (1918) herculanensische Papyrusreste, in denen die Nordensche Unterscheidung für Neoptolemos (wohl 3. Jh. v. Chr.) bezeugt war, allerdings die systematische Unterscheidung, nicht aber die Werksgliederung, wie H. Dahlmann in seiner Arbeit über Varros De poematis (1953) nachwies. Damit war nun der Weg zu einer immanenten, allen Schemata und Quellenfragen enthobene Nachzeichnung des horazischen Gedankenganges frei, obschon bedeutende Gelehrte wie W. Kroll, K. Latte und K. Barwick immer noch wenigstens Teile der "Ars" von hellenistischen Schriften abhängig sahen (ihre Schriften erschienen 1918 bis 1925), welche Sicht dann auch den großen Kommentar von A. Rostagni (Torino 1930; zu ihm F. Solmsen, DLZ 53, 1932, 107ff.) beherrschte.

Im Gegenzug machten sich O. Immisch (1932) und vor allem Friedrich Klingner (1936) die neu gewonnene Freiheit zu Nutze, indem besonders Klingner nun viel eher den Weg des Gedankens als seine Gliederung verfolgte, dabei lieber "feinen Fäden der horazischen Gedanken" (Studien, 355) nachspürte, als nach Perikopen und Quellenbruchstücken zu fahnden. Sein Ergebnis war, dass Horaz im Stile des *sermo* seine Gedanken zwischen den Polen "Wahrer und eingebildeter Dichter" hin und wider laufen ließ[56]. Ihm folgend erkannte dann W. Steidle (1939), dass die Auswahl der zu behandelnden Lehrgegenstände nicht etwa diesen selbst dienten, sondern der Anempfehlung von Prinzipien künstlerischer Gesinnung, ferner dass die Gedankenfolge, besonders in den Versen 1-294, doch strenger sei als Klingner es wahrhaben wollte.

Recht anders setzte dann Carl Becker in seinem "Spätwerk des Horaz" an: "Die Einordnung des Pisonen-Briefes in die horazische Dichtung" betrachtete er als eine "Kardinalfrage" (67), die er so zu lösen meinte, dass er überall danach fragt, ob Horaz eine Forderung, die er in der "Ars" an den Dichter stellt, nicht schon früher, vor allem im ersten Epistelbuch an den ethisch bewusst handelnden Menschen überhaupt gestellt hatte. Die beiden Hauptergebnisse waren, dass alle Forderungen, die an den Dichter gestellt würden, sich zusammenfassen ließen zu dem Postulat des "Verantwortungsgefühls" (100) gegenüber der Dichtung und zu der Feststellung, dass Horaz die gleichsam dichtungsethischen Forderungen früher schon als allgemein ethische Grundsätze formuliert hätte und somit seine "früheren ethischen Anschauungen ... aus ihrem Bezug herausgelöst und auf die Dichtung übertragen" habe (110). Nun sind viele seiner Vergleiche zweifelhaft und damit auch das zweite Ergebnis; was das erste anbelangt, so hat

---

[56] Schon L. Labowski hatte in ihrer Arbeit "Die Ethik des Panaitios" von Dummheit und Klugheit als Komponenten der horazischen Strukturierung gesprochen.

Becker zweifellos recht. Dass Horaz eine "Umkehr der Haltung" vollzogen habe (110), wird man jedoch nicht so rasch glauben. Auch seine allzu mechanische Gliederung der "Ars" in Einleitung (1-41), 42-250 als vorwiegend auf griechische Theorie gegründete Systematik und 251ff. als hauptsächlich original horazische Lehre wird man etwas misstrauisch betrachten.

C. O. Brink kommt das unschätzbare Verdienst zu, die spärlich erhaltenen griechischen Parallelen zu den horazischen Formulierungen so gut wie vollständig in seinem Kommentarwerk verwertet, verschiedentlich auch das Einwirken des Neoptolemos wahrscheinlich gemacht zu haben, wenn er auch, wegen der spärlichen Reste von dessen Schrift, die Intensität dieses Einflusses nicht klar erkennbar machen konnte und am Ende dann in dieser Frage viel skeptischer endete als er begonnen hatte. K. Büchner folgte dann Fr. Klingners Methode, als er in seinen "Studien" Bd. 10 (1979) die "Verwobenheit" der Motive (S. 147) hervorhob und somit, trotz allen Gliederungen und Untergliederungen, die er vorschlägt, aber nicht streng vorgenommen wissen wollte, letztlich wieder zur Charakterisierung der A. P. als eines unsystematischen *sermo* zurückkehrte.

All' diese Arbeiten sind sich, bei aller Verschiedenheit im Einzelnen, in einem Punkte dennoch einig, dass nämlich die "Ars" zweigeteilt sei, will sagen: in einen eher systematischen Teil über die Dichtung als Handwerk und einen eher ethischen Teil über den Dichter als ihr gegenüber zutiefst Verantwortlichen. Nun erhebt sich die Frage, wo wohl unsere eigene, oben vorgetragene Analyse in diesem Feld der Meinungen ihren Platz findet. Wie könnte man sie kurz zusammenfassen? Vielleicht so:

Nach dem satirischen Anfang mit einer Groteske, die jeder Leser auch wirklich als absurd anerkennen wird[57], dann die Forderung an das rechte Dichtwerk, eine Einheit zu bilden und qualitativ homogen zu sein. Man kann diese Forderung eine poetologische nennen; die Kunst-Gesinnung aber, welche das Fundament der vorgetragenen Forderung ist, sie stellt sich dar als die Notwendigkeit, seine eigenen Kräfte zu erkunden und nichts zu beginnen, was über diese Kräfte hinausgeht. Es geht also um nichts Geringeres als die Forderung eines dichterischen "Erkenne Dich selbst!" (1/40 a). Daran schließt sich das abschließende und zugleich weiterleitende Versprechen, in diesem Falle werde es weder an Wortreichtum noch an Ordnung fehlen (40 b/41).

Von dem Lehrteil der Ordnung wird nicht weiter gehandelt, wohl aber und sehr ausführlich vom Wortreichtum, von Archaismus, Neologismus und Wortneuerung durch ungewöhnliche Kombination. Das wird man gemäß unserer "Drei-Schichten-Theorie" als eine Aufzählung von Lehrstücken bezeichnen dürfen; die poetologische Fundierung aber liegt in dem Gebot, sich nach dem vorliegenden Sprachgebrauch, dem *usus* zu richten (71). Das bedeutet dann, dass die Dichtung sich wenigstens zu einem guten Teil an das Vorhandene halten, immer modern bleiben und nicht versuchen soll, sich eine künstliche, vom Alltäglich-Bekannten sich willkürlich allzuweit entfernende Sprache zu

---

[57] So z.B. Becker 67, Anm. 1.

erdenken. Der Kunst-Gesinnung wird man daher das Maßhalten, das Verbleiben im Umkreis des Gewohnten und somit Verständlichen und umgekehrt die Scheu (vor aller Übertreibung) zurechnen (vgl. 46, 51, 53).

Dann der Lehrteil der Gattungen: Es wird zur Poetologie gehören, dass da die Kenntnis der Regeln verlangt wird, um passend (zur Natur- und Lebenswirklichkeit) die jeweils erforderliche Sprach-"Farbe" zu treffen (mit Varianzen je nach Situation, versteht sich); was die Gesinnung betrifft, so wird deutlich gemacht, dass hier die Dichtung nicht als Wortakrobatik verstanden wird, sondern dass sie durch Lebensechtheit überzeugen soll. Der Sinn des Dichters richtet sich erneut nicht auf Esoterik, sondern auf den Hörer, den er packen will.

Daraufhin der Lehrteil "Stoff-Wahl" (119ff.): Zunächst die Frage, ob der Anschluss an Vorgeformtes (z.B. an den Mythos) günstiger sei oder Neufindung; das ist eine poetologische Frage, die zugunsten des Anschlusses an den Mythos beantwortet wird; poetologisch sind dann auch die Forderungen nach der Wahrung der Freiheit im Anschluss, nach Steigerung, Zielstrebigkeit und Einheitlichkeit; dann weiter – nunmehr ganz aufs Drama konzentriert – nach Wahrung des Charakterspezifischen (Achill, Medea, usw.) und nach Wahrung desjenigen, was sich in Bezug auf Bühnenaktion und hinterszenischem Geschehen, auf Länge des Dramas, Maschinengott und Chorgestaltung als erfolgreich und der ursprünglichen Konzeption des Dramas entsprechend erwiesen hat. Was die Gesinnung hinter all diesem betrifft, so kommt sie an zwei Stellen zum Vorschein; zum einen dort, wo Horaz recht versteckt den Grundsatz der Naturentsprechung nahe legt (*decor naturis dandus et annis*, "der Eigenart der Lebensphasen das zu ihnen Passende zukommen lassen"). Das bedeutet: Der alles beherrschende Grundsatz ist die Lebensechtheit und Natürlichkeit. Zum anderen wird sie an der Stelle deutlich, wo Horaz gleichsam den "praktischen Geschmack" desjenigen Dramatikers lobt, der da nichts Grässliches oder Unglaubwürdiges auf der Bühne geschehen lässt. "Praktisch" ist dieser Geschmack, weil er das Missfallen der Zuschauer vermeidet; zur Gesinnung wäre dies zu rechnen, weil es den Willen (vgl. schon v. 89: *non volt*) zeigt, nichts auf der Bühne vorzuführen, was der Natur widerspricht und der guten Sitte, kurz: dem feinen Empfinden.

Danach der Lehrteil "Musik" und "Spachfärbung" (251ff.): Im Abschnitt über die Musik kommt zum ersten Male der Gedanke an die Entartung zu Pomp und Lärm auf, und im Abschnitt über die Sprachbalance (217ff.) wird dieses Verbot von Lärm und Pomp auch für die Sprache erhoben: Sie muss wohlausgewogen sein, und als Beispiel für solche Abgrenzung nach oben (Tragödie) und unten (Komödie) wird von dem dazwischen liegenden Satyrspiel gehandelt. In diesem Großteil (er reicht bis v. 294) wird nun noch deutlicher die Gesinnung angesprochen, der Wille zum Maßhalten und zur Meidung aller Entartung; der Wille zum Erlernen der Regeln, zu ihrem fleißigen Gebrauch, zum Ausfeilen (291), kurzum: Zur äußersten Anstrengung. Und zwei Male kommt nun auch Rom zur Sprache, Roms früheren Literatur als Beispiel dessen, wie man verführerischen und verderblichen Einflüssen ausgesetzt ist, wenn man sich nicht an die Regeln hält, die sich bewährt haben, weil sie der Natur entsprechen.

Vers 295-332: Besteht der Lehrteil dieses Abschnittes aus der Frage *ars* oder *ingenium*? Gewiss nicht, dieses Kontrastpaar gehört schwerlich ins Gebiet des Erlernbaren. Hier spätestens beginnt die Erörterung der inneren Disposition des wirklichen Dichters. Regelkenntnis und Genie: Wie geht das zusammen? Horaz lässt sich Zeit, in 295ff. weist er zunächst das Genie-Getue ab, um dann zu der erstaunlichen Forderung nach *sapere* (309) zu kommen. *Sapere*, das entpuppt sich zunächst als ein Wissen um Inneres und Äußeres, dies jedoch nicht als ein Bescheidwissen über das, was ist, sondern als ein Wissen und Denken aus dem, wie es sein soll (vgl. die Kommentare zu *exemplar* in 317). Aus solch idealischem Denken entspringt hohe Dichtung, nicht aus dem Krämergeist der Römer (323ff.)

Vers 333 bis zum Ende: Horaz beginnt noch einmal so, als lege er einen weiteren Lehrteil vor, nämlich den über das Ziel guter Dichtung (*aut prodesse aut delectare*) und weiter, als füge er eine poetologische Regel an, nämlich die, niemals zu lange über Belehrendes zu sprechen und beim Erfinden von Handlungen niemals Unerhörtes aufzutischen. Dann aber verlässt er die Ebene des Poetologischen und wendet sich der Vollendetheit zu: Es mag vorkommen, dass auch der beste Dichter einmal einen Fehler macht (359f.); doch der Grundsatz gilt: Nie ins Mittelmaß verfallen (372f.)! Dieser Grundsatz muss das *iudicium* und die *mens* beherrschen. Hier bedeutet *iudicium* wohl das Urteil über Geschriebenes, auch das eigene. Und *mens*? Offensichtlich meint das Wort die innere Einstellung, sodass sich ergibt: Der (komplementäre) Gegensatz von *ingenium* (oder auch *natura*, 408) und *ars* meint: Hochbegabung muss bei der Erörterung des vollendeten Dichtwerks vorausgesetzt werden, aber die Begabung will gelenkt sein, und dies ist hier das Neue: Gelenkt durch eine Art Obersteuerung, eine Einstellung, die bereit ist, das eigene Werk ständig zu prüfen, zu kritisieren und zu verbessern. Wohl dem, der da einen sachverständigen Freund mit Geschmack hat, der ehrlich genug ist, rückhaltlos zu loben und auch zu tadeln!

Was ist nun diese "Ars Poetica"? Man erwarte jetzt nicht, dass ein weißes Kaninchen aus des Zauberers Zylinder springe und dass etwas unerhört Neues vorgebracht werde. Doch soviel ist klar geworden, dass diejenigen völlig Recht haben, die da von einer Zweiteilung[58] sprechen, von "techne" und "technites", allerdings im Sinne einer Hin- und Anleitung und nachfolgend einer Wesenserörterung des idealen Dichters selbst. Es ist auch sicherlich wahr, dass der Anleitungsteil alles andere als vollständig ist. Horaz wählte Lehrteile aus, die er in eine rationale Folge brachte: Ordnung (nur angedeutet) – Wortfindung –

---

[58] Die A. P. in zwei Teile zu gliedern, ist sehr grob und wird dem feinen Gespinst nicht gerecht; L. Bernays (Mnemosyne IV, 1999, 277ff.) darf man dazu beglückwünschen, endlich eine verschleierte, aber doch hinreichend deutliche numerische Untergliederung in vier Hauptteile zu je zwei Unterabteilungen, dazu "Echobeziehungen" von Versen des ersten zu vergleichbar klingenden des zweiten Teiles entdeckt zu haben.

Sprachfarbenwahl je nach Gattungen – Stoffwahl (Mythos oder neu; Untergruppierung: Freiheit, Steigerung, usw.) – Poetologie des Dramas bezüglich Figur und Handlung (Untergruppen: Hinterszenisches, Länge, usw.) – Balance von Musik und Ausdrucksstärke (Beispiel: Satyrspiel). Man erkennt sofort, dass Vollständigkeit nicht angezielt war: Warum spricht er, um nur Eines zu nennen, so ausführlich vom Drama und nicht auch von der Lyrik? Nun, die Antwort ist nicht schwer: Erstens vermeidet er, seine von ihm erwählte, gleichsam eigene Gattung zu behandeln, und zudem ist das Drama so feingliedrig und vielfältig, dass es ein gutes Paradigma darstellt. Und vielleicht sah Horaz im Drama, und da besonders in der Tragödie die vollendetste Gattung, wie Aristoteles es tat. Aber das genügt nicht. Horaz beschränkt sich, weil es ihm weder primär um die Lehrstücke und Lehrteile geht noch im letzten um die Poetologie, sondern sein Hauptziel war die Beschreibung der inneren Einstellung. Diese kann man definieren als den unbedingten Willen zur Höchstleistung, und daraus fließt alles andere: Das Wissen- und Lernenwollen, der Horror vor Halbfertigem und Übertriebenem, dazu vor Mittelmäßigem, usw. Hierbei bleibe der Dichter innerhalb des Gewohnten und Lebbaren, um verständlich und darum auch wirkfähig zu sein: Er darf nicht versuchen, sich eine überkünstelte Sonderwelt und Sprache, fern dem *usus* zu schaffen.

Was ist also diese "Ars"? Die Hochbegabung vorausgesetzt, ist sie die Konstituierung der geistigen Einstellung, aus der die Voraussetzungen für das Gelingen fließen: Lernen, Mühen und Selbstkritik. Und wenn man jetzt fragt: "Was lernen?" und "Worum mühen?", dann fallen dem Nachdenkenden die vielen Regeln, die Horaz gibt, von selbst in den Schoss. Sprechen wir ganz anders: Was Horaz hier in lockerem Aufraffen, wie Klingner es nannte, in der Art des Gespräches, wie Büchner es formulierte, nur eben andeutet, das ist die Würde des Dichtens und der Dichtung als einer Tätigkeit und Frucht des Geistes. Dieser Geist schafft nun nicht allein nach (so könnte es nach v. 309ff. scheinen), nein: Er dichtet, was sein soll, das Vorbild, das Ideal. Darum kann der Dichter „nützen" und „ergötzen", weil das Vollendete Sinn und Seele zugleich erfreut. Und das ist das Ergreifen und Leiten des Hörers, wie bei Aristoteles[59], wie bei Platon (Leges 817 c) gefordert. Dichtung kommt also aus der Welt (nicht aus Hirngespinsten) und soll für die Welt geschaffen werden. Horaz stellte an sich am Ende seines Lebens den höchsten Anspruch: Verpflichtende Rechenschaft abzulegen über seines Lebens Würde und Werk, Rechenschaft letztlich dem Gott Apoll gegenüber.

---

[59] Vgl. H. Boeder, Vom Begriff der aristotelischen Poetik, in: Das Bauzeug der Geschichte, Würzburg 1994, 274f.

Der Augustus-Brief

Bei der Behandlung dieses Briefes wollen wir uns so weit wie möglich auf die Verfolgung des schwierigen Gedankenablaufes beschränken und zweitrangige Fragen ausgrenzen, um "Horaz nach Möglichkeit selber sprechen zu lassen", wie H. Haffter einmal gefordert hatte (Römische Politik und Politiker 95). Das, was wir meinen, dass es von Horaz als selbstverständlich ausgelassen worden sei, ergänzen wir in runden Klammern, im übrigen werden wir uns bemühen, einzig und allein das wiederzugeben, was die Verse nahe legen, und dies ohne vorgefasste Meinung: Horaz soll ja "selber sprechen".

"Bei Deiner so großen Aufgabenlast – Friedensschaffung, moralische Wiederaufrüstung, Rückführung zu Recht und Gesetz – würde ich mich am Volksinteresse vergehen, wenn ich Deine Zeit zu sehr in Anspruch nähme. (Also rasch zur Sache!) Romulus und Bacchus[60] sowie andere Halbgötter[61] werden oft erst nach ihrem Tod geehrt; Dich dagegen ehren wir schon zu Lebzeiten, indem wir sagen, dass nach Dir nichts Deinesgleichen kommen werde, dass vor Dir nichts dergleichen gewesen". Hier liegt ein deutlicher Einschnitt ("Gedrungener Vers", Lateinische Dichtersprache 203 Mitte). Es folgt ein eleganter Übergang zum ersten Hauptteil.

"Dein Volk hat in diesem Deinem Falle (*in uno te*) recht getan, wenn es Dich über die Römer- und Griechenheroen hob, unrecht aber darin, dass es seine Hochschätzung des Vergangenen nicht auf die Heroen beschränkte, sondern auch sonst das Uralte über alles Neue stellte, z.B. in der Literatur, wo es schier unverständliche Schriftzeugnisse aus unvordenklichen Zeiten für beste Literatur hielt. „Die alten ehrenfesten und gestrengen Gesetzgeber als neue Hesiode auf dem heimischen Musenberg", dem Mons Albanus – so gibt F. Klingner, Studien 414 den spottenden v. 27 wieder. „Man schließt dabei vielleicht so: 'Bei den Griechen ist die beste Literatur die älteste, d.h. Homer; also muss das auch bei uns so sein'. Das ist so klug wie der Fangschluss: 'Die Olive ist eine Baumfrucht; sie ist außen weich; auch die Nuss ist eine Baumfrucht, also muss sie außen weich sein' oder wie der andere: 'Wir sind mit den Waffen stärker als alle anderen (auch als die Griechen), also (können wir auch sonst alles besser als sie), malen, tanzen und ringen besser als die Athener'" (33; man bedenke, dass dieser Sport in Rom nicht heimisch war[62]). Und weiter: „Wer da meint, nur das Alte sei

---

[60] In c. 3, 3, 9/16 "finden wir alle diese Erlöser-Heroen versammelt", unter ihnen Augustus, so Fraenkel, Horaz 451. Der Übergang von "Caesar" zu "Romulus" war also ein durchaus "vertrauter Ton" (Fraenkel, ebd.). Man überhöre jedoch nicht den scherzenden Ton jener "Beschwerde" der Heroen (9f.) darüber, dass sie nicht hinreichend geehrt würden (vgl. K. Büchner, Studien 8, 99).

[61] In *morer tua tempora* hat Horaz *te morer* und *consumam* (oder *absumam*) *tuum tempus* ineinander fließen lassen, s. Heinze.

[62] Horaz nennt die Achiver "eingeölt", um daran zu erinnern, dass sie den Ringsport schier täglich und immer betrieben, also darin auch die unbestrittenen Meister waren.

gut, muss sich fragen lassen, wie alt es denn sein müsse? Hundert Jahre? Und wenn es nur neunundneunzig Jahre alt ist? In dieser Weise verfällt man in den albernen Fehler des ‚Glatzen-Schlusses' (vgl. Heinze)." Ein eindrucksvolles Trikolon beschließt diesen heiteren Abschnitt[63]; es folgen einige Beispiele für derart falsches Urteilen.

"Ennius, hoch gelobt als 'Zweiter Homer', scheint sich wenig darum zu scheren, ob er seinen Ansprüchen (die er im ersten Buch seiner 'Annalen' erhob) nachzukommen vermöge (und wird doch als Vorbild verehrt); und auch Naevius (der nicht besser ist), wird immer noch allenthalben gelesen: So hochheilig gilt den Römern das Alte![64] Ja, man vergleicht die alten Römerdichter gar mit den großen Griechen und erklärt einen Plautus zu einem zweiten Epicharm: So ein Zeug wird also in Rom auswendig gelernt, so etwas schaut man sich immer noch an und hält es für gute Literatur" (62). F. Klingner hatte hier beobachtet, dass nach der pseudo-dialektischen Auseinandersetzung (28-49) eine eher „mimische" folgt, die all' die Lobeserhebungen nachäfft, z.B. wird in v. 50 Ennius *sapiens et fortis* genannt wie Scipio Barbatus auf den Scipionen-Elogien. Wenn man dieses Alte für fehlerfrei hält, ist es ein Irrtum; wenn man differenziert und darin das Gute, aber auch die Fehler aufzeigt, dann ist es recht (68; Trikolon gliedert vor dem Übergang zur Ich-Form). Horaz fährt fort: „Und auch ich erinnere mich noch gern der Tage, als ich Livius Andronicus auswendig lernte, aber ihn als vollendete Kunst hinzustellen, ist ebenso falsch wie das Neue zu tadeln, und zwar nur, weil es neu ist, und die Alten, statt dass man ihnen milde Nachsicht entgegenbringt, in den Himmel zu heben (78). Das ist nicht Ehrfurchtslosigkeit, wie unsere Hochmögenden vielleicht meinen, weil sie nur gelten lassen, was ihnen selbst gefällt, weil sie auf Jüngere nicht hören mögen oder weil sie aus nostalgischer Erinnerung an die Jugendlektüre, meinen, dass alles Alte gut sei, nur weil man alles Neue verabscheut und nicht leiden mag" (so die Entlarvung der Gegner in 89, die dreifach Anapher gliedert; zudem zeigen die wörtlichen Anklänge an v. 22f., dass Horaz hier den Kreis schließt).

"Wenn Griechenland ebenso gedacht hätte, dann hätten wir heute nur Homer und keinen der Klassiker[65] und hätten – außer Homer – überhaupt keine griechische Literatur. (Und doch schuf Griechenland nach Homer eine reiche Fülle schönster Dichtwerke, denn:) Als die ernsten Kriege (gegen die Perser) vorüber waren, da begann Hellas – so scherzt Horaz – zu spielen und auch gar zu übertreiben, indem es einmal dies, einmal jenes anfing wie ein Kind (dabei aber immerhin die Tragödie, die Komödie und manches mehr hervorbrachte); Rom dagegen war lange auf nichts versessen als in altrömischer Weise auf die Mehrung des Vermögens und Abwehr allen Verlustes (103ff.), dann aber wurde es von

---

[63] Vgl. Lucr. 3, 395 und bei Horaz c. 1, 7, 13 f; in unserer Epistel noch v. 68.

[64] Wenn man in dieser Weise die beiden Aussagen über Ennius und Naevius überzwerch ergänzt (ähnlich dem "Schema Horatianum", Lateinische Dichtersprache § 201), entfällt das textkritische Bedenken von N. Rudd (z. St.).

[65] *Vetus* in 91 bedeutet die vorbildliche, klassische Literatur Griechenlands aus dem 5. Jahrhundert, vgl. Rudd zu 90-2.

der Schreib- und Dichtwut ergriffen, ja ich selber fange schon früh morgens damit an, und so schreiben wir denn alle, ob wir's nun können oder nicht" (117).

Das war alles noch sehr im Scherz gesagt, nicht minder unernst als in 90/102; dennoch wird hier in v. 103/17 etwas recht Gewichtiges vorgebracht: Griechenland begann nach der Zeit der schweren Kriege zu "spielen", aber dieses Spiel schuf immerhin die Klassik des 5. Jh.; Rom kam nach ernsten Zeiten der Reichtumsmehrung in eine Art von Schreibfimmel (*levis insania*, 118[66]), aber auch der hat sein Gutes: (Nehmen wir an, es gebe unter diesen vielen Poeten auch einige wahre Dichter:) „Der (wahre) Dichter ist ja anspruchslos und ehrlich, er mag im Kriege wenig taugen, dafür ist er aber auf andere Weise der Heimat nützlich (*utilis urbi*, 124): Er formt die Sprache der Jugend, hält sie von wilden Reden fern, er gestaltet sie durch freundliche Lehren, als Heiler von Grobheit und Zornmut; er stellt ihnen belehrende Vorbilder vor Augen und tröstet im Unglück. Mehr noch: Er lehrt die rechten Gebete". Hier ist gewiss manches stark übertrieben – der Dichter als Regenbeter (135) –, aber im Grunde auch wieder „recht ernst" (Klingner, Studien 421), wenn man ans *Carmen Saeculare* zurückdenkt. Der Abschnitt endet mit dem schön geschlossenen Dikolon (138):

carmine di superi placantur, carmine Manes,

"Lieder sänftigen die Götter droben, Lieder die drunten".– Nun folgt eine Art römischer Literaturgeschichte, so scheint es: Am Anfang standen einfache Bauernfeste, heißt es da, aus denen dann die Feszenninen erwuchsen, sie verkamen aber zu wilden Schimpf- und Spottorgien, die nur durch Gesetzeskraft eingedämmt werden konnten (139/55); dann aber

Graecia capta ferum victorem cepit et artes
intulit agresti Latio,

"das eroberte Hellas eroberte den unkultivierten Sieger und brachte nach Latium die Kunst; es schwand infolge dessen zwar der ungefüge Saturnische Vers, aber noch lange und bis heute blieb ein Rest von bäurischer Grobheit (160)". (Wie in der Geschichte der griechischen Literatur kam die höhere Kultur erst nach schweren Kriegen:) "Erst nach den Punischen Kriegen wandte Rom sich Griechenland zu, seinen Tragikern zumal; es versuchte sich an Übertragungen, die ihm gelungen schienen, denn das Talent ist ja vorhanden. Nur an der Ausfeilung mangelte es (weil man nicht wusste, wie dies zu geschehen habe: *inscite*, 167). Schlimmer noch die Komödie: Man hielt diese Gattung für leichter, aber man sehe nur, wie grob Plautus seine Figuren behandelt[67], wie sehr er dem Atellanen-

---

[66] Warum Fraenkel 459 meinte, Horaz habe gefordert, "das Beste aus diesen beiden Welten zu nehmen und die moralischen und politischen Tugenden eines Römers mit den besten Gaben der griechischen Muse zu verbinden", ist nicht ersichtlich.
[67] Vgl. D. H. Jocelyn in: Homage to Horace 228ff. meint wohl zu Recht, die Kritik betreffe des Plautus Sorglosigkeit in Ethos und Pathos der Figuren.

Nimmersatt Dossennus verpflichtet bleibt[68], wenn er Parasiten zeichnet: Ihm kam es ja auch nur aufs Geld an". (Horaz bleibt beim Drama: Eine der Schwierigkeiten auf dem Wege zu einer den Griechen gleichwertigen dramatischen Dichtung ist diese:) "Wen die Hoffnung auf literarischen Ruhm zur Bühne bringt, über den bestimmt das Publikum, das ihn nämlich mit Schweigen (ohne Beifall) enttäuscht und mit Jubel (allzu oft) sich blähen lässt (in unverdientem Lob). So etwas Geringfügiges und Leichtgewichtiges also (wie der Beifall des gewiss nicht allzu kenntnisreichen und geschulten Publikums) lässt den Dichter stürzen oder sich überheben (s. Rudd), nämlich die Ansicht des Pöbels, der sie ja lauthals zu Gehör bringt, wenn die Ritter (in den vorderen Reihen des Theaters) anderer Meinung sind. Da rennt er dann auch einmal davon zu Tierschau und Boxkampf; aber auch die Ritter (das ist das "Schlimmste" nach Fraenkel 564, denn sie müssten es besser wissen), sie lassen sich ihren Geschmack von äußerlichem Aufwand bestimmen – und das Wort? Das hört man da nicht mehr" (187/207)[69]. Auch dies schrieb Horaz in einem übertreibend-scherzenden Ton, doch auch hier wieder birgt er Ernstes unter heiterer Rede: Die Gefahr der Veräußerlichung des Dramas zum Ort von Sensationen. "Dabei ist das Drama eine ungemein schwierige Gattung, die meine volle Hochachtung verdient, denn sie verzaubert" (und vermag den Zuschauer so zu lenken, wie oben in 124ff. angedeutet).

"Doch nicht nur die Theater-Dichtung möge Dir, Caesar, am Herzen liegen, sondern auch der Buch-Dichtung (Horazens eigener Dichtung also, der Epik Vergils, vielleicht der Liebeselegie und anderem dieser Art) widme etwas von Deiner Fürsorge, wenn Du das Gebäude, das Apolls würdig ist (die Palatinische Bibliothek) füllen[70] und den Poeten die 'Sporen geben' möchtest" (217). "Leider", so fährt Horaz erneut mit (scheinbar) naivem Spott über die eigene Zunft, fort, "leider stehen wir uns dabei selber oft im Wege, fühlen uns beleidigt, sind auch gern in die eigenen Glanzlichter verliebt, halten uns und unsere 'feingesponnenen Verse'[71] für ungefördert, als müsstest Du, sobald Du vernimmst, dass da einer dichtet, allsogleich aufspringen und ihn von Dir aus der Armut entheben und beim Schreiben fördern". Viel Spaß und Spott ist hier ausgeschüttet über einen ernsten Sachverhalt: Der Dichter muss sich die Aufmerksamkeit und Fürsorge des Kaisers selber erarbeiten, von allein kommt da keine Förderung.

Prinzeps und die Dichter – der übelste Fehler ist bei all' dem aber, wenn der "Tempeldiener" der *Virtus*, d.h. wenn der Dichter, der den Prinzeps loben will,

---

[68] Damit ist auf die Meinung (oder gar auf die Tatsache) angespielt, dass Plautus vor seiner Palliatenzeit Atellanen gespielt habe, s. A. S. Gratwick, C Q 23, 1973, 78ff.

[69] In 207 wird man mit Marcilius, Markland, Rudd u. a. *laena* statt *lana* lesen, "Mantel" statt "Wolle".

[70] Auch in dieser Formulierung mischt sich Scherz mit Ernst: Die Bibliothek "füllen", das ist nicht ohne Schmunzeln gesagt; aber die Bibliothek ist "Apolls würdig", und man wird wohl interpolieren dürfen: Was darinnen liegt, muss es ebenfalls sein.

[71] So zitiert Horaz voll freundlicher Ironie das kallimacheische Kunstprogramm.

der Würde des Herrschers so wenig zu entsprechen weiß wie Choirilos im Falle Alexanders (229/244). Das war bei Vergil und Varius ganz anders (247):

at neque dedecorant tua de se iudicia atque
munera, quae multa dantis cum laude tulerunt
dilecti tibi Vergilius Variusque,

"nicht aber entwürdigten Dein Urteil über sie und Deine Gaben, die sie zu hohem Lobe des Schenkenden davontrugen, die von Dir so geschätzten Vergil und Varius"; von sich selbst aber sagt Horaz, "Ich würde gern die niedere Sermonen-Dichtung zu Gunsten eines großen Epos aufgeben, aber ich kenne meine Grenzen (*pudor*, 259), die Kraft reicht nicht aus, und bloße beflissene Diensteifrigkeit (*sedulitas*, 260), die lässt den Unfähigen nur lächerlich werden. Bescheiden erwähnt Horaz nur seine Satiren, und auch dies noch versteckt; und zudem "tritt er vor der Aeneis zurück" (K. Büchner, Studien 8, 110 oben). "Ich selber möchte ja auch nicht eine schiefe Wachsbüste von mir aufgestellt sehen oder schlechte Verse über mich lesen, die nur dazu führen, dass ihr Beschreibstoff, samt mir als Leiche in der Buchkapsel, auf den Markt kommt als – Einwickelpapier".

Wenn die eben versuchte Paraphrase auch nur annähernd das Wichtigste getroffen hat, dann dürfte etwa dieses als das Geflecht der Grundgedanken erkennbar geworden sein: Der hemmungslose Archaismus, verstanden als irrationales Festhalten am Alten, um jegliches Neue niederzudrücken (weil man es nicht kennt und eine Auseinandersetzung mit ihm nicht mag, vgl. 79), lässt eine doppelte Defizienz des Geschmacks erkennen: Die alten Dichter hatten wenig Selbstkritik und arbeiteten nicht an ihren Mängeln, und die Beurteiler wollten, dass ihre Matadore den Griechen gleichkämen, und verloren beim Vergleichen jedes Augenmaß. (Darum ist es, so ergänzen wir, mit der nötigen Breitenwirkung der modernen Dichtung so schlecht bestellt). Dabei hätten die Dichter ja die Vorbilder vor der Hand gehabt, sie waren in Griechenland längst wie im Spiel gefunden; Rom aber hat damals nicht gelernt und gefällt sich jetzt in einer Schreibmode ohne solche Schulung (und dichterische Substanz, 114/7), obschon die Dichtung, wenn sie ernst genommen, für die sittliche und religiöse Formung der heimischen Jugend unentbehrlich wäre (*utilis urbi*, 124). Gewiss haben unsere Dichter inzwischen einiges bei den Griechen gelernt (162ff.), aber es ist noch zuviel Altertümlich-Grobes geblieben. Doch auch die mindere Qualität der Rezipienten, die besonders im Theater deutlich wird, trägt das ihre dazu bei, dass es nicht zur Vollendung kommt: Sie haben zu wenig Geschmack, erwarten nur äußerliche Sensationen, und doch wäre gerade das Bühnenspiel mit seiner starken Seelenlenkungsmacht dazu angetan, heilsamen Einfluss zu nehmen. „Wir alle wissen und sehen, wie sehr Du am Theater interessiert bist", sagt Horaz zum Herrscher, „aber auch die Lesedichtung möge Deiner Fürsorge nicht entraten[72], wenn Du schon wünschst, dass etwas Apolls (und Deiner) Würdiges entstehe. Aber leider tun wir auch das unsere, um Dich abzustoßen durch mancherlei Taktlosigkeiten, denn wer sich Dir zuwendet, muss in seinem Werk Deinem Rang entsprechen wie Vergil und wie Varius; ich selber könnte es leider nicht".

Was will das sagen? Es will verdeutlichen, dass es in dieser Epistel um die Kräfte geht, welche eine hochrangige moderne Dichtung, und Literatur überhaupt, bewirken könnten. Da wären vier Triebkräfte zu unterscheiden. Die eine ist eine gleichsam diachronische, der natürliche Wandel des Geschmackes, der durch die Bemühungen der Dichter geschult wird (K. Büchner, Studien 3, 114). Und dann wäre da eine immer vorhandene Kraft, nämlich die Zielsetzung und die Fähigkeit des jeweiligen Dichters, vor allem seine „Kunstgesinnung" (Klingner, Studien 430), die von ihm das Höchste abverlangt; ferner wäre da die Erwartung und die Geschmacksqualität der Rezipienten, und viertens die Würde "Apolls" und des Prinzeps, der die Literatur des horazischen Rom zu entsprechen hat. Das will sagen: Der Dichter muss sich sein Ziel setzen, einen Rang anstreben, und dieser Rang bestimmt sich, modern gesprochen, vom Zielpublikum her. Wenn dies das höchstmögliche ist – im Falle des Ohres Apolls oder des Kaisers –, dann wird auch die Bemühung die höchstmögliche sein.

Im Mittelpunkt der Epistel steht nicht allein die "Wirkung" der Dichtung, wie C. Becker meinte (Spätwerk 200); zweifellos näher ans Gemeinte kam Ed. Fraenkel: "In dieser Epistel ist es der Hauptzweck des Horaz, Wesen und Bedeutung dieser neuen Poesie zu umreißen und ihr den ihr zukommenden Platz im politischen Gesamtgefüge zuzuweisen", aber er hebt das Publikum nicht genügend hervor und nicht den Prinzeps. K. Bringmann[73] hatte ganz Recht, wenn er von dem Passus v. 139/219 sagte, er "läuft auf eine Analyse der Ursachen hinaus, warum es mit dem römischen Theater so verzweifelt schlecht steht", aber der Brief umfasst nicht nur die Theater-, sondern die gesamte Literatur[74], und man darf den Brief auch nicht als bloße Kritik lesen, denn implizit wird auch ein Hochziel gesetzt: Dem Kaiser und dem Gotte zu entsprechen. Der Brief umgreift also nicht nur die Dichter, sondern auch die Aufnehmenden und da auch den Kaiser, nun aber nicht in der Weise von einzelnen Forderungen an ihn und an das Publikum, sondern so, dass er die Grösse und Dignität des Augustus als das Höhenmaß vorgibt, dem jegliches Literaturwerk zu entsprechen hat. Er fordert vom Aufnehmenden, dass er offen jedes Neue prüft, ob es dem Ziel von

---

[72] Wenn E. Lefèvre 320 schreibt, "deutlicher konnte Horaz kaum aussprechen, dass er seine Kunst nicht in dem Maß vom Prinzeps gewürdigt fühlte, wie er sich wünschte", mutet er dem Dichter sowohl arge Taktlosigkeit wie peinliche Subalternität zu.

[73] Struktur und Absicht des horazischen Briefes an Kaiser Augustus, Philologus 118, 1974, 249.

[74] Ganz abwegig scheint die Behauptung, "Ziel seiner Kritik am römischen Theater (sei) der Kaiser selbst" (S. 252): Er solle sich nicht aufs Theater beschränken. Auch dass der Tod der Literatur damals "das Absterben der bisherigen politischen und öffentlichen Tätigkeit" gewesen sein soll, wie W. Wili 254 schrieb, wird man nicht unterschreiben.

Dichtung überhaupt, in der höchstmöglichen Weise *utilis urbi* zu sein (etwa durch die Verfeinerung des Sprachempfindens), nahe genug kommt, was bedeutet: dass er durch seine Ansprüche mithilft, große und allgemein förderliche Dichtung zu erzeugen. Und der Dichter darf nicht auf äußeren Erfolg schauen, er muss nicht nur fleißig sein und unermüdlich feilen, er muss sich nach Griechischem ausrichten und vor allem sich der Höhe des Anspruches, den man an ihn stellt, bewusst bleiben. Dieses sind die Wirkkräfte, denen jegliche Literaturproduktion ausgesetzt ist und denen sie sich auszusetzen hat, deren Stärke sie entsprechen muss.

Sagen wir es zum Schluss nun auch ganz deutlich, dass die seltsamen Fehlurteile über diese Epistel zumeist daher rühren, dass man sich vorstellte, diese Verse sprächen von etwas, das für den Kaiser neu und aufschlussreich, ja vielleicht auch unangenehm, weil kritisch klang; das dürfte eine gründliche Fehleinschätzung sein. Soll man sich denn vorstellen, dass die Urteile des Horaz dem Kaiser, der sich sehr wohl, sehr genau und sehr tätig mit Dingen der Literatur befasste (er schätzte Vergil und Varius und machte ihnen ehrende Geschenke, so hörten wir allein in dieser Epistel), etwa neu waren? Längst Besprochenes, vielen Einsichtigen längst Bekanntes trug der Dichter hier vor, vieles blieb zwar unter dem Mantel des heiteren Spottes und Scherzes nur dem Uneingeweihten verborgen, aber wer Bescheid wusste, hörte ebenso Bekanntes wie Wichtigstes. Warum sagte dann Horaz aber das Bekannte noch ein weiteres Mal? Nun, er war eine Autorität geworden; und wenn er, der Große, tadelte – und dass dieses Briefmanifest viel zu tadeln hatte, liegt auf der Hand –, dann hatte sein Wort schweres Gewicht, es stützte dabei das Bemühen des Kaisers, das vielfach bezeugt ist[75], Horaz' Wort war Maßvorgabe und "Testament" (Büchner a. O. 115) zugleich. Die Epistel erschöpft sich auch nicht in der Kritik, vielmehr endigt sie mit Worten hohen Stolzes: Die "Aeneis" war ja da (über Varius wissen wir zu wenig) und da war ja auch die Leistung, dessen, der diese Epistel an den Herrscher schreibt: Es ist ja auch Pflicht des wissenden Dichters, die bereits erbrachte Vollendung zu begrüßen.

---

[75] R. Syme, Roman Revolution 460/8; Kienast 274ff.

Kapitel XVII: Epilog

Warum wohl hat Horaz, als er epo. 7 schrieb, nicht eine Prosa-Form gewählt, etwa die einer aufpeitschenden Prosa-Flugschrift? Aber eine solche Frage verkennt das Wesen des Dichterischen. Damals, als Horaz, der das Fürchterliche des Bürgerkrieges gesehen hatte[1] und nun erleben musste, wie man sich zu einem neuen Schlachten anschickte, damals erfüllte ihn gewiss ein großer Zorn. Nun, Zorn, Hoffnung, Erfüllungsjubel – derlei Empfindungen kann jeder haben; aber daraus ein faszinierendes Gedicht zu machen, das ist wenigen gegeben. Was aber heißt das? Der wirkliche Dichter, nicht der bloße Verseschmied, der Dichter erlebt den Zorn wie viele andere auch, aber in ihm formen sich entsprechend seiner besonderen Begabtheit nicht nur starke Wörter, sondern auch und vor allem Bildliches, zunächst oft nur Bildfetzen und Bildkeime. Dichter beschreiben diesen Vorgang oft. Und wenn dann dieser Dichter sich am Ende einer langen Tradition weiß, wenn er große Form-Vorbilder hat, dann schießen wohl Empfindung, Bildkeim und eine große, verbindliche, bewunderte Form, deren Erinnerung sich sogleich einstellt, in eins, und das Gehirn beginnt das alles zu bearbeiten, auszuformen bis hin zu einem Produkt wie epo. 7.

Dieses Produkt ist, so betrachtet, in seinem Kern Träger einer starken Emotion: „ ‚Wohin, wohin bloß rast ihr? Hat Rom nicht schon genug an Blut auf Feldern und über die Meerflut hin (in Schlachten) verloren, und dies nicht etwa, um die hoffärtigen Burgen des neiderfüllten Karthago zu schleifen oder den noch ungeschlagenen Britannier gekettet über die Via Sacra zu führen, nein, vielmehr um sich, wonach die Parther sich schon lange sehnen, durch die eigene Hand zu vernichten?' – Sie schweigen! Für das alles gibt es nur einen Grund: Die Tat des Romulus, als das Blut des schuldlosen Remus in die Erde floss, ein Fluch für die Nachfahrn". Die Jamben-Form, die Horaz wählte, ist die des Archilochos, des Erstfinders aggressiver, aus verschiedenen Versarten erregt gemischter Dichtung. Aber die Haltung dessen, der da die rasenden Landsleute anfährt und ihnen das Erkennen des Fluches eröffnet, der sie zum Rasen zwingt,

---

[1] Eine immer noch lesenswerte, liebevolle, wenn auch ein wenig naive Biographie des Horaz stellt H. D. Sedgwicks „Horace. A Biography" (New York 1967) dar. Aber wenn er den Philologen scherzend vorwirft, "scholars are sometimes playful folk", so trifft das oft genug auch auf seine eigenen Phantasien zu.

diese Haltung ist die des Solon, der auf die Straße lief, um seine Athener vor der Selbstzerfleischung durch Hinausschreien eines Mahngedichtes zu retten. Die all' dies tragende und durchpulsende Empörung über Rom aber, sie gehört ganz dem noch jungen Römer Horaz, der doch so viel schon erleben musste und nun Angst hat um seine Heimat und Zorn empfindet gegen diejenigen, welche sich anschicken, sie zu vernichten. Dies alles zusammenzufügen – Zorn und Bild und uralte Form, zudem tiefes Durchdringen bis hinunter bzu den myth-historischen Wurzeln – , das war die Tat des Dichters Horaz.

Das Rasen und seine Demaskierung, dann die Anrede und das still eingestehende Schweigen und zuletzt dann das Künden des Wissenden: Hier, in diesem ganz frühen Gedicht, sind bereits die meisten Elemente horazischen Dichtens versammelt. Horaz stellt sich, auf die Sache gesehen, gleichsam in den Weg der Irrenden, enthüllt ihre Motive und kündet deren tiefste Ursache. Auf die Dichtweise geschaut, sehen wir, wie der Dichter nicht in abstrakten Begriffen predigt, sondern ein Bild malt: Er malt ein wildes Dahinrasen, eine hemmende Anrede, dramatisches Schweigen und das Entgegenschleudern der Wahrheit; und er tut dies, indem er innerhalb dieses von jedem Hörer bildhaft vorstellbaren Geschehens Einzelheiten ganz anschaulicher Art einfügt. Keine Predigt also, kein Warnen und Zur-Besinnung-Rufen, nichts Gedankliches, etwa in einer verdammenden Flugschrift aus Prosa, sondern ein Schreckbild, das einprägsam und bedrängend das innere Auge anspricht.

Man darf nun aber nicht die Arbeit des traditionsbewussten Epigonen übersehen, dies Wort einmal ohne peiorativen Klang genommen. Die metrische Form und die Aggressivität des Archilochos ist mit Solons Hinaustreten vors Volk verbunden: Ein Verfahren, das Horaz noch unzählig oft verwenden wird. Es mag uns das Aufsuchen und Erkennen der ganz eigenen Dichterpersönlichkeit eines solchen Epigonen erschweren, ihm aber half es, das Gedicht aus der Banalität des Momentanen in das Reich des immer Gültigen zu heben. Dazu verhilft auch eine andere Eigenart des Horaz, nämlich die Vermischung von Griechischem und Römischem, die sich in der Verwendung griechischer Formen zum Ausdruck römischer Gehalte zeigte. Und noch ein drittes offenbart sich schon in diesem frühen Werk: Das Sehertum. Horaz stellt sich, so wurde gesagt, den Wahnsinnigen gleichsam in den Weg; er tut dies aus einer Erkenntnis heraus, die er als Dichter nun aber in eine Dichtung fasst, in ein Bild. Seine Erkenntnis ist keine banal-ursachenbezogene, auch keine historisch begründende, sondern eine Vision. Dichterworte treffen besonders genau, das wusste Seneca.

Das hier Angedeutete trifft auch auf epo. 4, und 6, natürlich auch auf 16 zu, nicht aber auf alle übrigen, die mehrfach kraftlos scheinen und oft nur als Stilübungen oder als Weiterdichten in der einmal begonnenen Form goutiert werden können – warum? Auch wenn epo. 3, das „Knoblauchgedicht", ein wenig albern scheint, es zeigt ebenso wie epo. 1 etwas für Horaz neues: Zum Neinsagen tritt nun nach dem Bekanntwerden mit dem Maecenas-Kreis das Bejahen. Der junge Dichter scherzt mit dem grossen Maecen, er fühlt sich dort gut aufgehoben. Insbesondere in den Satiren finden sich ebenfalls neben vielfachem In-den-Weg-Stellen Gedichte des Bejahens und der Geborgenheit, ja sogar herzlicher, dankbarer Anhänglichkeit (man lese sat. 1, 5, 39ff. z.B. oder 1, 9, 48ff.), einer Anhänglichkeit an Menschen, die so ganz anders waren als die allermeisten, weil sie aus Innerem lebten. Aber noch war es ein weiter Weg bis zum Bejahen und Jubeln über die Liebe, über einen guten Herrscher und über den Schutz guter Götter. Anders: Es ist also deutlich, dass die Satiren wie viele der Epoden Kritik üben, dass sie anprangern und sich empören; es ist aber auch erkennbar, dass sie, wie ebenfalls manche Epoden (epo. 1 und 13), aus der Enge der Kritik hinausgelangen und bejahend fertig werden mit Teilen der Vergangenheit (so z.B. die Worte über den Vater in sat. 1, 4, 105ff.; 1, 6, 71ff.), noch nicht aber das zu ergreifen wissen, was man das Schöne nennen könnte, dies sowohl im ästhetischen Sinne wie im ethischen.

Was die Struktur anbelangt, so setzen die Satiren die Art etlicher Epoden fort: Sie zeichnen eine Situation (zu Beginn oft eine themafremde: das Knochesche Prinzip) und führen den Hörer oder Leser dann durch eine Serie von bildhaft gegebenen Beispielen oder Ausmalungen induktiv zum Gemeinten; so z.B. die Priamel in epo. 16, 3-8 oder die Ausmalung in 49ff., bzw. die Hinleitung zum Begreifen dessen, was *recte scribere* ist, in sat. 1, 4, 13ff. (Heinze S. 72/4). Was den Gehalt angeht, so verengt sich das Bestreben: Es beschränkt sich auf das Nahebringen von ethisch zu nennenden Grundeinstellungen, weiter von Freundschaftsbezeigungen und von defensiven Selbstdarstellungen. Aber neben der Satiren-Dichtung lief auch die Arbeit an Epoden einher, und die wohl späteren Epoden 13 (*Horrida tempestas*) und 15 (*Nox erat*) deuten den Übergang zu einem neuen Themenbündel an: Sorgen (und der sie vertreibende Wein), dazu auch die Schilderung des Draußen, besonders aber die Liebesthematik. Diese Gedichte deuten an, dass der Dichter jetzt neue Wege vorbereitete, Wege, die nun auch das Liebenswerte und das Schöne vor das Auge bringen sollten.

Er ging auf den neuen Wegen nicht allsogleich fest und sicher. Die frühen Oden zeigen teils Versuche mit Gegenständen, die Horaz später nicht wieder behandeln sollte (z.B. c. 1, 15 mit einer myth-historischen Szenerie oder auch die mehrfachen Brechungen in c. 1, 28 als Versuch, die Epigramm-Form zu verfeinern), teils sind die Motive noch ganz satirisch (c. 3, 24); aber schon das ganz frühe c. 2, 18 lässt Neues ahnen, indem gegen Ende der Mythos herangezogen wird. Das war zwar schon in epo. 13 spürbar, wenn Chiron seinen Zögling Achill auf seinen Tod vor Troia vorausweisen lässt. In den Carmina ist nun aber der griechische Mythos eines der Hauptkennzeichen horazischer Lyrik, die Griechisches und Römisches in einem Reich der Phantasie aus uralten Motiven und Gestalten, aber nicht ohne erhellenden Bezug auf Menschliches überhaupt zusammenführt.

Mythos, das Thema der Liebe und dann besonders das Sprechen über die Gottheit – das sind die neuen Gegenstände. Neu ist nun aber auch die Weise, wie der Dichter nach dem defensiven Sprechen über sich selbst in den Epoden (epo. 6 z.B.) und in den Satiren jetzt auf neue Weise das Ich ins Spiel bringt. Das zweite Satiren-Buch brach noch die Selbstdarstellung ironisch zu Dialogen eines Anderen mit dem Ich, und man musste aus der sich selbst verspottenden Verzeichnung auf die intendierte Kennzeichnung des Ich schließen. Nun aber präsentiert sich das Ich in einer Doppelrolle: Nach wie vor weiß es um seine dichterische Potenz (sat. 1, 4; 1, 10 und 2, 1), wie c. 1, 1; c. 2, 20 und besonders 3, 30 aufs schönste beweisen; aber dagegen steht die scharf ausgedrückte Bescheidung. Da liest man kein Bekenntnis zur Armut, gewiss nicht; aber sehr wohl zum Maßhalten und Stehenbleiben bei dem, was dem Dichter an Äußerem zuteil ward (insbesondere das Sabinum). Irgendwann, kaum sehr lange nach dem Freundschaftsbeginn mit Maecen, hat Horaz eine Lebensentscheidung getroffen: Rückzug von allem immer weiter voranstrebenden Gewinn- und Geltungssuchen, um den Freiraum zu gewinnen für die poetische Höchstleistung. Diese Art der Bescheidung dürfte in ihm von Anfang an, wahrscheinlich gar bereits durch den Vater, angelegt gewesen sein. Nun paarte sie sich mit der neuen Gewissheit, im Geistigen Großes leisten zu können. Darum stellt das Ich sich auch nie mehr so schwächlich dar wie z.B. in epo. 1 oder epo. 11. Ganz im Gegenteil: Diese Lebensentscheidung verlangte sowohl viel innere Kraft als sie auch Kraft gab und Selbstsicherheit schenkte.

Die neuen Themen, die lyrischen Motive aufzuzählen, wäre hier wohl eine überflüssige Sammelarbeit. Doch die Grundzüge verdienen hervorgehoben zu werden. Nicht nur die neuen Gegenstände selbst sind interessant (Freundschaft, zuweilen der Herrscher, oft der Mythos und die Götter), sondern ein neues Verhältnis zu sich selbst: das Genießen. Das Ich hatte sich in sat. 1, 5 schon einmal, verhalten zwar, aber doch deutlich genug, als ein die Freundschaft genießendes gekennzeichnet und in sat. 1, 9 als ein für die ganz ungewöhnliche Atmosphäre des Beieinander im Geistigen dankbares; nun aber kommt der Genuss des Festes, des Weines und der Liebe hinzu. Man muss aber sofort erkennen, dass kaum ein Gedicht im Genuss verharrt: Fast immer wird die Szenerie transparent und gibt einen Durchblick auf allgemein Gültiges frei. Kein Erzählen, das nur der Mitteilung von Interessantem gilt (sat. 1, 7 und 8 waren so beschaffen, auch sat. 2, 8), keine Anekdoten, keine Erwähnungen von Träumen etwa, von Dingen der Arbeit, der Umwelt oder des Alltäglichen: Immer sagt der Dichter etwas, das bedeutend ist. Und noch ein weiterer Unterschied zu den Satiren fällt auf: Horaz spricht nicht mehr vom Vater. Das bedeutet ganz gewiss nicht, dass er ihn vergessen oder verdrängt hätte; nein, es bedeutet, dass er nun des Verweisens auf seine Herkunft nicht mehr bedarf. Wenn er von seinem Ich spricht (wie viel es auch vom historischen Horaz preisgeben oder verhüllen mag), der Dichter steht jetzt frei und fest auf seinem eigenen Grunde (oder wie immer der Psychologie diesen Unterschied zu den Satiren definieren mag). Und auch dies sei erwähnt: Das Hässliche verschwindet. Man vergleiche die grobe epo. 8 mit dem gemäßigten c. 1, 25 (beide Gedichte spotten über alte Huren, aber c. 1, 25 will nicht mehr vernichtender Lächerlichkeit preisgeben). Sagen wir, um den inzwischen gewonnenen Abstand zu ermessen, zuletzt das Entscheidende: Ein großes Bejahen durchzieht die Oden. Zuweilen vernimmt man ein leises Klagen über das herankommende Alter (c. 3, 14, 24), aber das sind Töne, die auch die großen, bewunderten Griechen erklingen ließen, sie gehörten, so kann man sagen, zur lyrischen Dichtung, auch wenn niemand sich der Möglichkeit verschließen wird, dass sie vom Ich selber schmerzlich empfunden worden sind.

Zu dem Grundzug des großen Bejahens in den Carmina gehört nun auch ein anderer, aber doch auch verwandter: Die Dankbarkeit der Gottheit gegenüber. Immer wieder stellt sich der Dichter jetzt in die Macht und den Schutz der Gottheit. Bacchus gibt ihm die Gedichte ein und die Musen schützen allüberall. Zur sittlichen Bescheidung tritt nun also diese besondere Weise der horazischen Frömmigkeit. Gleich, ob man spürt, dass es bestimmte Gottheiten sind, die Bestimmtes gewähren, oder ob man meint, dass die Namen der Götter wenig Gewicht haben – es bleibt bestehen, dass Horaz sich im Schutze und in der Macht des Göttlichen wusste.

Man gewinnt den Eindruck, als seien diese Carmina noch aus einem anderen Grund in eine Sphäre des zwischen Griechischem und Römischem Schwebenden gehoben, als sei nämlich ihr großes Bejahen zugleich ein Absehen von allem Alltäglichen, als seien diese Gedichte geradezu idealisch gestimmt. Man könnte ihnen vorwerfen, dass sie ganz und gar die Fürchterlichkeiten, mit denen z.B. der Friede des römischen Imperiums an den Grenzen erkauft wurde, verschweigen. Man denkt da vielleicht an die unglücklichen Salasser, an die brutal umgesiedelten Germanenstämme, auch an die aggressive Expansions- oder Grenzbegradigungspolitik im Norden; man denkt ferner an die nie ganz schweigende Opposition in Rom, an die fortschreitende Verbeamtung, also Entmündigung der staatsverwaltenden Organe und an die Entmachtung der republikanischen Institution des Senats. War Horaz kein „engagierter" Dichter, dem das Schicksal der Einzelnen, der Verarmten, der Entrechteten und Vergewaltigten am Herzen lag? Nein, er war es nicht. Er war in anderer Weise engagiert, sehr engagiert: Auch noch in den Carmina stellte er sich in den Weg, aber nicht als politischer, sondern als sittlicher Mahner, hemmte er die als falsch erkannten Wege des übermäßigen Gewinn-Strebens, der sinnlosen Genuss-Sucht und der grassierenden *licentia*. Kurzum: Er stellt sich in den Weg der Fehlmoral als der Grund-Ursache aller Unmenschlichkeit. Er bleibt sich insofern treu, als er die Kritik der Satiren in die Carmina mitnimmt, nun aber nach anfänglichen Satirentönen in der Weise eines klugen, nicht mehr spottenden, sondern die Wahrheit kündenden Erfahrenen, ja eines Priesters der alles wissenden Musen, wie c. 3, 1 es dann auch ausspricht. Er war sehr wohl politisch engagiert, sorgte sich um die Jugenderziehung, die Verweichlichung der Luxussuchenden, die Aufweichung auch der Ehemoral und um die Denaturierung des römischen Mannes-Ideals (in den Römer-Oden); aber er sprach nun nicht mehr auf der Ebene des Diatriben-Predigers oder -Spötters, sprach auch nicht über einzelne Ungerechtigkeiten und Verfehlungen, sondern über allgemein Geltendes an Gutem wie an Schlimmem, immer als Vermittler eines ewigen Wissens.

Doch beschränken wir uns nicht auf das Inhaltliche allein. Was ist, auf die Dichtweise gesehen, das Neue der lyrischen Lieder? Zu der Freude, der Dankbarkeit und der Hochstimmung in so vielen Oden kommt als ihr Haupt-Grundzug die Gewinnung der Schönheit. Die Satiren waren eher beherrscht von der Wahrheit, epo. 13 deutete, auf c. 1, 10 vorausweisend, das Empfinden für eine Art innerer Schönheit in den herzlichen Worten Chirons an, epo. 15 ein Sensorium für eine schöne Gestimmtheit im Angesicht der Nacht (auch wenn diese Stimmung rasch verflog); die lyrische Dichtung erobert sich jetzt in viel weiterem Umfang das herrliche Reich innerer und äußerer Schönheit. Diese ist oft zu genießen bei der Schilderung von Frauenschönheit, bei der Beschreibung eines glücklichen Tages (z.B. c. 1, 17 *Velox amoenum*) und beim Preisen eines Gottes (z.B. im c. 1, 10 *Mercuri, facunde nepos*), aber auch bei der Darstellung eines moralisch Schönen (u. a. im c. 2, 16) und der eines inneren Gelingens (vgl. c. 3, 9 *Donec gratus eram*).

Unterscheiden wir nun aber vom Schönen klar und deutlich das Reizvolle. Das zeigt sich nicht nur in Gegenständen wie den mythischen Beispielen, hier oft auch in scherzender Übersteigerung (c. 1, 16, 5ff. z.B.), sondern auch im Formalen. Immer variiert Horaz kunstvoll, auch in der Zusammenstellung der Gedichte zu einem Buch; aber gerade hier, in der Kunst, aus so Verschiedenem ein über weite Strecken geordnetes Ganzes zusammenzuführen, zeigt sich die das Reizvolle der Fügungskunst[2]. Wie in einem Ballett kommen Gedichte zu Paaren zusammen, trennen sich wieder, ballen sich erneut zu Gruppen, und dies immer unter einer bedacht führenden Choreographie. Reizvoll auch der Wechsel des Tons, der sich von Wunsch zu Erfüllungsjubel, von Sorge zu heiterer Belustigtheit leicht und hurtig wandelt; reizvoll die Kunst der Spannung bis in die Versstruktur hinein, z.B. in der meisterlich beherrschten Form der Priamel, die bis zur Heiterkeit einer unerwarteten Pointe ausgedehnt wird; so beginnt Horaz z.B. in c. 1, 22 mit „Unantastbar im Lebenswandel und rein von Sünde", fährt dann mit einer priamelartigen Aufzählung alles dessen fort, wessen ein solcher Mann zu seiner Sicherheit nicht bedarf, erzählt dann davon, wie ihn, als er Lalage besang, ein grauser sabinischer Wolf unbehelligt ließ, um dann erneut aufzählend mancherlei Gefahrenorte zu nennen, vor denen der Dichter sich nicht fürchtet, nur um am Ende gerade nicht das Erwartete zu sagen, nämlich nicht: „Ich werde auch dort beschützt sein", sondern um mit dem überraschenden Bekenntnis zu schließen, immer werde er Lalage lieben und besingen. Wir würden trocken und pedantisch „um *daher* weiter von Lalage zu dichten" schreiben,

---

[2] Man bedenke dabei immer, dass ein Aufspüren dieser Fügungen etwas Sekundäres ist, denn niemand wird sagen, dass von vornherein die Gedichte für die Buchform verfasst wurden. Darum bleiben Untersuchungen, die allein die Komposition der Bücher zum Ziel haben, unbefriedigend. Ein Beispiel ist D. H. Porter, Horace's Poetic Journey, Princeton UP 1987, aus dem man über das Eigentliche der Gedichte, ihre Substanz, nichts lernt; wie soll man z.B. die Ode 1, 37 in dem Satz wiederfinden, ihr Ende sei eine „avoidance of shame" (S. 92, Anm. 31)? Oder c. 1, 38 in der Kennzeichnung; es handele sich um den Ausdruck seiner „modesty of expectations" (92)?

aber gerade derlei Partikel vermeidet Horaz. Und das führt weiter zu einem anderen Grundzug: der Leichtigkeit seiner Verse. Gerade dadurch, dass er überaus oft verbindende, die Logik klärende Partikeln auslässt, dass er parataktisch schreibt statt hypotaktisch, und dies oft mittels unerhörter Syntagmen; gerade dadurch gewinnt er seinen leichtfüßigen Geschwindschritt, eine Tugend, die ebenfalls zum Reizvollen gehört.

Darf man sagen, dass diese Kunst in nie wieder erreichter Meisterschaft die Strenge und Gediegenheit, die Kraft und Unmittelbarkeit der großen alten Griechen sehr wohl zu erreichen wusste, sie aber verband mit der besonders durch Kallimachos zur Höhe geführten Kunstfertigkeit im Kleinen? Und dies, ohne in die Falle des Kleinlichen, Schwächlichen und nur noch Reizreichen zu fallen? Es kann nicht zweifelhaft sein, schrieb Friedrich Klingner (Studien 437), „dass das kleine, bis ins letzte durchgearbeitete Gebilde auch hier das Gewollte ist". Doch ebenso unzweifelhaft ist, dass dieser römische Dichter der Kraft eines Alkaios und eines Pindar besaß und ihr neue Wirkungsfelder erschlossen hat.

Die ungeheure Mühe der Kleinarbeit nicht nur, sondern auch die unerhörte Anspannung des Hervorbringens von Bildern, Szenen, Zusammenhängen, des Verarbeitens von Modellen, von Mythen, von Religion, dazu auch und im besonderen von sehr fein beobachteten, sehr feinspürig nachgestalteten Seelenbewegungen – solche jahrelange Arbeit und Mühe hat ihn dann für eine Weile tief erschöpft. Der vielfach missverstandene Florus-Brief epi. 2, 2 gibt darüber beredte Auskunft. Das Spüren des heranschleichenden Alterns tat das seine dazu, und so entstand eine neue künstlerische Lage. Weiterhin dichten – ja, gewiss; aber, bitte, nicht mehr diese schier übermenschliche Mühe, sich zu Alkaios oder gar zu Pindar aufschwingen zu müssen. Aber auch nichts ganz Neues mehr, nein: Rückkehr zur alten, früher noch unvollkommen gemeisterten Form des *sermo,* des Gespräches über Wichtiges fürs Leben und fürs Altwerden. So entstand die horazische Epistel. Sie setzte das ureigene Bestreben fort, zu beobachten, zu durchdenken, griffig und anschaulich umzuformulieren und dann zu belehren. Nun aber nicht mehr behende wechselnd von Motiv zu Motiv, von einem Fehlverhalten zu anderen springen, sondern ein in sich gegliedertes Ganzes wollte er schaffen, dessen Teile aufeinander aufbauten; eine Ethik wollte er entwerfen, die in sich zwar systematisch geschlossen, nach außen hin aber so lebendig blieb, wie er es nun vermochte: Reizvoll wechseln die Personen und die Szenen, die jeweils den Durchblick freigeben auf gewichtige Grundsätze der hellenistischen Ethik, die da lehren, wie es zu sein hat; sie formen Bewegungen von Schwierigem zu Leichterem, dann erneut zu Schwererem, immer auch auf das sprechende Ich bezogen, es als Beispiel benutzend, dabei auch als Gegen-Beispiel dafür, wie es nicht zu sein hat. Und diese Niederbrüche verwendet Horaz ebenso als Haltepunkte und Ordnungszeichen wie die Widmungsbriefe an Tiberius und Augustus.

Augustus und Tiberius – werfen wir jetzt einen raschen Blick auf das, was politisch in den Jahren nach der Veröffentlichung der ersten Odensammlung geschehen und in welcher Weise Horaz daran beteiligt war.

Vermutlich im Jahre 34 hatte Maecen seinen Schützling ein Landgütchen in den Sabinerbergen geschenkt und damit zugleich den Freiraum und die Muße, die ein geistig schaffender Mensch braucht. Dorthin konnte der Dichter sich zurückziehen, zurück aus dem immer noch zuweilen turbulenten Geschehen in Rom. Turbulent waren diese Jahre durch den drohenden Zusammenprall mit Antonius, und als dieser gewaltige Kampf vorüber war, mussten die Grenzen gefestigt und gesichert werden, was sogar den Herrscher selber in den Krieg zog. Im Inneren war die Opposition noch lange nicht mundtot gemacht oder ein für alle Male beseitigt; Verschwörungen scheint es gegeben zu haben und auch im Hause des Kaisers selbst kamen Verstimmungen vor. Nachdem die Lage dann im J. 27 beruhigt schien, kam es zu dem großen Umbau der Herrschaftsstruktur: Der Herrscher erhielt ungeheure Machtbefugnisse, gab aber der Form nach auch große Machtprivilegien an den Senat zurück. Eigentlich wurde die Monarchie nur umbenannt, im Kern wurde sie noch weiter gefestigt.

In dieser Zeit arbeitete Horaz an der in den dreißiger Jahren neu ergriffenen Form, an den Oden. Es war selbstverständlich, dass er auch den Herrscher erwähnte, so gleich im zweiten Gedicht des ersten Buches; doch es war dies ein seltsam ungleichmäßiges Gedicht, heitere Noten mischen sich mit ernst gemeintem Kaiserlob: Man hat nicht den Eindruck, als ob der Dichter mit der großen Aufgabe fertig geworden sei. Wohl aber kann man erkennen, welcher der Weg von solchen frühen Werken zu den reifen führte. Zu Beginn sieht man noch Satiren-nahe Versuche und politisch Beunruhigtes, u. a. die vielbesprochene Staatsschiff-Allegorie in c. 1, 14. Dann schwinden die Intellektualismen, es löst sich der Ton, die Verzwicktheiten und harten Fügungen weichen harmonisch geordneten Gebilden, die da von der Liebe, vom Wein, vom Gastmahl, aber auch von Sittlichem sprechen, so von der Bescheidung, von der Nähe von Alter und Tod. Die Art der Satiren hört auf, es erklingt jetzt rein lyrischer Sang. Immer wieder geschieht dies in der Form einer Zuwendung zu Freunden, besonders zu Maecenas. Es war kaum verwunderlich, dass der größte Dichter neben Vergil, dem Dichter der Geschichte und Berufung Roms, irgendwann nach dem großen Liede c. 1, 12 die Stimme erheben würde, hinauf zu stärkerem Ton und gewichtigeren Themen. Die dritte Bacchus-Ode c. 3, 25 setzte zudem als höchstes Ziel die Augustus-Verherrlichung. Und so entstanden die sechs Römer-Oden, in denen der Verfasser es wagt, als Priester der Musen zu sprechen, die Römer-Ideale als nach wie vor verbindlich zu preisen und gar den Herrscher zu loben als einen, der sich in den Schutz der Musen stellte, als er – aus dem Osten zurückgekehrt – sich in einer Grotte Vergils Georgica vorlesen ließ. Ja, Horaz verpflichtet den Kaiser darauf, stets und fürderhin aus dem Geiste des Musischen zu handeln. Er verstand darunter im Grunde nicht sehr viel anderes als das, was die großen Philosophen vom Herrscher schon immer gefordert hatten: zu herrschen aus höchstem Wissen um die Idee des guten Regenten und um die einer gottgeschützten Gerechtigkeit.

Augustus schätzte diesen Menschen so sehr, dass er ihm wohl nicht erst sehr spät antrug, sein Kanzleichef zu werden. Es war dies eine gewaltige Ehrung und Anerkennung, und der Dichter? Er schlug sie aus. Er wird gewusst haben, dass dieses Amt seine Zeit und seine Berufung verschlungen hätte. Und der Kaiser hatte die Größe zu akzeptieren wie er auch die Größe hatte, sich mit Maecenas auszusöhnen, obschon dieser eine ehrenvolle, aber gefährliche Indiskretion begangen hatte. Dies kann man daran ablesen, dass Maecen sich bei seinem Tode an den Kaiser wenden durfte mit der Bitte, für „seinen Horaz" zu sorgen. Aber zum engsten Kreise um den Herrscher hat Horaz doch nicht gehört, denn es scheint, als sei er nicht immer genau über die Pläne des Kaisers informiert gewesen. So forderte er einen Britannien- und einen Partherfeldzug, nicht wissend, dass Augustus in jenen Gegenden und überhaupt ein Blutvergießen möglichst vermeiden wollte.

Die Anstrengung der Oden-Dichtung muss ungeheuer gewesen sein, „lyrical poems are hard work", meinte Sedgwick 119 zu Recht. So ist es nicht verwunderlich, dass der nun das Altern spürende große Mann sich, wie erwähnt, zurück zu den *sermones* wandte, zu den Episteln, anders gesprochen: zu sich selbst. Es verwundert auch nicht, dass er den genannten Hexameter-Brief epi. 2, 2 schrieb, in dem er von der Mühe des Dichtens handelte, um seinen Entschluss zu verteidigen, nun von der Oden-Dichtung Abschied zu nehmen. In den Episteln zeigt sich jedoch keinerlei Ermüdung und Form-Erschlaffung. Horaz gestaltet sie vielmehr noch gedrungener, noch stärker durchgeformt und auf das Ich zentriert. Im Unterschied zu den lose gefügten Satiren sind die Briefe jetzt systematisch fest in sich geschlossen, auch wenn das gedankliche Gerüst des Buches niemals aufdringlich durchscheint. Es ist wie bei einem gelungenen Spalier: Man freut sich an Blättern und Früchten, aber das alles zusammenhaltende Gerüst bleibt verborgen. Auf den Grund gesehen, bleibt Horaz sich somit in allen Gattungen immer gleich: Das direkt Ausgesprochene oder in Bildern oder Bildteilen vor Augen Geführte weist nur zu gern über sich hinaus oder es führt den Lesenden unter die Textoberfläche zum eigentlich Gemeinten. Schon epo. 7 wollte ja nicht eine Szene malen, sondern die Szene sollte verdeutlichen, dass es nicht auf dieses oder jenes Verbrechen, auf Einzelnes ankommt, sondern dass Heilung nur aus der Einsicht, einen Fluch auf sich zu tragen, herkommen kann. Die späteren Liebesgedichte erschöpfen sich nicht im Ausmalen eines rosigen Nackens oder einer Landschaft wie in c. 1, 17, immer führen sie auf etwas Immer-Seiendes, sei dies die Wechselhaftigkeit oder der Götterschutz (*dis pietas mea*, etc.).

Rom wurde immer stärker, die Monarchie immer gefestigter, der Friede herrschte: So entschloss sich der Herrscher, eine neue Säkularfeier abzuhalten: Vergil war gestorben, da kam nur einer in Frage, das Festlied zu dichten: Horaz. Ein Stein in Roms Museen zeugt noch heute von dieser höchsten aller öffentlichen Ehrungen, dem Auftrag, das *Carmen Saeculare* zu verfassen. Das war im

Jahre 17 v. Chr., im Jahre 15 begann der Krieg gegen die Alpenvölker, und die Stiefsöhne des Kaisers errangen eindrucksvolle Siege. Man muss Velleius Paterculus lesen, um deren organisatorische Hochleistung zu ermessen. Und es war dann kaum verwunderlich, dass der Kaiser diese großen, aber gerade auch wegen ihrer Größe nicht überall populären, weil nicht ganz verlustlosen Kämpfe gefeiert sehen wollte; ebenso wenig konnte verwundern, dass er sich an Horaz wandte. Siege hatte Horaz schon früher besungen, Actium z.B. zwei Male; nun war die Gelegenheit gekommen, nach der ganz unerhörten Form der Römer-Oden und des äolisch gefassten *Carmen Saeculare* einen neuen Sang, einen noch höheren Klang zum ersten Male in Rom ertönen zu lassen: das pindarische Epinikion. Man muss nicht notwendig fragen, ob Horaz kriegerisches Tun, Schlacht und Metzelei, Elend der Besiegten und Grausamkeit der Sieger, kurz: all' das, was man z.B. auf der Trajanssäule sieht, als Person gutgeheißen hat; wohl aber muss man verstehen, dass der Dichter, der seit seiner Jugend Pindar verehrte, kaum sehr lange gebeten werden musste, nun am Ende seines so erfolgreichen Dichterlebens endlich auch Epinikia zu schreiben. Für den Künstler bedeutete dies eine große Herausforderung. Und so öffneten sich noch einmal die Schleusen und die gedichteten Worte flossen gern von seinen Lippen, und nicht nur in der Form von einzelnen Siegesliedern, sondern in der eines weiteren, eines letzten Oden-Buches.

Dieses letzte Oden-Werk ist geprägt vom Erleben des Alterns. In ihm wechselt Resignation und Trauer mit hohen Aufschwüngen, die nun gar an die Grenze des Erträglichen rühren (c. 4, 8, falls auf den Text Verlass ist). So folgt auf die hochgestimmte Erinnerung an das *Carmen Saeculare* in IV 6 das Lied vom Nahen des Todes in IV 7. In diesem Buche finden sich auch Lobgedichte auf Personen unterhalb der obersten Führungsgruppe, Lieder auf Lollius und auf Paullus Fabius Maximus, beide nicht direkt Lobeserhebungen, sondern wenn schon nicht gebrochen, so doch gedämpft. Ungebrochen und ungedämpft aber erklingt das letzte Lied, das auf den Herrscher, den *custos rerum*: Ganz schlicht, ungemein gedrungen und fraglos aus tiefstem, vertrauendstem Herzen dankbar. Denn man missverstehe diese späteren Gedichte auf Augustus nicht als Lobhudelei: Horaz war in der glücklichen Lage, sich unter einem Herrscher zu wissen, der nach menschlichem Ermessen und menschlicher Möglichkeit der denkbar beste war: Frieden hatte er geschaffen, innen und außen, und dies mit einem Minimum an Restriktion und Gewalt. Gewiss, die Übermacht dieses Mannes war gewaltig, seine Macht ungeheuer – aber war er darum auch ein Gewaltherrscher? Er wollte das Beste für sein Reich und für seine Untergebenen, und im Privaten muss er trotz manchem Temperamentsausbruch fürsorglich und offen gewesen sein. Horaz wird dies erlebt und die erfreulichen Auswirkungen des endlich erlangten Friedens dankbar begrüßt und genossen haben. Dies und das verglühende Alter machen es verständlich, dass Horaz in seinem letzten Oden-Werk sich nun nicht mehr als ein große Dinge Wissender, als ein Reifer und (mit all' den nötigen Einschränkungen) Vorbildlicher hinstellte, wie es in den Episteln zuweilen anklang, sondern dass er nun gern zurücktrat ins zweite Glied und sein *io Triumphe* als einer der vielen dem Kaiser vom Straßenrand aus zurief. Aber seine Dichtungen, von denen wusste er mittlerweile, dass sie groß waren und unvergänglich, solange die Vestalin zum Kapitol hinaufsteigen, d.h. solange man noch von Rom und Römern sprechen würde. Im vierten Oden-Buch ist es nun gar die Dichtung, die über Dauer und Vergängnis der Taten und ihres Ruhmes entscheidet. So viel hatte Horaz noch nie zu sagen, so laut hatte er bisher noch nie zu sprechen gewagt; jetzt aber wusste er, welche Macht das Wort besaß, das die Muse ihm eingab. Es war ja nicht sein Menschenwort, das er aussprach, sondern das Wort, das vom Göttlichen her ihm in den Mund kam.

„Künde, Muse: Ich aber bin Dein Prophet" (Pindar, frg. 150 Sn.).

Die Lautstärke des c. 4, 8 (falls sein Text richtig wiederhergestellt ist) mag man als überstarkes Wort eines großen, aber nun schon alten Mannes begreifen, der ungehemmter sprach als vordem, wie es in diesem Lebensabschnitt zu geschehen pflegt.

Im 4. Odenbuch tut sich, wenn wir jetzt wieder aufs Ganze sehen und c. 4, 8 einordnen, eine Kluft auf, die Kluft auf zwischen dem Bewusstsein der großen Lebensleistung im Dienste der Musen, welche die Macht haben über Vergessen und Erinnern, und dem nahenden eigenen körperlichen Vergehen. Früher, in der ersten Odensammlung, ja noch in den Episteln, da war der Dichter und seine Dichtung gleichsam eines; jetzt tritt dies auseinander. Das Werk steht nun da, so unvergänglich wie ein großartiges Architekturwerk[3], aber der Körper verfiel und das Ende war nahe. „Apotheosis through poetic will"[4], aber nicht für den Dichter selbst. Jubel und Klage, Abschied und Erinnerung, dankbare Erinnerung an die Gaben der Musen und die Geschenke der lieben Menschen[5].

War es dies Bewusstsein des großen Werkes, seines und auch dessen von der Hand des Freundes Vergil, das ihn dazu trieb, zwei lange gedichtete Briefe der Öffentlichkeit darzureichen, in denen er den Rang seiner und des Freundes Dichtung bewusst machen, in denen er die Reinheit dieses Stils gleichsam retten

---

[3] Vgl. L. T. Pearcy, Horace's Architectural Imagery, Latomus 36, 1977, 772ff.
[4] M. C. J. Putnam, Artifices of Eternity, Cornell UP 1986, 153.
[5] Man hat sich gefragt, warum Horaz seinen Maecenas im 4. Odenbuch nur ein einziges Mal erwähnt. Maecen spielte politisch keine Rolle mehr (P. White, CP 86, 1991, 130ff.), war aber gewiss schon lange nicht mehr in Ungnade bei Augustus, auch wenn dieser den alten, noch der früheren Generation angehörenden Mann für politische Aufgaben nicht mehr brauchen konnte. Aber dafür, dass die Freundschaft zwischen dem Dichter und seinem Gönner und Freund abgekühlt war, gibt es kein Zeichen. – Horaz starb nur 59 Tage nach Maecen und wurde neben ihm auf dem Esquilin beigesetzt (Sueton, S. 4*, 8 Klingner); die Wiederherstellung des Textes verdanken wir J. Vahlen, Hermes 33, 1898, 245). Er war so geschwächt, dass er sein Testament nicht mehr unterschreiben oder siegeln konnte, sondern nur durch Zeichen anzudeuten vermochte, dass es gelten solle (dazu M. Kaser, Römisches Privatrecht 679f.).

wollte – den Augustus- und den Pisonen-Brief[6]? Die neue Dichtung, die eigene wie die des Vergil, wollte er in ihrem Rang gewürdigt sehen, darum sprach er zum Herrscher von ihr und von der unsinnigen Fehleinschätzung der ewig Konservativen, weil Sinnesfaulen. Die Reinheit des Geschmackes, gepaart mit der Sicherheit geschulten Stilempfindens, sie wollte er zeigen und fordern in dem Brief, den man die *Ars Poetica* genannt hat. Man kann die Forderung, die er, arg verklausuliert und vornehm verhüllt, dennoch deutlich genug erhebt, etwa so verstehen: Wenn jemandem eine hohe Begabung verliehen ist, dann hat er die Verpflichtung, sie in harter Arbeit soweit zu schulen, dass er stets über das jeweils Richtige souverän zu verfügen vermag. Fehler- und makellose Reinheit des Empfindens, schwankensloser Geschmack, zu keinem Kompromiss bereite Selbstzucht – das macht die Würde großer Dichtung aus. Dies war das Vermächtnis des Horaz.

Dies die Kunst; und welches ist ihr Gegenstand in diesem weit gespannten Werk? Sind auch die Gegenstände des Horaz stets von dem Range, den die Literaturbriefe fordern? Ganz gewiss nicht alle, dazu war er zu sehr der Freude des Spiels auch mit Kleinerem zugetan; sein immer wiederkehrender Hauptgegenstand aber, der ist der höchste. Es ist dies der Mensch. Zunächst, in den Satiren der Mensch in seiner Kleinheit, dann aber er der Mensch in seiner Schönheit und Größe, aber auch in seiner Ausgeliefertheit an Fortuna. Größe, das sei hier im ethischen Sinne verstanden als die Kraft des Weisen, sich von seiner Triebnatur zu lösen und, aus dem Geiste lebend, über die Fortuna sich zu erheben; das gilt aber ebenso auch im Politischen, denn das Höchste, was Horaz an einem Herrscher, an seinem Herrscher zu preisen wusste, das war, dass der Gewaltige sich dem Musischen unterordnete, dem Musischen, das ihm *lenia consilia* eingab, das Maß trotz der Allmacht[7]. Im Grunde unterscheiden sich diese beiden Menschenbilder nicht, denn beide sind bestimmt von dem Ideal, das verlangt, dass der Mensch nicht nach außen strebe, sondern nach innen. Die frohe Freiheit desjenigen Menschen, der sich selbst überwunden hat und nun alles Niedrigen ledig, das ihm Gewährte zu genießen vermag – sie leuchtete allüberall in Horazens Zeilen, und sie leuchtet erwärmend noch immer. Aber dass er kein todesfroher Märtyrer war, dass ihm das Spüren des Alterns schwer fiel, das macht das vierte Odenbuch (c. 4, 1 und 4, 79) deutlich genug; es macht den Großen menschlich begreifbarer. Gern stellt man sich vor, wie Maecen und Horaz dieses Altern gemeinsam trugen, beide in dankbarem Erinnern. Der

---

[6] Auch im Pisonen-Brief blieb Horaz seiner Technik treu, das eigentlich Gemeinte zu verbergen und durch Anspielungen darauf hinzuführen. Man hat jedoch zuweilen den Eindruck, als übertreibe er an manchen Stellen dieses alte Spiel und lasse dadurch den Gedanken nicht ganz selten im Unklaren.

[7] Hiermit ist implizit Stellung bezogen zu dem nicht selten peinlichen Streit ungleichrangiger Meinungen über die mögliche Stellung des Horaz zu Augustus. Klug wägt E. Doblhofer, Horaz 41 und urteilt sicherlich richtig 39, Abs. 1, Ende. Auch V. Pöschls „Horaz und die Politik", Heidelberg ²1963 krankt am Konstruieren, hier des überscharfen Gegensatzes einer epikureisch-privaten Welt und ihrer „Gegenwelt" (S. 16), der Politik.

Kaiser wird sich dieser seiner treuen Freunde noch lange erinnert haben, die Nachwelt vergaß ihrer bis heute nicht.

LITERATURVERZEICHNIS

Aufgeführt werden mehrfach und daher verkürzt zitierte Bücher und längere Abhandlungen.

Albrecht M. von, Geschichte der römischen Literatur, 2 Bde., Bern 1992.
Axelson B., Unpoetische Wörter. Ein Beitrag zur Kenntnis der lateinischen Dichtersprache, Lund 1945.
Alton J. F. d', Horace and His Age. A Study in Historical Background, New York 1962.
Becker C., Das Spätwerk des Horaz, Göttingen 1963.
Bengtson H., Grundriss der römischen Geschichte, München ²1970.
Blümner H., Die römischen Privataltertümer, München 1911.
Bo D., Lexicon Horatianum, 2 Bde., Hildesheim 1965/6.
Boeder H., Topologie der Metaphysik, Freiburg-München 1980.
Borzsák S., Horatius Opera, ed. S. Borzsák, Leipzig 1984.
Brink C. O., Horace on Poetry I. Prolegomena to the Literary Epistels, Cambridge 1963 (wenn nötig, abgekürzt zu Brink I).
ders., Horace on Poetry II. The Ars Poetica, Cambridge 1971 (wenn nötig, abgekürzt zu Brink II).
ders., Horace on Poetry III. The Letters to Augustus and Florus, Cambridge 1963 (wenn nötig, abgekürzt zu Brink III).
Büchner K., Studien zur römischen Literatur Band 3: Horaz, Wiesbaden 1962 (abgekürzt Büchner, Studien 3).
ders., Studien zur römischen Literatur Band 8: Werkanalysen, Wiesbaden 1970 (abgekürzt Büchner, Studien 8).
ders., Studien zur römischen Literatur Band 10: Römische Dichtung, Wiesbaden 1979 (abgekürzt Büchner, Studien 10).
ders., Altrömische und horazische Virtus (1939), jetzt in Wege zu Horaz (s. dort).
Burkert W., Griechische Religion der archaischen und klassischen Epoche, Berlin-Köln-Mainz 1977.
Carettoni G., Das Haus des Augustus auf dem Palatin, Mainz 1983.
Collinge N. E., The Structure of Horace's Odes, London 1961.
Corte F. della, La difficile giovinezza di Orazio (1970), jetzt Opuscula 3, Genova 1972, 153-159.
Costa C. D. N. (Herausgeber), Horace, London 1973.
Courbaud E., Horace. Sa vie et sa pensée à l'époque des épîtres. Étude sur le premier livre, Paris 1914.
Cremona V., La poesia civile di Orazio, Milano ²1986.
Crusius F., Römische Metrik, 2. Aufl. bearbeitet von H. Rubenbauer, München 1955.
Dilke O. A. W., Horace. Epistles Book I, London ³1966.

Doblhofer E., Die Augustuspanegyrik des Horaz in formalhistorischer Sicht, Heidelberg 1966 (abgekürzt Doblhofer, Augustuspanegyrik).
ders., Horaz in der Forschung nach 1957, Darmstadt 1992 (abgekürzt Doblhofer, Horaz).
Drexler H., Einführung in die römische Metrik, Darmstadt 1967.
Farrar L., Roman Gardens, London 1998.
Fraenkel Ed., Horace, Oxford 1957.
ders., Horaz. Übersetzt von G. und E. Beyer, Darmstadt 1963.
Fuhrmann M., Die Dichtungstheorie der Antike, Darmstadt ²1992.
Gardthausen V., Augustus und seine Zeit, 2 Bd. Leipzig 1891 (Nachdruck Aalen 1964).
Geschichte der römischen Philosophie : s. Verf.
Grassmann V., Die erotischen Epoden des Horaz, Zetemata 39, München 1966.
Habicht Ch., Studien zur Geschichte Athens in hellenistischer Zeit, Göttingen 1982.
ders., Athen in hellenistischer Zeit, München 1994 (abgekürzt: Athen).
Haffter H., Römische Politik und Politiker. Aufsätze und Vorträge, Heidelberg 1967.
Heinze: A. Kiessling, Qu. Horatius Flaccus, Satiren. Erklärt von A. Kiessling, Berlin ⁵1921 (und später), erneuert von R. Heinze, 1957; 6. Aufl. mit Nachwort und bibliographischen Nachträgen von E. Burck, 1957.
 Oden und Epoden. Erklärt von A. Kiessling, Berlin 6. Aufl., besorgt von R. Heinze; 8. Auflage mit Nachwort und bibliographischen Nachträgen von E. Burck, Berlin 1955.
 Briefe. Erklärt von A. Kiessling, 5. Aufl., bearbeitet von R. Heinze, mit Anhang (R. Heinze: Horazens Buch der Briefe), dazu mit Nachwort und bibliographischen Nachträgen von E. Burck, 1957. (Zu den neueren Auflagen ohne die Nachträge s. Doblhofer, Horaz in der Forschung nach 1957, S. 144, Nr. 108).
Hirth H. J., Horaz, Der Dichter der Briefe, Hildesheim 1985.
Homage to Horace. A Bimillenary Celebration, ed. S. J. Harrison, Oxford 1995.
Hommel H., Horaz. Der Mensch und das Werk, Heidelberg 1950.
Hofmann J. B., Lateinische Syntax und Stilistik, neu bearbeitet von A. Szantyr, München 1965.
Immisch O., Horazens Epistel über die Dichtkunst, Philologus Suppl. 24, 3; 1932.
Johnson W. R., Horace and the Dialectic of Freedom, Cornell UP 1993.
Kaiser Augustus: Kaiser Augustus und die verlorene Republik, Ausstellungskatalog Berlin 1988, hrsg. von W.-D. Heilmeyer, E. La Rocca, E. Künzel, Berlin 1988.
Kambylis A., Die Dichterweihe und ihre Symbolik, Heidelberg 1965.
Kaser M., Das Römische Privatrecht, 1. Abschnitt: Das altrömische, das vorklassische und klassische Recht; München ²1971.
Kienast D., Augustus. Prinzeps und Monarch, Darmstadt ³1999.
Kilpatrick, R. S., The Poetry of Friendship. Horace, Epistles I, University of Alberta Press 1986.
Klingner F.: Qu. Horati Flacci Opera, hrsg. von F. Klingner, Leipzig ³1959 [die mit Sternchen versehenen Seitenzahlen meinen die von Klingner so gekennzeichneten Seiten der Horaz-Vita, die er vor der Textedition abdruckte].
ders., Römische Geisteswelt, München, 5. vermehrte Auflage 1965.
ders., Studien zur griechischen und römischen Literatur, Zürich 1964.
Knoche U., Die römische Satire (1948), Göttingen, 4., bibliographisch erweiterte Aufl. 1982.
ders., Ausgewählte Kleine Schriften, hrsg. von W.-W. Ehlers, Frankfurt 1986 [abgekürzt zitiert als AKS].
ders., „Handexemplar": Zuweilen wird aus U. Knoches Exemplar von F. Klingners Horazausgabe zitiert, das seine Witwe, Frau Dr. Käthe Knoche, dem Verf. schenkte.
Kolb F., Rom. Die Geschichte der Stadt in der Antike, München 1995.
Krasser H., Horazische Denkfiguren. Theophanie und Theophilie als Medium der poetischen Selbstdarstellung, Göttingen 1995.

La Penna A., Orazio e l'ideologia del principato, Turin 1963.
Lateinische Dichtersprache: s. unter Verf.
Latte K., Römische Religionsgeschichte, München ²1967.
Lefèvre E., Horaz. Dichter im augusteischen Rom, München 1993.
Lesky A., Geschichte der griechischen Literatur (1957/8), München, 3., neubearbeitete und erweiterte Aufl. 1993.
Lyne R. O. A. M., Horace. Behind the Public Poetry, New Haven/London 1995.
Macleod C. W., The Poetry of Ethics. Horace, Epistles I (1979), jetzt in: Collected Essays, Oxford 1983.
ders., Horace. The Epistles I, Rom 1986.
McGann M. J., Studies in Horace's First Book of Epistles, Brüssel 1969.
Mankin D, Horace. Epodes, ed. by D. Mankin, Cambridge 1995.
Marquardt J., Das Privatleben der Römer, 2. Aufl. bearbeitet von A. Mau (1886), Nachdruck Darmstadt 1990.
Mayer R., Horace, Epistles Book I, Cambridge 1994.
Meyer E., Römischer Staat und Staatsgedanke, Darmstadt ²1961.
Morris E. P., The Form of the Epistles in Horace, YCS 2, 1931, 81 ff.
Nisbet R. G. M. - Hubbard M., A Commentary on Horace: Odes Book I, Oxford 1970.
dies., A Commentary on Horace: Odes Book II, Oxford 1978.
Norden E., Publius Vergilius Maro. Aeneis Buch VI (³1927), Nachdruck Darmstadt 1957.
ders., Agnostos Theos. Untersuchungen zur Formgeschichte religiöser Rede, Leipzig/Berlin 1913.
Pasquali G., Orazio lirico (1920), 2., erweiterte Aufl. Florenz 1964.
Pöschl V., Horazische Lyrik, Heidelberg 1970.
Préaux J., Q. Horatius Flaccus. Epistulae Liber Primus, Paris 1968.
Putnam M. C. J., Artifices of Eternity. Horace's Fourth Book of Odes, Cornell UP 1986.
Radke G., Die Götter Altitaliens, Münster ²1979.
Rooy, C. A. van, Studies in Classical Satire and Related Literary Theory, Leiden 1965.
Ross D. O., Backgrounds to Augustan Poetry, Cambridge 1975.
Rudd N., The Satires of Horace (1966), paperback Cambridge 1994.
ders., Horace. Epistles Book II, (1989), Nachdruck 1999.
Santirocco, M., Unity and Design in Horace's Odes, Chapel Hill/London 1986.
Schmidt, E. A., Sabinum. Horaz und sein Landgut im Licenzatal, Heidelberg 1997.
Setaioli A., Gli „Epodi" di Orazio nella critica del 1937 a 1972, ANRW II 31, 3 (1981), 1674/1788.
Shackleton Bailey D. R., Horatius. Opera, Stuttgart 1985.
ders., Profile of Horace, Plymouth 1982.
Simon E., Augustus. Kunst und Leben in Rom um die Zeitenwende, München 1986.
dies., Die Götter der Römer, München 1990.
Snell, B., Griechische Metrik, Göttingen ³1962.
Steidle W., Studien zur Ars Poetica des Horaz (1939), Nachdruck Hildesheim 1967.
Syme R., The Roman Revolution (1939), Oxford ²1952; paperback 1960.
Syndikus H. P., Die Lyrik des Horaz (1972/3), 2 Bde., Darmstadt, 3., völlig neu bearbeitete Aufl. 2001.
Tränkle H., Die Sprachkunst des Properz und die Tradition der lateinischen Dichtersprache, Wiesbaden 1960.
Treggiari S., Roman Marriage. Justi Coniuges from the Time of Cicero to the Time of Ulpian, Oxford 1993.
Troxler-Keller I., Die Dichterlandschaft des Horaz, Zürich 1962.
Verf., Dionysos von Homer bis heute, Abhdl. Wiss. Ges. Braunschweig 44, 1993, 131 ff.
ders., Lateinische Dichtersprache, Darmstadt 1995.

ders., Geschichte der römischen Philosophie. Eine Einführung, Darmstadt ²1997.
Warmuth G., Autobiographische Tierbilder bei Horaz, Hildesheim 1992.
Wickham e. C., Horace I. The Odes, Carmen Saeculare and Epodes, Oxford 1904.
Wili W., Horaz und die augusteische Kultur (1948), Stuttgart 1965.
Wilkinson L. P., Horace and His Lyric Poetry, Cambridge ²1950.
Williams G., Tradition and Originality in Roman Poetry (1968), Oxford ²1985.
ders., The Third Book of Horace's Odes, Oxford 1969.
ders., Figures of Thought in Roman Poetry, New Haven/London 1980.
Wimmel W., Kallimachos in Rom. Die Nachfolge seines apologetischen Dichtens in der Augusteerzeit, Hermes Einzelschr. 16, Wiesbaden 1960.
ders., Zur Form der horazischen Diatribensatire, Frankfurt 1962.
Wissowa G., Religion und Kultus der Römer, München ²1912.

Index : Horaz-Stellen

Zusätzlich zum Inhaltsverzeichnis werden einige Stellen verzeichnet, die oben textkritisch (T), sprach- oder stilkritisch (S) oder methodenkritisch (M) besprochen wurden.

Epoden

2, 16 (T)	32, Anm. 16
2, 37f. (T)	31, Anm. 33
4, 87 (T)	37, Anm. 43
17, 75 (T)	49, Anm. 70

Satiren

1, 1 (M)	61, Anm. 10
1, 2, 19 (T)	65, Anm. 16
1, 5, 92 (T)	77, Anm. 36
1, 9, 44 (T)	88, Anm. 69
2, 1, 20 (M)	101, Anm. 5
2, 3, 103 (T)	110, Anm. 22
2, 5, 79ff. (M)	113, Anm. 29
2, 8 (M)	117, Anm. 31

Carmina

1, 1 (M)	160f.
1, 1, 6 (T)	160, Anm. 7
1, 4 (M)	147, Anm. 50
1, 14 (M)	154, Anm. 69
1, 14, 2 (M)	154, Anm. 71
1, 20, 9ff. (S)	199, Anm. 16
1, 20 (S)	198
1, 22 (S)	493
1,37 (S)	41f.
1, 37, 4 (S)	149, Anm. 61
1, 37, 18ff. (M)	150, Anm. 64
1, 38 (M)	162f.
2, 16, 31ff. (M)	136, Anm. 17
3, 4, 4 (T)	237, Anm. 40
3, 4, 7f. (S)	238, Anm. 41
3, 8 (M)	205, Anm. 32

3. 13, 6ff. (S) .... 128, Anm. 8
3. 21, 10 (T) .... 288, Anm. 26

Episteln

1, 2, 31 (T) .... 307, Anm. 38
1, 3, 27 (M) 312
1, 4, 2 (S) .... 314, Anm. 62
1, 6, 22 (S) .... 322, Anm. 88
1, 6, 31 (S) .... 322, Anm. 91f.
1, 6, 74 (T) .... 304, Anm. 24
1, 10, 3f. (T) .... 336, Anm. 123
1, 14, 5 (T) .... 349, Anm. 166
1, 18, 10f. (T) .... 363, Anm. 203
1, 18, 56 (S) .... 365, Anm. 207
1, 19, 39 (T) .... 375, Anm. 239
1, 19, 48 (T) .... 375, Anm. 241

Carmina IV

4, 1, 10 (S) .... 408, Anm. 5
4, 1, 16 (T) .... 408, Anm. 6
4, 2 (M) .... 413, Anm. 21
4, 2, 49 (T) .... 412, Anm. 19
4, 3, 15 (T, M) .... 416, Anm. 28
4, 7, 17ff. (T) .... 420, Anm. 38
4, 8, 15ff. (T) .... 423, Anm. 41
4, 8, 33 (T) .... 425, Anm. 47;
                                                                                                                      426, Anm. 52

Ars Poetica

49 (T) .... 458, Anm. 21
60ff. (T) .... 459, Anm. 22
178 (T) .... 464, Anm. 34
197 (T) .... 465, Anm. 36
416 (T) .... 474, Anm. 50
437 (T) .... 408, Anm. 5
4, 1, 10 (S) .... 474, Anm. 51